宁 远 年 鉴

(2018)

中共宁远县委　宁远县人民政府　主办
宁远县党史与地方志征集编纂办公室　编

方志出版社
Publishing House of Local Records

图书在版编目（CIP）数据

宁远年鉴．2018/宁远县党史与地方志征集编纂办公室编．—北京：方志出版社，2018.12
ISBN 978-7-5144-3532-0

Ⅰ．①宁…　Ⅱ．①宁…　Ⅲ．①宁远县—2018—年鉴
Ⅳ．①Z526.44

中国版本图书馆 CIP 数据核字（2019）第 013599 号

宁远年鉴（2018）

编　　者：宁远县党史与地方志征集编纂办公室
责任编辑：顾　洁

出 版 人：冀祥德
出 版 者：方志出版社
地址　北京市朝阳区潘家园东里 9 号（国家方志馆 4 层）
邮编　100021
网址　http：//www.fzph.org
发　　行：方志出版社发行中心
电话（010）67110500
经　　销：各地新华书店
印　　刷：衡阳顺地印务有限公司

开　　本：889×1194　　1/16
印　　张：26.5
字　　数：686 千字
版　　次：2018 年 12 月第 1 版　　2018 年 12 月第 1 次印刷
印　　数：0001～1000 册

ISBN 978-7-5144-3532-0　　定价：240.00 元

《宁远年鉴》编纂委员会

名誉主任　刘卫华　永州市人民政府副市长、县委书记
主　　任　唐　何　县委副书记、县长
副 主 任　曹辉正　县委常委、县委办主任
　　　　　黄永英　县委常委、常务副县长
　　　　　雷军平　县委常委、组织部长
委　　员　谢茂松　县委办副主任
　　　　　赵利民　县政府办主任
　　　　　尹国军　县委组织部副部长（排第一）
　　　　　杨国基　县财政局局长
　　　　　唐双萍　县统计局局长
　　　　　周敬平　县史志办主任

《宁远年鉴》编辑部

主　　编　周敬平
副 主 编　郑才林　张红志
编　　辑　张介立　刘怀剑　欧应平　彭　方　曾勇钧　欧阳智　乐佳丽

编辑说明

一、《宁远年鉴（2018）》以马克思列宁主义、毛泽东思想、邓小平理论、“三个代表”重要思想、科学发展观、习近平新时代中国特色社会主义思想为指导，坚持辩证唯物主义和历史唯物主义的立场、观点和方法。主要记载2017年1月1日至12月31日宁远县各部门各单位在物质文明和精神文明建设方面取得的主要成就，以及社会各方面的新进展、新情况、新经验。为了解县情、实施科学决策，为各行各业和有关单位及广大居民查询资料、信息，推动事业发展，为国内外各界人士了解、研究、认识宁远提供服务。同时，也为续修地方史志储备资料。

二、《宁远年鉴（2018）》按分类编辑法，共设23个栏目，下设分目、条目。栏目、分目、条目用不同字体、字号、色彩等版式设计区别不同层次。条目为记述的基本单元，其标题用色彩加■表示。

三、《宁远年鉴（2018）》稿件和图片由各部门、各单位、各乡镇（街道）撰稿人提供，《宁远年鉴》编委会撰写部分稿件并统编全书。稿件均经各部门或各单位主要负责人审核。统计资料由统计部门提供，气象、水文资料分别由气象、水文部门提供。

四、《宁远年鉴（2018）》所录单位领导干部名录以2017年12月31日在职为准，原则上只列行政职务，无行政职务，则列党内职务。“先进单位”原则上收录宁远在2017年受到国务院部委、办、局，中共湖南省委、湖南省人民政府，中共永州市委，永州市人民政府表彰的单位。

宁远县行政区划图

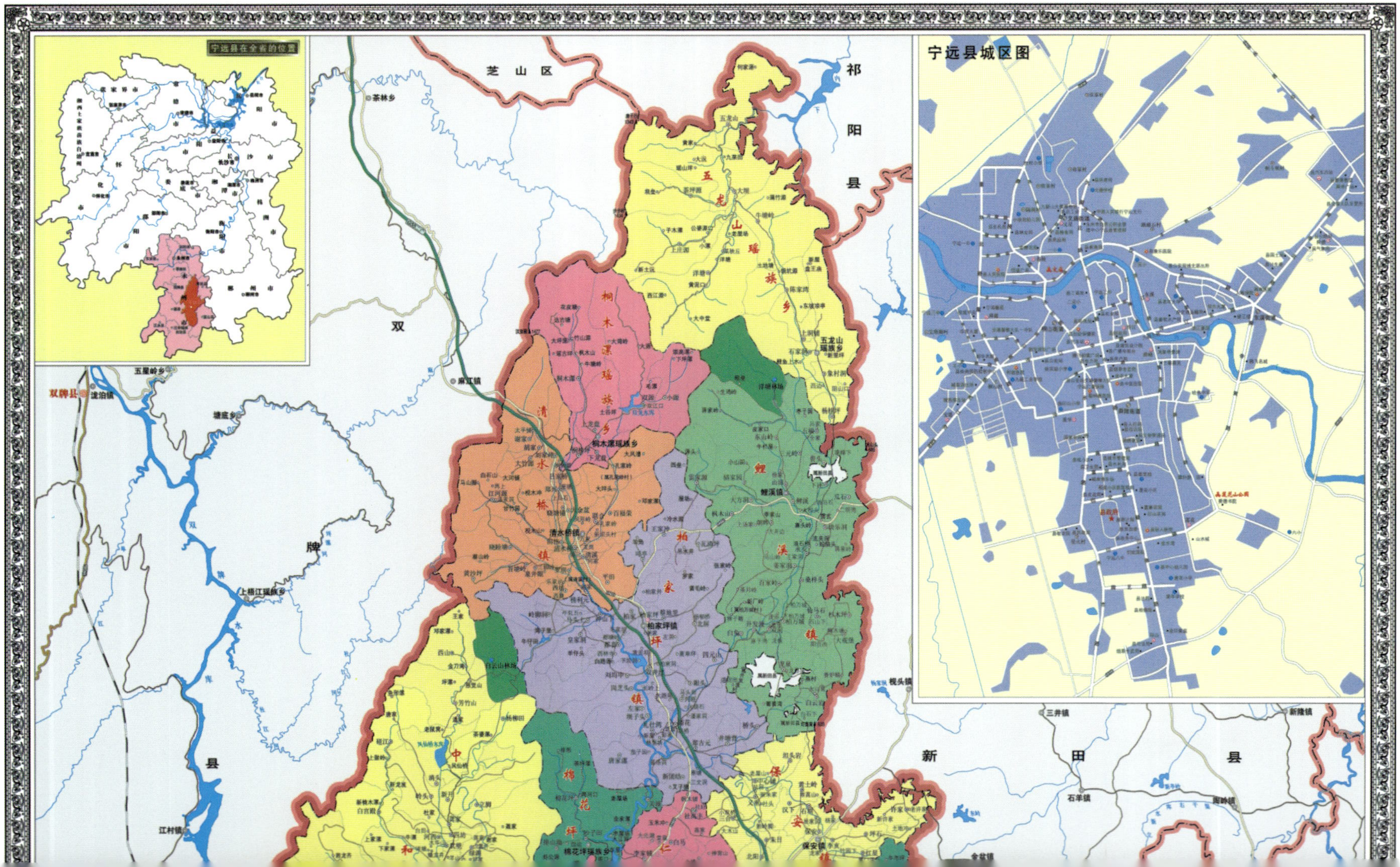

宁远县在全省的位置
芝山区
祁阳县
双牌县
新田县
宁远县城区图
五龙山瑶族乡
桐木漯瑶族乡
清水桥镇
鲤溪镇
柏家坪镇
中和
棉花坪
保安
茶林乡
麻江镇
五星岭乡
上梧江瑶族乡
塘底乡
江村镇
三井镇
新隆镇
石羊镇

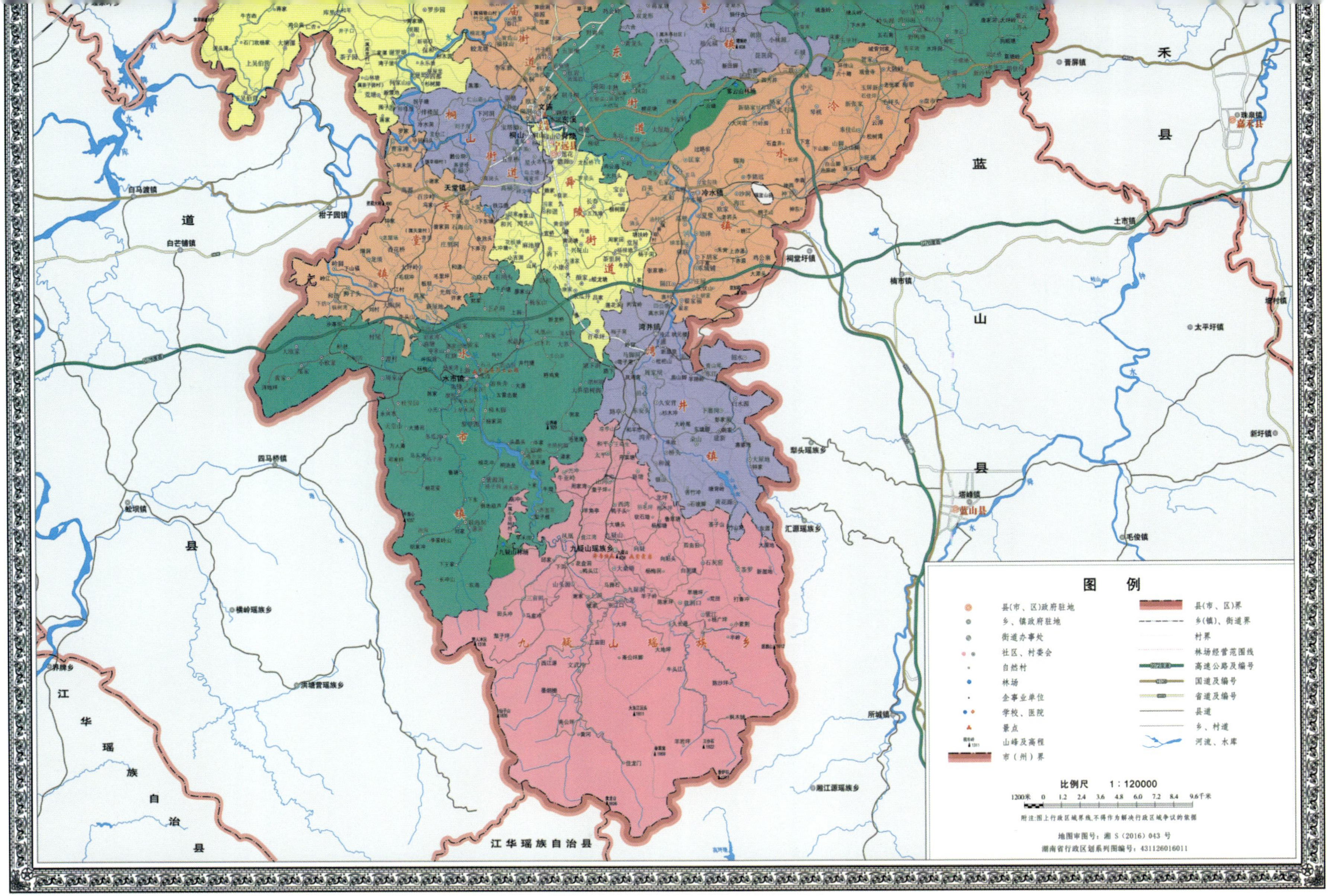

宁远县人民政府编制 湖南省民政厅监制

湖南省第三测绘院制作 二〇一七年三月

聚焦精准扶贫

2017年9月9日，省委副书记、省长许达哲视察就业扶贫基地华荣鞋业有限公司

2017年9月9日，中国社会扶贫网领导小组办公室主任刘翔到宁远调研社会扶贫工作

2017年8月9日，市委书记李晖到宁远践行“三走访三签字”活动

2017年10月20日，市委副书记、市长易佳良到宁远开展“三走访 三签字”活动

2017年12月6日，市委副书记、市长赵应云到宁远调研脱贫攻坚工作

2017年8月15日，副市长周荣峰到宁远调研脱贫攻坚工作

共建小康社会

2017年12月7日，民革省委对口永州脱贫攻坚民主监督情况反馈会在宁远召开

2017年11月6日，全市脱贫退出推进会在宁远召开

2017年12月1日，脱贫验收工作汇报会

2017年11月24日，省委脱贫攻坚常态化通报会

2017年10月26日，迎接省脱贫摘帽考核验收动员大会

聚焦精准扶贫

社会扶贫小分队向群众进行政策宣传

贫困家庭（两后生）学员到企业参加教学实习

社会扶贫志愿服务活动启动仪式

社会扶贫志愿服务活动启动仪式

“社会扶贫你我同行”签名活动

共建小康社会

教育扶贫 农家书屋

教育扶贫 特岗教师到偏远山区支教

医疗众筹 千名医生下百村义诊启动仪式

健康扶贫 湖南中医药大学博士服务团

赈灾扶贫 文艺演出

聚焦精准扶贫

瓜果成熟采收

场面热闹的西湾村乡村旅游荷花节

黑木耳产业基地

柑橘丰收 助力脱贫

现代化的烟叶工场

共建小康社会

九疑山瑶族乡盘江湾易地搬迁安置点

柏家坪镇易地搬迁安置点

保安镇易地搬迁安置点

中共宁远县

2017年12月28日，宁远县监察委员会正式挂牌成立

1950年12月，宁远县设立纪律检查委员会。1955年10月，改为监察委员会。1967年2月至1968年2月，因“文化大革命”运动，工作停止。1968年3月，纪检职能由宁远县革委会组织组代行。1973年7月，县委组织部配纪检干部。1977年11月，恢复县纪律检查委员会。1984年，中共宁远县纪律检查委员会升格为副县级单位。1988年，编制19人。内设办公室、信访室、案审组、纪检组。1993年3月起，县纪委县监察局合署办公。2017年，内设办公室、组织部、宣传部、党风政风监督室、信访室、案件监督管理室、第一至第六纪检监察室、案件审理室、信息技术保障室等14个部室。2017年12月，县监察委员会成立，与县纪委合署办公。

2017年12月20日，宁远县举行“雁过拔毛”式腐败问题专项整治违纪款物集中退还仪式

2017年7月12日，永州市委常委、市纪委书记杨永(右二)到宁远调研党风廉政建设和反腐败工作

2017年4月14日，县委常委、县纪委书记陈海平一行对部分企业和商户进行走访调查，听取作风建设方面的意见

纪律检查委员会

2017年2月16日，宁远县第十二届纪委第二次全体会议召开

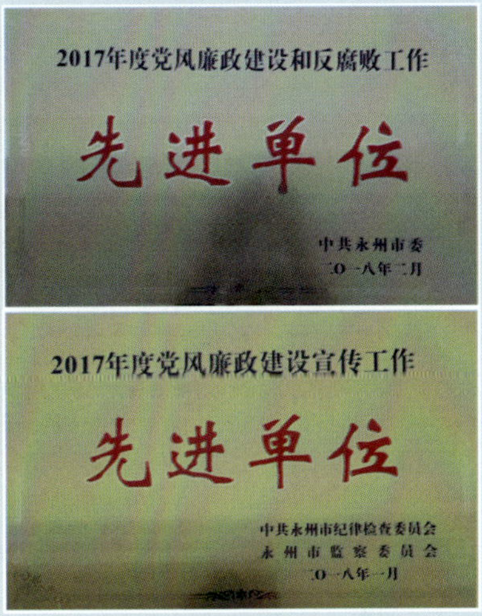

获奖情况

2017年6月13日，党员干部走进太平中学与贫困学生结对

2017年2月4日，纪委监察局召开领导班子专题民主生活会

2017年3月24日，召开“两个专项整治”工作会议

2017年9月15日，召开县纪委派驻机构全覆盖工作会议

中 共 宁 远

2017年6月19日，县委办召开创建市级文明单位动员会

2017年6月30日，县委办开展“道德讲堂”活动

1949年11月，初设秘书处，后更名秘书室。1953年4月，改称办公室。“文化大革命”开始后不久，受到冲击，基本停止工作。1973年7月，恢复县委办公室。1983年，宁远县机构改革，归口县委办公室的有县档案局、信访办、政策研究室、党史资料征集编纂办公室。1995年，县委督查室、机要科并入县委办公室。2002年，县委办公室（加挂县农村工作领导小组办公室牌子）。县委办内设6个职能科（室）即：政策研究室、督查室、机要科（加挂国家保密局牌子）、文秘室、政工室、行政事务室（2003年6月撤销）。县委管理的直属事业单位有县委党校、党史与地方志征集编纂办公室、档案局。2016年，县委办内设机构有：政研室、督查室、文秘室、机要室（加挂保密局牌子）、政工室、行政事务室。县委办机关共35个编制，其中行政编制27个（不含县级领导）、事业编制3个、工勤人员编5个。2017年，县委办被省委办公厅评为全省党委督查工作先进单位。

2017年9月19日，县委办打造“三手型”干部队伍动员会

2017年11月29日，县委办召开党风廉政建设民调工作会

县 委 办 公 室

2017年11月2日，县委常委、县委办主任曹辉正在扶贫联系点中和镇芳竹山村了解工作开展情况

2017年2月3日，节后上班参加植树活动

2017年11月27日，参加市党委办公室乒乓球比赛

2017年3月8日，获得庆“三八”“体彩杯”工间操比赛二等奖

文明劝导

荣誉奖牌

中共宁远

中共宁远县委宣传部主管全县宣传思想工作，内设办公室、理教室、外宣办、文明办，下设二级事业单位新媒体中心。主要负责全县理论研究、理论学习、理论宣传，对外宣传，全县群众性精神文明创建，文化艺术、精神产品的生产和文化市场的指导管理，社会舆论引导等工作。

2017年，中共宁远县委宣传部在县委的坚强领导下，坚持以习近平新时代中国特色社会主义思想和党的十九大精神为引领，围绕中心，服务大局，稳中求进，改革创新，各项工作取得了显著成绩和可喜进步，为把宁远建成宜居宜业宜游生态文化公园营造了良好氛围。

2017年9月9日，县委常委、宣传部长刘庚旺督查市场整治工作

2017年11月2日，情系贫困儿童 给扶贫村儿童送过冬物资

2017年3月3日，学雷锋志愿者活动

2017年11月27日，全县党报党刊发行会

县委宣传部

2017年10月11日，走进扶贫村 喜迎十九大座谈会

2017年11月27日，县委理论学习中心组第六次集中学习

2017年11月22日，“德孝文脉”领导干部家风建设研讨会

宁　远　县

中国人民解放军湖南省宁远县人民武装部于1951年8月正式成立。现内设军事、政工、保障3科，定编8人，部长、政委各1人，军事、政工、保障3个科各1人，职工3人；设基层武装部24个（20个乡镇街道武装部，4个普通高中学校武装部），共有专武干部55人，基干民兵2900人，普通民兵30000余人，现有一支30人规模的常驻民兵应急分队（于2017年9月重新组建）。

2017年8月1日，县四大家领导“八一”慰问人武部官兵

2017年11月10日，应急分队会操

人武部2017年被军分区先后表彰“抗洪救灾先进单位”“军事训练先进单位”“安全管理先进单位”“新闻宣传工作先进单位”。特别是2017年7月班子调整以来，党委“一班人”团结协作、奋发有为，狠抓单位全面建设，突出军事机关“正规化、军事化、制度化”建设，努力推动营院绿化、美化、亮化工程，积极协调、主动作为，先后完成了民兵常驻应急分队重新组建、车库修建、军营氛围营造、食堂改造和休闲、运动场所建设等大项工作。军事机关的形象逐步树立并得到强化，应急分队从无到有再到强，成为一支可随时执行抢险救灾、应急处突、反恐维稳的骨干力量，得到了县委、县政府的充分肯定。

2017年7月2日，县委常委、人武部部长唐远军在五龙山组织抢险救灾

2017年11月16日，精准扶贫工作推进会

人　民　武　装　部

2017年9月10日，新兵欢送仪式

2017年9月8日，宁远民兵支援东安县抗洪救灾

2017年12月28日，举办国防教育大型晚会

2017年1月16日，同步参加军分区开训动员暨民兵整组动员部署电视电话会议

2017年9月11日，学生军训会操比赛

宁　　远　　县

2017年，宁远县公安局获“全市公安机关绩效考核成绩突出单位”“全市公安机关社会环境整治战役先进单位”“全市公安机关严打盗抢骗专项行动先进单位”“全市公安机关党的十九大安保维稳标兵单位”“全市道路交通秩序集中整治百日大会战标兵单位”“全省公安机关2017年春运道路交通安全保卫工作成绩突出集体”“全省依法办事示范窗口”等先进单位荣誉，涌现出全省优秀人民警察王春山等一大批先进个人。

2017年6月28日，省委常委、政法委书记、公安厅厅长黄关春到宁远县调研指导政法工作，图为视察县监管中心建设

2017年2月27日，副县长、公安局局长陈云生在中和镇进行安全大检查

2017年4月11日，召开社会治安环境整治战役动员大会

2017年5月5日，在宁远三中开展以案说防

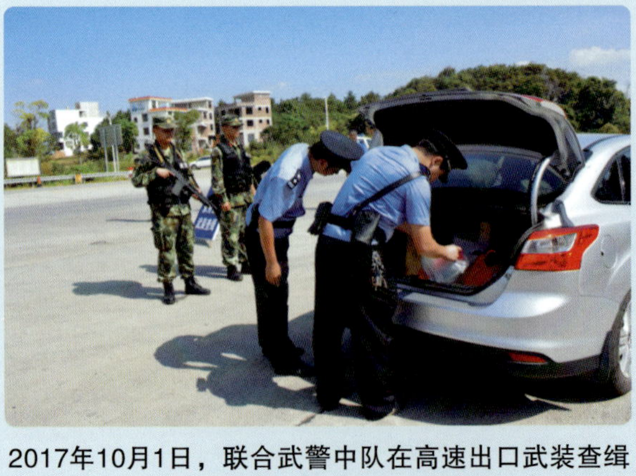

2017年10月1日，联合武警中队在高速出口武装查缉

公　　安　　局

2017年7月27日，宁远县公安局清水桥派出所破获一起网络诈骗案，受害人李某送锦旗到派出所

2017年11月30日，宁远县公安局荣获全市公安机关党的十九大安保维稳工作标兵单位称号

2017年12月8日，宁远县公安局召开十九大安保维稳总结表彰暨集打斗争誓师大会

宁　远　县

党组书记、院长吕新陵

宁远县人民法院紧紧围绕“努力让人民群众在每一个司法案件中感受到公平正义”的目标，切实履行宪法和法律赋予的审判职责。被市中院评为2017年度“全市优秀基层人民法院”“全市法院党建工作先进单位”“全市法院执行工作先进单位”“全市法院涉诉信访工作先进单位”“全市法院司法警务工作先进单位”。被县委县政府评为“2017年度全县绩效评估工作优秀单位”“社会管理综合治理工作先进单位”“综治维稳工作先进单位”“信访工作先进单位”“安全生产先进单位”“人口与计划生育工作良好单位”“全面建成小康社会工作先进单位”“全面深化改革工作先进单位”。

2017年8月23日，开展员额法官向宪法宣誓活动

2017年8月31日，参加全市法院文艺汇演

法院司法警察大队

人 民 法 院

法制宣传进乡镇

庭审现场

2017年3月3日，法院学雷锋志愿者开展宣传活动

送法进校园

司法警察开展日常训练

2017年11月5日，县法院院长吕新陵（右二）深入扶贫村

宁　远　县

2017年9月30日，县委书记刘卫华、县长唐何视察全县社区矫正工作

2017年，宁远县被评为全国第四批“法治创建活动先进县”，县司法局荣获“全国人民调解宣传工作先进集体”“湖南省司法行政工作先进集体”“湖南省文明卫生单位”“永州市司法行政系统工作考评优秀单位”“永州市示范离退休干部党支部”“永州市关心下一代工作先进集体”等荣誉称号，法律援助中心主任蒋顺先被评为“全国维护妇女儿童权益先进个人”，法制宣传教育股股长陈宏庆被评为“全国青少年普法教育活动先进个人。

2017年6月26日，司法局机关支部与扶贫村鲤溪镇开发渡村党员结对共建

2017年4月14日，全市公证工作现场会在宁远召开

2017年2月23日，县委政法工作会议暨全县第八次法治宣传教育工作会议

2017年9月28日，全省十佳法治建设推进者采访座谈会

司　　法　　局

2017年12月26日，县政协委员视察法治文化展厅

县司法局送法进校园法制讲座

2017年7月20日，举办《让法律在每个家庭生根发芽》“法润三湘”法制讲座

宁　远　县

2017年县安监局执法监察大队长李少文荣获全国安全生产先进个人；县安监局指导创建了省级安全生产示范乡镇九疑山瑶族乡；市级安全生产示范乡镇东溪街道、文庙街道、桐山街道、桐木漯瑶族乡，实现了安全生产示范乡镇创建全覆盖；在全市安全生产年终考核中，仁和镇、湾井镇、中和镇列入全市安全生产前十五名，其中仁和镇获评全市安全生产“十佳乡镇”。

县委书记刘卫华在舜陵街道带队检查安全生产工作

2017年4月28日，职业病防治法宣传周活动

2017年12月3日，《安全生产法》宣传周活动

2017年6月6日，安全生产月宣传活动

安　　监　　局

安监局执法人员到企业开展安全生产检查

邀请市矿山救护队开展应急救援知识培训

2017年12月1日，到禾亭镇开展爱心助学行动

宁　远　县

县委书记刘卫华在公路局联系村五龙山瑶族乡大坝村指导脱贫攻坚工作

局长周万红向贫困户宣讲扶贫政策

1978年，宁远县设立公路段，隶属零陵地区公路总段，负责公路养护。1987年1月，组建公路派出所负责路政管理和安全工作。公路段内设机构有生产股、政工股、机料股、财务股、养路费征收站、公路派出所和办公室。1995年1月，县公路养护段更名为县公路局，养路工班改称公路管理站。2002年，公路局机构改革后设办公室，财务股、政工股、机务股、路政股、生产股、收费站。2003年，县公路局下辖22个公路管理站。2004年7月,经省人民政府批准设置十里铺车辆超限超载检测站。2011年7月，因交通运输管理体制改革，公路局下放到县人民政府管理。2017年1月，成立中共宁远县公路局党组。

宁远县公路局现有内设机构：办公室、政工股、工程建设股、公路养护股、公路路政股、计划财务股、法制安全股。所属事业单位：宁远县公路局公路养护站，下设清水桥、十里铺、禾亭许家、永安、岭头源、梅岗、官桥八个道班。2017年，公路局干部职工共有130人。2017年，宁远县公路局获永州市政府治超工作先进集体、干线公路养护管理考核优秀单位，市公路系统目标管理综合考核先进单位、市公路系统安全生产目标管理先进单位、市创“绿色、洁美、畅安、文明”普通干线公路专项活动优秀单位。

公路局党员干部在扶贫村发放捐赠物资

市公路局长杨小明在宁远调研公路改扩建情况

公　路　局

局长周万红在S216线现场指挥抗洪抢险

改建后的永连公路

宁远县永连公路新美雅至华容鞋业城区道路改建项目水泥稳定碎石基层施工

“路政宣传月”活动动员会

路政执法人员拆除违法棚屋现场

宁　远　县

2017年9月9日，省委副书记、省长许达哲(左一)考察中联天地油茶家庭农场扶贫基地

宁远县林业局党组书记、局长何文祥为贫困户送去生产物资

2017年3月14日，市委副书记、市长易佳良(左三)考察太平镇万亩油茶扶贫示范基地

先进的森林防火设备

省级农民林业专业合作社示范社湖南旺明农林农民专业合作社林业经济基地

林　业　局

2017年12月25日，参加永州市森林防火演练

2017年7月18日，市林业局到宁远召开永州市志——林业志编纂座谈会

2017年6月22日，林业产业与生态补偿扶贫培训会议

2017年3月13日，林业行业3-5级工勤技能实际操作考试

2017年4月12日，松脂采集技术培训班

宁　远　县

宁远县人民医院前身是由欧冠创立于1946年8月的县公立医院，1949年11月和平解放后由县人民政府接管更名为宁远县人民医院。经过近70年的艰苦创业，现已发展成为一所集医疗、保健、教学、科研于一体的非营利性二级甲等综合性医院。医院占地面积106667平方米，拥有综合业务大楼、门诊大楼、医技大楼、急诊楼、内科大楼、外科大楼、感染病房、办公大楼、药剂大楼等10余栋近8万平方米建筑面积。医院拥有一支技术过硬的医疗队伍，现有在职职工836人，专业技术人员720人，其中：正高职称9人，副高职称83人，中级职称203人。

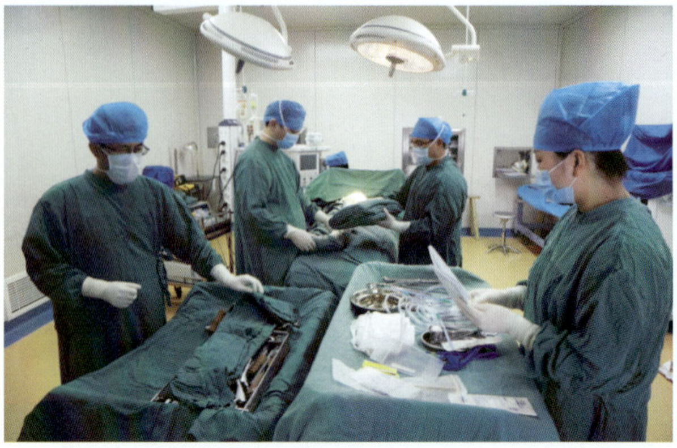

湘雅专家教授到医院指导手术

2017年5月21日，卫生部原部长张文康(右七)到宁远县人民院参观指导

2017年7月19日，华大——九嶷山感染性疾病救治基地启动仪式

人　民　医　院

2017年5月7日，湖南高血压健康教育学校宁远分校成立授牌暨开学仪式

2017年8月15日，第十届第二次职工代表大会

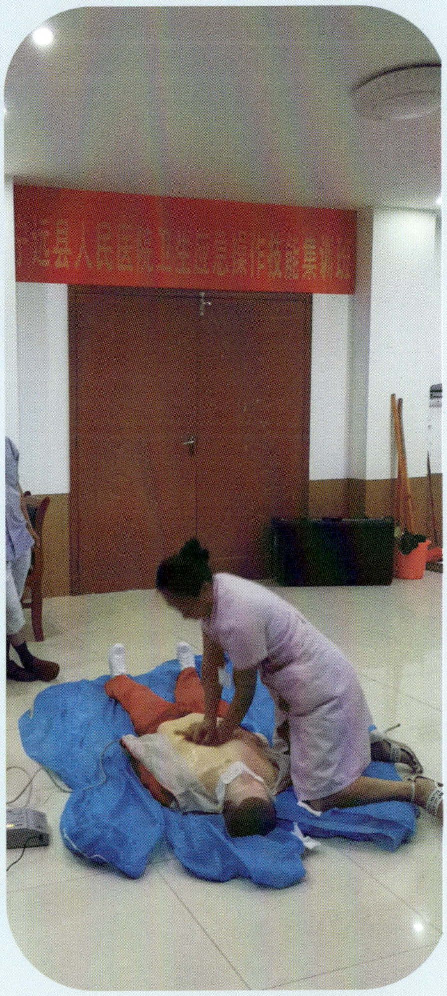

卫生应急操作技能集训

庆祝建党96周年——建院70周年，医师节颁奖文艺晚会

宁　远　县

2017年9月21日，市科协副主席汪华明（右一）、县委副书记刘军君(右二)参与科普日活动

2017年宁远县科学技术协会设综合办公室、财务室、科普办、学会办。有职工8人，全县20个乡镇（街道）均成立科协组织，配备科协主席，明确分管领导。2017年，县科协组织开展全国科普日、流动科技馆，科学素质网络知识竞赛等科普活动，申报获批青少年科技创新教育示范学校，科普工作有声有色。完成县域内特色古民居调查，文遗保护尽善尽美。成功申报湖南省“科普惠农兴村计划”项目，培育国锋油茶科普示范基地、绿丰葡萄科普示范基地、宁远县养蜂农村专业技术协会，科技扶贫扎实有力。

在2017年全国农民科学网络知识竞赛中宁远县科协被中国科协评为优秀组织单位

获永州市特色民居（古村落）调查一等奖

2017年9月21日，宁远全国科普日启动仪式在文庙广场举行

科 学 技 术 协 会

科普示范基地（茂源葡萄基地）

科普示范基地（宁远县国峰油茶基地）

2017年11月14日，中国流动科技馆湖南永州巡展宁远站启动仪式在宁远三中举行

省农科院专家到湾井镇梅子窝村开展“科技助力，精准扶贫”知识培训

学生参观中国流动科技馆湖南永州巡展宁远站科技展品

宁远县妇女联合会

省妇联副主席卢妹香到水市镇彭祖村调研留守儿童之家建设

受表彰的最美创业女性

妇女节表彰大会

"巾帼扶贫"培训班学员参观黑木耳种植基地

2017年6月26日，禁毒宣传活动合影

共青团宁远县委

3·5学雷锋启动仪式

景区服务队

开展精准扶贫活动

中医药大学到宁三下乡活动

2017年7月21日，青创会挂牌成立

宁 远 县

2017年11月12日，县委书记刘卫华到史志办扶贫点中和镇白公殿村开展“三走访 三签字”活动

2017年11月18日，县委副书记、县长唐何到史志办扶贫点中和镇白公殿村开展“三走访 三签字”活动

1981年7月，宁远县委设立党史资料征集办公室，开始征集、整理宁远党史资料。1986年8月，成立宁远县地方志编纂委员会，下设办公室，开始新中国诞生后，第一轮宁远县志的编纂。1992年，成立党史联络组，组织老同志撰写回忆录。2002年3月，党史办、县志办合并，成立宁远县党史与地方志征集编纂办公室。定编7人，实有6人，内设综合股、党史征研股、地方志编纂股三个股室。史志工作连续多年保持全市先进，2013—2015年，连续3年保持全市第一。

主要作品有党史基本著作《中国共产党宁远历史》第一卷、第二卷；地方志：完成了宁远县志一、二轮的编修出版工作；宁远年鉴已出版2017卷；其他作品：《九疑山志》、《当代人才录》、《九疑群英》、《乡镇简志》及《回忆录》一、二卷。

2017年3月29日，全体党员到水市烈士陵园参加三·二九爱国主义教育活动

2017年6月21日，全体党员到太平镇上下留村开展主题党日活动

史　志　办

年鉴评审会

出版的党史书刊

出版的部分书籍

所获部分荣誉

不忘初心
以史铸魂

宁 远 县

2017年11月22日，湖南省冬季乡村旅游节开幕式在湾井镇下灌村举行

团结务实的湾井镇领导班子

湾井镇以建设特色小镇为目标，秉承“生态立镇、旅游兴镇”的理念，充分利用“状元文化”“麻将文化”两张名片，大力发展乡村旅游，不断完善基础设施，结合古村文化元素，依托丰富的自然资源，大力发展观光农业、乡村旅游、健康养老、休闲养生等产业。2017年，湾井镇筹集资金1.2亿元对下灌古村进行了仿古民居改造、舜乡花海提质升级、游客服务中心等基础设施建设，下灌景区成功创建3A级景区；在周家坝大凤自然村投资2000余万元建设大凤“舜帝部落”项目，建设地球仓、彩绘民宿等，打造了宁远的特色旅游新名片。湾井镇在旅游发展中凸显“四古四新”（古村、古巷、古井、古道，新生活、新环境、新产业、新风貌）特色，形成了一批特色村落、诗画田园村庄，有效提升了群众的幸福感和满意度。

下灌花海美景

湾　　井　　镇

周家坝村大凤自然村

周家坝村万亩农业标准化基地

路亭村风貌

朵山村——传承书画之乡文化

东安头村翰林祠

路亭村民在云龙牌坊前传统舞龙舞狮表演

宁远县桐木漯瑶族乡

易地搬迁安置点龙源新村分房仪式

桐木漯瑶族乡辖上龙盘、下龙盘、桐木漯、桐梓坪、小源、双源6个行政村，46个村民小组，总人口7549人，其中瑶族人口3528人，占总人口的47.3%。2017年易地搬迁扶贫小区——龙源新村竣工。11月10日举行龙源新村搬迁仪式，县委书记刘卫华出席并为搬迁入住户分发钥匙。龙源新村占地面积70亩，建筑面积18490平方米，126户易地搬迁贫困对象抽签分房入住。2017年11月30日，桐木漯瑶族乡举办“湘南三市六县十瑶族乡盘王节暨坐歌堂活动”，共有1000余人次参加活动，瑶族同胞们穿上瑰丽的瑶族服饰，下午四时零六分开始祭祀盘王，典礼隆重盛大，晚间八时三十分开始举办“坐歌堂”活动，来自三市六县的瑶族同胞们一起对瑶歌，跳瑶舞，热闹非凡。

易地搬迁安置点

湘南三市六县十瑶族乡盘王节暨坐歌堂活动

桐木漯瑶族乡党委书记李敏玲落实“三走访三签字”活动

目　录

特　载

大　事　记

宁 远 概 况

中共宁远县委员会

宁远县人民代表大会

宁远县人民政府

政协宁远县委员会

群 众 团 体

军　　事

法　　治

综合经济与管理

农业与农村工作

工　　业

商业贸易

国土环保　城建城管

交通·通信

财税·金融

科技 教育

文化　体育　卫生

社会管理与服务

乡镇 · 街道

人　物

附　录

特　载

干在实处　走在前列
全力打造宜居宜业宜游生态文化公园

——在县委经济工作会议暨"六大战役"动员大会上的讲话

县委书记　刘卫华

（2017年2月15日）

同志们：

这次会议的主要任务是，全面贯彻落实中央、省委、市委经济工作会议和省、市、县党代会精神，总结2016年经济工作，分析当前经济形势，研究部署2017年经济工作，动员全县上下，集中打好即将开展的"六大战役"。会议的主题是，干在实处，走在前列，全力打造宜居宜业宜游生态文化公园。下面，我讲五个方面的意见。

一、客观总结成绩，坚定加快发展的信心决心

2016年，我们坚持发展新理念、适应发展新常态，加强和改善党对经济工作的领导，兴"三业"、建"三区"、提"三量"，解放思想解难题、改革创新创新业、创先争优竞一流，推动经济发展呈现稳中有进、进中向好的良好态势，实现"十三五"良好开局。一是经济运行稳中有进。主要经济指标保持全市前列，全部高于省市平均水平。地区生产总值、固定资产投资、社会消费品零售总额分别增长9.4%、17.4%、11.9%，均排全市第二。规模工业增加值、农村居民人均可支配收入分别增长8.6%、10.6%，均排全市第一。财政总收入、城镇居民人均可支配收入分别增长16.3%、9.9%，均排全市第五。全面小康实现程度提升4.1个百分点，连续两年进入全省全面小康十快进县行列。二是产业结构不断优化。三次产业结构实现"优一强二进三"。新型工业转型升级，新增规模工业企业17家，新兴产业产值达到22.9亿元；福嘉综环科技入选"全省民企百强"，省级技术中心、院士工作站挂牌成立，为全市首家。现代农业提速增效，烤烟生产稳居全省第二、全市第一；新增市级以上龙头企业8家、农产品加工企业12家、农民合作组织30个；规模以上农产品加工业产值占农业总产值比重再攀新高，达到60%，获评全省粮食生产标兵县，成功创建全国出口食品农产品质量安全示范区。全域旅游蓬

勃发展，入选全国“景区带村”旅游扶贫示范项目、国家全域旅游示范区创建名单，跻身全省电商扶贫和农村电子商务推进工程重点县。三是重点改革深入推进。供给侧结构性改革初显成效，“三项改革”全市第一。率先完成农村土地确权登记颁证，发出全省第一本农村土地承包经营权证书，开启全省新一轮农村土地革命序幕。率先实施乡镇区划调整，提前超额完成并村工作，做到并村与强村、活村并举，实现合村合拍、合村合心、合村合资。率先完成城市社区网格化建设，全面铺开农村网格化建设，在全市作典型推介。率先完成政府机构改革，消化超配干部 82%，盘活了干部资源，优化了班子结构，为全市提供了样本。四是城乡区域协调发展。城区扩容提质，三年行动计划全面完成，全国文明城市创建纵深推进，南部生态文化新城骨架拉开，城市品质品味不断提升。园区升级提档，“百亿园区”创建成功，西部工业新城拉开 10 平方公里，园区工业集中度、主导产业聚集度分别达到 90%、77%。景区建设提级，九嶷山舜帝陵创国家 5A 级景区有序实施，《舜志古今》音乐电影拍摄播出，下灌乡村旅游形成气候。乡村颜值提升，12 个品质活力示范乡镇建设扎实推进，190 个美丽乡村建设全面完成。获评全国国土资源集约节约利用模范县，连续第四年荣膺全省美丽乡村建设先进县。五是人民生活持续改善。脱贫攻坚全面推进，小额扶贫贷款发放全省第一，易地扶贫搬迁超额完成，减少贫困村 27 个、贫困人口 22475 人，进入全省脱贫攻坚先进行列。民生保障扎实有力，“三项优先”工作全市领先，高考二本以上上线增加人数占全市增加总数的 70%、排全市第一。社会大局保持和谐，荣获全国“六五”普法先进县、全省综治工作先进县，保持全省平安县。六是党建服务保障有力。坚持不忘初心抓党建、为民服务显本色。深入开展“两学一做”学习教育和“一学二比三提升”主题活动，广大党员干部积极投身经济建设主战场，干事创业氛围浓厚。实功实做推进基层党组织建设，各级党组织战斗堡垒作用和党员干部先锋模范作用明显增强，基层党建连续三年先进。圆满完成县乡集中换届，换届风气综合测评满意率达 100%。扎实开展“雁过拔毛”式腐败问题和“纠‘四风’、治陋习”专项整治，党风政风作风全面改善，经验做法被中纪委专题推介。全县政治生态山清水秀、风清气正，为经济发展提供了有力保障。

总结过去一年，我们由衷感到，这些成绩是在经济持续下行的背景下取得的，是在增长难度加大的基数上取得的，是在新旧动能转换的过渡中取得的。我们也由衷感到，这些成绩是市委、市政府正确领导和关心支持的结果，是县几大家班子团结协作、合力攻坚的结果，是全县广大干部群众上下同心、拼搏奋战的结果，凝聚了在座同志们的心血和汗水。在此，向大家表示衷心地感谢，并致以崇高的敬意！

在肯定成绩的同时，我们也要清醒地看到经济运行中还存在一些不容忽视的矛盾和问题，主要是：一是经济下行压力仍然较大。GDP、规模工业增加值、城镇居民人均可支配收入与年初确定的目标有差距，经济运行质量和效益还不高，企业工商税收占财政收入比重还不大。二是实体经济发展比较困难。企业融资难、融资贵的问题依然突出，运行成本高，盈利空间小，民间投资增长乏力、信心不足。三是工业经济走势出现分化。产能过剩和需求结构升级矛盾突出，建材冶金、轻纺制鞋等传统产业持续放缓，新兴产业支撑作用有限。四是经济运行风险不断累积。去产能带来新的就业问题，金融、房地产、安全生产等领域风险积聚，民间借贷危机化解尚需时日，部分群众生活面临困难，一些企业资产负债率过高。五是经济发展环境亟待优化。干部作风、能力、效率与新常态新形势的要求相比还有差距，不作为、慢作为、乱作为的现象时有发生。对于这些问题，我们必须积极应对，找准症结，采取有力措施，认真加以解决。

二、准确把握形势，明确全年经济发展目标要求

当前，世界经济仍在深度调整，复苏动力不足，增长分化加剧，但和平与发展仍是时代主题，新一轮科技革命和产业变革蕴含着历史性机遇。国内经济走势继续分化，经济运行中的矛盾和问题仍然较多，但经济长期向好的基本面没有改变。总体上看，我们仍处于大有可为的重要战略机遇期。

2017年是党的十九大召开之年，是贯彻落实省市县党代会精神的第一年，是实施“十三五”规划的重要一年，也是供给侧结构性改革的深化之年。做好全年的工作，必须全面贯彻党的十八大和十八届三中、四中、五中、六中全会以及中央、省委、市委经济工作会议精神，坚持稳中求进工作总基调，以全面建成小康社会为总揽，以提高发展质量和效益为中心，以推进供给侧结构性改革为主线，深入实施“生态立县、文化活县、旅游兴县、工业强县、农业富县”五大战略，全面做好稳增长、调结构、促改革、惠民生、防风险五项工作，集中打好城镇提质、交通提速、园区升级、旅游升温、脱贫摘帽、环境治理六大战役，加快建设宜居宜业宜游生态文化公园，以优异成绩向党的十九大献礼。

县委综合考虑，今年经济增长预期目标为9%以上，规模工业增加值增长8.5%以上，社会消费品零售总额增长12%以上，财政收入增长13%以上，固定资产投资增长15%以上，城乡居民人均可支配收入增长10%以上，全面小康实现程度提升3个百分点以上，成功脱贫摘帽，跻身全国文明城市提名城市，全面完成环境保护、安全生产等约束性指标，推动县域经济实力在全省位次持续提升。

确定这一目标，是县委基于当前经济发展形势和宁远县情分析后作出的基本判断。一是与稳中求进基调相吻合。中央提出今年经济增长预期目标是6.5%左右，这是增加就业、改善民生的需要，也是对发展速度筑底企稳的科学判断。我们不盲目追求高速度，但也不能对增速下滑无动于衷，在稳定去年增速的基础上要力求更好更快。由于近年我县经济增幅一直高于全国和省市，提出9%的增长目标，符合中央和省市对经济形势的判断，也切合我县经济运行走势。二是与省市决策部署相衔接。省第十一次党代会提出，2021年全省人均GDP力争达到1万美元，按照现行汇率测算，我县未来五年GDP年均增速需达到8.5%以上。今年省委和市委经济工作会议分别提出了经济增长8%、8.5%左右，在周边县区普遍高于省市目标的情况下，宁远作为贫困县，也不能拖省市的后退。把目标定位9%，既是向省委、市委对标看齐的要求，也是登高望远、后发赶超的需要。三是与宁远发展预期相匹配。近些年来，宁远的主要经济指标一直保持较高增速、稳居全市前列，有基础、有底气、有责任稳固良好态势。尤其是今年要实现脱贫摘帽，2019年要全面建成小康社会，必须保证强有力的经济支撑。因此，今年的经济增长目标定为9%是非常必要的、非常适宜的。

做好今年经济工作，实现既定目标任务，必须把握以下几点：

1. 积极践行新理念。我国经济经历较长时间的高速增长之后，正面临速度换挡、结构调整、动力转换三个节点。以习近平同志为核心的党中央高瞻远瞩、审时度势，作出经济发展进入新常态的科学判断，提出创新、协调、绿色、开放、共享的新发展理念。我们要把认识、把握、引领新常态作为做好经济工作的大逻辑，把“五大发展理念”贯穿到经济社会发展的全过程，充分挖掘宁远的生态、区位、空间、资源等潜力，以更大的定力、更大的担当，谋求更大的作为，努力在引领发展新常态、贯彻发展新理念上走在前列。

2. 坚决贯彻新要求。中央和省委、市委经济

工作会议一致明确，要把稳中求进作为工作总基调，这是治国理政的重要原则和做好经济工作的方法论。我们要把稳中求进工作总基调贯彻到经济社会发展的方方面面，充分认识“稳”的方向和重点，准确把握“进”的领域和任务，着力在经济增长、经济政策、社会就业、物价运行、社会大局上求“稳”，做到“稳”得可靠；在结构调整、方式转变、改革开放、质量效益、人民生活上求进，做到“进”得有力，努力实现更高质量、更加公平、更有效益、更可持续的发展。

3. 勇于正视新挑战。面对经济新常态，我们必须保持清醒、居安思危，正视矛盾和问题。我们的短板主要有：一是完成目标任务的压力不小。在经济步入新常态、下行态势短期难以根本性扭转的大背景下，我县去年一些指标低于预期，如不扭转这一局势，县第十二次党代会描绘的宏伟蓝图和县两会提出的目标任务就很可能落空，并形成可怕的惯性下滑。二是经济社会发展的短板较多。经济发展方面，增幅虽然稳居全市前列，但总量徘徊全市中游，均量则更小，与宁远的人口、面积在省市的排位不相称。城镇建设方面，功能分区和配套不完善，辐射带动能力明显不足。交通物流方面，至今没有通铁路，出省跨境公路单线单一，景区公路没有形成循环，农村道路等级低，冷链物流还是空白。园区建设方面，能够成为百亿产业、百亿企业的培育点不多，产业带动支撑能力有限。旅游产业方面，至今没有一家五星级酒店，创5A工作步伐不快，人气名气与资源优势很不相符。公共设施方面，停车场、图书馆、农贸市场、游客中心等设施难以满足需要。三是距离群众改善民生的期盼尚远。老百姓普遍关心的上学难、就业难、看病难以及住房、食品、环境等问题的解决还有很大差距，3万多未脱贫人口的稳定脱贫任务十分艰巨。四是周边竞相发展的态势激烈。虽然我县经济发展指标在提升，但去年绩效考核排位后移，全市江华一马当先、其他县区群马争先，已对宁远领跑跟跑构成“围剿”之势，“不进则退、慢进也是退”的竞争态势咄咄逼人。面对挑战，我们不能有丝毫懈怠，必须鼓足信心、迎难而上、突围而出、奋勇争先。

4. 精准定位新坐标。建设宜居宜业宜游生态文化公园是宁远今后较长时期的战略定位，也是贯彻省委建设美丽富饶幸福新湖南，市委建设创新开放新高地、品质活力新永州在宁远的具体实践。核心是要把2500平方公里的县域国土作为一个全域生态、全域文化、全域旅游的大公园来整体规划、建设和管理，打造自然山水大游园、历史文化大观园、绿色供给大庄园、休闲旅游大乐园、和谐幸福大家园，打造创新开放引领区、全域旅游示范区、特色农业优势区、城乡一体样板区、文化生态首善区。自然山水大游园，就是以“亲近自然、游戏山水”为导向，建设山水风光奇特、人与自然和谐的大游园；历史文化大观园，就是以“舜德文化、民俗风情”为基调，建设民族文化彰显、民俗风情浓郁的大观园；绿色供给大庄园，就是以“绿色发展、两型引领”为驱动，建设绿色产业发达、生态经济主导的大庄园；休闲旅游大乐园，就是以“全域旅游、休闲度假”为方向，建设快旅慢游、主客共享的大乐园；和谐幸福大家园，就是以“社会和谐、人民幸福”为目标，建设安居乐业、和谐共生的大家园。

基于这样的定位和目标，我们决不能躺在过去的功劳簿上沾沾自喜，要以坐不住的紧迫感、等不起的责任感、慢不得的危机感，迅速校正定位，对照愿景抓策划、对照先进找差距、对照标准补短板、对照发展挖潜力，撸起袖子加油干、快脱贫、奔小康、迈新程，努力推动全县经济社会发展再上新台阶！

三、打好“六大战役”，加快推进生态文化公园建设

建设生态文化公园，是引领宁远未来发展的行动指南，必须实干为本、精准发力，统筹

"三业""三区""三量"，集中打好"六大战役"，把美好愿景变为美丽实景。

1. 打好城镇提质战役，加快推进城乡一体化。坚持以人民为中心的思想，加快推进以"一城连六乡（镇）接一景促一带"为核心的新型城镇化、城乡一体化，打造产城、景城、城乡三相融合的城乡一体样板区。一要抓"五创"、塑品牌。以创建全国文明城市、国家历史文化名城、国家旅游休闲示范城市、国家园林城市、国家生态文明建设示范县"五大创建"为抓手，打造绿脉、文脉、人脉丰富的国内外知名生态文化旅游山水品质活力城市。全面深化全国文明城市创建，对照测评体系，补齐工作短板，加大公共服务设施建设和文明创建活动开展力度，提升市民文化素质和社会文明程度，推动城市管理服务和文明创建同步提升，确保 2017 年跻身提名城市、2020 年成功创建。启动实施国家历史文化名城创建工作，充分挖掘宁远历史文化中所蕴藏的艺术滋养和文脉搏动，加大濒危文物保护、古街古建筑修缮、非物质文化遗产挖掘等力度，赋予新城古脉，彰显名城风范，确保 2019 年成功创建。谋划推进国家旅游休闲示范城市创建，扎实开展旅游休闲示范镇、示范村、示范景区建设，做大做强旅游休闲支柱产业，确保 2019 年成功创建。大力实施国家园林城市、国家生态文明建设示范县创建，进一步完善中心城区各类绿化规划方案，加快公园、小游园、城市道路、停车场绿化建设，构建"四季有绿、四季有花"的城市色彩，确保 2020 年成功创建国家园林城市，并冲刺国家生态文明建设示范县。要坚持创建为民、注重融建共创，以创建全国文明城市为统揽，把五大创建工作结合起来，统筹一体推进，提高创建效能，放大创建效应。二要抓"五化"、提品质。按照显山、靓水、扩城、提质、增收、创安六大要求，启动实施以城市绿化、美化、亮化、序化、数字化"五化工程"为重点的"县城扩容提质新三年行动计划"。加快城市绿化，按照"遇山留山、逢水绕水、节点造型，保护天然山体、水体、植被和历史文脉"的要求，加强城市规划建成区绿化改造升级，重点抓好"一水两岸三线四园"绿化工程，打造依山傍水、显山露水、顺山顺水的山水城市特质。加快城市美化，以生态修复城市修补"双修"工作为抓手，实施城市"穿衣戴帽"工程，加快主次街道建筑立面、背街小巷改造和地下管廊建设，统筹解决地面、立面、地下的问题，切实抓好以"三纵两横、一江两岸"为重点的街景改造和 21 条主次干道沥青路面，打造一批精品区、精品街。加快城市亮化，注重风格、色彩、文化等元素与城市建筑物相匹配、城市装饰与节能环保相结合，突出桥梁、水系、公园、主要道路、主要建筑等景观改造，实施背街小巷路灯改造工程，消除亮化死角，打造全时段城市景观。加快城市序化，严格落实城市建设规划，加大控违拆违力度，巩固扩大殡葬改革、烟花爆竹禁放成效，深入推进小区整治工作，确保街面有序畅通。加快城市数字化，大力实施"智慧城市""数字惠民"工程，推进政务数据中心与各级各部门系统平台数据融合对接和共享，实现跨层级、跨地域、跨部门、跨业务协同服务和管理，提高城市综合治理能力和水平。三要抓"五建"、提品位。以南部生态文化新城、西部工业新城、特色小镇、美丽乡村、农村环境整治整县推进五大工程为重点，精准发力、深度用力，带动构建多组团、串珠式、网络状的城乡一体格局。加快南部生态文化新城建设，推进"一轴贯通、十字拓展、五大片区"的布局和建设，打造城乡一体示范区、智慧城市样板区、创新创业引领区。加快西部工业新城建设，完善"三纵三横"路网、地下管廊、电力以及商务区、邻里中心等设施，走出产城融合的发展新路子。加快特色小镇建设，简政放权、让利基层，充分调动乡镇（街道）抓小城镇建设的积极性，培植财源，增强内生动力；注重生态立城、依山建城、文化塑城，山区特点、民族特色、时代特征相融合，抓好集镇和集市所在村街道建设，完善停车、养老、市场、学校、卫生、供水等公共服务设施，推进柏家坪新型城镇化试点，建好冷水、仁和、天堂等卫星重镇，太平、清水桥、保安、鲤溪等边贸集镇，九嶷山、湾井、柏家坪等旅游名镇，创建3个市级以上品质活力示范乡镇、3个省级旅游示范乡镇、5个省级生态文明示范乡镇，构建半小时生态城镇群、旅游经济圈。加快美丽乡村建设，启动5个省市美丽乡村示范村建设，完成所有行政村的规划编制、100个村“五化”行动、60个村乡村风貌改造，实现村村有特色、处处皆美景。加快农村环境整治整县推进，深化城乡整洁行动，构建城乡一体垃圾污水治理体系，力争农村垃圾集中处理率达到100%、集镇污水集中处理率达到70%以上。

2. 打好交通提速战役，加快推进基础网络化。以新一轮“三年交通大建设”为抓手，加大交通、水利、能源、信息四大基础设施建设，构建内外联通、安全高效、节能环保的现代基础设施网络体系，打造永州南区域综合交通物流枢纽中心。一要完善跨境、县乡、镇村三级互联互通网。建立以高速、干线、铁路、内河、航空为支撑的现代立体交通网络，实现对外大通畅、对内大循环。全力争取兴永郴赣铁路过境宁远并设站场；争取宁远—道县相向发展纳入省市路网建设重点，搭建快速交通干线，释放“1+1>2”倍增效应，打造永州南副中心。加快实施柏柑公路、湘九公路、仁和至冷水公路、二广高速宁远东互通至天堂公路等干线建设，完成农村公路提质改造工程55公里、安保工程35公里、养护工程2095公里、边界路和断头路畅通工程23公里。加快城乡公交一体化，规划建设以县城为核心，辐射周边乡镇的公交一体化体系，年内开通九嶷山、天堂至县城的公交，构建“半小时经济圈”。二要完善城区、园区、景区三区内部循环网。立足“三区”建设需求，加快道路改造、扩建、提质、畅通建设，构建区内交通微循环体系。城区重点抓好九嶷大道、舜华大道、湘妃大道等8条道路的改扩建和文化路、园丁路、康体路等10条道路的新建，加快推进绿色公交建设，建立自行车慢行系统。园区重点抓好舜德路、宝峰路、嘉芳路等9条道路和冶金工业园6条道路的建设。景区重点抓好九三公路、环山公路建设，启动九嶷山至舜帝陵舜帝大道、湾井至三分石旅游公路、冷九大道和景区空中索道建设。加快航空城、闵丰农产品综合交易中心、永凌物流园和运输场站建设，搬迁湘运车站，建立零换乘、无缝衔接的交通客运网络，填补短线航空、冷链物流空白。三要完善水利、能源、信息三张供给保障网。加快推进涔天河灌区宁远段、金钩挂水库、九嶷山水库、龙形头水库、仁和坝大型水闸以及农业综合开发永佳灌区节水配套改造、凤仙桥中型灌区节水配套改造等重大水利工程，完成1510处“五小”水利设施、5处农村小水电增效扩容改造和神下国家水土保持重点治理工程，启动实施农村饮水安全巩固提升工程，加快城乡供水一体化和城乡水厂提质改造，构建安全可靠的防洪减灾体系、节水高效的供水保障网。加快发展清洁新能源，集中投放贫困户，完成农村电网升级改造，新增沼气池5000口、光伏发电150MW、太阳能路灯1800盏、风电机塔3座，构建供给足、结构优、效率高的现代能源网。加快建设信息基础设施，消除信号盲点，实现移动信号、重点区域无线网络全覆盖，构建高速、移动、安全、泛在的新一代信息网。

3. 打好园区升级战役，加快推进新型工业化。按照产城融合、生态改造、转型升级的要求，深入推进“三百”工程，加快推动规划布局、产业体系、基础设施、管理服务全面升级，打造经济发展带动区、对外开放先导区、绿色发展示范区、现代产业积聚区和城市综合功能区，争创省级新型工业化示范基地、承接产业转移示范区、安全生产示范园区。一要大抓平台建设提升承载力。巩固拓展百亿园区创建成果，把园区与城市建设、产业布局、水电配套统筹考虑、一并规划、同步建设，完善20平方公里园区总体规划，完成调区扩区及区域环评等基础工作，做好“一城一园一区”控制性详规和六大产业规划。启动实施园区基础设施提质三年行动计划，进一步完善水、路、电、污水处理、标准厂房等基础设施建设，以及园区安置、绿化、亮化、娱乐、休闲、康健等公共服务设施，建好安置小区5个、标准厂房30万平方米。创新园区投融资机制，以城建投为龙头，做大做强产建投等实体公司，全面实行市场化运作，深化PPP合作模式，激活民间资本，力争新增融资20亿元以上。理顺园区管理体制，完善绩效评价体系，优化园区服务，抓好简政放权，让园区成为权力下放最多、管得最少、服务最优的地方。深化“监管执法年”活动和安全生产专项整治，加强安全生产标准化建设，确保园区生产安全。二要大抓招商引资增强集聚力。牢固树立开放思维、包容心态，把招商引资作为产业转型升级的“第一工程”、园区扩容提质的“第一菜单”、实体培育壮大的“第一手段”，在全县上下营造大招商、招大商的浓厚氛围，推动优势产业、优势企业、优势资源向园区集中，争当湘南承接产业转移示范区建设排头兵。充分利用国家、省市的重大活动和异地商会等平台，大力开展招商推介活动，组织参与好“港洽周”“中博会”等重大招商活动。充分利用三大工业园区、三大主导产业的积聚优势，突出抓好产业招商，大力发展上下游产业，不断延伸优势产业链。充分利用别具魅力的文化优势、得天独厚的生态优势、联系广泛的人脉优势，大力开展小分队招商、以商招商、以乡招商，引进更多好项目、大项目。建立健全招商引资保障机制，加大涉企收费政策清理和政策激励，重奖招商功臣，促进项目落地、投产达效。力争全年亿元以上项目新签约15个、新开工12个、竣工投产6个以上，利用外资1亿美元以上，内联引资28亿元以上，实现外贸进出口1.3亿美元以上。三要大抓实体经济增强竞争力。突出企业主体地位，大力发展实体经济，提升园区核心竞争力和县域经济抗摔打能力。坚持创新引领，抢抓“工业4.0”“中国制造2025”战略机遇，扎实推进“制造强县五年行动计划”，推动新一代信息技术与产业深度融合，做大做强以福嘉综环科技为代表的有色金属精深加工产业，以亿达自动化为代表的智能制造产业，以硕宁电子为代表的电子信息产业，以华荣鞋业为代表的轻纺制鞋产业，以招商服务中心为代表的楼宇经济等产业，打造产业集群，培育百亿产业、百亿企业。积极对接省里“20个工业新兴优势产业链行动计划”，大力实施传统产业改造提升、新兴产业培育壮大“两大计划”，加快推进机械制造、建材冶金、食品加工等传统产业信息化智能化改造，优先发展智能制造、电子信息、生物医药、新能源新材料等新兴产业，构建现代产业体系。深入实施科技兴企工程，以福嘉综环科技院士专家工作站和省级企业技术中心为龙头，示范带动培育一批具有核心技术的创新型企业，集聚一批优秀科技领军人才和创新创业人才，推动产业链、创新链、资金链、人才链深度融合，打造区域性科技创新基地。力争全年规模工业总产值增长14%以上，新增入统规模企业10家以上，实缴税金2亿以上。

4. 打好旅游升温战役，加快推进消费品质化。全域旅游是宁远发展的最大潜力、最大门路，当前正值最佳发展时期。省“十三五”旅游规划明确，要把九嶷山作为全省十二大旅游功能区、十大生态旅游景区之一来建设，打造国内知名生态文化旅游目的地。市委李晖书记在市五届人大一次会议宁远代表团分组讨论时指出，宁远要做全域旅游的先行者，并提出了“五高”要求。我们要抢抓千载难逢的机遇，认真贯彻落实国家、省市特别是李晖书记的讲话精神，把全域旅游作为今后全县的主导产业来抓，加快九嶷山舜帝陵创国家5A级景区步伐，推动生态文化优势转化为经济发展优势，争创国家级全域旅游示范区、旅游休闲度假区，培育具有宁远特色的品质消费。一要高层次推动全域旅游。按照“产品高端化、业态多元化、市场规范化、服务精细化、品牌国际化”的思路，把全县全域作为一个大景区来规划建设，培育做大“锦绣潇湘、九嶷圣地”旅游品牌。坚持政府主导、规划引导、策划先行，突出全域一体、城乡统筹、区域协调，贯彻全景、全时、全业、全民理念，高水准完成全域旅游总体规划、专项规划、控制性规划和详细性规划，致力打造“处处是景、时时见景、触景生情”和“旅游即宁远、宁远即旅游”的旅游印象，推动实现由旅游观光型向休闲度假型、资源开发型向深度融合型、市场开拓型向规范管理型、数量规模型向质量效益型“四个提升”，把旅游打造成百亿产业，引领后工业时代。二要高品质打造全域景观。按照“大手笔、快建设、慢享受”的要求，以九嶷山舜帝陵创国家5A级景区为龙头，突出做好点、线、面三个层次的文章，抓住九嶷山景区这个核心，建设以多处特色旅游景点、多条精品旅游路线、多个景区微旅游面为支撑的旅游全域景观。今年重点做好九嶷山创国家风景名胜区、国家级文化保护单位、省级森林康养基地和鲁观风情小镇、下灌古村等一批星级景区创建工作，扎实推进九嶷山舜帝陵、下灌片区、灌溪仙境、鲁观风情小镇、三分石、仙子山等九大景区建设，精心打造春水河畔乡村旅游、十里画廊休闲旅游两条精品线路，建成运营大型综合游乐园、玉琯湖水上乐园，规划建设九嶷山综合旅游休闲度假区。坚持走市场化路子，充分发挥旅建投、灌溪旅游公司等平台作用，引进有实力、善经营、讲诚信的战略投资者，对优质资源进行整体开发经营，大手笔、大片区、大规模地打造大品牌景区。加强与周边景区的整合联接，力促构建以宁远为中心、辐射周边的大九嶷山旅游圈，打造集生态旅游、祭祖祈福、休闲度假等多业态于一体的复合型旅游胜地。三要高标准优化全域环境。着力优化旅游硬环境，加快游客服务中心、生态停车场、观景台、自驾车营地、露营基地、民俗酒店、星级宾馆、公共厕所等建设，完善景区交通基础设施和配套服务设施，把九嶷山打造为集自驾车游、文化生态、户外运动、乡村体验、山地度假五大休闲功能于一体的大本营；加快智慧旅游建设，完善“智慧旅游”信息平台，推动实现旅游服务便捷化、企业运营数字化、旅游管理智能化。着力优化旅游软环境，加大高级管理人才、规划设计人才、专业外语导游等紧需人才的引进和培训，全面提高旅游从业人员队伍的综合素质和服务水平；加强旅游行业监管，构建畅通无碍、快速处置的投诉反馈机制，依法加强旅游市场执法检查，构建公平公正公开的旅游环境；加强对群众的教育和宣传发动，以开放的心态、热情的服务接待各方游客，做到“人人是全域旅游形象、个个是全域旅游使者”。四要高水平彰显全域文化。大力推进文旅深度融合，深度挖掘宁远的历史文化底蕴，主打舜文化品牌，统筹做好孔儒文化、麻将文化、民俗文化、美食文化等文化的保护传承、挖掘开发、宣传推介，精细融入到建筑、园林、雕塑、产品等各个方面，让每一个景观都有根有魂、有个性有品位、有魅力有活力。大胆以国际化思维和全球化视野，引入高端团队，精心组织策划营销卖点，打造几个令人震撼的景观景象和旅游活动，推动旅游品牌提档升级。年内争取举办全国文庙研究论坛、全省国际旅游节开幕式或闭幕式、永州市公祭舜帝大典、舜文化乡村旅游节等活动，扩大宁远旅游的知名度、美誉度和影响力。五要高效益促进全域共享。依托九嶷山舜帝陵全国景区带村旅游扶贫示范项目，以下灌、西湾、牛亚岭等17个全国乡村旅游扶贫重点村为试点，结合异地扶贫搬迁“就景”安置，探索以村为单位组建旅游合作社，引导群众参与入股分红、发展民俗饭店、风情客栈等，促进全民共建共享，释放全域旅游的社会效益和经济效益。全力做好“旅游

+”文章，加快旅游与一二三产业融合发展，培育航空旅游、体验旅游、乡村旅游等新业态，带动电子商务、健康养老、冷链物流等服务业发展，延伸旅游产业链。抓住被列为全省电商扶贫和农村电子商务推进工程重点县的契机，统筹推进全域旅游、电子商务、精准扶贫，确保119个贫困村电商服务站建设全覆盖，争创国家电子商务示范基地、国家电商扶贫示范基地。

5. 打好脱贫摘帽战役，加快推进农业现代化。脱贫摘帽是今年的首要政治任务、一号民生工程。必须举全县之力，坚决打赢这场必须打赢的攻坚战，并以此推动农业农村大发展，确保所有贫困村全部退出、36132人脱贫，贫困发生率控制在1.17%以内，实现“一超过两不愁三保障”，保持全省脱贫攻坚先进县。一要突出产业扶贫“造好血”。坚持“四跟四走”“四宜”原则，大力发展烤烟、水稻、油茶、茶叶、生猪等优势产业，注重培育乡村旅游、电子商务、光伏发电、温氏养殖等特色产业，做大做强九嶷素米、九嶷山兔等“九嶷”系列品牌，探索推进贫困户分户种养帮扶产业，实现“村有一个特色产业、户有一座种养棚圈、人有一项致富技能”，确保所有贫困村集体经济收入达到4万元以上，农村居民人均可支配收入达到1.3万元以上。建立完善产业扶贫利益联结机制，大力推行“合作代工、贴牌生产、互利互赢”“公司+专业合作社+基地+农户”等模式，让贫困户既能通过生产资料入股分红，又能通过参与农业产业化建设固定取酬。抓住产业扶贫的有利契机，大力推进农业供给侧结构性改革，优化农业产业、生产、经营三大体系，加快发展生态农业、休闲农业、智慧农业，引导农村土地有序流转，新增流转土地10万亩以上，确保60%以上贫困户的土地资源得到激活并取得收益；加快“农旅一体化”步伐，抓好农科园、林科园、刘家洲休闲农庄等项目建设，做大休闲观光体验式农业；加快新型经营主体培育，通过龙头企业、专业合作社、专业大户、家庭农场的示范带动作用，拓宽农民增收渠道。力争全年新增规模农产品加工企业6家、市级以上龙头企业10家、标准化种养基地5个、专业合作社60家、种养大户200户、家庭农场50个以上，培育一支有文化、懂技术、会经营的新型职业农民队伍。二要突出易地搬迁“搬好家”。把异地扶贫搬迁作为帮助搬迁群众调整产业结构、拓宽就业渠道和推进小城镇、美丽乡村建设的重要抓手，“挪穷窝”，“拔穷根”，确保完成14764人易地搬迁任务，实现搬迁率100%。要敢于担当，寻求政策红线和改革前沿之间的最大公约数，最大限度减少贷款资金沉淀，最大力度加快异地扶贫搬迁步伐，让群众得到更充分的财产权利和经济实惠。要严格标准，按照“五就”原则，因地制宜选择搬迁方式和安置地点，合理确定搬迁规模、搬迁对象、实施进度，严格控制搬迁标准、搬迁成本，确保11月底前全部入住。要敢于创新，通过“搬迁+园区、搬迁+旅游、搬迁+小城镇”等创业就业政策，促进产城融合、景城融合、城乡融合，确保建得起、搬得出、住得进。要聚力短板，加大以贫困村为重点的农村基础设施建设，全面完成所有贫困村民居改造、五化行动、危房改造、安全饮水、电网升级、通讯覆盖等建设。要大胆探索，做活异地搬迁后原有住房所有权、经营权、受益权“三权”文章，既确保政策执行到位，又充分盘活资源，让贫困对象长期受益。三要突出资金整合“用好钱”。要立足“合”筹好资金，抢抓金融扶贫政策机遇，按照应放尽放的要求，千方百计扩大扶贫小额信贷和特色农业经营主体贷款规模，让贫困群众有更多的钱投入到发展产业上，确保新增扶贫小额信贷2亿元以上；建立健全脱贫攻坚多规划衔接、多部门协调长效机制，将扶贫信贷资金、专项扶贫资金和社会帮扶资金捆绑集中使用，集中投向贫困村和贫困户，发挥好资金的叠加效应，力争全年投入扶贫资金20亿元以上。要立足“扶”用好资金，加大对贫困村水电路讯等基础设施、农村综合服务平台等公共服务设施的投入，补齐补强短板。要立足“稳”管好资金，坚持放管结合，注重防范资金风险，开展小额信贷投放、使用、分红情况专项清理，实行严格的贷后管理和评价机制，保障贫困户切身利益。四要突出压实责任“管好人”。建立健全责任清单、任务链条，各帮扶单位必须安排骨干力量和后备干部充实到脱贫攻坚一线，各级各部门必须切块30%的工作经费用于脱贫攻坚工作，各乡镇（街道）必须按照1∶200户标准配备扶贫专职工作力量，各驻村工作队必须不折不扣落实20天驻村时间要求。建立健全督查巡查机制，实行一月一督查一抽查一通报，督查抽查情况直接与年终绩效考核挂钩。建立双向激励机制，对连续两年被评为先进的单位和个人，单位“一把手”和个人列为提拔重用对象，年度绩效考核定为优秀；凡是在县内阶段专项检查中，完不成任务且排倒数前2名的，一律进行约谈问责；凡是在市以上专项检查中，被通报批评的，两年内一律不得评先评优或提拔重用；凡是在年终考核中，影响全县脱贫摘帽的，一律免职。同时，抓实农村精神文明建设和文明创建工作，加大精神扶贫力度，在全社会营造光荣脱贫、脱贫光荣的良好氛围；抓好教育扶贫、劳务协作、大病医保、兜底保障等措施，让贫困群众共享改革发展红利，在纵深推进全面小康宁远进程中有更多获得感和幸福感。

6. 打好环境治理战役，加快推进环境大优化。环境是竞争力，也是生产力。要把优化环境作为宁远的当务之急来抓，打造山清、水秀、地干净、人文明、治安好、服务优的崭新宁远。一要建设绿色宁远。坚持“绿水青山就是金山银山”的发展理念，加快推进“四大‘国字号’工程”，努力让好山好水、好空气、好风光遍布九嶷大地，让老百姓享有更多“绿色福利”。突出抓好“碧水”行动，深入实施湘江保护和治理第二个“三年行动计划”、水污染防治行动计划、“四水”流域生态治理工程，加大工业废水、生活污水处理和畜禽养殖污染治理，完成100个村农村污水治理、7个水库水源保护规划以及千人以上农村集中式饮用水源保护区技术报告编制。突出抓好“蓝天”行动，加强工业企业大气污染防治，做好莲花水泥粉尘污染治理，开展燃煤锅炉污染、饮食行业油烟污染、秸秆禁烧整治行动，永续保存蓝天白云。突出抓好“净土”行动，加快推进土壤污染治理与修复试点、九嶷山原铅锌矿区和中和笔架山原锑铜矿区尾砂综合治理，建立健全化肥、农药行业生产监管体系、产品追溯体系和农村垃圾收运处理体系，保持土壤安全。突出抓好“绿地”行动，扎实开展国土绿化行动，全面封山育林、禁伐限伐，建好九嶷河湿地公园，完成100个秀美示范村庄建设以及人工造林、石漠化治理、通道绿化等任务，增强大自然自我修复功能。二要建设高效宁远。着力提升政务效率，按照“能简则简、能放则放、能合则合、能快则快”的原则，大力推进行政审批制度改革，积极推行“互联网+政务服务”模式，进一步完善“三单”管理，切实减少审批事项、精简办事环节、优化服务流程，让宁远成为办事最简、效率最高、收费最少、服务最好的地方。要规范政务行为，坚持依法行政、依法办事，抓好电子政务、网上政务和电子监察工作，建立“政务公开负面清单”制度，弘扬诚实守信的良好风尚，确保权力公开透明运行。要塑造廉政形象，完善涉企检查、收费、处罚准入制度，规范企业、项目检查调研等活动，严查“索、拿、卡、要”等破坏经济发展环境的行为，真诚坦荡地同民营企业接触交往，全面构建“亲”“清”新型政商关系。三要建设平安宁远。深入推进依法治县，加强和完善社会治理和治安防控两大体系，努力营造办事依法、遇事找法、解决问题用法、化解矛盾靠法的法治良序。进一步创新城乡网格化管理模式，全面推行“1+N”组团式服务，做好基础数据库建设，提高现代化治理能力和水平。加强以网格化、信息化、法治化、实名制为重点的社会治安防控体系建设和虚拟社会管理，持续开展整治“三强三堵”和打击“两抢一盗”、黑恶势力、黄赌毒等专项行动，依法打击和妥善处置非法集资、电信诈骗等涉众型犯罪，全力维护社会安全，保持全省平安县。健全统一权威的食品药品安全监管体系，确保群众“舌尖上的安全”。严格落实安全生产责任，加强重点领域重点行业的监管，强化企业的主体责任，预防和减少安全事故，严防重特大安全事故发生，争创全省安全生产示范县。

四、强化“三个着力”，促进经济持续健康快速发展

紧紧抓住项目、改革、民生三大关键性举措，推动稳增长、调结构、促改革、惠民生、防风险五项工作和“六大战役”落到实处、落地见效。

1. 着力抓项目强推力。牢固树立“项目为王”意识，把项目作为推动我县发展的首选推力，坚持各项工作项目化，以大项目带动大投入，以大投入推动大发展。一要全力以赴上项目。紧紧围绕县第十二次党代会确定的目标任务和“六大战役”决策部署，找准我县需求与国家政策支持的结合点、对接点和兴奋点，有针对性地研究谋划一批辐射面广、带动能力强的重大项目，切实抓好项目前期，做好谋划、包装和对接，争取更多的大项目、好项目进计划“笼子”、进规划方案、进领导讲话。力争全年申报项目200个以上、争取到位资金20亿元以上。二要全力以赴建项目。按照“六大战役”的要求，全年谋划实施重点项目120个，总投资384.7亿元，年度完成投资103.75亿元。要推动这些重点项目落实，必须坚持“快”字当头，以“快”抢机遇，向“快”要效益。巩固拓展与中科健、太平洋、湖南建工等央企、国企、名企合作成果，积极推进更多项目采用PPP模式加速建设进程。重点抓好南部生态新城、中华水街、新一中等35个城镇提质项目，抓好九嶷大道、湘九公路、绿色公交等12个交通提速项目建设，抓好西部工业新城、江博士鞋厂、标准厂房等22个园区升级项目建设，抓好九嶷山创国家5A景区、鲁观风情小镇、下灌创国家历史文化名村等17个旅游升温项目，抓好农村综合服务平台、异地扶贫搬迁、农村“五化行动”等22个脱贫攻坚项目建设，抓好农村环境综合整治整县推进、林业科技示范园、九嶷山湿地公园等12个环境治理项目，力争早落地、早开工、早投产、早达效。三要全力以赴推项目。各级各部门都要在项目建设主战场，各出奇招、各展所长、各显身手，掀起项目建设的热潮。领导干部既要当好当项目策划人、设计师，更要当好项目推进者、参与者，经常深入一线亲力亲为抓项目、扑下身子抓落实，确保项目一抓到底、抓出成效。要深入开展企业服务年活动，严格执行重点项目“三定四包”责任制和“五个一”推进机制，着力解决好项目建设中的前期审批、要素保障等问题。要充分发挥城建投、农建投、产建投、旅建投等平台作用，抢抓国家实施积极财政政策和稳健货币政策的机遇，加大融资融建力度，当好“三区建设”“六大战役”的发动机、推土机。

2. 着力抓改革激活力。精准对接发展所需、基层所盼、民心所向，在全面深化改革上持续发力，深度释放改革红利。一要扎实推进供给侧改革。认真落实“三去一降一补”重点任务，从提高供给质量出发，以整合升级去产能、推进房地产去库存、盘活企业去杠杆、帮助企业降成本、多头并举补短板为重点，用改革的办法推进结构调整，矫正要素配置扭曲，扩大有效供给，提高供给结构对需求变化的适应性和灵活性，更好满足广大人民群众的需要和经济持续健康发展需求。二要稳步推进关键性改革。认真抓好中央“四梁八柱”性改革和省市8大类改革任务的对接落地。继续深化以行政审批制度改革为重点的行政管理提质改革、以城乡网格化建设为重点的社会治理机制改革、以农

村土地“三权分置”为重点的农村产权制度改革。大力实施“6+X”改革，为推进“六大战役”扫清体制机制障碍。统筹抓好财税投融资、放管服、价格、养老等制度改革，最大限度激发市场活力。三要积极推进探索型改革。积极对接省市各类改革试点，突出在农村“三地”、农村党支部书记专职化、新型村级集体经济等方面加大探索创新力度，力争推出更多的“宁远模式”“宁远样本”“宁远特色”。党政主要负责人要把改革放在更加突出位置，不仅亲自抓、带头干，还要勇于挑最重的担子、啃最硬的骨头，做到重要改革亲自部署、重大方案亲自把关、关键环节亲自协调、落实情况亲自督察，确保各项改革举措落地生根。

3. 着力抓民生聚合力。越是经济下行压力较大，越是财政收支矛盾突出，越是要坚持以人民为中心的发展思想，尽心竭力保障改善民生，为发展争取最大支持、凝聚最大合力。一要健全五大保障体系。进一步完善就业、社保、救助、福利、优抚等保障体系，兜底线、保基本、增福祉。实施积极的创业就业政策，促进大众创业、万众创新，新增城镇就业5700人，农村劳动力转移就业6500人，就业创业培训7500人，发放创业担保贷款3000万元以上，争创省级创新创业型城市。启动实施全民参保登记计划，拓宽社会保险覆盖面，做好城乡居民养老保险、扶老救孤、助残助幼等工作，加大城乡困难群众救助力度，加快社会福利中心建设和乡镇敬老院改造升级，织密扎牢民生保障网。实施好乡村儿童联合公益项目，加强留守儿童关怀，争创儿童友好型城市。二要实施三个行动计划。把老百姓最需解决的问题作为我们工作的出发点和落脚点，大力推进城乡学位建设、城乡医院床位建设、农村综合服务平台建设三个“三年行动计划”，着力解决上学难、看病难、办事难等民生紧要问题，力争三年新建各类学校11所、学位48745个；新建城乡医院8家、扩建住院大楼10家、标准化改造13家，新增床位1789张；新建或改扩建农村综合服务平台360个。坚持一把手亲自抓、负总责，推动人口和计生工作在省市晋级升位，促进人口长期均衡发展和家庭和谐幸福。深入实施省级公共文化服务体系示范区创建，抓实文体惠民、文艺精品、文产提速、文市规范、文遗保护“五大工程”，提高宁远文化软实力，不断满足人民群众日益增长的精神文化需求。三要抓好十件惠民实事。按照“尽力而为、务求实效”的原则，在完成省定为民办实事任务的基础上，重点抓好城区中小学学位及城乡公办幼儿园建设、学校（单位）食堂标准化建设、农村老年人健康服务“三年行动计划”、行政村污水治理和环境综合整治、卫生所（社区服务中心、行政村卫生室）标准化建设、标准化农贸市场建设、棚户区改造、停车位建设、背街小巷改造、农村安全饮水工程十件惠民实事，千方百计增添群众幸福元素。

五、全面从严治党，提高领导经济发展的能力水平

做好经济工作，关键在党，关键在各级党组织、在各级党员干部。要把全面从严治党要求体现在党领导经济工作之中，为经济发展提供坚强保证。

1. 保持定力、集中精力谋发展。经过这些年来的探索实践，我县在经济增量提效、产业转型升级、城乡扩容提质、生态治理保护、民生保障改善等各个领域，总结提升出了系列切合宁远实际的发展思路和工作举措，实践证明科学可行，有力促进了全县经济社会发展。我们要始终保持定力，坚持发展第一要务，紧紧扭住经济建设这一中心不动摇，一心一意搞建设，心无旁骛抓发展。决不能因为经济下行、速度调档，就缺失信心、甘于落后；决不能因为困难较多、底子还薄，就怨天尤人、自缚手脚；决不能因为杂音扰耳、旁敲侧击，就胆小怕事、明哲保身；决不能因为人事调整、进退流转，就心浮

气躁、消极怠工。特别是不能因为去年一些工作排位变化而慌神不知所向、自己否定自己，而要“不管风吹浪打，胜似闲庭信步”，不动摇、不懈怠、不折腾，一张蓝图干到底，一以贯之干下去。集中精力把经济工作抓实抓好，把“六大战役”打赢打好，真正做到为官一任、兴业一方、造福一方，以我们的辛苦指数换来人民群众的幸福指数。

2. 改进作风、提升能力促发展。“六大战役”是检验干部作风和能力的试金石，项目建设是检验干部作风和能力的赛马场。作风好不好、能力强不强，要在“六大战役”中试一试、在项目建设上比一比。我们要彻底摒弃动嘴不动手、动眼不动脚、动心不动行的固症顽疾，经常深入基层一线、战役前线，主动与群众交朋友、与矛盾打交道，敢于与急难险重比功夫、与疑难杂症比招数，在推动发展、破解难题、服务群众中增长才干、提高能力。为调动和保障干部干事创业积极性，县委将出台“十个一律从严处理”，建立容错纠错、鼓励干部担当作为、诽谤诬告干部行为查处等机制，从制度层面推动“为官有为”“为官敢为”，形成“允许出错、宽容失败、包容失误；不容不为、鞭挞慢为、严处乱为”的常态长效机制。对推进改革中因缺乏经验、先行先试出现的失误和错误，上级尚无明确限制的探索性试验中的失误和错误，为推动发展的无意过失，要落实“三个区分开来”原则，免责或从轻、减轻处理。对违反“十个一律从严处理”，特别是不作为、慢作为、乱作为的，影响全县创先争优、影响宁远形象、损害群众利益的，一律实行“斩立决”。对捏造歪曲事实、干扰换届选举和干部选拔任用工作，已有明确结论仍反复诽谤、诬告陷害他人的，必须从重处理，狠刹歪风邪气，激扬清风正气。要通过开展作风建设“春雷”行动，查处一批典型案例，在全县掀起一场作风整顿大风暴，树立起“为官须有为、不为须问责”的鲜明导向。

3. 创先争优、精准发力推发展。宁远的各项工作要在2017年全面突进、全面突破，在全市领先、全省创先、全国争先，必须树牢品牌意识、发扬工匠精神，规定动作打满分、自选动作多加分，每个单位每一年都要拿得出在市级以上排得上、叫得响的亮点工作、特色工作，多创“省字号”“国字号”品牌。各级各部门要积极向上对标抓工作，始终保持比学赶超、创先争优的精神，经常排一排自己在同类地区、同行业中处于什么位次，看一看别人服务企业、推动发展有什么先进经验，想一想如何把中央、省市和县委政府的决策部署坚决贯彻到位，如何把人民群众的反映诉求尽快解决到位，确保各项工作高质量高效率落实。各级党员干部要自我加压提标抓工作，始终保持奋发有为、起跳赶超的状态，以勇于超越的胆略和矢志奋斗的气魄站排头、争第一，把更多的不可能变为可能，把更多的偶然变为必然。各级领导干部要率先垂范立标抓工作，发扬“我来干、跟我上”“定了干、马上办”的作风，结合实际把经济工作目标任务一项一项抓落实抓到位，在推进“六大战役”“三个着力”等各个方面当好“火车头”，争做“领跑者”，示范带动形成共促发展的强大合力。

同志们，回望2016，成绩来之不易；展望2017，前景更加光明。让我们紧密团结在以习近平同志为核心的党中央周围，坚定信心、奋勇争先，干在实处、走在前列，加快建设宜居宜业宜游生态文化公园，以经济社会发展的新气象、新作为、新成就，迎接党的十九大胜利召开！

名词解释：

1. 三业：新型工业、现代农业、现代服务业。

2. 三区：城区、园区、景区。

3. 三量：经济总量、发展质量、人均均量。

4. 三项改革：行政管理体制改革、农村产权制度改革、社会治理体制改革。

5. 三项优先：生态优先、教育优先、就业优先。

6. 一学二比三提升：一学，即学习近平总书记系列重要讲话精神；二比，即比干事创业、比廉洁从政；三提升，即提升班子战斗力、提升干部执行力、提升发展软实力。

7. 一城连六乡（镇）接一景促一带：一城，即县城；六乡（镇），即天堂、冷水、禾亭、仁和、湾井、九嶷山；一景，即九嶷山大景区；一带，即永连公路经济带。

8. 一水两岸三片四园：一水，即泠江河；两岸，即泠江河两岸；三片，即公安局—国际大酒店片、农业局—二中片、原人武部—招待所片；四园，即印山公园、莲花山公园、九狮岭公园、狮子山公园。

9. 一轴贯通、十字拓展、五大片区：一轴贯通，即以九嶷大道为中轴；十字拓展，即以九嶷大道与宁嘉公路复线为骨架，向东西南北拓展；五大片区，即政务文化区、现代商务区、文化旅游区、生态居住区、商贸物流区。

10. 三纵三横：三横，即廊清路、朝阳路、宝峰路；三纵，即舜华大道、兴工路、嘉芳路。

11. “三百”工程：百亿园区、百亿产业、百亿企业。

12. 一城一园一区：一城，即西部工业新城；一园，即台湾工业园；一区，即循环经济区。

13. 一超过两不愁三保障：一超，即贫困家庭当年人均纯收入稳定超过国家扶贫标准线；两不愁，即不愁吃、不愁穿；三保障，即保障其义务教育、基本医疗和安全住房。

14. 四跟四走：资金跟着贫困对象走、贫困对象跟着能人走、能人跟着产业走、产业跟着市场走。

15. 四宜：宜种则种、宜养则养、宜工则工、宜商则商。

16. 五就：就城、就镇、就园、就村、就路。

17. 四大“国字号”工程：推进国家生态文明示范工程试点县、国家主体功能区建设试点示范县、国家级重点生态功能县、湘江源头国家生态文明先行示范区建设。

18. 四水：舂水、泠水、仁水、九嶷河。

19. “三单”管理：权力清单，做到法无授权不可为；负面清单，做到法无禁止皆可为；责任清单，做到法定责任必须为。

20. 三强三堵：三强，即强买强卖、强揽工程、强行阻工；三堵，即堵桥、堵路、堵门。

21. PPP 模式：指政府与私人组织之间，为了提供某种公共物品和服务，以特许权协议为基础，彼此之间形成一种伙伴式的合作关系，并通过签署合同来明确双方的权利和义务，以确保合作的顺利完成，最终使合作各方达到比预期单独行动更为有利的结果。

22. 五化行动：绿化、亮化、美化、净化、序化。

23. 三定四包：三定，即定牵头领导、定责任单位、定工作职责；四包，即包年度投资到位、包序时进度到位、包问题解决到位、包责任落实到位。

24. 五个一：一个项目、一名领导、一套班子、一套方案、一抓到底。

25. 三个区分开来：把干部在推进改革中因缺乏经验、先行先试出现的失误和错误，同明知故犯的违纪违法行为区分开来；把上级尚无明确限制的探索性试验中的失误和错误，同上级明令禁止后依然我行我素的违纪违法行为区分开来；把为推动发展的无意过失，同为谋取私利的违纪违法行为区分开来，保护那些作风正派又敢作敢为、锐意进取的干部。

宁远县人民代表大会常务委员会工作报告

——2017 年 12 月 26 日在县第十七届人民代表大会第二次会议上

县人大常委会主任　张明贵

各位代表：

我受宁远县第十七届人民代表大会常务委员会的委托，向大会报告换届以来的主要工作，并对明年的工作提出建议，请予审查，并请列席人员提出意见。

一、换届以来所做的主要工作

去年 11 月换届以来，在县委的坚强领导和市人大常委会的精心指导下，县人大常委会紧紧围绕全县改革发展稳定大局，依法行权，扎实履职，为推进民主法治建设，推动全县经济社会协调健康发展作出了积极的贡献。

（一）坚持党的领导，主动担当作为

县人大常委会始终把坚持党的领导贯穿于人大依法履职的全过程，竭力将党委的意图和主张通过法定程序成为国家意志和全县人民的自觉行动。始终坚持围绕经济社会发展主题，民主法治建设主线，民生民利改善主旨，主动担当作为，恪守监督之责，推动了县委重大决策和县人大及其常委会决定、决议的贯彻落实，促进了“一府两院”依法行政、公正司法，维护了社会公平正义，保证了法律法规正确有效实施。

1. 依法科学行使重大事项决定权。坚持“抓大事、议大事、决大事”，不断完善调查研究、群众参与、集体行权的决策机制，适时就涉及全局性、根本性和长远性的重大问题，以及人民群众普遍关注和迫切要求解决的问题作出决定、决议。先后对景区带村、做大做强工业园区、财政预算及调整、精准扶贫、“七五”法治宣传教育规划、文化生态特色城镇建设（一期）和光伏扶贫电站建设资金列入财政预算、九嶷河湿地公园管理办法（试行）等作出决定、决议 10 余项，为全县经济社会发展提供了政策和法律支撑。同时，县人大常委会对所交办的精准扶贫、农村产权制度改革、非法客运问题和农村饮水安全等决定、决议、交办函进行了一次“回头看”，持续跟踪问效，取得了明显效果。

2. 依法认真做好人事任免工作。坚持党管干部和人大依法任免有机统一，严格按照《组织法》《选举法》的有关规定，依法办理人事任免事项 87 人次，其中任命副县长 2 人次，人大委室和街道工委正副主任 5 人次，新一届县政府工作部门负责人 26 人次，法院工作人员 26 人次，检察院工作人员 5 人次，接受辞职 22 人次，补选市人大代表 1 人次，实现了党委意图与人民意志的有机结合，为宁远经济社会发展提供了可靠的组织保障。同时，组织县人大常委会任命人员公开向宪法宣誓，增强其宪法意识和自律意识。

3. 依法加强和改善监督工作。监督是宪法和法律赋予人大的一项十分重要的职权。我们按照“围绕大局、突出重点、创新方式、注重实效”的工作思路，综合运用听审报告、调查、视察、执法检查、工作审议、代表评议、询问、专题询问、民意测评和履职票决等经常性监督的方式方法，适时运用质询和特定问题调查甚

至撤职等刚性监督的手段，增强了人大监督工作的力度和实效。省人大常委会主办的《人民之友》杂志以《宁远县：敢于担当　切实履行监督职能》为题进行了专题推介，在今年全国人大举办的县级人大常委会负责同志学习班和市里召开的县乡人大工作推进会上，我县都作了典型发言。一是围绕专题听审抓监督。听取和审议了“一府两院”及其有关部门关于财政预决算、计划和审计、农村产权制度改革、代表议案建议批评意见办理情况、行政诉讼工作情况、查处和预防职务犯罪工作情况等专项工作报告，在听审中查问题、找差距、建忠言、献良策，有力地推动了“一府两院”的工作。二是围绕工作审议抓监督。今年对县房产局、水利局、人社局、地税局等四个百姓关注度高、牵涉面广的单位开展了工作审议。通过广泛征求意见，坚持问题导向和实事求是原则，实打实梳理，面对面交办，促进了被审议单位正视问题，真抓实改。三是围绕民生民利抓监督。深入开展“民族团结进步行”、“三湘农民健康行”、“农产品质量安全行”和“环保世纪行”等“四行”活动，督促政府围绕“生态、安全、健康、和谐”主线，促进人与社会、人与自然和谐发展。聚焦非法客运、农村饮水安全、公共卫生管理、教育教学改革和房地产开发小区等与老百姓息息相关的身边事，深入开展调查研究，着力进行督查督办。针对客运市场管理中存在的突出问题，提出了“像抓禁放烟花爆竹那样”加大非法客运整治力度的建议；针对农村饮水安全工程中存在的突出问题，提出了加大投入、加快半拉子工程扫尾、建立健全长效管护机制、加快城乡供水一体化进程等建议；针对公共卫生管理存在的突出问题，提出了优化医疗资源配置、落实政府投入机制等建议；在教育教学改革的问题上，对柏万城完小在培养学生自主管理能力、开展四环节教学改革，开发“七个一”校本特色课程等方面取得的成效进行了全面总结，通过解剖麻雀，以小见大，要求县政府和教育行政主管部门以柏万城完小为标杆，深化课研课改，加强队伍建设，推动全县教育事业均衡快速发展；针对房地产开发小区存在的违规建设、管理混乱、无序发展等突出问题，县人大常委会在县委的安排下牵头对55个房地产开发小区开展集中整治，目前，已取得明显成效，社会反响很好。四是围绕民主法治抓监督。听取和审议了县政府关于“六五”普法规划实施和“七五”普法工作安排情况汇报，作出了《关于在全县公民中深入开展法治宣传教育第七个五年规划的决议》，推动了学法普法工作向纵深发展。先后开展了《行政诉讼法》《大气污染防治法》《道路交通安全法》《农产品质量安全法》《食品安全法》和《湖南省食品生产加工小作坊和食品摊贩管理条例》等法律法规的执法检查，强化了县政府及其部门的守法护法意识。对“一府两院”及各乡镇（街道）、各部门贯彻落实《湖南省实施宪法宣誓制度办法》情况进行了督查，促其组织举行任命人员向宪法宣誓仪式，增强被任命人员的宪法意识和自律意识。配合市人大常委会完成了《永州市公园广场管理条例》《永州市城市市容和环境卫生管理条例》的立法征集意见工作，共提出修改意见、建议45条，为两个“条例”的完善提供了可资参考的意见。进一步完善规范性文件报送制度，全年接收县政府和乡镇（街道）人大的规范性文件备案8件，所有备案件都进行了登记和审查，并统一立卷归档。五是围绕财政审计抓监督。严格按照新《预算法》的规定开展预算审查监督，加强对年初预算的审查，规范预算编制工作，减少预算调整和追加，强化收入征管，优化支出结构，保障民生投入，严控“三公”经费，强化绩效管理，切实做到收入一个笼子，预算一个盘子，支出一个口子。听取和审议审计工作报告指出问题的纠正情况和处理结果的报告，对审计反映出来的问题进行跟踪调查和分析研究，督促被审计单位限期整改。

4. 努力完成县委的中心工作任务。县人大常委会坚持把推动县委重大决策实施和全县重点工作落实作为着力点，始终与县委思想同心、目标同向、工作同力，率先垂范，主动作为。领导班子成员按照县委的分工，带领广大人大代表和人大工作者，积极投身“脱贫攻坚”、“城镇提质”、“旅游升温”、“交通提速”、“环境治理”、“园区升级”等“六大战役”，深入企业、工地、农村、农户，集思广益谋发展，创新思路解难题。今年重点引进了中民筑友落户工业园，推动了世纪汇、幕铭建材、西湾乡村旅游、刘家洲生态休闲农庄、状元府休闲度假山庄等项目加快建设。特别是在脱贫攻坚中，进村入户听民声，尽心竭力解民忧，一村一对策、一户一办法，在基础设施、产业发展、易地扶贫搬迁等方面为贫困村、贫困户解决了许多实实在在的问题，得到了群众的认可和赞许。

（二）坚持代表主体，致力作用发挥

县人大常委会始终把尊重代表主体地位、发挥代表职能作用作为“重头戏”，着力在提高代表素质、创新履职平台上下功夫，积极做好联系代表、服务代表的各项工作，努力激发广大代表参与管理国家事务的主动性和能动性。

1. 提升代表履职能力。县人大常委会高度重视代表的学习培训工作，将代表学习与代表履职有机融合，把分散培训和集中培训相结合、个人自学和专题讲座相结合，多渠道、多形式为代表“充电”。今年3月和5月，分两批组织290多名县人大代表到浙江大学进行了初任培训，通过学习培训，深化了代表对人民代表大会制度和人大工作的理解和认识，增强了代表意识，强化了代表责任。

2. 激发代表履职热情。坚持“三个面对面”办理代表议案建议，着力深化“主任领衔、县长领办、部门承办、委室督办、代表问效”的长效机制，努力把代表议案建议办理落到实处。全年重点抓了《关于大力实施“景区带村”旅游扶贫项目，助推九嶷山片区精准扶贫的议案》《关于做大做强工业园区，引领工业经济新跨越的议案》等大会议案的督办，继续在每个乡镇（街道）确定了1个群众呼声大、影响广的建议进行重点督办，取得了实效。县十七届人大一次会议收到的233件议案建议，交办率、见面率、答复率、反馈率和满意率较上年度都有新的增长，有力地促进了全县的经济社会发展。大力开展优秀人大代表、先进人大工作者和优秀议案建议评选活动，并将5名县人大代表的优秀事迹在县电视台进行展播，努力营造了“学先进、赶先进、创先进”的良好氛围，大大提高了广大代表的履职积极性。

3. 夯实代表履职平台。坚持邀请县人大代表列席县人大常委会会议，参加常委会组织的调研、视察、执法检查等活动，为代表知情知政、履行职责创造条件，并通过县人大网、人大代表微信群和发送电子邮件等形式向代表定期或不定期通报县人大常委会的重要活动安排、审议意见及建议办理等情况，畅通社情民意表达渠道。不断完善代表工作室，为代表履职和联系选民拓展了空间。大力引导和推动开展代表小组活动，为代表学习交流、集体开展活动拓宽了渠道。积极争取将代表活动经费列入财政预算，为代表开展活动提供了必要的经费保障。

4. 加强代表履职管理。进一步修改完善了《宁远县人大常委会组成人员联系县人大代表的意见》《宁远县人大代表联系人民群众的意见》《宁远县人大代表小组活动制度》等制度，深入开展“双联”工作，推动常委会组成人员与代表、代表与群众保持紧密的工作联系和良好的互动格局。严格落实代表执行代表职务与本职工作发生冲突时优先执行代表职务等法律规定，制定完善《代表履职考核制度》和《大会期间代表履职考核办法》，健全代表业绩档案，完善履职考核工作台账，加强对代表的实绩管理和考核。同时规定，未领衔提出议案建议的，当年不能获评优秀代表，促进代表在履职中有为，在有为中有位。通过加强履职管理，增强了广大代表履职履责的自觉性和责任心。

（三）坚持固本强基，提升整体素质

县人大常委会始终把加强自身建设摆在重要位置，不断强化理论武装，切实提高履职能力，努力打造忠诚担当、为民务实、作风过硬的地方国家权力机关。

1. 强化思想建设。深入推进“两学一做“学习教育，认真组织学习十八大及十八届历次全会精神，特别是十九大精神和习近平新时代中国特色社会主义思想。同时，组织学习了《宪法》《组织法》《选举法》《中国共产党纪律处分条例》《中国共产党问责条例》等法律法规和文件精神，增强了党性意识和法纪观念。结合“党员活动日”、“七一”建党节、“十一”国庆节，积极开展党建活动。通过组织开展集中学习、观看专题教育片、参观廉政教育基地、上党课、重温入党誓词和召开组织生活会、民主生活会等主题活动，使党员干部从灵魂深处受到触动，政治意识、大局意识、核心意识和看齐意识不断增强。

2. 强化制度建设。制订或修改完善了《宁远县人大常委会议事规则》《宁远县人民代表大会代表建议、批评和意见工作规则》《宁远县人民代表大会常务委员会决议、决定和审议意见、建议交办督办办法》《关于预算审查前听取人大代表和社会各界意见建议的若干规定》等10余项制度，做到了以制度管权、管人、管事，使常委会的各项工作规范运行。

3. 强化作风建设。县人大常委会始终坚持群众路线，始终保持同人民群众的联系，坚持深入实际、深入基层、深入群众开展调查研究，通过各种方式和渠道倾听民声、了解民情、集中民智，使人大工作更加贴近民心、民意、民生。认真接待来信来访，及时对信访案件进行转办、交办和督办，共受理群众来信来访60件、130余人次，办结省、市人大转办的信访事项7件，督促解决了一批涉法涉诉、征地拆迁、社会保障等突出矛盾和问题，有力地维护了人民群众的合法权益和社会大局稳定。深入开展党风廉政建设，严格落实党风廉政建设和反腐败工作责任，把党风廉政建设与人大依法履职相结合，促进机关工作人员奉公守法。

各位代表，换届以来县人大常委会所取得的工作成绩，是上级人大精心指导和县委正确领导的结果，是县人大常委会组成人员、广大人大代表和人大工作者共同努力的结果，是“一府两院”及全县各级各部门，特别是广大人民群众鼎力支持的结果。在此，我谨代表县人大常委会表示衷心的感谢！

回顾换届以来的工作，我们也清醒地认识到，县人大常委会的工作与宪法和法律的要求，与党和人民群众的期望，还存在一定的差距和不足。主要表现在：监督方式有待进一步改进，代表依法履职能力有待进一步提升，代表知情知政、依法监督的渠道有待进一步拓宽，人大制度宣传和自身建设仍需进一步加强。这些问题，我们将在今后的工作中认真研究，着力加以解决。

二、2018年的主要工作任务

2018年是全面贯彻落实党的十九大精神的开局之年，也是决胜全面建成小康社会的关键之年。即将产生的县监察委员会将与原“一府两院”构成“一府一委两院”新架构，人大及其常委会监督的担子将更重。面临新时代、新任务、新征程，我们必须要有新的思考，新的作为。党的十九大报告中强调指出：人民代表大会制度是坚持党的领导、人民当家作主、依法治国有机统一的根本政治制度安排，必须长期坚持、不断完善。要更好发挥人大代表作用，使各级人大及其常委会成为全面担负起宪法法律赋予的各项职责的工作机关，成为同人民群众保持密切联系的代表机关。党的十九大关于人大工作的一系列论述，为我们今后的人大工作指明了方向。

新时代要有新气象更要有新作为，在新的

一年里，县人大常委会将高举习近平新时代中国特色社会主义思想伟大旗帜，认真贯彻落实党的十九大精神和《中共中央转发<全国人大常委会党组关于加强县乡人大工作和建设的若干意见>的通知》（中发〔2015〕18号）、《中共湖南省委关于加强县乡人大工作和建设的实施意见》（湘发〔2015〕26号）等文件精神，按照“五位一体”总体布局和“四个全面”战略布局，坚定不移贯彻创新、协调、绿色、开放、共享的发展理念，坚持党的领导、人民当家作主、依法治国有机统一，全面担负起宪法法律赋予的各项职责，围绕中心，突出重点，依法行权，扎实履职，为实现“十三五”时期全县经济社会又好又快发展、决胜全面建成小康宁远作出新的更大贡献。

（一）在依法决策上，突出民主科学。把党的主张和人民群众的意愿变成国家意志，是人大及其常委会行使决定权的根本。未来一年，我们将紧扣“五大战略”、“六大战役”，紧紧围绕“一府一委两院”的工作重点，人民群众普遍关注的热点、难点和焦点问题进行研判，拟重点对六个方面行使好审议决定权：一是编制或变更国民经济和社会发展计划、财政预算决算；二是编制或修改城市总体规划、分区规划、控制性详细规划、城镇体系规划、产业布局规划、国土资源规划；三是本级政府重大投资、重大专项资金的安排和重大国有资产处置事项；四是环境保护、生态建设和自然资源的开发利用方面的重大事项；五是制定或者修改关系本行政区域经济社会发展全局、国计民生、民主法治建设和群众切身利益的重大政策措施和决策事项；六是其他事关经济社会发展、民主法治建设、民生民利改善等方面的重大事项。通过法定程序作出决定、决议，保障党委重大决策部署的贯彻落实，促进经济社会又好又快发展。

（二）在人事任免上，突出党管干部和依法任免有机统一。始终坚持党的领导，切实把党管干部与依法任免有机结合起来。既充分发扬民主，严格依法按程序办事，又要充分实现党委的意图。要加强与县委有关部门和“一府一委两院”的沟通，依法按程序做好人事任免工作，确保把政治上靠得住、工作上有能力、作风上过得硬、人民群众信得过的干部，选任到国家机关领导岗位上来。坚持宪法宣誓制度，使宣誓人员时刻铭记誓言，切实履行承诺，始终忠于宪法、遵守宪法、维护宪法。

（三）在实际监督上，突出跟踪问效。坚持依法监督、有效监督，把实施监督与支持促进“一府一委两院”依法履职有机结合起来，确保正确依法行使权力，确保宪法法律得到有效实施。积极推进人大常委会任命干部每年向人大常委会报告工作制度，人大常委会对其履职情况进行民意测评和票决制度，让任命的干部在阳光下接受人民和人大及其常委会的挑选和监督。把推进预算决算联网监督工作作为人大工作的重点工作，努力实现联网监督财政预算决算，使财政预算决算监督由事后监督转变为事前、事中、事后全过程监督。继续抓好今年四个被审议单位的工作整改情况的跟踪监督，开展好满意度测评，对不满意单位启动质询或特定问题调查甚至撤职程序（或建议其上级主管部门对其采取相应措施）。同时，扎实抓好全县重点项目建设工作专题询问，为全县经济社会快速协调发展鼓劲加油。要紧紧围绕党委重视、政府关注、群众关切、人大可为的事项，做到老百姓关注哪里，监督就延伸到哪里，尤其要对人民群众普遍关注的热点难点问题持续发力，久久为功，不断提升群众的幸福感、获得感和满意度。

（四）在代表工作上，突出作用发挥。人大代表来自人民、代表人民，对人民负责、受人民监督。我们将始终把发挥人大代表作用作为做好人大工作的重要抓手，持之以恒地抓好抓实抓出成效。继续采取“走出去”和“请进来”的学习培训方式，继续畅通代表知情知政的渠道，不断增强代表履职能力，充分发挥代表的主体作用。继续优化代表议案建议办理机制，健全落实落细的长效机制，对议案建议办理实行台账式管理，解决一个销号一个；认真落实“重点督办、对口督办、联合督办、跟踪督办”的督办模式，严格做到“五不放过”，即对能解决而没有解决的问题不放过、对避重就轻敷衍应付的不放过、对开“空头支票”不付诸行动的不放过、对未与代表见面的不放过、对代表答复不满意又不重新办理的不放过，通过进一步提高办理质量，激发代表履职热情。不断健全代表履职评价和激励机制，继续表彰优秀人大代表、先进工作者和优秀议案建议。宣传先进典型，激活代表的内在动力。

（五）在自身建设上，突出能力提升。做好新形势下的人大工作，必须保持“打铁还需自身硬”的高度自觉，把加强人大自身建设摆在更加重要的位置，不断提高人大工作者的履职能力和工作水平。大兴学习之风，把学习、宣传、贯彻十九大精神和习近平新时代中国特色社会主义思想作为主旋律，进一步提高政治站位，同时，还要系统学习人民代表大会制度理论和宪法法律，学习经济、政治、文化、社会、生态文明等各方面的知识。大兴密切联系群众之风，始终把群众呼声作为第一信号、把群众满意作为第一标准，把群众的所思、所想、所盼、所望融入到工作开展中，始终同群众面对面、心连心。大兴调查研究之风，深入基层、深入群众、深入矛盾的焦点处研究问题、寻找对策，把情况弄清楚，把意见提准确，把工作做扎实，使人大工作更接地气、更顺民意、更得民心。大兴遵纪守法之风，坚持全面从严治党，严格遵守中央和省、市、县委关于改进工作作风的各项规定，扎实推进“两学一做”学习教育常态化制度化，切实加强人大机关的党风廉政建设，模范遵守宪法法律，自觉接受人民监督，把人民赋予的神圣权力全部用在为人民服务的崇高事业上，营造风清气正的政治生态。认真贯彻落实中央和省委、市委关于加强县乡人大工作和建设的会议精神，结合我县实际，加强对乡镇人大工作的联系与指导，不断推进乡镇人大规范化建设。加强与各级人大、各县区人大的工作交流，推动我县人大工作整体上台阶。突出新时代县乡人大的学习本领、政治领导本领、改革创新本领、科学发展本领、群众工作本领、狠抓落实本领、驾驭风险本领等“八大本领”，不断提升履职能力，确保加强县乡人大工作和建设的任务要求落到实处。

各位代表，再创辉煌，自当扬帆破浪；任重道远，更须扬鞭策马。人民对美好生活的向往就是我们的奋斗目标。让我们紧密团结在以习近平同志为核心的党中央周围，高举习近平新时代中国特色社会主义思想伟大旗帜，在县委的坚强领导下，不忘初心，牢记使命，扎实工作，以一流的精神状态、一流的工作标准，努力推动我县人大工作与时俱进，为决胜全面建成小康社会，加快建设宜居宜业宜游的生态文化公园作出新的更大贡献！

政府工作报告

——2017年12月25日在宁远县第十七届人民代表大会第二次会议上

县长 唐何

各位代表：

现在，我代表县人民政府向大会报告工作，请予审议，并请各位政协委员和其他列席人员提出意见。

一、2017年工作回顾

2017年，面对错综复杂的宏观经济形势、艰巨繁重的改革发展任务，在市委、市政府和县委的坚强领导下，全县上下以坚定的信心和非凡的勇气，围绕“五大战略”(1)“六大战役”(2)，凝心聚力、奋勇争先，全县经济社会发展取得新成效、迈上新台阶、展现新形象。

——发展质量稳步提升。预计完成地区生产总值152.02亿元，增长8.3%；固定资产投资190.99亿元，增长14%；规模工业增加值34.42亿元，增长7%；社会消费品零售总额70.63亿元，增长11.5%；财政总收入16.26亿元，增长18.3%；税收占财政总收入比重达到82.8%；三次产业结构比调整为19.8∶31∶49.2；全面小康提升5.2个百分点，达到94%。

——脱贫摘帽坚实有力。预计年底贫困人口人均纯收入达到4100元以上，47957名贫困人口实现“一超过两不愁三保障”(3)，顺利脱贫；91个贫困村达到“一确保两完善”(4)，顺利退出；整合资金20.35亿元，组织实施扶贫基础设施项目1721个，贫困村基础设施全面达标提质；易地扶贫搬迁工作创造“宁远速度”和宁远经验，省委书记杜家毫批示在全省推介；全县贫困发生率降至0.7%，“三率一度”(5)达到县摘帽标准，有望摘掉戴了十五年之久的贫困县“帽子”。

——六大战役强力推进。全年实施“六大战役”重点项目142个，预计完成投资122.83亿元，占全社会固定资产投资总额的63.64%，项目个数、投资总额相比去年均实现翻番；城区、景区两个投资过80亿元重大项目进入省重点项目笼子；75个项目纳入市重点项目建设计划、排全市第一，完成投资87.5亿元、排全市第二。

——灾区建设展现新貌。面对历史少见洪涝灾害，全县上下众志成城、奋力抗灾，灾后重建高效务实推进。筹资1亿多元，恢复乡镇灾毁基础设施，新建和修复公路71公里、桥梁51座、堤坝37座、河堤3.8公里、供电线路19.2公里，复垦水毁耕地1723亩。灾区基础设施和产业发展超过灾前水平。

——创先争优成效明显。今年荣获国家和省、市级集体荣誉称号20多项，国家卫生县城成功授牌，获评全国法治先进县、平安农机示范县、首批农村生活垃圾分类和资源化利用示范县、农家书屋建设十周年先进县、打击侵权盗版工作有功单位，全省粮食生产先进县、旅游扶贫示范县、优秀创业孵化基地、中小微企业创新创业基地、现代公共文化服务体系示范区、巾帼建功先进集体，全市烟叶生产先进县、开放型经济先进县、审计工作优秀县、道路交通整治百日大会战标兵县、金融安全区。全市脱贫攻坚、健康扶贫、农村综合服务平台、确权颁证成果验收、乡镇财政管理、网格化信息建设等现场会在我县召开。

一年来，主要抓了以下七个方面的工作：

（一）致力脱真贫、真脱贫，脱贫攻坚决战决胜。举全县之力推进“五个一批、六个精准、七大行动”(6)。实施结对帮扶“4321 工程”(7)，74 名县级领导、13 个工作组、30 个行业扶贫部门、20 个乡镇（街道）、409 个村支“两委”、154 个驻村帮扶单位、366 个驻村帮扶工作队、9200 名结对帮扶责任人奋战在脱贫攻坚一线，用责任、担当与奉献，谱写了一曲曲脱贫攻坚的英雄壮歌。用心用情促进持续增收。全县 119 个贫困村建立专业合作社 281 家、290 个非贫困村成立农民专业合作社 265 个，吸纳贫困户 12534 户 41361 人入社，每年户均增收 1500 元以上；17 个全国乡村旅游扶贫重点村通过发展乡村特色旅游，辐射带动 8600 余名贫困群众致富脱贫；创建“就业扶贫车间”182 个，安排贫困劳动力就业 2563 人，发放劳务协作就业扶贫交通补贴 2137.6 万元，做法在全省推广。投入 1.21 亿元实施光伏扶贫工程，扶持 119 个贫困村，村集体收入达到 5 万元，兜底贫困户年均增收 2000 元。精准精细推动政策到人。创新实行“四个结合”“五靠原则”易地搬迁模式，安置 4219 户 17493 人。在全省率先实施教育扶贫“两补齐一统一”(8)资助政策，资助建档立卡贫困学生 33480 人次；全面落实“三提高、两补贴、一减免、一兜底”(9)政策，在全市率先实施“先诊疗、后付费”“一站式”结算，大病集中救治、慢病签约服务、重病兜底保障“三个一批”行动计划深入实施，贫困户看病贵、看病难、因病返贫问题初步解决。生态扶贫直接带动贫困户就业 3000 人，帮扶贫困户 8000 余人脱贫致富。全力全速改善生产生活条件。完成 94 处安全饮水巩固提升工程，惠及 3.2 万贫困人口；完成贫困村通畅公路 274 公里、通达公路 53 公里、改扩建公路 254 公里，改造危桥 10 座；贫困村农网改造、亮化工程全面完成；建设农村综合服务平台 278 个。实施危房改造 4960 户，为省定任务的 1.8 倍，提前三年完成“十三五”省分配任务；公共服务设施配套完善，贫困村面貌发生根本性改变；统筹整合涉农资金、并联式验收支付做法受到省里表彰和推介。抓紧抓实社会扶贫。大力推进社会扶贫，开展教育、医疗、就业、产业、危改、德智“六大众筹”行动，努力打造“互联网+社会精准扶贫”模式，注册贫困户 2.8 万户、注册爱心人士 6.3 万人，发布需求信息 7.3 万条，成功对接 5.6 万条；1.5 万名社会扶贫志愿者、9000 名党员干部职工募集资金 2000 余万元，帮扶贫困群众 5.6 万人次，做法在中国社会扶贫网专题推介。

（二）致力兴实体、促转型，产业发展提质增效。新型工业提质发展。实施传统产业改造升级、新兴产业培育“两大计划”，全年新入统规模企业 17 家，居全市第一；实现规模工业总产值 127 亿元，增长 9.5%。督促指导榕达钢业、福嘉综环科技改造升级。加工贸易业支撑作用明显，完成产值 29 亿元，增长 40.9%；新兴产业带动工业结构优化升级，新能源新材料、光电智能终端产业园建设取得突破性发展，签约入驻企业 8 家，投产达效后每年可新增产值 70 亿元。现代农业提效发展。实现规模以上农产品加工产值 42 亿元，增长 36.4%。完成烤烟生产 19.61 万担，居全省第二、全市第一。博洋生态农业科技示范园、康德佳林业、温氏生猪一体化养殖、舜天恒禾肉牛养殖基地等农旅、农工“一体化”项目扎实推进，新增市级以上龙头企业 7 家，种植大户、家庭农场、专业合作社、休闲农庄 300 余家。全域旅游提速发展。全域旅游示范区创建扎实开展，总体规划修编完成。与湖南经视开展战略合作，推出“五一”四大主题活动；成功举办 21 个国家（地区）海外华侨华人祭舜大典、湖南省冬季乡村旅游节暨丁酉年祭舜大典系列活动、湘南三市六县十瑶族乡盘王节暨坐歌堂活动。预计全年接待旅客量、旅游收入分别增长 30% 和 18%。发展下灌、周家坝、西湾、路亭、琵琶岗等7个乡村旅游景点。九嶷山—舜帝陵景区成功晋升为国家级风景名胜区、全省十大“平安景区”；下灌景区成功创建国家3A级景区。

（三）致力建三区、强基础，城乡面貌欣欣向荣。三区共建扎实推进。城区品质提升，县城面积、人口分别达到21平方公里、21万人，城镇化率达到45.1%。县城总规、专项规划、控规实现全覆盖。南部文化生态新城拉开10平方公里框架，九嶷大道、湘妃大道、园丁路、文化路、明德路、黄金路基本拉通，新党校、一中新校区扎实推进。泠江路、九嶷路、舜帝路等主道改造让宁远街景更加多姿多彩，旧城改造、城中村棚户区改造、17条背街小巷提质、“三园一带”绿化、“厕所革命”有序推进，全市首个县级数字城管指挥平台投入运行，建筑领域历史遗留问题得到有效化解，控违拆违、环卫保洁扎实有效，清洁县城、绿色县城、靓丽县城成为宁远新名片；成功申报省级历史文化名城。园区基础设施建设、标准厂房建设、入园项目建设同时发力，西部工业新城路网、循环产业园污水处理厂、城北水厂以及安置小区等基础和配套设施加快建设；完成标准厂房5.5万平方米；远威、汇盛、方圆纳米等7家企业建成投产，海粤达科技、裕宁电子、泉力新能源、中民筑友等15个项目加快推进。建成全市一流园区展示中心，成为推介宁远发展的“窗口”。景区建设扎实有力，完成舜帝陵维修及游客中心、停车场建设，九嶷山舜帝陵创国家5A级景区、仙子山、灌溪仙境、“地球仓”(10)特色民宿和特色小镇进展顺利。基础设施明显改善。农村公路提质改造、客运招呼站建设全面完成，S234宁远段、二广高速宁远东互通至天堂、仁和至冷水、湘九四条干线公路启动建设。水利、能源、信息三张保障网不断完善，金钩挂水库全面竣工，涔天河灌区宁远段顺利推进，61个农村电网改造升级全部完成，4G网络覆盖全县98%的区域。乡村风貌更加亮丽。湾井镇入选国家级特色小镇、全国美丽宜居小镇；柏家坪镇获评全国旅游特色小镇、全省历史文化名镇，16个乡镇成功创建省市级卫生乡镇。完成6个省市美丽乡村示范村、38个乡村风貌改造村、119个农村“五化(11)”行动村建设。下灌村、路亭村、久安背村跻身国家传统村落。

（四）致力抓改革、促开放，发展活力持续增强。改革蹄疾步稳。深化商事制度改革，“多证合一、一照一证”全面推行，发出全市首张“全程电子化”营业执照；“智慧宁远”框架基本形成，“互联网+政务服务”有效实施，网格事件联动处置工作在全市作经验推介，政府网站建设全市第一、全省领先。率先在全省探索建立“两步六环节”农村土地确权颁证模式，新增流转土地10.8万亩。财税金融改革扎实推进，金融精准扶贫示范县创建全面启动，国地税联合办税继续走在全省前列，财政管理绩效综合评价排全省第三；组建产建投、灌溪公司等投融资平台并进入实体化运作。长沙银行宁远支行、湘潭农商行村镇银行挂牌营运。开放深度拓展。突出以商招商、产业链招商，一批大项目好项目落户我县，引进红狮集团建设宁远新型环保建材产业园；引进碧桂园集团建造高端园林精品社区；引进深圳无界投资控股集团打造光电智能终端、新能源新材料两个百亿产业园。全年招商签约亿元以上项目11个；完成外贸进出口额1.4亿美元，同比增长27.3%；实际利用外资1.3亿美元，同比增长37.2%；内联引资28亿元，同比增长16.2%。双创持续深化。创新型人才队伍加快建设，引进各类人才863人，发放创业担保贷款3500万元；申请专利授权110件；创新创业蓬勃发展，全年新注册企业增长120.1%，平均每月新增74户；新增小微企业580家。

（五）致力增底色、美环境，生态品质全面提升。生态建设成效突出。九嶷山国家自然保护区总体规划修编完成；造林绿化5.13万亩、通道绿化300公里、水系绿化102.5公里、秀美村庄示范村建设119个。柏家坪镇北屏村跻身全国生态文化村。环境治理全面推进。中央环保督察组交办案件13.5件全部整改到位，在全市作经验推介；湘江保护与治理第二个"三年行动计划"、"河长制"全面实施；泠江河治理与保护、九嶷山景区环境治理、畜禽养殖污染治理、农村环境综合整治、耕地保护、土地开发整理卓有成效；10个乡镇污水处理厂启动建设，119个村饮用水保护工程、100个村污水治理全部完成，农村垃圾收转运项目顺利实施，城乡垃圾分类试点工作启动。农村生活垃圾城乡一体化治理经验在全市推介。节能环保不断强化。循环经济和清洁生产发展加快，关停关闭违法企业58家，10蒸吨以下燃煤小锅炉全部淘汰；开通新能源绿色公交线路2条，淘汰黄标车1221辆。国家重点生态功能区环境质量考核工作在全省作典型发言，生态转移支付资金稳居全省第一。

（六）致力惠民生、补短板，人民生活持续改善。全年民生支出占比达到76%。285件"民生微实事"全面完成。织密社会救助网，完成城乡低保和社会保障兜底对象清理，发放社会救助资金1.1亿元，在全市率先引入医养结合模式，社会福利中心启动营运，建成3个"留守儿童之家"高标准示范村。"五大保障体系"[12]持续完善，"五险"统一征缴、社保"一卡通"、异地就医直接结算、全民参保登记深入推进，城镇新增就业、农村劳动力转移就业共1.21万人。社会事业加快发展，城乡学位建设"三年攻坚行动计划"启动实施，明德湘南学校建成招生，二中新校区土建基本完成，学位建设工作在全市作典型推介；实施农村义务教育学生营养改善计划，惠及5万余名学生，推动义务教育均衡发展，补充教师537名，教师待遇大幅提高，教育信息化建设步伐加快，教育质量持续提升，各类教育发展齐头并进。城乡医院床位建设"三年行动计划"全面启动，冷水、保安等卫生院完成征地审批；妇女儿童医院开工建设，农村适龄妇女"两癌"免费检查1.3万例，孕妇产前免费筛查8184例，65岁以上老年人免费健康体检5090人，争取农村低保"两癌"救助金排全省第一。公共文化服务体系基本建成，率先在全市建成两个24小时自助图书馆。农村"村村响""户户通"实现全覆盖，湾井镇获省经典文化村镇，朵山村农家书屋被评为全国示范书屋。全民健身活动蓬勃开展，成功举办全省首届舜帝杯中老年门球赛，顺利通过全省体育后备人才重点县评估；竞技体育取得突破，我县举重运动员朱巧玲勇夺世界青年举重锦标赛三项冠军；文化遗产保护、传承、利用得到加强，舜帝庙遗址本体展示建成开放。分配公租房1652套，发放廉租房租赁补贴449户。安全生产基层基础不断夯实，全民安全意识得到提升；食品药品安全监管有力，"四个最严"[13]要求全面落实。坚持打击开路、以打促防，社会治安大局持续稳定，刑事破案率上升、发案率下降，群众安全感得到增强。道路安全管理不断强化，道路交通秩序持续改善。依法治访、诉访分离有效落实。法律援助不断拓展，社会矛盾纠纷有效化解。广播电视、民族宗教、外事侨务、对台事务、统计、人防、气象、科技、物价、档案、史志、计生协等工作取得新业绩，共青团、工商联、红十字、工会、慈善、残联、老龄、妇女儿童等事业健康发展。国防动员、人民防空、民兵预备役和双拥等工作进一步加强。

（七）致力转作风、优服务，自身建设务实提效。法治政府、服务政府、廉洁政府建设扎实推进。自觉接受人大、政协监督，办理人大代表议案建议237件、政协委员提案114件。推行政府法律顾问制度，行政复议工作不断加强；政务环境不断优化，创新重点项目、重点企业限时办结制，交办问题410项，办结率93.8%，做法在全省推介。政务服务效率大幅提升，办事时间缩减2~5个工作日，县乡两级政务中心办结事项83.41万件，办结率99.9%；开展"两学一做"常态化学习教育，注重在"六大战役"、脱贫攻坚、抗洪救灾等一线锤炼作风，展示干部队伍攻坚克难、务实苦干、敢打硬仗的担当与作为。全县“三公”经费支出零增长，监察工作得到加强，审计全覆盖稳步推进。严格落实党风廉政建设“两个责任”，从严整治群众身边的不正之风和腐败问题，风清气正的干事氛围更加浓厚。

各位代表，回顾一年的改革发展历程，我们深切体会到：必须为民服务增福祉，坚持以人民为中心的思想，握紧拳头保重点、集中力量办实事，打好保基本、兜底线、促公平一系列民生组合拳，让发展成果更多更公平惠及全县人民；必须解放思想快发展，坚持发展第一，以解放思想谋事干事、创新突破，在产业建设、城镇建设、全域旅游、社会治理等领域大胆实践，走出了切合宁远实际的路子；必须创先争优竞一流，工作向高标准看齐，勇于创先进争优秀，铆足劲头往前赶，积小胜为大胜，变优势为胜势，始终保持先行先进的积极状态；必须勇于担当务实干，围绕三业并举、三区共建、三量齐升[14]，一以贯之抓落实、一往无前攻难关，矛盾面前迎难而上，灾难面前挺身而出，用干部的辛苦换来群众的满意。

各位代表！2017 年的成绩和进步，是中央、省、市关怀支持的结果，是县委统揽全局、运筹帷幄的结果，是县人大有效监督、县政协大力支持和全县广大干部群众团结奋斗、齐心协力的结果。在此，我代表县人民政府，向关心、支持、参与宁远建设和发展的全县干部群众、驻宁官兵、社会各界人士和老同志，致以崇高的敬意和衷心的感谢！

我们也清醒地认识到，我县经济社会发展中仍然存在不少困难和问题：基础差、底子薄、财力弱的问题依然突出，经济扩总量、升均量、提质量任务艰巨，产业转型、改革创新、招商引资、城乡均衡发展、基本公共服务均等化仍需持续发力，环境保护、金融风险防范有待加强，食品药品安全、安全生产形势依然严峻；政风建设、廉政建设任务繁重，政府职能转变有待深化。我们将高度重视这些问题，采取更加有力的措施加快解决。

二、2018 年主要目标和任务

2018 年是贯彻党的十九大精神的开局之年，是决胜全面建成小康社会、实施“十三五”规划承上启下的关键一年。新时代标明新方位，新征程提出新任务。从宏观政策看：党的十九大作出了实现“两个一百年”奋斗目标“分两步走”[15]的战略安排，提出了创新驱动发展、乡村振兴等“七大战略”，打好防范化解重大风险、精准脱贫、污染防治“三大攻坚战”；中央经济工作会议明确了习近平新时代中国特色社会主义经济思想，经济发展进入新时代，由高速增长阶段转向高质量发展阶段，为我们指明了方向、提出了新要求。从区域环境看：省里“创新引领、开放崛起”战略深入实施，加快建设富饶美丽幸福新湖南；市委五届四次全会提出大力实施开放兴市、产业强市战略，持续推进“六大战役”，深化拓展“四个提升”，努力实现“十大突破”[16]，加快建设“创新开放新高地、品质活力新永州”，为我们谋求新发展开辟了广阔空间、注入了强劲动力。从自身发展看：县委十二届六次全会确定了在三业并举、三区共建、深化改革、绿色发展、民生保障、文化活县、民主法治、党建引领八个方面持续深度发力，新发展动能正在形成，发展路径更加清晰，县域经济呈现更有质量、更富活力、更可持续的新面貌。面对新时代新征程，我们必须不忘初心、牢记使命，锐意进取、埋头苦干，以更加鲜明的目标导向、更加强烈的争先意识、更加扎实的担当精神，实现新一轮经济社会的大发展、大突破、大跨越。

全县经济社会发展总的要求是：高举习近平新时代中国特色社会主义思想伟大旗帜，全面贯彻落实党的十九大和中央、省、市经济工作会议精神，坚持稳中求进工作总基调，坚持新发展理念，按照高质量发展的要求，坚定推进“五大战略”“三业并举”“三区共建”“三量齐升”，大力实施“八个深度发力”，抓重点、扬优势、补短板、强弱项，推动质量变革、效率变革、动力变革，加强和改善民生，加快建成宜居宜业宜游生态文化公园，以优异成绩向改革开放40周年献礼。

2018年发展的主要预期目标是：地区生产总值增长8.5%以上，规模工业增加值增长8.5%以上，固定资产投资增长14%以上，社会消费品零售总额增长12%以上，财政总收入增长13%以上，城镇、农村居民人均可支配收入分别增长9.5%、10%以上，城镇登记失业率控制在4%以内，完成省、市下达的节能减排任务。

这些预期目标充分体现了宁远奋发赶超、创先争优的决心和勇气，既符合新时代发展趋势，又为全面小康奠定坚实基础。实现这些目标，要把握好以下几个方面：一要坚持把握经济发展主动权。我们要正视人口多、底子薄、欠发达的基本县情，牢牢抓住经济建设这个中心，紧盯全市领先、全省争先，自我加压不停步，持续用力抓发展、抢抓机遇促发展，保持定力推发展，决胜全面建成小康宁远。二要坚持突出三区共建主阵地。一张蓝图干到底，持续发力三业并举、三区共建，以“三区”为平台载体支撑产业发展，夯实发展基础、增强发展后劲，加快产城融合、景城融合、城乡融合进程，进一步推动经济总量、质量、均量“三量齐升”，努力形成具有我县特色、切合实际的发展路子。三要坚持拓宽创新开放主渠道。我们要大力弘扬创新创造精神，进一步拓展开放的思想观念、结构布局、体制机制，全力打造创新开放引领区，加大“引资、引智、引技”力度，集聚更多的人流、物流、资金流和信息流，以创新开放的“先手棋”带动发展棋局的“全盘活”。四要坚持弘扬发展惠民主旋律。我们要牢固树立以人民为中心的思想，着力保障和改善民生，正确处理人民日益增长的美好生活需要和不平衡不充分发展之间的矛盾，积极回应群众关切，加强基本公共服务、基本民生保障，在发展中补齐民生短板、增进民生福祉。

三、2018年重点工作

面对推动经济高质量发展的新要求，我们要统筹兼顾平衡，把握重点关键，勇于担当作为，全面开启新征程，着重抓好以下几个方面的工作。

（一）突出提质发展，着力兴产业强实体。大力培育市场主体、推进产业结构调整，强化实体经济的竞争力。

推进工业经济转型升级。围绕三个“百亿”目标，坚持集约化、特色化、人性化发展方向。做大做实产业发展平台，完成调区扩区及区域环评，加快供水、供电、道路、污水处理等配套设施建设，完成城北水厂、污水处理厂、安置小区、西部工业新城路网和招商服务中心建设，力争新建标准厂房50万平方米、新入统规模企业10家以上、新投产企业10家以上。做大做强园区经济，探索推行工业园管理体制机制改革，创新招商模式、供地方式、扶持政策，着力打造新能源新材料产业园、光电智能终端产业园，全年新增产值50亿元以上，力争园区规模工业总产值达到200亿元以上；支持裕宁电子发展壮大，年内产值突破30亿元，力争三年内成功上市。推进与深圳无界投资控股集团联合打造以服务园区企业为重点的商业综合体，启动金融服务平台建设，组建金融服务公司、基金管理公司，融资建立40亿元以上的资金池；建设智慧物流园区，建成保税仓、物流仓储基地；设立产业发展基金，安排资金2亿元以上。加快推进水泥、钢材、冶金、食品等传统产业优化升级，支持榕达钢业、福嘉综环科技等骨干企业创新突破。深入实施小微企业“百千万”成长工程[17]和“小巨人”计划，新培育小微企业200家以上。大力弘扬企业家精神、劳模精神和

“工匠精神”，实施质量强县战略，开展“增品种、提品质、创品牌”活动，培育更多龙头企业和“品牌老店”。

推进现代农业增量提标。坚持质量兴农、绿色兴农，加快推动农林牧结合、种养加一体、一二三产业融合发展。提质烟叶生产，确保收购烟叶16.5万担。稳定粮食种植85万亩，建成4个粮食专业化产后服务机构，充分调动和保护农民种粮积极性。大力发展油茶、柑橘、茶叶、葡萄、药材、生猪、肉牛、九嶷山兔等种养产业，抓好季丰农业、九嶷山现代农业科技示范园、博沣生态农业科技示范园、九嶷山森林植物园、现代林业特色产业园、温氏生猪一体化养殖、刘家洲生态农庄等园区建设，促进中联天地油茶基地、鑫农淮山种植专业合作社、舜天恒禾肉牛养殖基地扩园提质，新创省市级现代农业产业示范园3个。大力培育新型农业经营主体，力争新增种养大户、家庭农场、专业合作社、农业龙头企业150家，申创国家或省级示范合作社2家，省市农业龙头企业5家。加快建立农产品质量安全监管、农业标准、检验检测“三大体系”，实现乡镇（街道）全覆盖。突出农产品品牌建设，新增“三品一标”农产品认证5个。大力提升粮食生产综合机械化水平，推广新型先进实用农机，力争建成湘南农业机械产业城。开展与湖南农业大学战略合作，助推全县农业科技创新和农业产业化发展。实施新型农民培育工程，壮大青年农场主、新型经营主体带头人和农业职业经理人队伍，培养造就一支懂农业、爱农村、会经营的新型职业农民队伍。

推进全域旅游升温提质。充分整合旅游资源，主动对接多样化多层次市场需求，促进旅游产业集聚式发展。深入实施国家全域旅游示范区创建、全国“景区带村”旅游扶贫示范项目，九嶷山创建国家级生态旅游示范区，争当全域旅游先行者。以九嶷山舜帝陵创国家5A级景区为龙头，加快建设九嶷山舜帝陵、下灌景区、西湾乡村旅游、舜帝部落特色民俗村、仙子山矿山地质公园、九嶷山综合旅游度假区；修建祭舜大道、县城游客服务中心，完成九嶷山商业街立面改造，完善景点景区休闲绿道、公共厕所、标志标牌等设施；加快“田园综合体”[18]建设，精心打造舂水河乡村旅游、十里画廊休闲旅游、琵琶岗和小桃源古村落旅游精品线路。加大旅游管理营销力度，实施“四个一”计划，引进1家国字号旅游企业、编印1套旅游宣传资料、编制1张旅游地图、建好1个“智慧旅游”信息平台。高质量办好湖南省戊戌年祭舜大典活动，提升“锦绣潇湘、圣地九嶷”品牌影响力。大力支持金融、保险、会展、科研、信息、康养、体育等新型服务业发展。

（二）突出投资拉动，着力扩内需旺消费。坚持把促投资、旺消费作为重要支撑，大力培育新的增长点。

周密谋划投资增长。正确把握宏观政策导向，紧盯国家和省市发展重大战略、重大工程、重大行动、重大计划，有针对性地在产业升级、基础设施、公共服务、民生改善等领域，包装、储备和争取一批特色明显、投资额大、带动性强、可行性高的大项目好项目，力争全年争取项目200个以上。

强力推动项目建设。在继续抓好“六大战役”重点项目的基础上，更加注重以产业项目建设提高投资效益。全年实施重点项目150个，年度计划投资140亿元。产业方面，大力开展“产业项目建设年”活动，重点加快光电智能终端产业园、新能源新材料产业园、红狮集团新型环保建材产业园、中民筑友、宇拓新能源、聚力电池、浩然电池、能源之星照明科技、扬德能源、博强3D光学智能等38个重点项目建设。交通方面，配合抓好永清广高铁过境宁远前期工作；完成干线公路40公里以上，重点推进S234宁远段、二广高速宁远东互通至天堂、仁和至冷水、湘九等公路项目建设，启动湾井至道县泗马桥、九嶷山至道县湘源温泉等公路建设；认真落实县人大常委会《关于加大依法查处非法客运力度、规范我县客运市场秩序的决议》，在春节前后集中时间、集中人力开展一次大规模的集中整治行动，确保我县客运市场健康有序发展。加快城乡客运一体化进程，添置新能源公交车300台，升级改造汽车总站，打造南六县交通枢纽站。农村道路提质改造106公里、安保35公里、自然村通畅工程436公里、危桥改造10座、农村招呼站80个，县乡道改造升级47公里，打通县际、乡际村级“断头路”。能源方面，新建礼仕湾35千伏输变电工程，完成60个村农网升级改造。水利方面，开工建设九嶷山水库，推进涔天河灌区宁远段、仁和坝大型水闸等项目，完成“五小”水利工程建设。认真落实县人大常委会关于农村饮水安全工作相关问题的整改交办函，扎实推进农村饮水安全巩固提升工程，切实理顺城乡之间供水管护体制，加快城乡供水一体化进程，力争2—3年内全部解决农村人口饮水不安全问题。信息方面，继续推进城市宽网提速、乡村宽带建设。

着力加强要素保障。融资方面，搭建多种形式的政银企对接平台，推动信贷资金更多地向项目建设集聚，力争全年新增贷款15亿元。积极发挥政府投融资平台作用，做强做实城建投、产建投、农建投、旅建投和棚改公司、灌溪公司等公司资产，争取更多的信贷投放。用地方面，强力处置闲置用地，盘活存量土地资源，保障项目用地需求，提高土地资源利用效益。政策环境方面，落实扶持民间投资政策措施，鼓励民间投资进入市政、社会服务等领域，实行项目建设“绿色通道”制度，建立高效协调机制，切实解决项目建设中的矛盾和问题，严厉打击“三堵三强[19]”行为，营造良好的施工环境。

全力扩大消费需求。加快发展冷链物流、连锁配送、电子商务等新型业态，抓好高品质物流园、闽丰农产品综合交易中心建设，健全县乡村三级物流配送体系，争创省级电子商务示范基地。实施城镇商品销售畅通、农村消费升级、居民住房改善、汽车消费促进等行动，精心办好汽车展销会、房交会、农产品进城等节会活动，广泛集聚人气，有效拉动消费。扎实做好“个转企”培育和申报，争取更多贸易企业入统。全年力争完成社会消费品零售总额79亿元以上。

（三）突出创新开放，着力增动能添活力。扎实推进“创新引领开放崛起”战略，以开放的视野谋创新、以创新的思路抓开放，为经济社会发展注入新动力、增添新活力。

持续推进创新创业。主动对接科技创新、产品创新、文化创新、制度创新“四大行动”，落实激励科技创新优惠政策，实施创新型企业培育行动计划，重点培育一批创新型企业。加快院士专家工作站建设，申报国家高新技术企业1家。高度重视人才工作，重点抓好产业型、紧缺型、实用型、科研型、专业型人才培引工作，打造区域性创新创业人才洼地。积极鼓励“大众创业、万众创新”，不断完善创新创业激励机制和政策体系，在财税、金融、土地、用工、政府采购等方面加大支持力度，争创省级“双创”示范基地。

持续深化“互联网+”。推广运用“互联网+农业”，联通农业生产、加工、流通等环节，确保既“种得好”又“卖得好”。推广运用“互联网+旅游业”，加快普及电子门票、在线支付、电子消费卡，建设智慧景点景区。推广运用“互联网+新兴服务业”，引导大众用互联网思维，积极发展网络支付、智能公交、共享单车等便民服务新业态，推动传统金融行业开展互联网金融产品和服务方式创新，让老百姓享受互联网带来的便捷高效服务。推广运用“互联网+政务服务”，构建“一站式”大厅，推进政务服务向网上延伸。强化“互联网+监督”，推进事中事后监管创新。

持续精准招商引资。积极参加省、市重大经贸活动，大力开展小分队、点对点、产业链、专业化招商，主动对接融入省“一核两极三条经济生命线”[20]开放平台布局、粤港澳大湾区产业转移集聚区和市“五大开放行动”[21]，重点引进产业集群、行业领军企业、知名民企。深化与深圳无界投资控股集团的合作，力争新引进一批新兴产业项目。持续开展“迎老乡、回故乡、建家乡”活动，吸引宁远在外成功人士返乡建功立业。强化签约项目落地跟踪服务，实行全程代办，提高招商引资实效。力争全年引进投资过亿元项目15个以上；利用外资、内资增幅超过15%。外贸进出口总额1.7亿美元，加工贸易超过7000万美元。

（四）突出城乡融合，着力提品质创特色。加快“一城连六乡（镇）接一景促一带”城镇群一体化发展，深化全国文明城市、历史文化名城、旅游休闲示范城市、园林城市、生态文明建设示范县“五城同创”，深入推进“县城扩容提质新三年行动计划”，力争年内城区面积、人口分别达到21.5平方公里、22万人以上，城镇化率达到46.3%。

全力建设品质活力城市。强化规划引领，启动2020—2035年县城总体规划编制，完成城市湿地公园、“海绵城市”、“城市双修”、消防、电力、环卫、综合交通、管道燃气、城市给排水、地下管廊等专项规划，建立“多规合一”的信息平台。加快南部生态文化新城开发建设，围绕“一核两心三轴四组团”[22]的空间布局，完成九嶷大道、湘妃大道、文化路、园丁路、黄金路、安康路等路网建设，加快市民中心、全民健身公园、广电中心、湘运车站搬迁等项目建设；加快游客服务中心、碧桂园、世纪汇等产业项目建设，打造集商务、居住、景观展示功能于一体的现代化新城，力争跻身全省新型城镇化试点县。大力推进旧城提质改造，按照“古城要古、修旧如旧”的原则，完成丁字街、北正街、东门街、南门街等历史街区的抢救性修复，创建国家历史文化名城；全面实施棚户区改造新“三年行动计划”，完成湘运车站、东门街、女英路、南门刘家四个片区2000户棚改任务，通过拆旧建新，形成新业态、打造新景点，提升群众获得感。打通印山西路、重华南路等“断头路”，修建高架桥、地下人行通道，加快推进县城供水管网改扩建、污水管网配套、城市燃气管道、农贸市场建设等项目。抓实厕所革命，高标准配套城区公共厕所。加快城市步道和公共自行车系统建设。实施重华路、水市路、文庙路、滨江路等路段街景改造。加快实施泠江河沿岸绿化、公园绿化、广场游园绿化、街道绿化，全方位增绿扩绿，大力开展创省市园林单位活动。进一步完善大城管机制，精细化管理城市。继续加大小区整治力度，妥善化解各类矛盾问题，建立功能齐全、环境优美、安全舒适、管理规范的居民小区；严格规范执法，强力推进控违拆违专项行动，建立有违必拆长效机制，强力拆除历史遗留违法建筑；实行24小时巡查督查，违法建设发现一起、拆除一起，确保集中整治后违法建设“零增长”。深入开展文明劝导，加强文明宣传教育，进一步提升市民素质。

着力推进特色小镇建设。充分发挥政府投融资平台参与小城镇开发主体作用。大力实施土地综合开发整治和城乡建设用地增减挂勾，加快城乡一体化进程。支持乡镇依据自身特色，提升镇村规划，加快建设一批特色鲜明、和谐宜居、文化鲜活、设施便捷、机制灵活的特色小镇。加快柏家坪、湾井、九嶷山等乡村旅游小镇建设，统筹推进水市、天堂、冷水、仁和、禾亭、中和等6个乡镇与城区功能配套，建设太平、清水桥、保安、鲤溪等边际口子镇。力争创建一批国家级、省级特色小镇、美丽宜居小镇、卫生乡镇、历史文化名镇。

大力实施乡村振兴战略。坚持农业农村优先发展，对照“产业兴旺、生态宜居、乡风文明、治理有效、生活富裕”总要求，全力打造农村“五化行动”升级版，争创全省整县推进美丽乡村建设示范县。围绕产业增收，积极推行“龙头企业+合作社+基地+农户”组织模式，大力发展特色种养业、农产品加工业、乡村旅游和电子商务，扶持培育1—2个支柱产业；扎实推进农村“双创”，吸引更多工商资本、技术、人才等要素向农业农村流动。拓展绿化内涵，加大村庄周边生态山林、河湖水系、农田景观保护，统筹山、水、林、田系统治理，优化路边、水边、坡边、宅边绿化种植，对村庄入口、公共活动场所等重要位置植树造景，彰显田园风光，体现乡土气息，力争建成一批园林乡村、森林乡村、美丽乡村示范村。拓展净化内涵，实施“两治一改”工程，突出垃圾治理，深化第二轮城乡环境卫生整洁行动，大力开展农村人居环境综合整治，全面清理村庄四周、道路两旁、房前屋后的卫生死角、陈年垃圾，大力整治建筑乱搭乱建、杂物乱堆乱放、垃圾乱丢乱倒；加快城乡生活垃圾分类、收集、处理、利用一体化进程，全覆盖配置农村生活垃圾分类和收转运设备。突出污水治理，全面治理农村生活污水、房前屋后排水、河道水塘清淤、污水排放口，大力改善水质环境，加快推进柏家坪、水市、中和等10个污水处理设施建设。大力推进农村“厕所革命”，全县所有行政村（社区）废弃旱厕要全部拆除，农户家用旱厕要改为水冲厕，力争每个村（社区）建设一座公共卫生厕所，政府通过“以奖代补”给予扶持。村集体公共厕所建设由县住建局统一设计，村（社区）组织建设。拓展美化内涵，完善村庄控制性详规、村布局规划，加强农村用地管理，严格按规划审批开展各类建设。村民建房实行“拆旧建新、适度集中、一户一宅”。深入推进乡村风貌改造、农村“空心房”治理和庭院“个性化”建设，坚持村庄改造建设与保留农村历史文脉，传承优秀传统文化相结合，体现“一村一韵”。加强传统村落保护修缮，做好传统村落申报，多留遗产少留遗憾。扎实开展文明村（社区）、文明家庭等文明创建活动，推进移风易俗、文明进步。拓展亮化内涵，大力实施全县行政村主要村道等区域亮化工程；加强农村警报设施建设，安装好村主干道、十字交叉路口及治安死角、盲点的视频监控系统，加快农村网格化建设，严厉打击农村盗窃、黑恶势力犯罪，加强矛盾纠纷调解，消除农村各种不安定因素，构建全方位、全天候、立体化农村治安防控体系，提升全体村民的安全感。拓展序化内涵，加大农业农村投入，配套提升水、电、路、讯等设施，补齐乡村发展短板。加大对农村道路、公共场所车辆停放的管控力度，全面序化农村道路交通秩序。健全自治、法治、德治相结合的乡村治理体系，完善村党组织领导的村民自治制度，推进村务公开，发挥社会各类人才、新乡贤等群体在乡村治理中的作用，为建设美丽乡村、法治乡村、文明乡村提供可靠的组织保障。

（五）突出绿色发展，着力保生态固根基。树牢绿水青山就是金山银山的理念，守住生态底线，建设美丽宁远，让好山好水好风光遍布九嶷大地。

强化生态文明建设。启动生态红线勘界定标工作，建立生态保护红线管理信息系统平台。全面开展大规模国土绿化行动，启动省级森林城市创建工作，扎实抓好以交通干线、河流沿线和城区周边可视山头为重点的生态景观提质；完成主要通道裸露山地造林8000亩，通乡通村公路绿化280公里，水系绿化80公里，建设秀美村庄示范村100个；大力开展石漠化综合治理，争创国家级石漠公园；严格耕地保护，集约节约利用土地；强化湿地公园保护，加强地质灾害防治；严厉打击保护区内各类环境违法行为，配合中央开展国家级自然保护区专项环保督察，始终保护好宁远的青山绿水。

强化污染防治。加强大气、水、土壤综合防治，深化湘江保护与治理第二个“三年行动计划”，全面落实“双河长制”[23]，压紧压实县乡村三级河长责任，系统推进泠江河等主要河流入河排污口、城乡黑臭水体、畜禽养殖污染治理、饮用水源地保护和生物资源暂存点体系建设，开展砖瓦行业、餐饮行业、建筑施工、道路扬尘污染治理，坚决淘汰燃煤小锅炉，严禁露天焚烧垃圾和秸杆，全面开展土壤污染调查，分步治理和修复污染块。大力开展县、乡、村生态文明创建，启动九嶷山、湾井、柏家坪、清水桥、中和等乡镇申创国家级生态文明示范乡镇，力争年内创成1—2个示范乡镇。

强化节能减排。深化工业企业污染治理，坚决淘汰落后产业和过剩产能。认真开展全国第二次污染源普查。大力发展生态旅游、生态农业，积极发展光伏、风能等可再生能源应用，大力倡导绿色低碳生活方式，全面开展创建节约型机关、绿色家庭、绿色学校、绿色社区和绿色出行等行动。

强化监管执法。持续推进中央环保督察后续整改，重点加强涉危、涉化、涉重金属行业领域监管执法，严厉打击各类违法行为，继续清理整顿环保违法违规建设项目，坚决取缔不符合国家产业政策的“十五小”企业，加强司法联动，始终保持打非治违高压态势，着力解决突出环境问题，保障群众环境权益。

（六）突出深化改革，着力破难题创优势。围绕供给侧结构性改革，突出问题导向，推进重点领域改革。

深化行政管理体制改革。全面实施行政许可标准化，推行“双随机一公开”监管机制和“减证便民专项行动”，完善“三清单一目录”[(24)]和政务公开“负面清单”。深化商事登记全程电子化和电子营业执照改革，继续削减工商登记前置审批事项。实施城市管理综合执法改革；推进生产经营类事业单位改革。完善政府购买服务制度，扩大政府购买公共服务范围。

深化农村综合改革。突出抓好农村承包经营权流转、集体建设用地入市、宅基地有偿使用和有序退出三项改革。积极稳妥推进农村集体产权制度改革、农村土地承包经营权抵押贷款改革试点。细化和落实承包土地“三权分置”[(25)]办法，积极搭建农村产权交易平台，严格规范土地流转。加强农村“三资”管理，发展壮大村集体经济。推进供销合作社综合改革，引导工商资本投入农业农村建设，增强服务农业和农村发展的能力。

深化财税金融体制改革。加大部门预算编制、基本公共服务、国库集中支付等改革力度；健全财政支出绩效评价改革机制，提高财政资金使用效率。完善政府举债融资方式，加快政府投融资平台转型，探索财政资金撬动社会资本和金融资本参与机制。积极推进综合治税平台建设。加强金融监管，坚决打击违法违规金融活动。启动创省级金融安全区工作。

（七）突出共建共享，着力惠民生增福祉。始终把群众对美好生活的向往作为奋斗目标，在幼有所育、学有所教、劳有所得、病有所医、老有所养、住有所居、弱有所扶上取得新进展。

巩固深化脱贫攻坚。充分发挥“三位一体”扶贫大格局的作用，持续发力巩固提升脱贫成效，确保全县10.08万已脱贫人口、119个已出列贫困村退出后收入提高、经济发展、脱贫不返贫。力争全年减少贫困人口1500人以上。充分发挥专项扶贫主导作用，重点瞄准深度贫困区域、深度贫困群体、深度贫困人口聚焦发力，精准施策、靶向帮扶。大力推进产业扶贫、劳务协作，完善提升易地扶贫搬迁安居工程，全面实施同步搬迁，在贫困人口基础条件和发展领域上持续发力增效。充分发挥行业扶贫主体作用，按照“五个一批、六个精准、七大行动”总体要求，继续加大行业扶贫力度，坚持脱贫不脱政策、不脱项目、不脱帮扶、不脱投入“四个不脱”，保持扶贫政策连续性、稳定性、长效性，教育、医疗、低保等政策全部持续到2020年。继续实施驻村帮扶和结对帮扶，加大对贫困村和贫困人口较多的非贫困村投入，提升基础设施和公共服务水平，提高农村居民生活品质。充分发挥社会扶贫主流作用，大力开展“百企联百村、百企帮百村”企业精准扶贫行动，完善龙头企业参与扶贫开发支持政策，调动企业带动贫困户就业增收。做强做优“六大众筹”社会扶贫品牌，不断壮大志愿者队伍，引导和鼓励社会各界关注、参与和支持扶贫事业。加大对自身努力脱贫致富先进典型的培育和宣传。建立激励机制，激发贫困区域、贫困户自主动力，加快脱贫致富。

织密民生保障网络。完成城镇新增就业6000人以上，农村劳动力转移5500人以上。新增创业主体2700户以上，发放创业担保贷款3000万元以上，争创省级创新创业带动就业示范基地。实施全民参保计划，加快建设“网上社保”。建筑行业新开工项目必须100%参加工伤保险。健全社会救助体系，加强低保动态管理，加大临时救助力度。健全新型养老服务体系，启动水市、中和区域性中心敬老院和社会福利中心二期建设。大力实施保障性安居工程，启动乡镇周转房建设“三年行动计划”，力争完成周转房1000套；建成公租房1392套，完成农村危房改造1000户。全面完成省、市重点民生实事和微实事项目建设。启动县民生微实事“三年行动计划”，重点实施一批交通出行、文体设施、便民服务、安全防护、环境卫生等方面微建设项目，提升群众的幸福感和获得感。

办好公平优质教育。坚持把教育事业摆在优先位置，加快推进城乡义务教育一体化发展，突出抓好城乡学位建设、校园文化建设、平安校园建设、智慧校园建设、师资均衡配置、教师待遇保障、教育治理改革、控辍保学、随迁子女就学保障、农村留守儿童关爱保护“10大计划”。加快城乡学位建设“三年攻坚行动计划”，完成二中搬迁新建，加快一中新校区、七小、八小、4个街道幼儿园建设，新增城区学位6000个以上；大力改造农村薄弱学校，配套教学和生活设施设备。探索集团化办学，推行城区优质学校托管乡镇薄弱学校，实现城乡联盟、资源共享、共同发展。加强教师队伍建设，深化交流轮岗机制，实施“国培计划”项目，大力纠治师德师风突出问题。加大教学管理体制改革，完善教学质量评估体系，确保教育教学质量保持全市前列。

繁荣发展文化事业。深入推进“文化活县”战略，培育和践行社会主义核心价值观，实施“项目兴文、精品育文、产业活文、规范优文、帮扶助文”五大工程，传承弘扬中国优秀传统文化，完善县、乡（街道）、村（社区）三级文化设施和网络建设，提升乡镇综合文化站、村（社区）文化活动室设施条件和服务水平。加快推进全民健身公园、博物馆、文化馆和图书馆新馆建设。大力开展群众文体活动，抓好文化遗产保护传承利用，推进少数民族村寨建设，深入挖掘舜文化、儒文化、瑶文化等传统文化，举办全国全省有影响力的文化活动，努力创作一批文艺精品佳作，塑造一批全国全省有一定影响力的文化品牌。进一步深化文化市场综合执法改革，促进文化产品健康发展。

推进健康宁远建设。深入开展爱国卫生运动。继续实施城乡医院床位建设“三年攻坚行动计划”，加快妇女儿童医院、人民医院分院、和美医院和乡镇卫生院、村卫生室标准化建设。加快建设分级诊疗制度，以构建医联体为着力点，深化县人民医院、县中医院与湘雅医院、省人民医院、市中心医院联盟合作，建设县影像中心、检验中心及乡镇卫生院远程诊疗平台，提升基层医疗服务水平。以公立医院改革为重点，深化医药卫生体制改革，建设县级医院与乡镇中心卫生院医疗共同体，放权搞活乡镇卫生院。大力实施基本公共卫生服务和重大公共卫生服务项目，做好全国基层中医药工作先进县复核。彻底扭转计生服务管理水平不高的被动局面，保障妇女儿童合法权益，完成农村妇女“两癌”免费检查8000人。发展残疾人事业，加强残疾康复服务。发展健康养老服务，深入实施“百岁健康县”工程。

推动社会治理创新。加强基层自治组织规范化建设，全面完成农村综合服务平台建设。

加大信访积案化解与依法治访力度，深入实施“互联网+信访”模式，打造阳光信访升级版。牢固树立安全发展理念，坚持严查严管、严处严罚，压紧压实企业主体责任，坚决防范遏制较大及以上事故发生。加快食品药品检验检测中心建设，健全农产品和食品药品安全监管长效机制，保障群众“舌尖上的安全”。大力推进立体化、信息化社会治安防控体系建设，完善共建共享的公共安全监控系统。深入推进“七五”普法工作，全面建成县、乡、村（社区）三级公共法律服务体系，严格规范宗教场所管理；依法严厉打击各类违法犯罪行为，确保社会大局和谐稳定。

（八）突出自身建设，着力提效能树形象。牢固树立“四个意识”(26)，更加注重自身建设，以严的标准、严的要求、严的措施，努力建设人民满意的政府。

坚持依法行政。严格按照法定权限和程序行使权力、履行职能、承担责任。自觉接受人大及其常委会工作监督、法律监督和政协民主监督，认真落实县人大常委会的决议决定，办好人大代表议案、建议和政协委员提案。强化政府法律顾问制度，坚持重大决策公众参与、专家论证、风险评估、合法性审查、集体讨论决定等法定程序和终身责任追究制度，加强行政复议、行政应诉工作。

坚持高效施政。把抓执行力、行动力作为政府工作的生命线，敢于直面和解决工作中的矛盾和问题，积极作为、勇于担当，坚决纠治办事拖沓敷衍、懒政庸政怠政和为官不为现象。完善以首问责任制、限时办结制、责任追究制为重点的行政效能建设制度体系，全力推动工作提速、提质、提效。健全常态化督查机制，用好问责“利剑”，推动各项决策部署落实落地。完善干部考核评价机制，为干部大胆创新探索撑腰鼓劲。

坚持科学理政。加快转变政府职能，更加注重社会管理和公共服务。深化政务公开，充分发挥政府门户网站、“12345”政府服务热线、政务微信等平台作用，完善政府信息公开制度，拓宽与公众沟通渠道，加快整合县、乡、村三级服务平台，建好网上服务大厅，确保公共权力在监督下运行，打造阳光政府。

坚持廉洁从政。始终把纪律和规矩挺在前面，严格落实中央八项规定，大力纠治“四风”新问题。进一步规范政府采购、工程招投标和政府投资行为，加强行政监管和审计监督，织密规范权力运行笼子。扎实开展“不忘初心、牢记使命”主题教育，深入学习贯彻党的十九大精神。严格落实党风廉政建设“两个责任”，持之以恒正风肃纪，持续深化专项整治，从严查处群众身边腐败问题，营造风清气正的政务环境。

各位代表！大道之行，天下为公。历史只会眷顾坚定者、奋进者、搏击者，而不会等待犹豫者、懈怠者、畏难者。让我们更加紧密地团结在以习近平同志为核心的党中央周围，在省、市和县委的坚强领导下，不忘初心、继续前进、锐意进取，奋力走好新时代的长征路，为决胜全面建成小康宁远、夺取新时代宁远经济社会发展新胜利而努力奋斗！

《政府工作报告》有关名词解释：

1. 五大战略：生态立县、文化活县、旅游兴县、工业强县、农业富县。

2. 六大战役：城镇提质、交通提速、园区升级、旅游升温、脱贫攻坚、环境治理。

3. 一超过两不愁三保障：一超过，即家庭当年农民人均纯收入稳定超过国家现行扶贫标准。“两不愁”，即不愁吃、不愁穿。“三保障”，即基本医疗、义务教育、住房安全有保障。

4. 一确保两完善：“一确保”即贫困发生率低于2%，“两完善”即基础设施基本完善、公共服务基本完善。

5. 三率一度：“三率”即综合贫困发生率、漏评率、错退率，“一度”即群众认可度。

6. 五个一批、六个精准、七大行动：即发展生产脱贫一批、易地搬迁脱贫一批、生态补偿脱贫一批、发展教育脱贫一批、社会保障兜底一批；扶贫对象精准、项目安排精准、资金使用精准、措施到户精准、因村派人精准、脱贫成效精准；发展特色产业增收脱贫、推进劳务输出脱贫、实施易地搬迁脱贫、着力加强教育脱贫、实行保障兜底脱贫、开展医疗救助脱贫、结合生态补偿脱贫。

7. 4321 工程：即按照县处级干部联系 4 至 5 户、科级干部联系 3 至 4 户、一般干部职工联系 2 至 3 户，党员、“两代表一委员”和经济能人联系 1 至 2 户贫困户，包脱贫、不返贫。

8. 两补齐一统一：即补齐建档立卡贫困家庭子女在非普惠性幼儿园就读的入园补助（1000 人/年），不再区分普惠性和非普惠性幼儿园；补齐建档立卡贫困家庭子女在义务教育阶段非寄宿生的生活补助（小学 1000 元/人/年，初中 1250 元/人/年），不再区分非住宿生和住宿生；对在县外就读幼儿园和义务教育阶段的建档立卡家庭子女，与县内就读幼儿园和义务教育阶段的建档立卡的家庭子女统一资助政策和标准。

9. 三提高、两补贴、一减免、一兜底：“三提高”：提高住院费用城乡居民医保报销比例、提高大病住院政策范围内报销比例、提高医疗救助水平；“两补贴”：城乡居民医保补贴、“扶贫特惠保”补贴；“一减免”：罹患 9 种大病者实际医疗费用，个人自付部分由定点医院给予 50%的减免；“一兜底”：农村贫困人口通过基本医保、大病保险、医疗救助、商业保险赔付等综合补偿及定点医院减免后，剩余合规自付医药费个人支付仍有困难的，实行政府兜底保障。

10. 地球仓：移动式智能生态小屋。

11. 五化：绿化、净化、亮化、美化、序化

12. 五大保障体系：医疗保障、教育救助、困难救助、就业援助和养老保险.

13. 四个最严：最严谨的标准、最严格的监管、最严厉的处罚、最严肃的问责。

14. 三业并举、三区共建、三量齐升：指新型工业、现代农业、旅游服务业“三业并举”，城区、园区、景区“三区共建”，经济总量、均量、质量“三量齐升”。

15. “两个一百年”奋斗目标“分两步走”：十九报告指出，在 2020 年全面建成小康社会、实现第一个百年奋斗目标的基础上，再奋斗 15 年，在 2035 年基本实现社会主义现代化。从 2035 年到本世纪中叶，在基本实现现代化的基础上，再奋斗 15 年，把我国建成富强民主文明和谐美丽的社会主义现代化强国。

16. 十大突破：在脱贫攻坚、城镇提质、园区升级、交通提速、环境治理、旅游升温、创新开放、文化强市、民生保障、县域经济上实现新突破。

17. 小微企业“百千万”成长工程：百家成长企业、千家培育企业和万家新创企业。

18. 田园综合体：指综合化发展产业和跨越化利用农村资产，是当前乡村发展代表创新突破的思维模式。

19. 三堵三强：堵门、堵路、堵桥，强揽工程、强买强卖、强行阻工。

20. 一核两极三条经济生命线：一核，由长沙经开区、长沙高新区、临空经济区、黄花综保区、金霞跨境产贸区、中部货运国际枢纽 6 个平台载体组成。两极，郴州、岳阳。三条生命线，国际货运、湘欧快线、国际水运。

21. 五大开放行动：走进 500 强链接大产业行动、融入“新丝路”拓展大合作行动、构筑大通关提升大平台行动、依托“大永商”推进大招商行动、对接“北上广”优化大环境行动。

22. 一核两心三轴四组团：“一核”：商业金融综合服务核心；“两心”：市民文化中心与体育会展中心；“三轴”：沿九嶷大道的公共服务发展轴，沿湘妃大道、泠江生态绿化景观轴；“四组团”：北部政务文化区组团、中部现代商业区组团、东部文化旅游区组团、南部商贸服

务区组团。

23. 双河长制：政府河长、民间河长。

24. 三清单一目录：负面清单（外商投资准入）、权力清单、责任清单（监管清单）和县政府核准的投资项目目录。

25. 三权分置：农村土地所有权、承包权、经营权三权分置。

26. 四个意识：指政治意识、大局意识、核心意识、看齐意识。

中国人民政治协商会议
宁远县第九届委员会常务委员会工作报告

（2017年12月24日在政协宁远县九届二次会议上）

李苏昭

各位委员、各位同志：

我受政协宁远县第九届委员会常务委员会的委托，向大会作工作报告，请各位委员审议，并请列席的同志提出意见。

2017年工作回顾

2017年是宁远县第九届政协的开局之年，是继承优良传统、创新履职的有为之年。一年来，在中共宁远县委的坚强领导和市政协的具体指导下，在县政府和社会各界的支持配合下，县政协高举中国特色社会主义伟大旗帜，坚持团结民主两大主题，紧紧围绕县委提出的“五大战略”和“六大战役”目标任务，认真履行政治协商、民主监督、参政议政职能，为科学推进全县经济建设、政治建设、文化建设和社会建设，打造宜居宜业宜游文化生态公园作出了积极贡献。

一、强化核心意识，维护党的领导，在执行决策上同频共振

始终牢固树立“核心”意识，自觉接受中共宁远县委的领导，紧紧围绕县委的重大决策部署来研究谋划推动工作。一是思想同心。把加强学习、增进共识作为与县委保持高度一致的重要保障，通过集中学习、大联组学习、界别组学习等途径，精心组织政协委员认真学习以习近平同志为核心的党中央治国理政新理念新思想新战略，深入学习宣传党的十八届六中全会和十九大会议精神，及时传达贯彻县委的重要文件、重要会议精神和重大工作部署，动员委员自觉服从和服务于县委的重大决策，努力使县委的主张和意图转化为社会各界的广泛共识和自觉行动。二是目标同向。围绕县委提出的打赢“六大战役”，建设“宜居宜游宜业文化生态公园”目标，县政协常委会团结带领全体政协委员和社会各界人士，积极解放思想解难题、创新改革创大业、争先创优争一流，努力为建设全面小康宁远献计出力。2017年县政协工作要点紧紧围绕年初县委经济工作会议精神来制定，所开展的调研、视察课题紧扣县委、县政府的中心工作。三是行动同步。本着“同唱一台戏、共下一盘棋”的思想，县政协常委会认真执行县委决策，支持政府工作。今年以来，全县政协委员在城乡道路建设、城区学位建设、优化非公经济法治环境、美丽乡村建设、全域旅游发展、脱贫攻坚、新型工业化、维护稳定等重点项目建设和重点工作中做了大量卓有成效的工作，解决了一些实际困难和问题，以实际行动彰显了政协委员的责任担当。

二、强化大局意识，积极协商议政，在科学履职中建言献策

紧紧围绕县委、县政府的中心工作，把服务和促进全县经济社会发展作为履职的第一要务，找准位置，选好角度，主动参与，充分发挥智囊团、生力军作用。

1. 善谋大政，政治协商有高度。立足全县发展大局，紧贴县委决策部署和群众普遍关注的热点、难点问题，积极开展协商议政。突出重点调研协商。常委会充分发挥引领带动作用，组织广大政协委员围绕全县经济社会发展中的突出问题和重点问题，深入开展调查研究，积极提出建议意见，供县委、县政府和有关部门决策参考。如县政协九届一次会议期间，委员们围绕城区公园建设、文化教育扶贫、城区学位建设、城中村改造、美丽乡村建设、群众看病难等课题，认真调研，勇于说真话、道实情，提出50多条合理化意见和建议，这些意见建议得到了县委、县政府和有关部门的采纳和重视。把握热点专题协商。对事关全县发展和群众关注的热点问题，常委会通过认真组织开展专题协商，主动建言献策。7月份，县政协常委会召开上半年全县经济运行情况专题协商会，认真听取财政、国税、地税三家单位工作情况汇报，就财税征管、经济健康运行等方面提出了一些有针对性和可操作性的意见建议，得到了相关部门的采纳。一年来，县政协常委会和政协各专委会、界别组，围绕文化旅游发展、文明县城建设、河道溪流环境保护等热点问题，分别组织开展了专题协商，为推进“宜居宜游宜业生态文化公园”建设进诤言、献良策、聚力量。

2. 勤献良策，参政议政有深度。把为发展建言作为政协工作的着力点，切实做好提案、调研、视察三篇文章。提案重督办。坚持以提高提案质量为前提，以促进提案落实为目标，积极探索提案工作的新思路、新途径、新方法，着力推进提案工作制度化、规范化、程序化，增强提案办理实效。九届一次全会以来，县政协共收到委员提案121件，经审查立案114件，到9月份已全部办理完毕。这些提案涉及经济社会的各个方面，既有情况反映，又有对策建议，经认真办理落实，一批事关经济社会和民生发展的热点难点问题得以解决。如《扎实推进文化精准扶贫》提案交县文体广新局办理后，该局结合省级公共文化服务体系建设示范区创建，坚持问题导向，积极推动资金资源向贫困村倾斜，在全县广泛开展了送戏、送电影、送体育器材、送图书、送文化设施设备下乡活动，丰富了贫困群众的精神文化生活。调研出精品。本着“少而精、专而深”的原则，紧扣县第十二次党代会提出的战略目标，围绕事关我县改革发展稳定的重大问题，认真组织开展了8次专题调研活动，形成了《加大“教育扶贫”力度，推动城乡教育均衡发展》《推进全域旅游，助力乡村振兴》《加强环境治理，构建和谐共生生态环境》等调研报告，积极探索推动宁远又好又快发展的有效途径，得到了省、市政协和县委、县政府领导的肯定和认可，提出的一些意见建议得到了采纳。视察求实效。重视视察在促进工作、改进作风、优化环境等方面的积极作用。一年来，县政协常委会、各专委会、界别组认真组织政协委员对我县城乡道路建设、河道治理、教育扶贫、优化非公经济发展法制环境、异地搬迁等工作开展了18次专题视察，针对这些工作中存在的突出问题和薄弱环节提出了70多条建设性意见和建议，较好地推动相关单位和部门改进了作风、提高了行政效能。

3. 常谏真言，民主监督有力度。坚持把民主监督工作作为社会主义协商民主的重要实现形式，努力拓展监督领域、创新监督方式、强化监督力度、提高监督实效。议政监督力促决策科学。一年来，通过县政协主席列席县委常委会议，常务副主席列席县政府常务会议，分管副主席出席部门会议，专委会主任参加专题协商会、听证会等途径，积极为推动工作、解决问题、科学决策建言献策。评议监督力促作风转变。一年来，常委会精心挑选和组织政协委员参加全县机关作风和效能建设暨优化经济环境民主测评，积极参与对相关部门和单位的行风评议，在评议中公正公平打分、客观提出意见建议。民意监督力求渠道拓宽。高度重视社情民意信息工作，认真做好架桥梁、听民意、解民困的工作。通过精心搭建“政协云”、政协委员微信群等舆情收集和工作交流平台，进一步畅通了社情民意信息收集和反映渠道，全年共向上级政协组织报送信息58件，较好地发挥了社情民意信息的监督作用。

三、强化合作意识，突出团结民主，在发挥优势中竭诚尽智

始终注重发挥人民政协大团结、大联合的优势，紧贴民生民情，加强内外联谊、凝聚各方力量，力求做到合拍同音、合力共进。

1. 加强团结合作。加强与县工商联、各群团组织、社会各界人士和政协各参加单位的联系与沟通，主动邀请他们参加政协组织的调研、协商、评议、视察等活动，听取他们的意见建议，着力为他们发挥作用搭建平台，努力形成相互尊重、体谅包容、畅所欲言、合作共事的民主氛围，为发展凝聚各方面的智慧和力量。加强文史资料的交流合作，按照“亲历、亲见、亲闻”的原则，新征集“宁远知青史”、“舂陵轶事”等史料10万余字，与全省兄弟县区政协相互交流，充分发挥“存史、资政、团结、育人”的独特功能。

2. 情系民生民利。坚持关注民生、体察民情、排解民困，县政协班子成员主动深入到乡镇（街道）、单位、企业基层，多渠道了解群众意愿和诉求，认真接待群众来信来访，积极参与综治民调、矛盾纠纷调处和信访维稳工作，协助县委、政府做好平息情绪、化解矛盾、维护稳定的工作，为全县改革发展减阻力、增动力、聚合力。常委会大力支持和鼓励全县政协委员开展捐资助学、扶贫济困活动，引导他们主动为群众解决力所能及的困难和问题。今年来，仅工商联组37名委员就资助贫困学生51名，捐款捐物达72万元，帮助贫困人口就业100多人，帮助38户贫困户增加收入50余万元。充分发挥政协智力密集、人脉广泛的优势，想方设法为宁远籍在外人士回乡创业和外地客商来宁投资办厂牵线搭桥、提供便利。引进了总投资20亿元的红狮新型环保建材产业园等一批大项目。

3. 扩大联谊交流。以团结合作为基础，以联谊交友为纽带，多层面、多渠道、多形式地开展联谊联络活动。一年来，常委会认真落实主席、副主席、专委会联系界别组、政协委员制度，先后参与界别组活动12次，走访政协委员165人次，走访委员企业16家，深入了解委员的生产生活情况，主动为委员解决实际困难，做到政治上关心、工作上依靠、事业上扶持。进一步加强了与省、市政协和各兄弟县（区）政协组织之间的联系，一年来，共有20余批省内外政协同行来宁远学习考察。同时，我们组织部分工商界、经济界及其他界别的政协委员，带课题赴外县区调研取经，取得了一些成果。

四、强化服务意识，主动履职作为，在促进发展中出力添彩

始终坚持把促进发展作为履行职能的第一要务，努力做到为发展履职、为发展尽责、为发展作为，团结带领全体政协委员和政协机关干部主动融入当前各项中心工作，努力为全县发展贡献力量。

1. 主动融入中心工作。县政协领导班子成员按照县委总体部署，积极深入到所联系的项目、乡镇、扶贫点、企业，协调解决工作中存在的困难和问题，经常深入项目一线周密调度，抽调力量强力突破，福源小区、崇德路、宁远七小、宝峰路等项目都得到了较好推进；对所联系的乡镇工作，主动加强与乡镇党委、政府的协调沟通，指导各乡镇制定发展规划、培植特色产业、维护社会稳定，各乡镇经济社会都得到了较快发展。按照县委、县政府工作部署，积极主动地参与到综治民调、文明劝导、街面巡逻和“创森”、“创文”、“创卫”等工作中，为建设“宜居宜游宜业生态文化公园”贡献力量。

2. 合力攻坚脱贫摘帽。一年来，我们按照县委、县政府总体工作部署，积极投身全县脱

贫攻坚，坚持结合实际定措施、真情帮扶促和谐，扎实推进各联系点的扶贫工作。政协主席、副主席每人联系一个乡镇、2—3 个重点企业、1 个以上贫困村、1 个党建联系点和 1 个软弱涣散村。通过协调有关部门支持、机关党员干部捐款捐物，政协委员倾情相助等各种形式，不断加大扶贫帮困工作力度。一年来，政协机关干部共与 103 户困难群众结成对子，筹集帮扶资金 140 余万元；筹资 10 万元，帮扶村委会（农村社区）2 个；协调解决公益性岗位 40 个，解决贫困家庭子女就学难问题 32 个，举办培训班 1 期，参加培训人员 150 人，帮扶工作取得了明显成效，得到了省、市检查组的充分肯定。我们还在政协委员中组织开展了“三个一”扶贫行动，全县政协委员主动与贫困户结对子，积极帮助贫困户就业、就学和增收，以实际行动为贫困户脱贫致富出力。组织委员采取产业联村、项目带村、智力扶村、捐赠帮村等方式，全年累计筹集帮扶资金和物资 200 多万元，提供就业岗位 502 个，得到省、市政协充分肯定，并在市政协“三个一”扶贫会议上作典型发言。

3. 充分发挥委员作用。常委会重视发挥政协委员的主体作用，积极引导、鼓励和支持全县政协委员立足岗位作贡献。重视委员能力提升。通过各种途径，为提升委员履职能力创造条件。今年 6 月份，组织全体政协委员和机关干部分两批赴浙江大学进行政协履职能力培训，培训后还开展了学习心得征文评选，既提升了委员履职的积极性，又提升了委员履职的能力，收到了较好的效果。鼓励委员岗位建功。常委会鼓励和支持全县政协委员牢记使命，立足岗位，各尽所能，各尽其才，为全县经济发展和社会和谐稳定作贡献，一批优秀政协委员脱颖而出。他们中的吴群辉、樊志军、陈阳、王梅娟、李碧海等委员，爱岗敬业，为行业发展挥洒汗水；欧吉太、肖六清、何学祥、刘小梅等委员，热心社会公益，在扶贫助学中出资出力；石新旺、邓成钢、李育珍、王志辉等委员，艰苦创业，以榜样作用带动乡亲致富；贺芳雄、潘忠华、欧阳有进等委员在抗洪抢险中不顾个人安危，帮助群众抗击洪魔，为受灾群众排忧解难。欧阳友忠、唐太培、谢茂松等委员积极宣传推介宁远，展示了宁远蓬勃发展、开放前行的新形象。这些委员以自己的实际行动诠释了政协委员这个光荣称号。

五、强化能力意识，推进自身建设，在强基固本中开创新局

新时代、新形势不断赋予人民政协新的工作内涵。一年来，我们按照“理念创新、制度创新、机制创新、方法创新”的要求，在加强自身建设上下功夫、出实招，着力提升履职能力。一是加强领导班子建设。以打造政治站位高、履职能力强、特别能战斗的政协领导班子为目标，着力在加强民主集中制、强化责任分工落实上下功夫。一年来，凡政协重大活动开展、重要人事安排、大笔资金使用等，我们都坚持集体研究决定，认真听取各方意见。坚持集体领导与分工负责相结合，进一步强化责任落实，凡常委会议、主席会议研究决定的事项，分管领导、相关专委会必须认真落实。二是推进机关党的建设。实施“党建+建言”、“党建+为民”、“党建+主题活动”“党建+政协云”系列活动，充分发挥政协党组在政协常委会和政协机关的核心领导作用，发挥政协委员和机关干部中中共党员的先进性作用。始终把政治纪律和政治规矩挺在前面，认真贯彻落实《关于新形势下党内政治生活若干准则》《中国共产党党内监督条例》等党内法规，严格执行《宁远县政协机关党风廉政建设责任制》，积极为政协委员立标杆、树典型、做示范，进一步强化党风廉政建设责任制的督促检查和责任追究。严格执行中央八项规定、省委九项规定、县委“十个一律从严处理”的规定，切实把作风建设和廉政建设贯穿于政协各项工作之中。三是深化思想政治建设。把思想政治建设纳入重要议事日

程，根据中央、省、市、县委的安排，制定了《宁远县政协机关“两学一做”学习教育常态化制度化工作方案》，进一步推动了学习教育持续有效深入开展，机关工作作风进一步转变，为民务实清廉思想基础更加牢固。四是加强机关效能建设。以开展“三创三争三好”活动为载体，以打造“学习型、服务型、创新型、和谐型”政协机关为目标，进一步加强了政协机关思想、组织、作风和制度建设，着力强化机关协调谋划、综合服务、参谋助手和联谊交友功能，推动了机关政务服务、事务服务、会务服务水平不断提升。

各位委员，同志们，县政协取得的成绩，是中共宁远县委坚强领导的结果，是县政府和社会各界及老领导大力支持的结果，是全县政协各级组织、各参加单位和广大委员共同努力的结果。在此，我代表县政协常委会向大家表示衷心的感谢！

在总结成绩的同时，我们也清醒地看到，过去一年的工作还存在一些不足。如履行职能的规范化和制度化建设还需要进一步加强；政治协商的渠道途径仍需进一步拓宽；民主监督还须进一步强化等等。这些问题，我们将在今后的工作中切实加以改进。

2018 年工作意见

2018 年县政协工作总体要求是：全面贯彻落实党的十九大精神，以习近平新时代中国特色社会主义思想为指导，在中共宁远县委的坚强领导下，高举团结民主两面旗帜，紧扣促进发展第一要务，围绕县委“五大战略”总体布局和“六大战役”目标任务，切实履行政治协商、民主监督、参政议政职能，不忘初心，和衷共济，为全面建成小康宁远作出新贡献。

一、坚持理论武装不懈怠，进一步筑牢共同奋斗的思想政治基础。深入学习宣传贯彻党的十九大精神和以习近平同志为核心的党中央治国理政一系列新理念新思想新战略，坚持以学习凝聚共识、以新思想指导工作，牢固树立政治意识、大局意识、核心意识、看齐意识，不断增强道路自信、理论自信、制度自信、文化自信，自觉服从服务于“五位一体”总体布局和“四个全面”战略布局，切实做到坚持理想信念不动摇、坚持党的路线方针政策不偏离、坚持弘扬清风正气不松劲、坚持使命担当不懈怠，在政治上思想上行动上同党中央和省、市、县委保持高度一致。认真学习人民政协理论，学习中央和省、市、县委关于加强政协工作的一系列文件精神，用人民政协理论指导实践，用政协制度推进工作，强化政协意识，准确定位，做政协人，说政协话，办政协事，围绕县委、政府中心工作履行职能，做好委员提案、文史资料征编、社情民意信息和政协宣传工作，切实做到政治协商有新思路、民主监督有新举措、参政议政有新突破，把人民政协事业不断推向前进。

二、坚持促进发展不动摇，进一步助推全面建成小康宁远。坚持为改革而计、为发展而谋、为民生而言，助力县委“五大战略”，积极参与“六大战役”，彰显政协力量和作为。要围绕“生态立县”、“文化活县”、“旅游兴县”、“工业强县”、“农业富县”战略，认真组织开展专题协商、委员视察、调查研究，积极为推进创新发展、协调发展、绿色发展、开放发展、共享发展建言献策，为全面小康宁远建设主动作为。要在助力“六大战役”中“加码”民生幸福，助推补齐民生短板，把关注民生、保障民生、改善民生作为履行职能的重要内容，为解决好人民群众最关心、最直接、最现实的利益问题咨政建言。要主动融入“五千干部下基层，精准帮扶解难题”活动，引导广大政协委员聚力项目建设、脱贫攻坚、项目建设。充分发挥政协智力密集、联系广泛的优势，加大招商引资引智和牵线搭桥工作，为促进全县经济社会跨越发展献计出力。

三、坚持团结民主不折腾，进一步探索协

商民主在基层的生动实践。要充分发挥人民政协作为统一战线组织的优势，突出团结和民主主题，加强大团结，促进大联合，汇聚实现宁远伟业的强大正能量。政治协商要有新进展。认真制订并组织实施年度协商计划，进一步规范专题协商、重点协商、对口协商、界别协商、提案办理协商的程序，不断丰富政治协商的内容和形式。民主监督要有新途径。认真落实中共中央《关于加强和改进人民政协民主监督工作的意见》，坚持问题导向，着力解决好民主监督中存在的不敢监督、不想监督、不会监督问题，结合实际，探索完善开展民主监督的工作思路和有效方法，使政协的民主监督于法周延、于事稳妥。有效整合视察、提案、社情民意等监督方式，着力提高民主监督的组织化程度，围绕河道溪流水资源保护、农产品质量安全、美丽乡村、小康宁远等主题持续开展监督，加强对重大项目、重点工程、民生工程实施情况的监督，推动县委、县政府重大决策部署的有效落实。参政议政要有新突破。要充分发挥委员的主体作用，动员全县政协委员积极投身经济建设主战场，围绕县委“五大战略”，切实开展调查研究，提出真知灼见，助力项目建设，致力产业发展。

四、坚持履职为民不松劲，进一步促进民生改善与社会和谐。人民对美好生活的向往是政协履职的根本出发点和落脚点，要坚持协商于民、协商为民，设身处地为群众着想，感同身受为群众分忧，多做得民心、顺民意的工作。要畅通渠道知民情。组织广大政协委员进社区、入住户、问民意，进一步使政协工作重心下移，实现委员与群众“零距离”接触；推动加大反映社情民意信息工作力度，进一步发挥政协在汇集社情民意舆情中的重要作用；加快“智慧宁远政协”建设步伐，探索线上线下网络协商议政的良性互动方式，打造“效率政协”。要心系群众惠民生。坚持把关注民生热点问题作为政协履职的重点，围绕增加公共服务供给、加快基础教育发展、促进生态环境优化等开展专题协商和民主监督，多建利民之言，多谋利民之策，促进改革发展成果更多惠及人民群众。要促进发展解民忧。把助推全面小康建设作为重中之重，围绕“六大战役”开展专题协商，建言献策。围绕重大项目实施、重大资金使用、重点工程建设等开展民主监督，促进全县经济社会又好好快发展。要多办实事暖民心。组织委员继续开展“送文化、送医药、送体育、送科技、送法律、送温暖”等为民服务活动。加强民生微实事的调研，关切群众身边的小事，回应群众呼声。积极参与社会公益事业，倾力为困难群体解难事、做好事、办实事，促进民生改善。

五、坚持自身建设不停步，进一步提高政协工作的科学化水平。按照习总书记提出的“懂政协、会协商、善议政”的要求，主动适应政协工作发展的变化和要求，切实加强政协委员和政协干部的培训工作，加快“走出去”步伐，持续提升委员履职能力。坚持崇严尚实作风，着力提高“四种能力”，进一步发挥政协党组的领导核心作用、常委会的表率作用、专委会的基础作用、政协委员的主体作用和县政协机关的参谋助手作用。着力提高政治把握能力，把坚持党的领导作为政协工作的根本指向，把高举爱国主义和社会主义旗帜作为政协工作的重要原则，把坚持团结民主作为政协工作的两大主题，确保政协事业始终沿着正确的方向前进。深入推进“两学一做”学习教育常态化制度化，扎实开展“不忘初心、牢记使命”主题教育。聚焦新形式主义、新官僚主义，锲而不舍治“四风”，推动廉政建设和作风建设永远在路上。着力提高调查研究能力，充分利用好调查研究这一政协工作的有力手段，坚持问题导向，紧扣新时代政协工作要求，精选课题，深入调研，积极建言，努力使对策建议更加有的放矢、切中要害。着力提高联系群众能力，持续推进结对共建、扶贫帮困活动，深入开展政协委员

“走基层”活动，进一步做好社情民意信息工作，畅通和拓宽社会各界群众利益诉求表达和反映渠道，发挥好政协组织的桥梁纽带作用。着力提高合作共事能力，发扬求同存异、体谅包容的优良传统，坚持民主协商、平等议事的工作原则，以民主的作风团结人，以共同的事业激励人，加强合作，共谋发展。县政协机关要继续以“三创三争三好”活动为载体，以打造“四型”机关为目标，进一步做好组织、协调、联络、服务工作，主动为基层服务、为委员服务，努力把政协机关建成温馨的“委员之家”、“和谐之家”，为委员履行职能提供有力保障。

各位委员，新时代的号角已经吹响，改革发展踏上了新的征程，人民政协面临着新的使命。我们要牢记自己的神圣职责，以习近平同志新时代中国特色社会主义思想为指引，在中共宁远县委的坚强领导下，进一步提高政治站位，认清发展趋势，保持战略定力，高举团结民主两面旗帜，紧紧围绕全县大局，多谋促进发展之事，多献促进和谐之策，把政治协商的工作做实，把民主监督的工作做细，把参政议政的工作做好，不忘初心，继续前进，为谱写我县人民政协事业新篇章、全面建成小康宁远而努力奋斗！

大 事 记

1月

3日，宁远县2016年申报的5个现代农机专业合作社，经过省农委、财政厅的严格考评验收，全部被确定组建。至2017年1月，全县已有农机专业合作社47家，合作社成员12565人，农机具2420台（套）。农机合作社作业面积占全县总作业面积的近50%。现代化的农机装备、科学化的管理运作，将为宁远县土地规模化经营、增加农业经济效益、转变农业发展模式等方面起到关键性作用。

6日，宁远县法治文化展示中心被授予“湖南省优秀青少年法治教育实践基地”奖牌，这是永州市唯一获此殊荣的单位。据不完全统计，该基地自2013年建成开放以来，每年接待各级各类学校20多批次，累计参观学习和受教育人数达6万多人次。

9日，金钩挂水库大坝胜利实现封顶，为整个工程的全面竣工奠定基础。金钩挂水库是以灌溉和城市供水为主要目的的综合利用工程，总投资2.47亿元（其中国家烟草援建资金1.17亿元），坝高38.6米、总库容988.6万立米，设计灌溉面积3.26万亩。该水库建成后，将大大改善冷水镇农业灌溉条件，增强宁远县城的供水能力。

近日，宁远县冷水镇、湾井镇、五龙山瑶族乡、棉花坪瑶族乡、柏家坪镇、禾亭镇、清水桥镇、水市镇共8个乡镇达标“省级生态乡镇”。

16日，永州市工商局公布新认定79件永州市知名商标，宁远县九嶷山酒业、云泰农业、九疑兔业、茂源农业、嶷凤农业、鑫农淮山6家企业7件商标榜上有名。

19日晚，由宁远县委、县政府主办的2017年春节文艺晚会在县政务中心精彩上演。云南润视荣光影业于荣光、蒋晓荣等应邀出席，刘卫华、唐何、刘军君、李苏昭、刘庚旺、王小丽、曹辉正、唐远军、唐浩等县领导与社会各界群众一同观看演出。

19日，在长沙召开的湖南省风景名胜工作会议上九嶷山风景名胜区管理处荣获“湖南省2016年度风景名胜保护管理工作先进单位”，这是永州市唯一获此殊荣的风景名胜区。

19日，宁远县被评为2016年全省粮食生产标兵县。永州市仅宁远县和零陵区获此殊荣。

24日，永州市首家24小时全玻璃房体自助图书馆在九嶷中路开馆。是年，宁远县斥资100万余元，在九嶷中路、文庙广场新建两座24小时自助图书馆，全天候免费为市民自助借还图书。自助图书馆基本藏书3000册，涵盖文学艺术、政治、经济、法律、科技、生活等多种图书。市民只需持身份证进入自助图书馆办理借书证后，就可免费随时借阅图书。

25日，下灌景区2017春节书画展在省级文物保护单位灌溪学校开展。此次展览共展出宁远县各界书画爱好者作品60余幅。宁远籍著名画家、国家一级美术师刘岩石为此专门创作一幅巨幅国画和书法作品参展；宁远籍中国书法家协会会员欧阳维忠、何路鸿、张玉波、宋运清、李怡恰均有作品参展。

28日（大年初一），九嶷山景区共实现门票收入420万元，在湖南省仅次于岳阳楼君山景区、安化茶马古道，位居全省第三。

春节期间，宁远县卫计委将6.3万份《致全县外出流动人口的一封信》明信片，发送到外出务工的已婚育龄人群家中、手中，为他（她）们了解掌握二孩生育政策、计生法规和县委、县政府的卫生计生优惠政策、免费服务项目、服务承诺、服务方式等内容提供方便。

2017年1月，宁远县市场和质量监督管理局改名为宁远县食品药品工商质量监督管理局。

2月

2017年新春之际，中国文联民间文艺家协会党组书记、副主席、博导邱运华到宁远县考察民间文化。邱运华参观舜德书院，听取县委宣传部、县文体广新局负责同志的情况介绍，分析永州市特别是宁远县九疑山舜文化深厚的文化底蕴，并对宁远县文化旅游等社会发展事业提出意见建议。

3日，宁远县在宁远文庙广场举办2017年“春风行动”暨“深化劳务协作，推进精准脱贫”专场招聘会。据悉，此次招聘活动共有50余家县内工业企业、商贸企业等进场招聘，提供就业岗位6000余个；县城集中招聘持续到6日，7日至25日将在各乡镇圩场开展乡镇专场招聘。

6日下午，县委书记刘卫华，县委副书记、县长唐何带领相关县直部门负责人调研城区建设。刘军君、李苏昭、彭小兵、曹辉正、黄永英等县领导陪同。刘卫华、唐何一行查看二中新校区、南部生态新城“三横三纵”路网建设、九嶷大道改扩建工程、妇女儿童医院、市民休闲公园等建设项目，详细了解各项目建设进展，并针对项目建设中遇到的问题逐个提出解决的办法。

6日，县委书记刘卫华，县委副书记、县长唐何带领相关县直部门负责人深入园区调研。刘军君、李苏昭、曹辉正、黄永英等县领导陪同调研。刘卫华、唐何一行查看幕铭建材、硕宁电子、江博士鞋业、亿达自动化、华润燃气、闽丰农产品交易市场等项目，了解各项目建设进度、开工复工进展，有无遇到什么困难和问题，并针对各企业提出的问题逐个提出了解决的办法，同时围绕企业如何做大做强提出意见建议。

6日，《辛亥之星——萧志仁传奇》一书由文汇出版社出版发行。该书计60余万字，30余幅图片，以丰富的素材和生动的笔触，记述宁远县禾亭琵琶岗村人、著名的武昌首义参与者、黄兴秘书——萧志仁富有传奇色彩的一生。政协宁远县委员会、中共宁远县委统战部、宁远县史志办为该书提供详实的历史资料。

7日上午，中国人民大学农村与经济发展学院院长曾寅初一行到宁远县考察调研旅游资源。县领导刘卫华、胡红灯陪同调研。调研组参观下灌古村、九嶷山舜帝陵、舜帝庙考古遗址公园陈列馆和玉琯岩，对宁远县旅游产业深厚的文化底蕴和秀美的自然景观给予高度评价，希望宁远县以舜文化为龙头，加大旅游资源开发力度，利用宝贵的人文资源，保护好九嶷山生态环境，全力打造文化旅游精品城市。

15日上午，县委经济工作会议暨六大战役动员大会在政务中心召开。县委书记刘卫华作工作报告，县委副书记、县长唐何主持会议，刘军君、李苏昭、彭小兵、刘庚旺、王小丽、曹辉正、陈海平、黄永英、唐远军、唐浩等在家的县领导出席会议，县直单位负责人、各乡镇街道党政负责人、农村社区党组织书记、规模工业企业负责人等参加会议。

15日，创建百岁健康县老年书法展在政务中心举行。刘卫华、唐何、刘军君、李苏昭、王小丽、陈海平、唐远军等县领导及各界人士数百人到场指导和观摩。此次书法展由县创建百岁健康县领导小组、县老科协举办。县老科协从2016年12月底开始，从20多名宁远籍省、市、县老科技艺术名人创作的160多幅作品中精心挑选出120幅作品进行展出。

16日，县第十二届纪委第二次全体会议在政务中心召开。刘卫华、唐何、张明贵、李苏昭等在家的县领导，各县直单位负责人、乡镇街道党政负责人、农村社区党组织书记等参加会议。唐何主持会议并宣读表彰决定。会上，陈海平作工作报告，总结2016年纪律检查工作，部署2017年任务；各乡镇街道、县直单位递交党风廉政建设党委（党组）主体责任书。

28日上午，宁远县人大常委会在县八中阶梯教室组织开展任命干部任前法律知识考试。本次考试共有26名县政府工作部门行政主要负责人和1名检察院拟任人选参加考试，内容涉及《中华人民共和国宪法》《中华人民共和国刑法》《中华人民共和国行政诉讼法》等多部法律法规，考试题型包括单选、多选、简答题等类型，形式为闭卷，时间为100分钟。

28日，永州市农村综合服务平台暨农村网格化综合信息系统建设（“两大建设”）现场推进会在宁远县召开。市委副书记、政法委书记张严，市委常委、组织部长吴志雄出席并讲话。县委书记刘卫华致欢迎辞。市直相关单位负责人，各县（区）委副书记、常务副县（区）长、组织部长、政法委书记等参加会议。刘军君、彭小兵、王小丽、曾海波、邓小英等县领导陪同参观或参加会议。

2017年2月宁远县直属机关党委更名为宁远县直属机关工委。

3月

1日，宁远县办税服务厅正式全面实行“一窗一人办税”服务模式，纳税人在一个窗口就可同时办理国税、地税涉税业务，实现纳税人“进一个厅，取一个号，到一个窗，办两家事”。这是永州市首家全面实行“一窗一人办税”服务模式的办税服务厅。

2日下午，宁远县召开安全生产工作暨道路交通安全秩序集中整治“百日大会战”推进会。县领导刘卫华、刘军君、黄永英、邓传文和各相关部门、乡镇（街道）、学校负责人参加会议。会议宣读道路交通秩序集中整治“百日大会战”工作方案，总结回顾2016年安全生产工作，分析当前安全生产形势，安排部署当前和2017年度安全生产及道路交通秩序集中整治“百日大会战”等工作。

2日，宁远县九嶷山国家森林公园荣获全省森林公园质量管理十佳单位荣誉称号，这是永州市唯一获此殊荣的森林公园。

7日下午，宁远县与长沙银行永州分行举行《政银业务合作协议》签约仪式。县委副书记、县长唐何主持签约仪式，县委常委、常务副县长黄永英代表县政府与长沙银行永州分行签订《政银业务合作协议》。合作协议的签订，标志着长沙银行与宁远县全面开展政银合作迈出坚实的步伐，对宁远县的工业化、城镇化、农业产业化建设以及旅游服务业发挥十分重要的推动作用。

8日，宁远县委副书记、县长唐何深入九疑山瑶族乡西湾、九疑山、文武冲等村调研指导基层党建和村“两委”换届工作时要求：村“两委”换届要依法依规，严格程序，做细做实每个环节的工作，防止拉票贿选等现象产生，确保换届选举程序的合法性和选举结果的有效性；要扎实推进驻村帮扶工作，严格实行基层党建标准化建设，抓好综合服务平台建设。

10日，宁远县机关干部职工、群众团体、武警官兵和学生代表等共2000余名志愿者冒雨到中和镇新屋里、老屋里等村山场开展以“全力构筑生态屏障、齐心共建绿色家园”为主题的义务植树造林活动。当天，志愿者共种植枫香、湿地松等苗木6万余株，完成新造林面积300余亩。2017年，宁远县已种植各类苗木646万株，完成造林面积4.38万亩，达市下达任务的122%。

13日，全国名师、“诗意语文”倡导者董一菲到宁远送教讲学。一、二、三中全体语文教师近300人参加活动。活动中，一、二、三中的教师代表和董一菲与其团队成员分别上三堂课，就语文课堂教学进行了交流探讨。其后，董一菲还针对怎样通过创设情境让语文课堂更有诗意、让学生更有兴趣进行专题讲座，让在场教师受益匪浅。

14日下午，宁远县与湖南经视文化旅游产业战略合作协议签约仪式在政务中心203会议室举行。市委副书记、市长易佳良出席签约仪式并讲话，县委书记刘卫华主持签约仪式，县委副书记、县长唐何致辞，县领导张明贵、刘庚旺、曹辉正、胡红灯及湖南经视频道总监朱皓峰一行等出席签约仪式。

16日上午，长沙银行宁远支行举行开业庆典仪式。县领导刘卫华、刘军君、张明贵、李苏昭和长沙银行永州分行行长李枫出席仪式并为长沙银行宁远支行开业剪彩。仪式结束后，长沙银行宁远支行与县城建投公司、县建华公司签订《授信意向协议书》。

17日上午，宁远县公安、国土、住建、桐山街道等相关部门联合行动，对桐山街道葫芦淌村和五里桥村的8处违章建筑依法强制拆除。这8户村民在未取得合法审批手续的情况下，擅自占用村集体土地建房。相关部门曾多次责令停止违法行为，并下发停工通知书及限期拆除通知书，但业主心存侥幸置之不理。依法强制拆除行动，有力震慑违法建设行为，维护城乡规划建设有序发展。

20日晚，湖南省文化馆“送戏下乡，惠民演出”文艺会演在宁远县政务中心举行。此次汇演表演的节目由省文化馆群星艺术团和宁远县文艺团队联合演出。

25日，宁远县举行“六大战役”重点项目集中开工仪式。此次集中开工的共有妇女儿童医院、九嶷大道二期、湘妃大道二期、鸿坤陶瓷、江博士健康鞋业等7个重点项目，涵盖园区、交通、民生、基础设施等多个领域，总投资19亿元。

27日上午，县委书记刘卫华带领相关县直单位负责人深入城区调研易地搬迁和街道办选址工作。彭小兵、曹辉正、黄永英、陈云生、欧阳国春等县领导陪同调研。刘卫华一行先后深入各街道办实地查看易地扶贫搬迁项目和街道办服务中心选址，听取各部门的情况汇报，并逐个项目进行明确。

29日，国务院公布《第九批国家级风景名胜区名单》，宁远县九嶷山舜帝陵风景名胜区榜上有名，跻身国家级风景名胜区行列，成为永州市第一处国家级风景名胜区。

29日，桐山街道五里桥村《五里桥村志》正式出版发行。该志是宁远县首部村志，由村民自主筹资，自主推荐村民组建编纂班子，在县史志办全程指导下，历时半年完成编纂出版发行。全志除序言、凡例、概述、大事记、附录、后记外，设位置境域、姓氏溯源、基层组织、经济发展、社会事业、民俗风情、古物古迹、人物风采、人物简介、传说故事等10章，共计5万余字、100余幅照片。

31日上午，由宁远县农建投公司牵头的九嶷山西湾村“荷花观光走廊”工程正式开工，标志着农科园提质升级战役正式拉开帷幕。该工程是农科园提质升级战役的重要组成部分，规划占地面积600亩。该工程完工后，成为九嶷山旅游的又一张名片，为宁远县的旅游开发增光添彩。

4月

1日上午，温氏养殖一体化项目保安繁育基地土建工程正式动工。该基地位于保安镇土地冲村，占地506亩，总投资8000万元，设计规模为年生产猪苗8万头。基地建成后，可满足 40 户家庭农场猪苗供应需求，解决周边村 100 人就业问题，带动 500 余贫困人口脱贫。

1 日，宁远县教育基金会在县政务中心召开成立大会。原副省长郑茂清、广州市政协巡视员范松青、市教育基金会秘书长陈岩及刘卫华、李苏昭、彭小兵、王小丽、曹辉正、陈海平、黄永英、唐远军、唐浩等县领导出席。会议宣读省民政厅的批复文件及在全县开展“一日捐”活动文件，举行捐献爱心款项活动。当天共现场募集捐款 300 余万元。

5 日，宁远县交管大队与江永县交管大队紧密配合，分组在县城宁远瓷厂、博爱医院、莲花路、莲花山公园、重华南路及相关乡镇主要路口等地设立查缉卡点，严查超员、超速、酒驾、醉驾、毒驾等重点交通违法行为。当天，两县交警共出动警力 100 余人次，查处各类交通违法行为 290 起，其中超员 6 起、涉牌涉证 73 起、酒驾 14 起、醉驾 6 起，有力震慑交通违法行为。

6 日下午，县委召开第一轮巡察工作动员会。县委书记刘卫华出席并讲话，县委副书记、县长唐何主持会议，县委常委、纪委书记陈海平作工作安排。县委巡察组全体成员、20 个乡镇（街道）党（工）委书记等共 120 余人参加会议。

11 日上午，宁远县在莲花华天大酒店与隆平高科、中信农业投资股份有限公司签订战略合作协议，隆平高科、中信农业投资股份有限公司正式进驻宁远县。

12 日，湖南经视频道《有什么好玩的》栏目在九嶷山舜帝陵正式开拍。摄制组拍摄祭舜大典、瑶族长桌宴、坐歌堂等极具特色的节目；拍摄“九嶷山形象片”外景；4 月 26 日至 5 月 1 日，经视《直播大连线》栏目组连续 6 天在九嶷山现场直播。

15 日，柏家坪镇礼仕湾污水处理厂正式破土动工。礼仕湾污水处理厂占地 5 亩，总投资为 1020 万元，计划新建污水管道 10 公里。该项目完工后可对礼仕湾林里坊、老屋、彭家、小新屋 4 个村的污水进行管网收集和集中处理，日处理污水达 1000 吨，使 1.3 万人受益。

自“2017 利剑行动”开展以来，县森林公安局高举执法利剑，始终保持对各类破坏森林和野生动物资源违法犯罪的高压态势；全局民警主动放弃节假日休息，日夜奋战在案件侦破工作中，取得丰硕战果。截至 18 日，宁远“利剑行动”共破获各类案件 97 起，其中破获刑事案件 18 起、行政案件 79 起，有效震慑犯罪，维护林区社会治安秩序稳定和森林资源安全。

18 日，湖南经视频道《直播大事件》栏目摄制组进驻宁远，开展“飞越九嶷山”活动的前期筹备工作。4 月 30 日，宁远县与湖南经视共同策划的“飞越九嶷山”翼装表演活动在九嶷山举行。无动力飞行高手带上飞行装备，从仅离地 400 米高的娥皇峰顶超低空起飞，定点降落至舜帝陵前的祭祀广场，完成飞越九嶷山的壮举。

21 日上午，宁远县召开非公有制经济组织和社会组织党建工作推进会。县委常委、组织部部长王小丽出席会议。会上，舜陵、文庙等街道和教育局、卫计委、民政局等部门相关负责人进行汇报，县委“两新”工委负责人对全县“两新”组织党建工作作安排部署。

21 日，县总工会组织人员分别对省级劳模李元成、市级劳模蒋洪春等七位困难劳模进行走访慰问。每到一处，走访人员都与劳模亲切交谈，详细询问他们的身体和生活状况，感谢他们为全县的社会经济发展所做出的贡献，对他们无私奉献的精神表示崇高的敬意，并为他们送上慰问金。

23 日下午，县委副书记、县长唐何带队参加在深圳举行的湖南（香港）投资贸易洽谈周活动。县领导邓传文、肖红梅、蒋崇庆及相关单位负责人陪同。活动前，唐何一行先后实地考察广州（番禺）合厂电子制品有限公司、佛山市中唐国际集团、佛山市纺织工业园、深圳市鑫曜集团、深圳市海吉星农产品批发市场等知名企业，与客商进行广泛接触和交流，洽谈、推介一批项目。

25日，省食药监局局长刘湘凌一行到宁远县调研学校食品安全工作。副市长谢景林，县领导刘卫华、唐何及相关部门负责人陪同。刘湘凌先后实地察看莲花小学、八中食堂，对学校食品安全工作给予充分肯定，要求要提高认识，加强从业人员教育，严格管理，规范食品采购和存储，确保广大师生饮食安全。

5月

1日晚，县委书记刘卫华在县委常委、县委办主任曹辉正陪同下督查各街道社区夜巡、平安创建、城区厕所与下水道管网建设工作。刘卫华一行先后来到印山社区、商均路、莲花山公园、滨江风光带、九亿街、兴旺街等地，详细了解各街道社区值班情况和夜巡队员到岗到位情况，并围绕小区治理和城区厕所、下水道管网建设情况进行了实地调研，听取了群众意见。

1日，下灌景区举行一场别开生面的穿越状元麻将比赛，吸引上千名游客前来参赛。在比赛现场，许多人员穿上唐装，带着官帽，参加麻将比赛。湖南经视主持人YOYO、陈英俊等到场参与活动。

2日，县委书记刘卫华，县委副书记、县长唐何在曹辉正、曾海波、欧阳国春等县领导和相关单位负责人陪同下，来到中和镇上街社区和坦坝村，现场督查和了解污水排放治理工作情况，并提出整改意见，同时就加快建设湿地公园提出意见和建议。

“五一”小长假期间，正值湖南经视对宁远县九嶷山景区进行为期6天的新闻直播连线以及下灌景区第六届“乡村美食节”活动，县食药工质局在强化节前旅游市场食品安全检查的基础上，安排10多名执法人员进驻活动现场，对食品生产经营进行动态安全监督，确保宁远县旅游市场食品安全平稳有序，实现“五一”期间全县旅游市场食品安全零投诉零事故目标。

5日上午，县委常委、宣传部长刘庚旺主持召开全县旅游工作调度会。副县长胡红灯和相关单位负责人参加会议。会议专门研究安排5月到12月的旅游系列促销活动，包括山地马拉松赛、下灌花海节、湖南经视“粉红跑”“嶷山杯”摄影大赛、航空城体验活动、《舜志古今》北京新闻发布会、冬季文化旅游节等10多个精彩活动，助推全县旅游持续升温。

5日，县委书记刘卫华主持召开扶贫产业发展座谈会，就如何做强九嶷山兔业、做大好放心米业进行专题研究。副县长曾海波、县直相关单位负责人及好放心米业、舜源农业等企业负责人参加座谈会。

5日，宁远县基层妇联组织建设工作经验总结材料《依托党建带妇建，提高妇联干部政治地位和待遇》获评2016年度妇女工作十大创新案例奖，是湖南省唯一获此殊荣的单位。近年来，县妇联坚持党建带妇建，进一步增强了妇联组织的吸引力和凝聚力，有效提升基层妇联组织建设水平，妇女工作经验被省妇联在全省推广。

6日，县委书记刘卫华受浙江红狮控股集团邀请率队赴浙江省兰溪市，专程就莲花水泥与浙江红狮控股集团股权转让等相关事宜进行考察洽谈。县领导曹辉正、肖红梅及相关单位负责人陪同参加考察洽谈。

9日上午，县委书记刘卫华在县领导曹辉正、邓传文及相关部门负责人陪同下深入工业园区督查指导环境治理工作，实地查看循环经济工业园区污水管网项目工程和莲花水泥采料场，详细了解污水管网工程建设进度和莲花水泥生产、销售、原材料开采和水泥运输线等方面情况，并就莲花水泥与浙江红狮集团合作事项提出指导意见和建议。

9日，副县长欧阳国春带领由公安、水利、环保等部门组成160余人的执法队伍，依法对位于湾井镇桥头村的一非法采砂场进行拆除，并运用大型机械对堵塞的河道进行疏通。该采砂场位于泠江河上游的西江河，使用大型采砂设备挖采河道沙石，破坏采砂河段的河床，污染下游水源。相关部门多次劝阻无效后，遂依法对该砂场进行拆除。

9日，县食品药品工商质量监督管理局对一中、仁和镇中心学校、仁和镇完小等三所学校负责人进行约谈，向他们通报三校存在的食品安全隐患，强调这些隐患可能造成的危害后果，同时对存在的问题提出整改要求和整改时限。被约谈学校表示，将依照规范要求对存在的问题整改到位，切实消除食品安全隐患，确保学校师生的食品安全和身体健康。

10日，县委书记刘卫华在县领导曹辉正和相关部门负责人陪同下深入九疑山瑶族乡检查仙子山铅锌矿尾沙治理工作。刘卫华一行先后实地察看仙子山公路建设情况以及原铅锌矿区域重金属污染治理、洗矿厂治理、龙口封闭、尾沙修复等情况，向相关负责人详细询问工作进展状况，并提出要求。

15日，宁远县举行航空城项目奠基仪式。刘庚旺、黄永英、唐浩、赵吉永、肖红梅等县领导及深圳市星华智本置业有限公司总经理文建军出席仪式。航空城项目位于桐山街道福家坪村南侧，由深圳星华智本置业有限公司投资建设，建设用地900亩，规划建设通用机场跑道、飞行俱乐部、航空精品主题酒店等设施。项目拟分2~3期，开发周期约6年，总投资约为10亿元，建成后将成为宁远县旅游、文化产业的支柱企业。

17日下午，宁远县召开非公企业参与精准扶贫工作推进会。县领导唐浩、欧桥贵和县工商联全体机关干部及25名非公企业代表参加会议。会议对非公企业参与精准扶贫工作进行安排部署。会上，25个企业当场结对帮扶25个贫困村。唐浩强调，非公企业要通过采取产业联村、项目带村、智力扶村、捐赠帮村、就业助村等方式，切实帮助贫困村早日脱贫，助力全县脱贫攻坚战役。

23日上午，县委书记刘卫华在相关部门负责人陪同下，先后察看湾井镇下灌社区农村综合服务平台项目建设进度、周家坝村羊角塘九嶷金鲵生态养殖基地选址，详细了解项目工程进度及存在的问题困难，并召开座谈会，听取相关情况汇报，同与会人员就加快九嶷珍奇水生动物生态文化公园建设进行交流探讨。

24日上午，为有效制止莲花山公园内乱搭乱建行为，宁远县组织城管、公安、住建、消防、国土、舜陵街道等部门，依法对莲花山公园内所有违规（构）建筑物进行拆除。莲花山公园建成后，一些不法商贩受利益驱动，在公园内乱搭乱建，影响公园的美观和游客正常游玩，也存在较大的安全隐患。在相关部门多次劝阻无效后，遂对园内违规建筑依法进行拆除。

25日上午，在长沙召开的全省精神文明建设工作表彰大会上，宁远县再次荣获“湖南省文明城市”称号，县委副书记、县长唐何代表县委、县政府上台领奖。省文明城市每六年为一届，宁远县自2004年以来，已连续三届被省文明委评为湖南省文明城市。

25日下午，县政协副主席、工商联主席欧桥贵偕县内部分企业家一行到湾井完小开展关爱留守儿童“暖阳工程”活动，为该校41名贫困学子送来爱心捐款9800元和价值几千元的书包文具，并送上儿童节的祝福。

26日，国家版权局对在2016年查处侵权盗版中表现突出、事迹先进的有功单位和有功人员进行表彰，宁远县文化市场综合执法大队榜上有名，获得“国家版权局打击侵权盗版工作有功集体二等奖”，同时在省级案卷评比中荣获“湖南省文化执法办案工作规范案卷奖”。

27日，蒙牛“营养普惠计划”落地宁远县仪式在县特殊教育学校举行。仪式上，蒙牛集团承诺向宁远县特殊教育学校、十小共350名学生捐赠43500包学生奶。省食药监局副局长郑粟，县领导唐何、邓小英，蒙牛乳业湖南地区总经理石玉平出席捐赠仪式。

29日晚，县委书记刘卫华主持召开县委第12次常委扩大会议，传达市委书记李晖在宁远县脱贫攻坚调研座谈会上的讲话精神，并就如何贯彻李晖书记讲话精神以及下一步脱贫攻坚工作进行研究部署。唐何、刘军君、张明贵、刘庚旺、王小丽、曹辉正、陈海平、唐远军等县领导出席，县直相关部门、乡镇（街道）负责人列席会议。

31日晚，县委书记刘卫华在县委常委、县委办主任曹辉正的陪同下专程到县人民医院，看望慰问扶贫受伤的公路局工作人员刘利平、刘小权、胡建勇和大坝村小组长赵兴发。5月28日，刘利平等4人在到五龙山乡大坝村左水源自然村进行扶贫走访时发生翻车，4人不同程度的受伤。刘卫华为刘利平等送去党和政府的关怀，详细询问他们当前的身体、生活状况，向主治医生了解他们目前的病情和治疗方案，并叮嘱医院和相关部门要尽最大的努力、最好的服务做好医疗救治工作，帮助他们早日康复。

6月

1日起，宁远县城区范围内近5000名广场舞大妈积极配合相关部门，全面开展“静音护考”行动，在高考期间主动“歇业”，停跳广场舞10天，为高考学子“让路”。

4日，湖南省委督导组组长、省委组织部副部长、省人社厅厅长贺安杰一行到宁远县督查脱贫攻坚工作。刘卫华、唐何等县领导陪同。贺安杰一行听取汇报，参观县中联天地油茶扶贫示范基地、周家坝美丽乡村建设、下灌社区、惠民安置小区等地，通过个别访谈、问卷调查、向知情人核实情况、实地查看项目等方式全面了解宁远县脱贫攻坚工作，并召开座谈会，向宁远县反馈督查情况，对督查中发现的问题进行交办。

5日，高考来临之际，宁远县组织3000多名高考学子通过诵读中华经典减压。为缓解高考压力，宁远县一中、二中、三中等高中学校，利用课间休息时间让同学们齐诵中华经典，陶冶道德情操，培养美好品格。这种“时髦”的减压方式，有利于缓解同学们承受的各种压力，受到广大师生的欢迎。

6日，第二届“中华情”全国诗歌散文联赛评选在京揭晓。宁远县诗歌作者萧峰的新诗《一棒散沙》《致分手的恋人》两幅作品在众多作品中脱颖而出，荣获全国金奖和联赛最佳诗歌奖。

6日，住建部办公厅下发《关于开展第一批农村生活垃圾分类和资源化利用示范工作的通知》（以下简称《通知》）。《通知》决定在北京市门头沟区等100个县（市、区）开展第一批农村生活垃圾分类和资源化利用示范工作，宁远县名列其中。除宁远县外，湖南还有4个县市区成为全国100个第一批农村生活垃圾分类和资源化利用示范县，分别是长沙市望城区、株洲市攸县、常德市津市市、郴州市永兴县。

8—9日，县委书记刘卫华主持召开县委第十三次常委会，专题研究全县脱贫攻坚突出问题集中整改工作、涉农整合资金和贫困村基础设施项目建设、PPP工作领导组织机构、万名干部下基层等工作；传达全市宗教工作会议精神、全市创建国家生态文明建设示范市动员大会暨举行环境保护宣传月活动启动仪式精神。

10日，宁远县绿色公交示范城市建设项目合作意向协议签约仪式在长沙举行，标志着绿色公交将在宁远县城乡全面实施。县领导唐何、邓传文出席签约仪式。该项目总投资约为7亿元，采用PPP模式，通过政府与社会资本合作的模式，引进社会资本建设宁远县绿色公交示范城市项目。长沙嘉年华公司通过法定程序作为社会资本方参与宁远县绿色公交示范城市建设项目。

10日，在长沙举行的2017年文化遗产日湖南省主场活动暨湖南文化遗产与“一带一路”论坛会上，宁远县湾井镇被授予首批“湖南省经典文化村镇”称号。湾井镇历史悠久，人文底蕴厚重，历史上先后孕育2位状元、30余名进士。全镇现有国家文物保护单位2处，省级文物保护单位3处，市、县级文物保护单位8处，文物保护点132处。

16日，湖南红网对全省手机报建设工作先进单位进行表彰，省委常委、宣传部部长蔡振红等领导为获奖单位颁奖。宁远县名列其中。全省仅29家单位获此殊荣。

17日，在日本东京举行的世界青少年举重锦标赛上代表湖南省参赛的宁远县举重运动员朱巧玲荣获青年组53千克级抓举88公斤、挺举109公斤、总成绩197公斤三项冠军。朱巧玲于1999年2月25日出生于宁远县保安镇中心铺盐田村。

19日下午，县委副书记、县长唐何在副县长曾海波和相关部门负责人陪同下深入清水桥镇大竹源村开展“三走遍三签字”活动。唐何通过查看扶贫手册、跟驻村工作队员和贫困户代表聊家常等方式，详细了解村里的脱贫情况及贫困户的生产生活状况和驻村帮扶工作情况，并与贫困户共商脱贫大计。唐何要求，要对照标准，找差距补短板，扎实开展好“三走遍三签字”活动。

19日，湖南省教育厅公布全省“百佳学生资助工作单位典型”名单，县教育局资助中心榜上有名。

21日，农业部经管总站副站长戴军一行到宁远县督导调研农村土地承包确权登记颁证工作。唐何、李苏昭、曾海波、欧初旺等县领导陪同。戴军一行查看宁远县农村土地确权档案整理、数据修正录入、承包纠纷仲裁庭建设等情况，听取宁远县情况汇报，深入县政务中心、湾井镇周家坝村等地进行实地考察。

26日下午，县委书记刘卫华主持召开县委第十四次常委会。唐何、刘军君、张明贵、王小丽、曹辉正、陈海平、唐远军、唐浩等县领导参加会议，副县长以及相关县直部门负责人列席会议。会议传达学习《关于全省党政主要领导干部带头开展脱贫攻坚“三走访三签字”工作的通知》，先后听取全县社会治理、批而未供和闲置土地清理处置、村级办公经费调整和全县“七一”表彰推优工作以及县政府第六次、第七次常务会议研究的有关议题情况汇报。

28日，省委常委、政法委书记、公安厅厅长黄关春到宁远县调研指导政法工作。李晖、张严等市领导，刘卫华、唐何、刘军君、彭小兵、曹辉正、陈云生等县领导陪同。黄关春先后实地查看宁远县西部工业新城、公安局监管中心，详细了解监管中心建设项目的征地拆迁、周边交通路线及社会治安状况等情况，并就该项目在当前施工过程中存在的问题和难点进行详细探讨。

7月

2日上午，永州市委常委、市委秘书长唐能武、市人大常委会副主任魏湘江一行到宁远县县指导防汛工作，县领导唐何、曹辉正、曾海波及相关部门负责人陪同或参加调度会。唐能武听取宁远县防汛工作汇报，并深入清水桥镇双龙水库、袁家村、吕家桥村等地察看灾情，现场调度指导抗灾工作。6月29日以来，由于持续降雨，舂水河暴涨，五龙山、桐木漯、清水桥、柏家坪和鲤溪5个乡镇受灾最为严重，沿线房屋被淹，电力、通讯中断，部分道路受阻，多地发生山体滑坡。县防汛指挥部研究决定紧急启动防汛Ⅰ级应急响应。汛情发生后，县直各单位和各乡镇、街道高度重视，迅速深入灾情区域，全力以赴迎战汛情。截至2日18时，宁远县受灾人口达62405人，紧急转移安置4603人。

3日上午，县委副书记、县长唐何受县委书记刘卫华委托，主持召开县委第十五次常委会议。刘军君、李苏昭、刘庚旺、王小丽、曹辉正、陈海平、黄永英、唐远军等县领导出席，副县长及相关部门负责人列席会议。会议传达省委书记杜家豪、市委书记李晖关于防汛抗灾的指示精神。会议要求，各级各部门要进一步加强配合，坚持汛期24小时值班制度；要将预防山洪地质等次生灾害作为防汛工作的重点；各乡镇要做好预案，充分做好各项准备，确保人员在岗在位，物料准备充足；要责任到人、看牢盯死、及时处置；要严肃追究相关责任，及时准确上报雨情、汛情、灾情，确保安全度过汛期。

8日下午，县委书记刘卫华主持召开县委第十七次常委会议，专题研究脱贫攻坚迎国检和灾后重建工作。刘军君、李苏昭、刘庚旺、曹辉正、陈海平、唐远军等县领导及相关部门负责人参加会议。会议传达永州市脱贫攻坚调度会、灾后重建动员会会议精神，听取全县脱贫攻坚迎国检工作、灾后重建工作和五龙山、鲤溪、桐木漯、清水桥、柏家坪5个重点乡镇灾后重建设工作汇报。

11日上午，宁远县全民健身中心项目举行开工仪式。宁远县全民健身中心位于县城南部生态新城，占地242亩，总建筑面积59200平方米，总投资4.5亿元，建设内容主要包括“二馆二场一校”，即篮球馆、游泳馆、室外田径场（含足球场），室外健身场、体校等。该项目属“十三五”重点建设项目，建成后将极大地改善广大群众全民健身、休闲娱乐、训练教学条件。

12日上午，省扶贫办副主任张智勇到宁远县调研脱贫攻坚工作，听取县脱贫攻坚工作情况汇报，对宁远县脱贫攻坚工作给予肯定。刘卫华、刘军君、黄永英等县领导和相关单位负责人参加会议。

12日上午，中国社会科学院直属机关纪委书记、中国廉政研究中心常务理事王晓霞一行到宁远县中和镇白田村调研基层全面从严治党工作。

13日，宁远县委巡察办成立。

14日，国家卫计委官网发布《全国爱卫会关于命名2014—2016周期国家卫生县城（乡镇）的决定》，宁远县被正式被命名为“国家卫生县城”。近年来，宁远县紧紧围绕国家卫生县城创建这个中心，不断完善硬件设施，扎实推进爱国卫生运动，使全县城乡面貌焕然一新、群众卫生意识持续增强，连续三年荣获湖南省城乡环境卫生整洁行动“十佳县”，是全省唯一获此殊荣的县区。

17日上午，宁远县“征兵宣传暨现场集中报名活动”在文庙广场举行。刘卫华、黄永英等县领导出席，县直相关部门负责人、各街道办负责人、部分适龄青年及家长参加活动。活动中，优秀退伍军人代表作典型发言，介绍自己的从军感悟及成长经历。活动现场还进行文艺表演、武警中队擒拿格斗表演，组织应征青年报名签名并发放征兵宣传单，现场解答征兵有关政策。

17日下午，县委书记刘卫华主持召开县委第十八次常委会，会议专题学习计划生育政策法规、杜家毫书记在永州调研讲话精神，研究了党风廉政建设、政法、民政、义务教育等工作。唐何、刘军君、张明贵、李苏昭、彭小兵、刘庚旺、王小丽、曹辉正、陈海平、黄永英、唐浩等县领导参加会议，副县长以及相关部门负责人列席会议。

17日，省旅游发展委员会传来喜讯：宁远县成功入围“湖南省旅游扶贫示范县”。该示范县由全省51个扶贫工作重点县（市、区）人民政府自愿申报，市（州）旅游和扶贫主管部门推荐，在严格审查和专家集中评审的基础上，经省旅游发展委员会、省扶贫开发办公室共同研究确定，全省仅评出11个县，其中永州市仅宁远县入围。

18日晚，由县委、县政府主办的全县赈灾、扶贫文艺演出在县政务中心举行，原副省长郑茂清以及刘卫华、唐何、刘军君、张明贵、李苏昭、彭小兵、刘庚旺、王小丽、曹辉正、黄永英、唐浩等县领导与此次奋战在抗洪抢险救灾一线的各级党员干部群众代表、武警消防公安官兵和关心支持全县抗洪救灾的社会各界爱心人士观看演出。晚会分为《序》、第一章《英雄篇》、第二章《关怀篇》、第三章《希望篇》，用歌舞、情景剧、小品等生动演绎全县人民众志成城抗击“7·2”特大洪灾的壮举，用责任担当和不屈精神开辟风雨同行之路的历程。晚会捐赠仪式上，党员干部、爱心企业和爱心人士纷纷伸出援助之手帮助受灾群众和贫困群众，体现社会各界人士对宁远灾后重建、脱贫攻坚工作的深切关注和真诚关心。晚会举行社会扶贫形象大使聘任仪式，县委书记刘卫华和县委副书记、县长唐何为原副省长郑茂清、上海宁远商会会长杨友军颁发社会扶贫形象大使证书。

19日上午9时，“华大·九嶷山感染性疾病救治基地”启动仪式在宁远县人民医院举行。为控制永州市传染性、感染性疾病的传播，探索艾滋病中药治疗的新方法、新模式，减缓艾滋病疫情在永州市继续蔓延，永州市政府与深圳华大基因股份有限公司合作，在宁远县成立“华大·九嶷山感染性疾病救治基地”，开展对永州市艾滋病患者的救治工作。永州市委书记、市委秘书长、副市长、市卫计委主任、宁远县委书记及华大基因公司董事长等公司高层人员参加了救治基地启动仪式。

20日，省委常委、省国资委党委书记胡衡华率省脱贫攻坚常态化联点督查组到宁远县督查脱贫攻坚工作。市委书记、市人大常委会主任李晖，刘卫华、唐何、王小丽、曹辉正等县领导陪同。胡衡华一行先后走访了禾亭镇周家村周成坤、周胜华和东溪街道鸡公岭村彭四发、杨志和等贫困家庭，实地考察九嶷山乡西湾村旅游扶贫荷花基地和新塘村葡萄园，并召开督查情况通报会，听取宁远县脱贫攻坚工作情况汇报。

宁远县遭遇百年不遇洪灾后，县工商联第一时间发出“汇聚非公力量，重建美好家园”的倡议，上海市宁远商会、广东省永州商会等异地商会和世纪春城、潇湘山水城、莲花水泥、季丰农业等非公企业和非公经济人士纷纷响应，慷慨解囊捐款捐物帮助受灾群众重建家园。截至21日，有60家行业异地商协会及部分工商联会员单位参与其中，据不完全统计，累计捐款捐物合计金额达136.8959万元。

21日上午，宁远县按照市委统一安排，积极开展市、县、乡镇（街道）“三级书记”大接访活动。县委书记刘卫华，县委副书记、县长唐何带头开门接访，县工业园、国土资源局等16个相关单位主要领导参加接访，20个乡镇（街道）的党委（党工委）书记同步开门接访。

23日，湖南省黄埔军校同学会会长彭永率长沙市黄埔军校同学会、长沙市黄埔后裔联谊会一行50余人来到宁远开展《寻访抗战足迹—同心圆梦中华》活动。彭永一行详细了解宁远黄埔和抗战老兵情况，参观宁远文庙、九嶷山舜帝陵等爱国主义教育基地，寻访抗战足迹，重温革命历史，感悟舜德文化，弘扬爱国精神，为实现中华民族伟大复兴中国梦凝聚强大精神力量。

24日上午，《舜帝陵志》初稿初审意见座谈会召开。会上，省地方志办相关专家发表初审意见，编写组成员进行交流，并安排部署下一阶段修改、完善工作。《舜帝陵志》由永州市史志办承编，是湖南省志系列八部特色志之一，也是永州第一部专业陵墓志，是反映中华民族始祖文明、舜德文化的重要志书。

25日上午，省扶贫办主任王志群一行深入宁远县调研扶贫开发工作开展和产业发展情况。市委书记、市人大常委会主任李晖，副市长贺辉，县领导刘卫华、刘军君、王小丽、曾海波、肖红梅、周克利陪同调研。王志群一行先后深入太平镇万亩油茶扶贫示范基地、万亩果蔬种植基地、云泰农业开发有限公司等产业扶贫项目和宁远县社会扶贫网络建设和互联网+精准扶贫大数据平台等，看望扶贫办工作人员，详细了解宁远县产业扶贫基地建设、结对帮扶、扶贫对象建档立卡数据采集和金融产业扶贫、小额贷款运用等工作的开展情况，并召开座谈会，听取汇报。

26日下午，全国“巾帼文明岗”授牌仪式在县档案馆7楼会议室举行，市妇联主席周爱萍为宁远县人民医院护理部授予全国“巾帼文明岗”荣誉牌匾。

27日上午，永州市委书记、市人大常委会主任李晖，市委副书记、市长易佳良带领全市“六大战役”重点项目建设暨“四个提升”流动现场推进会参会人员到宁远县观摩。刘卫华、唐何、刘军君、张明贵、李苏昭、王小丽、曹辉正、黄永英等县领导陪同。李晖、易佳良一行参观长沙明德湘南学校、永州远威鞋厂和工业园区党群活动服务中心，并听取宁远县项目建设情况介绍。

28日上午，宁远县首届“荷你相约—爱在九嶷”荷花节在九嶷山瑶族乡西湾村隆重开幕。县委常委、宣传部部长刘庚旺出席仪式并宣布宁远首届荷花节开幕。

31日上午，中央第六环境保护督察组督察湖南省情况反馈会结束后，县委书记刘卫华就落实中央第六环境保护督察组督察情况通报和省委书记杜家毫的讲话精神进行安排部署。

8月

3日上午，宁远县委书记刘卫华在县人大常委会副主任眭晓棠陪同下深入九嶷山瑶族乡和湾井镇调研景区带村旅游项目开发建设工作。刘卫华一行先后深入九嶷山乡盘家湾易地移民搬迁、九嶷山游客中心、旅游循环公路及湾井镇法庭等项目建设现场，查看项目工程建设进度，详细了解各项目推进过程中存在的困难和问题，并逐个提出意见和解决办法。

4日上午，宁远县召开县委全会暨当前重点工作推进会。刘卫华、唐何、刘军君、张明贵等县级领导和各乡镇街道、县直单位主要负责人等参加会议。会上，刘军君、刘庚旺、黄永英、曾海波、陈云生分别就脱贫攻坚、创全国文明县城、安全生产和烤烟收购等工作进行安排部署。

4日下午，县委全会暨当前工作推进会继续召开。会上，县委副书记、县长唐何向全会报告上半年经济工作和“六大战役”开展情况。

4日下午，县领导刘卫华、唐何、刘军君、张明贵、彭小兵、刘庚旺分别带队来到杨家岭、泠江、笔架山、桐山、城北、高峰等农贸市场，组织开展市场环境集中整治行动。刘卫华、唐何等察看市场经营情况，对市场内占道经营、乱摆乱放等不文明行为进行劝导，并对市场内的垃圾进行清扫。

5日，湖南省建工集团有限公司党委书记、董事长叶新平来宁远县考察易地扶贫搬迁工作。刘卫华、唐何、黄永英、邓传文、欧阳国春等县领导及相关部门负责人陪同。叶新平一行先后实地查看富民小区、双福小区、嘉裕小区、福源小区四个易地扶贫搬迁项目，并召开座谈会，听取宁远县易地扶贫搬迁项目建设情况介绍，就易地扶贫搬迁工作及项目合作进行洽谈，并表示将确保施工队伍、工程机械设备和前期启动资金的投入，确保赢得工程建设战役的最终胜利。

日前，来自全省14个市（州）各县区土地确权办负责人、确权专干共200多人来到宁远县，现场参观宁远农村土地确权“一庭三室”建设、资料整理归档以及产权制度改革成果，并观看近年来宁远土地确权登记颁证工作影视资料，现场交流了土地确权工作经验，为湖南农村土地承包经营权确权登记颁证成果检查验收和数据库成果汇交提供技术支撑。

9日，永州市委书记、市人大常委会主任李晖带队深入宁远县边远的瑶族同胞聚集区——桐木漯瑶族乡上龙盘村、双源村和五龙山瑶族乡大坝村、石家洞村及棉花坪瑶族乡的棉花坪村、排山坳村等地，访贫问苦，了解瑶胞生产生活现状，询问脱贫举措，共商脱贫计划。市委常委、市委秘书长唐能武，刘卫华、刘军君、曹辉正等县领导以及市、县相关部门负责人陪同。

9日，经过省、市两级比赛评选，宁远县禁毒委组织拍摄的禁毒微视频《无处可逃》（编号：172号），入选由公安部、教育部、国家禁毒委员会办公室等七部门联合举办的首届全国禁毒微视频摄影大赛。

14日，全省爱国卫生工作电视电话会议召开，县委副书记、县长唐何在省主会场参会，并代表宁远县领取“国家卫生县城”牌匾，标志着宁远县正式成为“国家卫生县城”。近年来，宁远县全面开展爱国卫生运动，全县城乡面貌焕然一新，群众卫生意识持续增强，曾连续三年荣获湖南省城乡环境卫生整洁行动“十佳县”荣誉称号，是全省128个县区中唯一获此殊荣的县区。

18日上午，明德湘南学校举行揭牌仪式。省民办教育协会和长沙市教育局、永州市教育局相关领导及县领导刘军君、曹辉正、胡红灯、赵吉永等出席仪式。明德湘南学校由宁远县正东文化教育投资有限公司投资兴建，由长沙明德中学派出管理团队管理和部分骨干教师任教。明德湘南学校目前第一期建设118亩，计划招1620余学生；全部建成后校园面积将达到336亩，可为宁远及整个湘南地区提供8000个学位。

18日，位于宁远县城湘妃大道与舜阳大道交汇处的县八小和台湾产业园区内的“江博士”鞋业生产工厂两个重点项目同时破土动工。据悉，“江博士”鞋业项目建成后，可提供就业岗位6000个，实现年销售收入5亿元；县八小计划用地110亩，设计学位4000个，建成后可大大缓解县城东区的学位紧张状况。

18日，华荣鞋业招聘负责人来仁和镇仁和村，向村民介绍招聘信息。7月以来，县人社局联合工业园管委会等单位在各乡镇和人口集中的贫困村等地开展重点企业用工轮回招聘会30余场次，华荣鞋业、硕宁电子等30余家重点企业参加招聘，提供就业岗位2000多个。至2017年8月，已达成就业意向700人，其中贫困人口400余人，有效缓解企业用工难问题，推进就业扶贫工作。

近日，县领导唐何、刘庚旺率县直相关部门负责人实地考察长沙县地球仓浔龙河生态艺术小镇孵化基地，详细了解地球仓酒店空间产品，听取地球仓“移动”“智能”“生态”三大属性的解说，观看智能设备和智慧管理系统现场演示等，并与对方签订《地球仓宁远九嶷山项目商务沟通备忘录》，将在九嶷山景区建设永州第一个地球仓项目。

23日，宁远县公安局组织巡特警大队民警、指挥情报中心民警开展无人机飞行演练。本次演练本着战训合一、突出实效的原则，针对反恐处突对目标建筑物监控、应急突发暴恐事件、防暴搜捕问题、聚众闹事事件、大型集会监控、人员搜救等方面进行实战操作和演练，有效提高警用无人机快速反应、拉动配合、整体协作的水平，助力快速处置突发事件的能力。

25日下午，市政协主席蒋善生一行到宁远县调研环境治理工作情况，与县领导刘卫华、李苏昭、彭小兵、陈海平、欧阳国春、李春茂及相关部门、乡镇、村（社区）负责人进行座谈，听取宁远县环境治理工作情况汇报，就当前环境治理工作存在的困难与问题及解决办法等进行交流探讨。

28日上午，湖南省抗洪救灾总结大会上，国网宁远县电力公司党总支荣获全省2017年度抗洪救灾先进集体，这是宁远县唯一获此殊荣的单位。7月初，宁远县遭受特大洪涝灾害后，该公司以最快的速度、最强的抢险力量投入抢险当中，先后出动抢险人员1420人次，新立电杆312基，更换变压器29台，新架10千伏线路13.5公里、400伏线路5.7公里，为全县抗洪救灾作出应有的贡献。

30日，香港爱心团队一行十余人在县侨联干部的陪同下来到禾亭镇琵琶学校、棉花坪瑶族乡排山坳小学开展助学扶贫，现场向琵琶学校捐赠1000套文具、1000册图书，向排山坳小学捐赠50套新桌椅、100套文具、300册图书。

30日，宁远县政府发布《森林防火禁火令》，规定2017年9月1日至2018年4月30日为禁火期，在全县所有山林及山林附近的区域，严禁携带火种进山，严禁违规野外用火。凡违令野外用火的，一律严厉打击，对肇事人处以警告、罚款直至拘留；失火烧山的，一律坐牢。违规野外用火行为人属国家工作人员的，依法追究行政责任，直至开除公职；在场不加制止的国家工作人员一律问责。

31日上午，宁远县举行“农村两癌贫困妇女”（省级专项彩票公益金）救助金发放仪式暨“两癌”免费检查工作推进会，副县长邓小英出席。会上，宁远县为97名农村“两癌”贫困妇女每人发放1.2万元的救助金，共发放116.4万元。

9月

4日，县委书记刘卫华，县委副书记、县长唐何带队对泠江河道水质达标综合整治工作现场办公。刘卫华、唐何一行实地察看泠江河河面水质情况和县污水处理厂运行情况，并召开座谈会，就泠江河当前存在的水质问题和提升泠江河水质进行研究探讨。

7日，宁远县人民法院向一离婚案件被告下达“人身保护令”民事裁定书，裁定禁止被申请人王某对申请人张某某实施家庭暴力，禁止王某骚扰、跟踪张某某及其家人。这是《中华人民共和国反家庭暴力法》正式实施以来，宁远县人民法院发出的首份人身安全保护令。法官提醒，遭遇家庭暴力时，请于第一时间拨打110报警或者向所在单位、妇联等单位投诉、反映或者求助并注意保留证据，拿起法律武器，坚决抵制“家暴”行为。

9日上午，国家扶贫办中国社会扶贫网领导小组办公室主任刘翔一行到宁远县检查指导社会扶贫工作，先后参观“中国社会扶贫网”宁远管理中心、周家坝万亩水稻种植基地、下灌社区扶贫超市，现场了解全县社会扶贫网推进工作情况和“小微企业进村”情况，认为宁远县社会扶贫网络建设有基础、有特色、有亮点。

9日下午，省委副书记、省长许达哲深入宁远县调研脱贫攻坚工作。副省长隋忠诚及李晖、易佳良、刘卫华、唐何、刘军君等市县领导陪同。许达哲先后实地考察华荣鞋业、湾井镇下灌社区、中联天地油茶开发有限公司等地，详细了解宁远县脱贫攻坚工作情况，对宁远县脱贫攻坚工作取得的成绩给予充分肯定。

10日，宁远县5路、6路绿色电动公交线路投入运营，受到群众的热烈欢迎。5路车起点为腾飞名城，途经莲花山公园、莲花小学、司法局、冯家村等地，终点站为莲花小学官桥分校；6路车起点为腾飞名城，途经莲花山公园、县政府、乌立塘村、祥文福村等地，终点站为天堂镇政府（八中分校）。首班早上6：00，末班18：00。

11日，在省经信委主办的湖湘工业文化遗产摄影征文活动中，宁远县姜国平、童一飞的报告文学《唯愿陶艺得传承》获征文类三等奖，马合群的摄影作品《高源土窑》获摄影类优胜奖。

15日上午，宁远县委学习中心组举行第四次集中学习报告会，特邀省政府参事张志初为宁远县学习贯彻习近平总书记“7·26”重要讲话精神作专题讲座。报告会上，张志初从“六从六看”悟真谛、从“三大背景”看意义、从“三大情势”看方位等六个方面，深入浅出、形象生动地解读总书记“7·26”重要讲话精神。

15日下午，宁远县召开县纪委派驻机构全覆盖工作会议。县委书记刘卫华出席会议并作讲话，县委副书记、县长唐何主持会议。县领导刘军君、李苏昭、彭小兵、王小丽、曹辉正、陈海平、黄永英、唐浩出席会议。会上，王小丽宣布县纪委派驻纪检组组长人员名单，陈海平就县纪委派驻机构改革工作发表讲话，县委为13个县纪委派驻纪检组授牌。全县共设立13个派驻纪检组，机构规格均为副科级，其中综合派驻9个、单独派驻4个，实现对60个县委县政府机构派驻监督全覆盖；设立县委巡察工作领导小组办公室，列入县委工作机构序列，设在县纪委，机构规格为正科级；设立4个正科级的巡察组。

15日，深圳市无界投资控股有限公司率联合创（深圳）数码科技、深圳海粤达、深圳联威通讯、东莞特瑞斯4家企业来宁远实地考察工业园区，与宁远县正式签订项目入园协议，4家企业将落户宁远县工业园区打造光电智能终端、新能源及新材料产业园。

16日上午，县委书记刘卫华，县委副书记、县长唐何一同到县工业园区，围绕联合创（深圳）数码科技有限公司、深圳市海粤达科技有限公司、深圳市联威通讯设备有限公司、东莞市特瑞斯电池科技有限公司等企业落户相关工作进行现场办公。曹辉正、黄永英、邓传文、肖红梅等县领导和相关部门负责人参加办公会。

19日，县委副书记、县长唐何主持召开泠江河保护与治理工作推进会。副县长曾海波、欧阳国春和相关单位及乡镇街道负责人参加会议。会上，各相关部门就泠江河保护与治理结合自身工作情况分别发表意见和建议。宁远县将启动泠江河整治行动，内容包括加强垃圾源头管控，整治入河排污口，治理黑臭水体，强化饮用水源保护，加快河道清障疏浚和采砂管理等。

22日下午，湖南省危房改造督查组在通过查阅资料、听取汇报、实地入户调查等方式详细了解宁远县农村危房改造工作情况后，召开意见反馈会。县领导唐何、欧阳国春出席反馈会。

22日，宁远县与北京碧水源科技股份有限公司签订合作框架协议，副县长欧阳国春出席签约仪式。北京碧水源是国家首批高新技术企业，主要致力于解决水资源短缺和水环境污染双重难题。宁远县引进北京碧水源帮助进行乡镇污水处理厂及特色小镇项目建设，其中污水处理项目总投资约2亿元，共同促进县域内生态环境系统改善。

24日，宁远县“国培计划”（2017）中小学（幼师）“送教下乡”项目开班典礼暨通识研修培训在县政务中心101会议室举行。全县600多名中小学教师、幼儿教师参加开班典礼和培训。培训会上，湖南省资深教师教育专家、湖南第一师范学院心理学教授彭剑飞和宜章县思源实验学校教师谭兰霞围绕心理健康教育、师德修养等方面进行专题讲座和互动研讨。

26日上午，全县泠江河保护与治理工作誓师动员大会在县文庙广场举行。副县长曾海波、邓传文和相关单位、乡镇、街道负责人参加大会。会议由邓传文主持。会上，曾海波作誓师动员讲话，水利、城管、环保等部门负责人作表态发言。动员会结束后，泠江河沿线10余个乡镇、街道及相关单位组织开展河道疏浚清淤、河面垃圾打捞、河岸卫生清理、搭建防护网等活动。

26日下午，双牌、江永、宁远、新田脱贫攻坚座谈会在宁远县政务中心召开。省扶贫办副主任张智勇带领省扶贫调研组出席座谈会，市扶贫办主任段贵建，县领导刘卫华、刘军君、周克利以及双牌、江永、新田相关县级领导和扶贫办负责人参加座谈会。

28日，合肥蜻蜓能源科技有限公司宁远分公司负责人陈月从县食药工商质监局主要负责人手中接过全县首张“多证合一”营业执照。“多证合一”改革是在“五证合一”基础上，通过信息采集方式进一步整合20个部门的30项涉企证照事项。申请人办理企业注册登记时只需填写“一张表格”，向“一个窗口”提交“一套材料”，即可领取加载统一社会信用代码的营业执照。

28日，宁远县“庆国庆—喜迎十九大”非物质文化遗产展在文化馆多功能馆拉开帷幕。此次展览由县非物质文化遗产保护中心主办，以实物展览为主，旨在推动宁远县非物质文化遗产的保护及中华优秀传统文化的继承和弘扬。据悉，此次展览将持续到10月27日，展出包括高源土陶制作技艺、蝴蝶画制作技艺、九疑木雕、宁远竹编等项目代表作品60余件。

9月29日起，县公安局交警大队在全县范围内开展为期三个月的道路交通安全秩序整治行动，重点整治驾驶摩托车、电瓶车不带安全头盔、违规安装遮阳伞、占用机动车道、飙车，驾驶小车不系安全带、斑马线不礼让行人，驾驶无牌无证车辆、货车超载等各种交通违法行为及各类交通陋习。

10月

7日，在宁远县九嶷山舜帝陵景区、下灌景区，来自全国各地的游客们在这里尽情观光游玩，了解舜帝“德、孝”文化，美丽的景色让人流连忘返。国庆、中秋“双节”期间，宁远县各旅游景区景点结合自身资源优势，安排祁剧和杂技艺术表演、文状元科举、状元麻将争霸赛、花海美食节、DIY手绘风筝等系列特色精彩节目，吸引广大游客前来观光体验。

8日，县委书记刘卫华在县委办、扶贫办等相关部门负责人陪同下深入禾亭镇、太平镇开展“三走访三签字”活动。刘卫华先后深入太平镇新沙桥村、禾亭镇石城村，详细了解村里的基础设施建设、扶贫产业发展和脱贫攻坚等情况，询问扶贫政策落实、结对帮扶成效等。刘卫华要求，要倒排时间，对照标准，攻艰克难，确保年底省贫县摘帽。

10日上午，宁远县创建金融精准扶贫示范县启动仪式在县文庙广场举行。省人民银行长沙中心支副行长曾涛、副市长刘鹏，刘卫华、唐何、刘军君、曹辉正、黄永英、周克利等县领导以及省、市、县相关单位负责人等参加仪式。唐何主持仪式。刘卫华、刘鹏、曾涛等领导先后致辞；县直相关单位、各乡镇、街道办、县级各金融机构负责人递交“创建金融精准扶贫示范县责任状”。

11日下午，为期12天的2017永州首届旅游文化美食节暨永州金牌源味名菜评选活动完美收官。参考网络投票情况，通过专家评委试吃、打分，“永州金牌源味名菜”“永州十大特色小吃”“永州十大创新菜品”新鲜出炉。宁远县选送的宁远血鸭、欣欣向荣（梅香扣肉）、状元水丸子分别被评为永州十大金牌源味名菜、十大创新菜品、十大特色小吃。

12日上午，宁远县在文庙广场举行“印象宁远”摄影大赛启动仪式，省政协原副主席、省摄影家协会顾问武吉海，省文联副主席唐贵平，全国人大代表、省摄影家协会主席谢子龙，县领导刘卫华、唐何、张明贵、刘庚旺、胡红灯以及省、市摄影家协会相关人员出席启动仪式。此次大赛，旨在围绕宁远的山山水水、历史人物和特色旅游等主题，通过省、市摄影家们的拍摄创作，发掘宁远山水、人文之美，拍出宁远最美旅游系列品牌，展示宁远最新旅游扶贫成果，助推宁远旅游产业发展。

13日，副省长张剑飞在市领导李晖、唐能武、严兴德陪同下到宁远县调研工业经济工作情况。县领导刘卫华、唐何、曹辉正、邓传文及相关部门负责人陪同调研。张剑飞一行先后到县智能终端产业园、华荣鞋业和硕宁电子，与企业负责人亲切交谈，实地察看企业生产车间，详细了解企业生产销售情况和项目入驻情况。

14日，福建省泉州市、福州市、龙岩市、漳州市、三明市的舜裔宗亲代表团和新加坡、菲律宾和中国香港、澳门、台湾等海内外华人华侨代表团与宁远县社会各界人士齐聚九嶷山舜帝陵，隆重举行丁酉年福建舜裔宗亲暨海内外华人华侨祭舜大典，县委常委、宣传部部长刘庚旺出席并致辞。活动中，参祭人员按照舜帝祭典仪程，虔诚祭祀始祖舜帝，并到湾井镇下灌社区举行宗亲联谊活动。

16日，湖南省康德佳林业科技有限公司的研发团队在“三区”科技特派员向红贵的带领下，经过几轮试验，于近期攻克天门冬种子繁殖技术难关，成功繁育出一批天门冬种苗，出苗率超过95%，量产后预计每年可为公司降低天门冬种苗成本30万元，每年创造天门冬种苗销售额300万元，为大规模化种植天门冬提供技术保障。

17日，宁远县在文庙广场举行全国第4个“扶贫日”、第25个国际消除贫困日暨“精准扶贫宣传月”启动仪式。县委书记刘卫华出席并讲话，县委副书记、县长唐何主持仪式，刘军君、刘庚旺、王小丽、黄永英、郭照国等县领导出席。启动仪式上，对20名“帮扶成效突出干部”和20名“自力更生脱贫群众”进行表彰，刘卫华等县领导为获奖人员现场颁奖。

19至20日，市委副书记、市长易佳良在县领导刘卫华、曹辉正、曾海波及市县相关部门负责人陪同下深入宁远县新塘村、隔江村、大界村、天堂村等村开展“三走访三签字”活动，认真查看贫困户档案、台账等资料，听取相关情况汇报，并进入贫困户家中与贫困户亲切交流，详细了解他们的生产生活情况和扶贫政策落实情况等。

20日，国家林业局规划院副院长、国家级自然保护区评审委员会委员唐小平等专家一行到宁远县开展九嶷山国家级自然保护区总体规划专家现场调研评审。在实地察看相关现场、听取省农业林业勘察设计研究总院对自然保护区总体规划的情况汇报后，专家组充分肯定九嶷山自然保护区总体规划的可行性，认为总体规划设计内容全面，符合实际，予以基本同意。

24日上午，海外华侨华人故乡行走进宁远，来自美国、澳大利亚、法国、英国、俄罗斯、德国、老挝等21个国家和中国香港等地区的200多名海外华侨华人齐聚九嶷山舜帝陵，隆重举行丁酉年海外华侨华人祭舜大典，虔诚祭拜中华民族人文始祖舜帝。省政协副主席袁新华担任主祭人，省侨联党组书记朱建山、副主席孙民生及市县领导张严、蒋善生、石艳萍、李旦梅、刘卫华、唐何等领导参加祭祀活动。祭祀活动结束后，华侨华人一行先后参观舜帝碑林、古舜帝庙遗址博物馆和下灌景区李氏公祠、灌溪学校、状元楼、广文桥等景点，品味宁远县厚重的历史文化和秀美的自然风光。

24日，新华社受权发布中国共产党第十九届中央委员会委员名单、中国共产党第十九届中央委员会候补委员名单、中国共产党第十九届中央纪律检查委员会委员名单，欧阳晓平院士当选中央候补委员。欧阳晓平，湖南宁远人，中国工程院院士、博士生导师、少将，现任湘潭大学材料科学与工程学院院长、西北核技术研究所研究员。

25日上午，宁远县在政务中心与红狮控股集团、碧桂园集团举行签约仪式，标志着浙江红狮控股集团、碧桂园集团两家中国500强企业正式进驻宁远县。

25日，宁远县报送的《宁远县重华桥—舜华桥沿河风光带建设工程环境影响报告表》及相关材料，经市环保局实地考察、论证，同意该项目立项建设。重华桥—舜华桥沿河风光带建设工程项目总投资4500万元，其中环保投资1118.1万元，占地面积124528.9平方米，建设内容主要包括沿河两岸道路、园林景观，同时配套建设区内排水、绿化、亮化等市政基础工程。

26日，全县迎接省脱贫摘帽考核验收动员大会在县政务中心召开。刘卫华、唐何、刘军君、张明贵、李苏昭等在家的县领导，各乡镇（街道）、县直单位主要负责人以及各行政村（社区）党组织书记、贫困村驻村工作队队长等参加会议。会上，刘军君通报督查结对帮扶工作情况，王小丽对脱贫迎检相关业务知识作授课辅导。

26日，县环保局执法人员依法取缔1家涉水企业的排污口。近年来，县环保局采取“以核查为抓手，对涉水企业全面排查”“以监督为保障，对污染企业跟踪问责”“以惩处为手段，对污染企业加以威慑”等举措，给涉水企业戴上“紧箍咒”，确保泠江河水清澈。全年，该局共排查涉水企业52家，整治环境隐患36处，下达整改通知书19份，关停涉水企业16家，拘留2人。

26日，由省文化厅指导、省文化馆主办的“喜迎十九大—群星耀三湘”2017湖南省文化（群艺）馆（站）业务技能竞赛在湖南省文化馆成功举办并落下帷幕，来自全省14支代表队的360多名选手参加比赛。经过激烈角逐，宁远县文化馆选送的舞蹈《半床被子》荣获金奖，特技《永州异蛇》荣获优秀奖。

27日，县食品药品工商质量监督管理局主要负责人向宁远县荣骊汽车销售有限公司有关负责人颁发宁远县首张“全程电子化”营业执照。“全程电子化”营业执照是指企业登记无需到登记窗口提交纸质申请材料，实行网上提交材料、网上审查核准、网上核发执照、网上自动存档、网上公示的全流程电子化登记，使投资突破地域限制，办理突破时空约束，实现随时随地办注册。

30日，县委书记刘卫华主持召开县委第27次常委会。唐何、刘军君、张明贵、李苏昭、彭小兵、刘庚旺、王小丽、曹辉正、黄永英、郭照国等县领导参加会议，副县长及县直相关部门负责人列席会议。

31晚，中国“长江文化艺术节暨第七届长江流域民族民间艺术节”在江苏省张家港市保利剧院拉开帷幕。县文化馆经湖南省文化厅推荐，以《瑶山吉傲》《湘妃竹》《三月三》等原创经典作品代表湖南省参加今年的长江文化艺术节巡回展演。

31日，国家林业局下发文件，正式批复同意《九嶷山国家森林公园总体规划（2016—2025年）》。九嶷山国家森林公园总体规划期限为2016年至2025年，批复面积为8454.63公顷，林地面积不低于8275.3公顷，日游客量8400人，最大床位数1140个。公园功能分区为核心景观区、一般游憩区、管理服务区和生态保育区，规划总投资54417.39万元。

31日，占地面积20000平方米、总投资9406.97万元的水市镇生活污水处理厂完成前期准备工作，将于近期开工建设。为实现农村生活污水处理全覆盖，宁远县筹资59812.54万元，建设水市、冷水、中和、天堂、清水桥等9个农村生活污水处理厂，进一步改善县域水环境质量，助力美丽乡村建设。

11月

3日上午，宁远县召开房地产开发小区集中整治工作动员大会。县委书记刘卫华出席并讲话，县委副书记、县长唐何主持会议，县人大常委会主任张明贵作动员报告。彭小兵、周方、眭晓棠、谢金花、欧阳国春等县领导及相关单位负责人参加会议。会议决定，全县房地产开发小区集中整治活动从11月初开始到2018年3月底前结束，分3个阶段对县城范围内的55个小区及相关责任单位涉及违规建设等18类问题进行整治。

3日下午，县委副书记、县长唐何在相关部门负责人陪同下，沿着泠江河河段，对冷水镇毛家、五马村及湾井下灌、周家坝村流域逐一查看，仔细察看流域治理、河道管理情况，详细询问河道清淤、环境整治等工作开展情况，实地了解污水排放、水质及排水管网和排污设施建设等情况。

5日，香港湖南联谊总会访湘团名誉团长刘胜辉、团长周群飞一行到宁远县九嶷山，按照传统祭祀礼仪虔诚祭拜中华民族人文始祖—舜帝，参观舜帝陵。

7日，宁远县文化馆选送的舞蹈《顶》荣获2017年“欢乐潇湘”决赛一等奖。

8日，宁远县召开扶贫开发领导小组会议，县领导刘卫华、唐何、刘军君、张明贵、李苏昭、彭小兵、刘庚旺、王小丽、曹辉正、陈海平、黄永英、向胜等在家的县级领导、县直单位主要负责人参加会议。会议传达全市贫困退出工作推进会议精神，县扶贫办就全县贫困退出存在的主要问题进行汇报，各县直单位主要负责人作汇报发言。

8日，农业部公布荣获全国“最美农技员”称号人员名单，宁远县水市农技站周火玲名列其中，为永州市唯一获此殊荣者。此次活动，经基层单位遴选推荐、省部两级专家审定推选、县省部三级公示等程序，从全国五十多万名基层农技人员中推出500名“最美农技员”候选人，并经网络投票、专家组推荐，最终择优确定“最美农技员”100名。

8日，宁远县女企业家协会成立大会在县政务中心召开。县领导谢金花、邓小英、肖红梅和相关部门负责人应邀参加会议。来自全县50个不同所有制行业的女性法人、股东和经营管理人员加入女企业家协会。会上，全体会员举手表决通过《宁远县女企业家协会章程（草案）》。会议选举女企业家协会第一届理事会理事17人，中南机动车驾驶培训学校校长欧桂兰当选协会会长。

9日上午，城北水厂正式开工建设。城北水厂项目位于文庙街道华石盘村，属市县重点项目工程，建设规模为日供水能力3万吨，总投资5000万元。城北水厂建成供水后，县城供水能力将大幅提升，对保障工业园区企业和县城居民用水、促进宁远县经济社会发展具有重要意义。

12日下午，中国工程院院士、第十九届中央委员会候补委员欧阳晓平一行在市委书记李晖和县委书记刘卫华，县委副书记、县长唐何等领导的陪同下来到中和镇慕头社区宣讲党的十九大精神，并进村入户了解美丽乡村建设、农民就医就学、村级集体经济发展等情况，察看村容村貌、危房改造等情况。

13日，22位来自全国各地的红六军团后代来到宁远县参观下灌村红六军团活动遗址，重走父辈长征路，传承和发扬长征精神。

17日，由中国生态文化协会组织专家评选的“2017年度全国生态文化村”结果出炉，宁远县柏家坪镇北屏村跻身其中。据悉，湖南省此次仅有6个村入选，永州市仅北屏村入选。

19日晚，县委书记刘卫华主持召开县委常委会议，听取全县深化监察体制改革试点工作情况汇报，研究部署全县改革试点有关工作，通过《宁远县深化监察体制改革试点工作小组及办公室组成人员、职责分工》《宁远县深化监察体制改革试点工作有关单位责任分工》，原则通过《宁远县深化监察体制改革试点工作方案（征求意见稿）》。

22日上午，以“相约永州—祈福九嶷”为主题的2017湖南省冬季乡村旅游节在宁远县下灌景区开幕。省政府原副省长郑茂清，省政协原副主席谭仲池，市委书记、市人大常委会主任李晖，市委副书记、市长易佳良，省旅发委党组成员、副主任高扬先，县委书记刘卫华，县委副书记、县长唐何等领导嘉宾出席开幕式。开幕式后举办“永州之野—九嶷部落”多彩冬季系列活动。独具宁远特色的绿色产品展销、极具乡土风情的舜乡花海、现代民宿、艺术表演、木雕等精彩纷呈，吸引2万余名游客在下灌景区游览观光。

22日下午，2017湖南省冬季乡村旅游节踩线活动拉开帷幕。来自境内外旅游景区及各大旅行社代表，中央、省、市、县新闻媒体记者等150余人对宁远县旅游资源进行实地考察踩线。

22日，“德孝文脉”领导干部家风建设研讨会在宁远县举行。来自全国各地的专家、学者等共110余人参加会议。

24日上午，宁远县召开省委脱贫攻坚常态化督查组情况通报会议。省委脱贫攻坚常态化联点督查组组长、团省委副书记钟娜，团市委副书记胡湲晖，刘卫华、唐何、刘军君、张明贵、李苏昭等县领导及县直单位、乡镇（街道）主要负责人参加会议。

27日下午，县委书记刘卫华主持召开县委第30次常委会。唐何、刘军君、张明贵、李苏昭、彭小兵、刘庚旺、王小丽、曹辉正、黄永英、郭照国、向胜参加会议，副县长及县直相关部门负责人列席会议。

30日，湘南三市六县十瑶族乡公祭盘王暨“坐歌堂”活动在宁远县桐木漯瑶族乡龙源新村举行。市领导李农妹、赵荣，县领导刘卫华、曹辉正、邓小英、赵吉永、肖红梅出席仪式。当天，来自永州宁远县、祁阳县、新田县、金洞管理区以及衡阳常宁市、郴州桂阳县的十个瑶族乡近千名代表和歌手，共同祭祀瑶族始祖盘王，并举行原生态“坐歌堂”活动。

连日来，县食药工质局联合县农业、动物防疫部门积极行动，采取暗访和突击检查方式，深入定点屠宰场、农贸市场、超市、冷库、学校食堂、单位食堂等重点场所，开展肉品质量安全专项检查“百日行动”。截至目前，联合检查组已检查学校（集体）食堂45家、餐饮单位30家，下达责令改正通知书36份，立案5起，没收不合格鲜肉、肉制品5个品种116公斤。

12月

2日，由湖南省老年人体育协会、省门球协会主办，县人民政府承办的2017年湖南—宁远“舜帝杯”中老年人门球邀请赛在县全民健身服务中心门球场隆重举行。本次邀请赛共吸引来自全省各市州49支代表队共301名运动员参赛，比赛为期3天，是宁远县迄今为止水平最高、规模最大、人数最多的门球赛事。

2日，宁远作家黎成钢创作的中篇小说《远山的呼唤》喜获“探秘瑶都森林奇境—走进三湘第一林场”全国文学大奖赛二等奖。《远山的呼唤》讲述宜山市副市长李智强被下派扶贫，却不幸因车祸离开人世而引发的一系列故事。此次征文活动面向全国征稿，历时6个多月，最终评选出一等奖1名、二等奖2名、三等奖3名、优秀奖20名。

3日，宁远县安委办联合县交通运输局、住建局、交警大队等部门在文庙广场举行《安全生产法》集中宣传咨询日活动，通过摆放展板、播放安全生产宣传片、发放宣传资料、接受咨询等形式向群众宣传各行业领域安全生产法律法规，掀起全县安全生产法宣传周小高潮。副县长欧阳国春到场指导。据统计，当天共摆放宣传展板40余块，向群众发放各类安全生产宣传资料16000余份。

4日，宁远县2017年冬季非物质文化遗产实物展圆满落下帷幕。此次展览从11月20日开始，持续半个月，展出高源土陶、蝴蝶画、九疑木雕、斑竹毛笔、竹编等传统手工技艺非遗项目实物及梅岗石、算盘、酒瓶、农耕时代生活生产用具等物品，吸引四万余人次游客前来参观，为2017湖南省冬季乡村旅游节增添一道亮丽的风景。

5日，宁远县高新技术企业培育及科技项目申报培训班在创业孵化基地—众创空间成功举办。全县近70家科技型企业代表参加培训。

5日，湖南省政府印发《关于批准公布第五批省级历史文化名镇名村名单的通知》，宁远县柏家坪镇入选湖南省第五批省级历史文化名镇，宁远县湾井镇久安背村、路亭村、下灌村入选省级历史文化名村。此次共有17个乡镇、103个村获批为湖南省第五批历史文化名镇名村，其中永州有2个乡镇、38个村入选。

6日，永州市委副书记赵应云带领市政府办、扶贫办等单位负责人到宁远县调研扶贫攻坚工作。赵应云一行到中联油茶产业基地、湾井镇下灌村、梅子窝村实地了解宁远县产业扶贫、旅游扶贫、劳务协作扶贫项目发展情况。

6日下午，宁远县十七届人大常委会第七次会议审议通过《湖南宁远九嶷河国家湿地公园管理办法（试行）》，标志着宁远县第一部有关湿地公园保护的法律法规即将出台，实现“一园一法”的制度化管理目标。该办法的出台，将为湿地公园的保护管理提供强有力的法治保障，有力促进湿地公园的规划、建设、保护、管理、利用。

7日，中国烹饪协会在“中国小吃之乡”福建省沙县举行首次“中国地域十大名小吃”和“中国地域十大名小吃代表品牌企业”发布仪式。宁远下灌状元水丸子荣获中国地域（湖南）十大名小吃，宁远县下灌旅游开发有限责任公司被列入中国地域十大名小吃代表品牌企业。此次全国共310个小吃入选“中国地域十大名小吃”，284家企业入选“中国地域十大名小吃代表品牌企业”。

8日，中国科协科普部公布2017年全国农民科学素质网络知识竞赛优秀组织单位名单。宁远县在“2017年全国农民科学素质网络竞赛”中综合成绩排湖南省第一名、全国第六名。这是宁远县继2016年获该项竞赛全省第一名、全国第二十五名的好成绩后，再次荣获全省第一名。全国农民科学素质网络竞赛由中国科协、农业部、国家卫计委、全国妇联、共青团中央共同举办，由新型职业农民、农村妇女、农村青年、基层农技人员等参赛。

8日，宁远县工商联在2017年全国“五好”县级工商联评比中再次被确认为全国“五好”县级工商联。

10日上午，“国培计划”（2017）宁远县送教下乡项目及手拉手项目总结提升暨结业典礼在县政务中心101会议室召开。全县义务教育阶段学校校长、公办幼儿园园长、“国培计划”（2017）送教下乡项目全体成员等共1000余人参加会议。会议听取国培送教下乡和手拉手项目工作开展情况汇报，表彰先进，安排部署2018年国培工作。

12日，湖南省实地检查组组长、省水利厅巡视员王跃生带领检查组正式进驻宁远县开展省贫困县摘帽实地检查，并召开汇报会，观看宁远县脱贫攻坚专题汇报片，听取宁远县脱贫攻坚工作情况汇报。

13日，湖南省第六工程有限公司董事长陈光乐到宁远县洽谈合作项目，并就湖南六建在宁远成立分公司达成一致意见。这标志着宁远县又引进一家大型国有企业正式入驻。

13日上午，宁远县举行公安局交通指挥中心项目建设开工仪式。副县长、县公安局长陈云生出席并宣布项目开工，相关部门负责人参加仪式。该项目位于南部文化生态新城，占地35.37亩，总投资4500万元，总建筑面积14000平方米，是集指挥中心、交通违法处罚大厅大楼、驾考中心、交通事故调处中心等业务于一体的综合性办公、办案业务场所。

14—15日，省城乡规划委员会专家委员会专家组到宁远，就宁远县申报省级历史文化名城进行实地核实评审。专家们通过现场核查、审阅规划文件和观看宁远县创建历史文化名城电视专题汇报片、听取县创建工作汇报后一致认为，宁远县达到省级历史文化名城申报条件，原则同意申报省级历史文化名城。

18日下午，宁远县93名新提拔的领导干部参加由县纪委组织开展的廉洁知识测试。此次考试采取闭卷的形式进行，内容包括《中国共产党章程》《中国共产党廉洁自律准则》等党内法规以及十九大精神、习近平系列重要讲话精神等，涵盖领导干部廉洁从政的各个方面。

19日下午，湖南省重点建设项目考核小组罗华一行对宁远县2017年省重点项目建设情况进行实地考核。曹辉正等县领导及相关单位负责人陪同。考核小组先后深入下灌古村、大凤村野外宿营扩展训练基地、九嶷山现代农科园、古舜庙遗址、南部生态文化特色小镇等建设项目区进行实地查看，对宁远县重点项目建设给予充分肯定。

24日上午，政协宁远县第九届委员会第二次会议在县政务中心隆重开幕。刘卫华、唐何、刘军君、张明贵、李苏昭等领导在主席台就座。全体政协委员参加会议，驻宁省、市政协委员和县直单位负责人等列席会议。

25日上午，县十七届人大第二次会议在政务中心101会议室隆重开幕。唐何代表县人民政府向大会作政府工作报告，总结回顾2017年工作，安排部署2018年工作。会议还听取《宁远县2017年国民经济和社会发展计划执行情况与2018年国民经济和社会发展计划（草案）》《宁远县2017年预算执行情况和2018年预算（草案）》书面报告，表决通过《宁远县第十七届人大二次会议选举办法（草案）》。

25日上午，宁远县举行仁和至冷水公路项目建设开工仪式。仁和至冷水公路项目是全省“十三五”交通规划重要建设道路，项目起于文庙街道八里桥，经瓦窑头、下江兴、冷水，止于宁远县与蓝山交界处的毛铺山，顺接蓝山境内G537路段。项目按一级公路标准建设，路基宽24.5米，线路全长19公里，总投资5.2亿元。

22—25日，宁远县2017年行政执法人员行政执法资格考试在县教师进修学校分批进行。此次考试全县共有400余名行政执法人员分11场次参加考试，形式为网上闭卷考试，内容主要涉及《行政许可法》《行政复议法》《行政处罚法》《行政强制法》等多部行政法律法规。

25日上午，县图书馆、文化馆（非遗馆）新馆及教师发展中心建设项目正式开工，相关单位主要负责人及建设单位全体人员在县委党校二期工地参加开工仪式。“三馆一中心”位于舜帝南路延伸线与湘妃路交汇处，规划占地面积32亩，属于县委党校二期工程；总建筑面积3万平方米，同时规划建设100个地下停车位，计划总投资1.1亿。

27日上午，在县十七届人大二次会议第三次全体会议上，县委常委、县纪委书记陈海平满票当选为县监察委员会主任。随后，在全体县人大代表的见证下，陈海平左手按压宣誓台上的《中华人民共和国宪法》文本，向党和人民庄严宣誓。

宁远概况

建置沿革

一万多年前，宁远先民就群居农耕，种稻制陶。四千一百多年前的虞舜时代，今境域属南蛮、百越部落交错聚住处的苍梧之野，舜帝崩葬九疑，部分中原民族包括苍梧族和舜部落慕迁至此，为境域带来中原文化，蛮越文化与中原文化交融日深，渐入华夏文化圈。春秋时期，楚人南下入湖湘，楚灵王时（前540—前529）九疑舜陵即名彰楚都。至战国时，境域疑属楚南苍梧郡之洮阳县或郴县。楚国末期，境域极有可能属苍梧郡之九疑县。秦王政二十四年（前223）灭楚，属九疑县。约秦始皇二十八年（前219），改苍梧郡为长沙郡，境域属长沙郡之九疑县。

西汉初，改长沙郡为长沙国即长沙王国，吕后二年（前186），废九疑县置泠道县（县治先在今蓝山境，后迁今宁远泠水）、春陵县（县治在今柏家坪），隶属长沙国。文帝后元七年（前157）吴氏王室无嗣除国，在原长沙国南部设桂阳郡，泠道、春陵二县属之。武帝元朔五年（前124）六月壬子（二十六），封长沙国定王刘发之十三子刘买为春陵侯，春陵县遵制改为侯国，隶属桂阳郡。元鼎六年（前111）置零陵郡，并从泠道县析置营道县（县治在今道县蚣坝），泠道县、营道县、春陵侯国转隶零陵郡。元帝初元四年（前45），第三代春陵侯刘仁率族众476户北徙南阳，留子昌为两代侯王守墓，域北春陵侯国并入泠道县。王莽居摄元年（6），改泠道县为泠陵县、营道县为九疑亭，改零陵郡为九疑郡，泠陵县、九疑亭属之。东汉光武帝建武元年（25），泠陵县复名泠道县、九疑亭复名营道县，九疑郡复名零陵郡，泠道、营道二县属荆州刺史部零陵郡。

三国吴甘露元年（265），从泠道县析置春陵县，泠道、营道、春陵三县隶属荆州营阳郡。凤凰元年（272），改春陵县为春阳县，隶属依然。

西晋太康元年（280），废营阳郡入零陵郡，境域三县隶属荆州零陵郡。怀帝永嘉元年（307）置湘州，境域三县隶属湘州零陵郡。东晋穆帝永和元年（375），春阳县复名春陵县。此后析零陵郡复置营阳郡，永和八年（382），境域三县隶属湘州营阳郡。安帝义熙十二年（416），裁湘州，境域三县隶属荆州营阳郡。

南朝宋武帝永初三年（422），复置湘州，境域三县隶属湘州营阳郡。梁武帝天监十四年（515，一说天监四年），改营阳郡为永阳郡，境域三县隶属荆州永阳郡。梁元帝承圣元年（552），境域三县隶属荆州之营州永阳郡。陈因之。

隋文帝开皇九年（589），泠道、春陵二县并入营道县，治所设原泠道县城，隶属永州。炀帝大业三年（607），复改永州为零陵郡，营道县隶属零陵郡。大业十三年（617），萧铣起兵反隋建国号梁，析营道县置梁兴县（治所为今县城）。

唐高祖武德四年（621），平萧铣废零陵郡析置营州，营道县治迁州廓（今道县营江），营道县在今宁远境消亡，梁兴县更名唐兴县，隶属于江南道营州。次年，因北方有营州，南方营州更名南营州，唐兴县隶属江南道南营州。太宗贞观八年（634），南营州改名道州，唐兴县隶属江南道道州。贞观十七年（643），废道州入永州，唐兴县隶属江南道永州。上元二年（675），析永州复置道州，唐兴县隶属江南西道道州。武则天长寿二年（693），改唐兴县为武盛县，隶属江南西道道州。中宗神龙元年（705），武盛县复名唐兴县，隶属江南西道道州。玄宗天宝元年（742），改道州为江华郡，改唐兴县为延唐县，隶属江南西道江华郡。肃宗乾元元年（758），江华郡复名道州，延唐县隶属江南西道道州。代宗大历二年（767）七月癸酉（二十六，8月24日），析延唐县置大历县，治所设今清水桥镇座塘村。

大约五代后梁太祖开平元年（907），改延唐县为延昌县，隶属道州。后唐庄宗同光元年（923），延昌县复名延唐县。大约后唐末帝清泰三年（936），奉后唐正朔的楚国马希范政权析大历县置春陵场，场治疑在旧春陵侯国城址。后晋高祖天福七年（942），改延唐县为延熹县，境域二县一场隶属江南道湘州之道州。南唐保大九年（951），奉后晋正朔的楚国马希萼政权为李璟所灭，延熹县复名延唐县。

宋太祖乾德二年（964），荆湖转运使张永锡奏以户口少，大历县、春陵场并入延唐县，延唐县又奉敕改名宁远县，隶属荆湖路道州江华郡。太宗至道三年（997），隶属荆湖南路道州江华郡。高宗绍兴元年（1131），隶属荆湖东路道州江华郡。次年，隶属荆湖南路道州江华郡。

元太祖至元十三年（1276），宁远县隶属湖广行中书省道州路。

明太祖洪武元年（1368），宁远县隶属湖广行省道州府。洪武九年（1376），隶属湖广行省永州府道州。

清圣祖康熙三年（1664），宁远县隶属湖南省衡永郴桂道永州府。

民国建立，当时全国有5个宁远县，经民政部长谭延闿力争，保留下宋朝开国皇帝亲敕的湖南宁远县，撤消其余宁远县。民国三年（1914），宁远县隶属湖南省衡阳道。民国二十六年（1937）12月，隶属湖南省第九行政督察区，民国二十九年（1940）4月，隶属湖南省第七行政督察区。民国三十八年（1949）8月，隶属湖南省湘南行政区。

1950年11月，宁远县隶属湖南省永州专区。次年，隶属湖南省零陵专区。1952年10月，隶属湖南省湘南行署。1962年10月，隶属湖南省零陵专区。1969年，隶属湖南省零陵地区。1995年11月，隶属湖南省永州市，至今依然。

表1 宁远置县沿革表

<table>
<tr><td colspan="3">九疑县（前223—前186）</td></tr>
<tr><td colspan="2">泠道县（前186—前124）</td><td>春陵县（前186—前124）</td></tr>
<tr><td colspan="2">泠道县（前124—前111）</td><td>春陵侯国（前124—前111）</td></tr>
<tr><td>营道县（前111—前45）</td><td>泠道县（前111—前45）</td><td>春陵侯国（前111—前45）</td></tr>
<tr><td colspan="2">营道县（前45—6）</td><td>泠道县（前45—6）</td></tr>
<tr><td colspan="2">九疑亭（6—25）</td><td>泠陵县（6—25）</td></tr>
</table>

续表1

<table>
<tr><td colspan="3">九疑县（前223—前186）</td></tr>
<tr><td colspan="2">营道县（25—265）</td><td>泠道县（25—265）</td></tr>
<tr><td>营道县（265—272）</td><td>泠道县（265—272）</td><td>春陵县（265—272）</td></tr>
<tr><td>营道县（272—345）</td><td>泠道县（272—345）</td><td>春阳县（272—345）</td></tr>
<tr><td>营道县（345—589）</td><td>泠道县（345—589）</td><td>春陵县（345—589）</td></tr>
<tr><td colspan="3">营道县（589—617）</td></tr>
<tr><td colspan="2">营道县（617—621）
武德四年（621），营道县治移道州城</td><td>梁兴县（617—621）
隋大业十三年（617），县治即设今县城</td></tr>
<tr><td colspan="3">唐兴县（621—693）</td></tr>
<tr><td colspan="3">武盛县（693—705）</td></tr>
<tr><td colspan="3">唐兴县（705—742）</td></tr>
<tr><td colspan="3">延唐县（742—767）</td></tr>
<tr><td colspan="2">延唐县（767—907）</td><td>大历县（767—907）</td></tr>
<tr><td colspan="2">延昌县（907—923）</td><td>大历县（907—923）</td></tr>
<tr><td colspan="2">延唐县（923—942）</td><td>大历县（923—942）</td></tr>
<tr><td>延熹县（942—951）</td><td rowspan="2">大历县（942—964）</td><td rowspan="2">春陵场（936—964）</td></tr>
<tr><td>延唐县（951—964）</td></tr>
<tr><td colspan="3">宁远县　乾德二年（964），荆湖转运使张永锡奏以户口少，其大历县、春陵场割入延唐县，又奉敕改为宁远县。</td></tr>
</table>

说明：前223年为秦王政二十四年，此年灭楚设郡县；前186年为吕后二年；前124年为西汉武帝元朔五年；前111年为西汉武帝元鼎六年；前45年为西汉元帝初元四年；6年为西汉孺子居摄元年；25年为光武帝建武元年；265年为三国吴之甘露元年；272年为三国吴之凤凰元年；345年为东晋穆帝永和元年，其年号共12年，此间改春陵县；589年为隋文帝开皇九年；617年为隋炀帝大业十三年；621年为唐高祖武德四年；693年为周武则天长寿二年；705年为唐中宗神龙元年；742年为唐玄宗天宝元年；767年为唐代宗大历二年；907年为后梁开平元年，其年号共5年，此间改延昌县；923年为后唐同光元年；936年为后唐清泰三年即马希范楚奉后唐年号为正朔，此年从零陵县析置东安场；942年为后晋天福七年即马希范楚奉后晋年号为正朔；951年为南唐保大九年，此年马氏楚国奉南唐年号为正朔；964年为宋太祖乾德二年

秦代湖南政区示意图

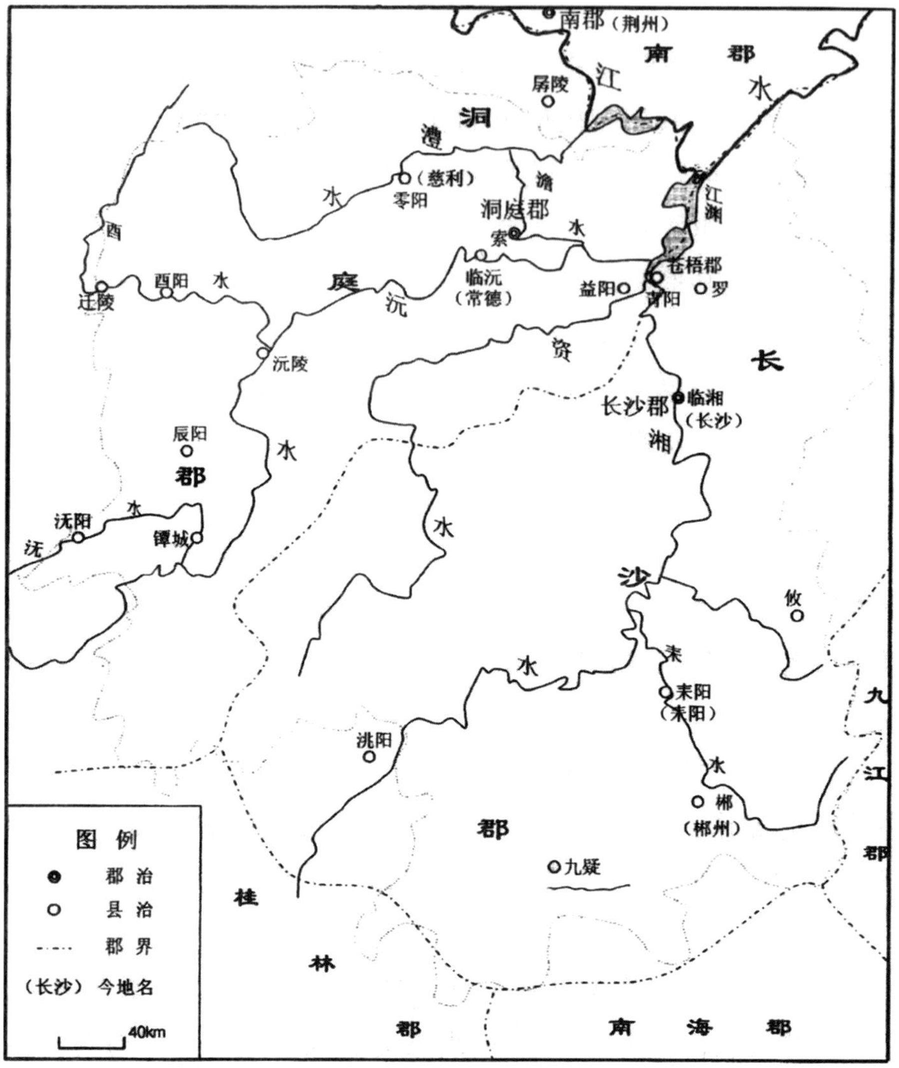

注：《湖湘文库·乙篇·湖南政区沿革》一书中秦代湖南政区示意图绘注了九疑县。秦代长沙郡九疑县辖今之永州市南六县及郴州市嘉禾县。该书作者周宏伟，于2009年12月由湖南师范大学出版社出版

行政区划与人口

■**概况**　2017年，宁远县辖舜陵街道、文庙街道、桐山街道、东溪街道4个街道，天堂镇、水市镇、湾井镇、九疑山瑶族乡、冷水镇、太平镇、保安镇、禾亭镇、仁和镇、棉花坪瑶族乡、中和镇、柏家坪镇、清水桥镇、桐木漯瑶族乡、鲤溪镇、五龙山瑶族乡等16个乡镇。共有406个行政村，12个社区，4个集镇社区。2017年年末，全县户籍总户数25.54万户，户籍总人口89.21万人。年末全县常住人口72.73万人，其中男性38.21万人，女性34.52万人，男女性别比为111∶100。常住人口中的城镇人口为32.02万人，城镇化率为44.03%。全年出生人口数11178人，2016年漏报人数为801人，新生儿男女性别比为118.9∶100；死亡人口数6332人，人口自然增长率为5.43‰。

自然地理

■位置面积 宁远县位于湖南省永州市南部，南有九嶷山，北倚阳明山，东临新田县、嘉禾县、蓝山县，南接江华瑶族自治县，西邻道县、双牌县，北界祁阳县、金洞林场。地处北纬25°12′01″~26°08′19″、东经111°43′39″~112°15′13″之间，南北长101.5千米，东西宽53.2千米，国土总面积2510.96平方公里。

■地质地貌 宁远属湘南山区，地形复杂，地貌四周高、中间低，呈舟状，山地、丘陵、岗地和平原俱全，其中山丘面积占全县面积的62.78%。境内最高峰海拔1959.2米，最低点海拔165米。主要分布有春水、泠江、九疑河、仁水4条河流。

■气候 宁远县地处南岭中段萌渚岭北麓，阳明山之南，属中亚热带季风湿润性气候区，冬寒期短，夏热期长；春温多变，寒流频繁；雨季明显，局部洪涝，夏秋多旱；光照足，无霜期长，四季分明，生长期长。主要气象灾害有干旱、暴雨洪涝、冷害与连阴雨、大风、冰雹、冻害、雷电等。

宁远2017年平均气温为19.3℃，比历年平均值偏高0.7℃；年极端最高气温为37.7℃，出现在7月27日，年极端最低气温为-0.6℃，出现在12月18日。年降水量为1245.5毫米，比历年平均值偏少204.8毫米；一日最大降水量为81.5毫米，出现在6月6日。年日照时数为1495小时，比历年平均值偏少91.2小时；年日照百分率为34%，比历年平均值偏少1%。无霜期日数为307天。

■气候基本特征 宁远县地处九嶷山北侧，阳明山之南，地理位置偏低，属中亚热带季风湿润性气候，四季受季风控制。境内为南北狭长的山向盆地，增温快，散热慢。冬季在北方干冷空气的影响下，盛吹偏北风，受北部阳明山地屏障的影响，气流越山后下沉增温；夏季受南方暖湿气流控制，盛吹偏南风，又有焚风效应，因而高温酷热；在春夏之交，南下的冷空气受南岭山地的阻挡，宁远县处于冷暖气流交接的过渡地带，锋面和气旋活动频繁，造成阴湿多雨，天气多变。舟形盆地的东西两侧地势较低，太阳光照时间长，加之南北山尾相距较远，云雾弥盖少，故光照充足，太阳辐射量大。宁远的气候特点为：冬寒期短，夏热期长；春温多变，寒流频繁；雨季明显，夏秋多旱；四季分明，生长期长。

冬寒期短，夏热期长　冬季，宁远县处于变性大陆气团控制下，盛行东北风。从常年情况看，严冬期间各地可见冰雪，但其量甚微。连续降雪的时间不长。一般12月至2月为积雪期，历年平均积雪日数为2.9天，积雪日数最多达9天；最大积雪深度9厘米，降雪日数大致是北多南少，山区多于平地。日平均气温小于或等于零度的日子很少出现，日最低气温在摄氏零度以下的日数历年平均为10天左右，日最低气温在摄氏零下5℃的日数，从有记录以来只有6天．因此，宁远县冬季严寒期不长。夏季，宁远县处于副热带高压控制下，温度高，湿度小，天气炎热。夏季6—8月的平均气温达27.6℃。

春温多变，寒流频繁　春季是冬夏过渡季节，由于冷暖空气互相交替，造成春季天气多变，故有“春天孩儿面，一日变三变”的说法。宁远县三月份一般有四次寒流入侵，约隔七至十天一次。每次寒流入侵，降温辐度一般均在6℃左右，强的超过15℃，并伴有大风大雨，甚至出现冰雹。由于南岭山脉的地形阻挡作用，常造成宁远县阴雨低温天气，对春播作物播种育秧有一定的影响。

雨季明显，夏秋多旱　宁远县雨水充沛，尤其在春末夏初期间，雨水特别集中，日照少，湿度大，这就是宁远县的雨季。宁远县雨季开始日期平均出现在3月31日；平均终止日期在6月30日。雨季总雨量为610.5毫米，占全年总降雨量的42%左右，且大到暴雨主要集中在这一时段。据宁远县气象资料统计，4—6月≥50毫米的暴雨日数，占全年总暴雨日数的55%~60%。易引起洪涝。雨季结束后的7—9月是盛夏初秋季节，常受西太平洋副热带高压的控制或影响，造成温度高、蒸发大、日照强、湿度小的少雨干旱天气，其间平均降水总量为339.4毫米仅占全年总降水量的24%，蒸发量占全年蒸发量的41%，加之这段时期农作物需水量大，从而造成宁远县不同程度的干旱；宁远县旱期分两段，第一段多出现在7月上旬至8月中旬；第二段旱期在9月上旬至10月上旬，两段旱期之间的8月下旬至9月初，常因热带低压、台风、东风波等东风带天气系统的影响而产生降水，使旱象得到缓解，但有的年份由于上述天气系统对宁远的影响不明显，致使两段旱期相连，出现大范围夏秋连旱。有的年份由于雨季结束早，干旱提早到6月中旬即已出现。不同地区干旱出现的时间和严重程度有所不同。出现“秋雨”时，干旱方可结束。但在大旱之年，往往夏秋连旱。常年又以立秋至秋分这段时间，干旱出现的概率较大，待续时间长，影响范围大。

四季分明，生长期长 宁远县四季变化明显，一般年份均是春暖、夏热、秋凉、冬寒。根据每候（五天）平均气温低于10℃作为冬季的开始，高于22℃作为夏季的开始，候平均气温在10℃与22℃之间，作为春季和秋季。按此标准来划分，则四季之中，以夏季最长，约四个半月；冬季次之，三个半月左右；春秋两季较短，各约占两个月。直接影响农作物生长季节长短的主要是无霜期的长短。宁远县无霜期较长，历年平均无霜期为291天，最长的348天，最短的也有230天。宁远县年平均气温为18.5℃，最热的7月份，历年平均气温为28.6℃；最冷的一月份平均气温也有7.0℃；气温年较差为21.6℃，由此可见，宁远县生长季节是比较长的。

附：主要气象要素及天气现象

气温 宁远历年平均气温为18.5℃，年平均气温变动在17.5 ~ 19.4℃之间，变幅1.9℃. 宁远气温年变化较大，以年较差数计算（当年最热月平均气温与最冷月平均气温之差值），历年平均年较差为21.6℃，最大年较差为25.9℃，出现在1977年；最小年较差为18.7℃，出现在1997年。在一年之中，宁远最高气温出现在7月中旬至8月上旬，极端最高气温为40.2℃，出现在2003年8月3日；最低气温出现在12月下旬至2月初，极端最低气温为-6.2℃，出现在1999年12月23日。全年之中4—5月升温明显，这正是春暖夏热之交。10—11月降温明显，是秋凉转秋寒之际。气温的日变化一般是凌晨最低，午后最高，变化状况用气温日较差表示。气温的日变化具有明显的季节性，一年之中的盛夏和初秋最大，春季和秋季次之，冬季最小。宁远气温日较差大，平均气温日较差为8.1℃，其中7月最大，为9.4℃；2月最小，为6.4℃。一日最大日较差为23.6℃，出现在1989年12月4日。

表2 历年各月平均气温 单位:℃

月份	1	2	3	4	5	6	7	8	9	10	11	12	年
气温	7.0	8.8	12.8	18.6	23.0	26.4	28.6	27.9	24.8	19.9	14.3	9.2	18.5

表 3　　**2017 年各月平均气温**

月份	1	2	3	4	5	6	7	8	9	10	11	12	年
气温	10.3	10.5	12.7	19.5	23.3	25.5	28.0	28.8	27.4	20.1	15.0	10.1	19.3

雨量　宁远年降水量在937.4—2186.0毫米之间。年平均降水量为1440.0毫米。降水量的年际变化大，最多的是2002年，达2186.0毫米；最少的是1969年，只有937.4毫米。从季节上看，4—6月是宁远的雨季，雨季总雨量为610.5毫米，占全年总降雨量的42%左右；7—9月是宁远的旱季，降水量显著减少，为339.4毫米，仅占全年总降水量的24%。宁远月降水量以5月份量多，为221.3毫米，12月份量少，为45.7毫米。从逐月降水量变化情况看，3—5月降水量逐月增加，6—7月降水逐月减少，10月份常有秋雨发生，11月后降水量减少，12月份为最少。宁远降水日数在127—195天之间，历年平均降水日数为164天。年际变化比较明显，最多年195天（1970年），最少年127天（2003年）。以春季最多，平均降雨日数为52天，占年雨日的32%。降水强度最大的时期在4—8月；其中日最大降水量出现在2004年6月16日，日降水量达166.6毫米。由于降水集中强度大，易引起山洪爆发，造成洪涝灾害。

表 4　　**历年各月平均降水量**　　单位：毫米

月份	1	2	3	4	5	6	7	8	9	10	11	12	年
降水量	67.5	97.1	143.1	203.7	221.3	185.5	121.6	147.9	69.9	74.4	65.5	45.7	1440.0

表 5　　**2017 年各月平均降水量、各月降水日数**　　单位：毫米

月　份	1	2	3	4	5	6	7	8	9	10	11	12	年
降水量	59.4	77.9	306.5	74.4	140.2	236.9	140.8	46.0	48.2	13.2	72.1	30.0	1246.6
降水日	13	10	26	13	16	24	19	13	9	3	16	6	168

日照　宁远年平均日照时数为1616.1小时，年日照百分率为37%，其中1963年日照时数最多，达1973.6小时，日照百分率为45%；1960年日照时数最少，只有1343.6小时，日照百分率为30%。一年中，各月日照分布不匀，季节变化较大，日照时数夏季（6—8月）最多，为639.5小时，占全年日照时数的40%，其中7月份日照最多，为251.7小时，占全年日照时数的16%。1978年7月日照时数达332.3小时；冬季日照较少，为247.5，只占全年日照的15%，以2月份最少，仅有60.3小时，只占全年日照时数的4%。2002年2月日照时数只有9.2小时，可见日照的季节变化是很大的。

表 6　　**历年各月平均日照时数**　　单位：小时

月份	1	2	3	4	5	6	7	8	9	10	11	12	年
日照时数	73.0	60.3	66.6	93.9	133.5	165.1	251.7	222.7	168.0	139.9	124.5	114.2	1616.1
日照百分率/%	22	19	18	25	32	40	61	55	46	39	38	35	37

表 7 **2017 年各月平均日照时数** 单位：小时

月份	1	2	3	4	5	6	7	8	9	10	11	12	年
日照时数	74.8	70.6	38.6	124.2	178.8	64.8	223.2	243.7	187.8	107.3	68.3	112.9	1495.0
日照百分率/%	23	22	1.0	33	43	16	53	61	51	30	21	35	34

气压　宁远地处湘南，纬度较低，气压感应部份海拔高度为 205.0 米，年平均气压较低，为 991.4 百帕。气压年际间变化不大，年平均气压最高为 993.5 百帕，最低为 988.6 百帕。气压的年内变化较大，夏半年主要受暖湿气流影响，气压较低；冬半年主要受干冷空气影响，气压较高。月平均气压最高为 12 月，为 1000.6 百帕，月平均气压最低月为 7 月，为 981.4 百帕。历年极端最高气压为 1016.2 百帕（1999 年 12 月 22 日），历年极端最低气压为 969.1 百帕（2007 年 8 月 11 日）。

表 8 **历年各月平均本站气压** 单位：百帕

月份	1	2	3	4	5	6	7	8	9	10	11	12	年
本站气压	1000.2	998.0	994.2	990.0	986.2	982.4	981.4	982.5	988.1	994.1	998.3	1000.6	991.4

表 9 **2017 年各月平均本站气压** 单位：百帕

月份	1	2	3	4	5	6	7	8	9	10	11	12	年
本站气压	994.3	994.1	989.6	984.9	982.9	978.0	978.5	977.9	982.1	989.5	992.2	996.2	986.7

蒸发量　宁远历年平均蒸发量为 1438.1 毫米，年蒸发量最多为 1739.9 毫米（1963 年），年蒸发量最少为 1113.9 毫米（2002 年）。温度是影响蒸发量的主要因素，盛夏季节气温高，蒸发量大，寒冬时节气温低，蒸发量少；宁远县蒸发量以 7 月最大，为 233.6 毫米，1 月最少，为 49.8 毫米．这与光照的多少，风速的大小，气温的高低是相一致的。

表 10 **历年各月平均蒸发量** 单位：毫米

月份	1	2	3	4	5	6	7	8	9	10	11	12	年
蒸发量	49.8	54.0	71.3	97.4	134.8	160.8	233.6	199.0	158.9	124.6	87.6	66.3	1438.1

表 11 **2017 年逐月蒸发量合计**

月份	1	2	3	4	5	6	7	8	9	10	11	12	年
蒸发量	72.3	82.7	77.0	129.8	181.0	112.0	216.3	243.5	208.6	134.0	85.2	88.0	1630.4

湿度　宁远的相对湿度年内变化不大，年平均相对湿度为 79%，月平均最大为 83%，最少为 75%。春季 3—5 月相对湿度较大，平均为 82%，秋季 9—11 月相对湿度较小，平均为 76%。历年最小相对湿度为 8%出现在 1977 年 5 月 3 日和 1990 年 12 月 7 日。

表 12　　历年各月平均相对湿度

月份	1	2	3	4	5	6	7	8	9	10	11	12	年
相对湿度/%	80	81	83	82	81	81	75	77	77	76	76	76	79

表 13　　2017 各月平均相对湿度

月份	1	2	3	4	5	6	7	8	9	10	11	12	年
相对湿度/%	77	75	85	77	77	88	80	75	74	75	78	65	77

地温　宁远地面温度历年平均为 20.9℃，最高年份为 22.1℃（1966 年、2007 年），最低年份为 19.8℃（1960 年）。一年之中最高值出现在 7 月份，最低值出现在 1 月份。地面极端最高温度为 72.4℃（1971 年 7 月 16 日），地面极端最低温度为 -11.4℃（1963 年 1 月 15 日），实际表明，地面温度与气温呈正比关系。5、10、15、20 厘米浅层地温度的历年平均值分别为 20.0℃、20.1℃、20.3℃、20.3℃。每层地温年平均值差别不大，其中地面至 5 厘米地温降低 0.9℃，5 厘米至 10 厘米地温降低 0.1℃，10 厘米至 15 厘米地温降低 0.1℃，15 厘米至 20 厘米地温相近，以上分析表明，上层地温比深层地温变化大。地温随深度的变化有明显的季节性差异，一年之中，3 月至 9 月地温随深度的增加而降低，以 7 月最明显，而 10 月至次年 2 月地温随深度的增加而增高，以 12 月份最明显。土壤温度的日变化以地表温度的日变化为最大，向下逐渐减少。

表 14　　历年地面温度　　单位：℃

月份	1	2	3	4	5	6	7	8	9	10	11	12	年
0 厘米地温	7.9	9.8	13.9	20.0	25.4	29.9	33.7	32.5	28.5	22.7	15.9	10.2	20.9

表 15　　2017 年各月地面温度　　单位：℃

月份	1	2	3	4	5	6	7	8	9	10	11	12	年
0 厘米地温	10.9	11.6	13.7	21.1	26.0	27.3	32.4	34.1	32.7	23.3	17.0	10.4	21.7

风　风向　宁远的风向具有明显的季节性变化。冬季多偏北风，夏季多偏南风，春秋二季为冬、夏季风交替时期，风向不够稳定，但仍以偏北风的频率最大。宁远仅 7 月多偏南风，其他各月均以偏北风占优势。

风速宁远属于丘陵地区，平均风速较小，县城多年平均风速为 1.8 米/秒。各月平均风速在 1.5～1.9 米/秒之间，常给人以微风拂面的感觉。超过 17.0 米/秒的大风出现的次数不多，平均只有 2 次，最多的年为 10 次（1981 年），本站的极大风速为 24.8 米/秒，出现在 2002 年 4 月 5 日。平均风速随季节变化不大。

表 16　　历年各月平均风速　　单位：米/秒

月份	1	2	3	4	5	6	7	8	9	10	11	12	年
平均风速	1.9	1.9	1.9	1.7	1.6	1.5	1.8	1.6	1.6	1.7	1.8	1.8	1.8

表 17　　2017 各月平均风速和各月最多风向　　单位：米/秒

月份	1	2	3	4	5	6	7	8	9	10	11	12	年
平均风速	1.5	1.5	1.4	1.3	1.3	1.5	1.3	1.7	1.6	1.6	1.4	1.6	1.5
最多风向	NE	C，NE	C，NE	C，SE	C，SSE	C，SE	C，SE	C，SSE	NE	NE	NE	NE	C，NE

说明：北（N）、东北东（NNE）、东北（NE）、东东北（ENE）、东（E）、东东南（ESE）、东南（SE）南东南（SSE）、南（S）、南西南（SSW）、西南（SW）、西西南（WSW）、西（W）、西西北（WNW）、西北（NW）、北西北（NNW）、静风（C）。

霜　宁远由于地理位置偏南，无霜期较长，历年平均霜日为 14 天，出现霜日的月份从当年的 10 月至次年的 4 月。年平均无霜期为 291 天。最长无霜期为 348 天（1965 年），最短无霜期为 230 天（1966 年）。出现的初霜日最早为 10 月 29 日（1992 年），最迟为 1 月 5 日（1995 年）；终霜日最早为 1 月 10 日（1980），最迟为 4 月 6 日（1969 年）。2017 年无霜期为：299 天。2017 年初霜日为 11 月 27 日。2017 年出现霜冻日期为 12 天。

雾　2017 年出现雾的天数为 13 天。

自 然 资 源

■土地资源　全县土地面积 250086.52 公顷，其中耕地面积 41654.34 公顷，园地面积 12416.8 公顷，林地面积 162048.84 公顷，草地面积 8552.37 公顷，城镇村及工矿用地面积 10974.77 公顷，交通运输用地面积 3228.52 公顷，水域及水利设施用地面积 7626.41 公顷，其他土地面积 3584.47 公顷。

■矿产资源　宁远县已发现矿种 25 种，主要是锑、铅锌、铜、铬、铀、铁、钒、镍、钨、锡、汞、银、煤、砖瓦粘土、高岭土、灰岩、页岩、玄武岩、大理岩、钾长石等矿，其中中型矿区有 2 个，分别是新开锑矿和梅岗黏土矿，小型矿区有 12 个，分别是清水桥铅锌矿、仙子山铅锌多金属矿、挂钩冲锡矿、牛头江铀矿、铜矿岭铜矿、柏万城铁矿、华石盘灰岩矿、野鹿岗灰岩矿、纸厂里灰岩矿、冷水铺灰岩矿、桂里园高岭土矿、大尧砖瓦粘土矿。

■水资源　宁远县水资源丰富，其中地表水主要来源为大气降水。丰水年水量约 26.9 亿立方米，枯水年约 12.7 亿立方米。4—7 月径流量约占全年的 56%。南、北山区水量每平方公里 110 万立方米。东部岗丘地区仅 61 万立方米。每年从蓝山县流入水量约 1.08 亿立方米。年平径流量约 19.8 亿立方米。全县四大河流除部分河段受到污染外，总的水质良好，并正在加强对河流污染的治理。经各河流分段计算，全县水能理论蕴藏量 11.24 万千瓦，其中可供开发的水能资源为 68615 千瓦。宁远境内长度在 5 公里以上，流域面积在 10 平方公里以上的大小河流有 60 条，发源于县内的 59 条，发源于外县的 1 条。除黄司河流入祁阳县白水，下坠河经嘉禾、新田流入春水外，其余河流均经县西注入潇水。其中，冷水、春水、仁水、九嶷河为宁远四大河流水系。已有地下水，据湖南省地质局二十万分之一水文地质普查资料查明，全县有地下河 42 条，流量 1282.1 升/秒，较大泉井 336 个，流量 722.09 升/秒。二者总流量为 2004.19 升/秒，其中岩溶大泉 34 个，流量 478.12 升/秒。地下水分为松散岩类孔隙水、基岩裂缝水和碳酸盐类岩溶水三种类型。

松散岩类孔隙水　主要分布在泠、疑、春、仁四水及主要支流沿岸的河漫滩和一级阶地中。含水层砂砾卵石厚度 3—6 米，地下水埋藏深度 2~3 米。因含水层不深，河床下切厉害，泉井出露位置较低，涌水量不大，孔隙水仅可作为分散居民的生活用水水源。

基岩裂隙水 主要分布在县境西北角步步岭、牛塘岭及南部九疑山一带。含水层为变质砂岩、板页岩、花岗岩、石英岩等，节理裂隙发育，岩石风化破碎厉害，富含基岩裂隙水。

碳酸岩类岩溶水 主要分布在鲤溪、太平、保安、下坠、云潭、冷水、湾井、禾亭、桐山、逍遥岩等地。

县境东部太平镇，系碳酸盐岩类地层，岩溶发育，有较丰富的地下水。但地势较高，地下水埋藏深。

■动植物资源 宁远县山地广阔，相对高差大。森林垂直分布差异明显，树种繁多。全县查明有森林植物2000多种，乔木和灌木树种87科254属596种，其中有栽培价值的236种，有适用推广价值的72种。按林种分，用材林218种，经济林96种（其中果木33种），防护林152种，薪炭林130种。优势树种是杉木、马尾松和油茶，其生长面积78.8万公顷；约占有林面积的80%。全县有珍稀优良乡土树种52种。属国家一级保护树种有水杉（引种）、摇钱树、红豆杉3种。二级保护树种有银杏、钟萼木、胡桃、福建柏、篦子三尖杉、杜仲、观光木、半枫荷8种。三级保护树种有红豆树、油杉、皂荚、黄连木、红楠、光皮树、交让木、栓皮栗、椴树、领春木、桢楠、白辛树、华南五针松、紫茎、凹叶厚朴、厚朴、油杉、红椿、南方铁杉、重阳木、三角槭、拐枣、鹅耳枥、榉树共24种。省属重点保护树种有中华五加、檫木、香榧、南方红豆杉、红花木兰、金叶白兰、白克木、香桦、湖南石槠、金毛柯、湖南山核桃、小叶黄杞、穗状猕猴桃、罗汉松、滇楸等15种。尤有九疑杉（属青枝杉），具有速生丰产，树干通直、木质透红芳香、材质特好、耐腐力强等特点。旧志载：叩之作铜铁声。质坚若铁、削之芳香四溢。湾井镇黄花园村将军庙原有6株九疑古杉，2003年仅存一株，高39米、胸径1米，单株材积9.79立方米。野生动物资源丰富。属国家保护的野生动物有22种：属一类保护的有黄腹角雉；属二类保护的有穿山甲、水獭、鹿、果子狸、大鲵（娃娃鱼）、猕猴、苏门羚、白鹇、锦鸡、大灵猫、小灵猫、虎纹蛙、鹰；属三类保护的有竹鸡、野鸡、豪猪、黄鼬、刺猬、蛇、龟、蛙。

旅游资源

■概况 宁远，历史人文圣地。拥有中华第一古陵——舜帝陵，江南第一大孔庙——宁远文庙，有科举让第第一人——李郃，特科状元、宋代诗坛第一人——乐雷发。集古舜帝庙遗址等6处“国保”单位，“舜帝祭典”等诸多国家省级非物质文化遗产于一邑，毛泽东主席赋诗“九嶷山上白云飞，帝子乘风下翠微……”，历史人文熠熠生辉。宁远，山水生态绿地。生态禀赋出众，四季葱翠，森林覆盖率65%，森林蓄积量达425万立方米。有国家AAAA级旅游景区、国家森林公园、国家级自然保护区，国家级风景名胜区——九疑山保存有湘南最大的原始次生林、最大的天然植物园、最大的天然珍禽园，三分石东南角为湘江之源，北为潇水之源。被誉为“绿色海洋、天然氧吧、生态胜境”。宁远，潇湘旅游福地。聚世界罕见的人文和原生态旅游资源于一身，舜文化、儒文化、瑶文化交相辉映。江南第一大洞天福地——九疑山，湘南第一奇峰——三分石，天下第一盆景——玉琯岩，江南第一村——下灌村，永南十二名洞——紫霞岩，世界一绝——斑竹；赢得“中国最美生态文化旅游名县、最美文化休闲旅游名县”之称。宁远，区位优越，交通便捷。地处湘粤桂三省交界，素称“三省通衢”之地。二广、厦蓉两条高速穿境而过，距长沙、广州都在350千米内，距永州高铁站、郴州高铁站100公里，是“大湘南”宜商、宜居、宜游的地方。

■**旅游资源单体** 特品级即五级共6处：九疑山，舜帝陵，宁远文庙，紫霞岩，玉琯岩，公祭舜帝陵活动。优良级之四级共13处：灌溪仙境，舜源峰，畚箕窝，三分石，万山朝九疑，舜寝九疑，斑竹园，原始次生林，石枞，香杉，永福寺，玉琯岩石刻，水市水库；优良级之三级共24处：娥皇峰，女英峰，箫韶峰，凤凰岩，桃花岩，读书岩，五里沟，白米下锅，竹海，逍遥岩，青山尾峡谷，舂陵侯城，泠道故城，森林乐园，珍稀竹类繁育场，紫霞岩题刻，云龙牌坊，骆家戏台，黄家大屋，瑶寨吊脚楼，小东江水库，水市水库大坝，下灌状元楼，五臣山，石城峰，金蛙湖，黄河瀑布，赛景岩。三级以下旅游资源单体25处。潜在旅游资源单体有大观堡，平头寨，智眉禅师（疑似建文帝）墓。

■**九嶷山—舜帝陵风景名胜区** 2017年经国务院批准的第九批国家级风景名胜区，规划面积150平方公里，由舜帝陵、灌溪仙境、青山尾峡谷等三大景区组成。景区以奇特壮美的喀斯特峰林自然景观为基础，以舜帝陵古建筑群、舜帝遗址等历史人文资源为核心，是集自然山水、历史文化和风土民俗于一体的山岳型风景名胜区。

■**景区景点** 1. 舜帝陵景区。亦称九疑山景区，《舜帝陵志》作舜源峰景区，为九疑山中心景区。这里的舜帝陵庙为历朝历代祭舜之所，也是历代文人墨客朝拜观光圣地。主要景点有舜帝陵庙、舜源峰及观景台、紫霞岩、黄家大屋古建筑、马蹄石“福”字石刻，还有娥皇峰、女英峰、石城峰等。2. 玉琯岩景区。主要景点有玉琯岩摩崖石刻、古舜帝庙遗址及博物馆、无为洞、永福寺、半边山、凤凰岩、鲁女峰等。3. 三分石景区。三分石又名三峰石、舜公石、舜峰。海拔1822米，三分石上，三峰对拥，像舜帝与娥皇、女英相依；三分石下，林木丛生，枝繁叶茂，一派郁郁葱葱的景象。主要景点有神奇三分石、枫木铺瑶寨、原始次生林、住龙门、猴子坳、婆婆石、黄河高峡平湖、牛头江、望夫石等，以及九疑猕猴、九疑斑竹等众多珍稀动植物。4. 灌溪风光景区。位于九疑山东部，景区峰林峻峭，山水相映。主要景点有箫韶峰、石楼峰、桂林峰、桃花岩（旧名莫知岩）、泠道故城遗址、下灌状元楼、路亭云龙牌坊、久安背古牌楼、五臣山、明月山、读书岩、象岩、青山尾十里画廊风光等。5. 潇水涵青景区。主要景点有九疑河九坳十八湾、牛亚岭瑶寨、水市水库、烈士公园等。

此外，县城景区主要景点有宁远文庙、周子先祖故里、丁字街、濂溪祠、石佛岩、逍遥岩、城头寨、五里沟等。潜在的境北舂陵景区主要景点有舂陵故城、平田宗祠、仙姑庙、怀德堂、大观堡、智眉（疑似建文帝）墓、平头寨等。

国民经济和社会发展

■**概况** 2017年，宁远县经济持续稳定发展，实现地区生产总值1527849万元，同比增长8.7%。其中，第一产业增加值292428万元，同比增长4%；第二产业增加值476017万元，同比增长5.4%；第三产业增加值759404万元，同比增长13.2%。按常住人口计算，人均地方生产总值为20955元，同比增长8.7%。产业结构进一步优化。全县三次产业结构由上年的21∶32∶47调整为19.1∶31.2∶49.7，一、二产业所占比重分别下降1.9和0.8个百分点，三产业所占比重上升2.7个百分点。一、二、三产业对经济增长贡献率分别为9.6%、20.6%和69.8%，一、二、三产业分别拉动GDP增长0.83、1.79和6.08个百分点。全年完成财政总收入164633万元，同比增长19.74%，其中县本级收入112795万元，上划省级收入11161万元，上划中央收入40676万元，同比分别增长

11.93%、26.51%、45.81%。实现税收收入137901万元，占财政总收入的83.8%，较去年同期提高4.72个百分点。全年财政支出515321万元，同比增长23.05%。其中，一般预算支出465616万元，同比增长16.4%。2017年末全县金融机构各项存款余额2079014万元，较年初净增274161万元，同比增长15.2%。其中个人储蓄存款余额为1439408万元，较年初净增205600万元，同比增长16.66%。全县金融机构各项贷款余额为1162994万元，较年初净增182206万元，同比增长18.58%。

■农业 2017年，宁远县农业生产稳中有升。全县完成农林牧渔业总产值532382万元，同比增长4.2%，其中：农业产值221715万元，同比增长3.0%；林业产值39669万元，同比增长10%；牧业产值208610万元，同比增长3.5%；渔业产值44770万元，同比增长4.0%；农林牧渔服务业产值17617万元，同比增长15%。种植业发展平稳。全年粮食播种面积55620公顷，粮食总产量达到308822吨，同比增长1.9%。经济作物中，烤烟种植面积5380公顷，收购烟叶19.60万担。主要农作物播种面积及产量如下表：

表18　　2017主要农作物播种面积及产量

品名	播种面积（千公顷）	同比增减（%）	产量（吨）	同比增减（%）	品名	播种面积（千公顷）	同比增减（%）	产量（吨）	同比增减（%）
粮食作物	55.62	0.69	308822	1.90	豆类	5.53	1.84	12679	4.38
其中：稻谷	43.47	0.25	274427	1.51	蔬菜	9.52	2.15	327496	4.20
薯类	3.28	1.23	12259	1.81	瓜果类	0.46	12.20	18810	13.59

林业发展稳步提升。全县森林覆盖率为60.95%。人工造林面积达到3420公顷。木材采伐量3.02万立方米。

畜牧业有起有落。全年肉类总产量8.99万吨，同比增长2.1%。生猪出栏91.53万头，同比增长2.3%；生猪存栏53.84万头，同比下降4.98%。水产品产量2.23万吨，同比增长5.0%。

表19　　2017年禽畜存栏、禽产品、水产品产量

品名	计量单位	数量	同比增长（%）	品名	计量单位	数量	同比增长（%）
肉类总产量	吨	89902	2.10	禽蛋产量	吨	2266	3.0
出栏肉猪	万头	91.53	2.3	生猪存栏	万头	53.84	-4.98
出栏牛	万头	1.87	1.1	牛存栏	万头	6.81	与去年持平
出栏羊	万只	1.63	7.2	兔存笼	万只	172	1.80
出笼兔	万只	460	2.20	家禽存笼	万羽	370.79	0.20
出笼家禽	万羽	853.69	2.24	水产品产量	吨	22349	5.0

■工业和建筑业 2017年，全县实现工业总产值1724391万元，同比增长10.7%，其中：规模以上工业总产值1284245万元，同比增长10.8%，规模以下工业总产值440146万元，同比增长9.8%。实现工业增加值380056万元，同比增长6.5%；规模以上工业增加值完成340054万元，同比增长7.4%；年末规模以上工业企业99家，其中本年新增规模工业

企业23家。工业经济效益较好。全年规模以上工业企业主营业务收入1247229万元，同比增长11%；规模以上企业产品销售率达到98.2%。建筑业发展良好。全县实现建筑业增加值96569万元，同比增长0.8%。全县具有资质的建筑业企业达12家，共实现总产值和利润256672万元和22433万元，同比分别增长25.2%和17.9%。房屋建筑施工面积423.9万平方米，同比增长12.8%，其中新开工面积300.15万平万米，同比增长21.4%。

■固定资产投资 2017年，宁远县投资规模继续扩大。全县共完成固定资产投资1889790万元，同比增长12.8%。其中，国有投资完成975456万元，同比增长16.6%，非国有投资完成914334万元，同比增长9%；房地产投资完成80039万元，同比增长11.3%。从产业来看，第一产业完成投资125420万元，同比增长17.3%；第二产业完成投资594384万元，同比下降1.7%；第三产业完成投资1169986万元，同比增长21.4%。投资结构进一步调整。高新技术产业投资91781万元，同比增长33.7%；民生工程投资284983万元，同比增长40.8%；基础设施投资774825万元，同比增长52.3%；工业投资完成594384万元，与去年同期持平。房地产市场持续升温。2017年全县城镇住宅总竣工面积56.8万平方米，同比增长10.8%。商品房销售面积73.2万平方米，同比增长36.8%，销售金额达到26.42亿元，同比增长48.85%；2017年全县商品房销售均价为3609元/平方米，同比增长8.81%。

■国内贸易 2017年宁远县完成社会消费品零售总额702472万元，同比增长10.9%。分地域看，城镇消费品零售额554953万元，同比增长12.8%；乡镇消费品零售额147519万元，同比增长5.4%。分行业看，批发和零售业零售额617866万元，同比增长11.1%；住宿和餐饮业零售额84606万元，同比增长9.6%。年末限额以上批发零售贸易企业45家，较上年增加4家；限额以上住宿餐饮业企业10家，较上年增加4家。

■招商引资和旅游 招商引资态势良好。全年实际到位外资11030万美元，同比增长16.1%；内联引资28.99亿元，同比增长10.7%；完成外贸进出口额14963万美元，同比增长26.4%。旅游业蓬勃发展。全年共接待游客1039.26万人次，实现旅游总收入59.1亿元，同比分别增长29.9%和23.1%。

■交通运输和邮电 交通条件明显改善。2017年年末公路通车里程达2852.625公里，其中国道63.302公里，省道346.271公里，县道242.273公里，乡道699.57公里，村道1413.331公里，专用道1.878公里，高速公路通车里程86公里，其中二广高速52.7公里，厦蓉高速33.3公里。全年实现全社会货物周转量290758万吨公里，同比增长10.5%。旅客周转量67280万人公里，同比增长3.6%。邮电通讯持续升级。全年邮电业务总量达27601万元，同比增长7.9%。其中邮政业务总量4231万元，电信业务总量5498万元，移动业务总量15222万元，联通业务总量2650万元。年末移动电话用户共337629户，其中移动219200户，联通56000户，电信62429户。固定电话用户12474户。

■教育与卫生 教育事业扎实推进。全县共有中小学校284所，其中：高中5所（含完全中学3所），初中27所，九年一贯制学校6所，小学53所，教学点187个，特殊学校1所，公报职高学校1所，民办职高4所。在校学生120354人，其中：高中学生11935人，初中学生35116人，小学学生70009人，特殊学校学生27人，公办职高学生2100人，民办职高学生1167人。全县教师总数5765人，其中：高中教师760人，初中教师1523人，小学教师3065人，特校教师15人，幼儿园教师205人，公办职高教师160人，教师进修学校教师37人。职高学校1所，教师160人，学生2100人。幼儿园204所，学生27670人。卫生条件不断改善。年末全县实有卫生机构637个，其中综合医院7个，专科医院9个，乡镇卫生院18所，卫生院分院9个，村卫生室545个，校医务室6个，门诊、诊所40个，妇幼保健院1个、疾病控制中心1个、卫生监督所1个。年末卫生技术人员3200人，卫生机构床位数4427张。

■环境保护和安全生产 节能减排成效突出。全县单位GDP能耗为0.557吨标准煤/万元，同比下降6.3%；单位规模工业增加值能耗同比下降7.3%。主要污染物总量减排四项指标均完成市级下达任务目标，化学需氧量、二氧化硫、氮氧化物、氨氮等四项主要污染物同比分别削减了2.18%、0.5%、21.3%和1.97%。安全生产形势稳定。2017年全县发生各类生产经营性安全事故1起、死亡3人，发生1起较大以及以上生产安全事故。

■人民生活和社会保障 居民收入持续攀升。全县城乡居民人均可支配收入为17260元，同比增长11.1%。其中，城镇居民人均可支配收入为24427元，同比增长10.3%；农村居民人均可支配收入达到13120元，同比增长11.6%。社会保障进一步完善。2017年年末，全县参加社会养老保险的总人数达到514752人，比上年增加8375人，其中：机关事业单位参加基本养老保险人数为20925人，比上年减少436人；企业单位参加基本养老保险人数20479人，比上年增加694人。城乡居民基本养老保险登记参保总人数为473348人，比上年增加8117人。2017年农村最低生活保障户数8352户，人口达17776人，比去年减少41733人；城镇最低生活保障户数5418户，人数达10981人，比2016年减少5567人。五保户人数6143人，比去年减少99人。国家抚恤、补助各类优抚对象人数10086人，比去年增加54人。医疗保障全面覆盖。全县参加城镇医疗保险人数77.3万人，其中城乡居民74.6万人，职工2.7万人。就业形势保持稳定。全年新增就业15763人，安排就业培训7870人，其中：城镇企业职工培训3498人，农村劳动力培训1334人，失业人员培训1020人，其他培训2018人。

领导名录

一、县级领导

县委

县委书记 刘卫华

县委副书记
县长 唐何

县委副书记 刘军君

县委常委
宣传部长 刘庚旺

县委常委
县委办主任 曹辉正

县委常委
纪委书记
监察委主任 陈海平

县委常委
副县长
（常务） 黄永英

县委常委
组织部长 雷军平

县委常委
统战部长 唐浩

县委常委
（挂职） 郭照国

县委常委
政法委书记 曾海波

原正处级干部 欧胜清

原政法委书记 彭小兵

县人大

主任 张明贵

副主任
党组副书记 周方

副主任 胡昕若

副主任
党组副书记 眭晓棠

副主任 何为民

副主任 谢金花

原正处级干部 何德仁

原正处级干部 郑福章

原副主任 欧红杰

县人民政府

县委副书记
县长 唐何

县委常委
副县长
（常务） 黄永英

副县长 邓小英

副县长
县公安局
党委书记
局长 陈云生

副县长 邓传文

副县长 欧阳国春

副县长 胡红灯

副县长
财政局
党组书记
局长 杨友忠

副县长
（挂职） 黄生强

原副处级干部 唐桐生

原副处级干部 李友才

县政协

县政协主席 李苏昭

副主席
党组副书记 蒋家安

副主席（兼）
工商联
（商会）
主席
（会长） 欧桥贵

副主席 赵吉永

副主席 李春茂

副主席（兼）
商务和
粮食局局长 肖红梅

原正处级干部 盘湘津

原正处级干部 李国生

原正、副处级干部

原正处级干部 何国雄

原正处级干部 周克利

县政府
原顾问
（正处级） 冯军胜

原副处级干部 欧初旺

原副处级干部 蒋进红

原副处级干部 黄生鸿

原副处级干部 李池秀

原副处级干部 陈勇军

副处级职级干部

副处级职级干部 欧鹏飞

副处级职级干部 唐和鸣

副处级职级干部 郑亮

副处级职级干部 李忠明

副处级职级干部 夏峰

副处级职级干部 刘初成

副处级职级干部 李继辉

副处级职级干部 谢志远

副处级职级干部 刘向阳

副处级职级干部 彭政超

副处级职级干部 王晓华

副处级职级干部 周正河

二、县委工作部门及有关单位

县纪律检查委员会、县监察委员会

县委常委、纪委书记、监察委员会主任 陈海平

副书记、监察委员会副主任 袁春芬

副书记、监察委员会副主任 徐东青

副书记、监察委员会副主任 谭双喜

常委、监察委员会委员 彭舒洲

监察委员会委员 江中主

常委、正科级纪检员、监察委员会委员 刘永生

常委、正科级纪检员、监察委员会委员 宋云蕾

常委 唐振军

常委 欧阳勇

县委巡察办

主任 李胜平

副主任 蒋波

副主任 朱厚昌

第一巡察组副组长（主持工作） 陈义兵

第二巡察组组长 吕胜辉

第二巡察组副组长 李隆任

第三巡察组组长 杨臣山

第三巡察组副组长 郑群秀

第四巡察组组长 柏敏

第四巡察组副组长 肖云辉

县委办

县委常委、县委办主任 曹辉正

副主任（排第一） 杨国基

副主任 谢茂松

副主任 王桐旺

县纪委驻县委办纪检组组长、县委办公室室务会成员 柏小白

县委机要局（国家保密局）

局长 张进仁

副局长 周君翠

副局长 蔡红军

副局长 唐雄群

县信访局

政府办党组成员、副主任、县信访局党组书记、局长 欧同茂

党组成员、副局长 贺帆

党组成员、副局长 贺友金

县委、政府接待科

科长 欧向中

副科长 崔敏

县委组织部

县委常委、组织部部长 雷军平

副部长（排第一） 尹国军

副部长、县委非公有制经济组织和社会组织工作委员会党工委书记 谭学峰

副部长 郑敏娟

副部长（兼）、人社局党组书记、局长 鲁素春

副部长（兼）、老干局党组书记、局长 欧阳宁芳

部务会成员、县直属机关工委主持工作 卢用军

县纪委驻县委组织部纪检组长、县委组织部部务会成员 唐宏亮

主任科员 欧阳林

县委非公有制经济组织和社会组织工作委员会

县委组织部副部长、县委非公有制经济组织和社会组织工作委员会党工委书记 谭学峰

专职副书记 徐鸥宁

统战部副部长（排第一）工商联党组书记副主席县委非公有制经济组织和社会组织工作委员会副书记(兼) 李友茂

民政局党组书记局长县委非公有制经济组织和社会组织工作委员会副书记（兼） 欧阳坤

食品药品工商质量监督管理局党组书记局长县委非公有制经济组织和社会组织工作委员会副书记（兼） 万志湘

县直属机关党委

县委组织部部务会成员县直属机关工委主持工作 卢用军

专职副书记 曾奕发

工委委员纪工委书记 欧晶

县委老干部局

县委组织部副部长（兼）老干部局党组书记局长 欧阳宁芳

党组成员副局长 唐新胜

县委宣传部

县委常委宣传部长 刘庚旺

副部长（排第一） 彭盛辉

副部长 欧阳友忠

副部长 魏纲要

县纪委驻县委宣传部纪检组组长部务会成员 徐小文

县委政法委

县委常委政法委书记 曾海波

副书记（排第一） 朱土旺

副书记 汪绪国

副书记综治办主任 李碧海

副书记县委维稳办主任 石循柱

副书记防范办主任 乐永珍

县纪委驻县委政法委纪检组组长县委政法委委员 欧阳海军

县社会治安综合治理委员会办公室

政法委副书记主任 李碧海

副主任 李继晴

副主任 刘娟

县防范和处理邪教问题领导小组办公室

政法委副书记主任 乐永珍

副主任 蒋亚雄

县委统战部

县委常委统战部长 唐浩

副部长（排第一）工商联党组书记副主席县委非公有制经济组织和社会组织工作委员会副书记(兼) 李友茂

副部长 罗晓峰

县纪委驻县委统战部纪检组组长县委统战部部务会成员 郑伟毅

县委台湾工作办公室

主任 欧珍爱

副主任 李雪莲

县归侨侨眷联合会

党组书记主席 戴巧燕

副主席 周宏卫

县机构编制委员会

党组书记主任 欧教荣

党组成员副主任 李德祥

党组成员副主任 欧琳

县机构编制信息中心

主任 乐春涛

三、群众团体

县妇女联合会

党组书记主席 邓水燕

党组成员副主席 何阳

党组成员副主席 郑姣平

团县委

团县委书记党组书记 张利军

团县委副书记党组成员 唐　颖

团县委副书记党组成员 周有志

县总工会

县委常委组织部长总工会主席（兼） 王小丽

党组书记第一副主席 欧阳辉河

党组成员副主席 蒋　健

党组成员副主席 刘　栋

县科学技术协会

党组书记主席 刘晓玲

党组成员副主席 黄立胜

县残疾人联合会

党组书记理事长 樊志群

党组成员副理事长 郑晓波

县工商业联合会（商会）

政协副主席工商联主席 欧桥贵

统战部副部长（排第一）工商联党组书记副主席县委非公有制经济组织和社会组织工作委员会副书记(兼) 李友茂

党组成员副主席 林文才

副主席 徐明霞

四、县政府工作部门及有关单位

政府办

党组书记主任 赵利民

党组成员副主任 陈万生

党组成员副主任 陈　宜

党组成员副主任 吴　杰

党组成员副主任 郑　庭

党组成员副主任 欧阳永生

党组成员副主任 王　鋆

党组成员副主任县信访局党组书记局长 欧同茂

党组成员副主任 李苏辉

县纪委驻县政府办纪检组组长县政府办党组成员 唐　振

县机关事务服务中心

党组书记主任 欧阳胜辉

党组副书记副主任 胡新军

党组成员副主任 肖江涛

党组成员纪检组长 姜凌帆

县爱国卫生运动委员会办公室

主任 欧向忠

县电子政务管理办公室

主任 雷友胜

县发展和改革委员会

党组书记主任 曾彩平

党组成员副主任 蒋　全

党组成员副主任 周忠红

党组成员总经济师 管　波

副主任 黄琼轩

县纪委驻县发改委纪检组组长县发改委党组成员 杨云聪

党组成员副主任 李红茂

党组成员副主任 唐国凯

县重点建设项目办公室

主任 蔡海丰

县科技和经济信息化委员会

党组书记主任 乐宁波

党组副书记副主任 周友平

党组副书记副主任 谭全茂

党组成员副主任 李晓鹏

党组成员副主任 蒋晓成

副主任 陈艳兰

县工业企业改制服务办公室

主任 朱建军

副主任 李　翔

县中小企业创业服务中心

主任 周　科

县教育局

党委书记局长 毛　永

党委副书记副局长 邓文清

党委委员副局长 李忠良

副局长 雷　敏

党委委员主任科员 何泽涛

党委委员 督导室主任 朱成宁

县纪委驻县教育局纪检组组长 县教育局党委委员 唐石松

县招生考试中心

主任 谭杰

县教育督导室

党委委员 督导室主任 朱成宁

县一中

党委书记 校长 刘国胜

党委委员 副校长 郑久祥

党委委员 副校长 李景太

副校长 陈清祥

党委委员 杨绪军

党委委员 张涛

县二中

校长 黄新胜

党总支书记 吴华忠

副校长 罗土华

副校长 黄珍平

县三中

校长 胡顺发

副校长 吕宝军

副校长 骆征兵

副校长 谢建成

县实验中学

校长 欧阳祥华

副校长 欧阳友昌

副校长 刘俊涛

副校长 陈年成

县职业中专

校长 唐小洲

副校长 黄权喜

副校长 睦佳旭

县进修学校

校长 蒋理

副校长 蒋志平

副校长 刘平

县八中

校长 杨剑万

副校长 欧阳维浩

副校长 黄文志

副校长 欧咏梅

县公安局

副县长 县公安局党委书记 局长 陈云生

县公安局党委副书记 政委 刘欣

党委副书记 副局长 黄向东

党委副书记 副局长 交通管理大队大队长 陈勇

党委副书记 林桦

党委委员 政工监督室主任 工会主席 王承儒

党委委员 副局长 欧阳建军

党委委员 副局长 张立新

党委委员 副局长（挂职） 张扬名

县纪委驻县公安局纪检组组长 县公安局党委委员 欧阳化文

县交管大队

公安局党委副书记 副局长 交通管理大队大队长 陈勇

副大队长 何红县

副大队长 陈海涛

副大队长 蒋朝辉

副政委 周荣海

县森林公安局

局长 张英

政委 刘学

县民政局

党组书记 局长 县委非公有制经济组织和社会组织工作委员会副书记(兼) 欧阳坤

党组成员 副局长 欧阳俊杰

党组成员 副局长 周中友

党组成员 副局长 郑林凡

县低收入家庭认定中心

主任 刘艳菊

县殡葬管理执法队

队长 陈元文

县革命老区办

主任 陈龙波

县司法局

党组书记（主持工作） 欧啸

局长 朱文登

党组成员 冯友富

党组成员 副局长 唐义

副局长 柏艳

县财政局

副县长 财政局党组书记 局长 杨友忠

党组副书记
农业综合开发办党组书记主任 唐俊林
党组成员副局长 周胜明
副局长 陈苏平
党组成员副局长 陈群星
党组成员总会计师 杨霞丽

县农业综合开发办公室

财政局党组副书记农业综合开发办党组书记主任 唐俊林

县人力资源和社会保障局

县委组织部副部长(兼)人社局党组书记局长 鲁素春
党组成员 许仲军
党组成员副局长 黄祥云
党组成员副局长 李文明
副局长 龙小荃
党组成员副局长 蒋嶷平

县国土资源局

党组书记局长 周意恒
党组成员副局长 李光钦
党组成员副局长 郑卡敏
党组成员总工程师 张国姣
党组成员副局长 周林茂

县不动产登记中心

主任 胡小川

县住房和城乡规划建设局

党组书记局长 蒋先定
党组成员副局长 宋长清
党组成员副局长 蒋文
党组成员副局长 郑云峰
总工程师 匡宁平

县房产局

党组书记局长 吴国斌
党组成员纪检组长 肖勇
党组成员副局长 李恰恰
党组成员副局长 陈文军
党组成员 陈世超

县城市园林局

局长 欧阳宁群

县交通运输局

党组书记局长 欧正杰
副局长 柏尧清
党组成员副局长 欧阳顺利
党组成员副局长 欧阳翔凤
党组成员总工程师 姜海军

县公路局

党组书记局长 周万红
党组成员副局长 李志宁
党组成员副局长 李海武

县农业委员会

党组书记主任 郑曦
党组成员副主任 陈小清
党组成员副主任 胡星祖
党组成员副主任 李剑飞
党组成员总农艺师 陈同旺
党组成员副主任 何良胜
党组成员县委农办专职副主任 黄昌勇
副主任 国长勇
县纪委驻县农业委纪检组组长县农业委党组成员 李小平

县畜牧水产局

党组书记局长 郑辉
党组成员副局长 欧阳斌

县农业机械化管理局

党组书记局长 胡进雄
党组成员副局长 柏益早
党组成员副局长 古黎明
党组成员纪检组长 何尚成
党组成员 刘胜富

县水利局

党组书记局长 刘柏华
副局长 欧阳茜
党组成员副局长 欧阳高尚
党组成员副局长 黄宏清
党组成员总工程师 郑四清

县林业局

党组书记局长 何文祥

党组成员 副局长 欧阳胜林
党组成员 总工程师 邓国旺
党组成员 副局长 胡建平

九嶷河国家湿地公园管理局

局长 李学勤
副局长 奉良松
副局长 欧阳小梅

县商务和粮食局

党组书记（主持工作） 姚涛
政协副主席（兼）局长 肖红梅
党组成员 副局长 刘文胜
党组成员 副局长 冯俊
党组成员 副局长 彭亚
党组成员 副局长 成国平
党组成员 总经济师 朱松青

县商业企业改制服务办公室

党组书记 主任 何克勤
党组成员 副主任 李宇明

县市场服务中心

党组书记 主任 何海彪
党组成员 纪检组长 肖晓泉
党组成员 副主任 王少波
党组成员 副主任 李光明
党组成员 副主任 姜志宏

县文体广电新闻出版局

党组书记（主持工作） 乐松生
局长 周秋云
党组副书记 副局长 李松平
党组成员 副局长 朱志杰
党组成员 副局长 刘四军
党组成员 副局长 杨世军
党组成员 副局长 杨剑波

县文物管理局

党组书记 局长 崔习明

县全民健身服务中心

主任 欧阳幼志

县文学艺术界联合会

主席 何庆
副主席 黎成钢

县卫生和计划生育委员会

党委书记 主任 蒋贤军
党委副书记 副主任 李春生
副主任 何玉兰
党委委员 副主任 欧阳金
党委委员 副主任 廖保发
党委委员 副主任 蒋春熠
党委委员 副主任 欧庆
党委委员 总会计师 欧阳红君
县纪委驻县卫计委纪检组组长 县卫计委党委委员 欧志斌

县人民医院

党委副书记 院长 欧阳旭俊
党委书记 鲁菊英
副院长 李军
党委委员 副院长 吴群辉
党委委员 副院长 刘自清
党委委员 纪委书记 黄勤

县中医医院

院长 何辉平
副院长 张军辉
副院长 郑生勇
纪检员 姚莉
副院长 李胜才
副院长 李小阳

县审计局

党组书记 局长 刘小珍
党组成员 副局长 秦峥峰
党组成员 副局长 郑永华
副局长 姜慈云
总审计师 黎小清

县环境保护局

党组书记 局长 肖志亮
党组成员 副局长 徐义权
副局长 欧阳剑云
党组成员 张旭
党组成员 总工程师 骆胜红

县统计局

党组书记（主持工作） 唐华
局长 唐双萍
党组成员 副局长 柏宁清
党组成员 副局长 李会农
党组成员 总统计师 陈键

县安全生产监督管理局

党组书记 局长　汤正美

党组副书记 副局长　姜尚忠

党组成员 副局长　陈晓智

党组成员 总工程师　冯平顺

县食品药品工商质量监督管理局

食品药品工商质量监督管理局党组书记 局长 县委非公有制经济组织和社会组织工作委员会副书记(兼)　万志湘

党组副书记 副局长　蔡明智

党组副书记 副局长　李昌民

党组成员 副局长　陈　晋

党组成员 副局长　江仁安

党组成员 副局长　欧阳帆

党组成员 副局长　蔡文辉

党组成员 副局长　何永辉

副局长　谢宏程

县市场和质量监督管理综合执法大队

队长　曾苏忠

县城市管理行政执法局

党组书记 局长　胡顺斌

党组成员 副局长　宋桐青

党组成员 副局长　刘明军

党组成员 副局长　杨小东

县人民防空办公室

党组书记 主任　高艳娟

党组副书记 副主任　陈先辉

党组成员 副主任　李文华

五、人大、政协工作机构

县人大机关

办公室

人大党组成员 办公室主任　李国燕

副主任　姜飞鹰

副主任　万运新

法制委员会

主任委员　田云涛

副主任委员　李　志

财政经济委员会

主任委员　刘俊兴

副主任委员　张文辉

内务司法工作委员会

主任　袁文辉

副主任 主任科员　谢长秀

教育科学文化卫生工作委员会

主任　邓成仲

副主任　黎立志

环境资源保护城乡建设工作委员会

主任　郑光红

副主任　欧阳志华

农业农村工作委员会

主任　欧庆红

副主任　李剑波

选举任免联络工作委员会

副主任　王开富

县政协机关

办公室

党组成员 秘书长 办公室主任　蒋珍旺

副主任　杨　明

提案工作委员会

主任　雷满林

副主任　李运泰

民族宗教法制群团三胞联谊委员会

主任　刘照成

副主任　王军生

经济科技人口资源环境委员会

主任　谢昌波

副主任　周运胜

学习文史宣教卫体委员会

主任　唐太培

副主任　刘健林

六、法院、检察院

县人民法院

党组书记 院长　吕新陵

党组副书记 副院长　于来清

党组成员 副院长　肖文凯

党组成员 政工科长　邓平超

县纪委驻县法院纪检组组长 县法院党组成员　许良峰

副院长　奉　丽

县人民检察院

党组书记 检察长　周　辉

党组成员　郑志刚

党组成员 副检察长　欧阳永红

党组成员 主任科员　郑生彪

党组成员 政工科科长　龚运富

党组成员 副检察长 主任科员　杨　军

县纪委驻 县检察院 纪检组组长 县检察院 党组成员　欧日运

副检察长　蒋　艳

七、县委、县政府派出机构

工业园区管委会

党工委书记　蒋崇庆

党工委 副书记 主任　周　俊

工业园区 管委会 原主任　郑运辉

党工委 副书记 企业 综合党委 书记（兼）　向大宣

党工委委员 纪工委 副书记　王春旺

党工委委员　邓厚成

党工委委员　徐春旺

党工委委员 招商局局长　杨红艳

八、县委、政府直属事业单位

九嶷山国家森林公园管理局

党委书记　黄安成

党委副书记 局长　唐太勇

九嶷山 国家森林 公园管理局 原党委书记　陈建华

党委副书记 副局长　蔡群峰

党委委员 副局长　夏利勇

党委委员　诸文杰

党委委员 副局长　徐永宁

县档案局

党组书记 局长　李木旺

党组成员 副局长　唐凌峰

副局长　李芳桂

县党史与地方志征集编纂办公室

主任　周敬平

副主任　郑才林

副主任　张红志

县委党校

校长　郑志晖

县委党校 原校长 （副处级）　文星平

副校长　姜晓明

副校长　贾丽琼

校务委员　欧阳丽君

县政务服务中心

党组书记 主任　蒋少军

党组成员 副主任　文剑军

党组成员 副主任　黄少辉

县广播电视台

党组书记 台长　欧阳悬

党组成员 副台长 主任科员　欧阳土荣

党组成员 副台长　王海清

党组成员 总工程师　谢剑平

县移民开发局

党组书记 局长　欧小平

党组成员 副局长　奉茂宣

党组成员 副局长　陈国春

县扶贫开发办公室

党组书记 主任　王进辉

副主任　冯　兆

党组成员 副主任　徐友利

县烤烟生产办公室

党组书记 主任　欧阳建中

党组成员 副主任　陈　勇

党组成员 副主任　邓少辉

县供销合作联社

党组书记 主任　杨永平

党组成员 副主任　李文宣

党组成员 副主任　蒋小勇

党组成员 副主任　欧晓春

县城市建设投资管理中心

党组书记 主任　欧小仕

党组成员 副主任　张明钢

副主任　胡青文

党组成员 副主任　骆俊平

党组成员 总经济师　李庆云

副主任　邝　亮

九、其他单位

县旅游建设投资有限公司

副总经理（主持工作） 何　俊
副总经理 肖格莉
副总经理 欧嶷琼
副总经理 陈国宏
副总经理 郑明辉
副总经理兼财务总监 邓　莹
监事长 刘志勇

县灌溪旅游开发建设有限公司

副总经理（主持工作） 何　俊
副总经理 蒋　剑
副总经理 刘颖婕
总经济师 王　辉

县农村建设投资开发有限公司

总经理 徐永才
副总经理 蒋舜军
副总经理 邓元金
副总经理 陈靖萍
监事长 贺　斌
副总经理 李平辉

县旅游发展委员会

负责筹建主持工作 邱向谊
参与筹建 童一飞

县产业建设投资有限公司

总经理 杨学进
副总经理 黄琼辉
副总经理 李昶宏
副总经理 李来万
副总经理 龙春明
副总经理 陈晓艳

十、乡镇（街道）

舜陵街道

党工委书记 薛忠胜
党工委副书记办事处主任 唐　媛
党工委副书记 徐湘富
党工委委员人大工委主任 柏令军
党工委委员宣统委员政协工委主任 黄晓东
党工委委员纪工委书记 唐志先
党工委委员组织委员 周早林
党工委委员办事处副主任武装部长 李日晖
党工委委员政法委员党政办主任 李艳梅
人大工委副主任 王承熹
办事处副主任 欧阳艳丽

文庙街道

党工委书记 何胜兵
党工委副书记办事处主任 周英华
党工委副书记 姚茂芳
党工委委员人大工委主任 陈　伟
党工委委员宣统委员政协工委主任 唐文生
党工委委员纪工委书记 刘国顺
党工委委员组织委员 王　强
党工委委员政法委员党政办主任 黄嶷峰
党工委委员武装部长办事处副主任 汤华远
人大工委副主任 张伟荣
办事处副主任 蒋玉华

桐山街道

党工委书记 于文敬
党工委副书记办事处主任 胡新胜
党工委副书记 谢　军
党工委委员人大工委主任 李立应
党工委委员宣统委员政协工委主任 张志清
党工委委员纪工委书记 黄慧萍
党工委委员组织委员 王　超
党工委委员武装部部长办事处副主任 冯军辉
党工委委员政法委员党政办主任 李　明
人大工委副主任 龙林枫
办事处副主任 奉　婕

东溪街道

党工委书记 欧阳清
党工委副书记办事处主任 何立群

党工委副书记　李国军

党工委委员　人大工委主任　李剑涛

党工委委员　宣统委员　政协工委主任　唐芳华

党工委委员　纪工委书记　黄红星

党工委委员　组织委员　郑少华

党工委委员　武装部长　办事处副主任　欧阳新春

党工委委员　政法委员　党政办主任　欧阳植攀

人大工委副主任　魏海云

办事处副主任　罗美娟

天堂镇

党委书记　黄海燕

党委副书记　镇长　欧文红

党委副书记　陈盛林

党委委员　人大主席　黄小帅

党委委员　宣统委员　政协工委主任　欧阳辉

党委委员　纪委书记　续燕燕

党委委员　组织委员　何　云

党委委员　武装部长　副镇长　欧阳少华

党委委员　政法委员　党政办主任　黄宁华

人大副主席　李芳彦

副镇长　欧阳逢华

水市镇

党委书记　郑生权

党委副书记　镇长　唐红庆

党委副书记　田明俊

党委委员　人大主席　郑霖杰

党委委员　宣统委员　政协工委主任　欧阳涛

党委委员　纪委书记　林　可

党委委员　组织委员　高　进

党委委员　政法委员　党政办主任　卜文舟

人大副主席　黎新顺

副镇长　周玉娟

湾井镇

党委书记　皮国钧

党委副书记　镇长　石循斌

党委副书记　肖冯勤

党委委员　宣统委员　政协工委主任　李明贵

党委委员　纪委书记　刘勇军

党委委员　组织委员　陈　彪

党委委员　武装部长　副镇长　陈斌辉

党委委员　政法委员　党政办主任　蔡世主

人大副主席　赵品雄

副镇长　肖　哲

九疑山瑶族乡

党委书记　何开银

党委副书记　乡长　黄成波

党委副书记　张艳旺

党委委员　人大主席　欧荣华

党委委员　宣统委员　政协工委主任　黄　敏

党委委员　纪委书记　贺胜清

党委委员　组织委员　杨田田

党委委员　武装部长　副乡长　黄　宇

党委委员　政法委员　党政办主任　单述波

党委委员　人大副主席　李红艳

党委委员　副乡长（挂职）　朱小峰

副乡长　欧　伟

冷水镇

党委书记　田胜辉

党委副书记　镇长　欧阳辉

党委副书记　蒋晶升

党委委员　人大主席　李春勇

党委委员　宣统委员　政协工委主任　刘建国

党委委员　纪委书记　石　俊

党委委员　组织委员　李　洁

党委委员　武装部长　副镇长　吴绍辖

党委委员　政法委员　党政办主任　李文武

人大副主席　欧运辉

副镇长　柏玉姣

太平镇

党委书记 黎登文
党委副书记 镇长 周君强
党委副书记 欧阳丽芳
党委委员 人大主席 柏艳阳
党委委员 宣统委员 政协工委主任 王方亮
党委委员 纪委书记 李天云
党委委员 组织委员 薛朝辉
党委委员 武装部长 副镇长 唐才旺
党委委员 政法委员 党政办主任 张亮
人大副主席 江秀梅
副镇长 刘倩

保安镇

党委书记 何江权
党委副书记 镇长 廖迪茂
党委副书记 尹新明
党委委员 人大主席 胡泽成
党委委员 宣统委员 政协工委主任 聂余芳
党委委员 纪委书记 邓小春
党委委员 组织委员 欧兴旺
党委委员 武装部长 副镇长 周启明
党委委员 政法委员 党政办主任 刘昌盛
人大副主席 蔡旭
副镇长 姜莲萍

禾亭镇

党委书记 欧庆
党委副书记 镇长 陈祥旺
党委委员 人大主席 肖锋
党委委员 宣统委员 政协工委主任 刘琴
党委委员 纪委书记 蒋志成
党委委员 组织委员 汪霞
党委委员 武装部长 副镇长 邓智明
党委委员 政法委员 党政办主任 何华俊
人大副主席 欧阳红新
副镇长 粟玖旺

仁和镇

党委书记 欧阳涛
党委副书记 镇长 伍鹏
党委副书记 欧阳健龙
党委委员 人大主席 郑裕仁
党委委员 宣统委员 政协工委主任 刘雪丽
党委委员 纪委书记 欧碧珍
党委委员 组织委员 王承柳
党委委员 武装部长 副镇长 欧阳雅敏
党委委员 党政办主任 林斌
人大副主席 杨成文

棉花坪瑶族乡

党委书记 周国建
党委副书记 乡长 赵勇军
党委副书记 胡志辉
党委委员 人大主席 武装部长 政法委员 党政办主任 欧阳佳胜
党委委员 宣统委员 政协工委主任 副乡长 张海清
党委委员 纪委书记 胡晓燕
党委委员 组织委员 何荣胜
人大副主席 王先文
副乡长 冯永贵

中和镇

党委书记 陈明心
党委副书记 镇长 张成文
党委委员 人大主席 欧阳柳毅
党委委员 宣统委员 政协工委主任 蒋宁资
党委委员 纪委书记 李群阳
党委委员 组织委员 黄云涛
党委委员 武装部长 副镇长 彭述彩
党委委员 政法委员 党政办主任 邓怀雄
人大副主席 欧阳东利
副镇长 何明

柏家坪镇

党委书记 黄胜洪
党委副书记 镇长 李少军
党委副书记 唐武

党委委员 人大主席 蒋军明

党委委员 宣统委员 政协工委主任 刘志明

党委委员 纪委书记 李国斌

党委委员 组织委员 郑建辉

党委委员 武装部长 副镇长 周来胜

党委委员 政法委员 党政办主任 李德顺

人大副主席 吕斌诚

副镇长 欧阳峰连

清水桥镇

党委书记 周文毅

党委副书记 镇长 朱锦生

党委副书记 周双华

党委委员 人大主席 欧阳文福

党委委员 宣统委员 政协工委主任 朱太顺

党委委员 政法委员 党政办主任 石卫民

党委委员 纪委书记

党委委员 组织委员 黄建英

党委委员 武装部长 副镇长 何俊杰

党委委员 副镇长（挂职） 莫少文

人大副主席 彭伟

副镇长 唐珍珍

桐木漯瑶族乡

党委书记 李敏玲

党委副书记 乡长 邓朝富

党委副书记 欧阳勇胜

党委委员 人大主席 武装部长 政法委员 党政办主任 卢清文

党委委员 宣统委员 政协工委主任 副乡长 匡明兴

党委委员 纪委书记 邓勇

党委委员 组织委员 彭杲云

人大副主席 欧阳群松

副乡长 李凤花

鲤溪镇

党委书记 骆友情

党委副书记 镇长 欧阳建辉

党委副书记 周小丹

党委委员 人大主席 刘建峰

党委委员 宣统委员 政协工委主任 吴健

党委委员 纪委书记 邓富超

党委委员 组织委员 欧阳华雄

党委委员 武装部长 副镇长 汪海平

党委委员 政法委员 党政办主任 欧阳阿勇

党委委员 副镇长（挂职） 李志武

副镇长 周玉辉

五龙山瑶族乡

党委书记 冯云辉

党委副书记 乡长 陈国雄

党委委员 副书记 汪修才

党委委员 人大主席 武装部长 政法委员 党政办主任 郑勇军

党委委员 宣统委员 政协工委主任 副乡长 贺芳雄

党委委员 纪委书记 王承利

党委委员 组织委员 罗军义

党委委员 人大副主席 房邦浩

副乡长 唐红艳

十一、中央、省、市驻宁单位

县人武部

政治委员 向胜

部长 文小武

副部长 张志林

县消防大队

教导员 易星

大队长 钱小庆

县武警中队

中队长 康振华

政治指导员 金恩进

县国税局

党组书记 局长 刘红

党组成员 副局长 魏前明

党组成员 副局长 欧光成

党组成员 副局长 唐茂冬

党组成员 纪检组长 范昌柱

党组成员、副局长　郑冠春

县地税局

党组书记、局长　邹建军
党组成员、副局长　陈　阳
党组成员、副局长　吴铭哲
党组成员、副局长　郑文解
党组成员、纪检组长　左裕琴

县人民银行

行长　陈丽芳
副行长　李文毅
副行长　柏向东
纪检组长　邝建玲

县工商银行

行长　高　明
副行长　向　阳
副行长　盘　琴

县建设银行

行长　柏金斌
副行长　谭航华
副行长　冯进辉
副行长　徐春梅

县农业银行

党委书记、行长　彭建平
党委委员、纪委书记、工会主席　周降芳
党委委员、副行长　欧飞舟
党委委员、副行长　蒋　伟

县农业发展银行

行长　陈晓春
副行长　邓文君

县邮政储蓄银行

行长　彭怀忠
副行长、工会主席　刘　伟
副行长　尹　亮

县农商银行

党委书记、董事长　尹青春
党委副书记、副董事长、行长　陆骥江
党委委员、纪委书记、监事长　郑　飞
党委委员、副行长　张培新
党委委员、副行长　张英健

中国银行

行长　张峥华
副行长　邹　杰
副行长　李文君

县财产保险公司

经理　胡国雁
副经理　尹颖芳
副经理　欧少君
经理助理　欧阳群军

县人寿保险公司

经理　张咏华
副经理　郭　专
副经理　乐素娟

县中华保险公司

经理　胡小龙

县邮政局

党组书记、总经理　龚　剑
党组成员、副总经理　郑艳军
党组成员、副总经理　张智红

县电信公司

总经理　何月春
副总经理　李庚友
副总经理　成　飞

县移动公司

经理　李四生
副经理　熊勇军
副经理　黄　曦

县供电分公司

总经理　秦恩德
党支部书记　徐　志
副总经理　蒋永东

县电力公司

总经理　吴海波
副总经理　房邦义
副总经理　杨军成
副总经理　骆　琳
工会主席　石祥东

县烟草专卖局

党组书记、局长、经理　吕　明
党组成员、副局长　贺光辉
党组成员、副经理　谢国胜
党组成员、纪检组长　李湘冀
党组成员、副经理　张　勋
党组成员、副局长　冯振华

县新华书店

经理　欧平顺
副经理　欧光宏
副经理　郑　晖

县药材公司

经理　樊佳宏
副经理　朱来生
工会主席　李卫民
副经理　魏国军
副经理　欧阳云亮

县盐业公司

局长、经理　周三平

县石油公司

经　　理　欧阳忠明

副 经 理　樊　超

县湘运公司

经　　理　唐　明

党支部书记　李向阳

党　支　部
副　书　记　范松平

副 经 理　匡巍山

副 经 理　李向东

副 经 理　洪余九

副 经 理　许爱军

工会主席　蒋　和

国家统计局宁远调查队

队　　长　郑会后

纪检监察员　雷群生

县气象局

局　　长　周明辉

纪检组长
副 局 长　刘建洁

副 局 长　成雄威

县住房公积金管理中心

主　　任　胡国庆

中共宁远县委员会

综　　述

2017年宁远县委常委深入贯彻“五大发展理念”，统筹推进“五位一体”总体布局，协调推进“四个全面”战略布局，认真落实中央、省、市各项决策部署，大力实施创新引领开放崛起战略，突出打好“六大战役”，切实强化“四个提升”“三个着力”，努力把宁远建设成宜居宜业宜游生态文化公园。全县经济、政治、文化、社会、生态文明建设和党的建设取得新进步。

2017年，中共宁远县委将宣传、贯彻党的十九大作为一项重要政治任务和贯穿全年工作的一条主线，及早谋划安排，全面做好“喜迎十九大·忠诚保平安”各项工作，为党的十九大召开营造积极向上、和谐稳定的社会氛围。大会期间，组织全体县级领导、各级党组织和单位干部职工，集中观看开幕式，聆听习近平总书记所作报告。十九大闭幕后，第一时间召开县委常委（扩大）会议进行传达学习，举办县委学习中心组第六次集中学习和全县贯彻落实中共十九大精神征文比赛，并组建宣讲团、小分队深入开展“党的十九大精神进基层”活动，在全县迅速兴起学习宣传贯彻十九大精神的热潮。是年，中共宁远县委把脱贫摘帽作为统揽全县经济社会发展的重要政治任务和第一民生工程，成立县委书记任组长、“四大家”班子成员全部参与的高规格大阵容扶贫开发领导小组，全党动员、全民发动、全社会参与，向脱贫摘帽发起全面总攻和最后冲刺，先后召开县委常委会议13次、全县性会议13次，研究部署脱贫摘帽工作。坚持以整改为机遇、问题为导向、满意为标准，严格抓好脱贫攻坚突出问题整改，省市反馈交办的问题已全部整改或办结到位。全县119个贫困村可全部退出，贫困人口将由10多万人减少到5千余人，是年脱贫摘帽已接受湖南省脱贫摘帽实地检查、脱贫攻坚实地考核和第三方评估。2017年，大力实施创新引领开放崛起战略。深入贯彻落实省第十一次党代会，省委十一届三次、四次全会，市委五届三次全会精神，召开县委十二届五次全会专题研究部署创新开放工作。对接全省“451”计划和全市“五大开放行动”，实施“园区+城区+景区”全地域搭台、“招商+引智+建链”全方位开发、“政策+机制+帮扶”全体系服务三大行动，强化人才、要素、法治、生态、组织五项保障，明确创新开放的任务书、路线图、时间表。是年，众志成城战胜历史罕见洪涝灾害。2017年6月30日至7月2日，宁远县遭遇连续暴雨侵袭，雨情之大、汛情之急、灾情之重为历史少见，尤其是北部5个乡镇受损严重，灾情与穷情叠加。面对历史罕见的洪涝灾害，始终把人民群众生命安全放在首位，科学研判、周密部署、精准调度，全县没有出现垮堤垮坝的险情，没有出现群死群伤的事故，没有引发社会不稳定的事件。在抗洪救灾中，充分发挥党的政治优势、组织优势，动员十多万干部群众和武警、消防官兵奔赴一线，各级领导干部靠前指挥、冲锋在前。险情稳定后，迅速召开全县灾后重建动员大会，以大干抗大灾，以大干补大损，确保大灾之年生产不减产、群众不减收、经济不滑坡。

2017年中共宁远县委坚持创新开放，推动经济平稳较快发展。加快推进“三业并举”，努力实现“三量齐升”。全县经济保持稳中有进、稳中向好、稳中趋优、转型升级的发展态势，全年完成地区生产总值152.78亿元，增长8.7%；规模工业增加值34亿元，增长7.4%；固定资产投资188.98亿元，同比增长16.6%；社会消费品零售总额70.25亿元，增长10.9%；财政总收入16.46亿元，增长19.74%，税收占比83.8%。加强运行调度。坚持每个季度召开一次常委（扩大）会，调度和研究经济运行工作。先后开展“六大战役”专题调研，相继召开全县务虚工作会、企业家代表座谈会、重点项目推进会、全面小康建设调度会等专题会议，积极应对挑战、强化监测预测、有效防范风险，牢牢把握经济工作主动权。加大政策措施预研储备和创新创造，建设全省首家县级院士工作站、省级企业技术研究中心和专家楼，设立1亿元的产业发展扶持资金、1000万元的人才资金，被评为省级创业孵化基地、全市开放型经济先进县。壮大实体经济。坚持一手抓存量盘活、一手抓增量做大，突出企业主体地位，大力推进传统产业改造提升、新兴产业培育壮大，加快新旧动能接续转换。全县新入统规模工业企业23家，排全市第一；实现规模工业总产值128亿元，增长10.8%；轻纺制鞋产业改造升级，完成产值29亿元，增长40.9%；新兴产业开始发力，电子信息、生物医药分别增长13.6%、20.6%。新增市级以上农业龙头企业7家、新型经营主体300余家，实现规模以上农产品加工产值42亿元，同比增长36.4%；种植烤烟8万亩，收购烟叶19.6万担，稳居全市第一、全省第二；获评全国平安农机示范县。全域旅游提质提效，以旅游为支撑的第三产业对GDP的贡献率突破65%。大力招商引资。牢固树立开放思维、包容心态，把招商引资作为产业转型升级的“第一工程”、园区扩容提质的“第一菜单”、实体培育壮大的“第一手段”，充分利用三大工业园区、三大主导产业的积聚优势，突出产业链招商、专业化招商。全年招商签约亿元以上项目11个，引进民企500强红狮集团，投资20亿元建设新型环保建材产业园；引进深圳无界投资控股集团携手打造新能源新材料、光电智能终端两个百亿产业园，已签约入驻企业8家；完成外贸进出口额1.4亿美元、实际利用外资1.3亿美元、内联引资28亿元，分别增27.3%、37.2%、16.2%。促进产业融合。充分发挥“农业+”的拉动、融合、催化与集成作用，大力发展农工产业园、农旅综合体，加速三次产业跨界融合与联动发展，培育壮大“第六产业”。加快建设全省一流的“一带五区九园十五景”现代农业产业园，实施万亩农科园、九嶷山森林植物园、温氏生猪一体化养殖、舜天恒禾肉牛养殖基地、博洋生态农业科技示范园、康德佳林业等农旅农工“一体化”项目，建成仁和镇孙家铺水稻新品种、鲤溪镇柏万城社区再生稻、柏家坪镇礼仕湾社区粳稻新品种、天堂镇刘家村“水稻+鱼”4个农业科技试验示范基地，打造进士门第西湾村、桃源果乡三亩田、醉美莲乡大桑塘、最忆乡愁盘洞口、舜源福地九嶷洞、溪水瑶家牛头江等乡村旅游田园综合体，实现农村生产、生活、生态“三生同步”。

2017年中共宁远县委把“六大战役”（脱贫摘帽、城镇提质、园区升级、旅游升温、交通提速、环境治理）作为县域发展的着力点和引爆点，集中推进、精准发力，保持发展韧劲，增强发展后劲。集中打好脱贫摘帽战役。把脱贫摘帽作为全县“六大战役”之首，紧紧围绕“一超过两不愁三保障”和“三率一度”，以“绣花功夫”推进“五个一批”“六个精准”“七大行动”。集中今明两年财力，筹措27.6亿元投入脱贫攻坚。在全省率先开展“三走访三签字”“大学生暑期志愿活动”，率先将贫困村林地划为县级公益林予以补偿，率先建立精准扶贫大数据综合管理平台，创新开展交叉检查调研、“互联网+”督查。产业扶贫探索形成宁远模式，被新华社、央视推介，下灌村党建引领抓旅游扶贫在《人民日报》重磅推出。省委督查室专程到宁远就易地搬迁、资金运管经验“解剖麻雀”。中国社会扶贫网试点工作连续两次排全省第三，“六大众筹”走在全国前列。发放小额扶贫信贷4.7亿元，稳居全省前列、全市第一。教育、医疗、兜底保障有力，全市健康扶贫工作现场会在宁远召开。集中打好城镇提质战役。启动实施“城镇扩容提质新三年行动计划”，推进以人为核心的新型城镇化。突出抓“五创”塑品牌，正式授牌国家卫生城市，成功创建省级历史文化名城。突出抓“五化”提品质，17条背街小巷提质、“三园一带”绿化、旧城疏解改造有序推进，泠江路、九嶷路、舜帝路等主道街景改造全面完成，全市首个数字城管指挥平台建成运行。突出抓“五建”提品位，基本形成城区+南部生态文化新城/西部工业新城“一城两翼”格局，柏家坪镇、湾井镇、九嶷山瑶族乡分别入选中国旅游特色小镇、国家特色小镇、全省特色旅游名镇，完成6个省市美丽乡村示范村、38个乡村风貌改造村、119个“五化行动”村建设，下灌村、小桃园村跻身中国传统村落。集中打好园区升级战役。按照产城融合、生态改造、转型升级的要求，启动实施工业园区基础设施提质三年行动计划，完善西部工业新城路网、循环产业园污水处理厂、城北水厂、安置小区等基础配套设施，完成标准厂房5.5万平方米，建成全市一流的园区展示中心。力促企业签约落地和投产达效，海粤达科技、裕宁电子、泉力新能源等15家企业加快建设，远威、汇盛、方圆纳米等7家企业建成投产。深入开展“企业服务年”活动，推行限时办结制，营造亲商、重商、爱商、护商的良好氛围，推动莲花、福嘉、硕宁、亿达等7家用电大户企业参加用电网上直接交易；新增储备土地征地1260亩，清理闲置土地230亩；开展大型企业用工招聘会100多场、吸纳就业员工6500多人。集中打好旅游升温战役。把全县作为一个大景区来规划建设，做大做强“锦绣潇湘·伟人故里·圣地九嶷”旅游品牌。全速推进九嶷山舜帝陵创国家AAAAA级景区，跻身国家风景名胜区、全国知名品牌创建示范区、全省十大“平安景区”，下灌景区成功创建国家AAA级景区。引进中国旅、华侨城、湖南建工等国企名企开展全方位战略合作，与湖南经视合作推出“五一”四大主题活动，与云南润视荣光影业制作公司合作拍摄完成高水准《舜志古今》音乐电影，成功举办海外华侨华人祭舜大典、全省冬季乡村旅游节、首届“印象宁远”旅游摄影大赛、丁酉年祭祀舜帝大典。接待旅客量、旅游综合收入分别增长30%、18%，新获评全省旅游扶贫示范县。集中打好交通提速战役。大力实施新一轮“三年交通大建设”，农村公路提质改造、客运招呼站建设全面完成，柏柑、湘九、宁凤等干线公路建设加速推进，城区18条主次干道建设工程、3条“断头路”连接工程、园区9条道路路网工程和景区内环山公路有序实施，“出省跨境大通畅、县乡公路大循环、旅游景区大连接”的现代交通网络更加完善。着力完善水利、能源、信息供给保障网，涔天河灌区顺利实施，金钩挂水库基本建成，九嶷水库完成可研设计。投入5.9亿元实施扶贫基础项目3批1721个，贫困村电网升级改造率、主干道通畅率、自然村组公路通达率、行政村通客班车和饮水安全达标率全部达到100%，4G覆盖率、光纤通达率分别达到99.5%、97.6%，自然村老路扩宽走在全省前面。集中打好环境治理战役。围绕打造山清、水秀、地干净、人文明、治安好、服务优的崭新宁远，着力构建和谐共生的生态环境，深入开展“碧水、蓝天、绿地、净土”四大行动，整县推进河长制，完成造林绿化5.1万亩、通道绿化300公里、水系绿化102.5公里、秀美山庄示范村建设119个，启动建设乡镇污水处理厂10个，柏家坪镇北屏村跻身全国生态文化村，生态转移支付资金稳居全省第一；率先建立四级全链式垃圾处理模式，被列为全国首批农村生活垃圾分类和资源化利用示范县。着力构建便捷高效的政务环境，依托大数据平台，推行“前台综合受理、后台分类审批、统一窗口出件”的政府服务新模式。着力构建安全稳定的社会环境，纵深推进城乡网格化建设，织牢织密社会治安防控体系，严厉惩治各类违法犯罪行为，扎实开展道路交通秩序集中整治“百日大会战”，社会大局持续稳定向好。

2017年县委常委紧紧抓住项目、改革、民生三项关键举措，千方百计提升增长动能，推动经济社会全面发展。着力抓项目强推力。坚持“项目为王”，以大项目带动大投入，以大投入推动大发展。围绕“六大战役”谋划实施重点项目142个，年度计划投资126.33亿元，分别排全市第一、第二；其中，纳入市重点项目75个，排全市第一；分别投资80亿元的南部文化生态特色小镇、九嶷山文化生态休闲度假体验旅游区跻身全省重点项目计划。全年完成投资122.83亿元，占全县固定资产投资总额的63.64%；75个列入市计划的重点项目完成投资87.5亿元，排全市第二。优先保障重点项目建设经费，拿出2000万元重奖项目建设。设立“六大战役”重点项目综合服务窗口，实行集中开工、集中调度、集中会审、集中交办，在全县形成重点项目建设决战合围之势。着力抓改革激活力。把推动改革、促进改革、引领改革作为落实创新引领开放崛起战略的重大工作来抓，围绕全市“X+6”改革部署，铺排8大类30大项122小项改革，一批改革事项走在省市前列。突出攻坚“放管服”改革，取消或下放行政审批事项81项；全面推行“多证合一”“一照一证”，发出全市首张全程电子化营业执照，全县新注册企业增长120%，新增小微企业580家，被评为省级中小微企业创新创业基地。突出攻坚“投融资”改革，率先搭建“1+5”投融资平台，探索形成“三区+投资平台+战略投资者”立体化投融资模式，成为“三区”建设的发动机。突出攻坚“探索型”改革，率先建立“两步六环节”农村土地确权办证模式，全省确权颁证成果验收现场会在宁远召开；率先开展“农村三地”改革试点，启动征地拆迁货币化安置、共有产权房试点。着力抓民生聚合力。坚持以人民为中心的发展思想，尽心竭力保障和改善民生。全年涉及民生的财政支出占比达到76%，285件“民生微实事”全面完成。建立健全“五大保障体系”，实施全民参保登记和扩面提标计划，城镇新增就业、农村劳动力转移就业1.2万人。启动实施城乡学位建设三年行动计划，一中新校区启动建设，二中新校区基本完成，明德湘南学校建成招生，全县高考一本上线净增人数占全市1/3，学位建设工作在全市作典型推介。大力推进城乡床位建设三年行动计划，开工建设妇女儿童医院、全民健身中心，完成县级医院托管乡镇卫生院、省肿瘤医院托管湘南医院改革，引进常青树集团、华大基因，分别建立全市首家“公办民营”医养中心、首家感染性疾病救治基地。认真抓好“十件惠民实事”，解决一批事关群众切身利益的小事、急事、难事。

2017年县委常委以创建全

国文明城市为抓手，认真抓好宣传思想文化工作，为改革发展稳定事业提供理论支撑、舆论支持和道德滋养。加强党对意识形态的领导。成立县委意识形态工作领导小组，在所有县直单位设立意识形态分析研判小组，建立“五个纳入”责任机制和乡镇（街道）党（工）委书记意识形态工作述职评议制度，形成党委统一领导、党政齐抓共管、宣传部门组织协调、有关部门分工负责的工作格局。充分发挥县委理论学习中心组的思想引领作用，组织开展6次县委中心组集中学习。建立健全分析研判机制、舆情管控处置机制，建立全省首家县级新媒体中心，出台《网络舆情应对处置办法》，搭建“五位一体”网络平台，实行全天候全覆盖管控引导。践行社会主义核心价值观。坚持教育引导与实践养成相统一，把培育和践行社会主义核心价值观列入全县精神文明建设工作要点、干部教育培训和学校教育教学计划。广泛开展“道德之乡讲道德”“乡村文明行动”“星级文明户”评选、基层文明单位创建等活动，创建县级以上基层文明单位56个，评选县乡村三类“星级文明户”1.2万户，涌现出湖南好人欧桂兰等一批先进典型。拓展教育实践平台阵地，在135个单位开设“道德讲堂”，建成未成年人思想道德建设心理辅导站28个，设立学雷锋志愿服务岗150个，思想阵地覆盖面不断拓展延伸。加快推进文化事业发展。完善公共文化服务体系，初步构建“10+15+30”城乡公共文化服务圈，成功创建省级现代公共文化服务体系示范区，湾井镇入选全省首批文化经典村镇。加大文化遗产保护力度，国保单位舜帝陵正殿、久安背翰林祠、云龙牌坊与王氏虚堂修缮工程全面完工，舜帝庙遗址二期工程、大舜博物馆加快推进，《花灯》《舜帝与娥皇女英的传说》等项目跻身市级以上非物质文化遗产。大力开展家风建设，“习近平家风建设思想研究”课题入选全省2017年8大重点创新理论项目，成功举办全国德孝文脉家风建设研讨会。聚焦脱贫攻坚，覆盖119个贫困村开展“送戏下乡”，为贫困群众送去精神食粮。文艺、体育、科技、广播、电视、图书、文化执法等工作获得一大批市级以上奖项。

2017年宁远县委常委定期听取县人大常委会、县政协和“一府两院”党组工作汇报，支持同级国家机关和其他组织依法依章程履行职能、开展工作、发挥作用。大力支持人大开展工作。深入贯彻杜家毫书记关于落实张德江委员长重要讲话精神提出的“四个坚持”要求，切实加强和改善党对人大工作的领导。充分用好人大监督、重大事项决定、人事任命等各项职权，先后对景区带村、财政预算、精准扶贫、农村安全饮水等全局性、根本性和长远性的重大问题作出决定决议10多项；办理人事任免事项87人次，实现党委意图与人民意志有机结合；县十七届人大一次会议以来收到的233件议案建议，交办率、见面率、答复率、反馈率、满意率均达到100%。由县人大常委会牵头负责55个房地产开发小区集中整治工作，取得明显成效。严格落实宪法宣誓等制度，人大工作法制化、规范化水平不断提高。注重发挥协商民主作用。按照市委“一提高、两纳入、六个一”的要求，为县政协依法依规依章程履职创造良好环境。注重凝聚力量、激发动力，将县政协领导全部纳入“六大战役”指挥部，参与重点项目建设和重点工作推进，全面激发政协“一线”干事创业的热情。全力支持政协开展监督和视察，对县政协调研反映的教育扶贫、全域旅游、环境治理等8个方面的问题，视察城乡道路建设、河道治理、城区燃气管网建设、教育扶贫、非公经济发展法治环境治理等工作提出的意见建议，积极吸收采纳，认真组织研究解决。高度重视政协提案办理工作，县政协九届一次会议以来收到委员提案121

件，立案114件，已全部办结，一批事关发展、事关民生的热点问题通过提案办理得到有效解决。深入开展统一战线工作。坚持把统战工作作为一项重大政治任务来抓，促进政党政商、民族宗教、各个阶层和海内外同胞关系和谐有序。扎实开展“四同创建”活动，实施“建言献策”“引资引智”“万企联村”三大行动，创建市级示范点3个、县级示范点8个，25家民营企业和4个异地商会与29个村建立对口联系。积极配合做好民革省委来宁开展脱贫攻坚民主监督，反馈问题全部整改到位。组织非公经济代表人士参加“厦门大学管理能力提升培训班”学习，召开非公经济代表人士学习贯彻十九大精神座谈会，承办“海外侨胞故乡行—走进湖南·永州”“香港湖南联谊总会访湘团来永州考察”“台湾永州媳妇娘家行”等活动，促进了非公经济健康发展和海内外经贸文化交流。坚持依法管理抓好民族宗教工作，成功举办湘南三市六县十乡公祭盘王暨“坐歌堂”活动。深化“五五人才计划”，新增各类党外人才160余名。加快推进法治宁远建设。坚持依法治县与以德治县相结合，以创建全国法治先进县为抓手，大力倡导、推动和践行法德兼治，探索走出一条法德兼治的县域治理新路子。建立健全公共法律服务体系，构建“法网+法律服务+人民调解+社区矫正+公证+司法鉴定”的多位一体公共法律服务格局。大力开展“法律六进”活动，创新推出送法下乡等“十大普法载体”，形成具有宁远特色的“法治+文化”新常态。经验做法被新华社推介，成功创建全国法治先进县。

2017年，宁远县委常委扛牢抓实“两个责任”，加强以政治建设为统领的党的建设，把严的要求贯穿到管党治党全过程、落实到党的建设各方面。全面加强政治建设。认真落实《关于新形势下党内政治生活的若干准则》，督促党员干部特别是领导干部树牢“四个意识”，增强党内政治生活的政治性、时代性、原则性、战斗性，自觉抵制商品交换原则对党内生活的侵蚀。扎实推进“两学一做”学习教育常态化、制度化，开展“五千干部下基层，精准帮扶解难题”活动，引导广大党员干部在脱贫攻坚、项目建设、企业服务一线发挥先锋模范作用。严明政治纪律和政治规矩，严格执行党内报告工作制度，有力推动请示报告工作制度化、规范化、常态化。着力建强基层组织。扎实开展“基层党建全面提升年”活动，建立县、乡、村“三级党建履职责任清单”和述职、考核、评议、问责“四位一体”责任体系，创新开展基层党组织书记党建业务封闭式考试，逐级压实基层党建责任。加强基层干部队伍建设，提前完成村“两委”换届，消化村干部1420名、占44.1%，“能人治村强村”高达67%；统一招聘410名网格员，充实农村后备干部；坚持好干部标准，提拔重用一线优秀干部155名，树立重视基层、凭实绩用干部的用人导向。加强人才队伍建设，引进紧缺高层次人才111名，创新创业高端团队7个，在全市作典型发言。新增党建经费1600万元，全年达到1.2亿元，各项指标均超省市标准。率先实施农村综合服务平台建设，全市现场会在宁远召开。率先出台激励干部干事创业担当有为、干部容错纠错机制，旗帜鲜明为203名被诬告错告的党员干部“撑腰壮胆”，在省市和全县引起强烈反响。持续加强正风肃纪。严格执行《中国共产党问责条例》及省委《实施办法》，问责落实“两个责任”不力的领导干部174人次。扎实开展“乡镇纪委在行动”，以“春雷行动”为抓手，开展作风督查241次，通报问责281人次；深化“雁过拔毛”式腐败问题专项整治，清理排查问题线索1845条，立案112件，追缴违纪资金454.18万元，其中扶贫领域发现问题线索1649条、立案77件，追缴资金251.65万元，退还群众资金62.01万元。突出政治巡察，对20个乡镇（街道）、12个县直单位开展两轮巡察，发现问题线索310条。注重运用监督执纪“四种形态”，抓早抓小、抓细抓常，示范带动全县各级党组织开展廉政谈话5456人次、提醒谈话1297人次、诫勉谈话170人次、约谈614人次；责成70名国家公职人员、5名领导干部配偶子女退出涉矿等经营性活动。稳步推进纪检体制改革，高标准完成乡镇纪委标准化建设和派驻机构改革，配齐配强“一办四组”巡察力量，紧锣密鼓推进国家监察体制改革试点工作。

重要会议

■**县委常委会议** 2017年，召开县委常委会36次，坚持以党的基本路线为指导，全面贯彻执行中央、省、市部署，解放思想、实事求是、集体领导、民主集中、个别酝酿、会议决定，严格执行县委常委会会议议事规则，确保完成全年目标任务。其中县委常委扩大会议9次，常委会议及常委办公会专题研究脱贫攻坚工作39次，为进一步加强领导班子自身建设，县委常委6次中心组集中学习，从制度上保证中心组学习落到实处。

■**常委办公会** 2017年，各常委按分管工作领域，或受书记、副书记之托，共举行办公会28次，协调部门关系，调度急迫工作，理顺权力责任，明确相关事项，解决具体问题。除浙江兰溪市考察洽谈会在县域外，其余27次办公会在县内，13次为现场办公会。常委办公会以城区、园区、景区扶贫为重，对些微问题亦以关注：8月15日下午，刘卫华书记偕县委常委、县委办主任曹辉正等数人去天堂镇岭脚村现场办公，约访信访对象刘某清，对其信访事项提出3条处理意见，刘某清及家人表示服从，同意尽快与相关单位签订息访协议。

（朱洪）

县委办工作

■**概况** 1949年11月，初设秘书处，后更名秘书室。1953年4月，改称办公室。“文化大革命”开始后不久，受到冲击，基本停止工作。1973年7月，恢复县委办公室。1983年，宁远县机构改革，归口县委办公室的有县档案局、信访办、政策研究室、党史资料征集编纂办公室。1995年，县委督查室、机要科并入县委办公室。2002年，县委办公室（加挂县农村工作领导小组办公室牌子）。县委办内设6个职能科（室）即：政策研究室、督查室、机要科（加挂国家保密局牌子）、文秘室、政工室、行政事务室（2003年6月撤销）。县委管理的直属事业单位有县委党校、党史与地方志征集编纂办公室、档案局。2016年，县委办内设机构有：政研室、督查室、文秘室、机要室（加挂保密局牌子）、政工室、行政事务室。县委办机关共35个编制，其中行政编制27个（不含县级领导）、事业编制3个、工勤人员编5个。2017年，县委督查工作被省委办公厅评为全省党委督查工作先进单位。

■**综合协调工作** 2017年，宁远县委会务管理稳妥有效，文秘室共办理县委常委会36次、其他会议25次，成功筹办省市在宁远召开的现场会（重大活动）8次，文秘室全面协调、精心组织，做到会议安排细致周到、会议服务规范有序，得到领导的肯定。下达的会议通知、安排的会务和重大活动，做到不出差错，收到良好效果。值班运转规范完善。进一步加强特护期管理。在各种特护期，不仅坚持24小时值班，还加强对各乡镇、街道、县直重点单位的值班情况调度，及时掌握全县动态，并反馈给领导。全年调度各项工作17次，对春节值班不到位的单位在全县进行通报。科学编排好“四大家”领导节假日带头值班安排表送县委书记审定，确保公平合理与照顾外地领导相平衡。统筹协调有力有序。加强同党政部门、群团组织、新闻媒体、社会媒体的协调联动，积极构建“大沟通”“大协调”“大保障”工作格局。制定下发严格执行领导干部外出请示报告制度文件，对全县在职县领导，乡镇、街道、县直单位、省市驻宁单位党政主要领导外出事项进行明确规定并严格执行。2017年，对外出未按照文件规定报告的7个单位主要负责人，要求其向县委办、政府办作出书面说明，并给予警示。同时，协调县纪委、县委组织部等部门对全年执行党中央和市委的15项重要指示和决定向市委进行专题报告。建立县委、县人大、县政府、县政协办公室主任联席会议制度，进一步加强沟通、交流和协作。强化邀请领导同志出席会议活动的协调服务。认真做好每月的主要工作重要活动预安排。在月底搜集各部门下月的重要工作和活动安排，排出每月的预安排表送县委审定，避免部门会议、活动“打架”冲突。认真承办办公室负责的重要活动。对由县委办承办的上级和外地到宁远调研等重要活动，事先对重要环节认真衔接，精心安排线路和时间节点，要求有关单位、乡镇做好现场准备，制订周密的方案，明确参加人员、时间、现场点和有关部门的准备要求，待主要领导审定后，印发有关领导和单位实施。全年共安排重要活动和接待31次，做到无缝对接、零差错、零失误。严格报批程序，强化协调服务。坚持严格会议活动审批，从严控制会议活动。对部门和单位邀请县委领导出席的会议活动方案、新闻通稿严格审核把关，并对整个会议活动加强指导。

（朱洪）

■文电工作 2017年宁远县委办公室严格规范办文程序，收文80余件，办理流程规范有序。制定出台《关于进一步规范和落实党内报告工作制度的意见》，并要求各级党委党组严格按要求组织实施，按程序抓好贯彻落实。提高文件质量。文件的内容、格式、体例、文字、标点等由文秘室认真校核、校对，严把校核关、校对关，对内容表述有出入的及时与起草单位沟通，防止出现任何疏漏。同时，对规范性文件，由法规室和政策法规分管领导审核把关，坚持严把政策法规关。为确保常委会议纪要、书记办公会议纪要形成的决议事项得到有效落实，文秘室将纪要汇编成册，分送相关县级领导，方便领导实时查阅、推动工作。发文方面，严格控制数量和规格，可发可不发的文件坚持不发，可以政府单独发文的改由政府办行文，单项工作考核办法原则上由相应的领导小组发文；参照上级文件把好发文规格关，严禁各单位擅自提升行文规格，凡是由部门行文或者部门联合行文能解决的，不以县委或县委办名义行文。议事协调机构方面，采取成立议事协调机构由编办按程序审批等做法，严控各类议事协调机构。全年共制发全县性文件152件，退回部门发文或改由政府办单独发文9件，建议取消拟成立的议事协调机构7个。文电工作被评为全市先进；《秘书工作》《中共中央办公厅通讯》工作均获全市一等奖。

（朱洪）

■政研室工作 2017年，宁远县委政研室主动融入中心大局，想大事、设大谋、当高参、求实效，为县委提供优质决策服务。被评为永州市党办系统调研工作先进单位。全年起草各类文稿321篇、173万余字，高质高效完成省市预约材料。在市级以上重要报刊发表文章39篇，其中在《工作情况交流》《湖南领导专供》《湖南督查》《湖南日报》等核心报刊发表文章22篇。坚持把调查研究作为谋事之基、成事之道，围绕“三区”建设、脱贫攻坚、征地拆迁、全域旅游等工作重点，组织开展调研13次，征地拆迁货币化安置、城乡居民医保整合等一批建议进入县委决策。积极组织参加全市优秀调研文章评选，报送参评文章115篇，获奖20人，参评作品数、获奖数均排全市第一。

（郑飞兵）

■**政工工作** 2017年，宁远县委办为提高办公室工作制度化、规范化、科学化水平，进一步优化工作流程。结合县委办实际，制订完善《中共宁远县委办公室工作制度及流程图》，内容包括办文、办会、值班、综调、信息、督促检查、法规、干部人事、财务、接待、机关党建、工会、档案管理等方面的工作制度。

以创建"五星级"党支部为目标，扎实抓好机关党建工作，县委办第一支部被县委授予"先进基层党组织"称号。以活动为载体，积极创先争优。根据《永州市党委办公室系统"三加强三提升，打造'三手型'干部队伍，确保精准执行"主题活动实施方案》文件精神要求，为全面提升全县办公室工作科学化水平，制订《宁远县委办公室系统"三加强三提升，打造'三手型'干部队伍，确保精准执行"主题活动实施方案》。并按照方案要求积极开展各项活动。在全县范围内开展"喜庆党的十九大"暨"打造三手型干部，提升三服务水平"主题征文活动。共评选出一等奖1名，二等奖3名，三等奖6名，优胜奖10名。11月18日在县政务中心举办全县第二届现场写作大赛。共197名选手参赛，共评选一等奖1名、二等奖3名、三等奖6名、优胜奖30名。为进一步加强学习交流，切实提高办公室系统工作人员的整体素质和服务水平，经请示县委同意，有计划地从各乡镇、街道、县直有单位，分期分批选派工作人员到县委办跟学习，是年，共有五批30人次到县办相关科室跟班学习。积极参加市委办组织开展的各项活动。2017年办公室分二批8人次参加市委办在北京举办的"永州市党委办公室系统干部素质提升+三手型干部培训班"。要求报送的材料都是如期如质按要求完成的。参加市委办组织的全市"学习贯彻第五次党代表会精神"征文活动中，宁远县委办获优秀组织奖，11人分获二等、三等、优秀奖。2017年上半年市委政研室组织的全市优秀调研文章评选活动，县委办被评为优秀组织奖，19人获奖。市委办公室在全市党委办公室系统组织开展的"好信息竞赛"活动中，宁远选送的文稿分获一等奖1篇、二等奖2篇、三等奖一篇，县委办获组织奖一等奖。市委办公室组织举办的全市党委办系统"我是写作高手"现场写作大赛，县委办工作人员薛庭勋、郑生宇分获一等奖、二等奖。积极组队参加在江永县举办的第七届全市党委办公室乒乓球比赛。2017年，经县委、政府同意，会同人事部门面向全县公开选调2名优秀公务员充实办公室力量，年底按程序申报2018年度招录2名公务员的计划；5人交流到其他单位任职；2人交流到市人社局、市委办工作，信息室的编制由3名增至5名。；干部职工年度考核被评为称职以上，无受党纪政纪处分人员，做到零通报、零诫勉、零约谈。

（陈爱萍）

■**督查工作** 2017年，县委督查室紧紧围绕上级党委的重大决策部署和县委工作重心，科学谋划、扎实工作，全年开展督查50余次，以《宁远督查》形式下发通报20期，联合其他单位下发通报30余期，有力推动了全县各项工作落实落地。2016年、2017年连续两年被省委办公厅评为全省党委督查工作先进单位。围绕中心抓好重点工作。突出抓好县委经济工作会、县委常委会、常委办公会确定事项的督查督办。将县委经济工作会确定的工作细化为30个事项、116项具体任务，分解到了58个责任单位；对28期县委常委会、26期常委办公会议纪要确定工作事项分解到99个责任单位，按照"一月一调度、一季一通报、半年一小结、年终结总账”的工作机制，对工作落实情况及时督查汇总上报，确保决策事项落实到位。高质高效办好批示事项。严格按照领导批示事项查办程序，限时抓好领导批示件和交办事项，加大催办和现场督办力度，及时办结汇报。2017年收到省、市主要领导批示件12件，县委主要领导交办件92件，全部办结。深入一线打好“六大战役”。牵头组织制定出台《宁远县“六大战役”重点项目督查考核方案》，开展专项督查。根据不同项目的建设情况及时下发督查公函，督促问题整改落实，积极有效推进“六大战役”重点项目建设进度。特别是在“脱贫攻坚”战役中，实行“三督三察”，向县直有关单位交办28批580余个事项，全部整改到位，提升了工作成效，促进了工作落实。立足全局做好参谋服务。紧紧围绕社会热点、群众焦点和工作重点及时组织开展督查调研，总结工作经验，整理典型做法，提出解决思路，破解难题和瓶颈，充分发挥好参谋服务的作用。2017年度上报调研文章12篇，上报典型经验文章22篇。为精准脱贫、重点项目建设、合并村党支部建设、农村宅基地“一户一宅”制落实等工作提供了可借鉴的路径。

（周宇）

■法规工作 2017年，宁远县委办法规室紧紧围绕县委中心工作，以全面推进依法执政、依法治县为目标，认真履行法规工作职责。党内规范性文件审核严把“三关”，共审核文件39份，做到严把“源头”关，严把征求意见关，严把政策法规关。共上报备案文件32份，基本做到有件必备、及时报备和规范报备。对宁远县在新中国成立后至1977年间以县委和县委办公室（含联合行文）形式发布的列入清理范围的31件党内规范性文件进行清理。参与宁远县“六五”普法和创建全国法治先进县等工作，参与《全县法治宣传教育第七个五年规划》的制发。参加全市党内规范性文件法规审查大赛，朱洪获一等奖，李力获三等奖。法规工作获全市先进。

（李力）

■后勤服务工作 2017年宁远县委办行政事务室，严格遵循中央八项规定，认真履行省、市、县的各项财务管理制度，针对本办的实际情况出台了一系列的后勤管理制度，规范办公室后勤管理。按照节资增效的原则，积极改善办公环境、优化接待服务，确保了办公室各项工作正常运转。大小会务、办公用品添置和更新、公务接待等所有收支零失误。全年各项支出较上年度下降23%。

■接待工作 2017年，宁远县接待工作认真落实贯彻“中央八项规定”和党政机关国内公务接待管理规定，共接待来宾516批、6386人，获得来宾的一致肯定，荣获全市绩效考核后勤接待服务工作第二名。安排湖南省冬季乡村旅游节、海外华侨华人故乡行等大型活动4场次。在实际接待工作中，注重服务细节、突出宁远文化。制作《舜志古今》《致宁远》宣传片和歌曲，在菜品上坚持大菜与风味小吃结合、参加接待的领导饮食习惯与来宾的饮食习惯结合，推出宁远血鸭、酿豆腐、水市大菜、下灌水丸子等色香味俱全的地方特色菜品。接待从细微之处体现宁远的特色，得到来宾们的一致好评。

（欧向忠）

■深化改革工作 2017年，宁远县委改革办紧紧围绕把宁远建设成宜居宜业宜游生态文化公园战略目标，以“六大战役”为抓手，以供给侧结构性改革为主线，纵深推进全面深化改革，探索形成一批可复制、可推广的改革经验做法，构建以点带面、统筹共进的良好改革态势，推动宁远县经济社会高质量发展。农村生活垃圾分类资源化利用、土地集约节约利用、国税地税联合办公等一批改革成果走在全国全省前列，为宁远在国家省市改革征程中增添“宁远元素”。增强改革定力。围绕建设“创新开放新高地、品质活力新永州”的改革发展总目标和市委“X+6”总体改革布局，对标市委深改组改革要点，县委书记刘卫华主持召开深改组会议，研究部署8大类、30大项、122小项改革任务。对照市委党政一把手亲自领衔重大改革事项的要求，县委书记、县长主动分别领衔5项重大改革事项。参照市委改革专项小组的调整标准，将9个专项小组增加到10个，单独成立社会领域改革小组。工作经费由原来的10万元提高到20万元，并纳入财政预算。县委、县政府主要领导亲力亲为抓改革，结合“三走访三签字”“五千干部下基层”等活动，率队进村入户到企业，突出对精准扶贫体制机制改革、创新引领体制改革、基层党建制度改革、供给侧结构性改革、巡察机构改革、监察体制改革试点工作等重大改革事项进行考察调研30余次，为掌舵改革提供第一手资料。压实改革责任。县委、政府主要领导亲自办点示范推进农村“三地”改革、乡村旅游管理体制改革，征地拆迁货币化安置试点、共有产权试点等牵动发展全局的改革试点工作，发挥很好的带动作用。县委改革办牵头组织政府办、住建、国土、房产局等单位组成考察团，前往广西桂林市临桂区、广东清远市、浙江金华兰溪市，考察学习三地征地拆迁、货币化安置方面的先进措施和做法。县委、政府拨付40万元专项经费，由改革办牵头在舜陵街道蔡家村进行货币化安置改革试点工作。在全市“6+1”综合考核标准上，自我加压加码、创新考核方式，将“六大战役”考核与绩效考核、全面深化改革考核、全面建成小康社会考核共同构成“6+1+2”综合考核体系，设立全面深化改革优秀单位21个，总考核奖金超60万元，同比提高200%，有力促进全县全面深化改革工作在国家、省、市创先争优。营造改革氛围。与市新闻网合作，共建共享市《改革进行时》改革宣传平台，刊登改革信息数量排全市第一。在宁远新闻网开辟《全面深化改革 全面建成小康社会》宣传专栏，刊登改革信息100余条。率先推行县级改革简报，共刊发简报5期。通过平台，很好地传递宁远改革声音，在全县上下营造大抓改革的良好氛围。瞄准国家、省、市级宣传平台，积极推送改革特色亮点工作，打响宁远改革品牌，创造宁远改革标签。如，全域旅游改革创新，被中央电视台、中国改革网、湖南卫视、永州卫视推介；下灌村整顿软弱涣散党组织和振兴集体经济的经验被《人民日报》推介；易地扶贫搬迁、扶贫车间、简政放权等工作被湖南卫视和《湖南日报》推介；《中国纪检监察报》《湖南领导专供》《永州通讯》等媒介刊载了大量宁远改革相关工作，一批改革相关工作在省、市作典型发言。积极向省委、市委改革办报送信息，其中被省委改革简报、省委改革快讯收录各1篇，被市委改革简报、市委改革快讯收录分别为3篇、2篇。

（薛庭勋）

■全面小康推进工作 2017年以来，宁远县认真落实中央、省、市各项决策部署，紧紧围绕建设宜居宜业宜游生态文化公园这个总目标，大力实施创新引领开放崛起战略，突出打好“六大战役”，切实强化“四个提升”“三个着力”，全面建成小康社会推进工作卓有成效。全年完成GDP152亿元，同比增长8.9%。规模工业增加值34.62亿元，同比增长7.5%；社会消费品零售总额70.63亿元，同比增长11.5%；固定资产投资完成额190.99亿元，同比增长14%。财政总收入完成16.46亿元，同比增长19.7%；城镇居民人均可支配收入完成24427元，同比增长10.3%；农村居民人均可支配收入完成13120元，同比增长11.6%；全面小康实现程度达到95.9%，被评为全省“全面小康推进工作优秀单位”。

经济发展有增量更有含金量。主要经济指标增速基本高于省市平均水平，质量和效益不断提升。三次产业结构比调整为19.8∶31∶49.2，第一产业相比去年降低1.2个百分点；第二产业占比降低1个百分点；第三产业占比提升2.2个百分点。税收占财政总收入的比重和非税收入占县本级收入的比重分别达到83.8%、23.7%。全县年产值亿元以上企业达到35家，年创税1000万元以上企业达到12家，其中年创税过亿元企业2家。县域经济实力较去年排全省第39位会有所前移，与宁远人口和面积在全省排位将更加接近。六大战役有力度更有形象度。谋划实施重点项目142个，其中纳入市重点项目75个、产业重点项目32个，项目数量、完成投资都排全市前两位，城区、园区、景区和农村形成比较可观的实物工程量。各个战役都取得不错的成绩，新获得国家卫生城市、全国首批农村生活垃圾分类和资源化利用示范县、全国法治建设先进县等一批含金量比较高的省部级以上荣誉，成功创建一批“国字号”“省字号”的旅游特色小镇、美丽宜居小镇、历史文化名镇、美丽乡村示范村、生态文化村、中国传统村落。大力实施改革创新，县域经济转向高质量发展。成功引进盛屯矿业集团重组福嘉综环科技，全省“民营百强”可再焕生机；引进中国民企“500强”红狮集团与莲花水泥战略合作，投资20亿元建设新型环保建材产业园；引进深圳无界投资控股集团携手打造新能源新材料、光电智能终端两个百亿产业园，已签约入驻企业8家，建成投产后可新增产值70亿元，将有力支撑宁远县经济发展增速、改善经济运行质量、促进投资规模增长。民生事业有观感更有获得感。2017年脱贫摘帽取得历史性突破，顺利通过省脱贫摘帽实地检查核查、脱贫攻坚实地考核和第三方评估，产业扶贫、易地搬迁、社会众筹、资金整合、小额信贷、健康扶贫、大数据平台管理、“三走访三签字”等多项工作为省市提供样本，在央视、新华社、人民日报和全省推介，得到省委、市委主要领导的充分肯定。通过实施城乡学位、床位建设三年行动计划和创建全国文明城市、省级现代公共文化服务体系示范区，教育、医疗、文化、科技等民生事业都取得新的进步、实现全面发展。干部队伍有活力更有组织力。扎实开展“基层党建全面提升年”，提前完成村“两委”换届，率先启动建设农村综合服务平台，加大和创新人才引进，建强基层组织和干部队伍。深入开展“三走访三签字”“五千干部下基层”主题活动，建立领导干部能上能下、激励干部担当有为、容错纠错机制，推进“两学一做”学习教育常态化制度化，引导和保障广大党员干部积极投身基层一线攻坚克难、干事创业。坚持以永远在路上的执着把全面从严治党引向深入，纠“四风”、治“陋习”，打“老虎”、拍“苍蝇”，保持良好政治生态。换届之后的领导班子和干部队伍创造力、凝聚力、战斗力明显增强，在脱贫攻坚、抗洪救灾等工作中经受住考验、得到检验。小康创建有措施更有实效。完善全面小康统计数据监测机制，每月对指标责任单位进行调度，对指标落实情况通报全县。组建小康办牵头，县委督查室、县政府督查室、县作风办参加的联合督查组，不定期深入乡镇（街道）和相关县直部门督查全面建成小康工作落实情况，对履责不到位，工作不落实的一次通报、二次约谈、三次追责。全年下发督查通报4期，对工作不到位的13个单位予以通报批评，对16名党政“一把手”予以约谈。全面推行领导干部联村办点制度，每名县级领导和县直单位、乡镇（街道）主要负责人创办一个“三村合一”示范点，整合资金，加强指导，倾力打造和推介了3个乡镇、11个村的小康工作典型，以点带面、整体推进全县全面建成小康工作创特色、上水平。

（夏雁）

表 20　　宁远县全面建成小康社会统计监测结果

指标名称	单位	目标值（2020 年）	权重	实现程度（%）			提升幅度得分	
				考评得分	小康指数	排名	分	排名
一、经济发展	—	—	42	96.2	92.7		18.8	
1. 人均地区生产总值（按 2010 年不变价）	元	≥27000	0	66.2	66.2	28	0.0	8
2. 人均财政总收入	元	≥1900	3	100.0	100.0	1	2.3	6
3. 税收占财政收入的比重	%	≥75	8	100.0	100.0	1	1.4	28
4. 经济结构指数	%	=100	9	97.1	97.1		5.2	
二、三产业增加值占 GDP 比重	%	≥85		95.1	95.1	22		11
高新技术产业增加值占 GDP 比重	%	≥10		100.0	100.0	1		6
5. 贫困发生率	%	≤2	6	100.0	100.0	1	3.2	12
6. 常住人口城镇化率	%	≥45	5	97.8	97.8	16	2.2	26
7. 园区规模工业增加值占规模工业增加值比重	%	≥50	4	100.0	100.0	1	0.5	21
8. 金融机构各项贷款增长率	%	≥100	4	100.0	100.0	1	2.9	11
9. 规模以上企业农产品加工产值与农业产值比重	%	≥140	3	58.5	58.5	25	1.1	12
二、人民生活	—	—	20	95.9	96.0		12.6	
10. 居民收入水平	元		8	94.4	94.4		6.6	
城镇居民人均可支配收入	元	≥28000		87.2	87.2	11		5
农村居民人均可支配收入	元	≥10000		100.0	100.0	1		18
11. 人均住房使用面积	平方米	≥28	2	100.0	100.0	1	0.7	7
12. 人均储蓄存款	元	≥24000	2	81.5	81.5	36	1.6	7
13. 居民文教娱乐服务消费支出占消费总支出比重	%	≥14	2	100.0	100.0	1	1.0	6
14. 农村自来水普及率	%	≥75	4	100.0	100.0	1	2.7	10
15. 建制村通客车率	%	≥80	2	100.0	100.0	1	0.0	38
三、社会发展	—	—	15	99.8	99.8		8.0	
16. 社会保障发展水平	%		5	100.0	100.0		1.9	
城乡医保参保率	%	≥95		100.0	100.0	1		15
基本养老服务补贴覆盖率	%	≥70		100.0	100.0	1		24
每千老年人口养老床位数	张	≥35		100.0	100.0	1		4
17. 教育发展水平	%		4	99.1	99.1		2.6	
高中阶段毛入学率	%	≥80		100.0	100.0	1		10

续表20

指标名称	单位	目标值（2020年）	权重	实现程度（%）			提升幅度得分	
				考评得分	小康指数	排名	分	排名
劳动年龄人口平均受教育年限	年	≥10		98.1	98.1	24		10
18. 医疗卫生水平	%		4	100.0	100.0		2.4	
每千常住人口医疗机构床位数	张	≥3.5		100.0	100.0	1		18
每千常住人口执业（助理）医师数	人	≥1.7		100.0	100.0	1		2
5岁以下儿童死亡率	‰	≤9		100.0	100.0	1		36
19. 人均拥有公共文化体育设施面积	平方米	≥1	2	100.0	100.0	1	1.0	8
四、民主法治	—	—	9	100.0	100.0		1.9	
20. 城乡居民依法自治	%		2	100.0	100.0		0.0	
城镇居委会依法自治达标率	%	≥90		100.0	100.0	1		18
农村村委会依法自治达标率	%	≥90		100.0	100.0	1		34
21. 社会安全指数	%	=100	5	100.0	100.0		0.8	
刑事犯罪率				100.0	100.0	1		29
交通事故死亡率				100.0	100.0	1		19
火灾事故死亡率				100.0	100.0	1		14
亿元GDP生产安全事故死亡率				100.0	100.0	1		21
群体性食品安全事故年报告发生数				100.0	100.0	1		3
22. 廉政指数	人/万人	≤8	2	100.0	100.0	1	1.1	10
五、生态文明	—	—	14	100.0	100.0		6.3	
23. 单位GDP能耗	吨标煤/万元	≤0.62	4	100.0	100.0	1	2.0	7
24. 环境质量指数	%		7	100.0	100.0		1.7	
城镇污水处理率	%	≥65		100.0	100.0	1		2
农村生活污水处理率	%	≥60		100.0	100.0	1		16
优良以上空气质量达标率	%	≥85		100.0	100.0	1		26
Ⅲ类或优于Ⅲ类水质达标率	%	≥95		100.0	100.0	1		2
农村垃圾集中处理率	%	≥80		100.0	100.0	1		28
25. 绿化水平	%		3	100.0	100.0		2.5	
森林蓄积量增长率	%	≥3		100.0	100.0	1		1
城镇建成区绿化覆盖率	%	≥26		100.0	100.0	1		8
全面建成小康社会总实现程度	—	—	100	97.5	95.9		47.6	

说明：宁远县土地面积2500.87平方公里，户籍人口89.2万人，常住人口72.73万人（根据各地自报数据整理）

组 织 工 作

■概况 1949年11月，设立中共宁远县委组织部。1968年3月，宁远县革命委员会内设组织组。1973年7月，恢复县委组织部。1983年，宁远县机构改革，归口组织部门的单位有县编制委员会办公室（简称编委办）、落实政策办公室。1989年2月，撤销县委落实政策办公室。1995年，县直属机关工委并入组织部。2002年6月，县直属机关工委更名县直属机关党委，归口县委组织部。2017年，县委组织部设办公室、干部室、干部教育监督室、人才工作室、党建室、基层办、县委考核工作管理办7个内设机构，归口管理1个副科级参管单位（党员教育中心）和股级事业单位（县党代表联络办公室）。

2017年，宁远县委组织部以迎接中共十九大召开和学习贯彻党的十九大精神为主线，开拓创新，统筹推进，全县党的建设和组织工作取得明显成效。整顿软弱涣散基层党组织、党建促脱贫、农村综合服务平台建设、非公党建、党管人才等工作经验被《人民日报》《湘组研究》等中央省市媒体推介。2017年，宁远县共有基层党组织1566个，其中党（工）委60个（包含村、社区党委），党总支181个，党支部1325个。全县党员30527人，其中预备党员335名，女党员4443名，少数民族党员468名，大专及以上学历党员7257名，农村党员22380人。

■基层党建 2017年宁远县以“基层党建全面提升年”为契机，补短板、强弱项，扬优势、创品牌。压实责任。建立县、乡、村“三级党建履职责任清单”和述职、考核、评议、问责“四位一体”考核体系，5人因党建工作履职不力被免职，6人被约谈。创新乡镇党建工作月例会制，县委组织部派人参加，每月督促落实党建任务；创新开展基层党组织书记党建业务封闭式考试，37名成绩不合格的降为副书记。建立党委书记党建工作微信群，县委组织部长每天在群内直接交办发现的问题，推动问题整改。做强品牌。以村“两委”换届为契机，大力选优配强，全县“能人治村强村”高达67%。实施“1454”党建示范工程，打造1个党建服务示范窗口、4个示范交通站、5个示范景点、4条示范走廊，点线面全面推进，实现“盆景”变“风景”。创新机关和“两新”组织党支部星级考评，科学制定星级考评标准，细化评分标准，着力解决机关党建“灯下黑”和“两新”党组织管理松散问题，投入200余万元，大力表彰星级支部，激励基层党支部书记爱岗敬业。软弱涣散基层党组织实现县级领导联系全覆盖，定期发函提示县级领导到村开展工作，县委书记刘卫华联系的下灌村由弱变强、由穷变富，《人民日报》予以宣传推介。进一步加强保障。投入党建经费1.2亿元，基层组织运转经费远超省市标准，“两新”组织党建经费实行税前列支。投入1000万元，建成了2000平方米的高标准园区党群活动服务中心；投入2.2亿元，强力推进农村综合服务平台建设。探索村“两委”领办新型合作社，建立2017年特色农业产业扶贫重点项目库，实施扶贫村光伏发电项目全覆盖，所有扶贫村集体经济收入达到5万元以上。

■党员发展工作 制订《宁远县2017年发展党员工作指导意见》，贯彻落实“控制总量、优化结构、提高质量、发挥作用”的方针。始终把政治标准放在首位，坚持组织培养、教育引导与实践锻炼相结合，把培养教育贯穿发展党员工作全过程，引导入党积极分子端正入党动机，提高政治觉悟，真正做到思想入党。建立定期检查分析报告制度，通过组织开展自查、抽查、通报等方式，加强对发展党员情况的监督检查，从入党积极分子确定、发展对象确定、预备党员接收、预备党员教育考察和转正等关键环节从严把关、层层负责，严格执行发展党员推荐制、培养制、预审制、公示制、票决制、责任追究制等制度，用严格的程序和制度保障发展党员的质量。2017年，全县发展党员310名，其中发展女性党员125名，发展35岁及以下党员251名，发展高中以上文化程度党员288名，大专及以上学历党员112名，从生产、工作一线发展党员244名。

■党员管理工作 2017年宁远县出台《关于在全县推行党员执行力管理积分制的意见》，以深化基层服务型党组织建设，创建“五个好”先进基层党组织为目标，以党员做到带头学习提高、带头争创佳绩、带头服务群众、带头遵纪守法、带头弘扬正气为重点，通过对党员日常履行义务、发挥先锋模范作用情况进行量化积分，构建起示范带动、奖优罚劣、动态管理新平台，实现党员日常管理的制度化、规范化、科学化。打造一支信念坚定、作风优良、素质过硬、执行力强的党员队伍。建立健全主题党日活动制度，党支部结合实际，每月相对固定1天作为主题党日，组织党员集中开展理论学习研讨、党性锻炼分析、民主议事决策、服务党员群众、集中交纳党费等活动，增强党员的荣誉感、责任感、使命感。在“7·1”特大洪灾中，迅速开展“洪水无情、党员有责”主题党日活动，全县1.2万名党员干部积极投身抗洪抢险，做法被《湖南日报》推介。

■党员教育工作 对全县远程教育站点进行摸底建册、分类管理，全面掌握远教站点的建设管理使用情况。结合精准扶贫、党建示范走廊建设，按照市级远程教育示范站点的标准，新建16个高标准的远程教育示范站点。拍摄《千年下灌 古村新韵》《九嶷杜鹃红》等红色教育片，为党员教育提供鲜活教材，用身边的人和事教育身边的人。大力宣传推广“红星云”“永组在线”等新媒体，将之作为加强学习教育、宣传工作成效、推动单位建设、提升党员干部能力素质的重要举措抓实抓好，全县2.5万余名党员激活“红星云”、订阅“永组在线”，学习人次和总积分占比超过全市1/3，着力用党的创新理论武装头脑。

■村（社区）两委班子换届 2017年2月，宁远县启动并村改革后首次村（社区）同步换届，县乡均成立领导机构和工作机构，党委书记亲自抓，实行县乡两级领导干部联点包村制度，把换届责任落实到各个环节、具体人员，形成一级抓一级、层层抓落实的责任体系。加大力度抓财务清理和干部评议，组织精干力量进村入户，逐村、逐社区掌握社情民意和选举动向，科学制定选举工作方案。着力排查矛盾隐患，组织县乡村三级对矛盾隐患进行全面排查，采取“乡镇干部包案、相关部门协同、县级领导指导”的办法，对69起矛盾纠纷隐患开展集中处置行动。在班子配备上，精简职数，用人要求坚持一把尺子量到底，对包括年龄、性别、文化程度在内的班子结构进行优化，对推荐人选实行“八联审”，逐人逐条审核把关，共排除不符合资格条件人选268人。实施“能人治村”工程，全县选配121名回乡能人、86名退伍军人、7名机关干部和69名大中专毕业生担任村主干。在换届纪律上，成立换届风气巡回督查组，将“三个不提名”“十不选”要求融入换届选举全过程。对违反换届纪律规定的情况坚持“零容忍”，共立案3起，党纪政纪处分3人，取消候选人资格7人，刑事拘留2人，行政拘留4人，确保换届大局稳定、风清气正，6月顺利完成换届。换届后，新增30岁左右的干部98人，村干部平均年龄比上届下降5.7岁，60岁以上的村干部仅占1.1%，新增女干部47人。村党组织书记、村委会主任“一肩挑”比上届提高39.6%，两委交叉任职比例达87.7%。

■**干部队伍建设** 全年共调整干部6批636人次，提拔重用155人次，其中乡镇（街道）37人，在扶贫一线表现突出的干部26人，用人导向鲜明。持续整治“三超两乱”，全县508名超配干部于7月全部消化到位。认真落实职务职级并行制度，201名符合晋升条件的人员享受到相应的职级待遇，切实增强干部工作积极性。率先出台干部能上能下、容错纠错、正向激励“三项机制”，21名实绩突出的干部提拔重用到党政正职或重要岗位上，营造良好的干事创业氛围。

■**干部教育培训** 认真落实干部教育培训规划，共选派23名领导干部参加中央、省市的调训。与北京大学、浙江大学联合举办城乡一体化、全域旅游培训班，培训干部110名，进一步提升领导干部专业化能力。开展脱贫攻坚专题培训3次，在县委党校开展各类培训班15期，培训干部2976人次；选派1015名党员参加农村党员、青年农民实用技术培训班，大幅提高农村党员致富带富能力。

■**干部考核及监督管理** 印发《2017年度宁远县干部队伍执行力“五位一体”考核评估工作实施方案》，对乡镇（街道）党政正职、县直正科级单位党政正职、县委常委担任正职的单位排名第一的副职，乡镇（街道）其他班子成员，县直正科级单位其他班子成员及独立核算副科级机构主要负责人实行“上级垂直评价、同级横向互评、干部职工测评、服务对象访评及审核组评价”的“五位一体”立体综合考评，多渠道、全方位、多形式考准查实干部执行力。建立健全干部经常性提醒教育机制，综合运用信访举报、巡视巡察、考察考核、经济责任审计、举报受理查核、“一报告两评议”、个人有关事项报告抽查核实等成果，采取谈心谈话、提醒函询诫勉等手段，前移监督关口，2017年约谈8人，函询10人，诫勉谈话2人。认真落实干部选拔任用全程纪实办法和责任倒查机制，坚决防止干部“带病提拔”。强化对党政“一把手”的监督，对10名单位主要领导进行任期经济责任审计。

■**人才队伍建设** 坚持党管人才原则，人才发展实现总量、质量、能量“三量齐升”。建立县级领导联系专家人才制度，帮助专家解决实际困难和问题。将人才专项资金由100万增加到1000万元，搭建人才工作平台，建设院士工作站，打造“宁远专家楼”，筹建人才交流协会，出台人才引进实施办法等一系列优惠政策和文件，让人才引得进、留得住、干得好。多种方式灵活引才，大胆探索直接引进、柔性引进、团体引进等多种方式，成功引进急需紧缺高层次人才131名、创新创业高端团队9个。张选志教授回乡开展专科共建，湖南省教育科研所所长刘建琼、省人民政府参事王沛清、长沙市英语首席名师朱泌太等担任县教育顾问。积极推动人才发展与县域发展深度融合，组建80人的志愿服务专家队伍服务全县扶贫事业；下派36名科技特派员到贫困村开展工作，发展项目80余个，产生经济效益2000余万元；专设1000万元产业发展基金，重点支持创新创业项目。依托福嘉综环公司成立全市首家院士专家工作站，吸引以何继善院士为首的专家10余名，对县域经济绿色发展、转型升级等产生积极的推动作用。

（张伟荣）

纪检监察

■**概况** 1950年12月，宁远县设立纪律检查委员会。1955年10月，改为监察委员会。1967年2月至1968年2月，因“文化大革命”运动，工作停止。1968年3月，纪检职能由宁远县革委会组织组代行。1973年7月，县委组织部配纪检干部。1977年11月，恢复县纪律检查委员会。1984年，中共宁远县纪律检查委员会升格为副县级单位。1988年，编制19人。内设办公室、信访室、案审组、纪检组。1993年3月起，县纪委县监察局合署办公。至2017年，共召开12次党员代表大会，每次大会均选举产生新的纪律检查委员会委员和常务委员。2017年，内设办公室、组织部、宣传部、党风政风监督室、信访室、案件监督管理室、第一至第六纪检监察室、案件审理室、信息技术保障室等14个部室。

1950年—1956年，宁远县无监察机构。1957年8月，宁远县设监察室。1958年1月与宁远县人事局合并。1961年10月，恢复监察室。1962年9月又并入人事科。1984年4月，设宁远县监察局。1993年3月起，与县纪委合署办公。2002年2月，宁远县机构改革，县监察局列入政府工作部门序列，不计政府机构个数。2017年12月，县监察委员会成立，与县纪委合署办公。

■落实党风廉政建设责任制 2017宁远县委把党风廉政建设与经济社会发展等中心工作同研究、同部署、同落实、同考核。县委常委会先后13次研究党风廉政建设工作，内容包括乡镇纪委标准化建设、纪检监察体制改革、干部处分等多方面内容。县委主要领导切实担负起“第一责任人”责任，“既挂帅又出征”，做到重要工作亲自部署、重大问题亲自过问、重点环节亲自协调、重要案件亲自督办，定期不定期听取县纪委案件查办和线索处置情况汇报，对廉政建设、干部作风建设逢会必讲，对反腐倡廉建设作出批示18件、督办重要案件11件，按时向市委市纪委书面报告主体责任和第一责任人责任落实情况。县纪委认真履行党章赋予的党内监督职责，每月定期召开工作讲评会，全面执行党风廉政建设签字背书、责任报告等制度，对“两个责任”全程纪实管理，全县正科级以上单位党委（党组）和纪委（纪检组）负责人，分别与县委、县纪委签订主体责任书、监督责任书。各级党委（党组）、纪委（纪检组）及主要负责人每季度向县委、县纪委报告落实党风廉政建设责任制情况，审核规范“三公经费”、重大事项报告、两个专项整治、国家公职人员参与涉矿等经营性活动个人情况报告等纪实资料5000余份。制定出台《宁远县十个一律从严处理规定》，聚焦“六大战役”、脱贫攻坚等中心工作，从快从严查处不作为、慢作为、乱作为典型案件，并及时通报曝光。全县因脱贫攻坚、环境整治等工作履职不力被约谈166人次，诫勉谈话37人，免职9人，给予党政纪处分13人。

■纪律建设 2017年，宁远县严肃党内政治生活，认真执行《关于新形势下党内政治生活的若干准则》和《中国共产党党内监督条例》，加强思想教育，严格组织生活，督促党员干部特别是领导干部切实增强“四个意识”，牢记“五个必须”，防止“七个有之”。县委常委会以上率下，县委常委以普通党员身份参加党组织生活，带头开展批评与自我批评，让红脸出汗成为常态。县纪委县委组织部不定期对各单位民主集中制、“三重一大”集体决策制度、“三会一课”、领导干部双重组织生活等制度执行情况进行监督检查。严格干部选任程序，对考察对象坚持档案必审、个人有关事项报告必核、纪检监察机关意见必听、有关信访举报必查，对政治上有问题、经济上不清白、作风上不过硬的干部“一票否决”，2名县委提拔干部人选被取消提拔资格，审核取消120名村“两委”换届初步人选提名资格，天堂社区党总支委员兼卜洞网格支部书记蒋某某因拉票贿选被立案查处。编印下发《宁远县纪检监察机关运用监督执纪“四种形态”工作规程》，成立“四种形态”督导办公室，专门督查调度全县各级各部门运用监督执纪“四种形态”。县委县纪委主要领导带头廉政谈话、约谈提醒352人次，示范带动各级党组织开展例行廉政谈话3430人次，任前廉政谈话2275人次，提醒谈话1325人次，约谈667人次，诫勉谈话174人次，函询49人次。

■廉洁从政建设 2017年，宁远县制定下发《关于开展廉政风险防控工作的通知》，全县各级各部门共上报廉政风险点697个，提出防控措施1135条。认真抓好领导干部个人有关事项报告，将与领导干部利益和权力行为紧密关联的8项家事、6项家产作为报告重点，严格审核把关。全县党员干部报告婚丧喜庆事宜62人次、学习培训事宜39批次，主动上缴红包礼金22.71万元。

■干部作风建设 2017年，宁远县纪委在全县范围内开展以“干部作风大调查、问题线索大搜集、案件问题大查处”为主要内容的“春雷”行动，发放便民举报卡4万张、干部作风调查问卷10万份，收集“四风”问题线索808条。创新开展作风建设主题月活动，一月一主题，攻破一难题，持续释放越往后执纪越严的强烈信号。将党员干部涉赌涉毒、违规公款吃喝、违规操办婚丧喜庆事宜等问题作为重中之重，紧盯“五一”、中秋、国庆、春节等重要时间节点，开展作风督查386次，下发作风通报117期，通报问责366人次，其中副科级以上干部174人次，免职停职10人次，年度考核定为不称职4人次，诫勉谈话58人次，约谈95人次。严格执行市委“禁酒令”，全县2万多名党员干部签订了“禁酒承诺书”，查处违反禁酒令9起、26人次。深入开展“亮身份、作表率、六大战役见行动”活动，倡导要求全县广大党员干部亮明党员身份，争做时代先锋、勤廉表率、道德标杆。认真落实《关于为敢于担当者担当、为敢于负责者负责的若干意见》，为203名受到错告诬告的干部澄清正名，湖南卫视、三湘风纪网等媒体在全省推介宁远做法经验。

■专项整治工作 2017年，宁远县持续深化“雁过拔毛”式腐败问题专项整治，抓紧抓实扶贫领域监督执纪问责，集中整治危房改造领域突出问题和中小学违规征订教辅材料问题，有序推进国家公职人员涉矿等经营性活动清理整治。其中“雁过拔毛”专项整治排查线索1845条，立案112件、112人，组织处理86人，移送司法10人，收缴资金454.18万元，退还群众110.94万元。发现扶贫领域问题线索1649条，立案77件、77人，给予党政纪处分77人，移送司法机关9人，追缴资金251.65万元，退还群众62万元。中小学违规征订教辅材料问题专项整治工作在全市作典型发言，立案6起，收缴违纪资金17.9万元。责成76名国家公职人员退出涉矿等经营性活动、5名领导干部配偶子女退出涉矿等经营性活动，涉及投资总金额4495.4万元，给予开除党籍处分并移送司法机关处理2人。

■党风廉政教育 2017年，宁远县纪委组织广大党员干部深入学习宣传贯彻《中国共产党纪律处分条例》《中国共产党问责条例》等党内法规，唤醒党员干部纪律规矩意识。强化警示教育，用身边的案例教育警示身边的人，及时通报曝光违纪违规案例96个，选取近年来查处的32个典型案例汇编成《镜鉴——宁远县党员干部违纪违法典型案例汇编》，在市电视台《乡镇纪委在行动》栏目播出典型案例7期，组织党员干部集中观看本土反腐大片《决不姑息》、警示教育片《迷失》。对93名新提拔领导干部进行廉政考试。构建教育基地、电视、报纸、网络、微信、短信、宣传栏于一体的廉政宣传阵地，使广大党员干部群众触目有宣传、抬头受教育。利用红网手机报平台发送廉政专刊12期、廉政短信16条。更新宁远廉政网信息3498条。发布“清风九嶷”廉政微信199期。在县城主干道制作廉政宣传栏4个、标语图片500余幅。拍摄播出专题片《风正扬帆正当时》《乡间铸“剑”扬清风》。在市级以上主流媒体发表廉政新闻稿件1963篇，其中《中国纪检监察报》、新华网等中央级媒体79篇，《湖南日报》、湖南卫视、三湘风纪网等省级媒体437篇。上万名党员干部群众走进舜帝陵省级廉政文化教育基地参观学习，接受廉洁教育熏陶。

■执纪审查调查 2017年，宁远县纪委高标准建设纪检监察信访举报中心，在全市率先开通纪检监察信访举报网络平台，畅通信访举报渠道。扎实开展纪检监察信访举报办理“百日攻坚”行动，县乡两级相关领导共包案291件，解决270件。约谈办信不力的乡镇党委书记、纪委书记13人，通报批评办信不力单位36个，立案审查1人。及时修改完善《宁远县执纪审查协作制度》，实行统一归口管理、统一调配人员、统一调查取证、统一质量把关，有效整合监督执纪力量，凝聚执纪审查合力。全县纪检监察组织立案190件，较2016年121件增长57%；给予党政纪处分190人，查办大要案件11件，涉及乡科级干部19人，移送司法机关13人；配合省市纪委查处厅级干部2人、县处级干部4人。严肃查处了县建设工程质量安全监督站原站长于某某、县红十字会办公室党支部书记、秘书长欧阳某、县审计局原党组书记、局长朱某某等一批大要案件。其中，查处县审计局原党组书记、局长朱某某腐败案，短短52天时间就查清问题，给予开除党籍处分并移送司法机关处理，成为湖南“两规”案件的收官之作。

■纪检监察干部队伍自身建设

2017年宁远县扎实开展“两学一做”学习教育，坚持“三会一课”制度，深入开展谈心谈话，强化担当负责，修好共产党人的“心学”。乡镇纪委书记、副书记和派驻纪检组组长、副组长的提名和考察以县纪委会同组织部门为主，调整充实乡镇纪委领导班子10名，选优配强派驻纪检组干部31名。2017年，宁远县纪委机关推行“411”学习制度，即每个党员干部每月读一本书、写一篇学习心得体会，委局机关每月举行4次专题讲座，集中学习政策理论和纪检监察业务知识。9月，把集中学习和每月工作讲评参与人员由委局机关干部扩展到乡镇纪委书记和派驻纪检组长，实现集中学习讲评全覆盖。3月，组织137名纪检监察干部赴浙江大学学习培训。5月，编印发放《纪检监察业务常用法规选编》《宁远县纪检监察机关运用监督执纪“四种形态”工作规程》，做到纪检监察干部人手一册。11月，组织开展《中国共产党纪律检查机关监督执纪工作规则（试行）》知识测试。12月，邀请市纪委专家来宁举办为期两天的纪检监察业务知识培训，全县228名纪检监察干部参加。严格执行《湖南省纪检监察干部监督执纪‘十不准’》，健全完善内部廉政风险防控制度，查处纪检监察干部违纪案件2件，纪律处分2人，诫勉谈话1人。面向社会聘请21名党风政风特邀监督员，接受社会监督，让权力在阳光下运行。

■重要通报、规定、通知

2017年，宁远县纪委下发典型案件通报29期。下发作风通报117期，下发《关于开展廉政风险防控工作的通知》《宁远县纪检监察机关运用监督执纪“四种形态”工作规程》《宁远县纪检监察干部行为守则》《关于为敢于担当者担当、为敢于负责者负责的若干意见》等文件。修改完善《宁远县执纪审查协作制度》等文件。

■廉政文化建设 2017年春节

期间，宁远县纪委集中推出“发送一条廉政短信、播放一部廉政微电影、演出一场廉政大戏、赠送一幅廉政春联、走访一户贫困农户、发出一份“廉节”倡议、曝光一批“四风”典型案例”廉洁套餐，引导党员干部过廉节。创新开展“家风倡廉、村规拒腐”廉政主题活动，传承弘扬廉洁家风，推进村规建设。县委书记刘卫华主持的“习近平家风建设思想研究”课题入选湖南省八大重点创新理论项目；全国“德孝文脉”领导干部家风建设研讨会在宁远成功举行；《九嶷家风·宁远故事》受到省市领导肯定，406 个村（居委会）制定村规民约。禾亭镇小桃源村的禁赌家规、湾井镇下灌村的让第家风、中和镇白田村的村规民约被《中国纪检监察报》大篇幅推介。

■农村基层党风廉政建设 2017 年，宁远县大力推行党务、政务、村务和各领域办事公开，建立行政审批、行政处罚、政务公开、党务公开等电子平台，主动公开政府信息 19270 条，所有到村到户的惠民项目资金使用发放情况定期在乡镇和村组公开。以村（居）两委换届为契机，对村（居委会）财务进行全面清理，聘请第三方审计机构对 60 个群众反映强烈、问题集中的村进行财务审计，共清理审计资金 2.1 亿元，发现问题线索 198 条，查处违规资金 146.7 万元，停职处理 16 人。在 406 个村建立村务监督委员会和村民理财小组，全程参与村级事务管理，严格审核村级财务支出。扎实推进“互联网+监督”建设。4 月，启用“互联网+监督”惠民项目（资金）公示平台，认真做好民生项目资金、村级财务收支数据采集和上传工作，公示项目发放数据 472 条，项目发放金额 17851.24 万元；公示个人发放数据 1418524 条，个人发放金额 2233.46 万元。

■纪检监察体制改革 2017 年，宁远县高标准推进乡镇纪委标准化建设，县财政列支 400 万元用于 20 个乡镇（街道）纪（工）委办公办案场所标准化建设。一、二类乡镇按 13 万元/年，三类乡镇按 10 万元/年的标准拨付办案经费，为乡镇纪委办案提供坚实保障。全县 20 个乡镇（街道）纪（工）委共立案 91 件、91 人。消灭“零办案”乡镇。发挥巡察“利剑”作用，2017 年 7 月 13 日，宁远县委巡察工作领导小组办公室挂牌成立，设主任 1 名，副主任 2 名，核定行政编制数 5 个。设立县委巡察组 4 个，每个巡察组设组长 1 名，副组长 1 名，核定行政编制数 3 个。4 月以 1 托 2 的方式分 10 个组，对 20 个乡镇（街道）开展全面巡察，共发现重点问题 149 个、重点线索 72 条，已全部整改到位。9 月以市委第四巡察组宁远县开展巡察为契机，聚焦脱贫攻坚和基层党建，对 20 个乡镇（街道）和 12 个县直单位同步开展第二轮巡察。按照精简、高效，充分整合、盘活存量的原则，实行综合派驻和单独派驻相结合的模式推进派驻纪检机构改革，9 月 15 日，13 家县纪委派驻纪检组授牌成立，其中综合派驻 9 个，单独派驻 4 个，实现对 60 个县一级党和国家机关派驻监督全覆盖。精准对标党中央、省委、市委关于深化国家监察体制改革的部署要求，扎实推进监察体制改革试点，按照 23% 的比例从县人民检察院划转 15 名编制到县监察委员会，实际转隶人员 11 名。12 月 28 日挂牌成立县监察委员会，实现对所有行使公权力的公职人员监察全覆盖。

（唐振军）

巡 察 工 作

■概况 宁远县委巡察办于 2017 年 7 月 13 日挂牌成立，为县委巡察工作领导小组日常办事机构，正科级独立核算行政单位，属县委工作部门，设在县纪委，核定行政编制 5 名，领导职数 3 名，配一正二副，现已满编；县委设四个巡察组，每个巡察组核定编制3名，领导职数2名。县委巡察办、巡察组现有党员12名，其中男性党员11名，女性党员1名。县委巡察办职责：向县委巡察工作领导小组、市委巡察办报告工作情况，传达贯彻县委巡察工作领导小组的决策和部署；统筹协调、指导督导县委巡察组开展工作；承担政策研究、制度建设等工作；对县委、县委巡察工作领导小组决定的事项及巡察移交事项进行督办；配合有关部门对巡察工作人员进行培训、考核、监督和管理；办理县委巡察工作领导小组交办的其他事项。县委巡察组的巡察对象和范围：县委各部委领导班子及其成员、县直各机关单位（含事业单位和人民团体）党委（党组）领导班子及其成员；乡镇（街道）党委（党工委）领导班子及其成员和县委管理的其他党员干部；延伸巡察重点村（社区）党组织主要负责人；县委要求巡察的其他单位的党组织领导班子及其成员。受市委巡察工作领导小组委托巡察的其他党组织领导班子及其成员。

■县委首轮巡察 根据市委巡察工作统一部署，2017年4月6日至5月16日，宁远县委组成十个巡察组对全县20个乡镇（街道）开展县委第一轮巡察。此次巡察围绕被巡察党组织在党的领导、党的建设、全面从严治党等方面存在的问题开展。巡察期间，巡察组通过查阅资料、个别谈话、实地走访、暗访督查等方式全面了解被巡察党组织相关情况。谈话被巡察党组班子成员197人、内设机构负责人156人、其他干部职工159人，村两委干部226人。巡察组深入村（社区）141个，走访群众765人，发放调查问卷和民主测评表1410份，发现重点问题149个、重点线索73条，给予党纪政务处分15人，取得初步成效，发挥巡察震慑作用。

■市县专项巡察 根据市委巡察工作统一部署，2017年9月18日至10月30日，市委第四巡察组对宁远县开展基层组织建设和扶贫攻坚专项巡察。县委四个巡察组以“一托八”的方式对县交通局、教育局、文体广新局、水利局、林业局、卫计委、财政局、住建局、人社局、农委、发改委、民政局等12个县直单位和20个乡镇（街道）同步开展基层组织建设和扶贫攻坚专项巡察（即县委第二轮巡察）。巡察组先后召开动员会、听取各单位党委、党组基层党建和扶贫攻坚等专题汇报，与市委第四巡察组一道同有关干部群众谈话400余人次，处理群众来访、来信、来电500余人次，发出调查问卷和测评表524份，收回508份。市县共发现基层组织建设和扶贫领域的问题和问题线索122条，其中扶贫领域101条，基层组织建设21条。县委巡察组发现相关问题和问题线索67条，扶贫领域61条，基层组织建设6条。市委第四巡察组向宁远县反馈问题46个，向县纪委移交问题线索25条；县委巡察工作领导小组向县纪委移交问题线索23条。通过巡察，立案28件、给予党纪政务处分28人、组织处理40人，为全县基层组织建设和扶贫工作的开展提供坚强的政治保障。

（刘智连）

宣传思想工作

■概况 中共宁远县委宣传部于1949年11月成立。1967年2月至1968年2月，“文化大革命”初期停止工作。1968年3月，宁远县革命委员会设立宣传组代行职权。1973年7月，恢复中共宁远县委宣传部至今。中共宁远县委宣传部主管全县宣传思想工作，内设办公室、理教室、外宣办、文明办，下设二级事业单位新媒体中心。2017年，宁远宣传思想工作在县委的坚强领导下，坚持以习近平新时代中国特色社会主义思想和党的十九大精神为引领，围绕中心，服务大局，稳中求进，改革创新，各项工作取得了显著成绩和可喜进步，为把宁远建成宜居宜业宜游生态文化公园营造良好氛围。

■理论学习 2017年，县委中心组充分发挥党委理论学习中心组的思想引领作用，先后邀请市环保局局长王衡平、省政府参事张志初、市委常委、市军分区司令员王守海等专家作辅导报告，全年共组织6次、12天的集中学习，深入学习习近平总书记系列讲话精神和治国理政新理念新思想新战略、习近平新时代中国特色社会主义思想、十九大精神等，强化思想自觉和责任担当，牵头抓总、靠前指挥。组建“十八届六中全会精神”宣讲团和十九大精神宣讲团，大力培育思想理论“土专家”。积极开展“解放思想，实干兴永”大讨论活动，在中央、省、市等各类媒体发表大讨论活动消息80多条，在全县兴起新一轮思想解放、加快发展的热潮。

■意识形态工作 2017年，始终坚持党管意识形态原则，县委书记以身作则，旗帜鲜明站在意识形态工作第一线，贯彻落实“三个带头、三个亲自”，全县各级党委（党组）书记履行第一责任人责任意识显著提高。抓好“一岗双责”，将意识形态工作纳入绩效评估和干部执行力考核的重要内容，加大意识形态工作在考核中的权重，推行乡镇（街道）党委书记履行意识形态工作责任述职评议，压实工作责任。建立和完善舆情管控处置机制，出台《网络舆情应对处置办法》，严格落实《信息内容三审制》《24小时值班制度》等十余项规章制度，成功组建由58人组成的网评员队伍，通过每天对宁远相关事件和热点进行追评，树立正确的舆论导向，有效挤压非主流意识形态生存空间。及时妥善处置“九嶷山中心校学生被霸凌”“宁远财政局脱贫摘帽：巧借保证金名义，实则为财政干部争谋福利”等负面舆情，2017年宁远全年回复网友507次，回复量在全省县区排名第12位、永州第1位。“宁远发布”微信公众号全年阅读次数过两百万人次，在“湖南政务微信影响力排行榜”中长期名列全省县级政务微信公众号前20名。宁远手机报发行至20万份，发行数量位居全省第三。

■对外宣传 2017年，围绕县委、政府的重大决策、重大部署、重大工作，推出“六大战役”、精准扶贫、防汛抢险救灾、党的十九大、“湖南省冬季乡村旅游节”等精品专题报道。全年在《人民日报》等中央媒体上稿110余条，《湖南日报》上稿120余条，《永州日报》上稿1100余条，湖南卫视、永州电视台上稿400余条。在省扶贫信息宣传采用方面，宁远县在全省一类县中排名第四，全市排名第一。依托宁远电视台、宁远发布、宁远新闻网等平台，围绕县委、县政府的重大决策和公众重大关切的内容精心策划选题，用网民喜闻乐见的表达方式，用人性化的语言凝聚人心。电视专题《“青蛙公主”和她的山村小学》、通讯《村风民风好家训立功劳》、消息《瑶寨网店开了30家》、微信作品《春风十里不如你，下灌景区不负春光不负你》荣获“第八届永州新闻奖三等奖”。宣传画册《魅力宁远》，专题片《德孝之源》，扶贫专题片《辉煌的使命》向社会广泛传递宁远好声音。

■思想道德建设和文明创建 2017年，宁远全面铺开“讲文明树新风”以及“中国梦”各种公益广告，设置文化墙15000多平米，发放宣传教育资料10万份，强化教育引导。深化拓展“道德之乡讲道德”主题教育实践活动，开设道德讲坛，组织宣讲团深入各个道德讲坛，以身边各级道德模范、身边好人为素材，以接地气、喜闻乐见的讲故事形式传播道德精神。增设“道德讲堂”23个，总计135个单位设有“道德讲堂”，开设率93%。全年推评出县、乡、村三类“星级文明户”12000余户，湖南好人1名，县“好儿女”“好媳妇”10名，县“道德模范”10名。组织召开全国“德孝文脉”领导干部家风建设理论研讨会，国家部委、省内外领导、专家、学者等110余人参加。协调教育局、舜文化传播中心联合开展“弘扬舜帝精神，传承道德文明”中小学征文比赛并将获奖作品展出，获得广泛好评。在2017年创建全国文明城市提名城市文明程度指数实地测评中，宁远县获得89.3分的好成绩，排名全省第7。

■文化小康 2017年，宁远县大力实施文化惠民工程，成功创建省级现代公共文化服务体系示范区。新建33个农村综合文化服务平台，15个村级文化广场（活动中心），投入近千万元为乡镇综合文化站、基层村级配套基础文体设施。全县所有行政村综合文化服务中心建设全部完成，687个农家书屋全部投入使用，广播电视“村村通”全部实现；人均公共文化体育设施面积2.2平方米。全年共进行142场“送戏下乡”活动，完成公益电影放映8233场。全年共创作500余件文艺作品，获各类奖项数目达90余项。县广播剧《情满九疑山》和歌曲《想爹娘》获湖南省第十三届精神文明建设“五个一工程”奖。县文联黎成钢长篇小说《远山的呼唤》荣获“探秘瑶都森林奇镜　走进三湘第一林场”全国文学大奖赛二等奖。县文化市场综合执法大队被国家版权局授予“打击侵权盗版工作有功集体二等奖”，并在省级案卷评比中荣获“湖南省文化执法办案工作规范案卷奖”。图书馆获湖南省青少年党史国史主题教育活动先进集体。县文化馆代表湖南省参加“中国长江流域文化艺术节”，引发轰动。举重运动员朱巧玲在世界青年举重锦标赛上获抓举、挺举、总成绩三项冠军。国保单位久安背翰林祠、云龙坊与王氏虚堂防雷与修缮工程全面完工，舜帝陵正殿抢险加固修缮工程已完成，工程面积10000平方米，总投资2000余万元的舜帝庙遗址二期工程——本体展示工程开工建设；《花灯》《舜帝与娥皇女英的传说》等项目成功申报为市级、省级非物质文化遗产项目。湾井镇获湖南省经典文化村镇荣誉。

（欧阳蕾馨）

统 战 工 作

■概况 中共宁远县委统一战线工作部于1956年12月设立。1958年4月与县委宣传部合并，1980年5月恢复至今。2002年机构改革，设置中共宁远县委统一战线工作部（加挂中共宁远县委台湾工作办公室、宁远县人民政府台湾事务办公室牌子和宁远县人民政府宗教事务办公室牌子）。2004年12月，中共宁远县委台湾工作办公室（宁远县人民政府台湾事务办公室）机构单设，为正科级行政机构，归口县委统战部管理。2017年7月，设立中共宁远县委统战部网络信息中心，为县委统战部直属股级公益一类事业单位。是年，全县统一战线坚持以习近平新时代中国特色社会主义思想为指导，以学习贯彻中共十九大精神为主线，深入贯彻落实中央和省、市委关于统一战线一系列重大决策部署，凝心聚力，务实创新，各领域统战工作取得明显成效。2017年，县委统战部荣获“全市统战调研工作先进单位”“全市统战理论政策研究创新成果一等奖”。

■服务县委政府中心工作 2017年，宁远县委统战部开展建言献策汇智行动。组织召开“智汇宁远·聚力十三五”党外代表人士专题座谈会，在推动经济发展、加强生态环境保护、提高教育质量、改善城市建设规划、大力发展文化产业、推进全域旅游等方面提出意见建议11条，全部被相关部门吸收转化。开展聚力脱贫攻坚建功行动。扎实开展“万企帮万村”活动，通过产业富村、旅游活村、项目兴村、用工帮村、资金扶村等多种形式，引导29家非公企业（含4

个异地商会）与29个贫困村签订结对帮扶协议。积极开展社会扶贫，引导非公经济爱心人士为县教育基金会捐款280万元，向贫困村捐赠净水机、羊绒被等物质55万元；开展“泛海助学”活动，资助159名建档立卡家庭贫困大学生每人5000元学费。开展助力抗洪救灾行动。面对特大洪涝灾害，组织全县统一战线积极响应县委号召，全力以赴参加抗洪救灾，捐赠款物220万元。开展助推经济社会发展行动。持续深化“迎老乡、回故乡、建家乡”活动，邀请宁远籍在外成功人士、异地商会和港澳台侨同胞到宁远考察，搭建经贸文化交流平台。成功承办“海外侨胞故乡行—走进湖南永州”“香港湖南联谊总会访湘团永州考察”“台湾永州媳妇娘家行”等活动，宣传推介宁远，增进亲情乡情，拓展招商和交流渠道，搭建投资和引智桥梁。

■党外代表人士工作 2017年，宁远县委统战部进一步加大党外代表人士储备、培养和任用力度，完善组织部、统战部党外干部工作“六个共同”机制。对全县机关事业单位、“两新”组织及新的社会阶层进行了调查摸底，完善党外人才数据库，新增各类党外人才60余名；选派2名副处级党外干部到省社会主义学院培训，在厦门大学举办党外干部和非公经济代表人士管理能力素质提升班；通过拓宽实职安排渠道，扩大政治安排范围，拓展社会安排领域，一批优秀的党外代表人士得到任用。2017年，全县有副处级党外实职领导干部5人；20个乡镇（街道）配备党外实职领导干部14人；县政府工作部门配备党外实职领导干部24人，其中正职4人；法、检“两院”各配备党外副职1名。党外县人大代表106名，占35.8%，县人大党外常委10名，占30.3%，党外县政协委员137名，占61.0%，县政协党外常委28名，占65.1%。

■党外知识分子和新的社会阶层人士工作 2017年，在全县范围内开展党外知识分子和新的社会阶层人士调查摸底，建立党外知识分子和新的社会阶层代表人士档案数据库，进一步掌握党外知识分子和新的社会阶层代表人士的基本情况。搭建党外知识分子和新社会阶层人士交流平台，通过召开座谈会、QQ群、微信等交流平台，加强与党外知识分子和新社会阶层人士交流，为充分发挥党外知识分子的智囊作用创造条件。2017年，全县在库党外知识分子5400余人，新的社会阶层代表人士60余人。

■统战理论宣传信息调研工作 进一步加大统战理论宣传信息调研工作力度，举办全县统战宣传信息调研工作培训会，邀请市委统战部研究室领导为全体统战信息员进行业务培训；制定出台《关于进一步做好统战信息调研宣传工作的意见》，明确信息负责人和专职信息员，并聘请7名特约信息员，采取定期约稿方式强化任务落实。全年撰写报送统战信息宣传稿件107篇、调研报告3篇，被《三湘统战网》《永州新闻网》《永州政府网》《永州文明网》《宁远新闻网》《宁远政府网》等省市县媒体采用稿件80余篇；调研工作获全市先进单位，《关于宁远县非公经济发展环境的调研报告》和《关于加强党外代表人士队伍管理的调查与思考》两个调研课题分别获全市统战理论政策研究创新成果获一等奖和优秀奖。

■“同心工程”示范创建工作 2017年，宁远县紧跟湖南省委统战部关于在全省统一战线深入实施“同心工程”的决策部署，着力“三个强化”（强化思想共识、强化组织领导、强化示范引领）、落实“三项举措”（制订创建方案、健全工作机制、严格督查考核）、实施“三大行动”（实施“建言献策”行动、实施“引资引智”行动、实施“同心对接”行动），认真开展“四同创建”活动（创建“同心园区”“同心项目”“同心社区”“同心乡村”）。2017年，新增市级“同心项目”1个，县级“同心项目”2个、“同心乡村”2个，2017年，全县共有市级“四同创建”示范点4个、县级“四同创建”示范点11个。

（唐武成）

政法工作

■概况 1982年4月，中国共产党宁远县委政法委员会成立。经多年撤并，至2017年，机关内设机构有办公室、执法监督室、政工督察室、综治中心（与网格办两块牌子一套人马）。县委政法委加挂宁远县社会治安综合治理委员会办公室（综治办）牌子，综治办主任由政法委副书记兼任。县委维护稳定工作领导小组办公室设在政法委，增设一名正科级副书记领导职务兼任办公室主任。宁远县国家安全工作领导小组办公室、宁远县法学会工作均纳入政法委工作职能范围。2017年，全县政法综治维稳工作，紧紧围绕迎接党的十九大召开这一核心任务统筹推进，攻坚克难，取得一定成绩。宁远县继续保持全省平安县称号，被推荐为全国“法治创建活动先进县”，被评为全市“国家安全工作先进县”；桐山街道桐山村等4个村被国务院授予“全国无邪教示范村”称号。永州市农村综合服务平台暨农村网格化信息系统建设现场推进会、永州市公证体制改革现场会相继在宁远县召开。在全市网格事件联动处置会上宁远县作为先进县区作典型发言。

■社会环境整治战役 2017年，宁远县统筹推进平安创建、治安防控、安全生产、医药监管、质量监管、医疗机构监管和网格化管理和农村综合服务平台建设等工作，全面加强社会治理，开展社会环境整治战役，构筑稳定的社会环境。共刑事拘留各类犯罪嫌疑人492人，行政拘留各类违法人员1924人，强制戒毒126人，收治24人，破获盗抢、诈骗团伙8个，捣毁黄赌窝点12个。开展食品安全“利剑”行动，共立案查处各类食品违法案件99起，结案30起；惩治药品、医疗器械违法行为，查办药品违法案件6起，结案3起，查办医疗器械违法案件11起，结案6起。加大非法行医查处力度，共查处非法行医案件19户次，进入一般程序案件16次。开展两次专项检查，督查医疗机构30家，查处“两非”案件13件。加大假冒伪劣产品查处力度，开展“质检利剑”专项行动，出动执法人员220人次，检查企业50家，查办案件9件。强化安全生产监管，全县共摸排生产经营单位10183家，其中“三小”（小档口、小作坊、小娱乐场所）场所6913家，高危行业单位359家。加强危爆物品管理，销毁非法烟花900余箱，爆竹800万响，行政拘留16人。狠抓建筑施工安全整治，发出隐患整改通知书215起，整改停工通知书58份。

■法治宁远建设 2017年，宁远县出台并印发全县“七五”普法规划，深入推进“七五”普法教育，完善法治宣传教育专项经费动态增长机制。利用三八妇女节、农村法治宣传月、“3·15”消费者权益日、“6·5”世界环境日等宣传及传统节日，协调配合相关部门开展禁毒、法律援助、安全生产、环境保护、反家暴和妇女维权、劳动保障、法律援助等与民生相关的法律法规的宣传教育，发放各类宣传资料26万份，法治电影放映100场，举办法治讲座200场。宁远县被推荐为全国“法治县（市、区）创建活动先进单位”。

■平安宁远建设 2017年，宁远县在全县范围内，深入开展平安乡镇（街道）、平安单位、平安小区、平安家庭等“十大平安创建”活动，以家庭、单位平安促小区平安，以小区平安促一方平安，以一方平安促全县平安。开展“创建平安宁远”大型征文活动，全县

10000余名党员干部、在校学生共报送优质稿件6400篇，编印《平安宁远·法治宁远》宣传手册8万多册，发放到群众手中。九嶷山舜帝陵景区被评为省十大“平安景区”创建示范单位，湖南省联泰石油有限责任公司九嶷山服务区被评为省十大“平安交通”创建示范单位。通过家庭推荐、村民互评、村委初评、乡镇呈报、县综治委评选，县委表彰398户县级平安家庭。

■维护社会稳定 将维稳工作列入年终单独考核项目。在全县社情复杂的重点地区和敏感单位系统物建20名情报信息员。坚持每日归类，每周汇总，半月研判，全力加强对情报信息的归口汇总，2017年，获取各类情报信息1400余条，编撰《重要情况报送与督办》25期，《宁远维稳要情》70期，《宁远国安信息》38期，《网络快报》15期，成功预防各类群体性事件和集体上访事件61起。规模比较大的集体上访19次，处置鲤溪东山岭村与三元岭村纠纷等17起群体性纠纷和突发事件，共依法处理58名违法上访人员，其中刑事拘留14人，批准逮捕6人，行政拘留31人，训诫13人，有力震慑非法上访群体和人员，遏制宁远县非访乱象。修订《宁远县重大事项社会稳定风险评估办法》，会同县发改委、县住建局、县国土局、交通局、县法制办、桐山街道、九疑山瑶族乡等单位和乡镇工作人员组成评估小组，对九嶷山至三分石公路、下灌至盘洞口公路等重点项目进行稳定风险评估，并邀请市稳评会对对九嶷水库、书香华庭违建房处置等两个项目决策进行风险评估，对书香华庭违建房拆除工作作出风险大，不予以实施的结论，有效从源头上防范不稳定事件的发生。

■社会治安防控体系建设 2017年，宁远县投入3672万元进行“雪亮工程”建设，新增监控点位2029个，投入789万元开展人脸识别系统建设，建设点位300个。同时加大社会监控资源的整合力度，将全县所有视频监控探头纳入统一管理，实现城区、乡镇、重点村视频监控全覆盖。发动出租车、公交车司机为主的治安协管队伍2600人参与“蓝背心”平安工程；发动2680名志愿者、红袖套、治安积极分子加入义警大家庭；以城区12个社区为中心点，在人员密集场所设立40个“警民联防点”开展一呼百应工程，长途客运购票、网吧上网实名制全面实行。寄递安检服务中心建成并运行，对全县邮件实行“三个100%”安检服务。固化白天巡特警联勤联动，晚上由县级领导带队、县直单位和公安民警共同参与的常态化夜巡查缉机制，筑牢打击和预防违法犯罪合力。

■矛盾纠纷排查调解 2017年，宁远县政法委直接组织协调处理重大矛盾纠纷35起，其中群体性纠纷11起，非正常死亡事件20起，跨县区纠纷4起。着力构建在党委领导下，以人民调解为基础，加强行政调解和司法调解，三大调解对接联动的大调解工作体系。进一步健全交通事故、医疗事故、婚姻纠纷、建筑领域纠纷等专业调解委员会工作机制。2017年，通过各专业调解委员会工作，共调处交通事故纠纷662余件，医患纠纷255件，婚姻家庭类纠纷63件、建筑领域事故和纠纷18件。全县各级人民调解组织充分发挥维护社会稳定的“防火墙”和“稳定器”作用，是年，全县各级人民调解组织成功调处矛盾纠纷5206件，调解成功率达98.2%，为维护全县社会稳定做出巨大的贡献。

■执法监督工作 2017年，宁远县政法委接来信96件，来访281件，受理173件，导入司法程序48件，督办办结领导批示件6件，协调重点案件3件，评查重点案件50件，息访息诉重点难点信访案件20件。组织开展积案攻坚活动，对近三年来越级访、重复访积案进行一次全面摸排梳理，建立健全工作台账，按照“一件积案、一名领导、一套班子、一个方案、一抓到底”的要求，实行领导包案化解，化解信访积案20件。

■城乡网格化服务管理 2017年，宁远县新建农村综合服务平台164个，改扩建117个，其中对119个扶贫村全部进行建设，实现全覆盖。在柏家坪镇都喜村等32个试点村，开展农村网格化信息系统的基础信息采集录入工作，信息录入率100%。同时，为284个村配备电脑、高拍仪、打印复印一体机，并组织各乡镇（街道）的专职副书记、乡镇（街道）信息员开展5次网格化信息系统业务培训。为推进农村网格化工作，由各乡镇（街道）自主招聘农村网格信息管理员248名，分配到各行政村工作，专门负责录入、更新、上报本村网格管理员收集上报的相关信息。全面推行社区警务网格化和推行“1+N”网格事件联动处置模式，将50个县直单位列为网格事件联动处置成员单位，190多项事项列入网格事件执行范畴。2017年全县共办结网格事件4826件，办结率89.6%，投返率2%。在农村，将61个管理事项和公共服务事项下放到村一级办理，建立“一证二图三卡四告知”制度，确保群众在家门口就能办成事、办好事。采购31枚电子印章，现已进入上线、调试阶段。大力开展“网格建设宣传月”活动，发放《致全县居民的一封信》1万份，制作《网格信息提示牌》120块、宣传栏12块。开展“最美网格员”评选活动，共评选出“最美网格员”10名，不断提升群众参与网格化建设的参与度。

■司法体制改革 2017年，宁远县推动以司法责任制为核心的司法人员分类管理、司法责任制、司法人员职业保障、省以下地方检察院人财物统一管理四项改革。推进以审判为中心的刑事诉讼制度改革，县公安局投入50万元建成执法监管中心，2017年5月正式启用，运行以来，共巡查整改执法问题112条。县人民检察院依托统一应用办案系统，对办案期限全程监管，对发出超期预警的案件及时短信通知承办人引起注意，确保案件不超期，今年来对办案不规范问题提出纠正意见753件次，全部得到纠正。县人民法院率先实行由入额法官自行签发文书，落实“让审理者裁判，由裁判者负责”的要求，明确审判权只能由合议庭、审判委员会行使，入额法官对自己承办案件的裁判文书负责，院、庭长不再签发法律文书。

■政法队伍建设 按照政治过硬、业务过硬、素质过硬、纪律过硬、作风过硬的“五个过硬”要求，以铁的纪律建设一支铁的政法队伍。组织开展“两学一做”教育和学习十九大会议精神，深入查摆党员政法干警在理想信念、宗旨意识、执法执勤、纪律作风等方面存在的突出问题，从灵魂深处和思想根源上铸造忠诚警魂。结合脱贫攻坚，组织政法干警深入精准扶贫联系村开展“党员干部送法下乡”等帮扶活动，为群众送温暖、解难题、谋发展，以实实在在的行动诠释党的宗旨。深入开展作风建设年活动，通过明察暗访，重点整治政法干警作息、请销假、着装、公务接待、公车使用等方面的违纪行为。采取集中培训、网上培训、随岗培训、案例点评、旁听庭审和不定期邀请专家、教授授课等形式，大规模开展执法培训，不断提升干警综合素能。

（朱土旺　汪绪国　谭伟东　唐冲）

机关党建

■概况 1950年7月，设中共宁远县直属机关支部委员会。1958年8月，更名为中共宁远县直属机关委员会。1960年10月，改为中共宁远县直属机关总支委员会。1967年2月至1968年2月，因“文化大革命”而停止活动。1973年9月，重设中共宁远县直属机关委员会。1988年11月，改为中共宁远县委直属机关工作委员会，为县委的工作机构。1995年，并入县委组织部，对外保留直属机关工作委员会牌子。2002年6月，又恢复为中共宁远县直属机关委员会。2017年2月，更名为中共宁远县直属机关工作委员会。2017年宁远县直属机关工委积极指导各级机关党组织围绕“服务中心、建设队伍”，充分发挥“党建+执行力”作用，以“机关基层党支部星级考评”为重要抓手，改革创新、开拓进取，不断推进党的思想、组织、作风和反腐倡廉建设，机关党的建设规范化、科学化水平得到全面提升，为推进宁远建设宜居宜业宜游生态文化公园做出积极贡献，连续2年被市直工委评为优秀单位。

■组织建设 2017年，针对县直机关党建工作“灯下黑”问题，直属机关工委认真调研积极应对，全面推行星级考评管理。4月召开全县机关党的工作会议，表彰53个优秀基层党支部，9个不合格党支部书记上台作表态发言，起到很大的震慑作用。2017年深化总结推广“县直机关基层党支部星级考评制度”，提请县委常委会研究同意下发《宁远县直机关基层党支部星级考评细则及奖惩规定》，根据考评结果由县财政对五星级党支部、四星级党支部、三星级党支部分别按5000元、4000元、3000元的标准奖励，同时进行表彰。通过星级管理，形成县直机关抓党建、管党建和比学赶超的浓厚氛围，有力推动全县党建工作上新台阶。同时，抓实机关党组织的换届工作，建立健全机关基层党组织按期换届提醒督促机制，督促指导县直机关9个党总支、73个党支部按时换届选举，保证机关党建工作的规范化和连续性。

■思想建设 2017年年初，直属机关工委下发《宁远县县直机关2017年理论学习安排意见》，要求县直机关党组织紧紧围绕“四个全面”战略布局，在打好“县委六大战役”中立新功。8月上旬，举办2期党务干部培训班，培训党务干部122名；8月下旬，组织全县基层党组织书记进行党建业务知识测试，通过培训和测试，提升各级党组织书记认真履行“党建第一责任人”的能力。在全县开展以“机关党建精准发力、助推县委‘六大战役’”为主题的机关党建理论与实践征文活动，共收到理论征文60余篇，评选5篇优秀征文向省市推荐，其中《加强机关党员队伍建设的理性思考》被市直工委评为优胜奖，《建立健全党员干部容错纠错机制的问题研究》被评为2017年湖南省机关党建和思想政治工作优秀调研课题二等奖。

■发展党员 建立入党积极分子管理台账，加强对入党积极分子的培养、教育和考察，对入党积极分子培养联系人及主要任务，培养教育的内容、培养教育的形式和方法都作出具体的要求，2017年7月，县直工委在县委党校举办3期入党积极分子培训班，培训学员315人，在县政务中心举办了2期发展对象培训班，培训县直单位和乡镇学员共460人。按照发展党员“十六字方针”，严格党员发展程序，重新编印400余本《发展党员工作资料汇编》下发到各基层党组织。根据县委组织部发展党员年度指导性计划，县直工委严格程序发展新党员20人，完成县委组织部发展党员指导数，县公安局、县教育局等党委也较好地完成党员发展计划。

■党员管理 2017年6—8月，宁远县直属机关工委对县直机关所有的基层党组织和党员信息进行了全面的摸底和统计，将数据上传至全国党员信息管理平台，建成机关党组织和党员网上信息平台并投入使用。所有机关党组织都安排专人负责党员组织关系适时结转，做到组织关系接转与行政关系转接相一致，组织关系程序规范，组织关系接转后监管到位，全年共接转党员组织关系513人，进一步厘清党组织关系。以“迎接十九大，做合格党员，建合格支部”为载体，在全县机关党员干部中深入开展“亮身份、作表率，六大战役见行动”主题实践活动，引导全县5000多名机关党员工作日佩戴党徽“亮身份”，所有机关单位在办公场所分类设立“党员示范岗”，亮职责、亮承诺，接受群众监督。县直工委积极指导扎实开展“五千干部下基层，精准帮扶解难题”活动，全县6322名党员深入119个贫困村结穷亲，结成帮扶对子13246户、45052人，开展帮扶活动27000多人次。

（卢用军　欧晶）

机构编制

■概况　宁远县机构编制委员会前身是1953年3月成立的宁远县整编委员会；1954年4月，设立宁远县编制委员会，机构编制管理工作由组织、人事部门负责；1960年—1980年县编委并入县委组织部，机构编制工作由组织部承担（1962年从组织部分出一年）；1980年4月，恢复宁远县编制委员会，实行委员会制，为县委工作机构；1981年1月，县编委下设办公室，在组织部内办公；1983年12月，县编委实行主任制，为县委、县政府直属局级机构，归口县委组织部管理。1989年，县编制委员会办公室划归人事局，翌年6月从人事局析出；1995年，县编制委员办公室列为县委工作机构；2002年，设置县机构编制委员会办公室（简称“编办”），列为县委、县政府工作机构，负责全县行政管理体制与机构改革及机构编制管理工作。近年来，原由县纪委承担的行政审批制度改革工作、由原县质监局承担的组织机构代码管理工作等职能先后划入县编办。目前，县编办有行政编制6名，内设3个内设机构（办公室、机构编制与实名制管理股、审改办），下设2个副科级事业单位：县事业单位登记管理局、县机构编制实名制管理中心。实有行政人员4名，事业单位工作人员11名。

（欧阳涛）

■规范机构编制管理　2017年宁远县召开县编委会议4次，召开研究机构编制事项的县委常委会议2次，确保机构编制工作制度化、规范化。严格执行用编申报审批制度。需补充工作人员的单位在上年的12月底前申报计划，经编委办审核，县编委会议同意后，上报市编委办审批。2017年，市编办批复公务员用编计划243名，事业人员用编计划411名。

加强机构编制实名制管理。完善机构编制数据平台。2017年按照湖南省编办要求，及时采集并在系统中录入全县在编12106名人员的相片及个人信息。实时更新实名制数据。机构的设立、更名、撤销以及人员的出入编、调整异动等信息，及时在机构编制实名制系统进行更新，同时对出入编信息进行编号，使系统数据与纸质档案对应，确保系统信息变更有依据、易查找。全年办理新进人员入编手续846名，异动人员824名，出编人员626名。加强机构编制数据管理。运用实名制系统与人社、财政等部门进行人员编制联合管控，对调出、退休、辞职、辞退、死亡等减员情况必须先由县编委办办理出编手续后，才能办理其他相关手续，实现实有人员与系统数据的一一对应；运用实名制系统开展公车改革人员审核及职务职级并行审核。持续抓好控编减编工作。严格执行《宁远县控编减编工作方案》，超编单位杜绝进人，全县机关事业单位超编存量消化显著，没有新的超编增量。“三超两乱”专项治理以来，行政编制方面，县直党政机关绝对超编行政单位由43个减少至7个，人数由绝对超编266名转变为余编20多名。事业编制方面，消化绝对超编人数1021人。

■推动重点领域改革 2017年，宁远县编办配合做好纪检监察体制改革工作。根据湖南省委、省纪委关于深化纪律检查体制改革的要求以及市委、市纪委派驻纪检组全覆盖和统一管理改革实施意见，结合宁远县实际，及时下发宁远县纪委派驻机构和巡察机构设置及编制调整方案，从全县35个县直党政机关调剂69名行政编制到县纪委。配合县纪委有序推进监察体制改革工作，从检察院划转15名行政编制到县纪委。试行城市社区岗位编制管理。以县委办、县政府办的名义下发《宁远县城市社区机构设置及人员编制管理意见》（宁办发〔2017〕25号），将城市社区纳入岗位编制管理。对城市社区的主要职责、机构设置、岗位编制及人员管理提出明确意见；对使用城市社区岗位编制的聘用人员，要求在核定的岗位编制数额内，经考试考核合格后继续聘用。10月份，经考试考核，全县124名城市社区岗位编制聘用人员已办理入编手续，在实名制管理信息系统外另行造册管理。

■深化行政审批制度改革 2017年，宁远县进一步简政放权，不断降低市场交易成本。继续清理规范权力清单。组织全县35个县直单位和中央、省、市驻宁单位开展权力清单清理工作。通过清理规范并报永州市审改办同意，及时公布34个单位（国税局不作要求）的2224项行政权力。严格规范部门审批行为。严格督促相关单位执行《宁远县行政审批事项管理办法》，任何部门不得擅自超越“清单”自行行使审批、罚款等行政职权，坚决杜绝扩大自由裁量权。对于公布保留的事项，要求部门按照“优化流程、简化程序、缩短时限”的原则制定《服务指南》，方便群众办事。开展“减证便民专项行动”。11月，以县政府办名义印发《减证便民专项行动工作方案》，在全县开展“减证便民专项行动”。经清理规范，在12月底下文取消第一批36项证明材料。对取消的证明材料，相关部门不得要求行政相对人提供相应的证明。推动行政职权向工业园区下放。经前期调研、多方征求意见及上下沟通衔接。11月10日，以县政府的名义下文，将国土资源局、住建局等13个政府工作部门的37项行政职权下放至工业园区。永州新闻网和湖南卫视对此项工作进行宣传报道。加强行政许可事项事中事后监管，实现审批与监管结合。制定下发《关于建立行政审批事中事后监管制度的通知》，督促相关权力部门分类或逐一制定并公布行政许可事项的事中事后监管办法，构建起“谁审批、谁监管”的监管体系和监管规则。编制责任清单。按照2015年制定的《宁远县政府工作部门行政许可事中事后监管办法》，督促行政职能部门建立行政审批事中事后监管制度。2017年，开展4次专项督查，并在全县推广县司法局“双随机一公开”（监管过程中随机抽取检查对象，随机选派执法检查人员，抽查情况及查处结果及时向社会公开）工作的做法，促成所有行政职能部门出台监管办法。进一步优化服务，增强企业和群众的“获得感”。行政审批标准化建设取得阶段性成效。6月，联合食品药品工商质监局、政务服务中心举行“宁远县行政许可标准化培训工作会”，全面安排部署行政许可标准化建设。全年，有29个部门按照《方案》要求，制作行政许可事项服务指南，为市民一体化的网上办事、同城通办奠定基础。推行“并联审批”服务模式。依托政务服务办事大厅，对涉及重点建设项目的发改、国土、住建等部门，试行“前台综合受理、后台分类审批、统一窗口出件”的服务模式。开设合署办税窗口。在国税局设立合署办税窗口，将地税、国税有关事项合并办理，实行进一家门、办两家事的便民办税方式。推行代办服务。对部分行政审批事项少且事项办理量少的部门，委托政务中心设置代办窗口，按照自愿委托、免费代办、便民高效、群众满意原则，为群众提供全程帮办代办服务。

（乐春涛）

机关事务管理工作

■概况 2003年，宁远县设立机关事务局，直属宁远县人民政府的事业机构，负责县委、政府大院的所有机关事务。2015年，机构改革，更名为宁远县机关事务服务中心，工作性质、职能未变。2017年，宁远县机关事务服务中心，坚持解放思想，求真务实，围绕机关后勤管理和优质服务的主题，增强服务意识，提高服务质量，在机关后勤管理、保障及服务等方面，做了大量工作，取得可喜成绩。2017年，宁远县机关事务服务中心，现有工作人员47人，在编47人。

■后勤服务 2017年机关安保服务，聘有安保人员32人。严格执行门卫制度，所有机关工作人员来大院开会、上班、办事都必须佩戴好服务中心统一制作的工作人员证。外来人员前来办事，必须事先预约，凭身份证或其他有效证件，进行登记允许后方可进入。安保工作做到24小时不间断巡逻，夜间巡逻力度大，不松懈。配合相关部门妥善处理群体性上访事件，全年共处理群访事件88批，计1600多人次；单个上访286件，计636人次。实现机关大院无政治事件、无刑事案件、无大案要案、无责任事故。会务服务。认真听取与会人员的意见和建议。制定严格的设施设备操作规范和会议运转流程，确保每个步骤和流程不遗漏。做到会前准备、会中协调、会后跟踪专人化和常态化。认真执行“五不见四净”卫生标准，不见积水、不见积尘、不见杂物、不见垃圾、不见乱倒垃圾，廊面净、桌面净、玻璃净、窗帘净，确保容貌。2017年，服务各类会议1100余场，其中大型会议及各种演出70余场，接待省市领导10余批次，各类参观团体20余次。食堂服务。“四大家”机关食堂自2015年11月运营后，出台《食堂管理人员岗位职责》《食品物品采购制度》《食品卫生管理制度》等一系列食堂管理制度，严把人员健康关，严格做到持健康证上岗；严把采购加工关，从源头上杜绝食物中毒现象发生；严把餐具消毒关，做到“一洗、二刷、三冲”；严把环境卫生关，“除四害”设施齐全完备，环境卫生专人清理，定期消毒灭菌，避免环境污染。四是公共场所卫生服务。2017年，每天安排20名清洁人员，对机关大院的所有楼道、卫生间、空坪闲地等地方，进行8小时不间断清扫、擦洗，做到上班前清洁舒适，下班后干净卫生。物业管理业务有拓展。2017年，中心派遣15名工作人员辅助国、地税办证窗口的工作，派遣3名工作人员负责农业委的物业管理工作，派遣4名工作人员负责招待所的物业管理工作，对武装部的绿化业务进行2次指导。

■节能工作 2017年，宁远县机关事务中心认真贯彻落实《中华人民共和国节能法》和《公共机构节能条例》，加强公共机构节能管理，切实履行机关事务服务中心在公共机构节能工作中的推动、指导、协调、监督职责，建立数据统计网络和节能工作联络员制度，及时准确上报统计数据，能耗数据统计工作成为常态化统计模式。广泛开展节能宣传，发放节能宣传资料2000余份。深入开展节水、节电、节油、节省办公用品等活动，促进县直机关节能工作全面开展。选派专人参加省、市举办的各项公共机构节能培训，推广新的节能理念和管理模式。对供电、供水等设施设备进行节能改造，杜绝“跑、冒、漏、滴”等现象。

■安全生产 2017年，做好公务车辆的定期维修、保养工作，破除侥幸心理，确保车辆安全运行。做好食品安全工作，完善出纳、采购、仓管、验收等多个环节的管理制度，对餐厅人员进行食品安全责任分解，对餐厅的环境卫生、储存加工、清洁消毒等工作流程进行优化，对原材料购置、食品加工等各个环节严格把关，不定期开展安全检查，确保食品卫生监管无盲区。做好机关大院安全保卫和消防器材的检查和维护，安排水电预防性维修，及时完成日常性维修，进行改善性维修。工程技术人员定期对机关大院的电力设施、消防设备、市政设施等，进行全面排查，填写好排查日记，消除安全隐患。全年维修电路故障万余次，维修下水管道、更换水龙头上千次，为机关大院内的水电供应，提供有力保障。

■基础设施建设 2017年，配合宁远县城开展的创建全国文明城市工作，加大基础设施建设力度，对宁远县政府南大门进行升级改造，安装两块LED大显示屏，在大院西侧山坡进行塑石美化升级改造。筹措资金对机关篮球场进行标准化建设，置换一批健身器材，方便机关大院周边群众前来休闲健身。大力整治周边环境。机关大院周边环境复杂，违章建筑、乱搭乱建现象突出，中心协调配合两办及相关单位调处矛盾纠纷近十起，完成大院北门的挡土墙建设，周边环境得到有效改善。

■创建“绿色机关” 2017年，机关事务服务中心按照整体规划、美观适用、易于管理的原则，采取乔灌草相结合分层配置，精心养护，机关大院绿化覆盖率达85%以上。2017年，新种树苗680余株，补栽树木230余株、树苗6000余株，移栽树木80余株，更换四季常用花草24万余株，为广大干部职工营造一个优美舒适的工作生活环境。

■后勤管理 2017年，宁远县公务用车运行管理步入正轨。中心根据省、市、县公务用车管理改革文件在永州市率先组建公务用车服务管理平台，围绕统一管理、科学调度、优质服务的原则，建立车辆管理运营模式。全年以“零失误”的工作标准圆满完成约1.2万次派车任务，行驶约145万公里，完成县委、县政府交办的“2017年湖南省冬季乡村旅游节暨祭奠舜帝大典”和“省扶贫组检查贫困县摘帽工作”等大型活动的派车任务。做好办公用房的清理工作。会同县纪委、县委办、政府办等单位成立办公用房清理工作组，制定《宁远县办公用房统一管理制度》，对各单位办公用房使用情况进行了检查，对不符合标准的办公用房进行整改，有效缓解办公用房紧张的状况。完善机关后勤服务管理体系，成立依法行政领导小组，制定《机关事务服务中心依法行政工作制度》，规范干部职工的行政行为。充分发挥“12345”热线职能，创新服务理念，优化服务方式。

（陈林麟）

史 志 工 作

■概况 1981年7月，县委设立党史资料征集办公室，开始征集、整理宁远党史资料。1986年8月，成立宁远县地方志编纂委员会，下设办公室，开始新中国诞生后，第一轮宁远县志的编纂。1992年，成立党史联络组，组织老同志撰写回忆录。2002年3月，党史办、县志办合并，成立宁远县党史与地方志征集编纂办公室。内设综合股、党史征研股、地方志股三个股室，定编7人，实有6人。2005年、2007年，《九疑山志》《宁远县志》（1978~2013）分别编纂出版。2017年，增加一名编制，现有编制8名，实有6人。2017年，县史志办按照中央关于党史工作“一突出、两跟进”的要求，认真征集党史资料，编纂党史基本著作。不忘初心，发扬“修志问道，直笔著史”的方志人精神，推进部门志、名村志的编纂，出版《五里桥村志》，编纂出版首部《宁远年鉴》。

■党史研究 2017年，宁远县

史志办根据永州市史志办领导、党史专家意见，结合征集到新的史料，并派两名同志参加全市党史基本著作业务培训，专门培训党史基本著作三卷编纂，给予及时、针对性强的业务指导，其他的同志在单位也组织了学习，对党史基本著作三卷编写问题进行了研究，并对《中国共产党宁远历史》第三卷进行了四次大的修改完善。撰写改革开放时期的《宁远县城区建设》等党史专题资料。由县委办、政府办分别记录，整理编辑《中共宁远县委书记刘卫华工作日志》《宁远县人民政府县长唐何工作日志》，为征集史料打下坚实的基础。

■史志宣教 2017 年，宁远县史志办创新史志宣传方式，撰写调研和理论文章，在公开出版物上刊发，从党史宣教中切入意识形态工作，打造扎实的宣传平台。其中研究文稿《红34 师回师宁远的战斗历程》，在市史志办的《红军长征在永州实录》刊发，从理论的高度宣传党史，具有资政意义。为县文体广新局等县直单位宣讲党史、进行革命传统教育 150 人次，为红六军团后代等上级有关领导及相关人士到水市革命烈士陵园、下灌村等地寻访革命遗迹 120 人次。12 月 19 日，组织参观湖南党史陈列馆和雷锋纪念馆，追思历史，缅怀先烈，接受深刻的革命传统教育。利用《湘潮》这一宣传教育平台，引导和帮助党员领导干部、青少年，广大群众学习党史、研究党史。2017 年，完成发行《湘潮》杂志 590 份。

■《嶷山赤子》编纂 2017 年，为宣传展示宁远形象，颂扬宁远人为国家和民族发展做出的贡献，县党史联络组、县史志办组织编写《嶷山赤子》一书，该书收录从当代到古代的宁远籍名人（含配偶），即：党政军界副处副团以上干部；科教文卫体界副高以上职称及全国冠军以上者；经济界即国营和民营企业的优秀代表；对社会和家乡有突出贡献及有影响人士等各行各业代表性人物。年底已完成人物资料收集工作。

■回忆录组稿 2017 年，县史志办完成永州市党史回忆录——《潮涌潇湘》组稿工作，提供 3 篇稿件。完成中共永州历史回忆录——《潇湘潮》第五辑组稿工作，提供 6 篇稿件，其中《宁远县“创卫”工作回顾》《最美风景数文明——宁远县创建全国文明城市工作纪实》《宁远头号申遗工作》《千年古镇展新姿——宁远县柏家坪镇新型城镇化试点纪实》4 篇稿件被收录。

■年鉴编纂 2017 年，宁远县史志办编纂出版宁远首部年鉴——《宁远年鉴（2017）》。该卷共 50 万余字，客观全面的记录 2016 年宁远县各行业、各部门的主要工作、重大事件，反映宁远经济建设和社会发展的新面貌、新经验。并同步发行电子版年鉴，方便用户使用电子设备阅览年鉴。

■名村志编纂 宁远县史志办认真落实永州市《名村志》编写工作，以政府办的名义下发《宁远县〈名村志〉编纂工作实施方案》。2017 年 2 月出版《五里桥村志》，《下灌村志》已完成初稿，《江河源志》《平田村志》完成收集整理资料，其他乡镇名村志编纂工作正在有序推进。

■中心工作 2017 年，宁远县史志办充分发挥党组织在中心工作的引领作用，充分发挥党员示范带动作用。以建设学习型、服务型党组织为引领，增强党组织的创造力、凝聚力、战斗力，提高党组织推动发展、服务群众的能力，把党建工作与提升史志服务水平相结合，实现党建与中心工作、史志业务的互促共进。注重政治理论学习，建设学习型党组织，根据史志工作特点，政治理论学习对于史志工作者，既是理论武装，也是业务学习，深刻理解把握党建理论，推动工作扎实有力。2017年，史志办党支部获“五星级党支部”称号。扎实推进脱贫攻坚工作。2017年，史志办联系中和镇白公殿村的脱贫攻坚工作，把脱贫攻坚工作作为一项政治任务进行安排部署。选派2名政治素质高、责任心强、热爱农村工作的干部驻村担任第一书记兼工作队长和工作队员，选优配强村支两委干部，充分发挥党员示范带动作用。积极争取项目和资金，下大力气改善白公殿村的基础设施、美化村容村貌，补齐基础设施和公共服务短板。修建新楠木漯自然村及村级活动中心环村道，村道白-湾线400米水泥硬化，白-双线通达4公里，便于植树造林，生姜种植。新建饮水工程。在2016年新建两个水池的基础上，再建新楠木漯自然村和湾子漯自然村两个水池，实现家家户户通自来水。水源保护两处，确保用水安全。新建消防水池一个，提高防火能力。改扩建村级综合服务平台。在原村级活动中心的基础上，改扩建村综合服务平台，完善综合服务功能。六是美化、亮化工程及环境卫生。改厕20个，新建垃圾7个。电视“户户通”，广播“村村响”，配备体育健身器材，为村民锻炼身体提供平台。同时，安排专人驻村对精准扶贫托管村中和镇立脚村进行脱贫攻坚业务指导。2017年，扶贫村和扶贫面上托管村精准脱贫工作均取得好的成绩。

（刘怀剑）

档案工作

■概况 宁远县档案馆成立于1958年11月，是全国首批建立的539个县档案馆之一。1980年12月设立宁远县档案科。1983年11月改科为局，1985年局、馆合并，1987年局馆分设，2002年机构改革，局馆合一，合署办公，一个机构，两块牌子，为县委直属正科级事业单位，参照公务员管理。根据授权，县档案局主管全县档案事业行政管理工作，为县委、县政府主管全县档案工作的职能机构。2016年7月8日，新档案馆正式投入使用，面积8422平方米，在全省属大型馆。2017年年底，全局定编23人，实有21人，局内设办公室、管理利用股、业务指导股、法规宣传教育股、信息编研中心。全年重点围绕两办《关于加强和改进新形势下档案工作的实施意见》，加强档案基础设施建设。开展“档案管理工作规范化管理年活动”、档案移交进馆及馆内档案数字化工作。荣获“2017年全省档案宣传工作先进集体”和“2017年度全市档案工作先进单位”称号。

■档案队伍建设 2017年10月，湖南省档案局（馆）长工作会议上，宁远县的《优化人才机制，夯实队伍建设》典型经验材料在会上推介。在职在编工作人员数量、学历、技术职称排位居全省各县区同行业之首。组织干部职工赴省市参加各类培训和学习四批19人，其中参加2017年档案专业人员岗位培训班的12人次，参加2017年档案专业技术人员继续教育培训班的4人次，参加全市档案系统骨干培训班的3人次。8月，举办全县档案员业务培训班，188人参加培训，邀请永州市档案专家授课。

■档案管理和利用 积极打造文明窗口，设置先锋示范岗、党员模范岗，建立节假日查档服务制度。2017年，接待9500人次，查阅上万卷档案。编纂出版2015年度、2016年度《宁远大事记》。2016年在湖南省档案局立项的《基层档案系统机构编制的创新》和《舜文化档案数字资源库的建设研究》两个课题，于2017年年底结题。湖南省重点档案抢救保护与开发项目《舜文化历代祭舜档案保护与开发》已经完成70%。通过政府采购，对馆内9000卷重点档案开展数字化工作，已经数字化扫描3000卷。为进一步提高档案的查阅利用率，购买湖南省档案局统一组织开发的上海中信档案管理平台，提高宁远县档案信息资源数字化、管理标准化、服务网络化水平。

■**档案业务指导** 2017年深入开展“档案工作规范化管理年”活动，设立档案工作规范化管理建设奖补资金70万，用于全县档案室升级达标及档案移交进馆质量竞赛奖补。2017年，有8个副科级以上单位档案规范化管理完成并在政务网上进行公示。其中县烟草局省特级，县审计局、县交通局、县自来水公司、县发展和改革委员会省一级，县红十字会、县人大办省二级。抓好农村土地承包经营权确权登记颁证档案的监管，该项工作受到省委省政府肯定。

■**档案行政执法** 2017年，在《中华人民共和国档案法》颁布实施30周年之际开展有奖知识竞赛和手机宣传活动。档案宣传工作深入基层，全县订阅《档案时空》320份。加大档案征集力度，8月，宁远县档案局下发《宁远县档案局关于征集“地方特色档案”的通知》文件500份，及2000份征集启示。积极开展档案执法检查，配合纪委查处宁远县就业服务局丢失档案案件。配合“六大战役”与县重点办开展重大建设项目档案执法及园林城市建设等中心工作。

（王嶷峰）

信访工作

■**概况** 1949年11月—1953年，县委、县政府分别指定专人负责接待、处理人民来信来访，并有县长定期接待群众的制度。1954年起，分别由县委办公室和县政府秘书室，负责接待处理来信来访。1956年9月，县委、县人委分别设接待室。1961年5月，成立信访办公室。1964年4月，县委决定每月1日、15日，为书记、县长接待日。1979年12月，县委规定每月1日、15日，由县委常委轮流接待上访群众。1985年—1986年，实行县委、县政府主要负责人预约接待群众的制度。1987年—1989年，建立县人民政府正副县长定期接待群众上访制度。1990年起，坚持和完善定期研究、领导接待日、重点问题排查、领导包案、检查督促、责任追究六大信访工作制度。2002年3月，机构改革，县信访办与县调纠办合并为信访局。次年7月，又析分为县信访局、县调纠办，明确县信访局是县委、县政府的办事机构，代表县委、县政府行使信访事项交办权、查办权、协调处理权和对干部在信访方面使用、奖惩的建议权。2017年，历经省、市、全国三级“两会”“一带一路”峰会、“七一”“八一”、国庆、环保督查、中共十九大等重大特护期以及全市公祭舜帝、湖南省冬季乡村旅游节、省脱贫摘帽检查验收、重点项目开工等重大活动，完成信访维稳任务。全县信访总量下降、信访案件办结率上升、网信占比率上升、群众满意率上升、信访秩序好转，信访维稳形势总体平稳可控，社会大局持续稳定和谐。上半年信访考核列全市第四位，在8月省政府专项督查中得到好评，迎接党的十九大信访维稳工作获得市委、市政府肯定，被评为先进县。

■**信访会议** 2017年，宁远县召开6次县委常委会议，6次全县信访工作会议，安排部署和调度信访工作。县委书记刘卫华，县委副书记、县长唐何多次听取信访工作汇报，一线指挥调度信访工作，县委副书记刘军君主持召开4次联席会议，研究部署阶段性信访工作、研究解决重大信访问题。8月23日，省政府信访工作专项督查组领导到宁远县开展督查调研工作，信访工作获得肯定。

■**领导接访** 2017年，宁远县继续实行县直部门“周一大接访”，乡镇逢圩日大接访活动，全县开门接访。各接访室责任县级领导及相关责任单位一把手坐班接访；从7月1日开始，每个工作日安排2名县级领导到信访局值班接访。2017年，县委、县政府36名县级领导、参与接访312人次，共接待来访群众1239批、3568人次，现场化解信访矛盾185件，交办信访问题254件，疏导化解群体性上访56批。按照永州市委的要求，开展市、县、乡、村“四级书记大接访”活动，县委书记刘卫华、县长唐何、县委副书记刘军君带头参与，乡镇（街道）党（工）委书记、村（社区）党支部书记一线接访群众。2017年10月30日上午，县委书记刘卫华带领相关部门负责人深入到舜德社区开展“四级书记大接访”活动，一线接访，对鹅公井、姜吉昌、朝斗坝等信访事项现场办公，化解矛盾。结合“五千干部下基层”活动，宁远县各级领导进村入户开展大下访工作，了解民情民意，化解矛盾纠纷。全县65名县级领导开展下访活动560人次，走访信访群众1200余人次。对涉众型信访群体，存在政策疑虑、误解诉求的，县政府统一组织陪访活动，陪同信访代表到上级有关部门咨询，释疑解惑。6月12日至16日，在副县长邓小英的安排下，信访局、民政局、人社局及相关乡镇分两批陪同三等功人员、涉核人员、参战人员等涉军群体代表进京，到中央军委总政治部、民政部、人社部咨询，全面了解相关政策，引导理性维权。

■推动案结事了 2017年，宁远县信访局开展“积案清零”活动。继续实行领导包案化解，减少信访存量。2017年，全县交办化解信访积案，县级领导牵头包案处理，各责任单位、各责任人参与积案化解工作。5月开展全县“矛盾纠纷调解月”活动，调处山林权属纠纷10件，办结并息诉息访7件；受理复查信访积案34件，出具复查意见8件，调解4件，退回重办4件，撤回申请4件，正在办理14件。强化初信初访办理。全年共交办初信初访253件，化解186件。推动网上信访。是年，全县受理上级通过信访系统转信1103件：来信128件、来访250件、投诉件725件，及时受理率97.7%，按期办结1078件，按期办结率97.8%，群众满意率为99%，参评率达55.3%，网信占比率达62.4%。

■党的十九大特护期工作 2017年宁远县委成立由县委书记刘卫华、县长唐何任顾问、县委副书记刘军君任组长的领导小组，抽调100余名干部，下设督查督办组、依法治访组、情报信息组、信访接待组、接返劝返组，全力维护十九大的稳定工作。其间，接待来访群众230批次，490人次，现场解决信访问题20件，搜集情报信息400余条，稳定劝返35人，全县无一人进京非访挂号，被永州市委评为“党的十九大期间信访维稳工作先进单位”。

■督查督办及信访追责 2017年，宁远县成立以纪委牵头，县纪委、县委组织部、县“两办”、联席办参与的高规格的信访维稳工作督查督办工作组，进行日常信访工作督查。特护期间，县委副书记刘军君，县委常委、纪委书记陈海平挂帅，由县纪委一名副书记、县委组织部一名副部长具体负责，抽调精干力量参与，实行滚动式的不间断督查工作。

是年，开展两轮全面督查，组织6次专项督查，对积案化解工作按照一案一督查员的要求安排了联络督查员，一督到底。对周一大接访坚持每周一次通报。在督查中发现问题，在督查整改问题，助力工作责任和措施的落实。10月中旬，县委副书记刘军君带队两次督查周一大接访领导到岗到位情况，并下发通报，强力推进周一大接访工作。全年下发追责通报18期，对工作不到位的84个单位、3位主要领导予以通报批评，对28名责任领导进行约谈，对15名责任领导予以诫勉谈话。

■依法治访 2017年，宁远县

信访局印发宣传资料1万份，制作宣传栏，在电视台制作专栏，在各乡镇和街道醒目位置张贴1000余份永州市中级人民法院于7月24日、9月26日颁布的两份布告，彰显依法治访。县委组建依法治访工作小组，由刘军君任顾问，曾海波任组长，陈云生任常务副组长，从政法委、公安局、法院、检察院、司法局抽调人员，集中办公，开展依法治访、依法惩治工作。对于失控赴省进京非访人员、扬言进京寻衅滋事人员、集访挑头人员坚决依法惩治到位。1—12月共刑拘19人，批捕8人、判刑3人，行政拘留77人，训诫600余人，进京非访依法处理率100%。

（薛晋飞）

老干部工作

■概况 1983年12月，宁远县成立县委老干部局，管理离退休干部。1987年9月，成立宁远县关心下一代协会，1991年3月关心下一代协会更名为关心下一代工作委员会。2002年，县委老干部局，内设综合性办公室，加挂关心下一代工作委员会牌子。2015年，关心下一代工作委员会析出单列。2016年成立中共宁远县委离退休干部工作委员会，为县委老干部局挂牌机构。2017年，宁远县委老干部局工作人员7人，下属单位有宁远县老干部休养所。

■离退休干部党建工作 2017年，宁远县将离退休干部党组织建设纳入县委党的建设总体布局（同部署、同规划、同考核、同表彰）。是年，宁远县老干局在禾亭镇禾亭社区、大谷村等指导党建工作，培训村支两委干部。推进结对帮扶制度，老干局每个工作人员联系1~2名困难离退休干部或困难群众，在每年“七一”前和重阳节进行走访慰问。严格党员管理，每个党员如数缴纳党费。全面落实党建工作述职评议考核制度。2017年12月，宁远县司法局离退休干部党支部、宁远县食品药品工商质量监督管理局退休干部党支部被授牌为全市示范性离退休干部党支部。

■离退休干部政治待遇 2017年，组织老干部参加县“两会”和“县党代会”，2月和10月两次组织离退休干部参加全县经济社会发展情况通报会。利用党建平台组织老干部学习当下国家的各项方针政策。通过各种形式的活动，激励老干部为宁远经济社会发展建言献策。

■离退休干部生活待遇 2017年，宁远县老干局坚持对每一位离休老干部和副处级以上退休老干部至少走访1~2次，全年累计发放慰问金12万余元。为困难老干部遗孀和离休干部遗孀建档立卡。是年，为老干部及离休干部遗孀发放困难帮扶资金2万多元。

■离退休干部各项活动 2017年，组织老干部开展“点赞新变化　建言十九大”座谈会，开展“讲好红色故事　喜迎党的十九大”，“江永、宁远学习十九大精神文艺联谊演唱会”等活动；组织参加全省离退休干部“喜迎十九大·颂歌献给党”合唱比赛，全市老干部“喜迎党的十九大　翰墨丹青抒情怀”书画展；参与承办2017年宁远县庆十九大贺九·九老年节暨表彰“好儿女”、“好媳妇”文艺晚会等，为十九大的胜利召开营造良好的氛围。

■老科协工作 2017年，宁远县在原启动创建216个“创百”示范村的基础上，发展“创百”示范村119个。文庙街道新车村、湾井镇下灌村、中和镇坦坝村经过永州市“创百”领导小组和永州市老科协的考核获评永州市“创百”精品村。

2017年，在文庙广场搭建“宁远县老科协科普活动展示台”，现场接受群众科技咨询50余人次，发放科普宣传资料、保健书籍2000余份。组织县老科协金秋艺术团自编自排《健康新风进万家》等10多个节目到各乡村巡回演出60余场次，宣传“创百”工作，普及科技知识。是年，宁远县老科协会同农业局分会举办两期金银花种植大户培训班，现场指导咨询700余人次。欧解义等人成功研制“金银花摘花机”“手摇式选花机”“电动式选花机”等金银花加工设备，这些研制成果均获国家专利。在九嶷山新塘村开展“送温暖、送技能、送健康、送文化”的“四送”活动，为20户贫困户和10位五保老人送慰问金1.2万元，棉被10套；为村民提供种养及其产品供销等实用技术咨询服务80余人次，发放并解读《稻鱼综合种养模式与技术》《提子高产栽培技术》等科普资料1000余套，并到村提子种植园现场进行种植管理技术指导；邀请10名市、县有经验的专家医生为村里230多位60岁以上老人免费体检，免费给村民送发价值6000余元的18种常见药，发放《中国公民健康素养》《健康教育读本》等健康知识宣传资料近1000份，为村“农家书屋”赠送一批书刊。国家电网宁远分公司老科协分会，组织退休人员免费为贫困户、五保户架线安装电灯、维修用电设施。

■关心下一代工作 2017年宁远县关工委联合县司法局、教育局在全县普法教育活动中为10所乡镇中学免费发放《中华人民共和国未成年人保护法》《中华人民共和国预防未成年人犯罪法》等法律法规读本500余册。在县二中、八中、莲花小学等20余所中小学开展社区服刑人员“现身说法”警示教育活动，参加活动的学生达1.2万余人。4月，宁远县开展“好婆婆、好媳妇、好儿女”评选活动，对评选出的给予表彰。在各单位、各学校开展家规、家训、家风箴言征集活动，评选出优秀作品40余篇编印成册，引导全社会关心关注青少年健康成长，注重家庭和谐，重视家庭教育。4—6月，开展“阳光校园 我们是好伙伴”主题教育读书活动进入各项评选表彰阶段，先后开展演讲、征文、诚信友善好少年的评选，先进班集体、先进个人、主题活动示范校及关心下一代工作先进单位的评比。县莲花小学李想同学参加市“阳光校园 我们是好伙伴”获主题教育读书活动一等奖，并代表永州市送湖南省参赛。宁远县五小、六小、天堂完小、朵山村、坦坝村等均组织老党员、老专家、老教师、老战士、老模范主动参与校外活动，积极担当“代理家长”，开展结对帮扶活动，创设“留守之家”。6月1日，由宁远县关工委等单位承办的“童心向党 爱我家乡”文艺会演，演出结束后县各领导为70名留守儿童现场发放爱心礼物，为孩子们送去党和政府的关怀。会后，宁远县关工委陪同县各级领导分别对八个学校的贫困学生进行走访慰问，共发放慰问金3万余元。“六一”期间，在宁远县中小学开展争做美德少年主题实践活动。各中小学校深化拓展“做一个有道德的人”“红领巾相约中国梦”等活动，面向广大儿童深入浅出地讲解中国梦的基本内涵，大力弘扬友善、诚信、孝敬等中华民族传统美德。宁远县关工委等组织深入开展“美丽中国，我的中国梦”“学雷锋见行动”等系列主题教育实践活动20场次，通过义务植树、祭扫烈士陵墓、讲文明讲卫生讲奉献，教育引导青少年坚定理想信念。

（唐新胜 谷燕文）

■老年教育工作 2017年宁远县委、县政府高度重视老年教育工作，县委书记刘卫华亲临县老年大学调研，批示将县老年大学校舍建设列入县学位建设项目，建一所高标准示范性老年大学。县委副书记刘军君召集县直有关部门负责人研究县老年大学教学综合楼建设具体工作。是年，县老年大学教学综合楼工程建设项目前期工作如规划设计、旧房撤除、树木移植等均已完成。2017年，改善办学条件，县老年大学办学经费列入财政预算，由过去的每年5万元增加到33万元。

2017年，县老年大学按照“老有所教，老有所学，老有所乐，老有所为”的教学宗旨，认真组织教学工作。一方面加强自身建设，完善各项制度，加强学校管理；一方面抓好教学工作，加强师资队伍建设，开设适合老年学员需求的专业课程。是年，学校有在册学员600余人，开设医疗保健、电脑、书法、摄影、音乐、舞蹈、器乐、太极拳、京剧、地方戏等10个专业，还组建艺术团，下设两个文艺演出队和两个器乐队。

2017年，县老年大学教学成果丰硕。艺术团配合县里中心工作，积极参加禁毒、法制、宣传十九大、扶贫送戏下乡等各项演出活动，宣传党的方针政策，宣传县里改革开放的成果，宣传县里的好人好事。全年进行各项演出66场（次）。学员何运武获第13、14届天籁杯诗词大赛金奖，并授予天籁之音德艺双馨中华诗词荣誉称号。老年学员充分发挥余热，融入社会，为社会稳定，构建和谐社会献计出力。

（蒋仁佩）

党校工作

■概况 2017年，宁远县委党校在县委、县政府的高度重视及正确领导下，坚持“党校姓党、从严治党”的原则，认真贯彻落实全国、全省、全市党校工作会议精神，深刻领会习近平新时代中国特色社会主义思想，积极发挥党校思想理论宣传的主阵地、主渠道作用，为打赢“六大战役”、加快建设宜居宜业宜游生态文化公园和全面建成小康宁远做出了积极贡献。

■党建工作 2017年组织全校党员干部学习《关于新形式下党内政治生活的若干准则》《中国共产党党内监督条例》、习近平总书记系列重要讲话精神、7.26讲话精神、党的十九大精神以及《中共永州市委关于加强和改进新形势下党校工作的实施意见》等重要内容。将专题讲座与宣讲辅导相结合、新课试讲与研讨交流相结合，组织开展集体学习12次，人均记写学习笔记1.5万字。组织收看《榜样》《焦玉禄》《爱莲说》等专题片。要求党员全年自学与上课相关的理论书籍3本以上；督促党员通过订阅“共产党员”“永组在线”“红星云”“清风九嶷”等微信公众号和登陆“宣讲家视频”进行自学。明确支委分工，确定组织委员为专职党务工作者，要求班子成员严于律己、率先垂范，设立共产党员示范岗。坚持民主集中制，强化分层管理措施，对在职党员严格制度约束。实行目标管理，将《党员目标管理责任书》《支部考核细则》的内容纳入《宁远县委党校2017年目标管理及绩效考核办法》考核体系，实行同安排、同检查、同奖罚。积极推进“两学一做”学习教育常态化、制度化。发动党员与党校驻村帮扶的扶贫村禾亭镇禾亭社区贫困户进行结对帮扶，共结成帮扶对子73对，开展帮扶活动600多人次；组织中青班学员在贫困村大谷网格共同开辟扶贫试验田，种植鱼腥草10亩，除草2次，发动党员学员捐助产业扶贫款3000多元。

■干部教育培训工作 充分利用党校在教育、培训党员干部中的主渠道作用，在全县大规模开展党员干部的培训工作。注重分类培训，坚持主体班次与专题班次相结合。2017年，共举办各类培训班15期，培训2976人。其中，精心组织举办中青班1期，培训中青年优秀干部70名；举办扶贫村第一书记培训班1期，培训扶贫村第一书记和村支部书记235人。举办基层党组织书记培训班、十九大专题培训班、组工干部培训班、入党积极分子培训班、党员发展对象培训班、妇女干部培训班等。培训干部对象日趋广泛，形式更加多样。注重整合资源，坚持县内培训与县外培训相结合。先后与清华大学、北京大学、浙江大学等县外培训机构建设良好合作关系，拓展合作办学新路子，外派干部 350 人参加培训。

■**科学研究** 2017 年，《看齐意识体现了马克思主义哲学思维》《湘南山区易地扶贫搬迁的实践与探索》《多元文化背景下党员干部的党性修养研究》《党员领导干部廉洁自律的“拱心石”—家风建设研究》4 个课题在湖南省委党校结项，《宁远县建成全国全域旅游示范区的实证研究》《农村综合服务平台建设存在的问题及对策建议—以湘南地区宁远县为例》,《对我省合并村后农村社会治理出现的新情况、新问题及其对策研究——以永州市宁远县为例》等 3 个课题在省委党校社科联立项；《全域旅游视角下宁远县乡村旅游发展探析》《农村综合服务平台建设的现实困境与实践创新——基于宁远县个案调查与思考》2 篇文章获湖南省委党校理论研讨会二等奖，在永州市委党校理论研讨会上获一等奖 1 篇，二等奖 1 篇，三等奖 2 篇，《多举措推进党内政治文化建设》3 篇文章先后在省级党刊和决策咨询上发表。《舜帝德孝文化创新性转化与创新性发展》被县委书记刘卫华采纳，并在红旗出版社出版的《治国理政在郡县——县委书记谈新发展理念》第一卷刊发。11 月 22 日，邀请国家部委和省内外领导、专家和学者 60 余人，成功举办“德孝文脉”领导干部家风建设理论研讨会。12 月 25 日，《领导干部家风建设研讨会综述》在湖南日报理论版刊发。

■**队伍建设** 2017 年，宁远党校为进一步提升党校师资队伍的素质，采取多种形式加强对青年教师的培训，除了坚持常规的能力提升训练（常态化的朗读训练和学习制度）与工作实绩考核外，鼓励教师业余自学，努力创造条件让教师外出参加培训、到机关挂职锻炼，并积极支持教师在职提升学历。2017 年以来，先后选派 10 多名教师赴北京大学、厦门大学、浙江大学、中国人民大学、湖南省委党校等名校参加学习，选送 3 名教师到县委办、信访局等单位跟班学习。此外，还通过宁远县“人才引进计划”引进硕士研究生 1 名，通过湖南省公务员招考招录公务员 1 名。

■**新党校建设** 宁远县新党校第一期工程于 2016 年 7 月 28 日动工。目前，教学楼、会议综合楼、宿舍楼三栋主体建筑全部封顶，正在进行教学楼砌砖和外墙粉刷装修，完成工程量 80%；学员宿舍楼已完成内粉，外墙粉刷装修及安装防雷设备；会议综合楼已开始砌砖和外墙粉刷装修砌砖；党校大门已经封顶，正在进行装修。现已完成投资 9800 万元人民币，占投资总额的 75.4%，占年度预算投资（6000 万元）的 163.3%；二次装修设计已于 2017 年 10 月 13 日进行招投标。

（贾丽琼　杨海芳　唐娟）

宁远县人民代表大会

■**概况** 宁远县人大常委会依照宪法和法律赋予的职责，贯彻落实中央和省、市、县委的决策部署，围绕全县改革发展稳定大局和人民群众普遍关心的问题，主动担责，强化自身建设，提升履职能力，增强工作实效。2017年，共召开县人大常委会会议9次、主任会议13次，听取和审议专项工作报告16个，组织视察、专题调研、执法检查11次，开展工作审议涉及单位4个，作出决定、决议23项，较好地完成既定的工作目标和任务，有力地推动宁远的民主法制建设和全面小康建设。

■**重要会议** 12月24日—27日，宁远县第十七届人民代表大会第二次会议在政务中心举行。会上，县委副书记、县长唐何向大会作政府工作报告；通过县十七届人大二次会议《选举办法》；听取县人大常委会主任张明贵代表县十七届人大常委会所作的工作报告及“两院”工作报告；审议并表决通过县人大常委会、“一府两院”的工作报告及国民经济和社会发展计划、财政预算相关决议；表决通过了县人大财政经济委员会主任委员、法制委员会主任委员，选举产生县监察委员会主任。

■**工作监督** 2017年，宁远县人大综合运用听审报告、调查、视察、执法检查、工作审议、代表评议、询问、民意测评和履职票决等经常性监督的方式方法，增强人大监督工作的力度和实效。强化常委会会前调研、会中审议和会后督办，把审议意见整改落实情况作为跟踪督查的重要内容，督促“一府两院”及其部门切实改进工作并及时报告整改情况。是年，对县人社局、县水利局、县房产局、县地税局等四个单位进行工作审议。

■**法律监督** 2017年，宁远县人大听取和审议县政府关于“六五”普法规划实施和“七五”普法工作安排情况汇报，作出《关于在全县公民中深入开展法治宣传教育第七个五年规划的决议》，推动学法普法工作向纵深发展。先后开展《中华人民共和国行政诉讼法》《中华人民共和国大气污染防治法》《中华人民共和国道路交通安全法》《中华人民共和国农产品质量安全法》《中华人民共和国食品安全法》和《湖南省食品生产加工小作坊和食品摊贩管理条例》等法律法规的执法检查，强化县政府及其部门的守法护法意识。对“一府两院”及各乡镇（街道）、各部门贯彻落实《湖南省实施宪法宣誓制度办法》情况进行督查，促其组织任命人员向宪法宣誓，增强被任命人员的宪法意识和自律意识。配合永州市人大常委会完成《永州市公园广场管理条例》《永州市城市市容和环境卫生管理条例》的立法征集意见工作，共提出修改意见、建议45条，为两个“条例”的完善提供了可资参考的意见。进一步完善规范性文件报送制度，全年接收县政府和乡镇（街道）人大的规范性文件备案8件，所有备案件都进行登记和审查，并统一立卷归档。

■**代表工作** 2017年，宁远县

人大加强代表履职、履责管理，分两批组织290多名县人大代表到浙江大学进行初任培训，通过学习培训，深化代表对人民代表大会制度和人大工作的理解和认识，增强代表意识，强化代表责任。开展代表小组活动，坚持邀请县人大代表列席常委会会议，组织代表参与常委会的视察、调研、执法检查和法院旁听庭审活动。开展各类活动100余次。县人大常委会做好代表服务工作，坚持分工联系县人大代表，积极参加代表小组活动，密切联系代表，坚持走访代表制度，了解代表的工作、生产、生活情况，听取代表的建议意见，着力帮助解决一些难点问题。

■依法决定重大事项 重点审议决定县人民政府提请审议的《关于将宁远县体育中心（全民健身中心）建设项目政府购买服务资金列入财政预算的议案》《关于将宁远县第一中学新校区建设项目政府购买服务资金列入财政预算的议案》《关于将宁远县城区提质改造项目（一期）政府购买服务资金列入财政预算的议案》《关于将S234宁远县至道县柑子园公路（宁远段）融资贷款的应付款项列入财政预算的议案》《关于将学位建设项目政府购买服务资金列入财政预算的议案》《关于将下灌景区旅游建设项目政府购买服务资金列入财政预算的议案》《宁远县人民政府关于将县工业园基础设施建设及配套项目（一期工程）政府购买服务资金列入财政预算的议案》《关于在全县公民中深入开展法制宣传教育第七个五年规划的决议的议案》《关于宁远县文化生态特色城镇建设（一期）项目采用PPP模式实施及政府财政支出纳入中期财政规划并列入财政预算的议案》《宁远县人民政府关于将县光伏扶贫电站建设项目本级财政自筹配套部分列入财政预算的议案》《宁远县人民政府关于提请审议〈湖南宁远九嶷河国家湿地公园管理办法（试行）〉的议案》《宁远县人民政府关于将2018年棚户区改造项目政府购买服务资金列入财政预算的议案》《查办和预防职务犯罪工作的情况报告》《关于贯彻实施《中华人民共和国行政诉讼法》的情况报告》等议案。

■关注民生 深入开展“民族团结进步行”“三湘农民健康行”“农产品质量安全行”和“环保世纪行”活动，督促政府围绕“生态、安全、健康、和谐”主线，促进人与社会、人与自然和谐发展。聚焦非法客运、农村饮水安全、公共卫生管理、教育教学改革和房地产开发小区等与老百姓息息相关的身边事，开展调查研究，着力督查督办。2017年，县人大常委会组织相关部门加大环保执法力度，县工业园区的所有企业基本达到废气污染物排放标准，全县所有饮用水源水库均落实禁止投肥养鱼和网箱养鱼。立案查处问题农药化肥11起，涉及金额10.5万元；检查饲料经营店46家，规模养殖场自配点386户，收缴过期饲料1.25吨、过期兽药35包、假兽药5包；立案查处食品安全类案件190起，结案83起，取缔无证经营企业10家，没收不合格食品1300余公斤。组织2次义诊活动，为群众免费送医送药2万余元，诊疗500余人次，发放公共卫生宣传资料3000余份，组织编印了6000份《健康知识读本》免费发放到全县所有的行政村。督促有关部门完成2017年民族乡村经济社会发展项目的调查和申报，抓好边远山区少数民族易地移民扶贫工程，抢救、传承和开发瑶文化，发展瑶家生态旅游产业和民族特色产业，成功举办湘南三市六县八瑶族乡坐歌堂和公祭盘王活动。

■专题调研 县人大常委会组织相关部门深入基层调研，经过听民声、汇民意、集民智，先后形成《关于宁远县非法客运市场情况调研报告》《关于全县农村饮水安全工程情况的调研报告》《关于宁远县柏万城完小教育教学改革的调研报告》《关于宁远县公共卫生体系建设及公共卫生资金投入、使用和管理情况的调研报告》等调研报告。

■依法任免 县人大常委会严格程序，规范人事任免，将党的领导和依法行权结合起来，探索人事任免工作新方式，对任命干部把好任前调查、法律考试、任前发言、议案审、任后监督等“五关”。2017年，依法任免干部93人次，实现市委和县委的人事安排意图。同时，严格落实宪法宣誓制度。

（胡龙华）

宁远县人民政府

概　　况

1949年11月17日，宁远和平解放，同年24日成立宁远县人民政府，至1955年4月更名为宁远县人民委员会，1968年3月改设宁远县革命委员会，1980年12月恢复宁远县人民政府名称。2017年宁远县人民政府围绕“五大战略”“六大战役”，凝心聚力、奋勇争先，全县经济社会发展取得新成效、迈上新台阶、展现新形象。荣获国家和省、市级集体荣誉称号20多项，国家卫生县城成功授牌。获评全国法治先进县、平安农机示范县、首批农村生活垃圾分类和资源化利用示范县、农家书屋建设十周年先进县、打击侵权盗版工作有功单位；全省粮食生产先进县、旅游扶贫示范县、优秀创业孵化基地、中小微企业创新创业基地、现代公共文化服务体系示范区、巾帼建功先进集体；全市烟叶生产先进县、开放型经济先进县、审计工作优秀县、道路交通整治百日大会战标兵县、金融安全区。全市脱贫攻坚、健康扶贫、农村综合服务平台、确权颁证成果验收、乡镇财政管理、网格化信息建设等现场会在宁远县召开。

2017年全县GDP达到152.78亿元，增长8.7%；固定资产投资188.98亿元，增长12.8%；规模工业增加值34.01亿元，增长7.4%；社会消费品零售总额70.25亿元，增长12.8%；财政总收入16.46亿元，增长19.7%；税收占财政总收入比重达到82.8%；三次产业结构比调整为19.8∶31∶49.2；全面小康提升5.2个百分点，达到94%。

脱真贫、真脱贫，脱贫攻坚决战决胜。举全县之力推进“五个一批”“六个精准”“七大行动”。实施结对帮扶“4321工程”（即按照县处级干部联系4至5户、科级干部联系3至4户、一般干部职工联系2至3户，党员、“两代表一委员”和经济能人联系1至2户贫困户，包脱贫、不返贫），74名县级领导、13个工作组、30个行业扶贫部门、20个乡镇（街道）、409个村支“两委”、154个驻村帮扶单位、366个驻村帮扶工作队、9200名结对帮扶责任人奋战在脱贫攻坚一线，用责任、担当与奉献，谱写一曲曲脱贫攻坚的英雄壮歌。用心用情促进持续增收。全县119个贫困村建立专业合作社281家、290个非贫困村成立农民专业合作社265个，吸纳贫困户12534户41361人入社，年户均增收1500元以上；17个全国乡村旅游扶贫重点村通过发展乡村特色旅游，辐射带动8600余名贫困群众致富脱贫；创建“就业扶贫车间”182个，安排贫困劳动力就业2563人，发放劳务协作就业扶贫交通补贴2137.6万元，做法在全省推广；投入1.21亿元实施光伏扶贫工程，扶持119个贫困村，增加村集体收入。精准精细推动政策到人。创新实行“四个结合”“五靠原则”易地搬迁模式，安置4219户17493人。在全省率先实施教育扶贫“两补齐一统一”资助政策，资助建档立卡贫困学生33480人次；全面落实“三提高、两补贴、一减免、一兜底”政策，在全市率先实施“先诊疗、后付费”“一站式”结算，大病集中救治、慢病签约服务、重病兜底保障“三个一批”行动计划深入实施，贫困户看病贵、看病难、因病返贫问题初步解决。生态扶贫直接带动贫困户就业3000人，帮扶贫困户8000余人脱贫致富。全力全速夯实基层基础。完成94处安全饮水巩固提升工程，惠及3.2万贫困人口；完成贫困村通畅公路274公里、通达公路53公里、改扩建公路254公里，改造危桥10座；贫困村农网改造、亮化工程全面完成；建设农村综合服务平台278个。实施危房改造4960户，为省定任务的1.8倍，提前三年完成“十三五”省分配任务；公共服务设施配套完善，贫困村面貌发生根本性改变；统筹整合涉农资金、并联式验收支付做法受到省里表彰和推介。抓紧抓实社会扶贫。大力推进社会扶贫，开展教育、医疗、就业、产业、危改、德智“六大众筹”行动，努力打造“互联网+社会精准扶贫”模式，注册贫困户2.8万户、注册爱心人士6.3万人，发布需求信息7.3万条，成功对接5.6万条；1.5万名社会扶贫志愿者、9000名党员干部职工募集资金2000余万元，帮扶贫困群众5.6万人次，做法在中国社会扶贫网专题推介。

兴实体、促转型，产业发展提质增效。新型工业提质发展。实施传统产业改造升级、新兴产业培育“两大计划”，全年新入统规模企业17家，居全市第一；实现规模工业总产值127亿元，增长9.5%。督促指导榕达钢业、福嘉综环科技改造升级。加工贸易业支撑作用明显，完成产值29亿元，增长40.9%；新兴产业带动工业结构优化升级，新能源新材料、光电智能终端产业园建设取得突破性发展，签约入驻企业8家，投产达效后每年可新增产值70亿元。现代农业提效发展。实现规模以上农产品加工产值42亿元，增长36.4%。完成烤烟生产19.61万担，居全省第二、全市第一。博洋生态农业科技示范园、康德佳林业、温氏生猪一体化养殖、舜天恒禾肉牛养殖基地等农旅、农工“一体化”项目扎实推进，新增市级以上龙头企业7家，种植大户、家庭农场、专业合作社、休闲农庄300余家。全域旅游提速发展。全域旅游示范区创建扎实开展，总体规划修编完成。与湖南经视开展战略合作，推出“五一”四大主题活动；成功举办21个国家（地区）海外华侨华人祭舜大典、湖南省冬季乡村旅游节暨丁酉年祭舜大典系列活动、湘南三市六县十瑶族乡盘王节暨坐歌堂活动。预计全年接待旅客量、旅游收入分别增长30%和18%。发展下灌、周家坝、西湾、路亭、琵琶岗等7个乡村旅游景点。九嶷山—舜帝陵景区成功晋升为国家级风景名胜区、全省十大“平安景区”；下灌景区成功创建国家AAA级旅游景区。

建三区、强基础，城乡面貌欣欣向荣。三区共建扎实推进。城区品质提升，县城面积、人口分别达到21平方公里、21万人，城镇化率达到45.1%。县城总规、专项规划、控规实现全覆盖。南部文化生态新城拉开10平方公里框架，九嶷大道、湘妃大道、园丁路、文化路、明德路、黄金路基本拉通，新党校、一中新校区建设扎实推进。泠江路、九嶷路、舜帝路等主道改造让宁远街景更加多姿多彩，旧城改造、城中村棚户区改造、17条背街小巷提质、“三园一带”绿化、“厕所革命”有序推进，全市首个县级数字城管指挥平台投入运行，建筑领域历史遗留问题得到有效化解，控违拆违、环卫保洁扎实有效，清洁县城、绿色县城、靓丽县城成为宁远新名片；成功申报省级历史文化名城。园区基础设施建设、标准厂房建设、入园项目建设同时发力，西部工业新城路网、循环产业园污水处理厂、城北水厂以及安置小区等基础和配套设施加快建设；完成标准厂房5.5万平方米；远威、汇盛、方圆纳米等7家企业建成投产，海粤达科技、裕宁电子、泉力新能源、中民筑友等15个项目加快推进。建成全市一流园区展示中心，成为推介宁远发展的“窗口”。景区建设扎实有力，完成舜帝陵维修及游客中心、停车场建设，九嶷山舜帝陵创国家AAAAA级旅游景区、仙子山、灌溪仙境、“地球仓”（移动式智能生态小屋）特色民宿和特色小镇建设进展顺利。基础设施明显改善。农村公路提质改造、客运招呼站建设全面完成，S234宁远段、二广高速宁远东互通至天堂、仁和至冷水、湘九四条国省干线公路启动建设。水利、能源、信息三张保障网不断完善，金钩挂水库全面竣工，涔天河灌区宁远段顺利推进，61个农村电网升级改造全部完成，4G网络覆盖全县98%的区域。乡村风貌更加亮丽。湾井镇入选国家级特色小镇、全国美丽宜居小镇；柏家坪镇获评全国旅游特色小镇、全省历史文化名镇，16个乡镇成功创建为省市级卫生乡镇。完成6个省市美丽乡村示范村、38个乡村风貌改造村、119个农村“五化”（绿化、净化、亮化、美化、序化）行动村建设。下灌村、路亭村、久安背村跻身国家传统村落。

抓改革、促开放，发展活力持续增强。改革蹄疾步稳。深化商事制度改革，“多证合一、一照一证”全面推行，发出全市首张“全程电子化”营业执照；“智慧宁远”框架基本形成，“互联网+政务服务”有效实施，网格事件联动处置工作在全市作经验推介，政府网站建设全市第一、全省领先。率先在全省探索建立“两步六环节”农村土地确权颁证模式，新增流转土地10.8万亩。财税金融改革扎实推进，金融精准扶贫示范县创建全面启动，国地税联合办税继续走在全省前列，财政管理绩效综合评价排全省第三；组建产建投、灌溪公司等投融资平台并进入实体化运作。长沙银行宁远支行、湘潭农商行村镇银行挂牌营运。开放深度拓展。突出以商招商、产业链招商，一批大项目好项目落户宁远县，引进红狮集团建设宁远新型环保建材产业园；引进碧桂园集团建造高端园林精品社区；引进深圳无界投资控股集团打造光电智能终端、新能源新材料两个百亿产业园。全年招商签约亿元以上项目11个；完成外贸进出口额1.4亿美元，同比增长27.3%；实际利用外资1.3亿美元，同比增长37.2%；内联引资28亿元，同比增长16.2%。双创持续深化。创新型人才队伍加快建设，引进各类人才863人，发放创业担保贷款3500万元；申请专利授权110件；创新创业蓬勃发展，全年新注册企业增长120.1%，平均每月新增74户；新增小微企业580家。

增底色、美环境，生态品质全面提升。生态建设成效突出。九嶷山国家自然保护区总体规划修编完成；造林绿化5.13万亩、通道绿化300公里、水系绿化102.5公里、秀美村庄示范村建设119个。柏家坪镇北屏村跻身全国生态文化村。环境治理全面推进。中央环保督察组交办案件13.5件全部整改到位，在全市作经验推介；湘江保护与治理第二个“三年行动计划”“河长制”全面实施；泠江河治理与保护、九嶷山景区环境治理、畜禽养殖污染治理、农村环境综合整治、耕地保护、土地开发整理卓有成效；10个乡镇污水处理厂启动建设，119个村饮用水保护工程、100个村污水治理全部完成，农村垃圾收转运项目顺利实施，城乡垃圾分类试点工作启动。农村生活垃圾城乡一体化治理经验在全市推介。节能环保不断强化。循环经济和清洁生产发展加快，关停关闭违法企业58家，10蒸吨以下燃煤小锅炉全部淘汰；开通新能源绿色公交线路2条，淘汰黄标车1221辆。国家重点生态功能区环境质量考核工作在全省作典型发言，生态转移支付资金稳居全省第一。

惠民生、补短板，人民生

活持续改善。全年民生支出占比达到76%。285件“民生微实事”全面完成。织密社会救助网，完成城乡低保和社会保障兜底对象清理，发放社会救助资金1.1亿元，在全市率先引入医养结合模式，社会福利中心启动营运，建成3个“留守儿童之家”高标准示范村。“五大保障体系”（医疗保障、教育救助、困难救助、就业援助和养老保险）持续完善，“五险”统一征缴、社保“一卡通”、异地就医直接结算、全民参保登记深入推进，城镇新增就业、农村劳动力转移就业共1.21万人。社会事业加快发展，城乡学位建设“三年攻坚行动计划”启动实施，明德湘南学校建成招生，二中新校区土建基本完成，学位建设工作在全市作典型推介；实施农村义务教育学生营养改善计划，惠及5万余名学生，推动义务教育均衡发展，补充教师537名，教师待遇大幅提高，教育信息化建设步伐加快，教育质量持续提升，各类教育发展齐头并进。城乡医院床位建设“三年行动计划”全面启动，冷水、保安等卫生院完成征地审批；妇女儿童医院开工建设，农村适龄妇女“两癌”免费检查1.3万例，孕妇产前免费筛查8184例，65岁以上老年人免费健康体检5090人，争取农村低保“两癌”救助金排全省第一。公共文化服务体系基本建成，率先在全市建成两个24小时自助图书馆。农村“村村响”“户户通”实现全覆盖，湾井镇获省经典文化村镇，朵山村农家书屋被评为全国示范书屋。全民健身活动蓬勃开展，成功举办全省首届舜帝杯中老年门球赛，顺利通过全省体育后备人才重点县评估；竞技体育取得突破，宁远县举重运动员朱巧玲勇夺世界青年举重锦标赛三项冠军；文化遗产保护、传承、利用得到加强，舜帝庙遗址本体展示建成开放。分配公租房1652套，发放廉租房租赁补贴449户。安全生产基层基础不断夯实，全民安全意识得到提升；食品药品安全监管有力，“四个最严”（最严谨的标准、最严格的监管、最严厉的处罚、最严肃的问责）要求全面落实。坚持打击开路、以打促防，社会治安大局持续稳定，刑事破案率上升、发案率下降，群众安全感得到增强。道路安全管理不断强化，道路交通秩序持续改善。依法治访、诉访分离有效落实。法律援助不断拓展，社会矛盾纠纷有效化解。广播电视、民族宗教、外事侨务、对台事务、统计、人防、气象、科技、物价、档案、史志、计生协等工作取得新业绩，共青团、工商联、红十字、工会、慈善、残联、老龄、妇女儿童等事业健康发展。国防动员、人民防空、民兵预备役和双拥等工作进一步加强。

转作风、优服务，自身建设务实提效。法治政府、服务政府、廉洁政府建设扎实推进。自觉接受人大、政协监督，办理人大代表议案建议237件、政协委员提案114件。推行政府法律顾问制度，行政复议工作不断加强；政务环境不断优化，创新重点项目、重点企业限时办结制，交办问题410项，办结率93.8%，做法在全省推介。政务服务效率大幅提升，办事时间缩减2~5个工作日，县乡两级政务中心办结事项83.41万件，办结率99.9%；开展“两学一做”常态化学习教育，注重在“六大战役”（城镇提质、园区升级、交通提速、旅游升温、脱贫攻坚、环境整治）、脱贫攻坚、抗洪救灾等一线锤炼作风，展示干部队伍攻坚克难、务实苦干、敢打硬仗的担当与作为。全县“三公”经费支出零增长，监察工作得到加强，审计全覆盖稳步推进。严格落实党风廉政建设“两个责任”，从严整治群众身边的不正之风和腐败问题，风清气正的干事氛围更加浓厚。

重要会议

■政府常务会议 2017年，政府常务会议共14次。1月18日，县委副书记、县长唐何主持召开县政府第一次常务会议。会议听取关于县教育工作、“巩固创森成果．建设绿色宁远”三年行动、生态公益林区划界定、森林防火以及盛鸿安养和美医院、扬旭鞋业、海汇建材贸易城四个项目的情况汇报，审议《关于进一步加强政府投资项目和政府采购管理的实施意见（送审稿）》。

3月9日下午，县委副书记、县长唐何主持召开县政府第三次常务会议。会议听取关于九嶷山“景区带村”扶贫建设项目申请农发行贷款、闽丰农产品综合交易中心项目事宜、城乡环卫一体化PPP项目实施、调整城市社区工作人员和改制国有企业负责人待遇、公务用车制度改革司勤人员安置、增拨2016年度县内定点医疗机构垫付住院补偿费用、搞好土地开发实现耕地占补平衡的工作汇报。

4月28日下午，县委副书记、县长唐何主持召开县政府第五次常务会议。会议听取关于党风廉政建设、房地产开发秩序整治、调整南部生态文化新城PPP项目等工作，审议了《2017年财政收支预算方案（送审稿）》《产业发展扶持资金管理暂行办法（送审稿）》。

6月7日，县委副书记、县长唐何主持召开县政府第六次常务会议。会议听取关于涉农整合资金和贫困村基础设施项目建设、全县10个集镇污水处理设施建设、道路交通秩序集中整治“百日大会战”等工作的情况汇报。

7月6日，县委副书记、县长唐何主持召开县政府第八次常务会议。会议听取关于民政工作、义务教育均衡发展迎国检、县政府入股村镇银行、绿色公交城乡一体化等工作的情况汇报。

8月12日，县委副书记、县长唐何主持召开县政府第九次常务会议。会议传达省易地扶贫搬迁工作推进会精神；听取了乐哈哈农副产品深加工、湘南农机产业城、红狮水泥、等7个招商引资项目以及生态红线划定，柏家坪、仁和、禾亭3个镇管道燃气项目建设，涔天河水库宁远灌区等工作情况汇报。

9月14日，县委副书记、县长唐何主持召开2017年县政府第十次常务会议。会议传达学习全市第二次易地扶贫搬迁工作推进现场会精神和省委书记杜家毫在省安监局调研座谈时的讲话精神；听取关于九嶷山“两区一园”管理工作、工业园区招商引资、碧桂园房地产开发项目、贯彻落实中央环保督查反馈意见和宁远县2017年食品安全重点工作的情况汇报。

11月25日，县委副书记、县长唐何主持召开县政府第十二次常务会议。会议听取创建省级森林城市工作、易地扶贫搬迁范围划定和易地扶贫搬迁对象抽查复核工作、开展第二次全国污染源普查工作、泠江河城区河段黑臭水体综合治理建设等工作的情况汇报。

12月18日，县委副书记、县长唐何主持召开县政府第十三次常务会议。会议听取县政府办关于《政府工作报告（征求意见稿）》的起草说明和情况汇报。

12月21日，县委副书记、县长唐何委托县委常委、常务副县长黄永英主持召开县政府第十四次常务会议。会议听取了县绩效评估委员会办公室关于当前宁远县绩效考核工作、县政府领导班子有关分工事项、县城市建设投资开发有限责任公司关于将（2018—2020）三年棚户区改造及配套建设项目政府购买服务资金列入财政预算等工作。

■**县长办公会议** 2017年县长办公会议，根据需要召开，全年共35次。

1月16日上午，县委副书记、县长唐何在九嶷山瑶族乡政府召开现场办公会，专题研究九嶷山旅游景区创建国家AAAAA级旅游景区项目建设工作。

3月8日下午，县委副书记、县长唐何主持召开政府性投融资工作专题会。

4月27日上午，县委副书

记、县长唐何在主持召开农村义务教育学生营养改善计划工作专题会。

6月20日下午，县委副书记、县长唐何主持召开工业园区土地清理及项目用地工作专题会。

8月15日下午，县委副书记、县长唐何主持召开贫困村基础设施及灾后重建工作专题会。

10月9日上午，县委副书记、县长唐何在县工业园管委会主持召开会议，专题研究西部工业新城和循环经济工业园区标准厂房及配套设施建设有关工作。

11月13日下午，县委副书记、县长唐何到西部工业新城、南部生态文化新城现场办公，专题研究电力杆线搬迁有关工作。

重要政务活动

1月10日，宁远县组织30余名纪检监察干部对113个部门单位开展2016年度落实党风廉政建设责任制情况检查考核。检查考核通过日常考核、年度集中检查、述责述廉和民主测评的方式进行。

2月3日，宁远县在文庙广场举办2017年“春风行动”暨“深化劳务协作，推进精准脱贫”专场招聘会。共有50余家县内工业企业、商贸企业等进场招聘，提供就业岗位6000余个。

5月1日，宁远县借助湖南经视最具公信力、影响力的新闻直播矩阵《午间360°》《经视播报》《经视新闻》《经视焦点》4档新闻，自4月26日开始对宁远九嶷山进行为期6天的新闻直播连线，包括马可邀你当主祭、我爱“晓”瑶妹、首届九嶷山DIY手绘风筝节、滑翔翼飞越娥皇峰、三分石瑶家篝火晚会、下灌麻将体验活动等20多个活动。一系列活动精彩纷呈，满足游客多种需求，全面展示宁远优质旅游资源，实现创响“锦绣潇湘、福地九嶷”旅游品牌形象。

6月5日，宁远县围绕“绿水青山就是金山银山”的主题，在文庙广场举办“六五”世界环境日一系列宣传纪念活动，共发放小礼品5000多件，宣传资料6千份。

6月26日上午，宁远县禁毒办组织县禁毒委成员单位工作人员在文庙广场开展“6·26”国际禁毒日禁毒大型宣传活动，发放宣传资料1万余份。

9月4日，宁远县举行“农村两癌贫困妇女”救助金发放仪式暨“两癌”免费检查工作推进会，为97名农村“两癌”贫困妇女发放救助金116.4万元。

10月24日上午，宁远县在九嶷山舜帝陵隆重举行丁酉年海外华侨华人祭舜大典，来自美国、澳大利亚、法国、英国、俄罗斯、德国、老挝等21个国家和中国香港等地区的200多名海外华侨华人虔诚祭拜中华民族人文始祖舜帝。省政协副主席袁新华担任主祭人，省侨联党组书记朱建山、副主席孙民生及市县领导张严、蒋善生、石艳萍、李旦梅、刘卫华、唐何等领导参加祭祀活动。

11月22日上午，宁远县在下灌景区举办以“相约永州·祈福九嶷”为主题的2017年湖南省冬季乡村旅游节活动。省政府原副省长郑茂清，省政协原副主席谭仲池，市委书记、市人大常委会主任李晖，市委副书记、市长易佳良，省旅发委党组成员、副主任高扬先，县委书记刘卫华，县委副书记、县长唐何等领导嘉宾出席开幕式。

12月4日，宁远县在桐木漯瑶族乡龙源新村举行湘南三市六县十瑶族乡公祭盘王暨“坐歌堂”活动，深化民族团结进步教育，加强湘南瑶族交往交流交融。市领导李农妹、赵荣，县领导刘卫华、曹辉正、邓小英、赵吉永、肖红梅出席。

政府办公室工作

■概况 1949年11月，设宁远县人民政府秘书组，后改为秘书室。1962年12月，更名为县人民委员会办公室。1968年3月，改称革命委员会办事组。1973年7月，复名办公室。1981年1月，改设为宁远县人民政府办公室。1985年内设经济调查研究室（后改调查研究室）。1995年6月，县政府法制办公室、县经济体制改革委员会（调查研究室）、县民委并入县政府办公室。后法制办、民委又从政府办析出，2002年3月重并入政府办、经济体制改革委员会撤销。2017年，县政府办内设机构有：调研室、督查室、文秘室、应急办、经济和社会发展室、政工室、金融室、民族宗教事务办、法制工作室、县优化经济发展环境办公室、旅游外事侨务办、行政事务室、禁毒工作社会化办公室。截止到2017年12月底，宁远县人民政府办公室机关行政编制为42名，实有行政编制数39人。县级领导编制在全县行政编制总额内单列，现有县级领导编制数31名。机关后勤服务人员事业编制数9名。

■**文秘工作** 2017年，宁远县人民政府办公室围绕县委、县政府中心工作，组织专题调研15次，完成调研报告13篇。2017年，组织起草《政府工作报告》、领导讲话、综合汇报等文稿370多篇、290余万字。

■**信息工作** 2017年，宁远县政府办公室以“加强联系沟通、提供决策服务、挖掘亮点工作、宣传宁远形象”为目标，广泛搜集信息资料、精心整理、撰写、编发、上报各类信息1600多条。在网格化管理、学位建设、重点项目、重点企业限时办结制等多项工作的经验总结，在省市推介。

■**督查工作** 2017年，宁远县政府督查工作坚持实行每周一督、每月一报制度。先后14次对政府常务会议研究的工作，进行重点督查。对开展的重点项目、美丽乡村建设、农村环境整治等工作，督查86次，下发督查通报34期。2017年突出抓好人大代表建议和政协提案的督办落实，办理代表建议和政协提案362件，办复率100%。

■**办文办会工作** 2017年，县政府办严格规范办文程序，压缩发文数量。全年起草、审核文件574件，办理1023份，公文处理无一纰漏。形成县政府常务会议、县长办公会议等各类会议纪要119期。印发《宁远政报》12期。2017年承办大小会议900余次，下发会议通知1600次（个），无一延误会议现象。

（陈玲）

民族宗教

■**概况** 1985年成立民族事务委员会，归口县政府办公室。1995年民族事务委员会并入县政府办公室为内设机构，后又析出，2002年机构改革并入县政府办公室。2001年成立宁远县宗教事务办公室，归口县委统战部。2016年，民族、宗教事务归口县政府办公室，对外加挂民族宗教事务局牌子。2017年，宁远县民族宗教工作，坚持以发展为第一要务，以民族团结进步和和谐寺观创建为主线，以精准扶贫为动力，以人才培养为关键，大力开展少数民族特色村寨建设，加强到宁少数民族服务管理和宗教场所安全执法检查，强化部门自身建设，取得一定成效，荣获全市民族信息先进集体荣誉称号。

■**民族工作** 2017年，宁远县加强民族地区基础设施建设，三分石至住龙门的核心景区旅游公路及桐木漯瑶族乡到自然村的所有公路开工建设，民族地区所有行政村到村中心全部修通水泥路；自来水工程受益人口达98%以上。2017年，高校招生中享受民族优惠政策考生的合法权益得到保障，宁远县共审核确定两种考生157人，其中少数民族考生42人，占26.8%；汉族考生115人，占74.2%。县外就读生21人，做到应审尽审，同时争取省内二本院校少数民预科班指标10名，录取6人。公务员招考单列指标招录5人，全县乡镇事业单位单列指标4名、免费师范生招考单列指标4人。2017年，在全县精准扶贫工作中，民族地区27个贫困村全部脱贫摘帽，全年共投入资金近3亿元，实施一批乡道沥青路面改造，村道水泥路硬化拓宽（村道为通达）、农村安全饮水安全、危房改造、农网改造、通讯网络、村级综合服务平台建设、移民搬迁等基础设施工程，开发壮大一批村级集体经济和扶持贫困户的产业发展，九疑山瑶族乡牛头江村的旅游扶贫产业、牛亚岭村的竹鼠养殖基地和棉花坪瑶族乡5000亩高山红茶基地等。教育扶贫、金融扶贫、社会扶贫、健康扶贫等项目全面实施，已建设一批合格的中小学校和中心幼儿园、村卫生室、文化活动室、标准体育活动场、敬老院等，瑶族贫困村老百姓的幸福指数大增。

■**民族文化** 2017年，宁远县实施民族文化传承和保护工作，组织80人的瑶族长鼓舞队，经过40多天的严格训练，参加乙酉年湖南省永州市公祭舜帝大典的表演活动。在永州市“建设伟大祖国、建设美丽家乡”主题演讲赛中宁远县获得全市总奖项的三分之一。11月，筹备组织三市六县十瑶族乡公祭盘王暨瑶族坐歌堂活动在桐木漯瑶族乡移民新村举办。是年，组织参加世界、全国、省、市各种民族文化活动8次，切实加强民族传统文化交流，增进民族感情，传承和发扬民族文化。

■**民族管理** 2017年，宁远县对涉宁的外来少数民族（主要是维族和藏族），民宗局与县公安局、县城管局、市场质量监督局等密切配合，做到及时调查汇报，积极化解矛盾；对这些来宁经商的少数民族，坚持管理与服务并进，明确相关单位的责任，为全县综治维稳工作尽心尽力。同时与卫生医疗，计生协会、流动保障等部门协同配合，对少数民族流动人口就业、医疗保健、计划生育等方面提供服务。

■**宗教事务管理** 2017年，宁远县宗教事务管理，明确各级党委和政府在宗教工作中的主体责任，各级党委，真正把宗教工作纳入重要议事日程，定期研究宗教工作，推动工作落实。完善县、乡、村三级宗教工作网络联动机制和乡、村两级宗教工作责任制。形成“主体在县、延伸到乡、落实到村、规范到点”的宗教工作网络。对宗教界人士进行如期培训，提高宗教界人士政治理论素质。将宗教理论政策纳入县委学习中心组内容和党校的培训内容。创和谐寺观效果明显，宗教政策宣传落实到位，全县“同心寺观教堂”创建深入开展，组织引导宗教界参与“同心慈善捐赠”活动，在脱贫攻坚事业中献计出力，宗教界捐款50万元。

■**宗教活动场所管理** 2017年，宁远现已登记备案宗教活动场所8个，教职人员20人，信教群众2.87万人，约占全县总人口的3.3%，其中佛教寺院3座，教职人员9人，信徒2.5万余人；基督教堂1座、固定处所4处，教职人员6人，信徒1300余人；道教教职人员5人，信众2400多人，多为少数民族。为切实整改好宗教领域安全隐患，经排查主要是东溪寺、水口寺和鲤溪镇东山岭、水市镇堡子地基督教聚会点等4处宗教活动场所危房急需进行整改，其中东溪寺、水口寺两处佛教场所是市安委会交办的整改清单。县委常委、统战部长唐浩组织政府办、财政局、住建局、房产局等相关单位召开整改协调会，对场所进行危房鉴定并拿出整改办法，县财政投入19万多元对四处宗教活动场所危房进行维修整改，现已维修整改到位。各有关部门、乡镇（街道）坚持属地管理原则，责任落实到位、措施到位、整改到位，认真抓好宗教场所安全，规范宗教管理。

（刘文华）

政务服务与公开

■**概况** 宁远县政务服务中心成立于2001年9月，于2007年2月搬入新址办公，为县人民政府直属正科级公益一类事业单位。中心服务大楼位于县委、人大、政府、政协四大家办公大院内，占地面积4500余平方米，建设面积10055余平方米，共四层，是宁远县委、县政府独立院落，是宁远县政务、会务中心。“中心”现有进驻单位42个，共有230余名工作人员，其中中心管理工作人员12名，进驻窗口工作人员210余人。审批与服务事项2700余项。“中心”以“便民、高效、廉洁、规范”为宗旨，不断完善运行机制，提高服务水平，努力为社会公众提供优质的政务服务。“中心”所有进驻审批事项实行政策依据、办事程序、申报材料、承诺时限、收费标准“五公开”，采取“一门受理、窗口运作、统一收费、限时办结”的运行模式，实行首问负责制、一次性告知制、重大基建项目和招商项目代理制。2017年，政务中心办事窗口共接待办事群众19万余人次；窗口收件835168件，是2016年的4倍多，无黄、红牌，居全市第一；非税局窗口收入5.3亿元，同比增长25%。3月，永州市“互联网+政务服务”现场会在宁远召开。宁远县2017年“满意不满意”单位测评中，政务中心名列第一名。政务中心微信公众号发布160余期，实时宣传政务中心的各种动态，为老百姓提供便民服务咨询、畅通便捷的投诉渠道。

■**严格管理** 2017年，宁远县政务中心坚持“严要求，带头干”。中心所有干部职工要求别人做到的自己先做到，要求别人不做的自己坚决不做，以自己的示范带动促进作风好转。每天坚持“两签到、两签退”，增强纪律意识，得到窗口工作人员的尊重。严守“五条纪律”，成为政务中心的作风准则。通过努力，中心在社会及办事群众眼中的整体形象及美誉度大为提升。

■**党建引领** 2017年，宁远县政务中心认真履行党组书记亲自抓党建职责，严格按党组织要求组织、开展好党建工作。强化党支部建设，每季开展1~2次支部活动，2月上旬，中心党支部政务大厅开展“光盘行动，从我做起”签名活动；3月，联合安监局、八中在文庙广场和步步高超市开展文明城市知识宣传、签名活动；5月中旬，到阳明山开展“重走红军路”活动。深入开展“亮身份、优服务”、争创“党员示范岗”竞赛活动。提出并践行“到得早一点，走得晚一点，微笑甜一点，服务优一点，干的多一点”党员“五点”标准，涌现出食药质监局、国土局、非税局、环保局等示范窗口。有效带动和促进窗口作风、纪律、服务上台阶。2017年，政务中心这个窗口单位的党建工作是全县的“党建窗口”，获评“五星级”基层党组织称号。

■**服务平台建设** 2017年，宁远县政务中心设立“六大战役”（城镇提质、交通提速、园区升级、旅游升温、环境治理）重点项目综合服务窗口。采用“一口受理、限期办结、后台运行、销号管理”，实行全程代办、跟踪服务。对涉及到“六大战役”的125个重点项目、近30个重点企业，开设“绿色通道”，所有资料进入综合窗口项目库，只要涉及到办证的，实行全程代办。同时，以问题为导向，优化办、重点办、作风办和政府督查室“三办一室”联合办公，加大督查督办，仅一个多月时间就集中解决问题近200个。建立完整的医疗口和城建口。城乡医疗合作办入驻县政务中心，进一步提升城乡医疗报账的服务能力。不动产登记中心整体进驻中心，房产局与不动产登记有关的4个股室也整体进驻，全年共发放不动产证1200余本。财政评审在永州市率先进驻窗口，全年共评审1897件，是上年度的1.1倍。优化窗口办事流程。取消或下放行政审批事项81项，全面推行“多证合一”“一照一证”，发出永州市首张全程电子化营业执照。食药质监局窗口为“个转企”工作提供良好的环境，全年，食药质监局窗口新增注册企业1246户，是2016年的3.3倍，其中新增小微企业580家。为全县119个贫困村注册专业合作社281家，290个非贫困村注册农民专业合作社265个，吸纳贫困户12534户、41361人入社，每年户均增股1500元以上。全年建成农村综合服务平台278个，逐步实现“服务下沉”。

■扶贫工作 2017年，宁远县政务中心安排2个扶贫工作队分别到仁和春（春水）村和水市联海洞村驻村扶贫，非贫困村春（春水）村贫困发生率控制在0.58%。贫困村联海洞村2017年全村脱贫183户、732人，贫困发生率为0.34%，村级达到“两个确保”和“两个完善”，顺利实现“户脱贫”和“村出列”的目标。

（唐小红）

电子政务

■概况 1998年4月28日宁远县成立经济信息中心。2011年政府机构改革，宁远县经济信息中心更名为宁远县人民政府电子政务管理办公室，为独立核算副科级公益一类事业单位，归口县政府办管理，2016年核定全额拨款事业单位编制21名。2017年“智慧宁远”业务应用系统不断完善，政府网站服务管理水平不断提升，“12345”热线服务水平不断提高，网格事件联动处置机制逐步健全，“互联网+监督”工作有序推进。

■“智慧宁远”业务应用系统逐步整合完善 2017年，宁远县数字城管指挥中心建设完成。数字城管指挥中心是智慧宁远指挥中心的分中心，由县电子政务办牵头，县城管局配合共同建设，于4月底投入试用运行，比年初设定目标提前一个月完成项目建设。5月，移交给县城管局，软、硬件运行稳定。政民互动平台有机整合。在智慧宁远综合应用云平台基础上，整合县长信箱、12345咨询与投诉平台、110非警务平台，实现“多台合一”。乡镇（街道）视频会议系统建设完成。部署在智慧宁远数据中心的视频会商系统采用软件视频会议架构，比传统的硬件视频会议系统应用更方便灵活，参会人员除在电脑上使用开会外，还可以在手机上参加视频会议，方便且节约成本。逐步整合部门系统应用。在智慧宁远大数据中心基础上，整合扶贫办“互联网+精准扶贫大数据平台”，机关事务局“公车管理平台”、文广新局“村村通”平台等。

■政府网站管理 从全国政府网站普查开始至今，宁远县政府门户网站及其他部门网站均没有被通报。实行每周7天×24小时值班制度，责任到人。网站健康指数全年均高于全国政府网站平均指数，网站连通性达到100%。

■热线与网格事件处置 2017年，宁远县电子政务办制定详细的职能范围、工作纪律、工作流程等，明确事件接报、交办、处置、回复等过程的规范用语、短信回复内容及时间节点，确保业务工作规范有序。健全制度。2016年出台《宁远县社区网格管理员管理考核办法》《宁远县社区网格管理员工作实绩考核细则》，规范对网格员的管理。2017年制定下发《宁远县网格事件联动处置办法》《宁远县网格事件联动处置考核细则》，对网格事件联动处置责任单位实行月考核、月通报制度。推行每周一次办公室例会制度，学习与百姓利益息息相关的政策及法律规定，集中分析讨论市民投诉反映的问题及案例，提高业务能力。完成事项确权。编制印发《宁远县“12345”热线与网格事件联动处置执行标准》，将联动处置事项分为部件（91项）和事件246（项），对各个不同事项的责任部门和处置时限都作出明确规定，有效避免职能交叉部门在联动处置工作中相互推诿的现象。及时更新知识库。将知识库更新纳入“12345”公共服务热线工作考核和网格事件联动处置考核，明确规定相关单位应在有关政策法规生效之日起5日内，其他有关信息生效之日起2日内，处置办主动要求的相关信息1日内，及时向处置办报送。未在规定时限内完成以下情况的，扣减该单位年度绩效考核分。专门组织人员下沉至74个相关单位收集办事服务、便民政策、办事流程等相关资料，极大地丰富业务知识库。

■业务培训 2017年，主动外出学习。4月，到郴州永兴学习精准扶贫大数据管理平台建设；6月，到永州市参加政府网站建设业务培训；7月，组织网络网站工作人员前往宜昌、烟台、南平等地学习“互联网+”政务服务工作；8月，到长沙参加全省“互联网+监督”业务培训；10月，到深圳学习网络安全建设。组织县内业务培训。2017年4月，组织全县政府网站通讯员就网站内容保障工作进行业务培训；10月，召开全县政府信息公开平台操作培训会，确保各部门主动、及时、全面、准确地发布部门政务信息。

（樊丽芳）

政协宁远县委员会

概　　况

中国人民政治协商会议宁远县委员会成立于1984年4月。当月2日至8日，县政协第一届委员会议在县城召开，由中国共产党、中国民主同盟宁远县小组、妇联会、农民、工会、个体商业协会、文化、艺术、科学技术、教育、体育、工商、少数民族、台胞台属、侨属、特邀16个界别人士组成，委员共116人。大会听取并审议政协筹备委员会《关于中国人民政治协商会议宁远县第一届委员会筹备工作报告》，按政协章程选举22名政协常委，从常委中选出政协主席、副主席。此后，政协委员会议每年召开一次。第一届至第三届每届任期三年，从第四届起每届任期五年。政协委员会议比人大代表会早开并早散会一至二天，所有政协委员列席人大代表会议。县委、政府主要领导分别在政协会议的开幕式、闭幕式上讲话。县委、政府有关部门负责人列席听取政协会议的发言。每次政协委员会议的主要任务是：听取并审议政协常务委员会工作报告，听取并审议政协委员会议提案办理情况和提案审查情况的报告，列席县人大代表会议，协商讨论县人民政府工作报告及检察院、法院、计划、财政工作报告。就有关重大问题通过专题发言与县委、政府协商。通过政协会议政治决议，政协常委会工作报告决议和提案工作报告决议。人事变动的选举事项。政协委员会议闭会期间，由政协常务委员会行使职能。2017年政协宁远县委员会召开7次政协常务委员会议。11月23日到26日召开政协宁远县委员会第九届委员会第二次会议。会议听取县政协第九届委员会常务委员会工作报告和县政协九届常委会关于提案工作情况的报告，听取委员会的协商发言。县委书记刘卫华向大会致贺词并作重要讲话。

县政协主席会议

2017年，中国人民政治协商会议宁远县委员会主席会议召开13次。

2017年1月10日，宁远县政协召开2017年度第1次主席会议，安排走访慰问政协委员和社会各界人士代表工作以及安全生产工作。

2017年2月9日，宁远县政协召开2017年度第2次主席会议，协商讨论2017年度工作要点及重要活动安排。

2017年3月9日，宁远县政协召开2017年度第3次主席会议，协商讨论2017年度政协领导班子成员分工及机关工作人员工作安排。

2017年4月13日，宁远县政协召开2017年度第4次主席会议。学习传达全国“两会”精神，专题讨论研究党风廉政建设和意识形态工作。

2017年4月25日，宁远县政协召开2017年第5次主席会议。听取九届一次会议提案办理情况工作汇报，安排部署开展“推进教育扶贫”调研协商监督工作。

2017年5月10日，宁远县政协召开2017年度第六次主席会议。安排部署脱贫攻坚及驻村帮扶工作，协商开展关于宁远县环境治理调研工作。

2017年6月20日，宁远县政协召开2017年度第七次主席会议。专题协商宁远县2017年财政收支预算方案。

2017年7月11日，宁远县政协召开2017年度第八次主席会议。专题研究干部推荐工作。

2017年8月15日，宁远县政协召开2017年度第九次主席会议。专题研究精准扶贫，精准脱贫工作。

2017年9月8日，宁远县政协召开2017年度第十次主席会议。会议主要研究重点提案工作，安排部署组织政协委员下乡开展义诊活动。

2017年10月10日，宁远县政协召开2017年度第十一次主席会议。协商讨论政协九届二次会议筹备工作。

2017年11月14日，宁远县政协召开2017年度第十二次主席会议。学习党的十九大会议精神；调度政协九届二次会议相关工作和专题研究安全生产工作。

2017年12月6日，宁远县政协召开2017年度第十三次主席会议。协商讨论九届二次会议的议程、日程及政协常委会工作报告。

政协履职

■政治协商　2017年，县政协立足全县发展大局，紧贴县委决策部署和群众普遍关注的热点、难点问题，积极开展协商议政。突出重点调研协商。常委会充分发挥引领带动作用，组织广大政协委员围绕全县经济社会发展中的突出问题和重点问题，深入开展调查研究，积极提出建议意见，供县委、县政府和有关部门决策参考。九届一次会议期间，委员们围绕城区公园建设、文化教育扶贫、城区学位建设、城中村改造、美丽乡村建设、群众看病难等课题，认真调研，勇于说真话、道实情，提出50多条合理化意见和建议，这些意见建议得到县委、县政府和有关部门的采纳和重视。把握热点专题协商。对事关全县发展和群众关注的热点问题，常委会通过认真组织开展专题协商，主动建言献策。7月，县政协常委会召开上半年全县经济运行情况专题协商会，认真听取财政、国税、地税3家单位工作情况汇报，就财税征管、经济健康运行等方面提出一些有针对性和可操作性的意见建议，得到相关部门的采纳。2017年，县政协常委会和政协各专委会、界别组，围绕文化旅游发展、文明县城建设、河道溪流环境保护等热点问题，分别组织开展专题协商，为推进“宜居宜游宜业生态文化公园”建设进诤言、献良策、聚力量。

■参政议政　2017年，县政协坚持为改革而计、为发展而谋、为民生而言，助力县委“五大战略”，积极参与“六大战役”，彰显政协力量和作为。围绕“生态立县”“文化活县”“旅游兴县”“工业强县”“农业富县”战略，认真组织开展专题协商、委员视察、调查研究，积极为推进创新发展、协调发展、绿色发展、开放发展、共享发展建言献策，为全面小康宁远建设主动作为。在助力“六大战役”中“加码”民生幸福，助推补齐民生短板，把关注民生、保障民生、改善民生作为履行职能的重要内容，为解决好人民群众最关心、最直接、最现实的利益问题咨政建言。2017年，县政协紧扣县第十二次党代会提出的战略目标，围绕全县改革发展稳定的重大问题，先后开展8次重点调研，形成《加大“教育扶贫”力度，推动城乡教育均衡发展》《推进全域旅游，助力乡村振兴》《加强环境治理，构建和谐共生生态环境》等调研报告，积极探索推动宁远经济社会又好又快发展的有效途径，得到省、市政协和县委、县政府领导的肯定和认可，提出的一些意见建议得到广泛采纳。

■民主监督　2017年，县政协始终坚持把民主监督工作作为社会主义协商民主的重要实现形式，努力拓展监督领域、创新监督方式、强化监督力度、提高监督实效。议政监督力促决策科学。通过县政协主席列席县委常委会议，常务副主席列席县政府常务会议，分管副主席出席部门会议，专委会主任参加专题协商会、听证会等途径，积极为推动工作、解决问题、科学决策建言献策。评议监督力促作风转变。县政协常委会精心挑选和组织政协委员参加全县机关作风和效能建设暨优化经济环境民主测评，积极参与对相关部门和单位的行风评议，在评议中公正公平打分、客观提出意见建议。民意监督力求渠道拓宽。县政协高度重视社情民意信息工作，认真做好架桥梁、听民意、解民困的工作。通过精心搭建“政协云”、政协委员微信群等舆情收集和工作交流平台，进一步畅通社情民意信息收集和反映渠道，全年共向上级政协组织报送信息58件，较好地发挥社情民意信息的监督作用。

■提案办理 2017年，县政协坚持以提高提案质量为前提，以促进提案落实为目标，积极探索提案工作的新思路、新途径、新方法，着力推进提案工作制度化、规范化、程序化，增强提案办理实效。通过重点提案领导督办、提案委协调督办、委员参与督办等途径，对政协九届一次会议委员大会发言的重点提案，进行集中督办。是年9月，县政协九届一次会议征集的114件委员提案已全部办理完毕，办复率100%，委员对提案的满意度达96.8%，一批事关经济社会和民生发展的热点难点问题得以解决。

■文史工作 2017年，县政协充分发挥文史资料“存史、资政、团结、育人”作用，加大“三亲”史料的征集力度，广泛联系政协委员和专家学者，多方式、多角度、宽领域地挖掘地方历史文化资源。精心策划文化文史活动，加快“宁远知青史”“下灌文史”“春陵轶事”等文史资料的征集编撰工作，推动全县文化繁荣发展。2017年，面向政协委员和各族各界人士收集整理文史资料40余篇共12万余字，《宁远知青史》的编辑工作有序进行。

■团结联谊 2017年，县政协深入开展“访委员·纳真言·喜迎十九大”走访活动，组织开展委员进乡村、进社区、进单位、进校园、进企业等志愿服务活动8次，主动关心广大委员特别是民族宗教、特邀界委员，及其各界群众的思想生活状况，关注群众疾苦，倾听各界呼声，反映各界心声，当好界别群众的“共鸣箱”和“扩音器”。借助各类联谊活动，加强同广东、福建等地宁远商会之间的联系，建立“亲”“清”新型政商关系，大力倡导和弘扬企业家精神，引导鼓励广州、深圳、上海等地宁远商会返乡开展扶贫和投资对接活动10余次，积极推介宁远县农产品和旅游资源、重点项目以及各种优惠扶持政策，为幸福宁远建设凝聚各方力量。组织委员们开展“委员走基层·迎春送温暖”义务写春联、“爱心服务敬老院”等活动，进一步展示委员风采，传递正能量，为带动更多人创业创新、向上向善营造浓厚氛围。

（刘健林）

群众团体

宁远县总工会

■概况 1926年9月，宁远县总工会筹备处成立，11月成立宁远县总工会。1949年11月，成立宁远县总工会筹备委员会。1950年12月，召开宁远县首届工会会员代表大会。是时，基层工会6个。1954年3月，县总工会改称县工会联合会。“文化大革命”初期，工会机构瘫痪。1968年5月，成立宁远县职工代表委员会，代行县工会职权。1969年11月县职工代表委员会并入县革委群工组。1973年6月，召开宁远县第八届工会会员代表大会，恢复宁远县总工会，各基层工会随之恢复。1978年，宁远县总工会内设办公室、女工股、财会股。1984年，总工会内增设组宣股。1992年，宁远县总工会内设办公室、组宣部、女职委、财务部。至2003年，内设机构及人员编制时有变化。2017年，宁远县总工会内设机构有：办公室（加挂县总工会经费审查委员会办公室牌子）、组织宣教部、维权部。行政编制8人，工勤人员事业编1人。2017年，围绕县委县政府中心工作，动员全县职工投身“六大战役”和“宜居宜业宜游生态文化公园”建设，推进全县工会改革，履行工会基本职能，工会工作稳步推进，特色鲜明，成效明显。2017年被永州市委市政府评为文明单位；被市总工会评为“四星级工会”；荣获永州市工会发展成果展示竞赛二等奖；绩效评估工作被县委、县政府评为良好单位。

■群众性立功竞赛活动 2017年，宁远县总工会深入开展重点项目劳动竞赛活动，动员各级工会和职工群众在重点工程、重大项目、重要领域、新经济业态深入开展“比学赶超争领先，撸起袖子加油干”为主题的立功竞赛活动，围绕湖南省、永州市正在实施和重点推进的“三重”项目，按照“有组织、有制度、有载体、有活动、有成效”的要求，将竞赛活动贯穿到项目的全过程。县总工会建立机关干部联系工作制度，加强对重大项目劳动竞赛的服务和指导，对每个项目竞赛情况进行跟踪，并在年底对竞赛活动进行阶段性评估，宁远县城投公司被市、县推荐参加湖南省重点建设项目劳动竞赛单位；下灌创国家历史文化名村建设项目、发改委光伏扶贫建设项目、党校建设项目、明德湘南学校建设项目推荐参加市重点项目劳动竞赛评选。

■开展职业技能比武和培训 完善职工技能培训，注重技能竞赛，开展岗位练兵，技能比武，激发职工创造活力。2017年，有89家企业13650名职工参加“安康杯”竞赛活动，县人民医院获永州市“精彩女校·点亮绚丽人生”——工会女职工素质教育优秀成果展示赛二等奖；疑红茶厂余标红获永州工匠·首届手工制茶技能大赛二等奖，被市茶叶协会授予“永州市制茶能手”称号。

■宣传“劳模精神”“工匠精神” 大力弘扬劳模精神和工匠精神，县总工会全方位、立体化、系列化、广度化地开展对劳模工匠宣传活动，积极宣传基层一线劳动者、劳模、工匠的先进事迹。5月，组织全国、省、市三级劳模参观考察宁远县“六大战役”重点建设项目，走访慰问困难劳模；8月、12月，两次对劳模生活状况进行摸底调查，建立劳模电子台账。9月，专门组织编写《劳模先锋谱》。

■投身“精准脱贫”战役 2017年，宁远县总工会根据县委、县政府要求，派出扶贫工作队驻村开展帮扶。发展扶贫产业，在充分调研论证的基础上，引导村民发展葛根、生姜种植，先后3次组织村民到太平镇鑫农种植合作社学习葛根种植技术，共有171位贫困村民加入村专业合作社，发动村民抓好楠竹低改，全年完成低改面积100余亩，协调集体山林出租，培育壮大村级集体经济。基础设施建设日新月异，协调争取资金225万元修建5公里通畅公路，90万元对原有公路进行拓宽，22.6万元对“7·2”洪灾水毁公路加固除险，56.8万元为4个自然村安装自来水，30万元修建村综合服务平台，筹资10万元对村道路进行亮化。落实帮扶措施，组织全体干部职工每月对帮扶对象开展帮扶，逐户发放口袋书，对符合贫困户脱贫政策的村民入户逐一宣传排查。5月，筹措资金10000余元对贫困户走访慰问；8月，为贫困户送去米、油等价值6000多元的慰问物资；11月，送去4000余元的生活必须品。2017年，黄沙坪村脱贫51户、145人，经县公示退出贫困村行列。

■依法保障职工合法权益 2017年宁远县总工会坚持维权与维稳相结合，切实维护职工队伍稳定。积极参与、主动协调，帮助解决九疑山林场欠薪问题。开展工资集体协商提质增效示范点建设，对工业园区企业按照规范化建设标准全面开展提质增效示范点活动，26家单位经过验收达到示范标准。2017年全县劳动关系和谐指数保持稳定，位列全市前列。加强工会劳动法律监督，全面开展职工队伍稳定和劳动关系状况调查，突出一线职工、农民工、劳务派遣工、困难职工等重点群体的维权需求，开展春查劳动合同、夏查劳动安全保障、秋查社保缴纳、冬查工资报酬支付活动，全年共接待来信来访20人（次），其中法律咨询7人（次）。规范企业民主管理工作，组织开展全县企业民主管理与“六有”工会建设互检、互学、互比活动，全面推行基层职代会呈报制度，提高职代会建制率。

■实施精准帮扶 2017年宁远县总工会实行困难职工分级管理制度，对已建档和新建档的困难职工进行全面复核和审查，制订困难职工新标准，对不符合条件的统一清理，同时分门别类，统一编号，广泛开展“春送岗位、夏送清凉、金秋助学、冬送温暖”系列帮扶活动，全年帮扶532人次，发放帮扶资金31万元。

■普惠服务 2017年宁远县总工会完善职工医疗互助保障制度，全年宁远县参保人数9078人，同比增长4%，参保单位134家，同比增长3%，顺利实现新年度“保基数稳增长”参保目标，全年医疗报销450余人次，报销金额60余万元。关心关爱职工，2017年在县北部5个乡镇遭受重大泄涝灾灾害之际，县总工会开展“夏送清凉”活动，冒着酷暑慰问战斗在抗洪救灾第一线的广大干部职工，为他们送上清凉饮料、毛巾、防暑药品，总价值4.5万元，让一线职工感到工会组织的关怀，感到劳动体面。着力打造维护女职工合法权益和特殊利益工作品牌，进一步推进母婴室建设。

■活跃群众性职工文体活动 2017年举办宁远县庆“五一”职工运动会。组织开展全县职工汽排球、羽毛球、京剧表演创作等活动，开展送文化进企业活动，组织职工文体兴趣团队深入基层工会和重大项目建设现场举行巡回文艺演出，向一线工人送去书籍、电影、文体设施等，不断拓展文化服务内涵。依托基层职工文化家园、职工书屋阵地，举办书画展览、禁毒宣传等活动，丰富职工精神生活。

■基层工会组织建设 扩大基层工会组织覆盖扩大。2017年宁远县总工会以“维护职工合法权益”为指导方针，围绕增强凝聚力、扩大覆盖面的总目标，积极抓好基层工会组建工作。2017年，新建70家工会组织，发展会员3372人，其中，新成立的金融系统工会，是永州市唯一一家县级金融系统行业工会。深化基层工会规范化建设。扎实推进乡镇（街道），为乡镇（街道）工会和工业园区工会拨付资金55万元，确保有人做事，有钱办事。积极开展基层工会组织规范化建设行动，通过典型引路，推广基层工会建设好经验，好做法，形成示范带动一般，一般争取超越的工作氛围。2017年，自来水公司、职业中专、明德湘南学校申报为市级模范职工之家，柏家坪镇、东溪街道申报为“六好”乡镇工会。

（冯绍春）

共青团宁远县委

■概况 1926年，中国共产主义青年团宁远特支成立，隶属共青团衡阳地委，有团员4名，后遭到破坏。新中国成立后，改称中国新民主主义青年团。1950年3月，新民主主义青年团宁远县工作委员会成立。1954年更名为新民主主义青年团宁远县委员会。1957年5月更名为共产主义青年团宁远县委员会。“文化大革命”初期，团组织活动停止。1968年3月至1972年4月，共青团工作由县革委群众工作组代行。1972年5月1日，召开共青团宁远县第八次代表大会，成立新的团县委，恢复共青团各级组织活动。1978年，中国共产主义青年团宁远县委会（简称团县委）内设办公室、组宣部、活动部。至2003年，团县委内设综合性办公室（加挂县希望工程工作办公室牌子）。团县委现有在编在岗人员5人，其中书记1人，副书记2人，工作人员2人。2017年，团县委成功创建湖南省省级“青年之家”2个，被评为2017年度“永州共青团工作红旗团委”“永州市青年志愿者工作先进单位”，获得永州市书信绘画活动、主题演讲比赛、征文活动等多个优秀组织奖。

■青少年思想引领 把引领青少年听党话、跟党走作为全团工作出发点和落脚点。以“十九大精神宣讲”“社会主义核心价值观”“红领巾心向党”“砥砺奋进的五年”“与信仰对话”为主题，开展学习、讨论、宣讲，着力塑造当代青年的理想信念。以青年关注的热点信息和爱国爱党、道德教育为重点，利用自媒体平台，有效传播正能量。2017年，团县委官方微信公众号“逐梦宁远”关注人数已达7000余人，全年共发布文章54篇，阅读人数达97128人次。

■“双红双优”评选 2017年，结合各级“双红双优”评选和共青团“青”字号品牌创建工作，积极推选青年先进集体和个人。宁远县各级团组织和青年团员，获评“全国红旗团委”1个，获省级集体和个人荣誉41个，获市级集体和个人荣誉40个，用先进事迹引领青年立足岗位，建功立业。

■助力“脱贫攻坚” 2017年，积极开展“青春扶贫行动”，成立一支150人的青春扶贫志愿者队伍，先后开展“社会扶贫教育圆梦计划”“大手牵小手·共圆脱贫梦”“青春扶贫在瑶村”“社会扶贫·你我同行”“青年志愿者下基层”宣讲等活动，组织引领青年在脱贫攻坚一线干事创业。为全县脱贫攻坚凝聚青年合力。

■**希望工程** 2017年团县委积极推进“希望工程”品牌助学活动。携手爱心企业和爱心人士经常性关爱贫困学生，2017年，看望慰问贫困学生25名，送去爱心物资和爱心款项2万余元。积极争取“圆梦计划”“华融湘江”“国酒茅台”“芙蓉学子”等爱心助学款项28万余元。全年共资助200余名贫困学生。

■**志愿服务** 积极弘扬“团结、友爱、互助、进步”的志愿服务精神，推行志愿者注册登记制度，2017年，注册志愿者2000余人。组建“景区青年志愿者服务队”，在“五一”、国庆等节假日期间提供文明劝导、旅游咨询、引路指示等服务。开展“民间河长护河”“保护母亲河·清洁泠江水”“义务植树一家行”、水资源保护宣传等活动，为文明创建和“绿色宁远”建设增光添彩。

■**青少年权益保护** 2017年，团县委开展“关爱明天——青少年法制宣传巡回宣讲”“青少年远离毒品”“国家宪法日”等活动，发放禁毒防艾、“两法”宣传折页等宣传单1万余份，宣传画报2000余张，开展禁毒讲座5期。组织青少年观摩庭审、参观劳教所、辨认毒品标本，创新方式教育青少年。

■**共青团改革** 2017年，按照强“三性”、去“四化”、补“四缺”的思路，扎实推进共青团改革工作。以党建带团建，强化共青团、少先队仪式感教育，严把新团员入团关，杜绝提前入团现象，扎实推进“三会两制一课”提升团组织的战斗力和凝聚力。扩大“两新”团组织建设。在华润燃气、华容鞋业、汇盛鞋业等10家企业成立“两新”团支部。转变团干部作风。开展“1+100”活动（即1名团干部联系100名青年活动），实行团干部“走、转、改”，推动团干部直接联系、服务、引导青年常态化、制度化。

（熊小玲）

宁远县妇女联合会

■**概况** 1927年4月，宁远县女界联合会成立。“马日事变”后，被迫解散。1941年6月，宁远县妇女会成立。1950年3月，宁远县妇女联合会筹委会成立，是年8月，宁远县第一次妇女代表大会召开，成立宁远县民主妇女联合会。是年底，各区、乡建立妇联组织。1957年10月，宁远县民主妇女联合会改称宁远县妇女联合会，区、社妇女组织随之健全，至1965年，宁远县的行政组织区、人民公社、生产大队、生产队，均有妇女组织。“文化大革命”开始后，妇联组织瘫痪。1973年，恢复妇女联合会，各级妇女组织随之恢复。1978年至1984年，县妇联无内设机构。1985年起，县妇联内设办公室、组宣部、维权部、托幼办。2002年，宁远县女妇联合会内设办公室（加挂组宣部牌子）权益部、少儿部（加挂妇女儿童工作委员会办公室牌子）。2003年，宁远县有乡镇妇联组织17个，县直单位妇联组织76个，村妇女组织687个。2017年，宁远县妇联在全面贯彻落实党的各项方针政策和十九大会议精神，开拓进取，扎实工作，妇女儿童工作继续保持良好的发展态势，获得湖南省妇联授予的“宣传工作先进集体”“巾帼建功先进集体”等称号。宁远县的基层妇联改革工作经验被中国妇女报社和北京大学评为“妇女工作十大创新案例”奖。

■**巾帼脱贫行动** 2017年，宁远县妇联开展党员干部“一对一”结对帮扶活动。县妇联机关5名党员干部共结对帮扶棉花坪乡沙子田村25户贫困户。同时为全村108户贫困户送技术、送培训、送资金、送政策、送健康。开展扶贫政策宣传活动。全县各级妇联组织发动近千名巾帼志愿者深入乡镇，进村入户，向贫困户发放扶贫资料，当好扶贫政策宣讲员。创建示范基地带动脱贫。成功创建县级“巾帼脱贫示范基地”10个，广东回乡创业的创业女能人欧阳瑶力创办的康德佳林业经济有限公司被评为全省巾帼脱贫示范基地。各类基地的创建带动全县近万名贫困人口就业。评选表彰10名“最美创业女性”，进一步激发广大妇女自主创业、艰苦创业、勇创大业的热情。开展培训助力教育脱贫。联合县农委举办新型职业女农民培训班培训女能人50名，采用“请进来”与“走出去”的教学模式，提升宁远县女能人综合素养。先后推荐16名女性参加全国、省妇联举办的女性就业创业、电子商务、农家女幼师培训等系列培训，强化广大妇女的技能培训，提高脱贫能力。联合县移民局举办农业实用技术培训班，为棉花坪瑶族乡沙子田村100名贫困户送去实用技术。举办“巾帼扶贫”实用技术培训班，提升近500名农村妇女带头人新技能。

■关爱妇女儿童 2017年，宁远县妇联在“春节”“三八”“老人节”期间发动全县妇联组织及女企业家走访慰问贫困妇女、离任村妇女主任、敬老院老人等群体，走访慰问物资、资金达8万元余元。“六一”期间牵头筹资7万余元为宁远县近500名留守儿童送去爱心礼物；发动妇儿工委成员单位捐款7万元建设“下灌儿童之家”，利用民政搭建的儿童之家优质平台，推动全县妇女儿童之家向新水平新模式发展；争取“烛光基金”慈善助学资金4.5万元救助30名贫困学生；全面完成农村适龄妇女“两癌”免费检查工作任务。4月下旬至10月底，全县为20个乡镇（街道）1.3万名适龄妇女进行“两癌”筛查，通过筛查，宫颈癌5例，乳腺癌7例，关爱农村贫困“两癌”妇女。争取全国省级贫困母亲“两癌”救助专项资金121.4万元，为102名农村贫困“两癌”妇女人均发放1~1.2万元救助金。发动1.3万名农村妇女自主购买女性安康保险35万余元，推动县政府继续为5000名农村低保妇女投保安康保险。

■维权工作 2017年，宁远县政府出台《宁远县妇女儿童发展规划（2016—2020年）》，并将责任分解到31个成员单位，层层压实责任，助推新一轮规划稳步实施。县政府第六次常务会议同意在县妇联增设“县妇儿工委办”内设机构1个，遴选专职人员1名，工作经费纳入财政预算。牵头开展新一轮“两个规划”宣讲活动4场次，在县、乡、村三级广泛宣传，营造全社会关爱妇女儿童的良好氛围。积极开展维权信访工作，2017年，县妇联来信来访132件，办结率100%。婚调工作逐步规范化。2017年婚调中心解答婚姻咨询达468人次，调解婚姻家庭纠纷225起，调解和好的86起，调解离婚的139起，所做工作得到湖南省综治办督查组的高度肯定，创新经验在《法制周报》上推介。法律援助中心主任蒋顺先被全国妇联授予“妇女儿童维权先进个人”称号。

■宣传教育工作 2017年宁远县妇联共有近100篇宣传信息被全国、省、市、县媒体采用，在《中国妇女报》《今日女报》等媒体上稿27条，潇湘女性网上稿83条。组织开展“廉洁家书”征文活动，选送3篇征文送永州市妇联参赛，其中有2篇征文分别获得省里二等奖、三等奖，3篇征文均在市里获奖。以“双学双比”“巾帼建功”“五好文明家庭”三大主体活动为载体，表彰“巾帼文明岗”“巾帼建功标兵”等先进集体和先进个人80名；在三八国际妇女节期间，开展“体彩杯”工间操比赛；向市级推荐最美家庭2户、最美湘女1个，获得永州市妇联表彰，杨敏获湖南省“最美湘女”提名人选。以“三八”维权周活动为契机，深入全县20个乡镇开展“家庭律师乡镇行”活动，发放《中华人民共和国妇女权益保护法》《反家庭暴力法》、“两癌”检查与救助等宣传资料2万余份。在“全民禁毒宣传月”活动中，先后组织全县近200名“禁毒妈妈”分赴仁和镇、棉花坪乡、文庙广场等地开展“不让毒品进我家”禁毒宣传活动，进一步提高广大家庭和妇女防毒拒毒意识。评选表彰10名宁远县“好儿女”“好媳妇”，助推全县精神文明建设深入开展。

■基层组织建设 2017年宁远县妇联推动县委组织部出台《关于坚持党建带妇建 加强基层妇联组织建设的实施意见》，明确各级基层妇联组织人员选配、工作经费、政治待遇等问题。组建10个系统妇女工作委员会。明确一个有实力的单位牵头。系统妇工委主任原则上由牵头单位的班子成员兼任（无女性班子成员的，由副科以上中层女干部兼任），组织下辖的单位妇委会开展联谊交流活动。将村（社区）“会改联”工作上升到党建带妇建的高度层层抓落实。县妇联推动县委组织部出台相关文件，要求在村两委换届后继续做好村妇联的换届工作。每个乡镇（街道）选择1个村作为“会改联”工作示范点，由乡镇妇联主席联系办点，县妇联印制5000本执委当选证，要求各村召开妇女代表大会选举执委并由村党组织书记现场颁发执委当选证书，强化执委的庄严感和荣誉感。对所有妇联干部进行业务培训。先后举办妇联干部能力建设培训班、全县村（社区）妇联主席培训班，对新当选的系统妇工委主任、乡镇（街道）、村（社区）妇联主席进行业务知识和政策法律知识培训，培训人员近500人；选派5名女干部参加省、市妇联的能力提升、家庭教育培训。

（李辉庭）

对台工作

■概况 1971年1月，中共宁远县委成立对台工作领导小组。1974年2月，改用代号“中共宁远县委三三三办公室”。1981年7月，改为中共宁远县委对台工作领导小组办公室。1984年5月，再改为“中共宁远县委对台办公室”。1990年7月，加挂宁远县人民政府台湾事务办公室牌子，列为县委、县政府直属机构。1992年3月，正式改名为“中共宁远县委台湾工作办公室”与“宁远县人民政府台湾事务办公室”“两块牌子，一个机构”，为副科级行政单位。2004年12月，机构单设，为正科级行政单位。2015年12月，成立宁远县海峡两岸交流中心，为归口中共宁远县委台湾工作办公室、宁远县人民政府台湾事务办公室管理的股级公益一类事业单位。单位有编制4名，行政编制2名，全额拨款事业编制2名，现实有工作人员4名。

■对台经贸工作 截至2017年底，全县共有9家台资企业，分别是：宁远华荣鞋业有限公司、永州远威运动鞋业有限公司、宁远县奕坚鞋业有限公司、永州伟明服装饰品有限公司、宁远县蓝海化纤有限公司、宁远县顺鸿鞋材有限公司、宁远县川井电子有限公司、永州台兴科技农业有限公司、永州市盛宏安养休闲有限公司，年总产值近亿元，为宁远提供6000多个就业岗位。宁远县台办与宁远县工业园管委会正在积极为十里铺加工贸易区申报”宁远县台湾产业园”，促进在宁台资企业健康有序发展，做优做大布局，助推宁远经济发展。

■交流交往工作 2017年，县台办积极组织开展两岸交流交往活动，让更多的台湾同胞走进宁远，了解宁远，增进两岸同胞感情交流，推动两岸文化经济合作，促进两岸关系和平发展。9—10月，协助永州市台办开展“台湾永州媳妇娘家行”活动。扩大舜帝陵海峡两岸交流基地的知名度，使九嶷山真正成为台湾同胞魂牵梦绕之地，成为离家游子的精神家园。10月，组织福建舜裔宗亲暨台湾同胞到九嶷山寻根祭祖。两岸同胞追思先贤，缅怀祖德，弘扬孝道，体现两岸中华儿女期盼统一的共同愿望。11月30日，接待全国台企联华中片区会长联席会议嘉宾到宁远考察。全国台企联华中片区会长联席会议嘉宾60余人专程到宁远寻根问祖，参观舜帝陵，拜祭舜帝。

■涉台宣传工作 在永州市台办系统中，率先创建宁远县台办微信公众号——嶷山两岸情，安排专人负责公众号的日常维护，保证每周更新一期，及时推送宁远县台办的工作动态，受到省、市台办的一致肯定和好评。按照市台办要求，为永州台商风采录的编撰工作报送4篇稿件，展示在宁远台商创业、干事、做人等方面优秀事迹，展现台胞台商风采。

■基地建设工作 舜帝陵海峡两岸交流基地于2015年5月正式获批为省级海峡两岸交流基地，宁远县充分利用九嶷山舜帝陵的特有优势，高标准编制基地规划，以“舜”文化为主线，祭舜活动为载体，积极推动两岸同胞寻根问祖、追古溯源、交流合作。2017年11月，湖南省人民政府台湾事务办公室对全省范围内的3个国家级海峡两岸交流基地和5个省级海峡两岸交流基地进行督查，宁远县的舜帝陵海峡两岸交流基地在督查中获好评。

■日常服务工作 2017年，宁远县接待投资考察、旅游观光、探亲访友、教育文化、新闻媒体采访等各方面的交流往来300余人。日常接待来信来访来电咨询服务的有40余次，其中涉及投资考察、寻找亲人、到台探亲访友、出示台属证明、就业、经济福利待遇、子女上学、户口申报、交通事故等多方面的事务。春节期间，县台办全体职工走访慰问定居宁远台胞和宁远籍台胞台属100多人、台资企业9家，转达宁远县委、县政府对台湾同胞的问候，增进两岸同胞亲情福祉，体现“两岸一家亲”理念。积极为台资企业排忧解困。2017年，宁远县台办会同各乡镇、街道以及人社局、扶贫办、工业园管委会、人力资源服务中心等县直单位，积极帮助台资企业做好招聘工作，帮助企业破解用工难问题；会同有关部门帮助华荣鞋业妥善解决第三栋厂房漏水和大门前交通信号灯等问题。

（欧阳哲毅）

县归侨侨眷联合会

■概况 1978年，成立宁远县侨务办公室和侨联小组，归口统战部管理。1983年5月，成立宁远县归国华侨联合会。1984年，对县内“三胞”（台湾同胞、香港同胞、澳门同胞）情况进行调查，澄清底子。全县共有居住在台湾的776名，其县内亲属7529名；居住在香港、澳门的16名；侨居国外的32名。1988年3月，成立县“三胞”联谊会。后，每年年初，县委、县政府拨专款召开“三胞”代表座谈会，介绍县情，征求“三胞”、“三属”对家乡建设的意见和建议。2011年，宁远县机构编制委员会明确侨联为正科级群团机构，定名为归侨侨眷联合会，核定全额拨款事业编制3名，配正副会长各1名，仍归口县委统战部管理。2016年10月，宁远县召开第一次归侨侨眷代表大会，选举产生主席、副主席、秘书长。首次实现宁远县侨联“有牌子、有人员、有经费、有场地、有活动”的五有目标。2017年内设综合办公室，编制调增至6人，工作人员全部配齐到位；9月，新进工作人员集体参加省侨联业务培训，从业务知识、人力等各个方面为侨联工作筑牢基础。2017年荣获永州市侨联“红旗单位”称号。

■为侨服务 2017年3月，宁远县开展全县侨情普查，9月协同旅发委开展基本侨情调查，进一步掌握解全县侨情。

全年共走访慰问侨眷70余户，送去慰问金5万元。多次上门走访10户贫困侨眷家庭，争取政策落实到位，确保按期脱贫。对全县3所侨心小学进行回访，督促解决实际困难3个。凝聚县侨联委员，放大工作效应。建立侨联委员微信群，组织委员走访调研“党建带侨建”示范基地，集中学习“十九大”精神，通报全年侨联工作情况。引导委员熟悉、支持、参与各项工作。

■联谊交友 2017年宁远县共接待华人华侨、港澳同胞12批次近400人次。多次主动对接服务到宁远考察的香港铜锣湾集团陈智主席、叶惊涛总裁，积极促成香港铜锣湾集团到宁远投资项目。积极引导海外侨胞、港澳同胞参与宁远县各项公益事业。全年共收到海外侨胞、港澳同胞捐赠的助学、扶贫物资5万元。10月23—24日，成功承办“海外侨胞故乡行——走进湖南·永州”活动，来自30多个国家和地区的近200名海外侨胞深切感受到宁远的魅力和潜力。

■共筑共建 加大“党建带侨建”示范基地的创建力度，多次深入基地——湖南九嶷山酒业有限公司指导调研，共促共建。基地热心公益事业，助推精准扶贫工程，通过发展产业，实现企业和农户一同增产增收，带领300多名贫困群众稳定脱贫。

（戴巧燕）

县工商业联合会

■概况 1950年1月，由宁远县工商科组织筹建县工商联；1953年1月，宁远县工商业联合会正式成立。后分别在城关、水市、禾亭、柏家坪等地成立工商联合分会。在湾井、太平、中和等地建立工商办事处。1966年“文化大革命”开始，工商联组织受到冲击，机构瘫痪。1968年3月，县工商联组织撤销。1987年9月，县工商业联合会组织重新恢复。1953年1月、1961年4月、1963年7月、1987年9月、1990年10月、1996年10月、2005年1月、2011年12月和2016年5月，举行第一至九届工商业联合会会员代表大会。每届大会均选举产生工商联执行委员、执行常委、正副会长。1996年10月成立县总商会，与县工商联合署办公，“两块牌子，一个机构”。为加强党对工商业联合会的领导，1999年8月14日县委决定设立县工商联党组。县工商联2012年至2015年连续四年荣获永州市工商联系统优秀单位；2015年、2017年，荣获宁远县绩效评估群团组织优秀单位；2015年、2017年，荣获“湖南省‘五好’县级工商联建设示范点”称号；2015年、2016年和2017年，连续三年荣获全国“五好”县级工商联称号。

■参与“四同创建” 2017年，按照省、市委统战部和县委统战部关于实施“同心工程”的总体部署和工作要求，县工商联立足县情，突出两型引领，做好资源整合，抓好载体建设，班子成员参与“四同创建”（“同心园区、同心项目、同心社区、同心乡村”）调研活动，引领非公经济人士参与创建工作，2017年，下灌村成功创建市级“四同创建”示范点。

■助力精准扶贫 2017年，县工商联班子成员每人均结对帮扶3~4户贫困户，25家会员企业结对帮扶25个贫困村，为助力扶贫攻坚做实事。6月，组织非公企业家前往贫困村——中和镇砠江村为困难群众送去了价值3万余元的物质和慰问金。7月初，宁远县发生特大洪涝灾害，在县委、县政府举办的“赈灾扶贫．你我同行”赈灾扶贫文艺演出晚会上，县工商联（总商会）捐款捐物22.9万元。9月，配合永州电视台对硕宁电子、九嶷山兔业、鑫农淮山专业合作社3家在助力精准脱贫工作中表现突出的先进民营企业的典型事迹进行宣传推介。

■投身光彩事业 2017年，县工商联积极引导非公有制经济人士履行社会责任，积极投身光彩事业。4月，县教育基金会成立大会上，非公经济爱心人士捐款280万元，其中宁远总商会捐款60万，叶立生、黄成和、肖六清、欧桂兰等企业家捐款10万元以上。在做好捐资助学的同时，关爱留守儿童“暖阳工程”活动持续开展。“六一”前夕，县总商会在湾井完小开展“关爱留守儿童”暖阳工程活动，为41名贫困留守儿童送去价值2万余元的书包文具和慰问金。

■亲情清廉服务 2017年，县工商联进一步完善会长定期会议制度，为企业家分享创业经验、共享资源，相互交流企业目前经营状况以及克服困难的经验、实现优势互补创造平台。4月，组织召开非公经济代表人士“两学一助”专题培训会，县工商联副主席（副会长）以上领导，各乡镇（街道）联工委主任、商会会长、部分非公企业党支部书记80人参加会议。会上组织学习《宁远县非公经济代表人士“两学一助”学习教育工作实施方案》，聆听“新型亲清政商关系”学习辅导。9月，组织非公经济代表人士参加“厦门大学管理能力提升培训班”的学习，帮助企业详尽了解国家经济发展方向和重大变革，掌握先进的发展理念。10月18日，组织非公经济代表人士集中收听收看习近平总书记在中国共产党第十九次全国代表大会上的报告；并于11月10日组织召开宁远县非公经济代表人士学习贯彻十九大精神座谈会。通过集中学习和座谈，加深了企业家们对十九大报告的理解，增强了他们干事创业的信心和决心。县工商联组织会员参加了县政协举办的全县优化非公经济发展环境调研座谈会、“招商推介会”、省工商联在郴州举办的非公有制企业法律风险管理培训班等。积极推动以商联商以商招商活动。县工商联积极协助、参与有关部门和街道（镇）招商工作4次，组织开展以商招商、以商联商活动2次。上半年，县工商联先后接待道县工商联、新田工商联、蓝山县工商联等到宁远县考察并进行充分、友好的交流。12月，县工商联组织部分会员赴广西参加桂粤湘三省区周边地区新时代商会论坛，并与广西贺州八步区工商联（总商会）结成友好商会。

■加强组织建设 2017年，重点抓乡镇（街道）商会按照《行业商会协会与行政机关脱钩电视电话会议》精神适时开展换届改选，支持引导乡镇（街道）商会独立运行，自我管理。全县共有4个乡镇（街道）完成商会换届（成立）工作。同时，在往年基础上夯实数据库建设，并构建信息平台。指导基层商会对会员数据库实行动态管理，2017年共新增65名个人会员、6个企业会员、4个团体会员进入工商联会员数据库，12月中旬完善会员组织数据库录入。2017年，全县共有工商联会员1755个，比2016年年底（1693个）增加62个，增幅为3.5%。其中，企业会员195个，比2016年年底（189个）增加6个，增幅为3.1%；团体会员36个，比2016年年底（32个）增加4个，增幅为12.5%；个人会员1524个，比2016年年底（1472个）增加52个，增幅为3.5%。企业会员，团体会员和个体会员在会员总数中所占比例分别为11.1%、2.1%、86.8%。全县工商联直属会员为834个，商会组织会员为921个，分别占全县会员总数的47.5%和52.5%。

（林文才）

县残疾人联合会

■概况 宁远县残疾人比例为8.61%，截至2017年12月6日，全县持有第二代残疾人证的残疾人数为15464人，其中残疾等级为一、二级的重度残疾人数为7516人。残联为正科级单位，现有在职在岗干部职工21人，其中公务员7人，副科级以上干部5人，理事长

1人，副理事长1人。下设残疾人服务社（全额拨款事业单位，职工14人）、办公室（含办证办）、计财股、组宣股、康复股、教就股。2016年，县编制委员会将残联编制数由5个调整为22个（残联8个，残疾人服务社14个），为全额拨款事业编制。

■残疾人康复 2017年，完成脑瘫儿童康复23名，孤独症儿童康复10名，智力儿童康复13名。安装矫形器2例，大小腿假肢14例。对急需辅助器具的贫困残疾人，实名制登记，建立信息台账，免费发放残疾人轮椅100台，腋杖、坐便器、助听器、助行器等辅助器具80多件。还对70多名贫困精神病患者，每人实施价值400元的免费医疗救助，为2名贫困精神病患者，每人实施价值4000元的免费住院治疗。联合永州职业技术学院附属医院、爱尔医院、县中医院免费对460名白内障患者免费实施复明手术。2017年6月，举办残疾人康复协调员培训班，培训康复协调员70多名。

■残疾人就业 2017年，通过“就业援助月”、国庆节期间和扶贫专场招聘会活动促进就业，配合人社局和工业园组织3场招聘会，帮助28名残疾人到华荣鞋厂及品雅皮具等工厂就业。做好全县各用人单位按比例安排残疾人就业年检年审工作，下达“残保金”年审通知书230份，并对105个单位进行年审。组织畜牧、果业专家对186名贫困残疾人进行创业和实用技术培训。输送7名残疾人参加盲人按摩培训。财政局、地税局加强残疾人就业保障金的征收，帮助残疾人更好就业。

■残疾人教育 2017年，宁远县残联会同教育部门完成未入学适龄残疾儿童统计工作，掌握残疾学生情况。筹措资金2万元支持宁远县特殊教育发展。配合做好宁远县特殊教育学校和永州市特殊教育学校的招生工作，共输送40名残疾学生就读，对在校就读的残疾学生给予生活补贴。配合教育部门对149名重度残疾儿童少年送教上门。选送3名优秀的残疾学生到湖南省特教中专就读。对16名高中阶段残疾人学生和困难残疾人家庭子女给予申报资助。对考入大中专院校的18名残疾学生和残疾人家庭子女学生给予一次性奖励。

■残疾人权益保障 2017年，宁远县残联接待残疾人及其亲属来访380人次，98%以上的来信来访，在初信初访后得到妥善解决。省、市交办的信访文件都给予落实和回复。对4名贫困残疾人实施法律援助。残疾人信访件办结率100%。2017年，重新调查宁远县主要公共场所的无障碍设施建设情况，并形成调研报告上报。对全县贫困残疾人进行筛查，并筹措资金19.5万元，扶持25户贫困残疾人家庭实施残疾人家庭无障改造。同时，还开展宁远县残疾人机动轮椅车燃油补贴调查统计，对341名下肢肢体残疾人发放燃油补贴，残疾人的权益得到保障。

■助残活动 2017年，宁远县残联认真实施精准扶贫工作，配合扶贫办在2016年的基础上对宁远县建档立卡残疾人重新进行动态管理，对4126名人员全部录入全国扶贫系统数据库子系统。结对帮扶残疾人42户，积极开展面对面帮扶。争取财政扶贫资金6万元，对宁远县60名贫困残疾人进行种植、养殖扶持。配合民政部门审核残疾人两项补贴，为8137名残疾人申报“两项补贴”；其中5357名残疾人申请重度残疾人护理补贴；5466名残疾人申请困难残疾人生活补贴。在湖南省委统战部的关心下，澳籍华人魏基成夫妇为宁远县残疾人捐赠棉衣40件。2017年，确定五龙山乡杨桂坪村16名贫困残疾人为帮扶对象，开展“一帮一”“面对面”的精准帮扶工作，为他们送去走访金和生产生活物质。组织单位工作人员捐款。争取项目和扶贫资金31万元，为村里修建了一条长550米的防洪水渠、240米长的排污水沟及饮用水源保护工程。筹措资金21万元，对全县800名因病、因灾等贫困残疾人进行走访慰问救助。联合协调住建部门对65名残疾人实施危房改造。通过购买鸡苗、鸭苗对全县210多名贫困残疾人家庭发展生产给予扶持。

（郑晓波）

县科学技术协会

■**概况** 1959年5月，宁远县科学技术委员会和科学技术协会（简称科委和科协）成立。“文化大革命”期间，机构瘫痪，科技人员调走，科技工作停滞。1978年7月，宁远县恢复科学技术委员会。12月，恢复科学技术协会。科委科协合署办公，“两块牌子，一个机构”。1985年3月，宁远县科协单设编制4人，后扩充至8人。2017年，内设综合办公室、财务室、科普部、学会部。有干部职工8人，全县20个乡镇（街道）均成立科协组织，配备科协主席，明确分管领导。2017年，县科协组织开展全国科普日、流动科技馆，科学素质网络知识竞赛等科普活动，申报获批青少年科技创新教育示范学校，科普工作有声有色。完成县域内特色古民居调查，文遗保护尽善尽美。成功申报湖南省“科普惠农兴村计划”项目，培育国锋油茶科普示范基地、绿丰葡萄科普示范基地、宁远县养蜂农村专业技术协会，科技扶贫扎实有力。

■**全国科普日活动** 2017年9月21日，围绕“创新驱动发展，科技破除愚昧”主题，在文庙广场举行宁远县全国科普日活动启动仪式暨主场活动，宁远县委、人大、政府、政协相关领导出席，活动表彰科普工作先进单位和个人、科普湖南扫码先进单位和个人、全国农民科学素质竞赛先进单位和个人等。主场活动设立20个科普展示宣传台，布置展板35块，发放宣传资料5万余份，组织社会人士开展扫码活动，免费赠送种子、化肥、科普书籍等。分会场活动以“科普进校园，科学助力成长”“科普进乡村，科技助力精准扶贫”为主题，分别在宁远县三中和禾亭镇进行，活动涵盖科普知识抢答、科普签名、科普扫码、科普讲座、科普咨询等内容。

■**流动科技馆巡展** “中国流动科技馆”巡展是中国科协与地方科协、中国科技馆与省级科技馆共同协作、带动薄弱地区科技馆发展的一次联合行动，也是广大群众共享科普成果的良好机遇。通过积极争取、多方协调、各方筹资、全力筹办，2017年11月14日至12月31日，在宁远三中体艺馆内举办以“体验科学”为主题的中国流动科技馆湖南永州宁远巡展，共展出展品50余件，参展人数6.3万人次，让参与者在互动中感受科学魅力，在体验中培养科学兴趣，在探索中树立科学精神，在思考中启迪科学智慧，激发公众爱科学、学科学、用科学的热情和兴趣，达到普及科学知识、弘扬科学精神、提高全民科学素质的目的。

■**农民科学素质网络知识竞赛** 2017年，开展农民科学素质网络知识竞赛，竞赛活动通过采取进乡村、进社区、进校园、进机关、进企业等方式，组织青少年、农村居民、城镇劳动者、社区居民、领导干部和公务员278566人次参加知识竞赛，参赛人数居湖南省第一，全国第六，被中国科协评为“优秀组织单位”。

■**特色民居调查** 2017年，积极做好宁远特色民居（古村）的发现、挖掘、保护与利用工作，对宁远县境内的骆家村、百美村、城盘岭村、琵琶岗村、小桃园村、下灌村、路亭村、久安背村、西湾村、黄家大院、柏家村、平田村进行保护性开发，致力提炼出宁远民间特色元素，做好“文化+旅游”“互联网+文化”等项目，打造、推介一批特色文化旅游村镇，为宁远特色城镇提质提供模式、范本和经验，被永州市科协评为特色古民居调查“一等奖”。

■科技助力　精准扶贫　2017年，宁远县科协组建“科普服务、科技助力”志愿者队伍，全县科技工作者主动服务基层、深入农村服务的热情高涨，科技队伍成为全县科技扶贫的主力军。广泛动员广大科技工作者积极投身科技产业扶贫攻坚战中，通过科技培训、引导、示范及结对帮扶等有效措施，帮助贫困村、建档立卡贫困户增智增收、脱贫致富。2017年，成功申报九嶷山乡紫江村财宝石蛙养殖专业合作社、湾井镇梅子窝村、九嶷山乡新塘村、三亩田村、盘洞口村等为湖南省“科普惠农兴村计划”农村科技助力专家组项目，争取省级“科技助力”扶贫资金50万元。组织省、市、县科技专家30多人，对接建档立卡贫困户343户、贫困人口1284人。

（刘晓玲）

县文学艺术界联合会

■概况　宁远县文学艺术界联合会（简称“宁远文联”）成立于1986年10月。2013年5月，批准为正科级单位，编制核定为3人。下设作家、书法、美术、摄影、音乐、舞蹈、京剧、戏剧与曲艺、诗词、企业书画家等10个专业协会。截至2017年，共召开四次文代会，每次召开文代会均产生新的文联主席、副主席、秘书长。每一届文联重视文艺培训、创作、展览、采风及对外交流活动，为繁荣宁远文学艺术、丰富人民群众文艺生活作出积极贡献。

■文艺活动　2017年，宁远文联开展一系列文艺活动。1月22日至25日，组织书法、摄影家深入保安、太平、冷水等镇开展义务“送春联·送全家福”下乡活动。1月26日至2月11日，书法家张玉波等5人在宁远文庙举办“迎新春·九疑五兄弟”书画展。1月25日至2月11日，在下灌景区举办迎新春书画展，展出作品60余幅。2月，县美术家协会组织美协会员参加永州市首届中国山水画展。4—10月，组织开展“宁远人写宁远、画宁远”书法、美术展作品征集大赛，邀请刘双全等17位宁远籍国家级书法、美术家参展，获奖作品先后在舜帝陵、南部生态新城进行展览，9月28日在孔子诞生2568周年纪念日时在宁远文庙永久展出。6月，在县委组织部的关心、支持下，成立中共宁远县文学艺术行业总支部委员会，下设宁远县作家协会、书法家协会、京剧协会支部委员会，开展党的组织、领导工作。6月19日，组织艺术家40余人，召开2017年第一次宁远文艺座谈会，研究下半年的宁远文艺工作；8月底9月初，举办“千年古村——下灌摄影作品展”，展出作品64幅。7月—10月，组织开展面向全国征稿的《舜志古今》观后感征文活动。11月28日，与“宁远人写宁远、画宁远”书法、美术作品征集大赛同时举行颁奖仪式，并召开宁远文艺界总结表彰大会。

■文艺培训　2017年2月15日，中国著名文学期刊《十月》杂志资深编辑谷禾在湖南省诗歌学会会长、原省人大教科文卫委主任梁尔源等的陪同下，到宁远采风并进行诗歌创作培训；3月，书法家协会组织参加永州市书法家协会组织的“第四届全国草书展”“湖南省中青年书法展”等书法论坛、看稿、交流会。推荐6位书法爱好者参加湖南省书协和永州市书协举办的培训班；为创作更多更好的摄影作品，提高会员的摄影技能，摄影家协会自发组织6期摄影培训，建立自己的qq群和网站，加强各会员间的沟通与交流学习，发布摄影信息动态，促使大家更加了解自己的协会。舞蹈家协会在文化馆共开办长期少儿舞蹈培训班，培训学员达

300 人。

■**艺术家采风** 2017 年 5 月，组织美协会员陪同著名画家郑炎风在九疑山、下灌、水市、中和、大阳洞、天堂高源等地写生创作。5 月 13 日至 6 月 16 日，先后分四次，派出艺术家 68 人次，深入扶贫村、贫困企业和先进扶贫单位采风，所采写的作品结集成《扶贫专刊》出版。6 月，组织美协会员和广西师范大学美术系学生到九疑山写生。7 月 1—9 日，作家协会组织部分会员到贵州、云南、四川等地采风。7 月 15 日，省文联第二党支部组织 7 名党员到九嶷山采风，文联总支部委员会相关党员全程陪同、参与；7 月 24—25 日，与岳阳市 22 位艺术家“九嶷朝圣”文化之旅采风团组成联合采风团，深入舜帝陵、下灌、宁远文庙、潇湘画派研究院等地采风创作，并举行“读书会”活动，总支部委员会全程参与。9 月 23—24 日，组织艺术家陪同永州市文艺家深入紫江村采风。10 月 22 日，作家协会组织部分会员到郴州汝城、苏仙岭等地采风创作。

■**作品获奖** 2017 年创作各种体裁的作品近 300 余篇（首），其中在公开发行刊物上发表的有 100 余篇（首），8 篇作品获得省级以上奖励，其中，黎成钢的中篇小说《远山的呼唤》获“探秘瑶都森林奇境·走进三湘第一林场”全国文学作品征文二等奖；散文《救命的樱桃》获辽宁省作家协会《鸭绿江》杂志社举办的“名人眼中的大樱桃节”征文优秀奖（此次征文只评选出获奖作品 16 篇）。涌现出李冬梅等文学新人，在全国各大报纸杂志发表新作。欧阳希文、欧阳希英、马小庭、钟辉军、罗百屏、金曲、刘志旺、李德林、廖东望等美术家的作品频频在国家、省市获奖。李怡恰、邓建军等书法家的作品入围国家、省书法展。雷新梅、郑艳创作的少儿舞蹈《虫乐哟哟嘿》获第八届永州市少儿音乐舞蹈大赛儿童组金奖；雷新梅等指导的舞蹈《一抹红》获第八届永州市少儿音乐舞蹈大赛少年组金奖；雷新梅创作的舞蹈《莲语》获第八届永州市少儿音乐舞蹈大赛少年组银奖；李小春、欧阳季鹏、郑艳等创作的舞蹈《半床被子》获湖南省文化（群艺）馆、站业务技能竞赛金奖；欧阳季鹏等指导的少儿舞蹈《打蓝锭》获湖南省第十六届“三湘蒲公英”奖评选活动舞台艺术舞蹈类金奖；蒋海涛创作的舞蹈《顶》获湖南省“欢乐潇湘”群众文艺汇演一等奖；雷运英指导的舞蹈《娩婳将军》和《洛神》获湖南省中学生“三独”比赛一等奖。戏剧与曲艺家协会编排的祁剧选段《杨滚教枪》获欢乐潇湘、和美永州银奖；所创作的小品《老赖遭遇》在全省群文工作者技能大赛中获得永州赛区银奖；所拍摄的微电影《无处可逃》在全国禁毒微视频大赛中进入了全国总决赛。京剧协会会长王和英荣获湖南省“第六届京剧票友艺术节个人优秀奖”。

（黎成钢）

军　事

人民武装

■概况　1951年8月，正式成立中国人民解放军湖南省宁远县人民武装部（以下简称人武部），内设政工，军事2科。8个区成立区人武部。1954年8月，县人武部改称兵役局。1959年3月兵役局复称县人武部。1986年5月，县人武部划归地方建制，更名为湖南省宁远县人民武装部，受零陵军分区和中共宁远县委、县政府领导。1996年4月人武部恢复军队建制，复称中国人民解放军湖南省宁远县人民武装部，受中国人民解放军永州分区和宁远县委，县人民政府双重领导。设基层武装部24个（20个乡镇街道武装部，4个普通高中学校武装部），共有专武干部55人，一支常驻民兵应急分队。2017年，宁远县人武部被军分区先后表彰“抗洪救灾先进单位”“军事训练先进单位”“安全管理先进单位”“新闻宣传工作先进单位”。7月，新班子调整后，党委“一班人”团结协作、奋发有为，狠抓单位全面建设，突出军事机关“正规化、军事化、制度化”建设，努力推动营院绿化、美化、亮化工程，积极协调、主动作为，先后完成民兵常驻应急分队重新组建、车库修建、军营氛围营造、食堂改造和休闲、运动场所建设等大项工作。军事机关的形象和样子逐步树立并得到强化，应急分队从无到有再到强，成为一支可随时遂行抢险救灾、应急处突、反恐维稳的骨干力量，得到县委、政府的充分肯定。

■民兵军事训练　2017年，宁远县人武部先后2次召集全体专武干部进行整组业务培训，召开3次整组工作推进会，全县共悬挂横幅64条，张贴标语、公告3000余份，群发短信30000余条，县广播电视台每晚黄金时段20时至21时飞幕宣传整组工作，民兵整组工作至3月20日结束，完成上级赋予的整组任务，基本实现各专业技术分队结构布局与战时兵员动员需求相适应的要求。5月上旬，宁远县同步参加湖南省军区组织的“非转专”集训，全体干部对使命任务有更加深刻的认识和理解，个人履职能力和综合素质也有新的提高。5月，选派6名冲锋舟操作手参加军分区组织的防汛救灾集训和演练，较好完成上级赋予的任务。宁远县先后完成4期民兵训练任务，推荐2名年轻有发展潜力的新进专武干部到省军区参加集训。年终参加军分区普考，单位和个人都取得较好成绩，军事训练任务完成圆满。

■政治教育　宁远县人武部积极开展“维护核心、听从指挥”主题教育活动和“两学一做”常态化、制度化学习教育活动。组织党委“一班人”集体研究制订学习教育方案计划，并明确党员应知、应会、应做的相关事项，为每一名党员购买学习书籍，要求每名班子成员积极主动上党课，部领导带头为干部职工及专武干部上党课，并深入挂点乡镇进行党课辅导，积极参加县里组织的讨论发言。中共十九大召开后，及时组织干部职工原文学习领悟习主席的十九大报告，积极参加上级军事机关和地方党委组织的学习辅导，认真撰写学习笔记和心得体会文章；召开相关工作形势分析会、部署会、推进会，面向干部职工、专武干部、民兵等进行十九大精神的集中宣讲，开展心得体会展评。

■**征兵工作**　2017 年，宁远县先后 3 次召开征兵推进会、2 次会同县政府督查室深入基层推动征兵宣传和报名工作。7 月 17 日，在文庙广场隆重举行“征兵宣传暨集中报名活动”，县委书记刘卫华、常务副县长黄永英等领导亲自参加，先后 3 次开展入校宣传活动，通过现场讲解、答问，张贴海报、公告、标语，发放宣传手册，悬挂横幅等多手段多渠道，把政策讲透；开展征兵工作“三走遍、三签字”活动等，征兵工作总体形势较好，新兵在部队思想稳定、训练刻苦，没有出现 1 起责任退兵，实现多年未实现的“零”退兵目标。

■**学生军训**　2017 年 8—9 月，宁远县人武部按照连队组训模式，完成宁远一中、宁远二中、宁远三中、职业中专和明德学校近 4000 名学生军训。

■**拥政爱民**　2017 年，宁远县人武部官兵在地方参建参治共出动 600 余人次，参加抢险救灾 2 次、义务植树 2 次、助民劳动 8 次，协助党委政府维稳处突 2 次，参加祭舜安保 2 次，参加新城区治安巡逻 10 余次，深入村组开展精准扶贫数十次。

公安消防

■**概况**　1949 年 11 月 17 日宁远和平解放后，消防工作由公安局主管。1955 年，宁远县有义务消防队 18 个，防火小组 221 个，防火突击队 18 个，林区护林防火委员会 72 人。1978 年，县公安局设立消防股，消防员由公安干警义务担任。1983 年 1 月，消防股改为消防中队，纳入中国人民武警部队序列。1984 年 12 月，消防中队改为宁远县公安消防股。1997 年 5 月，消防股升格为宁远消防大队，称中国人民武警部队宁远县消防大队，隶属永州市消防支队。1998 年，宁远县成立专职消防队，由消防大队管理。2002 年 12 月，专职消防队撤销。2003 年 1 月，中国人民武装警察部队宁远消防中队成立，与县公安消防大队合署执勤。年底，全县有公安消防大队（中队）1 个。2017 年，县政府先后召开 2 次专题会议研究消防工作，县委、县政府主要领导先后 8 次听取汇报，7 次带队检查社会单位。县政府共拨付消防业务经费 404 万元。

■**火灾处置**　2017 年，宁远县公安消防大队接警 384 起，出动车辆 656 辆次，出动警力 4583 人次，抢救被困人员 65 人，抢救财产价值 1161.7000 万元。火灾处置率 100%，火灾起数下降 26.14%，未发生一起执勤事故及安全事故。

■**消防宣传**　2017 年，宁远县消防大队按《全民消防安全宣传教育纲要》宣传为抓手，全方位，多层次开展消防宣传。依托手机短信、LED 显示屏、官方微博等现代电子传媒以及标语、灯箱、广告牌等传统宣传媒介开展消防知识宣传。在县内广播电视开辟《直通 119》消防宣传栏，深度报道消防安全知识和典型火灾案例，督促指导各单位开展消防安全自查，及时发现和整改火灾隐患。全县 20 个乡镇（街道）层层落实责任制，建立 12 家农村消防宣传服务站，构成农村火灾预备、扑救和宣传教育平台。

■**消防责任制**　2017 年，宁远县委、县政府及各职能部门的人事职能重新调整合并后，县消安委相应重新调整，分管领导为主任，县政府办、公安、消防、安监、文广、财政、电力、住建、城管、市监等相关单位负责人为成员的消防安全委员会，具体协调消防安全工作。各乡镇（街道）也调整相应领导机构和工作班子。县政府与各职能部门、各乡镇（街道）和消安委成员单位，层层签订消防安全工作责任状。确定重点单位64个，并将监管责任落实到每名监督员。对重点单位实行“户籍化”管理，三项报备和等级管理制度。

■消防安全监督 2017年，由“两办”督查室牵头，组织相关单位，对全县20个乡镇（街道）开展2次消防工作专项督查。深入海天商场、工业品批发市场和华荣鞋业等火灾隐患单位进行现场办公，责成建设、城管、安监、工商、工业园等部门配合消防大队，监督整改火灾隐患。共排查单位2185家，发现火灾隐患4839处，责令“三停”24家，临时查封39处。治理消防违法行为4793处，整改火灾隐患2085处。全县派出所消防监督工作实现常态化，共检查单位3165家，发现整改火灾隐患4869处。全年县安委会组织联合组9个，共排查单位154家，发现火灾隐患221处，整改火灾隐患194处。

■岗位练兵 2017年，宁远县消防大队以提高战训基础工作为重点，狠抓业务训练。对中队装备器材和作战能力进行全面评估，进行排烟装备及防护装备实战效能测试。严抓“六熟悉”训练，全年共修订完善预案45份，开展各类演练120次，战评率100%。开展执勤岗位练兵比武、业务技能竞赛活动，加强官兵体能训练，技能训练，全员参训，提高基本素质。以实战为背景，加强想定作业，无预案演练，开展合成训练，不断加强装备人员有机结合。

■队伍建设 2017年，全县有60家重点单位，4个社区和1个居民住宅小区物业管理公司建成微型消防站，发展队员276人，配备灭火器材934件，个人防护装备件276套及手持对讲机138台。消防大队组织培训人员深入各乡镇（街道）开展为期一个月的乡镇长、农村“两委”负责人进行消防安全培训。组织专业讲师对县工业园16家密集型企业上门培训。冷水、中和、水市、太平、柏家坪、湾井、禾亭、鲤溪和清水桥9个乡镇建有专职消防队，每名队员均配备个人防护器及灭火救援设备。

（钱小庆）

人民防空

■概况 宁远县人民防空办公室是县国防动员委员会的常设办事机构、县人民政府人民防空工作主管部门，列入县政府工作部门序列。内设办公室（加挂法规宣传股牌子），工程管理和指挥通信股；行政编制5名，其中主任1名，副主任2名，机关后勤服务人员事业编制1名；所属事业单位为县人民防空指挥信息保障中心（加挂宁远县人民防空执法大队牌子），为股级公益一类事业单位，全额拨款事业编制5名。2017年宁远县城区安装防空警报器17台，警报音响覆盖率100%，通信设备完好率100%，统控率100%。2017年3月31日，县人防工作被市人防办评为“2016年度全市人防绩效评估一等奖”，2017年9月28日，县人防办被市人防办评为“全市人民防空先进集体”。

■人防宣传教育 微信开通“宁远人防”公众号，及时刊发人防重要新闻、重点工作动态和人防信息。5月12日，在县文庙广场举办以“关注人防、关爱生命”“5·12”防灾减灾日为主题的人防宣传活动，向广大市民发放《中华人民共和国人民防空法》2000册，《防空防灾安全手册》（口袋书）1000册及其人防标志等，全面提高群众自我保护意识。8月24日，汇同人武部在县一中，组织开展“2017校园防灾、减灾暨防空袭疏散演练”活动，组织28个班近2800名师生模拟空袭状态下紧急疏散演练。通过演练，广大师生能准确识别防空警报类别，懂得紧急情况下如何疏散、自救、互救。根据《中华人民共和国人民防空法》第四章第三十五条和《湖南省实施〈中华人民共和国人民防空法〉办法》之规定，2017 年 11 月 1 日上午 9 时 30 分至 9 时 49 分在县城区域内进行防空袭警报试鸣，增强全体市民的国防意识，检验宁远县防空警报的可靠性，保障战时人民防空的组织指挥。

■**稽查执法**　2017 年严格按省办统一样式规范执法案卷，行政执法做到程序合法、文书规范、案卷完整。严格按照湘发改费〔2016〕405 号文件和湘防办发〔2016〕23 号文件精神，认真办理易地建设费调标后的征收工作，严格执行防空地下室易地建设费收费标准，无违规减、免、缓、降现象发生。截至 2017 年 12 月底，共办理报建项目 87 件，征收易地建设费 1220 万元，是县里分配任务数 600 万元的 2 倍多。2017 年，人防行政执法进入工业园区 4 个政府投资项目，共收取人防易地建设费 459.39 万元。

（赖小斌）

法　　治

概　　述

2017年，宁远县政法综治工作在永州市委政法委和县委、县政府的坚强领导下，紧紧围绕迎接中共十九大召开这一核心任务，统筹推进，全力维护社会大局稳定、促进社会公平正义、保障人民安居乐业，不断开创政法综治工作新局面，取得新进展新成效。综治工作继续保持全省平安县称号；宁远县被评为全国“法治县（市、区）创建活动先进单位”；公安部门获党的十九大安保维稳工作、道路交通集中整治百日大会战“两个全市第一”；在全省“十大平安创建”活动中，九嶷山舜帝陵景区被授予全省“平安景区创建示范单位”称号，联泰石油公司九嶷山服务区被授予全省“平安交通创建示范单位”称号。桐山街道桐山村等4个村反邪教工作被国务院授予“全国无邪教示范村”称号；圆满完成党的十九大、全国和省市“两会”“一带一路”峰会等重大特护期的信访维稳任务；全市农村综合服务平台暨农村网格化信息系统建设现场推进会、市公证体制改革现场会相继在宁远县召开。在全市网格事件联动处置会上宁远县作为先进县区作典型发言。2017年，县公安机关共立案1425起，破案813起，刑拘988人，批捕447人，移送起诉931人；受理行政案件3375起，行政拘留2205人，追回逃犯130人。其中，破获恶势力团伙5个，抓获涉恶团伙成员61人；破获2015年“4·4”故意杀人案等4起命案，实现现行命案连续十年全破，破获16年前命案积案1起；共破获“两抢一盗”等侵财型案件281起，抓获犯罪嫌疑人271人，逮捕153人；破获黄赌刑事案件32起，刑事拘留犯罪嫌疑人55人；查处黄赌行政案件112起，行政拘留434人；端掉各类涉黄涉赌场所49处，捣毁电游赌博窝点21个，收缴捣毁赌博机60余台。破获涉毒刑事案件73起，刑事拘留78人，逮捕直诉78人；破获经济领域刑事案件26起，刑事拘留犯罪嫌疑人33人，挽回经济损失1200余万元；破获“三强三堵”（强揽工程、强装强卸、强行阻工，堵门、堵路、堵桥）类刑事案件43起，刑事拘留68人；查处行政案件95起，行政拘留203人。县检察机关共受理公安机关提请批准逮捕案件584件、683人，批准逮捕384件、489人；受理公安机关移送审查案件起诉876件、1052人，提起公诉801件、956人；立案查办贪污贿赂案件7件、7人，查办渎职侵权案件4件、7人，涉及正处级干部2人，科级干部3人；严厉打击危害经济安全和市场经济秩序犯罪，共批捕非法吸收公众存款、串通投标、虚开增值税发票等犯罪嫌疑人7人，提起公诉22人；批准逮捕非法经营、合同诈骗、制售假冒伪劣商品等犯罪嫌疑人3人，提起公诉31人。准确理解和执行宽严相济刑事政策，依法不批捕190人，不起诉117人，对18件轻微刑事犯罪案件引导当事人达成刑事和解。县法院共受理各类诉讼案件4301件，结案3857件。受理各类执行案件1981件，结案1406件。其中，受理各类刑事案件915件，审结864件；受理行政诉讼案件75件，结案69件；受理各类民商事案件3311件，审结2924件。协助邮政储蓄银行收回贷款800万元，农村信用社收回不良贷款2500万元，为金融企业的持续健康发展提供法治保障。

法治政府建设

■概况　1990年10月，县政府法制办公室成立。1995年6月，县政府法制办公室并入县政府办公室。后析出，2002年3月重并入政府办，属政府办内设机构。法制办成立后，负责清理县政府历年发布的规范性文件。1993年8月，县政府与44个县直行政执法单位和47个乡镇政府签订行政执法责任书，在全县建立起行政执法监督机制。制定规范文件备案审查规定、行政执法监督暂行规定、行政性收费实行收支两条线的规定以及行政复议工作程序和制度。2017年，县法制办以《中共中央关于全面推进依法治国若干重大问题的决定》和中共中央、国务院《法治政府建设纲要（2015—2020）》为指导，围绕宁远经济社会发展这个中心，全面推进依法行政，加强法制政府建设。

■行政决策　2017年，宁远县健全依法决策机制，落实公众参与、专家论证、风险法治评估、合法性审查、集体讨论决定重大行政决策程序，推进科学决策、民主决策、依法决策，确保决策制度科学、程序正当、责任明确。全县召开行政决策听证会5次，建立听证代表名录历史记录册，确保听证会无特殊情况不出现雷同代表，保证听证参与者的广泛性、代表性。

■规范性文件管理　2017年，宁远县严格落实规范性文件合法性审查“三统一”制度。由县法制办对县政府出台的规范性文件的合法性进行审查，并出具合法性审查报告，领导签发后出具规范性文件登记通知书，确保规范性文件合法有效。2017年，全县共出台规范性文件58件。县政府及县政府办规范性文件50件，县政府工作部门文件8件，提出修改意见180余条。所有规范性文件都由县法制办统一登记、统一编号、统一在县政府网站和《宁远政报》上公布：2017年《宁远政报》发刊12期，将县政府制定的规范性文件全部予以公布。法制办、政府办文秘室、电子政务办3个部门协调，建立健全县政府规范性文件数据库和网上检索系统。

■备案审查　2017年，宁远县重视维护非公有制经济的合法权益。凡是涉及全县招商引资、重大项目建设的合同起草、审查、签订，必须由县法制办审查把关，不经法制办审查把关不能签订。凡是涉及公民、法人和社会组织权利义务关系、涉及全县人民群众切身利益的规范性文件的制定，必须由县法制办审查把关，不经县法制办审查把关不能上县政府常务会议。

■行政复议　2017年，宁远县政府共受理复议申请8件，其中撤销违法行政行为4件。县法制办在受理案件时，坚持依法立案，秉公办案，对行政复议案件办理过程中发现的违法行政行为坚决撤销不留情；同时办理县政府行政诉讼工作。

■行政审批制度改革　2017年，宁远县大力推进行政审批制度改革，全面落实限时办结制度，对行政审批项目和公共服务项目进行多次清理。所有保留的审批项目，均在宁远政府网上公示。推进政务公开，进一步健全政府信息公开制度，对非涉密政府信息一律公开上网。加大推进财政预决算、重大建设项目、公共资源配置、公益事业建设等重点领域的信息公开，做到在阳光下运行。建立健全应急管理体系，制订和完善各类突出公共事件应急预案，建立健全应急协调联动机制，对突发应急事件做到快速反应，果断处置。

■**责任清单编制** 2017年，宁远县法制办对责任清单进行公示并实行动态管理，对各单位上报的责任清单进行认真审查和反复确认，理清与行政职权相对应的责任事项，建立责任清单。

■**行政执法监督工作** 2017年，宁远县健全完善行政执法主体资格管理，组织开展本县范围内的行政执法资格考试。开展执法监督检查，规范行政执法行为。对检查中发现的问题，及时发出《行政执法监督检查整改通知书》。开展执法案卷评查工作，对全县各行政执法单位行政执法案卷进行评查，并对案卷评查结果进行反馈和通报，作为依法行政考评的重要依据。及时发布行政执法指导案例，提升行政执法的准确、公平、公正。

（欧阳迪慧）

公　　安

■**概况** 1949年11月24日，宁远县人民政府设立公安局。1967年，受“文化大革命”冲击，公安机关处于瘫痪，公安中队改为中国人民解放军建制，由人民武装部领导。是年11月成立中国人民解放军宁远县公、检、法军事管制小组，1968年10月，县革命委员会设立人民保卫组代行公、检、法职能。1973年7月，恢复公安局。1977—1979年，先后恢复和新建柏家坪、水市、禾亭、中和4个派出所。1986年，设立林业公安股。1987年8月17日，接收全县交通管理，成立宁远县公安局交警队，1989年10月增设户政股。1995年10月，组建宁远县公安局巡警大队。1997年6月正式开通“110”报警服务平台。2002年8月，增设宁远县公安局禁毒大队。2003年增设宁远县公安局警务督察队，年底，宁远县公安局内设办公室、户政管理股、公安信息网络安全监察与通信股、法制股、行政财务装备股、政工室等机构。2005年8月，公共信息网络安全监察与通讯股并入办公室，禁毒大队、预审股并入刑事警察大队，涉税犯罪侦查大队并入经济犯罪侦查大队，户政管理股更名为出入境管理大队，设立监所管理大队，由原来的18个派出所调整为13个派出所，泠江并入城南，桐山并入城北，湾井并入九嶷山，保安并入禾亭，荒塘并入鲤溪，纪检（监察）机构按有关规定设置，并加挂警务督察队牌子。2007年12月31日，行政财务装备股更名为警务保障室，交通警察大队更名为交通管理大队，法制股与信访室合并法制与信访室，刑事警察大队更名刑事侦查大队，禁毒大队并入刑事侦查大队，治安警察大队更名治安管理大队，出入境管理大队更名为人口与出入境管理大队，设立18个派出所。2010年8月增设禁毒大队。2011年6月增设网络安全保卫大队，2015年12月撤销政工监督室，设立政工室，增设纪委；撤销法制与信访室，设立法制大队，增设信访室；增设反恐怖大队、预审大队，城南派出所更名为舜陵派出所，城北派出所更名为文庙派出所，泠江派出所更名为东溪派出所，荒塘派出所更名为五龙山派出所；县森林公安分局为县森林公安局。2017年，宁远县公安局获“全市公安机关绩效考核成绩突出单位”“全市公安机关社会环境整治战役先进单位”“全市公安机关严打盗抢骗专项行动先进单位”“全市公安机关党的十九大安保维稳标兵单位”“全市道路交通秩序集中整治百日大会战标兵单位”“全省公安机关2017年春运道路交通安全保卫工作成绩突出集体”“全省依法办事示范窗口”等先进单位荣誉，涌现出全省优秀人民警察王春山等一大批先进个人。

■**维稳保安** 2017年，宁远县公安局收集各类苗头性、预警性情报信息580余条，预防、制止群体性纠纷械斗20余起，化解上访、闹事苗头30余次。稳妥处置冯家村村民阻工闹事、清水桥镇西塘村与柏家坪镇板利元村纠纷、太平镇新下塘村与沙罗塘村纠纷等突发事件。依法惩治处理非访人员99人，其中刑事拘留16人，行政拘留83人次。

■护航发展　牢固树立“发展是第一要务，护航发展是公安第一要务”的理念，对“强买强卖、强装强卸、强揽工程”以及阻工闹事、敲诈勒索、欺行霸市等违法行为，坚决从重、从快、从严予以惩治。2017年，共查处“三强三堵”（强揽工程、强装强卸、强行阻工，堵门、堵路、堵桥）行政案件95起，行政拘留203人，破获刑事案件43起，刑事拘留68人，调处矛盾纠纷109起。

■案件侦破　围绕2017年年初制定的惩治侦破工作目标，始终保持严打高压态势，扎实开展惩治盗抢骗、社会治安环境整治、十九大维稳安保、“四打击一整治”、追逃专项行动、集打斗争等一系列严打专项整治工作。全年共破刑事案件813起，同比上升3.96%，刑事拘留988人，同比上升28.98%，批捕447人，同比上升10.1%，移送起诉931人，同比上升3.33%；受理行政案件3375起，同比上升23.4%，行政拘留2205人，同比上升36.70%，追回逃犯130人。4起现行命案全破，现行命案连续十年全破，并破获16年前命案积案1起；破获恶势力团伙5个；破获“两抢一盗”等侵财型案件281起，抓获犯罪嫌疑人271人，逮捕153人，侵财型发案同比2016年下降5.6%，破案同比2016年上升84.87%；破获盗抢团伙24个；破获黄赌刑事案件32起，刑事拘留犯罪嫌疑人55人，查处黄赌行政案件112起，行政拘留434人；破获涉毒刑事案件73起，刑事拘留78人，逮捕直诉78人，收治涉毒特殊人群28人，缴获毒品4000余克，查处吸毒人员481人，强制戒毒203人，社区戒毒94人。各项惩治指标排名全市前列。

■治安防控　深入推进社会治安立体防控体系建设，织密“天网”，实现“雪亮工程”应用效率的最大化，有效夯实管控基础，全力提升动态化、信息化条件下公安基层基础工作水平。建成指挥情报中心、治安防控中心、侦查实战中心、执法监管中心、新闻舆情中心等五大中心和县监管中心，公安局业务技术用房正在建设中。发展万名义警，开展“一呼百应、全民创安”“蓝背心”平安工程建设，形成全民创安的浓厚氛围。通过创新治安防控体系建设，加强夜巡密度和力度，全县可防性刑事案件得到有效遏制，同比前三年平均下降26.43%。

■行政管理　积极开展道路交通集中整治“百日大会战”“三个不发生”创建活动等专项整治行动，共查处道路交通违法行为6.5万余起，其中涉牌涉证16407，酒后驾驶570，醉酒284起，毒驾2起，其他违法行为3166起，刑事拘留317人，行政拘留590人，交通事故同比下降7.29%。深入开展重大火灾隐患专项整治、小区消防安全专项整治等系列消防安全专项检查行动，督促整改消防隐患4665个，责令“三停”单位23家，罚款80.5万元，拘留4人。发生火灾事故50起，同比下降55.36%。大力开展危爆物品专项整治行动，检查整改治安隐患66处，查处涉枪涉爆违法人员180人，刑事拘留24人，行政拘留156人，收缴枪支341支，管制刀具84把，子弹291发，雷管31发，炸药287公斤。

■人口与出入境管理工作　2017年，宁远县办理居民身份证57850证，整理各类户籍档案11289份。共办理各类户籍业务10568件，其中，出生入户9370人，补录9984人，迁入31399人，死亡16721人，迁出4272人，恢复记录479人，变更、更正业务66035件（其中身份证号965人，姓名

1474人，性别63人，出生日期190人，民族63人，其他63280人），共办理普通护照及港澳台通行证业务29125件，抓获“三非”外国人11人，抓获逃犯3人。

■规范执法 2017年围绕建设法治公安，严格落实永州市公安局《执法十项重点工作实施方案》《派驻法制员工作规定》《执法办案积分制》等相关规定，深入推进执法规范化建设。投入50万元建成执法监管中心，与永州市局对接并正式启用，大力整治立案突出问题，严把案件办理关。加强执法主体能力建设，全面落实主办侦查员、法制员派驻制度，全局执法勤务机构班子成员执法资格达标率100%。全面推行执法办案积分制，落实兑现每月奖励，有效激发民警办案积极性，全年执法办案质量排名全市第一。

■队伍建设 始终坚持党建引领，以党建带队建，以党务促警务，建一流队伍、创一流业绩、树一流形象。积极争取县委、县政府的大力支持和关心，新提拔科级干部34人、重用10人、免职24人、交流24人，真正让“吃苦的吃香、实干的实惠、有为的有位”，最大限度激发队伍内生活力。压实全面从严治党治警责任，坚持问题导向，突出风险管理，全面强化队伍教育整顿活动，队伍形象得到有力提升。深入开展“雁过拔毛”式腐败问题和“纠四风、树新风”专项整治工作，积极查处国家工作人员和党员干部涉赌涉毒案件，2017年，共查获国家工作人员和党员干部涉赌涉毒案件20起（其中涉毒12人，涉赌8人），共刑事拘留5人，行政拘留15人，强制戒毒3人。

（周鹏）

道路交通安全管理

■概况 1950至1987年4月，宁远县境交通监理归口交通部门。公安机关协助处理重大交通事故。1987年5月，公安机关接管交通监理工作。9月17日，成立交通警察队，具体负责交通监理。1992年3月，交警队升格为交警大队，内设办公室、安宣股、车管股，下设城关交警中队。1993年3月，组建冷水、禾亭、柏家坪交警中队，编列为二、三、四中队，城关交警中队更名交警一中队。2015年12月，对内设股、室、中队进行调整，交管大队设13个内设和直属机构（室、中心、股、中队）：办公室、政工监督室、法制与信访室、处罚中心、网络安全中队、交通事故处理中队、车辆管理中队、驾驶员管理中队、机动巡逻中队、一中队、二中队、三中队、四中队。

2017年，宁远县公安局交警大队围绕建设创国家文明城市的中心任务，以“压事故、保畅通、促和谐”为工作主题，狠抓道路交通安全管理各项工作落实，全县道路交通安全总体形势平稳可控，道路交通秩序平安、有序。大队先后获得“全省公安机关2017年春运道路交通安全保卫工作成绩突出先进集体”“全省公安交警系统党的十九大交通安保维稳成绩突出集体”“全省公安交警系统党建和优秀团队建设先进单位”“全市公安交警系统‘冬春攻势’行动先进单位”“全市公安机关严打整治飓风行动标兵单位”“全市道路交通秩序集中整治百日大会战标兵单位”“全市党的十九大安保维稳成绩突出集体标兵单位”“全县安全生产监管先进单位”“综合治理先进单位”“治超治限先进单位”“校车安全管理先进单位”等10余项集体荣誉。

■隐患排查和源头管控 大队始终坚持预防为主，在源头上管理上下功夫，严格按照道路交通安全隐患“一单四制”工作要求，狠抓交办制、台账制、销号制、通报制“四大环节”，消除道路交通安全隐患。排查治理道路安全隐患。落实“彻底排查、排查彻底”，2017年，联合交通、公路等职能部门共排查出临水临崖、标志标线缺失等存在道路交通安全隐患的路口路段106处，全部分类登记建立台账，并及时通过道安委平台进行交办，截至2017年12月，已全部整改销号，包括1处省级挂牌整治的道路交通安全隐患，1处市级挂牌整治的道路交通安全隐患。排查治理运输企业安全隐患。对全县所有客运企业、危险品运输企业经营车辆进行专项督查，排查2个运管机构、3家客运企业、3家危货运输企业、2个汽车客运站，8家驾培机构和42台运输车辆，发现安全隐患45处。建立安全隐患台账，落实整改单位和整改责任人，要求限期整改到位。现全县所有客运车辆已经全部张贴“五不两确保”安全承诺，全部配备大型安全锤，54台客运车辆安装了遇险自动爆玻逃生装置。排查治理重点车辆安全隐患。对全县235辆“两客一危”车辆、125辆校车、54辆罐车开展多次交通安全专项整治，进一步核实重点车辆的安全性能状况，完善车辆、驾驶人管理档案，及时清理不符合驾驶条件的驾驶员，对存在的安全隐患登记造册并整改到位。全面夯实道路交通安全基础，改善道路通行条件，有效地减少道路交通事故的发生。

■维稳安保和事故处理　2017年，宁远县公安局交警大队先后圆满完成全国“两会”、党的十九大、湖南省冬季乡村旅游节及上级领导到宁考察等系列重大道路交通安全保卫任务。在春运、春节、清明、国庆、中秋等重大敏感节点、假日期间，全警动员，全员不休，将警力全部投放到路面一线，确保社会大局持续稳定、交通秩序良好，为全县营造良好的社会交通环境。连续三年荣获湖南省、永州市“春运道路交通安全保卫工作先进集体”。在各类恶劣天气环境下道路交通管理工作反应灵敏，表现突出。2017年，大队共接警5308起，其中死亡91人，受伤436人，直接经济损失40.94万元，事故起数下降1.07%，重大事故起数下降2.69%，死亡人数下降21.73%，受伤人数下降18.67%，直接经济损失下降20.91%。创新建立交警、司法、法院、保险协会“四位一体”，行政调解、人民调解、司法调解“三调联动”的道路交通事故“一站式”调解服务工作机制已基本成熟，城区、农村快处快赔中心运转高效，全面提高事故处理工作效率，及时化解因事故引发的矛盾纠纷。

■集中整治和综合治理　2017年，宁远县公安局交警大队在严打整治“百日会战”“百日大会战”、十九大安保维稳暨“三个不发生”创建活动、集打斗争“冬春攻势”行动中表现突出，以雷霆之势不断向各类重点交通违法行为宣战。据统计2017年大队共查处道路交通违法行为6.5万余起，其中涉牌涉证16407起，超载1452起，客车超员181起，摩托车不戴安全头盔1554起，酒后驾驶570起，醉酒驾驶284起，毒驾2起，不系安全带3642起，不让斑马线778起，三轮车、电瓶车非法载客136起，不按规定使用远光灯15起，其他违法行为3166起，刑事拘留317人，行政拘留590人。形成打击违法行为的高压态势，营造全县良好的道路交通环境。在全县20个乡镇（街道）设立交通管理服务站，覆盖比例达100%，镇专（兼）职交通管理员覆盖率达100%，418个村居成立交通安全劝导站，现有劝导员588名，覆盖率比例均为100%。“两站两员”在农村道路隐患排查，查章纠违，文明劝导，有效地缓解路面秩序难以管控的窘况，大大加强农村地区交通安全监管的力度，受到省厅周赛保副厅长及总队蒋建湘总队长的充分肯定和赞扬，并要求在全省推广。

■车辆管理和服务群众　2017年，宁远县公安局交警大队办理车辆注册登记10623台，转移登记2866台，变更登记

1530台，抵押登记4906台，注销登记1772台，转入登记620台，档案更正业务14次，车辆年检12057台；办理各类驾驶证业务39793件，其中，换证8167人次，补证1931人次，摩托车初次领证4451人次，增驾1593人次，满分学习考试1332人次，完成小车科目一考试12600人次。针对五龙山、桐木漯、鲤溪等乡镇离县城较远，群众办理驾考业务极不方便的实际情况，大队在柏家坪镇特别设立考点，预约群众考试。2017年大队驾管股共“送考下乡”10次，为709名偏远山区群众办理驾考业务。车管所全面实行业务当日办结制和延时服务制、首问负责制和“一窗式”服务制、业务退办制等便民制度，推出“流动车管所”，拓宽“网上车管所”，邮寄机动车牌、证，增设便民服务点等措施，得到广大群众的一致好评，完成二等车管所的创建验收目标。

（成琴　杨小花）

检　察

■概况　1955年10月，成立宁远县人民检察院。1967年11月，县公、检、法实行军管。1968年8月，检察院被撤销，检察职权由公安机关行使。1978年7月，恢复县检察院。2010年9月，宁远县人民检察院搬迁至县城九嶷南路，占地面积16849平方米，检察综合技术大楼总建筑面积8315平方米。2017年新建检察综合侦查技术附属楼，占地面积1550平方米。2017年，有办公室、政工科、侦查监督科、公诉科（内设未成年人刑事检察办公室）、反贪污贿赂局、反渎职侵权局、监所监察科、民事行政检察科、控告申诉科、检察技术科、职务犯罪预防科、法警大队、生态环境资源检察科、纪检监察室、案件管理中心等15个内设机构。在2017年度全市基层检察院建设综合考核中荣获第一名，21个单项工作荣获先进单位，并获得湖南省档案宣传工作先进单位、2017年永州市司法警察业务技能培训先进集体、永州市青年文明号、永州市巾帼文明岗、2017年度全市基层检察院建设综合考核先进单位、2017年度全县信访工作先进单位等多项荣誉。

■批捕和起诉　2017年，共批准逮捕各类刑事案件384件、489人，提起公诉801件、956人。坚持把严重暴力犯罪和多发性侵财犯罪作为惩治重点，批捕故意杀人、强奸、恶势力犯罪案件14人，起诉24人；批捕“两抢一盗”、诈骗犯罪案件109人，起诉147人。坚持少捕慎押，对犯罪情节轻微的刑事案依法不批捕190人；完善轻微刑事案件快速办理机制，引导当事人达成刑事和解19次；探索未成年人刑事案件办理新机制，强化对涉罪未成年人的司法保护，设立未成年人刑事检察办公室，创新附条件不起诉犯罪记录封存、案后帮教等诉讼模式和办案方法。批捕集资诈骗、贷款诈骗、非法吸收公众款等扰乱金融管理秩序犯罪案件7人，起诉22人；批捕诈骗、非法经营等扰乱市场秩序犯罪案件3人，起诉31人。

■职务犯罪查办和预防　2017年突出加强职务犯罪预防工作，始终坚持反腐高压态势。立案查办贪污贿赂案件7件、7人，查办渎职侵权案件4件、7人。结合办案开展职务犯罪预防工作，开展警示教育9次，提供行贿犯罪档案查询150余次，与人民银行宁远支行签署《打击贪污贿赂和洗钱犯罪合作备忘录》。

■诉讼监督　2017年强化刑事立案侦查监督，对侦查机关应当立案而未立案的监督立案15件，追捕10人；追诉8人，提出书面纠正意见59件。强化刑事审判监督，建立检察机关量刑建议，抗诉情况通报等制度，加大对审判活动的监督力度，共提请刑事抗诉7件。

■民事行政　2017年，大力拓展民行检察监督，办理不服法院生效判决裁定申诉、执行监督、督促履职等民事行政监督案件68件，发出检察建议66件。积极稳妥推进公益诉讼工作，共摸排案件线索5件，立案3件。

■**检察队伍建设**　检察队伍自身建设以提高业务素质和执法水平为重点，构建本院培训、脱产培训、学历升级的“三级”培训模式，形成系统化教育培训体系。开展岗位练兵、案件质量评比、业务竞赛和专题培训。2017年，共组织干警参加学习培训50余人次。实施AB岗工作模式、青年干警列席旁听检委会、青年干警轮流接访等一系列制度，培养和锻炼干警的综合素质能力。有2名35岁以下青年干警走上中层岗位，2名干警通过司法考试，1名干警获得硕士学位。

■**监所检察**　2017年，重点强化刑事执行和监管活动监督，加强派驻监管场所检察室规范化建设。对刑罚执行和监管活动中的违法情况提出纠正违法意见34次，办理羁押必要性审查案件28件，提出变更强制措施建议24人。强化社区矫正监督工作，共提出检察建议36件，建议撤销缓刑、收监执行6人。

■**反贪污贿赂工作**　2017年，共立案查办贪污贿赂案件7件7人，查办渎职侵权案件4件7人。突出查办职务犯罪案件，所办案件中涉及正处级干部2人，正科级干部3人。主动融入侦查一体化格局，通过整合力量，上下联动，形成反腐高压态势，立案查办永州市经济建设投资发展集团有限责任公司原董事长柏某受贿180余万元案，江华县国有林场原场长李某贪污400余万元案等一批上级交办案件。

■**廉政文化建设**　2017年，宁远县人民检察院针对检察权的岗位配置和运行特点，推行廉政风险防控机制，加强对检察的监督和制约，防止权力任性。实行集中管理机制，通过案件管理中心对所有案件进行源头管理，统一分流、集中评查和分案监管。完善案件质量考评制度，开展案件质量评查，实行自查、复查、评查和综合评析、个案评析、优案评析的“三查三评”，定期召开案件质量点评会并进行通报，实现执法办案活动从事后监督扩展到事前、事中监督。2017年案件管理、案件质量、执法状况三项工作跃居全市第一。

（彭茵茵）

法　　院

■**概况**　1949年11月，宁远和平解放，县人民政府宣告成立，同时设置宁远县人民政府司法科，主管全县审判工作。1950年6月撤销司法科，设立宁远县人民法院，为全县的审判机关。同年10月，成立宁远县人民法庭，下设一、二、三分庭。1967年11月至1973年6月，审判职能由军管小组和人保组取代。1973年7月，恢复人民法院，1978年县人民法院内设机构有办公室、刑事审判庭。办公地址在城关镇北正街32号一座老公房内。1987年9月，县法院机关迁到舜陵镇九嶷中路120号新建机关大院办公。2002年4月，执行庭升格为执行局。2008年5月县法院综合性审判大楼建成并投入使用，县法院机关整体迁到九嶷南路666号现址。2017年县法院被永州市中院评为“优秀基层人民法院”“党建工作先进单位”“执行工作先进单位”“纪检监察工作先进单位”，被县委县政府评为“绩效考核优秀单位”，在年度绩效考核中获“改革先进单位”“小康工作先进单位”等11块奖牌。

■**刑事审判**　2017年宁远县人民法院共审理各类刑事案件915起，结案861件，判处被告人1001人；共审结杀人、绑架、强奸、“两抢一盗”犯罪96件、102人；依法惩治非法吸收公众存款、集资诈骗等涉众型犯罪，审结此类案件21件28人，对唐某某、邓某某等一批重大集资诈骗案件进行依法审理，并予依法判决；继续开展禁赌禁毒专项审判活动，审结涉赌涉毒案件69件，判处被告人96人；坚持“打虎”“拍蝇”，审结贪污贿赂和滥用职权等职务犯罪案件14件23人，对市农开办原主任吴某某滥用职权等一批职务犯罪案件进行依法判决，对侵害群众利益的县国土局4名基层国土所工作人员判处刑罚；全力以赴打好环境整治战役，严厉惩治破坏环境资源违法犯罪行为，共对21件滥伐林木、失火烧山等破坏环境案件被告人判处刑罚。

■民事审判 2017年，宁远县人民法院受理各类民商事案件3311件，审结2924件。积极推进家事审判改革，充分发挥家事审判职能作用，维护家庭和谐，保障未成年人、妇女和老年人合法权益，发出首份反家暴“人身安全保护令”；积极化解经济下行压力下的各类矛盾纠纷，妥善应对民间借贷、企业融资纠纷增长态势，引导民间融资秩序理性回归，审结民间借贷等合同纠纷案件1307件，涉案标的19.5亿元；依法维护农民权益，积极促进农业发展，共审结农村土地承包经营权流转、宅基地纠纷、拖欠农民工工资等案件569件；认真贯彻“调解优先、调判结合”原则，将调解工作贯穿于立案、审判、执行等各个环节，全年通过调解和撤诉结案案件1115件，有效地促进案结、事了、人和。

■行政案件审理 2017年，宁远县人民法院认真贯彻新修改的行政诉讼法，继续推进行政诉讼跨区域集中管辖改革，坚持依法保护行政相对人合法权益与监督支持行政机关依法行政并重。受理行政诉讼案件75件，结案69件，结案率92%；依法审查行政机关申请强制执行的非诉行政案件，支持和监督行政机关依法行政，共执结计生非诉执行案件311件，征收社会抚养费320万元，保障计生工作有序开展，计生庭连续七年被评为“全市计生非诉执行先进单位”；推动行政机关负责人出庭应诉，解决“民告官不见官”问题，全年共有22名行政机关正副职负责人出庭应诉；积极推行诉外沟通、庭前对话、庭中协调的工作方式，做到监督与保护并重，推进行政争议的实质性化解。

■案件执行 2017年，宁远县人民法院受理各类执行案件1981件，结案1406件，执行到位金额1.36亿元。加强执行工作人财物保障，配齐配强执行局力量，选拔一批工作扎实、业务过硬的中层骨干充实到执行局担任正副职，执行局人数达到24人，同时对执行车辆、经费等予以足额保障；继续深入开展执行案件“百日大会战”“执行积案清理”等专项行动，对重点案件实行挂图作战、逐一销号；大力推进网络司法拍卖新模式，提高拍卖成交率和成交价，7月，通过淘宝网拍卖28宗，溢价率28.57%；充分发挥执行指挥中心作用，实现执行工作快速反应机制，采取假日行动、夜间蹲点和凌晨堵门等方式对“老赖”们执行法纪；创新失信被执行人名单公布方式，对失信被执行人除录入最高法院失信被执行人系统，使其受到信用惩戒外，还分2批将79名失信被执行人信息在县内各大有影响力的微信公众平台同步推送，16名被执行人迫于舆论压力主动履行法律义务；开展惩治拒不执行法院判决、裁定犯罪行为专项行动，移送公安机关刑事立案35件、40人，对王某某、龚某某等一批构成拒不履行人民法院判决裁定犯罪的被执行人依法追究刑事责任。

■审判监督 2017年，宁远县人民法院依照法律程序，对已经发生法律生效民事案件启动审判监督程序5件，对3件案件进行再审改判。

■司法救助 宁远县人民法院认真落实诉讼费用缓减免制度，将弱势群体和涉民生案件当事人纳入司法救助范围，尽力把有限的救助资源用到最需要的当事人身上；2017年，依法为困难当事人缓、减、免交诉讼费60余万元，彰显司法人文关怀；为6名生活困难的刑事被害人和申请执行人发放司法救助款10余万元；加强法律援助工作，为35名符合条件的刑事被告人指定辩护律师。

■司法改革　2017年，宁远县人民法院认真开展内设机构改革，进一步精简机构数量，将研究室并入政工科、信访室与立案庭合并为立案庭、审监庭与审管办合并为审管庭、计生庭部分业务并入执行局，撤销林业庭，将林业刑事案件管辖职能并入刑事庭，将林业行政案件管辖权并入行政庭将人民法庭由8个精简为5个，精简后的人民法庭为：柏家坪法庭、禾亭法庭、水市法庭、中和法庭、九嶷山法庭。以内设机构改革为契机，对中层正副职实行竞争上岗，选拔有能力、肯干事的优秀青年骨干充实到中层岗位。不断深化司法责任制改革。制定司法人员职责和权限清单，对院庭长、员额法官、司法辅助人员、司法行政人员等岗位职责和责任权限逐一作出规定；制定《错案追究制度》《案件质量管理考评办法》《庭审评查规则》《裁判文书评查细则》等制度，扩大独任法官与合议庭的功能，院、庭长不再签发本人未参与审理案件的裁判文书，审判权力完全回归独任法官与合议庭。院、庭长带头办案成为常态，2017年院领导办理案件322件，庭长办理案件1100余件。

■法官队伍建设　2017年，宁远县人民法院注重法官队伍建设，推进“两学一做”学习教育常态化、制度化、开展廉洁司法集中教育、正风肃纪等专项活动，切实解决作风不实问题，进一步密切法院与社会、法官与人民群众的联系。举行员额法官和人大常委会任命人员向宪法宣誓活动，强化对宪法和法律的忠诚。积极向县委争取从本院提拔1名党组成员、副院长，为5名人民法庭庭长和1名执行局长解决副科级待遇；组织全体干警观看反腐倡廉警示教育片3次。全年共下发各类通报16期，对23人给予通报批评，对2人诫勉谈话；开展任前廉政谈话35人次，提醒谈话100余人次。

■基础设施建设　院内道路提质改造全面完成，建成微型消防站、生态停车场各1个；诉讼服务中心完成地勘、设计、环评等工作，即将挂网招标；中和法庭、水市法庭开工建设。

■精准扶贫工作　2017年，宁远县人民法院认真落实各项扶贫政策，积极为贫困村脱贫基础设施建设争取资金和政策，先后投入资金近二十万元为贫困村群众解决一批老大难问题，帮助冷水镇大陂岭村完成村道硬化3300米、山塘加固2处和新修自来水工程；向贫困户免费发放400余只种兔，积极支持发展九嶷山兔养殖产业；开展扶贫结对帮扶工作，安排116名工作人员对大陂岭村和双井圩社区278户贫困户开展结对帮扶，除13户低保兜底外，成功使265户贫困户脱贫。

（潘彦军）

司法行政

■概况　2017年，县司法局内设机构有办公室、政工室、基层工作股、律师公证管理股、法治宣传股、社区矫正办、计财装备股、政策法规股，下属机构有公证处、法律援助中心、派出机构为20个乡镇（街道）司法所。归口管理的单位有湖南舜源泽律师事务所、湖南铭慧律师事务所、湖南盛仁律师事务所、湖南垦业律师事务所（新增）、永州舜源司法鉴定所、湖南大鹏法律服务所、湖南舜峰法律服务所、湖南群益法律服务所。政法专项编制由57名减少为53名（因纪检体制改革，划到纪监委 4 个编制），法律援助中心编制由 16 名增加到 22 名，公证处编制为 6 名。至 2017 年，司法局共有司法行政干警 65 名，协警 46 名，全县注册执业律师 57 名，法医 16 名，注册基层法律工作者 21 名，公证员 5 名。2017 年，以综治考核和绩效考核为总揽，为建设宜居宜业宜游生态新宁远提供优质的法律服务、营造安全稳定的社会环境和公平正义的法治环境。宁远县被省委法治办推荐为全国第四批“法治创建活动先进县”，司法局荣获“全国人民调解宣传工作先进集体”“湖南省司法行政工作先进集体”“湖南省文明卫生单位”“永州市司法行政系统工作考评优秀单位”“永州市示范离退休干部党支部”“永州市关心下一代工作先进集体”等称号，法律援助中心主任蒋顺先被评为“全国维护妇女儿童权益先进个人”，法制宣传教育股股长陈宏庆被评为“全国青少年普法教育活动先进个人”。

■法治宣教 2017 年 3 月 23 日，宁远县第八次法治宣传教育工作会议召开，县委书记刘卫华、县长唐何等主要领导出席，会上对县委宣传部等 30 个先进集体进行隆重表彰，每个单位奖励 10000 元，表彰先进个人 60 名；政府常务会同意从 2017 年开始将普法依法治理工作纳入全县绩效考核并列入县委、县政府年度表彰范围，考核分值为 30 分，县委法治办专职副主任明确为副科级，并按程序上报市里批复。经多方征求意见，出台并印发全县“七五”普法规划。7 月 28 日，县第十七届人大常委会第四次会议上，通过《关于在全县公民中深入开展法治宣传教育第七个五年规划（2016—2020 年）的决议》，决议明确完善法治宣传教育专项经费动态增长机制，在“六五”普法人平 1 元的基础上按每年每人 0.1 元的标准逐年递增。2017 年 3 月 21 日，开通“宁远司法行政”微信公众号，开启宁远法治宣传的“微时代”。设有普法在线、普法博客、普法微电影、便民服务、法律援助等栏目，进一步扩大新媒体对法治宣传的影响力。充分发挥舜帝安寝之地、道德发祥之地的人文优势，大力倡导、推动和践行法德兼治，探索走出一条以德治县与依法治县相结合的县域治理新路子。完善莲花山法治文化公园、文庙法治文化广场、九亿街法治宣传教育街区等法治宣传设施。在 2017 年 6 月的政府常务会上，将县法治文化公园、法治文化广场、法治文化宣传教育街区等“三项重点工程”纳入城市建设总体规划，在印山公园建设时纳入法治建设内容，与公园建设同规划、同建设，规划建设资金由财政保障，把一中、八中、莲花小学 3 所中小学建设成为青少年法治教育基地。认真开展法治宣传教育活动，广泛宣传全面深化改革、保障改善民生、创新社会治理、城乡规划建设、交通秩序管理、生态环境保护、脱贫攻坚等相关的法律法规。利用三八妇女节、“农村法治宣传月”“3·15”消费者权益日、“6·5”世界环境日等宣传月周日及传统节日开展禁毒、法律援助、安全生产、环境保护、反家暴和妇女维权、劳动保障、法律援助等与民生相关的法律法规的宣传教育，抽调 10 名干警与单位工作完全脱钩参加全县“交通秩序整治百日大会战”活动，15 名干警参加“全县依法治村”活动，做好相关法律法规宣传。对开展“谁执法谁普法”责任制工作督查并进行通报。在县电视台开辟《以案说法》《平安宁远》专栏，在宁远新闻网、法治宁远网开辟“法治在线”栏目，利用“互联网+”新形态开展全方位普法。5 月，通过电影公司在全县组织开展“法治电影进学校”活动，全年放映 140 场次。7 月，制定下发《关于组织全县青年普法志愿者开展 2017 年法治文化基层行活动的实施方案》并积极开展“农村法律明白人”培训，评选出全县十佳农村法律明白人。9 月，结合“青少年法治宣传月”活动开展全县“最美十佳守法青少年”评选活动，并评选出十位最美守法青少年。2017 年，司法局共出动宣传车辆 200 台次，发放各类宣传资料 26 万余份，法治电影放映 100 场，举办法治讲座 200 场，为群众提供义务法律咨询 2800 余人次。11 月，组织全县 1.2 万余名国家工作人员参加学法考法，全县学时完成率 99.7%，参考率 99.7%，考法合格率 99.6%。参考人数列全市前茅，创宁远县历年之最。挖掘小桃园禁赌家规、下灌让第家风、白田村规民约等典型，被中纪委推介。编发本土家风故事书籍《九嶷家风》，全县党员干部人手一册。成功创建 98 个省市县文明单位，28 个国家和省级生态、文明、卫生示范村镇。县委书记刘卫华牵头负责的“领导干部家风建设思想研究”入列湖南省 2017 年 8 个重点创新理论项目之一，在湖南领导专供第 43 期上发表《宁远：探索法德兼治的县域治理新路径》，在全省进行推介。九疑山瑶族乡西湾村、舜陵街道莲花社区被省司法厅、省民政厅命名为湖南省第八批“民主法治示范村（社区）”。

■人民调解　2017 年，宁远县司法局健全领导机制，调整充实宁远县各级、各类人民调解工作领导机构。建立以司法行政为主，公、检、法、信访、综治办等部门配合的协调机制。以村（社区）“两委”换届选举为契机，及时调整村（社区）人民调解委员会组成人员，全面促进基层人民调解组织规范化建设。建立健全行业性、专业性调解组织，组织全县调解力量开展“两节”“两会”“清明”等重要节点、敏感时段人民调解专项活动，围绕现阶段经济发展新常态下劳动、房产物业、医疗等领域和环节展开“拉网式”矛盾纠纷排查调处。2017 年，全县各级人民调解组织成功调处矛盾纠纷 5206 件，调解成功率达 98.2%，其中婚调委调处 232 件，交调委调处 716 件，医调委调处 28 件，其他人民调解组织调处 3965 件，防止群体性上访 37 起，防止群体性械斗 14 起，防止民事纠纷转化为刑事案件 4 起，有效维护全县社会的和谐稳定。

■公共法律服务　2017 年，宁远县司法局以农村公共服务平台为依托，在宁远县乡镇（街道）、村（社区）建立公共法律服务站（点）。在全县范围内选聘一批法律志愿者，每个村（社区）配备 1—3 名法律志愿者在公共法律服务站（点）值班，充分发挥司法行政在法治社会建设、社区矫正、矛盾调处等方面的职能作用，增强群众法治观念，形成遇到问题找法，解决问题用法，维护稳定靠法的良好习惯。2017 年，全县已建成公共法律服务站 20 个，公共法律服务点 422 个，“法润三湘”志愿服务点 422 个。

■法律援助　2017 年，宁远县加强军人军属、农民工等重点人群法律援助工作，开通“外来务工人员法律援助绿色通道”，对农民工群体性讨薪案件，实行优先受理、优先审批、优先办理，简化工作程序。截止目前，法律援助中心已受案 268 件，办结案件 194 件，法援热线咨询 3000 人次。

■律师管理　2017 年，宁远县司法局对全县执业 3 年以上的律师进行摸底，建立律师参与涉法涉诉信访案件化解工作人才库。组织各律师事务所和全体执业律师参与化解和代理涉法涉诉信访案件工作，引导律师参与社会公益活动，参加全县公共法律服务中心窗口值班，引导律师参政议政。成立扶贫攻坚律师团，充分发挥律师在精准扶贫工作中提供法律服务的作用。深化“法治副主任”制度，全县所有注册执业律师分别担任全县 422 个村（社区）的“法治副主任”，律师服务村（社区）覆盖率达 100%，全年“法治副主任”参与修订村（社区）自治组织章程等涉法文书 225 份、起草审查有关合同 302 份，处理群体性纠纷28次，参与调解纠纷327件，举办法治讲座56场次，发放宣传资料10000份，协助处理其他法律事务27件。

■公证工作 2017年，宁远县继续推进公证机构改革，完善公证处的各项规章制度，加强公证法治宣传，改善服务质量，拓宽公证业务市场。全年共办理公证2201件，接待当事人、利害关系人来电来访来信1800人次，公证业务收入91万余元，全市公证体制改革现场会于4月在宁远县顺利召开。

■社区矫正 2017年，宁远县司法局每月组织司法所长召开社区矫正工作情况分析会，对各司法所监管的社区服刑人员基础数据、资料采集、信息录入等情况每月进行抽查、反馈和通报，确保社区服刑人员不脱管、不漏管；严格落实月计分、季考评、年考核等制度，全面落实奖惩措施。在社区矫正适用上，严格按照法律法规要求，联合调查、综合评议、按期反馈调查结果、落实规范化管理。全年受理各地各级法院、监狱委托社会调查99例，全部被法院、监狱采纳。先后对不服从教育管理，违反矫正监管规定的社区服刑人员作出警告处罚91人次，提请撤销缓刑10例，提请收监执行3例。

■安置帮教 2017年，宁远县加强刑满释放人员过渡性安帮基地建设，实施“五个一”安帮专项行动，强化刑释人员日常管理、帮扶。加大对宁远鑫农蔬菜种植基地的扶持力度，确保基地充分发挥作用，因地制宜地组织开展有利于自身改造的形式多样的社会服务活动，鼓励他们以实际行动适应社会、融入社会、回报社会。截至12月底，全县共有5年内刑满释放人员1274人，3年内解除社区矫正人员824人，安置率和帮教率100%，无重新犯罪。

■作风建设 2017年，宁远县司法局围绕开展“亮身份、做表率、六大战役见行动”活动推进“两学一做”学习教育。组织干部职工到精准扶贫联系村对贫困户开展结对帮扶活动，组织机关党员与贫困村结对互学，增强农村党员服务基层，转变作风能力。加强党员思想教育，增强党员的先锋模范意识，强化党员管理，建立健全各种党内学习制度和生活制度，党支部建设得到不断加强。开展“党员干部送法下乡”“做扶贫攻坚志愿者，建设美丽新农村”等活动，收到良好的效果。年初，局机关支部被授予五星级党支部称号，机关党建工作和机关支部星级创建工作在县委组织的半年督查中得到充分肯定，局离退休干部党支部被授予“全市示范离退休干部党支部”。加大干部作风问题的查处力度。根据本单位实际出台《宁远县司法局作风建设的若干规定》，紧盯重要节点，管住重要环节，坚持以上率下，重点整治作息、请销假、着装、公务接待、公车使用、婚丧喜庆事宜操办、饮酒等方面的陈风陋习。不定期进行督查，2017年下发作风督查通报三次，对督查时缺岗的7名工作人员在全局范围内通报批评并扣发工作津贴；对离开辖区办事不报告的一名工作人员、不按规定着装的12名工作人员全局通报批评。

（彭平胜）

综合经济与管理

发展和改革

■概况 1954年，设立计划统计科，管理和编制工、农业生产和商品流动计划。1955年8月，设县计划委员会，主管全县经济计划工作。1968年3月，与科委等机构合称计划科技组，是年12月撤销。1969年5月，设计划统计组。1973年7月，复称计划委员会。内设办公室、劳动工资组、统计科。1979年4月，设立劳动局。1980年设计统计科、物价科。1983年，机构改革，统计科、物价科析出设局。1987年4月，设经济信息中心。1995年，增设以工代赈办公室。1995年6月，计委与物价局合并，组建计划物价局。11月，分设计划委员会、物价局。2002年3月，计划委员会更名为发展计划委员会，物价局并入、保留牌子，内设办公室、综合法规办、项目投资管理办、纪检监察室，编制17人。2004年，更名为发展和改革委员会，内设机构未变。2015年12月，因职能转变，设立发展和改革委员会，为县人民政府工作部门。县发展和改革委员会对外可使用县物价局名称开展工作。内设办公室、综合改革规划股（加挂县国民经济动员办公室牌子）、法规股（加挂县公共资源交易管理委员会办公室牌子）、固定资产投资股、农村经济股、社会发展股、价格收费管理及调控股（加挂县价格成本调查队牌子）、价格监督检查股（对外称宁远县价格监督检查局，同时加挂价格举报中心牌子）。增设所属事业单位县重点建设项目办公室、县价格事务中心（加挂县价格论证中心牌子）。

■规划协调 规划引领。2017年，宁远县发改委加强年度监测评估，促进“十三五”规划按计划落实；精心指导各部门、各行业规划的编制，确保部门和行业规划与国民经济和社会发展规划的协调性；参与编制脱贫攻坚、易地扶贫搬迁等专项规划。形势研判。坚持一月一分析、一季一研判，全年完成分析报告20余篇，提出建议30余条，为县委、县政府科学决策提供重要依据。统筹协调。牵头协调落实10余项经济发展和脱贫攻坚领域的重点工作，办理人大、政协建议提案4件，满意率100%。

■争资引项 争取项目资金。2017年共向上争取项目195个，到位资金32亿元，同比增长15%。争取包装融资。组建PPP工作办公室，包装PPP项目共16个项目包，94个子项目，总投资238.56亿元，2017年实施第一批PPP项目29个，总投资41.8亿元。争取政策支持。将南部新城和景区建设两个项目挤入省重点项目笼子，破解用地难题。积极争取降低生态红线范围，为宁远的经济发展预留足够的空间。

■节能减排 落实“三去一降一补”。2017年全力配合化解落后产能工作，取缔“地条钢”企业1家。落实8个方面40条企业降成本和减负措施，在优化经济发展环境满意不满意测评中名列经济管理部门第一名，主要负责人被评为全县优化经济环境先进个人。落实节能减排。新上项目节能评估全面铺开，严把节能降耗的第一道关卡。万元 GDP 单位能耗下降率排全市第一。

■**改革创新** “放管服”改革。2017 年，取消和停征行政事业性收费 29 项，落实省、市发改委取消的行政许可事项和清理规范行政审批中介服务事项，完成产业准入负面清单的编制并通过国家和省发改委的审核。公务用车改革。党政机关公车改革工作考核在全市排第一，事业单位公车改革已初步启动。公共资源交易体制改革。全年共对 238 个工程建设项目进行核准并交易，招标金额 23 亿元，工程交易健康有序。

■**项目建设** 2017 年围绕“六大战役”，全年分三批安排重点项目 142 个，计划总投资 460 亿元，完成年度投资 129 亿元，占全社会固定资产投资的 64%。上报市重点项目 75 个，年度计划投资 87 亿元，实际完成投资 103 亿元，项目个数和完成投资额均排全市第一，得以在全市产业项目建设现场会上作典型发言。成功申报九嶷山生态文化休闲度假体验区、南部生态文化特色小镇 2 个省重点项目，2 个项目均被评为优秀省重点项目，列入个数和优秀个数均排全市第一。预安排 2018 年“六大战役”重点项目 150 个，光电智能终端产业园项目成功挤进 2018 年全省 100 个重大产业项目笼子。

■**价格监管** 规范价费管理。2017 年对取消的收费项目坚决落实，对实行政府定价和政府指导价的商品和服务加强成本监审工作，规范定价和调价程序。价格执法行动。实施医疗卫生价格、春运票价、教育收费、供电供水供气价格执法专项行动，收缴违价金额 50 余万元，退还消费者违价金额 10 万余元。价格监测和鉴证。每天对主要商品的价格进行监测，上报价格监测分析报告，监测人员被评为全省优秀个人。全年完成各类涉案物价格鉴证 215 件，鉴证金额达 5000 余万元。

■**脱贫攻坚** 易地扶贫搬迁。2017 年，完成 17493 人的易地扶贫搬迁任务，完成任务数排全省第二，五年的任务两年全部完成，创造宁远速度和宁远现象，得到杜家毫书记的肯定和批示，经验和做法在全省推介，省内多家媒体进行报道。贫困村农网改造。至 2017 年 11 月底，全县 119 个贫困村的电网改造工作全面完成，在全省脱贫摘帽考核验收中得满分。光伏扶贫工程。建成 17.3 兆瓦的光伏扶贫电站，建设时间两个月，于 11 月底全部并网发电，每年可为 119 年贫困村解决集体经济收入 4 万元，为全县 1700 户兜底贫困户每年每户增收 2000 元，连续支持 15 年以上，该项工作在全省的考核验收中得满分，建设速度和建成规模均排全市第一。涉农资金整合。整合各类涉农资金 26 亿元，分三批用于贫困村基础设施建设，并全部安排到具体的项目，涉农资金整合工作获全省先进。

（欧阳超）

审计管理

■**概况** 1984 年，宁远县审计局成立，内设行政事业审计股和粮贸审计股。1985 年，增设办公室，商贸审计股改为工业企业审计股。后工业企业股分为工交基建审计股、财经贸易审计股。1989 年，增设内审、社审股。至此审计局内设股室为一室四股。1991 年，又新增农业水利股、法制法规股，内设股室扩大为一室六股。1993 年，复改为一室四股。1998 年至 1999 年分别增设乡镇财政审计股、经济责任审计股。2002 年，内设办公室、经济责任审计室、行政事业外资审计股、财政金融企业审计股，法制基建审计股。2003 年 12 月，内设办公室、法制股、财政金融审计股、行政事业审计股、经济责任审计股、企业外资股。2017年，审计局有内设机构：办公室、经济责任审计室、财政金融审计股、行政事业审计股、企业外资审计股、固定资产投资审计股、审计技术法规股、审计执行股。下属两个机构：县政府投资审计中心和县审计技术服务中心。2017年，审计局共有在职干部职工29名。

■**审计工作** 2017年，完成审计项目281个（政府投资审计项目255个）。查出管理不规范金额4387万元，违规金额51万元，归还原渠道资金1892万元，增收节支3591万元。政府投资审计金额为7.14亿元，在财政评审的基础上核减工程价数1652.46万元。

■**预算执行审计** 2017年，完成对县财政局、地税局（税收征管）、民政局、商务和粮食局、卫生和计划生育委员会、供销联社6个部门进行预算执行审计。审计中发现：以上部门未纳入或未缴入预算管理资金、预算拨付资金不合规等管理不规范资金共计1732.29万元等问题。

■**经济责任审计** 2017年，完成对县档案局、柏家坪镇、清水桥镇、冷水镇党委、就业服务管理局、广播电视台、中医院、安全生产监督管理局、机关事务局、机构编制委员会等10个单位主要领导人的任期经济责任审计，查处违规资金293.42万元，违规发放补助4.48万元。

■**政府投资审计** 2017年，完成政府投资审计项目255个，审计金额7.14亿元。审减金额1652.46万元。

■**行政事业审计** 2017年，对县水利局、房产局、人力资源和社会保障局等10个行政事业单位开展财务收支审计。审计发现：以上部门欠缴社会保险费99.98万元，应缴未缴财政收入26.29万元，超预算列支“三公经费”9.99万元等问题。

■**民营企业审计** 2017年完成对县27家民营企业信贷资金用途、财务管理、资产负债及经营情况进行了审计，涉及金额26764万元。

■**上级审计机关工作** 2017年，派出8名审计骨干参加永州市审计局组织实施的保障性安居工程交叉审计工作，抽调2人参加省专项审计。

■**精准扶贫工作** 2017年，选拔派出“第一书记”并抽调6名精干力量组成扶贫工作队对精准扶贫村—鲤溪镇仙马石村的扶贫工作进行规划落实，共筹集资金210余万元用于投资自来水、路灯、环村公路、农村综合服务平台、沃柑种植基地、九嶷山兔养殖等项目建设和产业发展，有效加强扶贫村建设。

■**助力巡视巡察工作** 2017年共派出9名审计业务骨干参与各级各类巡视巡察，其中参与省委巡视组工作1人、市委巡察组工作2人、县委巡察组工作6人，有效发挥审计资源优势、经验优势、专业优势，助力巡视巡察工作。

（张文）

统 计 工 作

■**概况** 宁远县统计局为宁远县人民政府工作部门，1956年6月设统计科。1958年9月并入计划委员会。1962年恢复统计科。1968—1980年与计划等机构合并。1982年2月宁远县统计科恢复。1982年年初统计科下设农村抽样调查组。1983年12月统计科改为统计局。1984年10月组建宁远县农村抽样调查队，隶属统计局，后改为宁远县农村社会经济调查队。1989年统计局内设办公室，业务股。次年设电子计算站。1992年增设统计法检查股。1996年7月增设城市调查队和统计事务所。2003年，统计局设办公室、业务股。股级事业单位有电子计算站、统计事务所。2017年，县统计局设办公室、政策法规股、统计业务股3个内设机构，下辖三个事业单位：县社会经济调查队（副科级公益一类事业单位）；县民意调查中心（副科级公益二类事业单位）；县电子计算机站（股级公益二类事业单位）。

■基层统计工作 2017年新进入统计企业49家，其中规模工业企业23家，建筑业企业1家，有资质的房地产企业2家，限上批发零售住宿餐饮企业15家，规模服务业企业7家，投资专业企业1家。清退不符合联网直报条件单位14家。

■统计报表工作 2017年，完成GDP1527849万元，同比增长8.7%；完成规模工业增加值34.01亿元，同比增长7.4%；完成固定资产投资额188.98亿元，同比增长12.8%；完成社会消费品零售总额70.25亿元，同比增长10.9%；完成财政总收入16.46亿元，同比增长19.7%，城镇居民人均可支配收入24427元，同比增长10.3%，农村居民人均可支配收入13120元，同比增长11.6%。

■统计执法 2017年，抽查单位5家、企业11家，查出无原始记录和统计台账2起，查出无证从事统计工作3起，并责令责任单位进行整改。

■第三次农业普查 2017年，宁远县统计局扎实推进“第三次农业普查”工作，完成165721户普通农户、2624户规模经营户和734个农业生产经营单位的普查登记和数据录入、审核、上报工作，得到省市农普办的高度好评。由单位负责人撰写的《农普进农家利国又利家》作为湖南省唯一的一篇农普征文在国家统计局机关报《中国信息报》上发表。

（张堃）

国家统计局宁远调查队

■概况 国家统计局宁远调查队（以下简称“宁远调查队”）为中央驻宁单位，隶属国家统计局，成立于1984年，原名宁远县农村社会经济调查队。2006年，统计调查体系改革，国家统计局将原农村社会经济调查队、城市社会经济调查队和企业调查队3支队伍整合为一个调查队，各省设立调查总队，市县设调查队，2007年，正式改名为国家统计局宁远调查队。新成立的国家统计局宁远调查队正式编制为7人，2017年，在编在岗8人，单位性质为参照国家公务员管理的正科级事业单位。主要承担着住户调查、农产量调查、畜禽监测调查、退耕还林调查、主要农产品生产价格调查、农产品中间消耗调查、农民工监测、农户固定资产投资调查、规模以下工业及服务业抽样调查、工业生产者价格调查等国家统计局交给的常规专业调查任务，同时承担湖南调查总队和地方政府安排的临时性专项调查任务及地方政府安排的中心工作等。

■夯基提质 2017年，宁远调查队贯彻国家局、总队统计调查业务规范化流程及数据质量控制办法，修订完善相关专业调查业务规范化细则和工作流程，进一步明确责任分工，各专业按“工作制度化、流程规范化、台账电子化、资料档案化”的标准落实到位。住户调查、县级粮食产量抽样调查、畜禽监测等较大专业继续实行包点负责、交叉管理的办法，进一步量化工作，细分责任，全面落实，逐步形成人人肩上有担子、个个身上有责任，全队上下齐抓共管的工作格局。是年采用“以会代训”“专题培训”“上门专训”等多种方式加强县级调查队员、农村辅助调查员、农村调查户业务培训力度，共计培训40余次、560余人次。各专业调查按照常态化、精准化、问题导向化要求，有针对性地开展业务指导培训，坚决杜绝统计数据弄虚作假，圆满完成全年报表任务。严格落实入户访户、电话回访和工作日记等制度，明确要求农村辅助调查员每月入户不低于2次，县队每季入户不少于1次，进一步密切与调查对象联系，及时填写工作日记，及时掌握更新调查对象情况，建立健全调查对象样本动态管理库。成立由队务会成员为主，专业负责人共同参与的督导组，定期、不定期开展各专业数据质量检查和基层基础工作自查5次，及时发现问题、解决问题，有效提升各专业数据质量。

宁远县财政前期拨付15万元的样本轮换工作经费。及时召开全县新一轮住户调查样本轮换工作动员部署会，认真选聘14个辅助调查员，各抽中样本点所在乡镇均安排1名分管领导和1名统计员协助开展工作，严格按照总队样本轮换日程表，如期完成14个点140户城乡调查户的样本轮换工作。并于11月1日开始试记账，12月1日起，正式启动新记账户的记账工作。结合宁远县的实际情况，重新对调查图纸进行拆分和修改，制作出一份有参照物，丘块轮廓清晰的图纸，方便全年的调查。农产量对地抽样调查技术与遥感测量技术应用相结合，准确及时获取主要农作物面积，2017年11月上旬，无人机到位，2018年将正式启用无人机对地调查工作。

■统计服务 2017年，宁远调查队共向宁远县委、县政府报送各类信息、分析材料46篇，进一步强化与县两办的信息共享，及时为县委政府提供经济形势预测预判，主动服务地方政府。充分利用队内网站、县红网、县手机报等大众媒体，宣传宁远调查队业务，发布相关统计调查数据，树立宁远调查队形象，扩大宁远调查队影响。加强与调查对象、辅助调查员的沟通联系，充分利用节假日对一些家庭困难的调查对象进行走访慰问，以增进感情，最大限度争取他们的支持和配合。及时反馈分户数据，真正体现“为国记账，为己理财”。开展精准扶贫工作，集体走访慰问12次，进村入户指导帮扶40余次100余人次，送去扶贫资金3万元，慰问金5000元；开展党员领导干部联系村党支部书记活动，协助搞好党建工作；积极参与县城创建、文明劝导、街道卫生清扫、社区治安巡逻等；参与县全面小康社会建设推进工作，全面完成全年全县各乡镇（街道）城乡居民人均可支配收入考核评比工作等。

（唐艳文）

工商行政管理

■概况 1950年设工商科。1956年撤销。1970年12月设工商行政管理办公室。1979年宁远县工商行政管理局成立，内设工商企业登记管理股、市场管理股。至1994年工商局内设机构为八股两室一队，下设9个基层工商所。1999年工商行政管理部门实行省以下垂直管理。至2015年7月，宁远县工商行政管理局设3个直属分局、7个股室、2个社团组织、1个信息中心、9个工商所。2016年3月，工商、质监，食药监局合并挂牌，组建宁远县市场和质量监督管理局。2017年1月，改为宁远县食品药品工商质量监督管理局，加挂县食品安全委员会办公室牌子。

■市场主体 2017年，新增市场主体5068户，其中新增各类企业1271户，认缴注册资本44.66亿元。截至2017年年底，宁远县共有各类市场主体17629户，其中企业2081户，农民专业合作社977户，个体工商户14571户，认缴注册资本180.98亿元。全年共办理先照后证企业（不含个体）1294户，变更登记373户、备案登记261户，迁入登记2户，注销登记125户，简易注销9户，企业名称核准3382件。

■信用监管 全年企业应年报1524户，已年报1473户，年报率96.65%；农民专业合作社应年报387户，已年报378户、年报率97.67%，个体工商户应年报11860户，已年报11851户、年报率99.92%，年报工作排名全市前列。全年共计公示行政处罚案件167条。

■经济发展 2017年共为企业办理股权出质登记4件，帮助企业融资1700余万元。

■品牌战略 宁远县现有省著名商标5件：湖南九嶷山酒业有限公司的“九嶷山酒”、永州市馨园园艺有限责任公司的“欣馨园”、永州市路下农业发展有限公司的“神女涧”、宁远县九疑兔业有限公司的“九凝”、宁远云泰农业开发有限公司的“舜泽”，市知名商标8件。2017年，指导扶助宁远县柑岭高山茶种值专业合作社“嶷农”茶叶、宁远县中和镇何爱松家场“何家山”茶油、宁远县湾井镇梅子窝种养殖专业合作社“灌溪”黑木耳、宁远县富旺腊味加工厂“腊东源”腊肉完成网上和书式商标申报工作。截至12月底，宁远县有效注册商标总量为889件，积极帮助注册人申请注册商标13件。

■专项整治 开展红盾护农工作，检查农资经营企业和个体户379户次，立案15件，结案13件，案值18.5万余元。开展打击虚假违法广告行为，监测县级媒体全部类别广告11293条次，查办虚假违法广告案件3起，结案3起，罚没入库2.3万元。开展惩治各种不正当竞争行为，立案14件，结案11件，罚没入库8.7万元。开展格式合同检查企业113户次，立案2起，结案2起，罚没入库1万元。开展商标专用权整治，下达责令改正通知书6份，立案3起，结案2起，移送公安机关1起，移送案件货值9万元，罚没入库0.8万元。开展网络监管专项行动，检查网店329户次，立案2起，结案2起，罚没入库0.6万元。2017年共查办各类工商案件168起，涉案货值37.6万余元，罚没款54.3万余元。

■宣传与维权 开展大型现场宣传活动4次，发放各类宣传资料5万余份，接受群众咨询800余人次。受理“12315”“12331”“12365”交办及来人、信函投诉举报91起，立案查处违法假冒案件4起，调解纠纷90余起，办结率100%，为消费者挽回经济损失150余万元。

（周蕾）

质量技术监督

■概况 1978年为宁远县计算管理所。1986年5月更名为宁远县标准计量所。1988年1月，更名为宁远县技术监督局。2000年1月，更名为宁远县质量技术监督局，内设办公室、政工股、计量股、标准质量股、监督股、锅特股、稽查队，下辖计量测试所和产品监督检验所。2003年机构未变。2015年，与工商、食品药品监督等局合并为宁远县市场和质量监督管理局。2017年3月，改为宁远县食品药品工商质量监督管理局，加挂县食品安全委员会办公室牌子。2017年质量强县工作已完成，并经市政府考核组考核，考核结果全市排名第一。

■计量管理 2017年加强计量监管，开展集贸市场计量专项整治和商品量净含量计量专次检查，立案查处6起计量违法行为，对县城7个集贸市场近500台计量器具开展免费检定。对强检计量器具规范备案登记工作。4月起，实行强检免费检定，全年共检定计量器具3300余台件；其中压力表、氧气表516块，天平电子秤、汽车衡1260台，加油机328台次，出租车计价器100台，B超、心电图120余台，电能表660余块。

■特种设备安全监察 2017年，针对气瓶充装站、宾馆、商场等人员密集场所电梯、起重机、锅炉使用情况共计出动执法人员900人次，对全县6家气瓶充装单位、工业园16家企业、15家超市、20家宾馆、10个高层住宅小区进行专项安全生产检查，排查出特种设备安全隐患16处，下达特种设备安全指令书40份，立案查处1起使用不合格电梯案。

■品牌战略推进 2017年，培育省、市级湖南名牌产品申报企业，指导九嶷山酒业、九嶷兔业、路下农业、舜源农业四家企业做湖南名牌申报前期工作，成功申报两家，为品牌战略打基础。组织协调旅建投、旅发委成功将九疑山舜文化生态旅游区申报全国知名品牌创建示范区。

■生产企业监管 日常巡查和专项监督检查相结合对宁远县危化品生产企业及工业产品获证企业严加监管，寓监管于服务，确保全年安全生产无事故，产品质量稳中有升。

妥善处理宁远榕达钢业地条钢事件，化解监管风险，现榕达钢业炼钢车间设备已彻底拆除，在公证处公证下破拆。帮助九嶷山酒业、九疑兔业、福嘉有色申报管理体系认证三个。

（周蕾）

食品药品管理

■概况 1979年8月，成立药品检验所。1980年，设实验室开展药化检查。2001年9月，成立永州市药品监督管理局宁远分局（简称县药监分局），属省以下垂直管理单位，内设办公室、业务股、稽查股。2004年9月，增加食品监管职能，更名为宁远县食品药品监督管理局。2015年12月，原工商局、质监局、食药监局正式合并挂牌，组建县市场和质量监督管理局（挂县食品药品监督管理局和县食品药品安全委员会办公室牌子），内设15个机构，4个事业单位、两个挂靠社团组织机构，原工商行政管理局9个基层工商所成立9个分局。2017年3月，改为宁远县食品药品工商质量监督管理局，加挂县食品安全委员会办公室牌子。

■食品安全监管 完善食品药品监管机构改革。2017年，宁远县按照省、市政府机构改革的安排部署，在全市率先将机构名称由“县市场和质量监督管理局”更改为“县食品药品工商质量监督管理局”，加挂“县食品安全委员会办公室”牌子，在全县分区域设置的9个监督管理分局也相应更改名称完成。在20个乡镇（街道）建立村（社区）食品安全协管员、信息员队伍，形成县、乡、村三级纵向一体监管体系。健全食品检验检测体系。为加强县及乡镇食品安全检测能力建设，新建的食品药品检验检测中心项目确定为重点项目，定位为区域性检测机构。8月，县食品药品监督检验中心顺利的通过省计量评审中心的资质认证，取得合法身份，能够自行开展14个类别常见食品质量检验检测132个指标，为食品执法打击违法行为提供科学的技术支撑；各乡镇派出机构建立食品安全快速检测室，业务上接受县食品药品检验检测监督中心的指导，能正常运转。建立健全食品药品安全考评体系。县委县政府将食品安全纳入对乡镇（街道）、县直单位、中央、省、市驻宁单位的绩效考核，对乡镇（街道）的绩效考分值权重达到2%。出台《宁远县食品安全工作评议考核办法》及考评细则、《宁远县2017年食品安全工作重点》并予以实施。完善协作机制。县食药工质局、县检察院、县公安局充分协商，7月5日，成立永州市首个县区检察机关驻食药工质部门的检察联络室，建立《行政执法与刑事司法衔接八项制度》，建立综合执法、联合办案、信息互通、成果共享等协作机制，确保违法犯罪行为依法受到惩处。开展食品多项整治。全力推进学校食堂及周边食品安全“护苗行动”、保健食品“护老行动”“网清行动”、肉类及肉类制品整治、酒类整治、农村食品安全治理、食品添加剂非法添加和超范围、超剂量添加、桶装水质量安全、食品药品“四小整治”、食用农产品批发市场专项治理等30多项专项整治行动，开展食品生产环节风险排查，建立食品生产环节风险隐患突出问题和监管措施清单，共立案查处食品药品案件190起，公示率100%。其中非法添加食品添加剂3起、取缔无证经营企业10家，没收不合格食品1300余公斤，严厉打击食品药品安全违法犯罪行为。加强食品安全风险监测，严控安全风险，完成国家规定食用农产品监测200批次，合格196批次，合格率98%；完成市食药监局委托抽验食品监测任务36批次，自检快检272批次；抽验化肥12批次，合格率100%，确保全县人民食品安全。2017年未发生较大群体性食品安全事故。推进学校（单位）食堂标准化建设。结合开展餐饮服务“明厨亮灶”工程和“放心食堂”标准化建设工程，引导学校（单位）食堂等餐饮服务单位和机关事企业单位、提质改造，积极参与标准化创建活动。县德源小学、县职业中专、县政府机关廉政食堂、明德湘南学校、双板桥完小、仁和完小、清水桥完小、东城完小、太平完小、下坠中学共10家单位食堂参加首批标准化食堂建设，并创建成功。

■药品监督管理 2017年，受永州市局委托严格审查，验收新开办药品零售企业14家，受理验收《药品经营许可证》零售企业12家，受理变更17家企业的《药品经营许可证》行政许可事项，受理第二类医疗器械经营（零售）备案10家，申请变更3家，受理并发放《食品经营许可证》1382张，其中含酒类经营户86户，全部在规定时限内办结，没有出现群众投诉的情况，群众满意度100%。

2017年，开展特殊药品监管专项检查，零售药店处方药销售专项检查，城乡结合部和农村地区药品质量安全整治专项检查，终止妊娠药品专项检查，无菌、植入性和计生医疗器械专项检查，医疗器械使用质量管理专项检查，医疗器械从业人员法律法规学习教育活动。共检查药品经营企业167家，镇以上医疗机构36家，医疗器械经营企业110家。查取药品和医疗器械案件23起，下达责令整改书36起，建立药品和医疗器械经营企业档案，进一步规范药械流通市场；督促各监测哨点上报药品不良反应报告658份，医疗器械不良事件报告175份，化妆品不良反应73份，药物滥用30份。被市食药总局评为2017年优良监测单位。

（江仁安　周蕾）

市场管理

■概况 宁远县市场服务中心于2000年成立，属自收自支正科级事业单位。2017年7月，事业单位改革纳入财政预算，实行收支两条线管理，为正科级公益二类事业单位。内设办公室、人教股、财务股、市场建设规划股、市场经营股、市场管理股，派出14个市场管理所。有干部职工208人，管辖46个国有市场，监管13个私营市场。

■市场标准化建设 2017年，根据《农贸市场标准化建设5年规划（2017—2021年）》，县城启动莲花塘、舜德和华荣等3个市场的建设。乡镇的玉屏市场和琵琶市场的改造升级纳入宁远县第三批扶贫攻坚贫困村基础设施建设范围，玉屏市场投入70余万元完成标准化改造，新建交易厂棚1000平方米，硬化地面1500平方米，新修水沟200m；琵琶市场完成征地4亩（约2800平方米），计划投入188万元进行建设。投入专项资金67万元，完成梅岗、上宜、云潭、太平、清水桥、东溪、颜家、冷水、柏万城、石家洞、湾井和泠江等12个市场的维修和标准化改造。

■市场经营交易 2017年，宁远县有农产品交易市场62个，其中有蔬菜、水果和鸡鸭3个临时批发市场。农贸市场59个（国有市场46个，私营市场13个）。市场交易面积12.2万平方米，摊位（柜台）8800余个，年交易额约28.18亿元，带动2.4万人就业。全年完成经济收入530万元，其中，市场收入（摊位租赁费、交易服务费）382万元，湖南省财政转移支付（工商“两费”返还款）收入148万元。超额完成经济指标30万元，同比增长6%。完成增值税上缴13.37万元。

■市场管理 2017年，宁远县市场服务中心创新管理模式，实现农贸市场标准化、规范化、精细化管理。添置一台专业清洗车，每周定期轮流对城区农贸市场摊位、地面和道路进行清洗，各所各市场每周五下午开展卫生大扫除，清理死角死面，清运杂物和垃圾，清除乱贴乱画等。启用鲤溪柏万城新市场，老市场予以搬迁。全力做好H7N9禽流感防控工作，泠江市场和鸡鸭批发市场休市，严格落实“三个一”（即：一日一清洗消毒，一周一大扫除，一月一休市）常态化防控措施。联合城管、市监、交警和街道等部门开展城区市场综合整治，抽调300名工作人员成立工作组，对笔架山、城北、桐山、泠江、高峰和杨家岭6个城区市场集中整治，取缔占道经营300余户，拆除乱搭乱建40余处，清理杂物垃圾100余车，城区市场环境面貌和秩序得到改观。城北农贸市场整治后，以路为市、占道经营摊位全部迁入市场内经营交易，市场多年来的“老、大、难”问题得到解决，市场整洁有序。建立农贸市场长效管理机制，城区启动市场“五位一体”（即市场由市场服务中心、城管局、交警大队、食药工商质量监督管理局、街道五家单位派人进入市场，建立综合管理办公室，对市场进行综合执法管理）管理模式，对3个私营市场派人驻市，抽调27名市管人员，负责市场日监管，督促承包管理者履行管理和保洁责任。

（黄春洪）

安全生产监督

■概括 宁远县安全生产监督管理局于2003年成立，承担全县安全生产综合监督管理和工矿商贸生产经营单位安全生产监督管理工作，2017年，内设办公室、综合法规股、协调股、非煤矿山安全监管股、烟花爆竹和危险化学品安全监管股、工贸行业安全监管股、职业安全健康监管股、宣传教育培训股，下辖执法监察大队、应急救援指挥中心两个事业单位。有干部职工32人。2017年宁远县安监局执法监察大队长李少文荣获全国安全生产先进个人；县安监局指导创建省级安全生产示范乡镇九疑山瑶族乡，市级安全生产示范乡镇东溪街道、文庙街道、桐山街道、桐木漯瑶族乡，实现安全生产示范乡镇创建全覆盖。在全市安全生产年终考核中，仁和镇、湾井镇、中和镇列入全市安全生产前十五名，其中仁和镇获评全市安全生产“十佳乡镇”。

■安全生产 2017年，宁远县安监局提请县委政府制定《县委县政府领导安全生产工作责任清单》，实行党政领导任期安全生产责任制。结合安全生产“四个签字背书”工作，进一步落实属地管理和行业监管责任，摸排核查生产经营单位10183家。加强对乡镇、部门工作的督查考核。出台《宁远县乡镇（街道）安全生产工作季度考评办法》，对乡镇（街道）安全生产工作按季度进行考评。在节假日、“两会”、十九大等重要时间节点和安全生产大检查等重大专项行动期间，县安委办均派出工作组对乡镇、部门开展督查督导工作，全年共计下发工作通报14期，交办问题隐患306个。统筹开展好“落实企业安全生产主体责任年”活动。建立健全规模以上及高危行业安全生产管理制度6项。对6处重大隐患按照“一单四制”要求进行管理。组织排查一般事故隐患3500余处，橙色风险源39个，均按照相关要求落实管控及整改措施。对141家重点企业实行分级监管，组织209家企业签订全员岗位责任制。进一步推进企业安全生产标准化建设，全县工贸企业已有36家、危险化学品企业2家完成三级标准化创建，莲花水泥厂完成二级标准化创建，园区企业实现标准化建设全覆盖。

■**监督管理** 2017年，深入组织开展安全生产大检查行动，全县共组织执法行动1606次，出动执法人员5328人次，检查生产经营单位3320家，责令停产停业74家，暂扣或吊销许可证照11家，取缔关闭91家，经济处罚288.16万元。其中矿山领域，由国土、安监、环保、科经委、电力等部门开展联合执法行动，全面排查砖厂占地、生产经营等情况，共计出动人员600余人次，没收变压器10余台、电动机3台，关停取缔34家非法红砖厂。烟花爆竹领域，对全县250多个村（社区）进行排查清理，销毁非法烟花900余箱、爆竹800万响，公安机关行政拘留16人。危险化学品领域，加大对非法加油站、非法经营醇基燃料的打击力度，共计取缔非法经营网点3处，扣押非法运输车辆2辆，行政拘留2人，罚款7万余元。

■**安全生产宣传教育** 2017年，宁远县安监局先后组织《中华人民共和国职业病防治法》宣传周、安全生产月、安全生产法宣传周等大型宣传活动，通过现场宣传咨询解答、发放宣传资料、知识抢答赛、文艺会演、现场观摩等形式，吸引大量群众和企业代表参加。6月6日上午，在九疑山乡举行了第十六个安全生产月暨安全生产宣传咨询日活动，现场发放资料10000余份、抢答赛奖品100份。开办“宁远安监”微信公众号，在全省安监系统县区排名中多次进入前20位。各乡镇（街道）加强宣传阵地建设，均设置不少于30米的安全文化长廊，总长度达699.5米；各行政村设立固定的安全宣传牌共419块；各户居民发放一本安全宣传手册，全县共计发放18万册。除积极组织企业有关人员参加省、市安全培训外，县直有关部门还组织非煤矿山、工贸企业、特种设备、建筑施工等安全知识培训共计43期，参训人员4500人次。

■**安全生产许可证管理** 2017年县安监局依照执法计划共检查企业143家次，行政处罚31万元。2017年，宁远县安全生产许可证取证情况：烟花爆竹批发企业3家，烟花爆竹零售网点210家，危险化学品企业22家，非煤矿山企业30家。继续在非煤矿山、危险化学品、烟花爆竹、金属冶炼与加工等高危行业和重点领域推行安全生产责任保险制度。进一步建立健全安全生产专家队伍和服务机制，探索安全生产社会化服务模式，充分发挥专业技术和管理优势提升企业本质安全水平。

（李海）

国有资产管理

■**概述** 1992年，开始对全县的国有资产产权进行登记和年检。1993年，对全县402家行政事业单位进行清产核资，共清查核实国有资产1.402亿元。并规定国有资产的购置、处理、转让、报损、调拨必须办理审批手续。2017年，本着促进宁远经济发展，维护全县经济工作总体布局，积极组织财政收入，认真履行国有资产监管职能，实现国有资产保值增值。

■**国有资产监管** 2017年，宁远县行政事业国有资产总量14.57亿元，同比增加2.69亿元，增长22.64%，其中，行政单位国有资产总量占23.61%，事业单位国有资产总量占76.39%。为有效维护国有资产的安全与完整，抑制国有资产流失，认真贯彻执行《行政事业单位国有资产管理办法》《关于进一步加强对国有资产处置监督管理的通知》等相关的政策法规，严格按规定程序审批单位上报的处置资产方案，必须先申请，后审批，最后公开拍卖，实现全过程公开、公正、公平。对资产金额较大的国有资产处置，必须先报县政府领导审批，再下达资产处置批复，并要求进行资产评估，公开处置；同时依法依规加大对擅自处置资产单位的惩处力度，有效防止国有资产流失。2017 年，共审批 102 宗国有资产处置，收入全部缴入国库。

■国有资产使用效益 2017 年，宁远县国有资产管理部门认真贯彻落实宁财发〔2013〕21 号文件精神，要求各行政事业单位将闲置资产出租，并报审批，统一公开招租，既提高国有资产使用效益，又实现国有资产保值增值。全年全县共有 40 家行政事业单位资产进行对外出租，实现全年租金收入 3094.79 万元。

■资产报表编报 2017 年，宁远县国有资产管理部门编写《全县行政事业单位国有资产报表培训资料》，召开全县国有资产报表编报工作动员暨业务培训会，对参会的 230 个单位 279 人进行业务培训，并布置 2017 年国有资产报表编报任务。对全县 230 个行政事业单位（其中：67 个行政单位、163 个事业单位）进行资产报表填报，摸清家底。截至 2017 年 12 月 31 日，行政事业单位资产账面数为 219791.82 万元，负债账面数为 74058.21 万元，净资产账面数 145733.61 万元。资产构成的情况主要是房屋、构筑物及土地使用权、专用设备和通用设备。

■地方政府性债务投资项目资产清查 2017 年组织开展全县地方政府性债务投资资产清查登记工作，对全县 68 个债务单位进行债务投资资产清查登记。2017 年 6 月 30 日前，宁远县项目总投资 286120.17 万元，一般债务 126113.81 万元，其他财政性资金 100289.94 万元，其他资金 59716.42 万元。通过清查全面摸清债务资产家底，为规范和加强资产管理、防范债务风险奠定坚实的基础。

（刘德纯）

住房公积金管理

■概况 宁远住房公积金成立于 2002 年 10 月，隶属永州市住房公积金管理中心，全称为永州市住房公积金管理中心宁远县管理部，是市属副科级事业单位；现有编制 4 人、劳务派遣 5 人，设主任、主管、综合柜员及司机等岗位，办事大厅有归集、支取、信贷综合等窗口，为缴存职工办理归集、贷款、提取等业务，目前办公地点位于宁远县北正街工商银行 2 楼。

■住房公积金管理 2017 年，宁远县全年完成住房公积金归集 1.94 亿元，提取住房公积金 1.02 亿元，住房公积金归集余额 6.98 亿元。全年发放住房公积金贷款 502 户 1.63 亿元，其中现房贷款 1822 万元，期房贷款 14526 万元（其中：异地贷款 123 人，贷款金额 3896 万元），累计发放住房公积金贷款 9.57 亿元，贷款余额 6.83 亿元。全年新增贷款超过 1 亿元，新增公积金缴存人数 801 人，贷款逾期率 0.001%，低于省定考核标准。宁远管理部通过聘请行风监督员化解与缴存职工的一些矛盾，全年实现零投诉；通过实行服务承诺及与贷款职工签订“廉洁自律承诺书”，杜绝不廉洁行为的发生，树立公积金清廉形象；通过实行限时办结，提高服务效能。

■扶贫工作 2017 年，住房公积金管理中心扶贫联系中和镇芳竹山村，作为牵头单位，基本按要求完成分配的脱贫攻坚工作。基础设施方面完成通达公路 5.7 公里，通畅公路 1.6 公里。架设桥梁一座，新安装公路安全防护栏 1000 米，种植道路绿化树 1500 株，新建自来水管网 16.5 千米，安装太阳能路灯 66 盏，新架设高压电线1.2千米。全村9个自然村全部通路，户户通水、通电，村小学、村卫生室、村综合服务平台全部竣工并投入使用。成立生姜种植合作社，发展传统种植项目，鼓励村民发展养殖。扶持养殖脱贫示范户4户，年新增牲猪出栏90余头，鹅500只。

（李克建）

农业与农村工作

综　述

2017年，宁远县完成农林牧副渔总产值532382万元，增长4.2%，其中：农业产值221715万元，同比增长3.0%；林业产值39669万元，同比增长10%；牧业产值208610万元，同比增长3.5%；渔业产值44770万元，同比增长4.0%；农林牧渔服务业产值17617万元，同比增长15%。2017年，全县粮食播种面积83.43万亩，总产量30.88万吨，增长3.25%。其中，水稻播种面积65.21万亩，产量27.44万吨。完成早稻集中育秧秧田面积0.13万亩，插栽大田10.4万亩。全县推广超级稻20万亩，完成清水桥、中和、水市、柏家坪、天堂等5个1000亩超级稻示范片建设。全县11种经济作物（果、茶、烟、瓜、蔬、糖、棉、麻、蚕、花、药）总种植面积45万亩，总产量53万吨，总产值15亿元。其中，水果种植面积14万亩，完成蔬菜总播种面积19.8万亩。新扩果园1.91亩，低改1.5万亩，新增100亩以上新基地62个，水果总面积达到13.87万亩。完成茶叶种植面积0.75万亩，其中扩园600亩，低改500亩。2017年，宁远县立足良好的生态资源优势和独特的烟稻轮作耕作模式，财政斥资4000多万元，发放优质稻种子20多万斤，做大做优做强湘米产业。2017年，宁远县通过统一供种，一片一种，连片种植，在湾井、水市和仁和三镇创建三个万亩示范基地和3个千亩创新型示范样板。在湾井、仁和、水市等16个乡镇158个村，完成全县20万亩绿色生态优质稻生产基地建设。2017年，宁远县通过“整万千百”梯级示范，推广优良品种、合理密植、绿色防控、配方施肥及机械插秧等增产技术，全县办好万亩双季稻示范片3个，千亩示范片16个，百亩示范点56个，优质稻种植面积50.8万亩，完成计划任务的101.6%。建立病虫害绿色防控核心示范区面积1.5万亩，绿色防控辐射面积6万亩；培植专业化防治队伍76个、防治人员860人，完成专业化防治服务面积14万亩。发展冬季绿肥12万亩，建设桐山街道刘子用、水市黄家、九嶷上洞绿肥示范片900亩；完成秸秆还田面积40万亩；推广测土配方施肥面积85万亩，建立耕地地力监测网点20个，节水农业45万亩，示范推广秸秆还田腐熟技术15万亩。农机服务，共实施农机购置补贴资金345.74万元，补贴机具1147台，受益农户987户结算发放补贴资金160.33万元。新增耕整地机械数量539台，培训各类农机人员5380人，机械耕整地面积达102.5万亩，耕整地机械投入量2.035万台套。

农村工作

■概况　1954年设立中共宁远县委农村工作部。1961年9月与县委中心办公室合并，改称县委农村办公室。1968年3月，成立宁远县革命委员会生产指挥组，内设农、林、水各组。1973年恢复农村办公室。1983年12月，改为农业委员会归属县人民政府机构。2015年10月机构改革，农村工作部，农业局并入农业委员会。下属单位有：扶贫移民局、农村经营服务站、农业综合执法大队、农村能源办公室、农技推广中心、植保植检站、乡镇企业技术服务站、原种场等单位。2017年，宁远县加大农业农村发展投入，推进农村产业结构，深化农村经济体制改革，优化农产品技术服务，提升农产品质量，推动美丽乡村建设，改善农村村容村貌。农村工作成绩显著。获得湖南省粮食生产先进县、永州市粮食生产标兵县、湖南省美丽乡村建设示范村、永州市美丽乡村建设标兵县等荣誉称号。

■农村产权改革 2017年，全面完成20个乡镇（街道）、17.9万户、57.83万亩农村承包土地的确权阶段工作任务。农村土地确权成果验收县级自查经验在全省推介，自查工作专题片由省确权联席会发放至各个县市区供交流学习。获得全市农村产权制度改革先进县区。出台《关于加快推进农村土地承包经营权流转的实施意见》，2016年，全县土地流转面积累计达38.8万亩，2017年新增流转土地10.81万亩，涉及农户9.2万户。出台《宁远县农村承包土地经营权抵押贷款试点实施方案》和《实施细则》，发放贷款270万元。农村土地纠纷仲裁工作成绩显著。形成县、乡、村三级联动调解仲裁工作体系，全面完成仲裁庭“一庭三室”建设。全年共调解处置土地纠纷120余件。

■农业农村产业化建设 2017年，宁远县农业产业化建设提升。全县农产品加工企业发展到412家（其中，2017年新增16家），产值达43.86亿元，同比增长20.38%；规模以上农产品加工企业共有59家（2017年新增13家），加工产值35.38亿元，同比增长26.68%；现有省级重点龙头企业2家，市级重点龙头企业27家，拟申报豪杰农业、旺太生态农业、兴业食品、瑞果生物、华舜农业等7家企业为市级重点龙头企业。产值过亿元的农业产业化龙头企业6家。全县具有一定规模休闲农庄达84家，其中农家乐52家、休闲农庄32家，省级四星级休闲农庄7家，省级五星级休闲农庄2家。宁远县种粮大户4653户。2017年新增503户。农业合作社540个。

■农业技术服务 2017年，宁远县大力推行“水稻+”、水稻集中育秧和农作物绿色高产高效栽培技术，完成“烟-稻”轮作8万亩、“稻-（稻）-油/肥”7万亩，“稻-（稻）-菜”6万亩；完成早稻稻集中育秧机插秧13万亩；建立粮、油、菜、水果、茶叶等绿色无公害高产高效“万、千、百”基地150个。建立湾井周家坝、水市旗形、仁和刘安仲三个高档优质稻万亩基地，冷九大道万亩油菜基地，太平沙漯塘九疑小籽花生千亩基地。建立仁和镇孙家铺水稻新品种试验示范基地、鲤溪镇柏万城社区再生稻示范基地、柏家坪镇礼仕湾社区粳稻新品种高产技术示范基地、天堂镇刘家村“水稻+鱼”示范基地等4个农业科技试验示范基地各100亩。建立病虫害绿色防控核心示范区面积1.5万亩，绿色防控辐射面积6万亩；培植专业化防治队伍76个、防治人员860人，完成专业化防治服务面积14万亩。发展冬季绿肥12万亩，建设桐山街道刘子用、水市黄家、九嶷上洞绿肥示范片900亩；完成秸杆还田面积40万亩；推广测土配方施肥面积85万亩，建立耕地地力监测网点20个，节水农业45万亩，示范推广秸秆还田腐熟技术15万亩。农业执法方面，开展春季农资打假专项整治、高毒剧毒禁限用农药专项整治、生产基地禁限用农药专项整治、秋季农资打假专项整治等行动，出动执法人员1200余人次，立案查处问题农药化肥11起，涉及金额10余万元，处罚款1.2万余元。

■美丽乡村建设 2017年，宁远县继续完善县域美丽乡村建设规划、全部乡镇规划，完成210个村庄规划，建立整套规划体系。2017年，投入建设资金26亿元，其中整合资金投入4.6亿元，城建投、旅建投、农建投三大融资建设平台投入21.4亿元。启动2个省级、4个市级、20个县级美丽乡村示范村建设。下灌被评为省级美丽乡村建设示范村。全县人工造林5.1万亩，实施森林抚育6.6万亩，油茶及毛竹地产林改造1.8万亩，封山育林2.5万亩，通乡、通村公路绿化275公里，义务植树167万株，建设秀美村庄100个，保持森林覆盖率60.47%以上。新修"五小"水利设施5556处，新增有效灌溉面积1.1万亩；完成民房"穿衣戴帽"2802座，乡村风貌改造升级784座，新建农村安全饮水94处；全县100%的行政村完成电网改造，新装节能路灯6617盏；拆除废弃房屋761座，改造和美化农家庭院2.5万余户；改造7个乡镇政府所在地的临街立面和10个乡镇集贸市场，新建村级组织活动中心、文化广场或文化活动室169个，新增户户通电视2.36万户；改水1万余户、改厕5000余个、改厨3000余户，新建和扩建农村通畅公路184条、274公里，全县建制村通畅率达100%。

■精准扶贫工作 2017年，县农委组织相关部门编制《宁远县2017年产业发展和生态补偿扶贫工作方案》《关于切实抓好特色农业产业扶贫工作的补充意见》《宁远县2017年贫困户农业实用技术培训实施方案》等产业扶贫年度实施方案。引导新型经营主体联结贫困人口95186人，覆盖率89.57%（全县总贫困人口106274人）；全县有建档立卡贫困户27941户，每户安排一名主要劳动力参加培训，完成培训贫困户23996户，贫困户培训覆盖率达85.88%；每个贫困村至少成立一个以上种养合作社，全县119个贫困村，共成立281家农民合作社，已成功连接贫困户的村集体合作社132家，种养合作社在贫困村覆盖100%。好放心米业、鑫农淮山、兴泰种植、九嶷兔业、康德佳、红军木业、永祥竹制品等15家市级以上龙头企业的种养基地覆盖75个贫困村，覆盖率63.02%。在45个贫困村开展垃圾处理、污水治理等村容村貌和环境整治，占比37.82%；2017年，引导新型经营主体联结贫困户27244户，覆盖率达97.51%，其中，298家村集体专业合作社吸纳贫困户12534户（贫困人口41436人）、29家新型经营主体小额信贷产业扶贫联结贫困户10109户（贫困人口37495人）、4家龙头企业通过重点产业扶贫项目联结贫困户3630户（贫困人口12702人），114家新型农业经营主体联结贫困户971户（贫困人口3947人）；119个贫困村总流转土地8.48万亩，流转率54.25%（贫困村土地总面积15.63万亩）；2017年，119个贫困村集体经济收入均达5万元以上，达成率为100%。

种　植　业

■概况 宁远县农作物种植历史悠久，粮、油、经全面发展。粮食作物主要有水稻、红薯、大豆、玉米、高粱、小麦、荞、蚕豆、碗豆、绿豆、马铃薯等，以水稻为主，近年来大力发展高档优质稻；油料作物主要有油菜、花生、芝麻等，近几年大力推广杂交油菜和九疑小籽花生；经济作物主要有烤烟、水果、茶叶、糖、西瓜、花卉、药材等，烤烟和水果是宁远县支柱产业，茶叶、花卉和药材比较效益高，近几年越来越受到重视。2004年起每年中央1号文件关注"三农"，各项惠农支农政策实施、各种增产增收技术配套推广和财政资金加大投入，有力地推动宁远县粮、油、经作发展。2017年，农业生产结构优化，粮油生产稳定，经济作物提质改造，"菜篮子"工程良好，农业技术服务效果突出，农业产业化程度提升。获得湖南省粮食生产先进县、永州市粮食生产标兵县等称号。

■农业综合生产 2017年，宁远县完成粮食播种面积83.43万亩，总产30.88万吨，增加1.89%。其中水稻播种面积65.21万亩，产量27.44万吨。完成早稻集中育秧秧田面积0.13万亩，插栽大田10.4万亩。创建湘米工程，在湾井、水市、仁和3个镇创建1000亩以上的高档优质稻创新型示范样板。完成清水桥、中和、水市、柏家坪、天堂5个1000亩超级稻示范片建设。全县推广超级稻20万亩，完成清水桥、中和、水市、柏家坪、天堂5个1000亩超级稻示范片建设。2017年，出台《宁远县人民政府关于解决耕地抛荒问题的若干意见》，列支500万元专项资金用于整治耕地抛荒，取得显著成绩。全县新扩果园1.91万亩，低改1.5万亩，新增100亩以上新基地62个。水果种植面积14万亩，比上年新增2万亩，总产8.82万吨。全年蔬菜种植面积20万亩，蔬菜产量40.22万吨，共建设九疑山蔬菜基地、太平沙落塘蔬菜基地、天堂龙须蔬菜基地等外销蔬菜基地15个，面积4.6万亩，完成冷水镇野山椒1000亩园区的创建。

■农业经济结构调整 2017年3月，宁远县农业投资建设有限公司成立，并有效开展工作，开展集体产权股份制改革试点，制订实施方案，并选择冷水镇毛家村为农村集体产权股份制改革试点村。拟定《宁远县农村土地承包经营权抵押贷款管理办法（试行）》，将信用贷款和联保贷款机制引入土地流转信贷业务范围。县乡两级建立土地产权流转交易中心和矛盾纠纷仲裁机构，专门负责土地流转相关信息的发布和矛盾的处理。同时完成宁远县县城农村土地整体利用规划和5个乡镇农村利用规划。宁远县30亩以上的种粮大户4653户，比2016年增加503户。家庭农场289户，比2016年增加55户。全县具有一定规模休闲农庄达84家（其中今年新增8家），其中农家乐52家、休闲农庄32家，省级四星级休闲农庄7家，省级五星级休闲农庄2家，接待游客306万人次，同比增长33.5%。

■农业产业化 2017年，全县农产品加工企业发展到412家，2017年新增16家，产值达43.86亿元；规模以上农产品加工企业共有59家，2017年新增13家，加工产值35.38亿元；现有省级重点龙头企业2家，市级重点龙头企业27家，拟申报豪杰农业、旺太生态农业、兴业食品、瑞果生物、华舜农业等7家企业为市级重点龙头企业，产值过亿元的农业产业化龙头企业达6家。

宁远县好放心米业有限责任公司成立于2015年7月28日，注册资金6800万元，2015年7月兼并联谊米厂。公司位于交通方便、环境优美的宁远县十里铺工业园区，占地面积42亩，总建筑面积12000平方米，厂房面积10000平方米，公司有职工86人，技术人员14人，其中：工程师3人、会计师4人、经济师6人、农艺师1人。公司采用“公司+基地+科技+农户”的经营模式，创建优质水稻种植基地10万亩，稻谷年产量5万吨，大米年产量3万吨，可满足30万人口的食用量。年加工大米45000吨。每吨大米按市值7000元计，年产值3.15亿元，利润3150万元。

宁远县鑫农蔬菜种植基地，自2014年以来，一直以扶贫攻坚、精准扶贫为己任，利用鑫农淮山种植专业合作社万亩现代农业产业基地为平台，辐射带动周边乡镇困难群众种植淮山、葛根、茄子、辣椒等40余个蔬菜品种，规模达11860亩。主要采用农业订单方式，截至2017年12月底，已与贫困户2350户、贫困人口8000人签订产业扶贫委托帮扶的协议，按困难群众投入资金的1%作为分红并在合作社参与种植生产，每名困难群众月工资3000元。2017年10月，合作社获评全省金融产业扶贫示范基地。所种植的葛根获得湖南省特色产业重点扶持。

宁远舜昌农业发展有限公司成立于2016年。公司承租九嶷山大桑塘村土地200余亩，转租九嶷山邓古塘村土地80亩，依托九嶷山永福寺和玉琯岩建造一个荷花生态大观园。进行观光荷花种植与休闲农庄开发，打造宁远一流的休闲观光园区，为九嶷山风景区增加亮点。

■农业名牌产品 2017年，宁远县农业名牌产品"九嶷素米"获得中国中部（湖南）农业博览会金奖和湖南名优级商品称号。两糯一号、湘宁糯2号、湘宁糯3号等高粱品种，通过国家鉴定，其中"两糯一号"于2006年获湖南省科技创新金奖，2007年获永州市科技进步三等奖。2008年，农业部确定为全国酿酒专用糯高粱区域试验对照（CK）品种。"湘宁糯2号"2012年获永州市科技进步二等奖。九嶷山兔系列产品连续五年获中国中部国际农副产品博览会金奖。产品销往香港、澳门、江苏、浙江、上海、湖南、贵州十多个省市和地区，深受消费者青睐。

■农业科技重点推广项目 2017年，宁远县农业科技推广中心，确定水稻、蔬菜、脐橙作为宁远县三大主导产业。组织农技人员39人参加省级专业培训，45人参加县级专业培训，组织开展科技示范户65次技术培训。遴选科技示范户900名，建立3个农业科技试验示范基地和3个推广"三项技术"百亩示范点，每个基地有专门负责人和技术指导员。前期做好实施方案，中期做好田间调查记录，后期做好总结。并在不同的生产环节组织技术指导员、科技示范户及辐射户到基地参观学习。

■设施农业 2017年，宁远县推广超级稻20万亩，完成清水桥、中和、水市、柏家坪、天堂等5个1000亩超级稻示范片建设；创建以九嶷山农科园建设为核心的3个市级果茶标准园（云泰农业蔬菜标准园、茂源农业柑橘标准园、棉花坪茶叶标准园示范园区）建设。2017年，云泰农业蔬菜标准园建设面积1000亩。共建设九疑山蔬菜基地、太平沙落塘蔬菜基地、天堂龙须蔬菜基地等外销蔬菜基地15个，面积4.6万亩。完成冷水镇野山椒1000亩园区的创建：园区水、电、路、猪、沼、果配套，修建机耕道3.5公里，水渠4公里，排灌沟5公里，大小水池2个100立方米，安装露地滴（喷）灌设施500亩，新建仓储设施300平方米，新装杀虫灯30个。

■农资市场治理整顿 2017年，开展春季农资打假专项整治、高毒剧毒禁限用农药专项整治、生产基地禁限用农药专项整治、秋季农资打假专项整治等行动，出动执法人员1200余人次，立案查处问题农药化肥11起，涉及金额10余万元，处罚款1.2万余元。2017年，检测蔬菜样品5000个、水果500个，农残总合格率99.8%。

■农民科技培训 2017年，宁远县开展农业科技培训，共举办培训班24期，培训农民2130人次，发放资料5000余份，咨询服务1000余人次。另培训新型职业农民570人，农村实用技术培训23000人。

■优良农作物品种推广 2017年，围绕水稻和蔬菜等主导产业筛选水稻泰优390等10个主导品种及水稻+等三项技术为主的10项主推技术，下发至各乡镇及相关单位。

■良种繁育 2017年，宁远县水稻新品种展示在仁和镇孙家铺村举办，展示品种为近1~2年通过湖南省或国家审定且适宜宁远县推广的新品种，如鹏优6377、盛优565、隆优3206等55个双季晚稻品种，展示面积110亩，每个品种种植面积0.2亩。

（柏申文 蒋承忠 胡兴）

烤烟生产

■概况 宁远县有长期种植烤烟的历史，多年来，烤烟都是宁远农业的主导产业、支柱产业。1978年，宁远县政府成立烤烟服务机构，优先、优惠供应烤烟生产所需物资。1981年，实行家庭联产承包责任制后，烤烟分户生产，开始建立烤烟生产基地。为更好贯彻落实县委、县政府关于全县农业产业结构调整和打造农业支柱产业的政策。1993年5月，成立宁远县烤烟生产办公室。2017年有干部职工16人，是参照公务员管理的正科级一类事业单位，内设机构综合办公室。

■烤烟生产成果 2017年，宁远县有300个行政村，2306户种植烤烟，种植面积8.0669万亩。是年，烤烟生产前期，大面积病虫害危害和7月的清水桥、柏家坪等乡镇为主的全县百年一遇的洪涝灾害造成大面积减产减收，大灾之年仍收购烟叶19.61万担（其中计划内收购17.68万担，丰产烟和寄存烟1.92万担），均价1431元/担（含肥补），全县实现烟农、烟草、财税总收入达到7.15亿元（其中烟农烟叶销售收入2.805亿元），烟叶两税1.25亿元，全县户均种烟销售收入超过了12万元。种植面积和收购数量连续四年位居全省第二、全市第一。2017年，因烟叶市场管理工作措施得力，宁远县被市政府评为“烤烟生产市场管理工作先进单位”。

■精益化生产管理 2017年宁远县共兴办烟叶精益化生产示范点15个，示范户703户，示范面积2.3万余亩；通过2016年评选出的300户职业烟农的示范带动，大穴深栽、合理密植、覆盖栽培、中耕培土、配方施肥等一系列“科技兴烟”的精益化生产措施得到进一步推广实施，优化结构等关键技术落实到位，单株留叶数保持在合理数量。

■专业化服务平台 2017年9月，柏家坪镇左坝村等五家烟农专业合作社共同发起成立宁远舜阳烟农专业合作社联合社，通过联合社集中开展联合机耕、自制育苗机质、配送生产资料等服务，后期还将提供烤烟移栽、大田管理、集中烘烤、烟叶分级等服务，增加合作社的收入和增强服务烟农的能力，减少烟农在烤烟生产各个环节的投入，降低生产成本。

■组织抗灾补损 2017年烤烟移栽以来，病虫害频发，特别是7月份的特大洪涝灾害，对柏家坪、清水桥和鲤溪等乡镇造成较大损失。据统计，全县烤烟病虫害受灾面积约8230亩，洪水受灾面积约7130亩，合计受灾面积达到15360亩。灾害发生后，县烤烟办积极指导抢险救灾，并要求保险公司做好灾害的查勘理赔工作。经保险公司核准，2017年烤烟救灾补损理赔到户金额为555万元，有效维护烟农利益，保护烟农的种烟积极性。

■基地建设与投入 2017年，宁远县投入烟草补贴项目资金550万元，完成仁和镇鲤鱼塘村、高家村、孙家铺村、湾井镇路亭村和中和镇麻田村3个镇5个村的烟水路项目建设，确保烟区排灌需要；投入537.9万元以“以奖代补”的方式支持9个乡镇（街道）新建密集型烤房113座，安排对11个乡镇（街道）31处烟基设施进行集中维修管护，解决太平、保安等9个乡镇（街道）原烟基项目遗留问题10个；投入补贴资金92.1万元用于烟用农机配套；水市镇、舜陵街道共1.2万亩、投资3600万元的土地整理项目进展顺利；投资总金额达2.4亿元的金钩挂水库烟草水援工程年底通过验收后即可投入使用；设计投资约1亿元的鲤溪镇的烟草水援项目——龙形头水库正在开展初设可研环评等前期工作，力争早日立项建设。

■**烤烟产业扶贫** 烤烟产业扶贫成效显著。2017年宁远县189户贫困户（808人）种植烤烟，交售烟叶110.86万斤，烟叶销售金额达到1479.35万元，户均收入8万元、人均收入1.8万元，全部实现脱贫致富。

（邓少辉 全丹）

养 殖 业

■**概况** 1979年，成立宁远县革命委员会畜牧水产局，内设人秘、畜牧2个股室、畜禽育种、兽医防检、水产3站及鱼苗鱼种场，编制21人，归口农村办公室管理。1983年，畜牧水产局合并到农业局。1987年3月，畜牧兽医站、水产工作站从农业局析出，成立宁远县畜牧水产总站。1989年11月畜牧水产总站改为畜牧水产局，为局级事业单位，归口县农委。2002年，畜牧水产局内设办公室、畜牧股、兽医药政股、水产渔政股。局直属单位有动物防疫监督站、饲料管理办公室、种猪场、鱼苗鱼种场。二级机构有15个乡镇畜牧水产站和17个乡镇动物防疫站。后内设机构和下属机构时有变动。2017年，宁远县畜牧水产局狠抓畜禽生产、渔业渔政管理、动物疫病防控、畜禽水产品质量安全监管、推进产业化经营、精准扶贫等工作，凝心聚力，真抓实干，实现全县养殖业的持续、健康、稳定发展。

■**养殖业生产** 2017年，宁远县出栏生猪111.79万头、肉牛6.3万头、肉羊3万只、家禽940万羽、肉兔590万只、水产品2.1万吨，全县实现肉类总产量约13.5万吨，禽蛋产量约2365吨，养殖业总产值35亿元，养殖业固定资产投资完成18000万元。新增稻田综合种养专业合作社15家、规模生猪养殖户80家、九嶷山兔、养殖合作社26家、规模肉牛养殖场8家、规模肉羊养殖合作社6家，舜天恒禾肉牛养殖自产自销，在广东租用2个肉牛屠宰加工车间、开办44家牛肉专卖店，年出栏肉牛3000头、年产有机肥7000吨，年产值8320万元。

■**畜禽生产** 2017年，宁远县畜牧水产局推进“公司+家庭养殖场”及“公司+合作社+家庭养殖场”的发展模式，通过精准扶贫政策，在温氏、佳美等公司的参与下，截至2017年12月底，温氏公司发展的“公司+家庭养殖场”模式的合作养户有72家，各贫困村和非贫困村发展的新型养殖合作社150余家。开展标准化示范创建活动，通过省部级标准化生猪养殖场1家，年出栏生猪500头以上的生猪规模化养殖比重提高到70%，肉牛、肉羊规模化养殖比重分别提高到50%、55%。开展养殖示范园区创建活动，2017年新建水市镇石坝头高标准温氏合作生猪养殖示范园区，新建柏家坪蔡地里村的高标准肉羊养殖场，名称为宁远县祥云生态农业发展有限公司。组织实施南方现代草地畜牧业推进行动。实施地点是湖南舜天恒禾肉牛养殖基地，项目实施完成，进入验收阶段。景翔农业开发有限公司，正创建湖南省现代农业特色产业园，目前已进入申报阶段。推进现代种业体系建设。继续实施畜禽品种遗传改良计划，支持生猪养殖龙头企业永州天顺公司宁远分公司继续开展种公猪站的建设，大力推广肉牛良种冷配技术，使用西门塔尔、安格斯等良种肉牛冻精10000多支，肉牛良种覆盖率提高3%。出台《九嶷山兔保种提纯复壮实施方案》，选取禾亭镇、保安镇等九嶷山兔传统养殖大镇开展九嶷山兔保种工作，工作取得明显成效。

■**畜牧业重点项目建设** 2017年，宁远县推进重点项目建设。温氏生猪一体化养殖项目，经过县、镇工作组两年多的努力推动，取得明显成效。公司总部办公及饲料厂用地59亩已交付使用；保安土地冲基地506亩，主体工程已完成90%；天堂蒋家基地860亩，完成“三通一平”；舜陵花板塘基地1700亩，正在办理各项手续。温氏合作养殖户开发72户，2017年年底，温氏项目已完成投资1.474亿元。湖南博洋生态农业科技示范园项目。项目计划总投资1.5亿元，占地3000亩，满负荷生产后，每年可出栏肉牛2000头、生态鸡10000羽、有机蔬菜150吨、水产品200吨。建好牛舍4栋5600平方米、护坡5000立方米、仓库800平方米，种植牧草500亩，引进种牛100头，建好牛舍5栋，种植牧草1000亩，引进种牛200头。舜天恒禾肉牛养殖项目。在原有的基础上扩建1000头的养殖规模，可以一次性出栏3000头，公司采用先进的短期育肥技术，年出栏可以达到10000头。同时公司整体进行改造升级，在养殖的同时走旅游发展路线，兴建肉牛展览馆，游客可以近距离与肉牛、牧场接触，开发系列肉牛产品，供游客品尝和购买。宁远天宇农林荒山综合开发特色种养建设项目。已完成建设生产区6栋猪舍面积4000平方米；建设员工宿舍面积300平方米，绿化面积50亩；建设办公用房面积400平方米，沼气池建设120平方米，打好饮用水水井2口；橙种植基地建设200亩，鱼塘建设50亩。

■**渔业渔政管理** 2017年，宁远县新建黄少千、李怀礼等五个综合种养合作社面积600余亩。永州景翔农业开发有限公司，持有水产苗种生产许可证。推进水产健康养殖，2017年宁远县水产健康养殖示范面积达到80%。制定养殖水域滩涂养殖规划和大中型渔业发展规划。落实国家机动渔船燃油补贴改革政策，5户稻田综合种养规模户申请到补助资金，通过永州市局验收。县局逍遥岩原种场因受近年洪灾影响，基础设施损毁，县畜牧水产局投入9万元用于该场的修复和建设。推进水生生物资源保护工作。坚持禁渔期制度，2017年，县畜牧水产局持续保持渔政执法高压态势，从4月1日起每天24小时开展执法巡逻，严厉打击非法捕鱼行为，缴获电捕鱼工具13套、地笼网600多米。开展“打非治违”、渔业船员和渔业安全生产责任落实工作。3月16日开始，组织水产渔政执法人员深入水市水库、凤仙桥水库、半山水库、双龙水库等大型水库和较大的山塘等养殖水面，查看渔船开工复工情况。共检查机动渔船52余艘，下发整改函30余份，重点整改机动渔船救生衣配备不到位和渔船非法载客载货以及未按规定安装和使用船载信息终端的行为。

■**畜禽水产品质量安全监管** 2017年宁远县畜牧水产局投入经费用于完善县乡两级监管体系的建设，配齐村级协管员，建立起“横向到边、纵向到底”的监管格局。天堂、冷水两个畜禽水产品质量安全监管示范乡镇和30个标准化兽药房的建设在建设当中。严格畜禽水产品质量安全抽样监测。饲料、兽药纳入平时监测范围，将监测结果按要求上报永州市畜牧水产局。是年，成立宁远县畜禽水产品质量安全领导小组，建立宁远县畜禽水产品质量安全责任追究制度。领导小组各成员严格按照《中华人民共和国农产品质量安全法》《中华人民共和国动物防疫法》《中华人民共和国渔业法》《兽药管理条例》《饲料和饲料添加剂管理条例》《屠宰管理条例》和《食品动物禁用的兽药及其它化合物清单》等法律法规，督促全县规模养殖户建立健全动物防疫、养殖生产各项制度，完善生产记录，签订《重大动物疫病防控及产品质量安全承诺书》430份，依法落实养殖生产者质量安全主体责任。坚持层层落实监管责任，与各乡镇（街道）动物防疫站签订监管责任书，明确乡镇（街道）站及防疫员对养殖场、经营户的监管责任。对全县262户年出栏500头以上猪场落实与领导和工作人员的配对监管。全年，县局多次开展养殖业投入品检查及节假日畜禽水产品质量安全、“瘦肉精”、生猪屠宰专项整治等行动，完成质量安全快速检测8000多份，全县未发生畜禽水产品质量安全事故，保障“舌尖上的安全”。严格质量安全监管执法。大力开展畜禽水产品质量安全专项整治行动，每月组织执法人员对养殖场、饲料兽药等养殖投入品经营场所开展检查，督促养殖户建立兽药饲料使用台账，兽药、饲料门户建立购销台账。对畜禽养殖和水产养殖（特别是苗种生产阶段）使用瘦肉精及其他禁用投入品进行检查，共查获、没收、销毁过期兽药80包、假兽药10包、过期饲料0.33吨。加大养殖业标准化推进力度。推进畜禽水产品“三品一标”认证工作，2017年新增柏家坪镇菜地里村的祥云生态农业有限公司的肉羊养殖为无公害产品。加强兽药监管。推进规模养殖场标准化兽药房建设，全县建有标准化兽药房的规模养殖场有40多家。加快推进兽药经营标准化示范门店创建，全县耕运兽药服务部健全各项制度，完善各项记录和质量档案。

■畜禽屠宰管理 2017年4月，宁远县畜牧水产局与公安、食药监、街道办、商业局开展联合执法，查处位于县城周边东溪街道野鹿岗村的五家私屠乱宰场所，对10名从事非法屠宰的人员进行批评教育。派驻6名官方兽医轮流开展驻场检疫，屠宰管理股工作人员，采取定期与不定期巡察相结合的方法，每月不少于10次入场开展监管工作，春节、五一等重大节假日，派人进行专门监管，确保重大节假日肉品安全，确保公共卫生安全。严格按照相关政策落实屠宰环节病死猪无害化处理补贴政策，相关补贴均在政府网和“互联网+监督”网站予以公示，接受群众的监督。采取不定期的突击检查等形式加强对县定点屠宰场和全县各屠宰点的屠宰管理工作进行监管。4月，县定点屠宰场专用电子出证设备已安装到位并投入使用，县生猪定点屠宰场出场肉品全部实现电子出证。

■科技进步与养殖污染防治 2017年，宁远县畜牧水产局继续推广畜禽清洁养殖、提高仔猪断奶成活率、肉牛短期育肥等农业技术，开展农技推广活动，进一步指导养殖户选用新型技术。受残联、妇联、扶贫办、科协等相关单位的邀请，开展石蛙养殖、竹鼠养殖、林下养鸡等技术的培训，培训残疾人、妇女、贫困人口2000余人次。制定《宁远县养殖区域规划》，依法科学划定畜禽禁养区、适养区和禁养区，并制订《宁远县禁养区退养补偿方案》，要求积极有序地推进退养工作，全面完成禁养区畜禽规模养殖场退养任务。推进养殖废弃物资源化利用。所有新建养殖场必须通过环保局的审批，老旧养殖场必须进行环保改造，环保达标的在生猪调出大县等奖励资金中予以倾斜。推广“果沼畜”“菜沼畜”清洁健康环保的生态立体养殖模式。中央环保组交办的清水桥镇大金盆村等三个养殖污染问题全部整改到位，年初既定的5个畜禽规模养殖场粪污治理任务全面完成，规模养殖场畜禽粪便处理和粪便综合利用率达到80.52%。

■动物疫病防控 2017年，宁远县畜牧水产局有效阻断动物H7N9流感的传入。针对周边县区人感染H7N9流感疫情防控的严峻形势，坚持加强疫情监测和动物检疫监管、消毒灭源等措施，全县动物H7N9流感疫情稳定，未发生人感染H7N9流感病例。3月底至4月初，专门开展家禽H7N9防控采样监测工作，全局干部职工放弃周末休息时间，对全县所有200羽以上的养禽场、活禽批发市场开展采样排查，采集到禽拭子对样品300余份，经宁远县动物疫病预防控制中心兽医实验室逐一检测，未发现家禽H7N9流感阳性样品。县动物疫病预防控制中心每天采样上报市动物预防疫病控制中心20份以上，共完成采样1500余份次。由市场服务中心牵头负责，分别对泠江活禽批发市场采取休市一周、对欧家活禽批发市场采取休市一个月的休市措施，进行彻底的清洗消毒。加强H7N9流感的舆论引导等工作，共印发宣传资料10000余张、宣传手册3000余份，全县全年没有发生一例人感染高致病性禽流感事件。及时开展重大动物疫病防控工作。3月1日起，集中开展春季重大动物疫病强制免疫工作，全县各乡镇的猪瘟、口蹄疫、高致病性禽流感、小反刍兽疫等重大动物疫病在集中期间内，免疫密度均达到100%的要求，免疫抗体合格率达到70%以上。开展抓产地检疫和监督工作。全面落实检疫申报受理制度，全县20个乡镇的检疫申报点全部正常开展检疫申报受理和电子出证工作。检疫人员对申报出栏的动物实施现场检疫并及时做好详细的检疫记录。4月至5月，对全县的规模养殖户进行疫情实时监测和普查，共采集到强制免疫过的动物血清样品猪60份、羊10份、牛20份，鸡80份、鸭30份，经县动物预防控制中心兽医实验室的检测，猪瘟、口蹄疫、禽流感、新城疫抗体水平均达到要求水平以上。全年，采集到猪血清样品200余份、羊30余份、鸡200余份、鸭60余份、牛40余份，经送样市动物预防控制中心兽医实验室监测，抗体水平均达到国家要求，未发现各类重大动物疫病的阳性样品。完成布氏杆菌病的基线调查工作。6—8月，县局组织技术人员对全县牛羊布氏杆菌病的感染情况进行全面摸底，共采集养牛场（户）41户牛血清样品1133份、养羊场（户）34户羊血清样品1240份，通过虎红平板实验筛选和cElisa实验复核，牛阳性场户率为0，羊阳性场户率为5.8%，羊阳性个体率为0.56%，布病的感染率较低，在可控范围之内。在检测出阳性个体后，组织疾控中心、乡镇政府、公安、交警等部门，对两个阳性羊场的所有羊只共计376只，全部扑杀进行无害化处理。2017年，开展防疫示范乡镇、示范村和示范场的建设，宁远县新创建3个动物检疫标准化站所，20个防疫示范村，20个防疫示范场。推进病死畜禽无害化处理长效机制的建立。县政府成立病死畜禽无害化处理体系建设工作领导小组，发改、财政、国土、规划、畜牧、环保等单位主要负责人为领导小组成员，县政府召开政府常务会议，对病死畜禽无害化处理体系建设实施方案进行专门研究，县政府办公室印发《宁远县病死畜禽无害化处理体系建设实施方案》，规划在柏家坪，保安、冷水、中和、东溪、舜陵、天堂等乡镇和街道建设7个病死畜禽无害化处理收集暂存点，在县牲畜定点屠宰场建设一个病死畜禽暂存冷库。县牲畜定点屠宰场病死畜禽收集点冷库已经完成建设并通过验收，天堂、中和收集点已分别在高源村、友谊桥村完成征地并于年底开工建设，冷水、东溪、舜陵初步完成预选址工作，柏家坪、保安正在开展选址工作。

■产业扶贫 发挥养殖业在扶贫产业中的主导地位，2017年宁远县创办湖南舜天恒禾肉牛养殖扶贫示范基地和宁远县粑粑岭养猪专业合作社养殖产业扶贫示范点。是年，通过与全县养殖业龙头企业、养殖合作社等经济组织沟通协调，促成舜天恒禾、九疑兔业、舜源农业等10多个养殖业经济组织以分贷统还的方式开展产业金融扶贫，累计发放贷款2716万元，对接贫困户896户（2716人），以利息的形式每年给贫困户分红105.265万元，人均年增收387.6元。近两年，宁远县着力推动建档立卡贫困村成立新型村级集体经济合作社。2017年12月，全县贫困村注册的养殖类专业合作社共对接贫困户1639户、5317人。其中：生猪养殖合作社共对接贫困户207户、509人，以太平镇上下留村的温氏生猪合作养殖等为代表；肉牛养殖合作社共对接贫困户313户、1166人，以水市镇舜天恒禾肉牛养殖为代表；肉羊养殖合作社共对接贫困户32户、95人；九嶷山兔养殖合作社共对接贫困户150户、477人，以九嶷山文武冲村的九嶷山兔养殖等为代表；家禽养殖合作社共对接贫困户711户、2295人；特种经济动物养殖合作社共对接贫困户130户、513人；水产养殖合作社共对接贫困户96户、262人。县局驻村帮扶的太平镇夏堂村启动年出栏2000头生猪养殖项目，共有贫困户73户、175人入股村养猪合作社，2017年共出栏2000头生猪，纯收入为20万元，贫困户分红总额为8万元，人均年增收457元，实现养殖收益超过脱贫标准收入的10%的目标（2017年宁远县脱贫标准收入为3600元）。舜天恒禾公司安置当地建档闭立卡贫困农户在养牛场直接就业16人，年人均增收3万元左右；同时，公司养殖肉牛1500多头，年需求牧草1.5万吨，带动本场及周边13户农户种植牧草216亩，户均年增收2.4万元。2017年，县财政拿出18万元资金，安排80个护渔扶贫岗位，人均年增收2250元。

（欧阳昌勇　宋果　李辉　肖志标）

林业管理

■概况　1953年5月，宁远县始设林业科。1954年11月，与农、水机构合并为农林水利局。1956年3月，析设林业科，6月改为林业局。后与森工、农业、水利几经分合，至1976年10月复名林业局。下属单位有白云山、九嶷山、雾云山、洋塘4个国营林场及水市苗圃、木材公司。1981年，增设林业科学研究所和9个区林业站。1982年，增设城镇绿化管理站。1984年，增设森林保护站，林科所改县苗圃，设九嶷山自然保护区管理所。1986年，增设林业公安股和林业审判庭。1990年，增设世界银行贷款项目办公室。1992年，增设林业检察股、神下木材检查站、林业科技推广中心。1994年，九嶷山林场划归九嶷山国家森林公园管理局管理。1995年，撤销9个区林业站，建立16个乡镇林业工作站。1998年，林业公安股改为宁远县公安局林业分局。2001年，宁远县公安局林业分局更名为宁远县林业森林公安局。2017年，九嶷山自然保护区管理所划归九嶷山国家级自然保护区管理局管理。2017年，宁远县林业局下属单位有：营林工作站、世行办、森保站、林业科技推广中心、神下木材检查站、国营苗圃、森林资产评估中心、林业产权交易中心、国营园艺场、洋塘国有林场、雾云山国有林场、白云山国有林场。2017年，完成林业产值213900万元。2017年，柏家坪镇北屏村获评全国生态文化村；宁远县林业局获评“第三次岩溶地区石漠化监测工作先进单位”“2017年度全市林业工作目标管理先进单位”；宁远县共20个林业站，2017年完成禾亭、鲤溪林业站站房新建，全县已新建、改建9个林业站站房，累计投资近1060万元，并100%实行“一站式全程代理”服务，获湖南省林业站“一站式全程代理”服务优秀单位。2017年，全县林下经济新型经营主体63家，产值7020万元，全县共有林业专业合作社93家，产业分布全面，有油茶、中药材种植、林下养牛、养羊、养香猪、养野猪、养鸡、养竹鼠、养石蛙、养蛇等，湖南旺明农林农民专业合作社获“2017年省级农民林业专业合作社示范社”。

■林业建设　2017年，种植苗木802万株，完成新造林5.13万亩，占市任务的142.5%。其中油茶0.91万亩，占市计划的112.5%（欧洲投资银行油茶项目贷款0.355万亩，占市计划任务的100%），新培育连片1000亩以上油茶基地3个（水市黄家，水市镇淌溠，柏家坪镇皇家洞）；完成主要通道裸露山地造林0.8万亩，长防林工程新造林0.19万亩，退化林修复3万亩，封山育林3万亩；面上造林2.48万亩；完成绿色通道建设275公里（宁远县通道绿化经验在全省造林工作会议上作为典型推介），秀美村庄示范村建设100个（其中省级示范村2个，市级示范村3个）；完成中幼林抚育6.76万亩（其中，主要通道割草、抚育8000余亩，施肥2000余亩）。完成油茶低改1.52万亩，楠竹低改0.4万亩。2017年，全县参加义务植树的人数达49.3万人次，尽责率达90.95%，共栽植各类苗木190余万株，新建义务植树基地19个，面积2000余亩。2017年，全县活立木总蓄积量达到507.71万立方米，森林蓄积量净增长23.78万立方米。

■生态扶贫　建立“省级帮扶+涉农整合+财政专扶”的资金投入模式。在用好省林业厅专项生态扶贫资金1116万元的基础上，县委、县政府进一步拓展生态扶贫资金整合渠道，按照“多个龙头进水、一个池子蓄水、一个龙头放水”的办法，从县涉农整合资金中安排1933万元用于林业产业发展和生态补偿扶贫工作；为进一步做实做细生态扶贫，让贫困群众实实在在享受到生态福利，县财政专项安排造林绿化资金1000万元。建立“7251”[①]扶贫项目利益联结模式。兑现奖补资金近2000万元，直接带动贫困户就业3000人，人均增收1000元，帮扶2100户贫困户，8000余人脱贫致富。帮助119个贫困村壮大村级集体经济，平均每个贫困村增加集体收入2.8万元，最多的增加村级集体收入近10万元。建立“生态保护+产业发展”模式。发展新型林业经营主体带动一批，探索推行“公司+基地+家庭农场+农户”种养模式、“企业+基地+农户”林下经济模式、“专业合作社+基地+农户”油茶种植模式等。在国家和省级公益林的基础上，全面推行禁伐限伐，积极扩大县级公益林范围，并尽量向贫困村及贫困户倾斜，新区划县级公益林10万亩，安排资金190万元用于县级公益林补偿。2017年，在中央和省里未安排生态护林人员专项资金的情况下，由县财政安排资金72万元，聘请有劳动能力的120名贫困人员就地转为生态护林人员。2017年3月14日，市长易佳良考察太平万亩油茶扶贫示范基地；7月25日，省扶贫办主任王志群、永州市委书记李晖视察宁远县太平万亩油茶扶贫示范基地；9月9日，省长许达哲考察中联天地油茶家庭农场扶贫基地；12月6日，永州市代理市长赵应云调研中联天地油茶家庭农场扶贫基地。

■重点项目工程建设　2017年，九嶷山森林植物园（林业科技示范园）规划设计逐步完善，园内5000亩的控制性详细规划和2000亩的修建性详细规划（花海、百竹园）已完成设计招标、签约及专家评审。引进康德佳林业科技有限公司完成300亩田土翻耕起垅，种植菊花300余亩，花海建设初具规模，并在2017年10月28日成功举办宁远县首届菊花文化旅游节。积极筹备百竹园建设，根据规划设计完成路网放样，为项目建设作准备。同时，宁远县林业局完成《九嶷河国家湿地公园总体规

① “7251”模式：“7大林业扶贫项目”即：速丰林新造、油茶新造、油茶低改、毛竹低改、森林抚育、花卉苗木基地、林下经济；“2个对接”即：在非贫困村实施新造速生丰产林和油茶林、油茶低改、南竹低改、林下经济项目每0.66公顷对接一个建档立卡贫困劳力，森林抚育项目每1.33公顷对接一个建档立卡贫困劳力；“5个环节”即：申报主体凭林权证或相关证明提出申请，项目实施所在地村委会、驻村扶贫工作队核实，乡镇（街道）林业事务中心复核，县林业局审核，县产业发展和生态补偿扶贫工作组审定批复实施；“1套奖补标准”即：补助速生丰产林新造每公顷4500元、油茶新造每公顷6000元、森林抚育每公顷1950元、油茶低改每公顷6000元、南竹低改每公顷4500元、林下经济每公顷3000元、花卉苗木基地每公顷9000元。奖补资金包括产业发展资金和产业帮扶资金，除森林抚育项目的产业帮扶资金为每公顷750元外，其他项目为每公顷1500元。产业发展资金奖补给经营主体，产业帮扶资金兑现给贫困户、贫困村集体以及对接的贫困劳动力。

划》编制、出台《九嶷河国家湿地公园管理办法（试行）》，成立宁远县九嶷河国家湿地公园工程指挥部，制定《湖南宁远九嶷河国家湿地公园建设实施方案》《2017 年度工作方案》。全县湿地总面积 3732.49 公顷，湿地保护小区面积达 2800.08 公顷，湿地保护率达 75.02%，其中“宁远九嶷河国家湿地公园”总面积 768.4 公顷，湿地面积 387.3 公顷，湿地保护率达 100%。林业局 8 月份将九嶷河国家湿地公园工作移交给九嶷河国家湿地公园管理局。2017 年，湖南省林业厅将宁远县作为筛选出的 15 个国家石漠化公园试点建设实地考评单位之一，对宁远县进行实地考评，并推荐宁远县为国家石漠公园试点建设单位。2017 年，宁远县林业局在全市率先提出创建湖南省森林城市，经永州市林业局审核同意后，向省林业厅提出创建湖南省森林城市申请。经省林业厅综合审查，宁远县成为全省首批创建省级森林城市备案的 6 个县区之一。

■森林资源保护 2017，宁远县严格执行“预防为主，积极消灭”的方针，切实抓好森林防火各项措施的落实，防火形势总体平稳。全县发生森林火灾 14 起，受害面积 18.22 公顷，受害率为 0.104‰，远低于 0.9‰的受害率标准。资源林政管理，严格执行县委、政府“关于在全县开展全面封山育林、实行禁伐限伐工作的实施意见”，严格执行占用林地审核审批程序。2017 年，宁远按程序向省厅申报审批项目 22 个，面积 131.3177 公顷。严厉打击破坏森林资源的各类犯罪活动。全年共查处各类林政案件 52 起，办结 52 起，罚款 10.8042 万元，处罚教育 52 人次，案件查处率 100%，合格率 100%。

■野生动植物保护 2017 年，完成古树名木普查工作，宁远县古树名木普查共计 2930 株。开展林业有害生物普查，通过永州市林业局的核查验收，全县马尾松毛虫防治 3.28 万亩，防治率 72.44%，无公害防治面积 3.2 万亩，无公害防治率 97.56%。做好野生动物疫源疫病监测工作，开展秋季候鸟等野生动物保护，开展“世界湿地日主题宣传活动”“爱鸟周”宣传活动和“世界环境日宣传活动”“全国科普日活动”。严厉惩治非法猎捕、收购、运输野生动植物等各种违法犯罪活动。

■国有林场棚户区改造 宁远县人民政府对白云山、雾云山、洋塘等三个国有林场及九嶷山自然保护区等单位 322 户的危房进行改造，该项目各项工程进入扫尾阶段。2017 年 10 月 23 日，召开专题会议，确定分房方案，10 月 30 日抽签分房到户。

（罗斌）

国家森林公园、自然保护区和风景名胜区管理

■概况 1992 年 7 月，林业部（林造批字〔1992〕106 号）批准九嶷山为国家级森林公园。1994 年，成立九嶷山国家森林公园管理局；1994 年，九嶷山林场划归九嶷山国家森林公园管理局管理。公园规划面积 8226.7 公顷，园内有林地面积 8025.8 公顷，森林覆盖率 97.55%。2014 年 7 月，为更好地建设和管理森林公园，九嶷山国家森林公园管理局向国家林业局提出改变森林公园管理范围的申请。2015 年 4 月 20 日，国家林业局（林场许准〔2015〕227 号）同意九嶷山国家森林公园改变经营范围，公园面积由 8226.7 公顷变更为 8454.63 公顷，其中有林地面积 8310.40 公顷，森林覆盖率达 98.29%。园内植物资源丰富，有维管束植物 214 科、905 属、1910 种。其中，有国家一级保护植物南方红豆杉、钟萼木、报春苣苔 3 种；国家二级保护植物华南五针松，白豆杉、闽楠等 19 种。森林公园生态环境优良，野生动物资源丰富，园内脊椎动物共有 5 纲、30 目、84 科、208 种。其

中列入国家二级保护野生动物物种20种，列入中国特有物种30种。2013年12月，经国务院审定（国办发〔2013〕111号），在原九嶷山省级自然保护区基础上，扩大范围建立九嶷山国家级自然保护区，面积10236公顷。其中核心区面积3825公顷，缓冲区面积3019公顷，实验区面积3392公顷。2016年，湖南省编办批复，在九嶷山国家森林公园管理局加挂“九嶷山国家级自然保护区”牌子，加强自然保护区的管理。2017年森林公园接待游客119.4万人次，同比增长15%；旅游收入完成3311万元，同比增长12%，带动相关产业收入5.42亿元。先后获国家AAAA级景区、湘江源头区域国家生态文明先行示范区、全国景区带村旅游扶贫项目、全国文明旅游景区、湖南省十大平安景区等多项殊荣。

■风景名胜区管理 1987年，经省人民政府批准，建立九嶷山风景名胜区，是首批省级重点风景名胜区。1995年，成立九嶷山风景名胜区管理处，同九嶷山国家森林公园管理局合署办公，实行“两块牌子，一个机构”。为了加强风景名胜区的保护管理，突出舜帝陵的历史文化价值。2013年，经省政府同意更名为“九嶷山—舜帝陵风景名胜区”，申报国家级风景名胜区。2017年3月，国务院审定公布“九嶷山—舜帝陵风景名胜区”为第九批国家级风景名胜区，规划面积调整为150平方公里。

■规划编制 九嶷山国家森林公园管理局委托湖南省农林工业勘察设计研究总院对《九嶷山国家森林公园总体规划》进行修编。2016年，通过湖南省林业厅在长沙组织的专家评审，经国家林业局批准实施。2017年10月，《九嶷山国家级自然保护区总体规划》经国家林业局专家组现场核查，通过评审。2017年12月，启动九嶷山—舜帝陵国家级风景名胜区总体规划编制工作。

根据景区总体规划和工作需要，先后编制舜帝陵景区修建性详细规划和三分石景区修建性详细规划，编制生态文化示范基地规划、全域旅游规划、国家AAAAA级景区创建提升规划。加大森林康养基地的申报力度，森林公园被列为全省第二批森林公园康养基地、全省森林公园质量管理十佳单位，为森林公园的有序开发、科学开发、持续开发奠定科学坚实的基础。

■资源保护 切实履行“共抓大保护、不搞大开发”的政治责任，筑牢森林生态安全屏障，推动绿色发展。近年来，园区管理部门实施封山育林，改“背斧头上山”为“背锄头造林”。在九嶷山“两区一园”区域全面实行封山育林，“十年不砍树，十年栽好树”，保护青山绿水；每年开展植树造林、山水田林路综合整治等行动，蓄绿于山、藏水于林，先后完成九嶷山“两区一园”造林和中幼林抚育2700亩，森林公园森林资源持续增长，森林覆盖率达到98%以上，为发展森林旅游打下坚实基础。发展生态旅游，改“卖木材为生”为“卖风景致富”。坚持依山抓转型，把绿水青山作为“金饭碗”，大力保护生态资源，向绿水青山要金山银山，2017年兴办“农家乐、林家乐”10家，直接从事旅游服务的村民达到280余人，年人均增收3400元。推进园区建设，改“政府投入主导”为“政企投入并重”。拓宽建设投资渠道，加强与银行对接，2017年获得金融机构授信10.2亿元，用于九嶷山申创国家AAAAA级旅游景区和基础设施建设；加强与社会资本合作，投资总额达到35.6亿元。升级紫霞岩、永福寺、古舜庙遗址等景点，新开发三分石和寻龙谷景点，景区游道、森林康养基地、游客中心、旅游厕所、智慧旅游等项目加快推进，森林公园旅游服务体系得到全面提升。九嶷山国家森林公园管理局按要求将公园全部纳入生态保护红线范围，牵头抓好辖区内10万余亩租赁集体山林的管护工作，申请县政府按国家生态公益林政策给予补贴，做到面积精准、补贴到位、村民满意。积极开展自然保护区管理评估工作、界桩界碑建设，积极开展“绿盾2017”监督检查专项行动，对违法违规问题进行整改。对“两区一园”卫星遥感图斑变化情况，进行调查核实处理。依法治理“两区一园”，加强日常巡查力度，牵头组织有关部门开展综合治理采砂制砂，关闭沙场11处，关闭石场2处。依法处理砍伐杂木和盗伐竹子2起；依法取缔养羊场1处；制止盗挖野生植物2起、盗猎野生动物2起；规范辖区内单位和居民的建设行为，拆除2处违章建筑，制止8处违章建房行为。严格落实防火措施，强化工作责任，“两区一园”成立以来没有发生重大森林火灾和文物损毁现象。风景名胜区保护管理工作，连续六年获湖南省住建厅表彰，2017年3月，经国务院审定公布为国家级风景名胜区，并正式授牌。森林公园工作连续4年获全省质量管理十佳单位。自然保护区环保督查得到省环保厅和省林业厅好评。同时抓好旅游开发监管，严格监管景区内的旅游企业开发行为，对不符合规划和破坏资源的建设行为进行有效制止和查处。切实加强景区安全生产监督管理，杜绝旅游安全事故发生。切实加强创AAAAA景区环境综合治理工作，完成商业街改造和安置工程的规划设计。修建两处临时停车场，规范社会车辆停放。清理景区道路两旁违规广告牌128块，集中整治商业街10次，纠正乱停乱放车辆280余台次，景区周边环境明显改善。

■森林旅游发展 坚持特色品牌导向，形成森林旅游发展优势。坚持立足九嶷山“两区一园”得天独厚的生态资源，强势宣传促销，打造特色品牌。以宣传促销提升森林旅游品牌。围绕“高端策划、高层组织、高效运作”的宣传促销思路，大打“生态王国、天然氧吧”等绿色品牌，与湖南经视签订文化旅游产业战略合作协议，制作高质量音乐电影旅游宣传片《舜志古今》在中央电视台等媒体播放，全方位宣传推介九嶷山。加强与知名媒体和旅行社合作，开辟旅游专线，多渠道、多层次、多角度开发市场，不断提高各级市场占有率。加强网络营销，开通电子商务，注册微信、微博公众号，粉丝关注量达到15万人次。以主题活动提升森林旅游品牌。2017年“五一”小长假，与湖南经视合作推出系列旅游节庆和民俗活动，《直播大事件》在九嶷山现场直播，在省内乃至国内市场一举引爆九嶷山。成功举办全省冬季乡村旅游节及丁酉年祭祀舜帝大典、21个国家（地区）海外华侨华人祭舜大典、“福建天下第一团”祭舜大典等活动，进一步提升九嶷山森林旅游知名度。以“景区带村”扶贫打造森林旅游特色。抢抓被列为全国景区带村旅游扶贫示范项目的机遇，大力推行“核心景区+扶贫”“旅游就业+扶贫”等模式，以九嶷山舜帝陵景区为核心，17个全国乡村旅游扶贫重点村为示范点，实现农民“退一转二进三”，让贫困户吃上旅游饭、发上旅游财。下灌古村景区自2016年4月开园以来，游客接待量突破100万人次，创收1.5亿元以上；带动贫困人员就业1000余人。旅游扶贫在中央电视台《朝闻天下》报道。

■制度保障 2017年，宁远县九嶷山“两区一园”管理部门围绕建设全面发展的精品景区目标，在抓好硬环境的同时，狠抓软环境建设。制度建设。坚持以制度管权管事管人，制定完善一系列员工管理规章制度，规范服务流程，明确岗位职责，践行服务承诺，公园一线员工持证上岗，文明待客，热情服务，倾力打造优质森林旅游服务品牌，森林公园的管理和服务实现制度化、规范化和精细化。业务培训。通过采取专家讲课、岗位练兵、责任考核等方式加强业务培训，组织12期干部职工基础培训、导游培训、执行力培训和才艺技能培训，培训人员200多人次。组织员工外出交流考察学习，切实提高员工业务水平和服务质量，形成规范、文明、热情、周到的服务理念和服务氛围，服务质量不断改善，景区形象不断提升。宣传教育。坚持开展安全教育，经常进行消防培训和实战演练，有效禁止放牧、狩猎、砍伐、取土、采石等违法行为。在九嶷山舜帝陵建立科普活动基地，开辟科普宣传栏，制作科普光碟2000个，发放科普资料3万份，引导林区居民摈弃“靠山吃山”随意索取生态资源的生产生活方式，倡导生态、环保、文明旅游行为，培育生态文明新风尚。园区内的野生动物、森林覆盖率逐年增长，已经成为永州市乃至湖南省的靓丽名片。

（夏利勇　欧阳贤君）

宁远九嶷河国家湿地公园

■**概况**　湖南宁远九嶷河国家湿地公园地处湖南省宁远县南部，位于水市镇、九疑山瑶族乡境内，是南岭山脉生态屏障区（全国南岭山地森林及生物多样性生态功能区）腹地、湘江之源潇水源头的上游水源集聚区。主要包括水市水库、水市水库以上的九嶷河（旧志称潇水）及周边部分山地。南北长11.8千米，东西宽12.2千米。湿地公园北起水市水库大坝，南至九嶷山瑶族乡九龙村九龙坝，与九嶷山国家森林公园相接。总面积768.4公顷，其中湿地面积387.3公顷，占湿地公园总面积的50.40%。规划为湿地保育区、恢复重建区、宣教展示区、合理利用区和管理服务区5个功能区。九嶷河国家湿地公园是一个河流型湿地公园，发源于九嶷山三分石脚下，沿九嶷河一路斜穿九嶷山，途中汇集大大小小30余条支流，九嶷河在湿地公园内长达20余千米，最终在宁远县水市水库形成宽阔的湖面。公园湿地生物资源丰富，湿地景观优美，湿地文化资源厚重。公园内共有湿地植物78科189属、257种，其中国家重点保护野生植物9种，包括Ⅰ级2种，Ⅱ级7种。发现野生脊椎动物共计5纲、29目、79科、198种，其中国家Ⅱ级保护动物17种，列入《濒危动植物种国际贸易公约》的物种22种，列入《国家保护的有益的或者有重要经济、科学研究价值的陆生野生动物名录》保护动物124种；IUCN评价中的濒危、近危、易危等不同级别物种23种；列入湖南地方重点保护的物种112种。公园的建设对保护区域种质资源、维持生物多样性和生态系统平衡、保障湘江源头区域的水资源安全以及县级饮用水水源保护具有重大意义。

2015年12月31日，国家林业局下发《关于同意河北张北黄盖淖等137处湿地开展国家湿地公园试点工作的通知》，同意湖南宁远九嶷河国家湿地公园开展国家湿地公园试点工作。2016年7月28日，宁远县机构编制委员会下发《关于设立宁远九嶷河国家湿地公园管理局的通知》，设立宁远九嶷河国家湿地公园管理局，为归口县政府管理的正科级公益一类事业单位，业务上接受县林业局的指导，主要负责湿地公园规划控制区的规划建设、保护管理和开发利用。2017年7月，经县委常委会议研究决定：九嶷河湿地公园管理局首任领导班子“一正二副”，局长为李学勤，副局长为奉良松、欧阳小梅，宁远九嶷河国家湿地公园建设遵循“全面保护、科学修复、合理利用、持续发展”的基本原则。建设目标是在试点建设期内即2020年之前，通过全面加强湿地及生物多样性保护与恢复，合理利用湿地资源，维护湿地生态系统的自然性与完整性，将湿地公园建设成为湘江源头主要支流生态廊道保护的典范和南岭山脉河流湿地生态系统的示范基地；具有较大区域影响力和较高管理水平的湿地科普宣教基地；生态环境优良、自然景观优美、文化底蕴深厚、游憩设施完善的湘南湿地生态旅游目的地；宁远县城乡居民饮用水的优质水源地。最终将公园建设成为生态、社会、经济效益最大化，人与自然和谐相处的代表性湿地公园。

■湿地保护 按照国家湿地公园试点建设要求，宁远九嶷河湿地公园管理局积极推动湿地保护工作，制订《宁远九嶷河国家湿地公园建设实施方案》，明确建设任务、部门职责和完成时间表。依据《湖南宁远九嶷河国家湿地公园总体规划（2015—2020）》统筹推进湿地公园五大功能区建设，确保到2020年全面完成宁远九嶷河国家湿地公园试点建设任务，申请国家验收并正式授牌。出台湿地公园管理办法。管理局根据“一园一法”规定，积极推动湿地公园保护法制建设，调研起草《湖南宁远九嶷河国家湿地公园管理办法（试行）》。广泛征求意见后，于2017年10月21日经县政府常务会议研究通过后提请县人大批准，2017年12月6日宁远县第十七届人民代表大会常务委员会第七次会议审议通过，自2018年1月1日起施行。加强保护管理能力建设。经常组织开展湿地保护方面的方针政策、法律法规和业务知识学习，选送一名工作人员参加省林业厅野保处组织的业务培训。同时参与县政协2017年湿地保护与建设课题调研，到江华涔天河国家湿地公园、双牌日月湖国家湿地公园、东安紫水国家湿地公园等地考察学习，先后邀请长沙三湘绿谷公司以及郑刚强专家团队到公园现场指导。

■项目建设 2017年10月6日，县委书记刘卫华在湿地公园管理局局长李学勤的陪同下，到水市水库现场调研九嶷河国家湿地公园建设，强调要找准湿地公园建设的突破口，如期完成湿地公园建设任务。2017年10月21日，宁远县人民政府召开第11次常务会议专题研究宁远九嶷河国家湿地公园建设管理工作，听取宁远九嶷河国家湿地公园建设管理情况汇报，同意项目建设资金保障、湿地公园合理利用区和宣教展示区以及管理服务区土地流转、将公园核心区域所在村庄纳入全县美丽乡村建设、出台湿地公园管理办法（试行）、引进专业公司开展技术服务合作、配齐配强工作人员6个提请解决的问题。建设九嶷河生活污水处理工程。由县城管局为业主单位，污水处理厂建设在九嶷河边九疑山瑶族乡盘江湾村的甲子山脚，占地2000平米，采用A/O一体化污水处理工艺，设计日处理生活污水1000吨，一期主管网从下洞至污水处理厂，长度约6300米，于2017年4月试运行处理生活污水，2017年7月验收合格。建成湿地公园道路通畅工程。在原有基础上，争取交通部门共修建乡道标准道路约30公里，湿地公园沿河岸全程拉通3.5—5米宽的水泥路。完成湿地公园及周边山体绿化。坚持“十年种好树，十年不砍树”，营林造林130公顷，并将其全部纳入生态公益林补偿范围，对禁止砍伐的湿地公园及其外围的森林资源，配合林业局进行初步调查评估并提出政府赎买方案。开展湿地公园合理利用区、宣教展示区土地流转。全部租赁湿地公园两个功能区所在的鲁观上洞村、山头源村、凤凰村共1300余亩土地，租期20年，按照湿地公园的规划要求统一建设。规划上报2018年湘江流域退耕还湿试点项目。该项目主要位于九嶷山瑶族乡山头源村，初步选址意见及规划已上报市林业局同意，正在与相关专业机构衔接编制实施方案。致力抓实脱贫攻坚工作。按照县委、县政府的安排部署，将脱贫攻坚作为第一位的民生大事来抓，为联系村水市镇九嶷湖村争取并下拨扶贫项目资金4万元。

■科普宣教 2017年，管理局利用湿地公园土地流转、全国科普日活动、县人大常委会以及县人大、政协“两会”等契机，采取展板宣传、视频宣传、宣传车巡回宣传、印发宣传资料、大型永久性户外广告牌、座谈会等形式，向广大干部群众和人大代表、政协委员开展湿地公园建设和保护宣传，共印发宣传资料5000余份，观看宣传展板和宣传视频1000余人次，宣传车巡回宣传100余次，同时在湿地公园范围内水市水库、卜家、盘江湾等3处分别设立了永久性大型宣传牌，普及湿地知识，增强干部群众的湿地保护意识。2017年9月21日，九嶷河国家湿地公园管理局全体成员参加在宁远县文庙广场举办的2017年全国科普日宣传活动启动仪式，向广大市民宣传湿地保护知识。

（李学勤）

森林公安

■概况 宁远县森林公安局原名宁远县林业局公安股（宁远县公安局林业股），成立于1986年3月29日，1997年6月6日更名为宁远县公安局林业分局，2003年12月2日更名为宁远县林业局森林公安分局（宁远县公安局森林分局），2009年10月26日正式更名为宁远县森林公安局一直沿用至今。宁远县森林公安局是宁远县林业部门和公安机关的重要组成部分，是具有武装性质的兼有刑事执法和行政执法职能的专门保护森林及野生动植物资源、保护生态安全、维护林区社会治安秩序的重要力量。负责宁远县内涉林涉野（包括森林资源、野生动植物资源、林地资源等）案件立案侦查；根据《中华人民共和国森林法》、林业主管部门授权，立案查处有关林业行政案件；立案查处辖区内有关治安案件；负责森林防火等工作。宁远县森林公安局为行政单位，内设法制股、刑治股、消防股、办公室4个股室，辖九疑山、柏家坪、中和3个林业派出所。办公地点文庙街道春陵路67号，编办核定政法编制为25人，现有民警职工25人，其中民警20人，工勤人员5人。2009年至2017年连续九年获得永州市森林公安目标管理考核先进单位；2017年被省森林公安局授予集体三等功；2017年被省、市森林公安局评为执法质量考评优秀单位。

■涉林案件查处 2017年，宁远县森林公安局相继开展“春歼”“2017利剑行动”“火案严打”“社会治安环境整治战役”“野生动植物保护”“十九大林区安保维稳”等专项行动，较好地完成各项工作任务。全年共接处警269次，办理各类案件262起；其中刑事立案72起，侦破47起，抓获犯罪嫌疑人50名，刑拘33人，逮捕17人，移送起诉案件37起；查处行政案件190起，处罚190人次，其中治安拘留19人次；案件合格率82.9%，案件数量、案件质量、人均办案率均全市排名第一，案件数量全省排名第六。

■林区安保 2017年十九大期间，宁远县森林公安局按照省、市森林公安局的统一部署，全警动员，周密安排，巡逻防控，维稳排查，隐患化解，现场处置，侦查破案，全面开展十九大林区安保维稳工作。期间，查处案件38起，其中破获刑事案件13起，抓获嫌疑人13人（刑事拘留12人），移送起诉5起、5人，批准逮捕4人；查处行政案件25起，其中治安拘留3人，行政处罚22人次；调处涉林矛盾纠纷4起，实现赴省进京零上访。该项工作被省森林公安局授予集体三等功。

■执法办案 2017年宁远县森林公安局加强法制建设，完善制度。设有法制股，在各办案单位明确一名法制员，制定执法办案制度和执法办案责任规定，明确执法岗位的设置和工作标准，明晰不同岗位的领导、民警分别承担责任、权限。开展业务培训。通过视频会议系统参加宁远县公安局每月一次的业务学习和每季度一次的执法质量讲评；安排局领导、业务骨干结合实际进行业务培训。加强执法监督，规范执法行为。法制股抓各项规章制度的落实，不断加强和完善执法监督。贯彻执行案件由兼职法制员初审、法制股领导（法制员）审核、分管领导审批的“三级审核”制度，对重大、疑难案件和取保候审案件，实现主要领导、主管领导、分管领导、法制股长、办案单位负责人集体会审把关；落实谁主管谁负责，明确执法第一责任人责任，严格执行案件审核考评，有效地控制违法违规办案和执法随意性的问题。2017 年在全省森林公安上半年执法考评结果公布的数据显示，宁远县森林公安网上流转案件 143 起，参与考评案件 143 起，合格率 86.71%；侦办案件数量占全市办案总数 619 起的 1/5 多，排名全省第三；2017 年被省、市森林公安局评为执法质量考评优秀单位。

■森林公安政法专项编制规范运行 2017 年 2 月 24 日，湖南省林业厅下发《关于推进森林公安政法专项编制规范运行的通知》（以下简称通知），要求全省各地森林公安政法专项编制要专编专用，工勤人员不得占用，要满编规范运行。宁远森林公安有政法专项编制 25 个，实有人员 25 名，其中在岗在编民警 18 名，2017 年完成招录计划 2 名，有 5 名工勤人员占用政法专项编制，在《通知》中被点名列为重点整顿单位。因编制变动工勤人员的工资待遇有所降低，反响较为强烈，工作推进难度较大。通过多次向县委、县政府报告，并耐心向工勤人员做好解释工作，最后县委、县政府同意 5 名工勤人员继续在县森林公安局上班，不再占用森林公安政法编制，原享受的工资待遇不变；同意在 2018 年招录 5 名新警。在全省率先完成森林公安政法专项编制规范运行工作任务。

■森林防火 2017 年，宁远县森林公安局在县森林防火指挥部的统一领导下，全面开展森林防火宣传、巡查，加强群防群治，严格火源控管，严防森林火灾。1 月 24—26 日和 3 月 29—31 日，县级领导分别深入乡镇、国有林场开展森林防火专项督查，促进各项防火措施落到实处。8 月下旬，在进入防火期之前，出台《宁远县 2017 年秋冬季森林防火工作实施方案》，对全县森林防火工作进行科学部署。坚持发布最严《禁火令》，明确规定：2017 年 9 月 1 日至 2018 年 4 月 30 日为禁火期，在全县所有山林及山林附近的区域，严禁携带火种进山，严禁违规野外用火。凡违令野外用火的，一律严厉惩治，对肇事人处以警告、罚款直至拘留。违规野外用火行为人属国家工作人员的，依法追究行政责任，直至开除公职；在场不加制止的国家工作人员一律问责。《禁火令》的实施有效提升广大干部职工的森林防火意识和责任心，推动宁远县森林防火工作再上新台阶，是宁远在全市的首创。落实镇、村主体责任。全面部署巡查守护方案，组织人员在县主要公路及重点区域开展防火巡查，做到“见烟就查，见火就抓”，有效遏制森林火灾的发生。春节、清明、国庆期间，森林公安在县城主要出城路口设卡守点，警示群众严防火灾；各乡镇（街道）在主要进山入口安排镇、村干部设卡守点，对进入林区人员进行防火安全检查、教育，严禁携带火种进山入林，禁止燃放烟花爆竹祭扫，消除森林火灾隐患。森林火灾发生率、受损率较往年同期明显下降。坚持 24 小时值班值勤、领导带班和专业队伍集中训练备勤制度，规范“12119”接处警，完善森林火灾应急处置预案，突出“安全扑救”原则。县森林防火指挥部正、副指挥长带班值守，切实加强领导。发生森林火灾后，大部分乡镇（街道）主要领导能第一时间赶赴现场，组织专业扑火队及附近干部职工、村民有序开展扑火工作，基本实现“打早、打小、打了”的目标，确保扑火人员人身安全。2017 年 8 月，县森防指新组建 3 支以农民为主的专业扑火队，县专业扑火队达到 12 支、121 人的规模，居全市第一。从严“两究”。按照“谁引发，谁负责；谁监管，谁负责；谁领导，谁负责”的责任制度，扎实开展森林防火追责问责工作。严厉惩治火灾肇事者和违令用火人员。从春节开始，县森林公安局，相继开展“春歼”“火案严打”“社会治安环境整治战役”严打专项行动，共查处各类火灾案件167起，其中刑事立案43起，破案29起，刑拘24人，逮捕17人；查处行政案件124起，处罚124人次，其中治安拘留违令用火19人次，在社会起到震慑教育作用。《湖南日报》《永州日报》《中国森林公安》、中国森林防火微信公众号、省林业网等报刊网络，先后报导宁远森林公安严打专项行动。从严开展森林火灾责任追究。县森林防火指挥部下发《关于全县2017年清明节森林火灾责任追究的情况通报》，对清明期间发森林森林火灾的仁和镇、中和镇、湾井镇、太平镇、东溪街道、清水桥镇在全县范围内通报批评，并由县森林防火指挥部指挥长对乡镇长（街道办主任）、分管领导和林业事务中心主任进行约谈；责成上述6个乡镇（街道）限期将火烧迹地恢复造林，并逐级追究森火灾发生地的驻村干部、村组干部的责任；给予仁和镇森林防火工作黄牌警告。

（何宇）

水　　利

■概况　1954年设农林水利局。1956年3月，改设农田水利科，6月更名为水利局。1958—1982年，农、林机构多次合分。1983年12月更名为水利水电局。内设办公室、人事股、计财股、水利管理股、电力股。下辖小水电管理站、九嶷山电站仁和坝管理所及半山、九嶷山水电管理站、水市、永佳、凤仙桥、双龙五个水库管理所。1984年3月，增设纪检组。1985年增设保卫股。1987年9月，成立宁远县紫江派出所，撤销保卫股。1989年增设防汛抗旱办公室。至1995年有下属企事业单位21个。1999年所属企事业单位调整为11个。2000年1月，水利电力局划出水电建设管理职能，更名为水利局，下属基层事业单位8个。2002年划出生物措施防治水土流失管理职能，划入地下水行政管理职能、城市防洪职能、城市规划区地下水资源的管理保护职能。当年内设机构有办公室、水政水资源股、人事科教股、水利建设与水土保持股、计划财务股、防汛抗旱办公室。2016年，水利局内设机构未变，防汛抗旱办公室升为副科级下属单位。辖水利工程管理站、水政监察大队、水利勘测设计站、河道地电站、水利工程质量监督站、九嶷山水电管理站、水市水库管理所、半山水库管理所、仁和坝管理所、凤仙桥水库管理所、双龙水库管理所。2017年增设河长办。水利工作稳健发展，全县防汛抗旱能力更强，农村水利基础设施得到改善，水利工程建设进一步完善，水利执法力度加强，水资源得到很好保护。

■防汛抗旱　2017年，宁远县水利局制定切实可行的工作预案。编制县级防汛预案和山洪灾害防御预案，全县所有水库制定一个可操作性强的防汛预案，乡镇街道也做好相应的防汛预案和抗旱预案。层层落实工作责任。对全县所有的型号工程进行防汛责任落实，配备一名行政责任人、一名技术责任人和一名管护员，要求全县20个乡镇街道签订责任书，中型水库与水利局签订责任书。加强防汛物质管理。每个乡镇街道及水库按照省级要求，储备好防汛物质，有专人管理和仓库储存。加强防汛值班。汛期坚持领导24小时带班和值班制度。狠抓隐患排查。对全县所有水利工程进行汛前检查，发现问题立刻整改。防汛抗旱统筹兼顾。在经历“7·2”特大洪水后，根据气象分析，降雨偏少。面对可能出现的旱情，联系相关部门采购300余台套抽水设备，并分发到各乡镇（街道），抗旱成效显著。科学调度、决策，正确处理好防汛、抗旱、经营三者之间的关系。2017年，全县遭遇几次强降雨袭击，由于防汛工作抓得早，准备充分，基础工作做得实，使灾害损失降低到最低程度，上型号的水利工程安全运行，山塘河坝安全度汛。

■项目建设 2017年，涔天河灌区宁远段工程建设累计完成征地2989亩，完成临时征地436亩，拆迁安置17户、迁坟1891席；完成黄龙头支渠建设形象进度80%；水市水库左右老干渠施工形象进度完成100%；田间工程完成初设、评审，4条斗渠完成技术设计。全年工程完成总投资10432万元。金钩挂水库建设工程完成枢纽大坝土方填筑，导流洞、灌溉洞金属结构安装、坝基帷幕灌浆、上游坝坡六棱块护砌、下游坝坡草皮铺设、充填灌浆、导流洞及灌溉洞回填灌浆、溢洪道拱形护砌、溢洪道砼浇筑、灌区过路坝渡槽、肖家隧洞全部完成，渠道平台开挖1.6公里，槽挖2.15公里，渠道混凝土防渗5.06公里。2017年工程完成总投资5730万元，总投资2.2亿元，工程验收完毕即可下闸蓄水。2017年农村饮水安全巩固提升工程建设供水工程94处，解决农村饮水不安全人口11.94万人，其中贫困人口3.2万人。工程总投资7391.42万元，其中省级财政资金5090万元，缺口资金由县级整合资金解决。年底饮水安全工程已完工，通过市水利局和省脱贫摘帽组织的考核。2017年5—6月，县扶贫工作领导小组分两批下达小型农田水利建设项目，投资1757.9万元，用于塘坝开挖新建、清淤护砌及水沟渠道清淤、维修、加固。9月县人民政府在原有基础上又下达一批小型农田水利建设项目，投资502万元。截至年底，小型农田水利建设项目共投资2259.9万元，工程全部竣工验收。九嶷山水库建设已完成设计招标和地形勘测，省设计总院已交付可研成果及专题报告，专家论证为小（一）水库。仁和坝大型水闸除险加固，总投资3000万元，初设、技施已批复。鲤溪镇龙形头烟草援建水库，前期申报工作顺利进行。

■水资源管理 按照最严格水资源管理的要求，落实水资源管理考核“三条红线”“四项指标”。2017年，全县申请办理取水许可的单位和企业共7家，编报水资源论证报告书（表）12份，共征收水资源费110多万元，针对拒不申请办理取水许可的五家取水单位（莲花大酒店、自来水公司、七彩凤凰水上乐园、湘宁电解铝厂、宁远八中），两家纯净水产，按照执法程序调查取证，下达处罚告知书，按程序申请强制执行。完成两处饮用水源地（水市水库饮用水源地、窝子地饮用水源地）安全达标方案编报。全县入河排污口调查工作，按照省市要求全面调查完毕，现正在省厅进行审核。全面完成水功能区的确界立碑工作。

■河道管理 按照《宁远县2015—2017年河道采砂集中整治工作方案》要求，严厉惩治无证采沙和乱采、乱挖行为，2017年，查处无证采砂9处，强制关停5处，扣押违法采砂工具5例，要求整理河堤、河床2000多米，清理尾砂、尾堆15万立方米。为有效控制河道清障疏浚，2017年共办理河道内生产作业许可证9家；关停已经疏浚完毕的福佑发制砂场、黄家洞制砂场；对影响水市水库饮用水源水质问题的荞麦花砂场、鲁观砂场要求重新选址。联合环保、乡镇、公安、电力等部门进行联合执法，对存在矛盾纠纷隐患的保和砂场、桥头砂场、田心砂场，采取关停、断电等手段。通过执法和管理，全县河道管理已处于程序化、正规化。获评“2017年度全市河道保洁工作先进单位”。

■饮用水源地保护 2017年，宁远县水利局在泠江河饮用水源保护区建设水源保护界标24个、交通警示牌14个、宣传牌1个。在水市水库饮用水源保护区建设水源保护界标15个、交通警示牌6个、宣传牌2个。在泠江河水源保护区建设护栏、隔离网3200平方米。在水市水库水源保护区建设围栏、围网5000平方米。

■**水政执法**　2017年年初，宁远县水利局制定《水政监察巡查制度》《责任追究制度》等相关制度，按照乡镇区域划分，分两个执法小组进行巡查，并建立执法巡查台账，做到早发现，早处理。全年调处各类水事纠纷19处，下达执法文书25份，强制关停4处，行政处罚2万元。针对湾井桥头砂场无证经营，污水乱排乱放的违法行为，由水利局牵头，县政府组织，联合相关部门200多执法人员对桥头砂场采取强制拆除，维护河道采砂正常秩序。水政执法大队有3名执法人员完成省厅组织的执法骨干培训，全队有3名同志参加全省的执法资格考试。

■**河长制工作**　2017年，制定下发《宁远县全面推行河长制实施方案》，并在县政府网上公示了县级、乡镇（街道）级、村级河长名单，实现全县水域“河长制”管理全覆盖。按照省市要求出台各项制度文件，促进全县河长制工作规范化、制度化、常态化、长效化。落实省总河长1号令，充分利用互联网+，在全市率先实施APP河长巡河，强化河长巡河护河行动。县级河长每月至少巡河一次，乡级河长每旬至少巡河一次，村级河长每周至少巡河一次。要求县、乡镇（街道）、村级建立河长巡河台账。

（县水利局）

农机管理

■**概况**　1959年9月，始建宁远县农业机械局。两年后并入县工业局。1968年3月，为宁远县革命委员会机械化、半机械化办公室。1969年1月，称农业机械服务站。1970年2月，改称农业机械管理修配站。1976年7月为农业机械管理局。1983年12月，宁远县农业机械管理局改为宁远县农业机械管理站（局级）。1988年9月，宁远县农机管理站复名为宁远县农业机械管理局，增设下属单位农机推广站和47个乡镇农机站。2002年4月，宁远县农业机械管理局改为宁远县农业机械化管理局。2016年，宁远县农业机械化管理局为县农业委员会所属正科级一类事业单位，内设机构办公室、产业指导和培训股、农机安全监理股（对外称宁远县农机安全监理站）；直属事业单位有宁远县农业机械化学校、宁远县农机化技术推广服务站、宁远县拖拉机站。现有干部职工42人，其中参加公务员管理人员21人，事业专业技术人员9人，事业工勤人员12人。至2017年年底，全县拥有各类农机具28万台套，农机总动力达到112.45万千瓦，水稻生产全程机械化水平59%。2017年宁远县农业机械局被湖南省农机局评为“全省农机工作先进单位”。

■**农业机械化**　2017年，宁远县农业机械总动力112.45万千瓦，较去年净增3.25万千瓦，增长3%。拥有拖拉机5920台，其中大中型拖拉机3890台，拖拉机配套农具3150台，耕整机15850台，机耕船2艘；排灌机械51215台；联合收割机891台；机动喷雾（粉）机1289台，其中无人驾驶飞机9台；水稻工厂化育秧设备36套，谷物烘干机62台，保鲜储藏设备256台（套）。2017年全县机耕面积68333公顷，机播面积18450公顷，机电排灌面积15600公顷，机械植保面积25514公顷，机收面积38376公顷；农机运输作业量23959万吨公里；机械初加工农产品500708吨；水稻生产全程机械化水平59%。2017年全县农机户70915户，从业人员73500人。新发展农机专业合作社2户、省级现代农机专业合作社3家，全县共创建农机专业合作社49家，其中现代农机专业合作社26家。

■农机购置补贴 2017年，中央财政下拨资金400万元。2016年结余资金18.281万元，实际可用资金418.281万元，国家补贴资金使用比例86.88%，共实施农机购置补贴资金363.43余万元，补贴机具1263台套，受益农户1092户。其中，补贴耕整地机械568台，种植施肥机械1台，联合收割机53台，粮食烘干机8台，碾米机576台，畜牧水产养殖机械3台，拖拉机64台，遥控飞行喷雾机1台。其中农机专业合作社补贴机具45台，补贴资金77.83万元。农机购置补贴政策的实施，拉动农民投资1211.43万元，促进宁远经济社会发展和现代农业建设。

■农机安全监理 2017年，宁远县以创建全国“平安农机”为契机，突出抓好农机安全生产工作。强化源头管理，明确目标职责，积极开展农机安全宣传教育活动、“百日大会战”专项整治活动、农机安全生产月活动、打非治违专项行动、农机安全生产大检查等活动。全年共发放宣传资料4000多份，制作宣传标语20余条，发给机手倡议信3450封，撰写农机安全新闻稿件30余篇。组织农机安全教育培训6次，全县接受学习教育的农机手5168人次，农机驾驶人员受教育率90%以上。全年注册登记拖拉机48台、联合收割机64台、农业工程机械101台；驾驶（操作）人员考证拖拉机40人、联合收割机10人、农业工程机械12人；农机累计年检年审共1250台次。会同交警大队、安监局、车管所等部门开展联合执法，严厉查处农机违法违规行为，查处拖拉机未按时年检213台，并督促其补证、年检。全年未发生较大以上安全事故。经过两年时间的努力，成功创建全国“平安农机”示范县，水市镇、湾井镇、九疑山瑶族乡和禾亭镇成功创建全省“平安农机”示范乡镇。2017年，全县共有7个省级“平安农机”示范乡镇（仁和镇、中和镇、清水桥镇、水市镇、湾井镇、九疑山瑶族乡和禾亭镇），69个平安农机村，1120个平安农机示范户。

■农机科技推广 2017年，宁远县农机科技推广主要以农机化新技术的引进、试验、示范和推广为重点。全年完成机耕面积68333公顷，机播面积18450公顷，机收面积38376公顷，机械深耕面积20280公顷，机械深施化肥面积19364公顷，节水灌溉面积8840公顷，机械化秸秆还田面积12480公顷。新增大中型拖拉机64台，联合收割机54台，农业工程机械101台，植保飞机5台，饲料加工机械228台（套）。农机装备的快速增长有效推动全县农业、林业、渔业、畜牧业的快速发展。

■农机科技培训 2017年，宁远县农机局重点推广植保飞机，组织开展永州市首届无人植保飞机培训，邀请长沙博航无人机有限公司技术人员对全县80余名种养大户进行培训学习。同时坚持把水稻、油菜等农作物生产机械化新技术示范推广作为全年重点推广机具。全年共组织举办各类培训班11期，现场演示会7次，发放技术资料9000余份，培训各类农机人员5380人，其中农机管理人员70人、农机技术推广人员45人、农机维修人员65人、农机操作人员5200人。

（尹代俊　范文辉）

农村经营管理

■概况 1984年，设宁远县农村经营管理站。后各乡镇陆续建立农村经营管理站。1991年全县46个乡镇，有40个乡镇建起经营管理服务站。1995年，宁远县撤区并乡建镇，全县17个乡镇除棉花坪、桐木漯两个瑶族乡外，均设立经营管理站。2002年，宁远县设农村经营管理局，17个乡镇均设经营管理站。2015年机构改革，设宁远县农村经营服务站。副科级机构，归口县农委。2017年，宁远县农村经营服务站被评为湖南省农经工作先进单位和湖南省农村土地承包经营权确权颁证工作先进单位。

■农村土地确权登记颁证 2017年，宁远县已全面完成20个乡镇（街道）、687个行政村（乡镇区划调整改革前）、17.9万户、63.8万亩农村承包土地的基础摸底、外业测绘、指界公示、内业数据录入等确权阶段工作任务。确权成果数据已向湖南省确权办汇交。档案整理与颁发证书工作同步进行，已高标准高质量整理归档好70个行政村的档案资料。2017年6月21日，农业部经管总站副站长戴军与省、市确权联席会领导一行莅临宁远调研，考察宁远县农村土地确权登记颁证的数据接边入库、档案整理、纠纷仲裁等工作，详细了解湾井镇周家坝村在湖南省的首证颁发后撬动农村产权制度改革的发展成果，对宁远县各项工作给予充分肯定和高度评价。8月3日，湖南省农村土地确权登记颁证成果验收和数据汇交培训班在宁远、道县举行，宁远农村土地确权成果验收县级自查经验在全省推介，自查工作专题片由省确权联席会发放至各个县市区供交流学习。

■农村土地流转 全县土地流转面积累计达38.8万亩，2017年新增流转土地10.81万亩，涉及农户9.2万户。为推进土地规范有序流转，县委、县政府出台《关于加快推进农村土地承包经营权流转的实施意见》，建立健全土地流转承包合同鉴证、档案管理、流转登记备案审查审核制度，严格推行流转合同规范文本，使土地流转有章可循。农村土地承包经营权抵押贷款试点工作取得初步成效，出台《宁远县农村承包土地经营权抵押贷款试点实施方案》和《宁远县农村承包土地经营权抵押贷款试点实施细则》。截至12月中旬，县农村商业银行向用经营权证作抵押担保的客户发放贷款270万元。

■农村土地纠纷仲裁 按照中央综治委的规范要求，宁远县农经站做好宁远县土地承包纠纷调解仲裁工作，在20个乡镇（街道）、422个行政村（社区）设立调处机构，形成县、乡、村三级联动调解仲裁工作体系，做到矛盾纠纷发现在早，处置在小。全面完成仲裁庭“一庭三室”建设，配齐办公设备，仲裁工作得到进一步加强。全年共调解处置土地纠纷120余件，在维护农村社会稳定方面发挥积极作用。

■农民负担监管 2017年，宁远县农经站借力“雁过拔毛”式腐败问题专项整治活动，聚焦基层和群众反映强烈的突出问题，进一步落实惠农补贴政策，确保惠农补贴及时、足额发放到位；进一步规范涉农收费行为，确保不加重农民、村级组织和农民专业合作社等新型农业经营主体负担；进一步建立完善各项制度，从源头上防止问题发生。联合纪委和相关涉农部门组织开展1次全县性的惠农减负督查，核查问题线索18条，查处违纪问题3个，处理各级干部4人。

■农村专业合作组织 2017年，宁远县农经站重点加大对农民专业合作社、家庭农场省级示范社创建的工作指导，早安排、早布置、早落实，制订详细的实施方案，明确责任分工，指导各农民专业合作社完善《章程》、建立健全各项规章制度，建立健全财务管理，按照《农民专业合作社法》的要求规范运作，不断增强合作社带动农民致富的能力。截至2017年年底，全县新增农民合作社265家，家庭农场68家。成功申报省级示范性农民专业合作社1家、示范性家庭农场1家。

■村级集体经济发展 2017年，宁远县农经站助力扶贫攻坚，着力贫困村村级集体经济发展，通过指导贫困村成立村级合作社，大力推进公司+合作社+贫困户模式，壮大贫困村的集体经济，加快贫困户脱贫致富的步伐。全县119个贫困村领办281家村级农民专业合作社，吸纳12534户、41361名建档立卡的贫困户加入到集体合作社。

■农村集体产权制度改革试点 2017年，宁远县选择集体经济较为发达的九嶷山乡新塘村和桐山街道五里桥村作为农村集体产权改革的试点村，开展宣传发动，指导培训等前期工作。对试点村的村级集体资产进行初步核实，对成员身份进行初步确认，基本摸清试点村的家底。试点工作的实施方案经县政府常务会议审议原则通过。

（于宁湘）

农业综合开发

■概况 1988年，宁远县成立临时办事机构，从农、林、水、农机、畜牧等有关单位，抽调10余人，组成农村中心办公室。1990年，更名为宁远县开发湘南协调领导小组办公室。1993年7月，设立宁远县农业综合开发办公室，属正科级机构，定编7人，归口财政管理，下设农业开发服务公司，属正股级事业单位，定编6人。后机构未发生变化。2015年10月，宁远县机构改革，农业综合开发办公室，为副科级事业单位，定编21人。归口县财政局管理。2017年，宁远县实施涉农资金整合，湖南省财政厅拨付宁远县的农业开发资金2214万元全部整合到县农建投公司。2016年、2017年，连续两年获湖南省农业综合开发宣传信息工作先进县，连续两年县绩效考核先进，2017年创建市文明标兵单位。

■土地治理 全面实施2017年贫困村基础设施建设项目。2017年贫困村基础设施建设项目共15个，涉及天堂镇的大阳洞、和谐，水市镇的腊树脚、冬瓜冲、柜林、大界，九疑山瑶族乡的三亩田、石灰窑，湾井镇的黄花源、下灌，冷水镇的神下社区、梅翠等11个行政村，项目区计划总投资962万元。建设范围：天堂镇的大阳洞、和谐，水市镇的腊树脚、冬瓜冲、柜林，九嶷山乡的三亩田、石灰窑，湾井镇的黄花源、下灌，冷水镇的神下社区、梅翠等5个乡镇、11个行政村24个单项工程。建设内容：河堤护砌、拦河坝工程、灌排渠系工程、田间道路建设等。经过前期实地勘测和项目设计规划后，2017年贫困村基础设施建设项目共划分为7个标段，并于2017年9月26日在永州市公共交易中心进行项目公开招投标。9月底，签订施工合同，所有工程进场施工。2017年年底全部竣工。

■高标准农田建设示范项目 完成2016年度清水桥镇晓睦塘片高标准农田项目建设。该项目工程总投资1056万元（其中：中央财政637万元，省财政配套419万元），建设高标准农田0.74万亩，涉及罗坝、西塘等7个行政村。整个项目划分12个标段，主要建设内容：新建拦河坝2座，扩建加固3座；衬砌骨干灌渠8条4.69公里；衬砌骨干排渠2条1.7公里；田间渠道34条11.2公里；扩建加固小型蓄排水工程8座；新建田间道路11.16公里，其中硬化5.23公里。清水桥镇晓睦塘片高标准农田项目建设工程已于2017年8月全部竣工。

■产业化项目实施 2017年，实施2016年度农业综合开发产业化经营项目4个，共争取财政资金378万元。福泽养牛专业合作社100头肉牛养殖基地新建项目、鸿鑫养牛专业合作社150头肉牛养殖基地扩建项目和鑫发养兔专业合作社年产2.5万只种兔养殖基地新建项目全面完工。永州舜源农业发展有限公司1200吨兔肉储藏保鲜新建项目已报省市农开办批复终止项目建设，终止项目的财政资金收回后由县政府统筹安排使用。重新调整为湖南舜天恒禾农业科技发展有限公司存栏400头肉牛高标准育肥牛舍建设项目、湖南省康德佳林业科技有限公司宁远县400亩油茶种植示范基地建设项目。

（唐俊林　唐妮霞）

农村建设投资开发

■概况　宁远县农村建设投资开发有限公司成立于2016年3月25日，是宁远县人民政府直属的国有独资企业，注册资本1.68亿元，宁远县财政局是公司唯一股东，公司法人代表徐永才。公司经营范围为投资、开发和建设农田水利、高标准粮田、土地整理、农村饮水、农村道路、农村信息化、农产品仓储、农产品物流、环境整治、生态园林等农村基础设施及农业配套设施项目；投资农业产业化、新农村建设、健康养老、扶贫开发等产业。公司内设综合办公室、计划财务部、工程技术部、招商融资部、农村工作部等部门，现有工作人员20人，其中高管6人，中层管理人员5人；专业技术人员4名，其中中级职称3人。2017年，公司落实宁远县委经济工作会议暨“六大战役”动员大会精神，致力于“三农”工作。全力推进农村基础设施项目建设。从国开行申请农村综合服务平台建设贷款1.904亿元、贫困村综合基础设施建设贷款10亿元，在宁远县286个村（含119个贫困村）实施农村综合服务平台新建或改扩建，在119个贫困村实施农村道路、安全饮水、环境治理、校安工程等基础设施建设，改变贫困村落后的基础设施面貌，解决2万多贫困人口的方便出行、安全饮水、生活环境改善，为宁远县2017年实现脱贫摘帽完善“硬件设施”。

■贫困村基础设施建设　2017年，根据宁远县委、县政府和扶贫开发领导小组的工作安排，公司承担基础设施建设扶贫工作组办公室的职责。拟定《宁远县2017年基础设施建设扶贫工作方案》，成立专门的工作班子，组织人员对项目进行调研、核实，筹集资金，确定总体建设规划。结合涉农资金整合和基础设施建设项目核实组核实情况及行业主管部门意见，经报请扶贫开发领导小组同意，批复3批建设项目1697个，计划投资4.2101亿元。

■灾后重建　2017年6月底至7月初，宁远县连续强降雨，造成特大洪涝灾害，公司组织70余人对在洪灾中受损严重的清水桥、柏家坪、鲤溪、桐木漯、五龙山等北部5个乡镇水毁项目进行核实。经报请灾后重建工作领导小组同意后，按照轻重缓急、保障安全、突出重点的原则共批复两批灾后重建项目241个，投资1.03亿元，新建和修复公路71公里、桥梁51座、堤坝37座、河堤3.8公里、河道疏竣14.7千米，水毁耕地复垦1723亩。

■易地扶贫搬迁工程　2017年，公司承担盘江湾、惠民小区、金钩挂3个易地扶贫搬迁安置小区的建设任务，全部在2017年年底完工交房。盘江湾安置新村在移民新村预留部分土地用于观光农业，已做好观光农业的规划设计，打造旅游+扶贫的新模式。

■盘江湾民俗旅游村　2017年，盘江湾民俗旅游村建设基本完成。结合易地扶贫搬迁和鲁观风情小镇建设，加快盘江湾民俗旅游村建设步伐。盘江湾项目一期128套安置房按照旅游民宿的设计规划，续建已完工；二期项目78套高标准房屋，已由省建工集团采取EPC总承包的方式建设，12月底全部完工；所有的安置房12月底全部达到入住标准。桥梁、河堤、道路、绿化、亮化等附属配套设施建设已做好设计规划。

■农业产业化发展　2017年，公司在九疑山乡、天堂镇等地流转土地5000余亩，建设九疑山现代农业产业园，建设了高标准的温室大棚，引进大鲵养殖，引进荷花、沃柑种植，带动农民调整产业结构，发展现代农业；实施17兆伏光伏扶贫电站建设，增加贫困村集体经济收入。

（徐永才）

移民开发

■概况 1997年1月，设立宁远县移民开发办公室，负责管理全县移民开发工作。2002年9月，设立宁远县扶贫移民局，(对外保留宁远县移民开发局牌子)。宁远县移民开发工作始于20世纪60年代，主要是水库库区移民的粮食补贴和资金困难补助。后着重在基础设施建设和经济开发两个方面下功夫。2016年，宁远县移民开发，认真贯彻执行《国务院关于完善大中型水库移民后期扶持政策的意见》和《湖南省人民政府关于大中型水库移民后期扶持政策实施方案》，做好宁远县十三五规划的编制工作，深入全县重点移民村调研，还聘请湖南省湘怡移民工程监理咨询有限公司编制《宁远县大中型水库移民后期扶持“十三五“规划》，永州市政府对此规划进行批复。2017年1月，宁远县扶贫移民局更名为宁远县移民开发局，由县农业委员会管理的正科级行政类事业单位调整为县政府直属正科级行政类事业单位，县移民开发局设4个内设机构，即办公室、财务审计股、工程技术股、移民安置股，全额拨款事业编制13名，其中，局长1名，副局长2名。

■移民资金管理 强化资金与项目监管，加强内部检查，完善移民资金管理办法，进一步规范资金和项目管理，严格按照项目和资金管理的要求实施和运行，确保移民资金安全有效。开展移民后期扶持政务公开“阳光行动”，资金安排和项目实施情况做到“村上墙”“县上网”，接受移民群众和社会各界的监督。2017年，共投入移民资金1125.2万元，安排移民后扶项目90个。移民扶持人口按照“只减不增“的原则进行登记管理，每年审核一次，移民直补资金全部通过财政一卡通形式按季度发放，全年分四个季度发放直补资金406.9万元。

■库区基础设施建设 近两年来，新修和改扩建移民村级公路24条、17公里，架设移民桥梁3座，全县库区和移民安置区公路覆盖率达到100%，有效改善移民的交通条件。改建危房校舍700余平方米，解决100余名库区和移民安置区适龄儿童读书难问题；库区和安置区村卫生室的覆盖率达96%；修建人畜饮水工程22处，埋设管道13公里，改善移民的安全饮水条件。

■库区产业发展 通过政府引导、项目资金扶持和单位结对帮扶，在六大库区（水市水库、半山水库、凤仙桥水库、永佳水库、双龙水库、仁和坝）种植经济林、优质烤烟、油茶、水果、金银花数万亩，扶持养猪大户8户、年出栏生猪5000余头，扶持养兔大户23户、年出笼九嶷山兔150万只。在禾亭镇永佳村实施500亩油茶产业基地改造项目。

■移民技术培训 根据特色产业发展需要，有针对性地开展烤烟、奈李、金银花、中药材种植和牲猪、九疑山兔养殖等农业实用技术培训。2017年，宁远县移民培训268人次，其中实用技术培训230人次，转移就业培训38人次，超额完成省市培训任务。

■移民避险解困 从宁远长远发展出发，抓住重大政策机遇，针对贫困移民存在的居住不安全、生存环境恶劣、生活贫困等问题，按照分散安置方式，解决全县443名移民住房保障问题。

■移民两项优惠 2017年，宁远县宣传水库移民计生综治精神，推出对移民独生子女及两女户就学、对特困移民给予照顾的优惠政策，先后对151户特困移民和1名大学新生给予经济资助；在发放2017年度移民直补资金时，对符合政策的移民独生子女和两女结扎家庭在原来发放600元的基础上提标20%即每人每年增加120元。截至2017年12月底，已享受该政策的移民有49户、145人，共发放直补提标资金1.74万元。

■移民精准脱贫 2017年，宁远县移民开发局按“五个一批”分类施策，统筹推进。认真落实移民后扶政策，贫困移民直补及时足额发放到人。贫困移民人均可支配收入增长速度高于全县农民平均水平。不断完善和采集建档立卡贫困移民的信息，到2017年年底，全县建档立卡贫困移民241户、940人全部脱贫，有贫困移民的贫困村全部退出。贫困移民享受低保、养老、教育培训等普惠政策比例大幅度提升。

（裴彦）

扶贫工作

■概况 2000年成立扶贫开发工作领导小组，下设扶贫开发办公室，归口县农委。2002年9月，扶贫办和移民办合署办公，成立扶贫移民局（对外保留宁远县扶贫开发办公室、宁远县移民开发局两块牌子），为正科级事业单位，定事业编制8人，归口县农办管理。2017年，为适应新时期精准扶贫工作需要，又分设扶贫开发办公室与移民开发局，扶贫开发办公室为县政府直属正科级公益一类事业单位，内设综合股、开发指导股、精准扶贫股、金融产业服务股、财务信息股。有全额拨款事业编制27名，其中主任1名、副主任2名。2002年，宁远县被列为省级扶贫开发重点县。2017年底，全县119个贫困村全部退出，全县建档立卡贫困人口106274人退出100814人，贫困发生率为0.7%。2017年深入开展突出问题大排查、大诊断、大整改，清退“四类对象”和识别不准对象4658户、17413人，新识别符合条件“五类人员”1951户、5503人。围绕扎实开展贫困退出抽查复核验收，协调47名县级领导、抽调148名工作人员，组建20个抽查复核验收工作组，分赴20个乡镇（街道）开展抽查复核验收和督查指导。围绕精准把握贫困退出进度和质量，扎实做好系统数据清洗、录入和动态调整，数据清洗工作保持全省前列，连续3次排全市第一。围绕彻底清除突出问题病根，从政策层面、体制机制发力，进一步完善易地扶贫搬迁招投标、精准扶贫大数据管理平台、小额扶贫信贷贴息和财政风险补偿资金发放管理使用等长效机制。

■扶贫资金保障 宁远县成立县长任组长的扶贫资金筹集监管和金融扶贫工作组，2017年通过整、融、挤三条主渠道筹集资金27.6亿元。制订出台《关于推进统筹整合使用财政涉农资金工作实施意见》《涉农资金整合使用管理办法》，构建“多个渠道引水、一个龙头放水”的财政涉农资金整合投入机制，2017年整合资金20.35亿元。依托农建投、扶贫公司、旅建投等政府投融资平台，申请政策性银行和商业银行贷款，2017年融合资金14.7亿元。2017年精准预算1721个项目资金，全部对接到村、到户、到人。加快项目验收，成立4个项目验收组，精简程序、串联改并联，主动到村现场验收、一次到位，验收项目1256个。加快资金拨付，危房改造资金1.47亿元一次性全部拨付到乡镇（街道），凡贫困户动工开挖基础均拨付50%，主体工程完工拨付100%，切实解决贫困户筹资难问题。资金管理实行“专户储存、专人管理、专账核算”，建立部门、乡镇（街道）、贫困村、驻村工作队“四方监管”机制，推行“互联网+监督”，所有项目实施和资金拨付使用情况全部上网公开，确保资金使用公开、安全、规范。扎实开展扶贫领域腐败问题专项整治，2017年，发现和受理扶贫领域问题线索1480

条，给予党纪处分46人，组织处理65人，移送司法机关6人。

■扶贫责任落实 2017年，宁远县继续完善责任清单、任务链条，明确县级领导、13个工作组、行业扶贫部门、乡镇（街道）、村支“两委”、驻村帮扶单位、驻村帮扶工作队、结对帮扶责任人等各层级的组织领导和职责，层层签订责任状，形成上下贯通、横向到边、纵向到底的责任体系。实行倒排工期、挂图作战、周报告、月排位、预否决，将责任和压力逐级传递到县级领导、县直单位、乡镇（街道）、村（社区）、驻村工作队以及贫困群众。建立常态化督查机制，成立20人专项督查组，实行“三督三察”“一月一督查”；创新“互联网+督查”，引入大数据，通过GIS移动定位、实时视频、实地截图等方式面对面督查，见人见事见行动；创新每月开展交叉检查调研，推动问题整改、工作落地。抓住省市到宁督查巡察的契机，先行开展自查自纠，严格抓好问题整改，对标抓重点、补短板、强弱项，促进工作整体上水平，省市交办、通报和反馈的问题已全部整改到位或办结到位。制定出台《宁远县脱贫攻坚工作奖惩办法》，实行“四个一票否决”和“五个凡是”，细化从县级领导到结队帮扶责任人6个层级的追责情形和奖励措施，明确年终绩效考核40%的权重用于脱贫攻坚。是年，下发督查通报12期，约谈党政主要负责人12人，诫勉谈话5人，调整工作岗位22人，提拔重用扶贫一线优秀干部26名。

■易地扶贫搬迁 宁远县规划建设集中安置点25个，其中就城就园8处、就镇9处、就村8处。2017年8月，县城动工的4个集中安置点已全部封顶、分房到户，创造“宁远速度”和宁远经验，在全省推介。为确保“搬得出、稳得住、能致富”，集中安置贫困户每外出务工一人给予400—800元交通补贴；未离开本乡本土每人安排产业发展资金800—1200元，鼓励加入合作社。同步加速推进危房改造，坚持应改尽改、不受指标限制，实施危房改造5323户，完成年度任务2738户的194.4%，已脱贫人口实现住房安全保障全覆盖。

■基础设施改善 2017年，宁远县投入5.9亿元，实施基础设施项目三批1721个。贫困人口饮水安全达标率、贫困村电网升级改造率、贫困村主干道通畅率、自然村组公路通达率和行政村通客班车均达到100%，贫困村4G覆盖率、光纤通达率分别达到99.5%、97.6%。完成406个村饮用水源保护、残破房拆除、居住房屋治理和119个贫困村污水处理、垃圾定点存放等环境综合整治工程，全县农村垃圾清扫清运率、卫生厕所普及率、生活污水处理率，分别达到98%、90%、85%。加强村级公共服务建设，新增党建工作投入1600余万元，全年达到1.2亿元，村干部工资达到农民人均可支配收入的2倍，村均办公经费达到4.4万元、运转经费达到22.75万元；投入7700万元，率先启动集党建、文体、便民、医疗服务设施于一体的高标准多功能农村综合服务平台建设，已完工251个，贫困村实现全覆盖。多措并举发展村级集体经济，投资1.21亿元在119个贫困村实施光伏扶贫工程，总装机容量17.3兆瓦，年发电1730万千瓦左右，已全部竣工验收并网发电，村年均增收4万元，全县兜底贫困户年均增收2000元；创新由村“两委”领办合作社，最高可获得50万元扶贫小额贷款支持。2017年，119个贫困村集体经济收入均超过5万元，其中6万~10万元的17个，10万元以上的4个。

■社会扶贫 2017年，宁远县依托中国社会扶贫网，大力开展“六大众筹”行动，努力打造“互联网+社会精准扶贫”

模式，注册贫困户2.8万户、注册爱心人士6.3万人，发布需求信息7.3万条，成功对接5.6万条；1.5万名社会扶贫志愿者、9000名党员干部职工活跃在扶贫一线，募集资金2000余万元，帮扶贫困群众5.6万人次。教育众筹，开展“护翼行动”，资助贫困学子533人。实施“起跑线工程”，为60所贫困村小配置大屏幕电视机。实行“免费午餐”，为11所学校筹款153万元。开展“泛海助学行动”，惠及161名大学生。拨付启动资金1000万元成立教育扶贫基金会，已募集捐款445万元，资助贫困师生310万元。医疗众筹，组织开展千名医疗志愿者下百村义诊、百名医疗专家结对治大病、家庭医生签约服务和“看得见的关怀”“生生不‘析’的援助”“听得见的大爱”“孕育中的呵护”等系列医疗众筹公益行动，惠及贫困群众2538人。就业众筹，组织小微企业进村，积极鼓励打工能人和有条件的企业利用村小学旧址、闲置的农宅等，设置“就业扶贫车间”182个，遍布全县20个乡镇（街道），6200余人在家门口就业，其中建档立卡贫困劳动力2500余人。产业众筹，开展“百企帮百村”活动，开展“送种苗、送信息、送技术、送市场”服务，送种子5.4吨、种苗3万株、菌棒7万棒，帮助119个贫困村成立196家村集体或种养专业合作社，培育贫困村科技致富带头人290名、新型职业农民730人，为3000多户贫困户、1万多贫困人口销售优质农产品。危改众筹，以宁远东方创富房地产有限公司、上海交通大学规划建筑设计院等为代表的知名企业、社会团体及社会爱心人士，资助100户贫困户实施危房改造，圆“我想有个家”的梦。德智众筹，动员社会力量为贫困群众带去精神食粮、文化产品、技术、资金，“既富口袋，又富脑袋”，文艺下乡演出60场次，发放技术、科普小册子和图书2万册。

（许慧生）

气象测报

■概况 宁远县气象局始建于1959年，是财政全额拨款的公益性事业单位，实行永州市气象局和宁远县人民政府双重领导，以永州市气象局领导为主的管理体制，负责组织管理全县气象工作：依法保护气象探测环境，管理人工影响天气、施放气球、雷电灾害防御等，组织开展气象法治宣传、教育、监督气象法规的实施，承担上级气象主管机构和本级人民政府交办的其他事项。按照上级气象部门核定编制为7人，机构规格为正科级。2015年，宁远县机构编制委员会办公室批准成立的“宁远县气象防灾减灾指挥部办公室”，为县局管理的股级公益一类事业单位，核定全额拨款事业编制4名。宁远县气象局机关内设综合管理办公室、气象防灾减灾科；直属业务单位宁远县气象台。2017年，在职人员10人，其中高工1人，工程师3人。2017年，县气象局获湖南省气象局颁发的全省人工影响天气工作先进单位称号。

■年度气候 宁远县2017年平均气温为19.3℃，比历年平均值偏高0.7℃；年极端最高气温为37.7℃，出现在7月27日，年极端最低气温为-0.6℃，出现在12月18日。年降水量为1245.5毫米，比历年平均值偏少204.8毫米；一日最大降水量为81.5毫米，出现在6月6日。年日照时数为1495小时，比历年平均值偏少91.2小时；年日照百分率为34%，比历年平均值偏少1%。无霜期日数为307天。

■地面气象观测 宁远县气象局为国家气象观测站，宁远站定时观测次数为每日3次（08，14，20时）和24小时报文传输，全天24小时值班。观测项目包括：能见度、天气现象、气压、气温、湿度、风向、风速、降水、日照、地面温度（浅层地温、深层地温）草面温度、雪深、蒸发以及重要天气报。重要天气报的内容有雷暴、大风、冰雹、龙卷、视程障碍现象（雾、霾、浮尘、沙尘暴）等重要天气发报项目。

■**气象服务** 2017年，宁远县气象局制作各种专题预报223期，短信服务21.6万余条。本年气温偏高，降水量明显偏少，日照偏少；年内出现强冷空气、连阴雨、高温热害、寒潮、大风、暴雨洪涝等灾害性天气，整体气候为正常偏差。6月5—6日、6月24—26日、7月1—4日有3次强降水过程，县气象局在降水过程来临前都作出准确的预报，过程中及时将实况和后期的天气预报向县委、县政府、防汛办及相关单位和领导作出汇报。过程后，及时进行灾情调查上报。准确及时的气象服务为各级领导部署工作、为社会各界和广大群众安排生产生活起到参谋作用，取得良好的社会效益和经济效益，得到县委、县政府的多次表扬和广大干部群众的好评。

2017年宁远县气象局根据全县烟叶种植面广量多，且烟叶生产对天气依赖性强的特点，在年初组织人员深入到全县各烟叶专业合作社调研需求情况，并与全县8个烟叶专业合作社签订《烟叶生产气象公益服务协议书》，定期和不定期及时向全县广大烟农朋友发送“烟草移栽天气预报”及旬、月天气预报。先后共发出烤烟气象专题服务40期，发送电子邮件500余份，短信8万余条，电话服务200多人次，及时把天气预报等信息传送到全县广大烟农手中。

2017年，共发布中长期预报72期，春运气象服务专报40期，春耕春播气象服务7期，重要天气及节日专题预报34期，高考专题预报服务材料、会考专题预报服务材料16期，通过短信平台、电视台、气象网站、电子邮件和公众微信平台等载体，将气象信息及时传递到各级领导和群众手中，全方位做好气象服务。

■**人工影响天气工作** 2017年人工影响天气工作在永州市气象局和宁远县政府的大力支持和领导下，与宁远县烟草公司积极配合下，取得较好的成效，宁远县气象局提前准备，全力做好烟叶人工防雹作业；在2017年烤烟生产期间，烤烟防雹区域无重大雹灾事故发生，为保障广大烟农烟叶生产和县域经济建设作出积极贡献。2017年全面完成地方政府投资建设的三个标准化人影作业炮点，率先在永州市完成建设最多最标准的人影标准化作业炮点，得到省局减灾处和人影办领导的高度肯定。

（曾倩彬）

工　业

综　述

■概况　宁远县工业主管部门从1982年年初撤消县工交办，成立县经济委员会开始，基本承袭经委体制。至1996年，与经委成立之初不同的是：已分别设立交通局、二轻局、食品工业办，独立管理相关业务。经委内设机构为生产技术组、企管组、政工组、财务室、办公室。2002年，经委与财委再度合并，成立县经济贸易委员会，管理原国有工业和商业企业。县食品工业办已撤消，县二轻局保留。2007年，设立商务局，经贸委又更名为县经济委员会，简称为县经委，商业行业的有关业务划给商务局，二轻局更名为二轻事务办。经委内设办公室、财务室、经济运行股、墙散办、电力执法股（大队）。企业管理业务扩展至全县规模以上工业企业。2011年，县经委改名为县经济和信息化委员会，简称为县经信委，将县经济信息中心的信息化管理职责整合划入县经信委，内设办公室、民营经济发展办公室、经济运行股、综合业务管理股、电力股、信息产业和安全股。2015年，县经信委改名为县科技和经济信息化委员会，简称为县科经委，将原县科技局与县经信委合并，并将科技局相关职能整合划入，内设办公室、科技服务股、知识产权股、经济运行监测股、中小企业服务股、产业政策管理股、能源运行股、电子信息产业和信息化推进股、推进新型工业化办公室。2017年，县科经委机关行政编制16名，机关后勤服务人员事业编制2名。所属事业单位5个：中小企业创业服务中心、工业企业改制服务办公室、经济科技信息研究所、地震办、新型墙体材料和散装水泥管理办公室，共有编制34名。2017年，县科经委进一步梳理权力清单和公共服务事项，推进权力规范运行，落实事中事后监管办法，推进行政许可标准化和“互联网+监督”工作。深入开展“科技三下乡”“科技活动周”、知识产权“双打”活动，全年完成专利权质押融资额200万元，假冒专利查收30件、专利侵权纠纷调处4起，结案率100%。

■工业和信息化　2017年，宁远县工业经济总体上保持平稳增长、稳重向好态势，完成规模工业总产值128亿元，同比增长10.8%；规模工业增加值34亿元，同比增长7.4%；工业实缴税金1.9亿元，同比增长9.2%；工业用电量4.34亿千瓦时；工业固定资产投资60亿元，工业技改投资10亿；万元规模工业增加值能耗下降率为12.1%，超额完成任务7.6个百分点。新增入统规模工业企业23家（含6家规下转规上企业），居全市第一位；规模企业总数达99家，其中园区企业84家，产值过亿元企业29家。2017年，宁远县电子信息制造业完成产值5.3亿元，增幅13.5%。4G网络、宽带提速、基站建设等重点工程全面推进，县城区域实现全光网覆盖，全县固定宽带用户6.258万户，普及率24.6%；移动宽带用户25万人，普及率34.2%。

■**产业结构优化**　2017年，积极引导，加快传统产业转型升级。督促榕达钢业按国家要求全面拆除落后设备，通过国务院督察组现场验收。大力整顿取缔实心粘土砖企业，通过采取断电、断水、封存主要设备等措施，全县38家不符合法律法规和产业政策的实心粘土砖厂均已停产并拆除生产设备。大力扶持，培育战略性新兴产业企业做大做强。全县现有战略性新兴产业企业21家，形成加工贸易、建材冶金、食品生物医药和电子信息三大产业集群，战略性新兴产业增加值同比增长13%，占规模工业增加值的比重为47%。硕宁电子公司完成自动化生产线和技术创新改造，降低人工成本22%，隆翔科技公司着手实施硫酸钙晶须产业链延伸研发，亿达自动化机械公司为蓝思科技实施工业机器人自动包装流水线改造。

■**工业企业服务**　2017年，宁远县深入开展“工业企业服务年”活动，选择35家重点工业企业，实施一对一的“母亲式”帮扶。年初，开展大走访，对全县重点工业企业和项目建设情况进行专题调研，对存在的问题和困难逐一列出清单，明确责任单位和办理时限，实行挂号销号管理。用电优惠方面，推动莲花水泥有限公司等9家用电大户企业参加用电网上直接交易；资金扶持方面，设立推进新型工业化专项资金且不设上限，全年财政支持工业发展投入1.44亿元，同比增长15%，指导企业向上争取项目资金453万元；活动对接方面，组织企业参加5次省市组织大型的跨区域、多层次、多形式的对接服务活动，提升企业影响力和产品市场占有率；信息平台方面，组织全县所有规模工业企业入驻永州市工业经济云平台，还将7家企业纳入省中小企业运行监测平台，强化信息化平台对企业服务的力度。

■**电力执法**　2017年，开展用电安全“三大”专项行动及砍伐树障工作，消除安全隐患16个，砍伐树障2万多棵；加大窃电案件查办和电力安全隐患排查，查处窃电案件1起，结案1起。

■**精准扶贫**　2017年，宁远县科经委精准帮扶鲤溪镇白兔村全面完成脱贫摘帽任务。村级道路硬化、自来水、路灯等基础设施全部完成，专业合作社正常运转。科技、电力、通信三大行业扶贫指标任务全面完成。全县培育科技产业扶贫项目4个，发展特色产业项目2个，科技人才联村帮扶48个村，贫困村覆盖面达40%；全县119个农村电网升级改造贫困村中县电力公司完成89个，宁远县供电公司完成19个，实现贫困村“一户一表”率100%；加快贫困村通信基础设施建设，深入推进“宽带乡村工程”和4G基站建设，全县4G覆盖率达99.5%，超出目标任务4.5个百分点；光纤通达率为97.6%，提前完成2020年目标任务。完成13个行政村宽带网络改造升级民生工程。

农产品加工业

■**概况**　农产品加工业是宁远工业的支柱产业之一，主要涉及果蔬加工、畜禽加工、竹木加工、油脂加工、酿酒、饮料及矿泉水等行业，以好放心米业、九疑兔业、九嶷山酒业等骨干企业。2017年规模工业企业30家，完成工业产值24.75亿元，同比增长51.57%，占全部规模工业产值的19.3%。

■**宁远县九疑兔业开发有限公司**　宁远县九疑兔业开发有限公司成立于2010年11月11日，位于宁远县逍遥岩至民族中学路旁（宁远县畜牧水产局兔场内），占地面积约36亩，法定代表人张春荣。公司注册资本1200万，现有员工30多人，主要经营范围为肉制品（酱卤肉制品）的生产，兔的饲养、加工、销售，是一家集农业种植、生态养殖、科技研发、生产销售为一体的现代农业产业化龙头企业。公司主要以国家级优质兔种“九疑山兔”养殖为基础，研发引进现代兔肉加工技术，并结合祖传制作工艺深度开发出九疑山兔系列休闲食品。2017年完成工业产值1.42亿元。

■湖南九嶷山酒业有限公司 湖南九嶷山酒业有限公司前身为湖南男儿王酒业有限公司，始建于1958年，注册地址宁远县桐山街道女英路109号，占地面积5.8万平方米，法定代表人林干，总资产5929万元。公司拥有一整套先进制曲、酿造、灌装、微机勾兑设备，有50多年的酒业酿造历史，主要产品有九嶷山酒、男儿王酒系列，包括享誉海内外的男儿王酒、男儿酒，声名鹊起的九嶷山华夏典藏、华夏珍藏、舜帝酒、舜德酒等十多个品种，年生产大曲酒2000吨。从1980年起，九嶷山大曲酒连续六届获省优质产品称号，2012年被评为永州名牌，2014年荣获湖南省名牌产品证书。九嶷山舜帝酒被指定为2015年湖南省公祭舜帝大典唯一接待用酒。2015—2017年九嶷山酒被永州市人民政府列入全市工业产品采购目录。

日化轻纺制鞋业

■概况 日化轻纺制鞋工业是宁远工业的支柱产业之一，主要位于十里铺加工贸易区，涉及制衣、制鞋、玩具、印刷、皮具、玻璃、日化等行业。2017年规模工业企业31家，完成工业产值40.22亿元，同比增长41.8%，占全部规模工业产值的31.3%，涌现出以华荣鞋业、蓝海化纤、奕坚鞋业、伟明服饰为代表的骨干企业。

■宁远华荣鞋业有限公司 宁远华荣鞋业有限公司位于宁远工业园台湾产业园区，由台湾大力卜集团总投资2000万美元于2012年建成投产，主要生产世界品牌“思凯捷”休闲运动鞋。公司占地面积130余亩，厂房8.5万平方米，现有员工3965人。2017年产休闲鞋900万双，全年完成税收4088.89万元。公司成立投产以来，对贫困劳动力和就业困难人员降低就业门槛、放宽招聘条件，积极吸纳贫困劳动力就业。2017年已吸纳贫困劳动力272人进厂就业，通过就业前培训和针对性帮扶，现贫困员工月均工资达到2500元以上，实现一人就业、全家脱贫目标。此外，公司对入职满6个月的贫困员工发放贫困补贴200元；满12个月的发放400元。公司经常组织贫困员工免费体检，走访慰问贫困员工及家属。宁远华荣鞋业有限公司，对于增强宁远县经济实力，促进加工贸易产业集聚，扩大县内就业，以及加强宁远县与广大台商的沟通和联系，发挥着十分重要的作用。

■宁远蓝海化纤有限公司 宁远蓝海化纤有限公司成立于2010年3月，位于宁远县十里铺工业区，宁远蓝海化纤有限公司由英属维尔京群岛天成实业有限公司投资建成，属海外法人独资有限责任公司，注册资本310.01万美元，法人代表王永贞。2013年12月正式投产，运营共有员工150人，主要经营化纤织带、户外安全用品的生产和销售，产品主要销往美国、墨西哥、加拿大、厄瓜多尔、智利、西班牙、日本、印度尼西亚、土耳其、希腊等地。

■永州伟明服装饰品有限公司 永州伟明服装饰品有限公司，系台湾伟明国际股份有限公司投资兴建的生产加工基地，隶属于台湾伟明国际股份有限公司，位于十里铺工业园区。公司购地43亩兴建厂房、附属工程和购置机械设备，项目工程于2005年8月开工建设，于2006年6月竣工，建筑面积计1万多方米，总投资200万美元。公司独立核算、自主经营，以生产刺绣饰品为主，产品远销欧美54个国家和地区，车间安装有冷暖中央空调，宿舍配置有太阳能热水器是集休闲娱乐、工作于一体的可容纳800名员工工作的花园式工厂。公司在经济企业化的进程中完成组织管理系统化、品牌款式多样化、工艺流程电脑机械化的改造升级，提升市场竞争能力。

建 材 工 业

■概况 建材工业是宁远工业的支柱产业之一，主要分布在石板塘循环经济产业区，涉及水泥及水泥制品、陶瓷、石材行业，主要骨干企业有莲花水泥公司、新美雅陶瓷公司。2017年规模工业企业19家，完成工业产值23.11亿元，同比下降34.72%，占全部规模工业产值的18%；完成规模工业用电量4.1亿千瓦时，同比下降15.1%。

■永州莲花水泥有限责任公司

永州莲花水泥有限责任公司是一家民营企业，位于湖南省永州市宁远县逍遥岩冶金工业区，2004年11月11日成立，注册资本7265.14万元，占地面积505亩，现有员工360人，其中高级管理人员60人，专业技术人员80人。公司总投资81475万元，拥有年产250万吨新型干法旋窑水泥生产线，第一期年产100万吨水泥生产线于2007年12月2日点火投产，二期工程于2012年6月18日点火投产运转，配有9兆瓦纯低温余热发电项目。公司一期水泥熟料生产线于2017年6月关停，其中日产1500熟料产能置换至永州红狮水泥有限公司。

公司主导产品为“莲花塘”牌P.C32.5、P.O42.5、PO.52.5硅酸盐水泥。产品主要销往永州市南六县和嘉禾、临武，广东连州、连南等区域，广泛运用于高层建筑、高速公司、铁路桥梁等大型工程。公司质量管理体系完整，2009年元月通过ISO 9001—2000质量体系认证、环境管理体系认证和职业健康安全体系认证。2009年11月，“莲花塘”牌水泥被评为湖南省名牌产品；2010年12月，通过“C”标志认证；2011年4月，“莲花塘”牌水泥获得永州知名商标、湖南省著名商标称号。2017年产值445176万元，上缴税收5112.4万元。

■宁远新美雅陶瓷有限公司

宁远新美雅陶瓷有限公司由广东佛山市美雅陶瓷有限公司投资建设，位于工业园建材冶金工业区内，主要生产、销售建筑墙地砖。公司占地面积为400余亩，总投资2.6亿元，分3期建设16条年产100万平方米生产线，于2008年3月动工。第一期四条生产线2010年5月建成投产，二、三期建设在2011年12月底完成。新美雅陶瓷现有职工200余个，2017年完成产值21593万元，实现税收244.7万元。

矿产品加工业

■概况 宁远规模以上矿产品加工、有色金属冶炼企业仅有福嘉综环科技股份有限公司这一个企业。公司主要生产电解铅、硫酸、铋、白银、次氧化锌，是一家以综合回收为主题、重点处理多金属矿与二次氧化贵金属物料的高新技术企业。2017年实现销售收入22.45亿元，上缴税金670.9万元。

■福嘉综环科技股份有限公司

福嘉综环科技股份有限公司（原永州福嘉有色金属有限公司），是一家重点发展综合回收与循环经济的民营企业。公司位于宁远县循环经济工业区内，注册资本5亿元，占地438亩，员工500余人，现有总资产16亿元，年产值20亿元以上。主要生产电解铅、硫酸、铋、白银、次氧化锌。福嘉公司秉承“综合回收、环保熔炼、科研创新、技术合作”发展理念，与中南大学长期产学研合作，成立院士专家工作站，以“建设资源节约型和环境友好型企业”为发展目标，采用先进节能工艺技术，加强自主技术研发创新，在富氧底吹、杂铅电解、银铋分离、贵金属“火法”“湿法”结合等方面掌握关键核心技术，取得

"阳极泥回收"等多项专利。公司经过多年发展，成功升级转型为"以综合回收为主题、重点处理多金属矿与二次氧化贵金属物料"的高新技术企业。

2012年投产后，每年都被评为宁远县创新型工业化"优秀企业"。2013年—2015年，入围"湖南省有色行业50强"企业；2014年5月，时任湖南省委副书记、省长杜家毫到公司视察，对公司发展寄予厚望；2014年被评为湖南省"专、精、特、新"示范企业和高新技术企业；2015年被评为湖南省重点节能环保企业。2016年，湖南省经信委认定公司技术中心为"省级企业技术中心"，湖南省院士专家工作站认定公司院士专家工作站为"湖南省院士专家工作站"，"九疑"牌铅锭获得"湖南省名牌产品"称号，公司列为永州市政府重点培植的"八大骨干企业"和"上市挂牌后备企业"，荣列"2016湖南民营企业100强"第88位，董事长叶立生获永州市委市政府"创业创新明星"称号。

新能源新材料

■概况 新能源新材料是宁远的新兴产业，主要涉及水电开发、无机非金属材料等行业。2017年规模工业企业8家，完成工业产值8亿元，同比增长20.67%，占全部规模工业产值的6.2%。涌现出以隆翔科技、新兴锌品为代表的骨干企业。

■宁远县隆翔新型材料科技有限公司 宁远县隆翔新型材料科技有限公司，成立于2013年5月，注册资金4188万元人民币，主要经营范围为硫酸钙晶须、晶须塑胶粒子、晶须橡胶粒子、FRP高分子复合材料等的研发、生产和销售，是国内第一家采用白云石制造硫酸钙晶须的公司。公司一期占地面积34.32亩，拥有10100平方米厂房。一期设计硫酸钙晶须产能60吨/日，现初步达到15吨—20吨/日。从业人员180人，其中各类专业技术人员73人。公司是永州市、宁远县重点支持的高新科技企业、湖南省新材料企业、湖南省新材料产业协会会员单位、中国摩擦密封材料协会会员单位，其产品是国家十二五、十三五计划重点支持的新型无机非金属材料和高性能复合材料。公司拥有完整、科学的质量管理体系，管理团队均具有丰富的外资企业和私营企业管理经验，已经通过ISO/TS16949：2009汽车生产件及相关维修件质量管理体系ISO 9001：2008质量管理体系，ISO 14001：2004环境管理体系，推行KPI绩效管理体系，7S现场管理体系。2017年完成工业产值1.14亿元。

电子信息业

■概况 电子信息是宁远的新兴产业，2017年规模工业企业5家，完成工业产值5.33亿元，同比增长13.54%，占全部规模工业产值的4.2%，涌现出以硕宁电子、汇鑫电子为代表的骨干企业。

■宁远县硕宁电子有限公司 宁远县硕宁电子有限公司为台资企业硕天科技集团旗下子公司之一，是一家集产品研发、制造、进出口贸易于一体的专业电子产品生产企业，主要生产智能排插、交直流转换器、不断电系统、工程塑胶、太阳能光电等，产品畅销北美、欧洲及亚洲，自有品牌"Cyber-Power"。

2013年2月，公司一期正式投产，建筑面积近1.6万平方米，总投资额为3000万元人民币。首期用工100多人，2015年用工达700人，吸纳困难就业人员及下岗工人共120人，其中残疾人10名，实现产值2.89亿元，创税350多万元。2015年9月，公司在西部工业新城购地100亩，计划第三期投建。2016年7月，公司二期投产，占地总面积近2万平方米，建筑面积达3.5万平方米，其总投资额超过8000万元，吸纳就业人员1100人，实现产值3.5亿元。2017年年底，共有员工685人，全年完成产值25287万元，上缴税收526.4万元。

机械装备制造业

■**概况**　机械装备制造是宁远的新兴产业，2017年规模工业企业4家，完成工业产值4.2亿元，同比增长7.7%，占全部规模工业产值的3.3%，涌现出以亿达自动化机械公司为代表的骨干企业。

■**永州市亿达自动化机械有限公司**　公司是一家专业从事工业机器人、工业机器人系统集成、智能自动化机械手、高精密机械零部件等产品研发、制造、销售的国家高新技术企业。公司成立于2011年11月，位于湖南省永州市宁远县十里铺亿达科技园，占地面积60余亩，注册资金4900万元。公司技术力量雄厚，与中南大学信息与科学工程学院进行产学研合作，拥有一支以中南大学博士生导师杨建教授为首，技术专家刘建良、欧阳昌华等为核心的专家团队。公司产品具有自主品牌和自主知识产权，成立至今获得3项发明专利、7项实用新型专利、4项外观专利，共计14项国家专利。公司于2013年获评“湖南省创新型试点企业”“湖南省专精特新企业”，2015年度获得“知识产权先进单位”，2016年被湖南省机器人产业协会邀请成为常务理事单位，同年被评定为“湖南省高新技术企业”。

永州市亿达自动化机械有限公司有20多台套精密加工检测设备和4条自动化装配线；拥有高水平的研发团队和数控编程专业人员多名，研发和加工技术力量雄厚；零件的加工尺寸公差可达到±0.01毫米，产品加工能力强。公司产品主要应用于电子、汽车、药品、塑胶制品、玩具、电器制造等领域。公司秉承以人为本的管理精神，坚持诚信务实、科技为先、创新高效、顾客满意的经营理念，凭借先进的自主专利技术和精益求精的品质（公司已通过ISO 9001/ISO 14001质量体系认证），近年来为蓝思科技、信义玻璃等国内外著名企业提供智能自动化解决方案和精密零部件配套服务，服务近300家制造企业，技术研发实力在国内处于领先地位，综合实力位居行业前列。

国网宁远县电力公司

■**概况**　1951年10月25日，宁远县裕民锯木发电厂正式成立，标志着远县裕民锯木厂——宁远电力公司前身正式成立；1959年7月，宁远县裕民锯木发电厂更名为宁远县发电厂；1974年4月，宁远县发电厂更名为宁远供电站；1983年4月，宁远供电站更名为宁远县小水电管理站；1999年12月，宁远县小水电管理站更名为宁远县电力公司；2000年4月由湖南省电力公司委托永州电业局代管。2015年12月，正式上划，结束代管，宁远县电力公司更名为国网湖南省电力公司宁远县电力分公司。2017年12月，在国网宁远县电力分公司和国网宁远县供电公司两家公司共同努力下，顺利完成“一县两公司”合并工作，目前合并公司名称为国网湖南省电力有限公司宁远县电力分公司，属国有企业，结束宁远县域电力管理的分治历史。2017年，公司有在职职工358人，其中在职在岗321人、内退职工37人；设八个职能部门（不含集体企业、农电服务公司）和九个乡镇供电所（柏家坪、清水桥、仁和、冷水、水市、中和、天堂、九嶷、太平）。公司辖区内有500千伏变电站1座，220千伏变电站1座，主变2台120兆伏安，110千伏变电站4座，主变5台153兆伏安，35千伏变电站10座，变电总容量98.4兆伏安；输电线路25条，长396.288千米，其中35千伏16条，长271.589千米；110千伏9条，长124.699千米；10千伏配电线路73条共2510.098千米；配电变压器2460台，容量270.805兆伏安，0.4千伏公用线路总计8480千米。供电行政村共421个、用户24.9万户。2017年完成售电量6.41亿千瓦时，同比增长4.7%；截至12月31日，实现人身安全2829天，设备和电网安全5382天。

■**安全管控** 2017年，电力公司扎实开展“安全大整顿”活动，本质安全水平不断提升，深入开展基建反违章专项行动，科学开展“以赛促训”活动，全力提升员工安全素质。全面开展隐患排查治理和精益运维，消除各类设备隐患438处，完成10千伏线路通道治理73条。强化现场安全管控，获省公司标准化示范现场2个，市公司标准化示范现场9个。

■**抗洪抢险** 2017年7月初，宁远县发生历史罕见洪灾，电力线路和设施遭受重创。灾情发生后，公司快速响应，周密部署，全体员工勇于担当、不畏艰辛，奋力抢险，经过20多天努力，全面恢复所有受灾用户的供电。公司广大员工在抗洪救灾的突出表现赢得县委、县政府和全县人民群众的高度肯定，先后荣获永州市和湖南抗洪抢险先进单位。

■**电网建设** 2017年，宁远县成立农网改造办公室，召开各乡镇配电网建设与改造动员大会。全年完成电网投资1.26亿元。新建改造10千伏线路94.60千米、低压线路599.18千米、配变391台容量6.2万千伏安。完成17.8万户集抄改造。

■**扶贫脱困** 2017年，组织400余名施工人员加班加点施工，完成58个贫困村电网改造升级、14个光伏扶贫项目并网接入、17个易地扶贫搬迁安置点接电。在驻村扶贫方面，公司作为牵头单位，主动为茶罗村贫困户送技术、送资金，支持该村产业发展，积极向上级争取资金，加快基础设施建设，通过3年的努力，2017年联系的贫困村成功退出贫困村序列。

（荆初林）

湖南宁远工业园区

■**概况** 1995年，创办宁远县逍遥岩乡镇工业园，管理机构为逍遥岩工业区管理委员会，直接由宁远县人民政府领导。2002年，创建县工业园。宁远工业园区为“一园三区”，即台湾产业园区（原十里铺加工贸易区）、循环经济示范产业园区（原建材冶金工业区）、食品生物医药工业区，分别布局在县城东、北、西部，是国家级湘南承接产业转移示范区基地，是湖南对外开放的重要门户，是“蓝（山）宁（远）道（县）新（田）加工贸易走廊”中心。被誉为“沿海的内地，内地的前沿”，区位突出，交通便捷，宁远至连州、宁远至嘉禾二级公路和二广、厦蓉高速公路均在宁远县内“十字”交汇，从宁远驱车南下广州，北上长沙，均可朝发午至；西进川渝、东到江浙，均可全程高速。按照“政府主导、统一规划、市场运作、设施配套、功能完善、产业分区”的原则，“工业新城、城市新区、产城融合”的定位，“板块式发展、组团式开发、填充式建设”的理念，规划目标为40平方公里。其中台湾产业园区10平方公里，循环经济示范产业园区10平方公里，食品生物医药工业区20平方公里。高起点编制16平方公里控制性详细规划，其中台湾产业园区3.97平方公里，循环经济示范产业园区4.22平方公里，食品生物医药工业区7.79平方公里，确定建材、有色金属、针织、制鞋、食品加工、生物医药、电子信息、机械制造等高新技术为主导产业。2017年，已开发面积15平方公里。

2017年园区共有规模以上工业企业77家，实现规模工业总产值117.7亿元，较上年度增幅15.96%；实缴税金1.541亿元，较上年度增幅31.6%；规模工业增加值31.3亿元，较上年度增加28.9%；

新增5000万元以上的工业项目竣工投产6个；工业集中达91.5%；新增入统规模工业企业17家，主导产业聚集度82%，高新技术企业户数占比34%；新建成标准厂房面积20.11万平方米，规模工业企业开工率100%。新增土地储备面积1560亩，完成基础设施投入14.42亿元。被评为湖南省优秀创业孵化基地、中小微企业创新创业基地。园区工业项目投资强度200万元/亩，较去年提高20万元/亩。新招商入园投资5000万元以上的工业项目19个，湖南裕宁电子、永州海粤达智能科技项目从地到试运行，仅用90天，创造项目招商、落地、投产的“宁远加速度”，开创园区工作新局面。宁远工业园区在永州市县（区）工业园区2017年“园区升级战役”工作年度考评综合得分第一。

■园区升级工作　2017年，宁远县成立高规格的县“园区升级战役”指挥部，配备务实高效的办公室工作队伍。制定出台《2017年宁远县“园区升级战役”工作方案》，根据责任分工分别制定工作方案和考核办法，进一步明确时间表、任务书，实行挂图作战。建立“园区升级战役”重点项目工作台账，将目标任务和工作责任，细化到事，明确到人。各项目指挥部制定年度工作计划，明确工作措施，安排专人专抓。县委县政府将“园区升级战役”工作纳入全县绩效考核范围，制订出台《宁远县“园区升级战役”督查工作方案》和《宁远县“园区升级战役”考核方案》，加强督查督办，按照“一月一通报、一季一考核、半年一小结、年终结总账”的要求，对“园区升级战役”相关单位工作开展情况和项目建设情况进行全面督查，全年共发出督查通报12期，有力推进了工作。

■园区基础设施　2017年，在原湖南城市学院规划建筑设计院设计编制的“一园三区”详规的基础上，学习借鉴苏州工业园、清远工业园等先进园区的规划理念，聘请高资质团队湖南省建筑设计院高起点编制园区总体规划、产业规划、控制性详细规划。19平方公里的概念性规划、6.8平方公里的控制性详细规划、6.8平方公里的城市设计、产业发展专项规划初步完成。三个区的主导产业重新进行合理定位。在循环经济产业区重点打造一个新能源新材料产业园；在西部工业新城重点打造一个光电智能终端产业园；将台湾产业区重点打造成轻纺制鞋产业园。全年共投入建设资金14.42亿元。重点保障园区供水日产3万吨的城北水厂已经开工建设，自来水管网、雨水管网全部接通，园区污水已全部依托城市污水处理厂进行无害化处理，达标后统一进行排放。西部工业新城的高压电杆搬迁全部完成，循环经济产业园的110千伏变电站正在建设中；舜阳大道、舜华大道、舜德路3条样板路已全线完工通车，循环经济区工业大道正在高标准升级改造施工中，3个园区都开通公交线路；园区有线电视和宽带网络实现全覆盖；完善学校、医院、公园、广场、安置小区等配套工程。投资1000多万元打造目前永州市一流的园区服务大楼和党群活动中心（展示中心）。抓住园区项目建设与省建工集团PPP、EPC合作的有利时机，拟新建标准厂房100万平方米，其中西部新城拟新建32万平方米标准厂房：将原朝阳家园项目安排的60亩地拟改建5万平方米，将原硕宁电子三期项目安排的100亩地拟改建12万平方米，将“135”工程项目剩余的145亩地拟建15万平方米；循环经济产业园拟新建68万平方米标准厂房：园区服务大楼前230亩地拟建13栋18万平方米，将原鸿坤陶瓷项目安排的430亩地拟改建40万平方米，将服务中心左侧的150亩地拟建10万平方米。服务大楼前面3栋4.5万平方米厂房已经封顶。

■园区管理　2017年，宁远县

工业园区财政体制改革方案正在征求意见。整合建发公司、绿园公司组建县产建投，采取现代企业管理运作模式，全面负责园区财政投资项目建设工作，与湖南省建工集团实施合作EPC、PPP项目约32亿元。园区管委会机关性质由自收自支事业单位调整为全额拨款事业单位，人员“参公”管理向省、市申报。持续推进简政放权。持续推进审批事项精简下放，宁远县政府下文明确27项审批权项下放到园区，规范审批流程和时限，压缩审批时限，提高审批效率。县工业园管委会行使法律法规明确规定除外的县级和上级人民政府下放的经济管理权限。凡属县政府投资主管部门核准审批的企业投资项目，除国家明确规定由省级主管部门核准审批的项目外，全部委托县工业园管委会办理。在县政务中心设立“六大战役”（城镇提质、交通提速、园区升级、旅游升温、脱贫攻坚）项目窗口，限时15个工作日内一站式办好审批手续，极大提高办事效率。大力推行园区智能化。创新渠道，结合“智慧宁远”，突破性地将园区信息化平台建设与智慧宁远综合应用云平台进行对接。全县企业可通过文字、照片、视频等方式随时上报反映非警务类、非信访类问题事件。系统受理后，指挥中心将事件派发到相关部门处理，用户可在“我的事件”里查询自己上报事件的处理结果。市县信息化平台已经无缝对接。创业孵化基地（众创空间）、阿里巴巴投入运营，九疑山兔、九嶷素米、九嶷腊肉、太平小籽花生等一大批宁远特色农副产品建立网上展销平台，实现农副产品货畅其流。

■项目建设 2017年园区共铺排重点项目32个，总投资115.75亿元，其中年度投资23.5亿元。共开复工项目32个，开复工率达100%，完成投资23.8亿元。新增竣工投产5000万元以上工业项目6个，裕宁电子、海粤达智能科技、远威鞋业、汇盛鞋业、易达鞋业等项目顺利建成投产。一个新型的工业园区初具雏形。

■招商引资 2017年，宁远县出台《宁远县奖励扶持开放型经济发展暂行办法》、《关于规范招商引资项目合同书签订流程的通知》等招商引资优惠政策和流程，抽调专人，聘请社会各界名人能人组建专业化招商队伍，大力开展“以商招商、以乡招商、产业招商、精准招商”，全年外出招商考察30批200余人次，接待客商来宁洽谈和考察项目40批、300余人次。全年招商签约亿元以上项目11个；完成外贸进出口额1.4亿美元，同比增长27.3%；实际利用外资1.3亿美元，同比增长37.2%；内联引资28亿元，同比增长16.2%。8月下旬，成功引进深圳无界投资控股有限公司，共同打造光电智能终端、新能源及新材料两个百亿新型产业园区，深圳联合创公司、深圳海粤达科技、深圳联威通讯、东莞特瑞斯电池科技、深圳浩然电池、深圳能源之星照明科技、东莞扬德能源、博强（长沙）新材料8家企业已签约落户。其中，深圳联合创公司、海粤达公司在宁远新注册成立的湖南裕宁电子和永州海粤达公司已在试产。

■园区服务 2017年，宁远县完成征地2200亩，拆迁80户，迁坟530席，新增土地储备1560亩，开展工业园区闲置土地专项清理，清理闲置土地430亩，在清理出来的土地上新建标准厂房，保障新引进重点项目的供房需求。农业园区创新方式流转土地3000亩，由县农建投当业主，与村里签订土地流转合同，完善基础设施，引进龙头企业，实现资源变资产。出台《宁远县产业发展扶持资金管理办法》，统筹安排1亿元设立产业发展基金；协调解决莲花水泥、榕达钢厂、福嘉综环科技等企业融资7000余万元。出台帮助企业招工的有关政策，将企业用工指标分解到乡镇完成；充分利用春节、“五一”、“十一”等节假日开展大型企业用工招聘会，招聘员工 6500 人，缓解华荣鞋业、硕宁电子、远威鞋业等重点企业的用工需求。开展“企业服务年活动”，向企业送政策、送资金、送技术、送人员，破解企业发展难题 80 多个。开展“干部职工下基层，精准帮扶解难题”活动，着力解决企业在非公党建、信访维稳、安全生产、环境整治、企业帮扶等重点工作中存在的突出困难和问题 50 多个。开展“精准服务进园区”活动，配齐配强园区企业服务中心人员，制定并公示服务企业承诺书。实行限时办结制，由“三办二室”（县委办、政府办、园区升级办、县委督查室、县政府督查室）对“园区升级战役”目标任务和重点项目（企业）建设及服务有关问题进行交办，限期解决。全年共交办 13 批次，解决问题 256 个。限时办结工作经验做法在《决策参政》《永州日报》上全面推介。积极开展国字号、省字号品牌创建，提升产品竞争力和影响力。工业园区正在创建省级新型工业化示范基地、承接产业转移示范区、安全生产示范园区，农业园区依托九嶷山大景区，积极创建“九嶷”系列农产品区域品牌，从现代农业与乡村旅游示范，升级到现代科学研发、科技展示、农田体验、产业扶贫等，打造成新农村一、二、三产业融合发展、田园综合体、农旅结合的全省一流的现代农业产业园典范。

■园区党建　2017 年，宁远县工业园投入 1000 多万元，建成永州市一流的工业园区党群活动服务中心，在 7 月 25 日永州市重点项目流动现场会上，成为党建工作一道靓丽的名片，受到市委李晖书记的高度赞赏和肯定；在非公党建领域，申请成立非公企业综合党委，配备专职副书记，成立企业党支部 12 个，发展企业党员 16 名，架起园区党工委与非公有制企业联系的桥梁，扩大党的影响力和覆盖力。宁远县工业园区非公党建工作在全市非公党建现场会上作典型发言。在优化园区内设机构方面申请成立园区团委，配齐配强团务工作干部，群团组织职能得到很好发挥。

（蒋红方）

产业建设投资

■概况　2017 年 1 月 14 日，中共宁远县委第一次常委会研究决定：成立宁远县产业建设投资有限公司，作为县政府的国有独资公司，实行公司化管理，市场化运作，负责全县产业园区项目建设的开发工作。整合宁远县绿园投资开发有限公司和建发实业投资公司，并入宁远县产业建设投资有限公司，进行一体化运作（中共宁远县委常委会议纪要〔2017〕第 4 期）。2017 年 3 月 27 日县政府下发《关于成立宁远县产业建设投资有限公司的通知》；2017 年 4 月 11 日县人民政府下发《关于印发〈宁远县产业建设投资有限公司组建方案〉的通知》；2017 年 4 月 21 日县食品药品工商质量监督管理局正式下发营业执照，宁远县产业建设投资有限公司正式成立。公司有总经理 1 名，副总经理 5 名，临聘人员 12 名。

■公司经营　截至 2017 年 12 月底，资产总计 163111.80 万元，3 家公司负债总额共计 188567.29 万元，资产负债比 1.15，剔除不是真正属于 3 个公司的负债总额 88984.99 元，应属于公司实际负债总额为 99582.30 万元。剔除后的资产负债比为 0.61。2016 年 8 月，取得宁远县农业发展银行固定资产借款——宁远县西部工业新城路网建设（一期），额度 50000 万元。2017 年，公司先后对西部工业新城路网建设、135 标准厂房建设、光电智能终端产业园、污水处理厂（EPC 项目）、新材料新能源产业园等项目完成投资 150354.369 万元，全年合同约定总投资额共 47135.262154 万元。公司旗下子公司建发公司和绿园公司 2017 年度分别完成各类工程建设项目投资1442万元、540.24964万元。2017年1—12月，产建投公司共完成各类税收2563.951万元，旗下子公司建发公司及绿园公司分别完成税收6740.2313万元、1330.2201万元。三家公司共计完成税收10634.4025万元，有力促进宁远县税收增长。

■公司履职 资金支付。2017年，公司共支付征地补偿和工程款11557.4万元。征地补偿款2684.14万元；房屋拆迁和迁坟款660.63万元；工程款1007169万元；土地报批费用372.9万元。共完成税收1281.83万元。向农发行成功融资5亿元，对接长沙银行、建设银行贷款顺利。项目建设。工业园区是“园区升级”战役的主战场。公司共为26个项目中部分项目进行设计、选址、办理前期手续、上专家评审和规委会。对18个作为业主的项目进行质量监督、安全监管、手续报批。公司作为业主的八竹污水处理厂、标准厂房、园区路网等项目顺利推进；闽丰、江博士鞋业、廊青路等土地已审批。朝阳家园安置小区、绿园公司标准厂房、八竹污水处理厂已上规委会，九疑兔业、舜彩印刷、运豪电子、配套用房等项目已专家评审。光电智能终端产业园、新能源新材料产业园在永州市重大产业项目现场观摩会上得到市委李晖书记肯定，并获得全市第一名。公司作为宁远县工业园区智慧园区建设（一期）PPP项目的政府出资方，协助华伦咨询公司已于2017年10月19日成功入库，这是宁远县第一个被省财政厅审批通过入库的PPP项目。扶贫工作。2017年产建投公司携手宁远八中，入驻冷水镇玉屏新村开展结对帮扶工作，派出2名员工分别担任第一书记和工作队员，做好实地调研、技术指导服务、帮扶解困等各项工作，制定科学合理的脱贫规划，通过改造村市场工程，道路硬化亮化，村环境卫生治理工程等项目，完善村基础设施，充实村集体经济，确保109户贫困户的顺利脱贫。协助指挥部工作。西部工业新城指挥部维持原有模式运转。公司全体工作人员一直积极协助西部工业新城指挥部做好征地拆迁、矛盾调解、项目落地等工作。截至9月，指挥部共征地437亩，迁坟211席，房屋拆迁1204平方米，矛盾调解68起，息访9起，保证温氏总部、标准厂房、嘉裕小区、七小等入园项目的顺利推进。

（唐亚辉）

工业企业改制服务

■概况 宁远县工业企业改制服务办公室于2016年3月在原二轻事务办的框架上成立，作为过渡性临时机构，承担全县国有工业企业改制遗留相关事务和离退休人员管理服务等工作，管理18家国有工业改制企业、35家集体企业。成立工改办时未制订“三定”方案，2017年在编工作人员4人，其中公务员1人，参公管理1人，职工2人。班子成员为主任1人，副主任1人。借调工作人员1人，留用厂长、书记16人。

■党建立基 2017年，宁远县工改办出台关于在工改办机关党支部党员中开展“亮身份、作表率、六大战役见行动”活动的实施方案。每月学习《党章》、学习习近平总书记系列重要讲话精神，如实填写党员手册，关注访阅共产党员、永组在线、永州机关党建、红星云等党建微信号。组织全体工作人员集中学习十九大精神和习近平新时代中国特色社会主义思想，树立“四个意识”和“四个自信”做一个合格党员。组织党员到九疑山、水市烈士陵园参观爱国主义教育基地和廉政教育基地，重温入党誓词。全年共研究党风廉政建设工作12次，按照“三严三实”要求，进联系村、下企业、到困难群众家庭，深入联系点，问需、问计、问效、问廉于民，听取和收集意见建议，并逐项整改落实。党组书记与班子成员、机关工作人员及改制企业厂长书记分别谈话14人次；重点摸排近年来改制企业改困资金发放，改制企业厂房租金收缴和公职人员违法参与涉矿等经营性活动，违纪违规现象为零。

■**信访维稳**　2017年，宁远县工改办在县综治委、县信访联席办的指导下，不等不靠，主动作为，进一步加大信访矛盾纠纷的排查、调处力度，全力推进社会管理综合治理。全年共接待来信来访700余人次，认真倾听他们的心声，做到有理的解决到位，无理的解释到位，让工作人员多跑路，少让来访人员多跑腿，以真心换诚心，全年未发生赴省进京非正常上访。全国两会、十九大期间等重要时间段没有发生一起赴省进京上访影响全县稳定大局的事件。

■**服务企改**　2017年5月，宁远县工改办接管全县工业企业改制遗留相关事宜，秉承“工改办是改制企业职工的家”的理念，不推诿、不扯皮，统筹兼顾，一心一意为职工谋幸福。及时足额发放内退职工生活；及时通知职工交纳社会保险；全力争取提高企业党政主要负责人待遇；全力争取集体企业职工纳入社会保障体系；全力化解集体企业新、老职工身份认定的纠纷；热心办理职工退休和退休职工相关手续；认真对待职工来信来访。

■**帮贫扶困**　2017年宁远县工改办配合移动公司、中和镇党委和镇政府以及西山村两委制定《中和镇西山村2017年扶贫发展规划》和《中和镇西山村2017年扶贫整改方案》，帮扶8户贫困户。清理四类人员4户、13人，新纳入贫困户13人。帮助贫困户子女义务教育扶贫、基本医疗保险、危房改造、易地搬迁全覆盖。清退不符合条件低保户64户、206人，新纳入低保33人。帮助成立专业合作组2个，吸收贫困人员186人；争取资金120余万元，修建村级公路3.1公里，修建自来水项目，全村实现网络全覆盖及全村亮化美化。

（朱建军）

商业贸易

商　务

■**概况**　1950年4月，设工商科。1955年7月，设商业科。次年7月改称商业局。1961年11月，设商业一局、二局。1962年7月，一局改商业科。次年复商业局名。1968年12月，改为生活服务站。1973年8月，与供销社合并为商业局。1976年2月，与供销分开仍为商业局。1978年，县商业局为主管全县国有商业的机构。20世纪80年代初，商业局辖百货公司、五交化公司、糖酒副食品公司、肉食水产公司、饮食服务公司、九嶷山食品厂6个企业。2006年6月，县商业局更名为宁远县商业事务管理办公室。2016年，商务局与粮食局合并为商务和粮食局，下设办公室、计划财务股、商贸服务股、电子商务股、外资外经外贸股、粮食调控和储运股、市场秩序和监督检查股、投资促进事务局，归口管理市场服务中心，商业企业改制办公室、粮食职工学校、商业职工学校。2017年，获得永州市开放型经济先进工作单位、湖南省商务工作（外贸）先进单位、商务行政执法优秀队伍表彰。

■**招商引资**　通过积极对接洽谈，2017年宁远县签约项目20个、合同引资总额73.44亿元，着力引进中国民营500强企业浙江红狮控股集团，计划投资20亿元建设新型环保建材产业园项目；世界500强企业碧桂园集团，计划投资15亿元建设宁远碧桂园项目。引进上市公司中民筑友，计划投资2亿元建设装配式成套科技住宅制作基地项目；上市公司深圳华大基因项目，艾滋病研究基地落户宁远县人民医院。引进国企湖南建工、湖南华天进驻宁远；引进香港铜锣湾等名企。引进专业招商团队深圳无界运营管理有限公司。

■**电子商务**　电商交易总额2017年年度任务20亿元，完成20.5亿元，网络零售额年度任务6亿元，完成6.1亿元，全县共建成农村电商服务网点186个，其中贫困村建成电商服务网点119个，实现全覆盖，线上线下电商培训人次累计超过3000人次。入统电商企业46家，舜源农业、路下农业、大舜科技、嶷凤农业等7家企业被认定为省级电子商务企业；电商集聚区（中心、基地、园区、街等）入驻企业46家，2017年建成电商公共服务中心，电商扶贫运营服务中心，打造线下“一县一品”展示馆，开设线上“一县一品”特色馆。

粮油流通

■**概况**　1953年宁远县实行粮油统购统销，成立粮食购销公司，管理城乡粮食市场。1957年冬起，关闭粮食市场，粮食余缺由农业社和人民公社调剂解决。1961年恢复粮食市场，继续实行完成国家粮征购任务后，开放粮食市场。1983年，成立粮油议购议销公司。农民完成统购任务后的余粮，允许多渠道经营。1985年，取销粮食统购，改为合同定购。2002年机构改革后，粮食局主要职能为对粮食行业进行调控、指导、服务、监督。粮油购销不再下达指令任务。2003年6月，对703名职工给予一次性补偿安置，解除劳动合同。2017年，全县种植面积为85.21万亩以上，其中水稻65.08万亩，玉米5.1万亩；粮食产量32.71万吨。粮食购、销、存体系完备。

■粮食流通监管 2017年宁远县商务和粮食行政执法大队做好粮油库存、粮食质量、早稻收购等检查监管，开展定向销售粮、转圈粮等监督检查。对申办粮食收购许可证的涉粮企业，进行全面摸底，建立企业信息台账。对6家粮食企业进行例行检查，规范粮食市场经营行为。开展全县库存检查。贯彻落实省粮食局《关于开展2017年全省库存检查工作的通知》，自查自纠，做到粮食库存账实相符、质量较好、储存安全、管理规范。

■粮食购销存储 2017年全县收购粮食42968吨（其中，国有及国有控股粮食企业收购3629吨，民营企业收购39339吨），销售41762吨。国有粮食企业当年库存粮食11000吨。

■粮食加工产业 宁远县粮食加工产业发展迅速，主要有好放心米业、利元米业、联谊米业等粮食加工龙头企业，年加工量25万吨，产销率100%。粮食加工企业坚持以科技为先导，以市场为导向，狠抓质量建设和品牌发展，通过“烟稻”“稻耳”轮作模式，培育出“九嶷素米”等品牌。2017年，粮食经营市场主体呈现多样化，国有粮食企业历经几次改革改制仍起着主渠道作用，受宁远县政府委托，承储各级粮食储备。宁远县商务和粮食局所属国有独资企业宁远县粮油购销管理站和国有控股企业宁远县九嶷粮油购销有限责任公司2家粮食企业。

■仓储设施建设 2017年，宁远县粮食国有企业仓容共3.28万吨，其中90%以上为上世纪60—70年代年所建，分布在全县12个乡镇26个点库。2009—2017年维修、改扩建仓容3100吨。购置并启用粮食入库设备（电子秤、输送带、鼓风机等）2套，降低入库成本。

■粮食产后服务 2017年，宁远县向湖南省粮食局申报粮食产后服务建设，获得中央奖补资金350万元。粮食烘干能力日增加820吨。对推进宁远县农业发展方式转变，进一步提高粮食流通环节的专业化程度，全面提升粮食产后装备结构优化和机械化作业水平，不断提高劳动生产率，促进粮食提质上档，推动节粮减损，增加农民收入产生深远的影响。

（李元斌　乐佳忠）

供销合作

■概况 1950年12月，设立合作科。1951年5月，成立县供销合作总社，组建14个消费供销合作社。1953年建立11个区供销社，22个分社。1958年10月，农村供销商业扩大为93个门市部，144个分销部，19个厂矿供应点。1968年县供销社撤销，成立生产资料购销站。1988年4月，县供销联社理事会，监事会合并为宁远县供销社联社社务管理委员会。至年底改设、增设生资公司、土产公司、日杂公司、储运公司、煤炭公司、综合贸易公司、综合服务公司、废旧物资回收利用公司、经济作物示范园、园艺场、文化用品厂。1993年，供销企业推行“社有民营”经营方式。1995年11月县供销联社建立社员股金服务中心，设14个股金服务部。2001年7月，县供销联社开始对下辖20家独立核算的企业，基层供销社进行产权改革，清理资产并对外拍卖。2002年10月，企业所属职工按规定标准领取一次性补偿金，置换集体职工身份，解除与供销社的劳动合同，自谋职业。当年，县供销联社定为县政府事业机构，内设人事保卫股、业务股、财基股、纪检监察室、办公室，负责全县供销系统的行政管理和经营管理。2017年，全系统完成销售总额2.1亿元，同比增长5.1%。其中农业生产资料销售14700万元，同比增长3.8%；完成农副产品购进总额2700万元，同比增长2.5%；完成再生资源物质销售3520万元，同比增长，实现利润总额120万元，同比增长8%。

■农资供销 2017年，宁远县供销合作联社做好农资市场供求调查，安排供销社新方向农资公司做好化肥、农药等主要农资商品的采购和储运工作，搞好主要大宗农资商品的调运和调剂工作。指导各加盟连锁企业开展农技、农资配送服务，做到“资源充足、品种齐全、价格稳定、质量可靠、服务优良”，杜绝假冒伪劣农资商品进入流通环节，充分保障化肥等农资的供应。全年共组织调运各种农资商品1.1万吨，比上年同期增加3000吨，确保全县农业生产的农资需求。2017年全县30多个农资销售网店共销售各种化肥、农药1.47亿元，分别较上年增加600多万元，切实保障全县农业生产的需求，全县农资市场货足、价稳、质优。

■综合改革 2017年5月，成立深化供销合作社综合改革领导小组，为供销合作社综合改革提供坚强的组织领导和工作保障。6月，出台《深化供销合作社综合改革实施意见》，确保改革整体推进。基层组织体系建设得到加强。基层组织体系建设作为开展供销社综合改革、密切与农民联系的重要内容，着力加强乡镇基层供销社改造恢复、加快村（社区）综合服务社建设，积极领办创办农民专业合作社，夯实为农服务基础。在建的乡镇供销社共有6家。21个村级综合服务社年底完成建设任务，湾井镇周家坝村、禾亭镇琵琶岗村、东溪街道红岩村、文庙街道八竹村、湾井镇马脚洞村等几个村完成试点建设工作，为村级综合服务社建设和下段工作全面铺开提供经验。全县领办创办农民专业合作社8个，创建农民合作社示范社一个（福泽肉牛养殖专业合作社）。

■基层服务体系建设 2017年，宁远县供销合作联社按照《中共宁远县委宁远县人民政府关于深化供销合作社综合改革的实施意见》的要求，全力推进供销合作社基层服务体系建设。6月县社成立县级供销合作社农业社会化服务平台——宁远县供销社惠农服务公司。惠农服务公司广泛开展农业社会化服务，指导乡镇（街道）惠农服务中心、村（社区）惠农服务站开展为农服务工作。建立宁远县供销社资产经营管理中心并持续稳定运行，为供销社建立社企分开、上下贯通、整体协调的“双轨”运行机制打下基础。整合资源，加快新方向农业生产资料公司股份制改造的进程。以现有新方向农资经营企业为依托，着手打造现代农资企业经营管理模式和销售服务网络，进一步推动农资销售与农业技术服务有机结合，为全县农业生产和农村经济发展提供全新的经营服务；成立恒春农业发展有限公司，大力发展智慧农业，参与土地托管和土地流转，推进农业社会化服务。

■“供销惠万家”建设 2017年，宁远县供销合作联社将全县农村网络服务平台建设与“供销惠万家”建设紧密结合起来，推进供销社服务网络纵深发展。投资近10万余元在周家坝村、琵琶岗村、红岩村、八竹村、马脚洞村设立“供销惠万家”惠农服务窗口。39个村新建的综合服务大楼均为“供销惠万家”建设规划了网点建设用房。

■农村可利用垃圾回收体系 2017年，宁远县供销合作联社以新农村建设为契机，承担农村垃圾回收利用体系建设，加快推进农村环境综合治理。采取开放办社的方式，对再生资源回收龙头企业进行改造，扩股增资，引进民营资本加入。先后投资1500多万元在禾亭镇麻塘铺租地30多亩，建起回收站和分拣处理中心，初步实现收购、分类、初级加工、销售一体的目标。站点平均每天可回收处理各类废旧物资约30吨。全年通过恒源再生资源公司中转的可利用生活垃圾达8500余吨，为农村生活垃圾分类减量做出贡献。指导和引导建立乡镇回收站和村级回收点。采取加盟的方式，已组建6个乡级站点，46个村级回收点。与乡镇生活垃圾焚烧站点建立联系，对焚烧站再次分类的可利用垃圾进行定期收购和转运。进行生活垃圾分类宣传和村级保洁员培训。先后制作宣传栏80多块，印发垃圾分类回收资料3万余份，大力宣传农村可用垃圾分类回收的重要意义，引导广大村民自觉分类。利用禾亭站点现场观摩和工作人员下村到户面对面指导等方式，培训农村保洁员200多人次，让他们初步掌握可利用垃圾回收的注意事项、回收流程和价格等方面情况，自觉担当回收员的角色，为美丽乡村建设和农村环境综合治理打下基础。

■招商引资 为确保2017年招商引资任务的落实落地，宁远县供销合作联社加大对再生资源产业园招商引资力度，引资550万元购进废旧钢材处理生产线机械设备一套，投产后可每天加工废旧钢材初饼100余吨，有效促进全县废旧物资分类减量。对供销职工学校闲置资产进行整合，利用供销学校原有办学场地和设施开展招商引资，由湖南尚睿教育集团投资600万元兴建一所高标准教学楼，建设成为全县首家小班额寄宿制精品学校。

■宁远县新百家生态农林发展有限公司 由恒春农业发展有限公司投资控股成立，是一家集绿色无公害农副产品种养殖、生态农业旅游观光、农产品加工与农副产品直销配送为一体的产业融合发展的现代企业。公司发展现代农业综合服务项目，坚持以优质新鲜蔬果为主的农副产品生产、销售业态为核心，打造有机环保的绿色生态农业。公司共流转和托管土地2300亩，其中优质水稻种植基地300亩，蔬菜水果种植基地1700亩、标准化生态养殖基地300亩。公司还承包外协配送基地2000亩，为推广标准化规模化种植、保种育种起到示范作用。公司在经营模式方面采取“公司+基地+合作社+农户”的方式。公司下属4个农民专业合作社与1200余农户建立可靠、稳定的利益联结机制，辐射带动周边村镇、农户共计2800多户入社入股。公司与宁远县三家新百家连锁超市共建，建立采购、销售订单服务的网络平台，将农民的分散生产与市场紧密地结合起来。公司与永州地区14家企业签订配送协议，累计配送各类蔬菜、水果、肉类等农产品销售额达800余万元。年底，公司将在现有的基础上拟建宁远县农业现代产业园综合项目，以满足广大游客的休闲及娱乐需求，配套建设各种令人身心健康的娱乐设施。另在区内布设景观绿化草坪植被、景观石、观景亭等，与区内道路体系共同形成园林式景观，用于游客休闲、漫步观景，打造集乡村特色住宿、餐饮、娱乐以及农事体验、果蔬采摘为一体的现代旅游观光农业。

（罗铭）

商业企业改制服务

■概况 根据2015年10月，县委、县政府的机构改革方案，撤销县商业事务管理办公室、县物资事务管理办公室，设立县商业企业改制服务办公室，属县商务和粮食局管理。主要承担物资和商业企业改制相关事务和离退休人员管理服务工作。2016年3月，由县物资事务管理办公室、县商业事务管理办公室合并成立县商业企业改制服务办公室，在职干部职工6人。下辖县商业资产营运中心、县生畜定点屠宰场两个自收自支企业。商业资产营运中心2017年实现经营收入139万元，县生畜定点屠宰场2017年完成生猪、牛屠宰共87373头。2017年，商业企业改制办与县城管局在桐山街道幸福村开展脱贫攻坚工作。

■**党的建设** 2017年，宁远县商业企业改制办开展“两学一做”教育活动。组织全体党员认真学习十八大及十八届六中全会精神和习总书记系列重要讲话精神等思想政治理论知识；开展谈心交心活动；全体党员坚持记学习笔记，撰写心得体会；民主生活会，坚持开展批评与自我批评；围绕党内生活开展大讨论，献计献策；阵地建设不断完善；党建引领服务工作常抓不懈；坚持“三会一课”。通过学习教育活动，全体党员党性增强，信心提振，形成团结共事的氛围。

■**信访维稳** 商业企业改制办始终以服务群众为中心，深入群众化解矛盾，维护稳定。2017年共接待群众136批次，640人次，解决信访事项问题26个，处理交办案件16次，有效维护全县的稳定大局。

■**生猪定点屠宰** 加强内部监管，促进交易公平。2017年商业企业改制办督促生畜定点屠宰场强化内部监管机制，购置电子秤、电子显示屏，直观显示，公开透明，买卖双方公平交易，群众非常满意。加强市场监管，严防未检肉产品流入市场。全年会同质监、工商、畜牧、环保、卫生、公安等有关部门，开展联合执法，对违规经营的私屠滥宰商户和未经过检验检役的肉产品进行全方位的检查，共出动执法车236辆次，执法人员2600人次，取缔私屠滥宰点5处，私屠滥宰商户23人，查处并销毁未经过检验检役的肉产品1600余公斤，保障全县肉产品市场的安全有序运营。

（柏益钧）

石油销售

■**概况** 1977年7月10日，成立宁远县革命委员会商业局石油公司，业务由零陵地区石油采购供应站管理，石油购销纳入国家计划。1985年1月，宁远县商业局石油公司更名为湖南省石油公司宁远支公司，人、财、物由零陵地区石油公司管理。3月，划转宁远县经济委员会代管。1992年，县石油公司更名为湖南省石油总公司宁远县公司。1998年，县石油公司并入中国石油化工集团公司。2000年后，县内成品油价格向国际市场接轨，销售价格由国家发改委制定。2001年6月，县石油公司实行用工改革，有21名正式职工领取一次性补偿金，协议解除与公司的劳动合同。2003年，县内有40余家加油站（点）经营成品油。2017年，县内有在营加油站23座，其中：中石化10座，中石油4座，社会加油站9座。

■**市场经营** 2017年，共销售成品油30766吨，其中汽油21727吨，柴油9039吨。比2016年分别增加480吨、1794吨、-1314吨。非油品全年实现销售879.47万，销售毛利70.44万，比2016年分别增加234.13万和1.19万。

■**经营管理** 加强HSSE（健康、安全、安保、环境）管理，狠抓隐患治理，强化各种应急演练，确保企业安全。全年安全事故率为0。组织员工参加县里举行的消防比武并取得二等奖。投资150万对鲤溪加油站单层罐进行环保整改。更好的防范企业风险。泠江路加油站被评为湖南省“文明加油站”。

烟草专卖

■**概况** 1985年成立烟草专卖局（公司），加强烟叶和卷烟专卖管理。1989年，烟草实行“一条鞭”经营，烤烟种植面积为历史最高水平。1997年起，改革烤烟收购方式，实行封闭式收购。1999年，实施科技兴烟战略，打造“九嶷金叶”品牌。烤烟种植向布局区域化、品种优良化、栽培规范化发展。2017年，烤烟种植面积7.25万亩，收购烟叶19.2万担（合同计划17.68万担，丰产烟叶0.49万担，寄存烟叶1.03万担）其中上等烟叶55%，中等烟叶45%，收购均价1301元/担（不含肥补），烟叶总产值2.5亿元，种植面积和收购数量居全省第二。

■现代烟草农业建设 2017年，全年共投入烟草补贴资金1174.21万元，其中：烟水烟路配套项目投入烟草补贴资金542.40万元，在仁和镇鲤鱼塘村、高家村、孙家铺村、湾井镇路亭村、中和镇麻田村、何家山村6个村共建设排洪渠8条、5.004公里，整修山塘2处，新建机耕路2条、1.39公里。投入烟草补贴资金536.21万元，新建烤房41座，烤房加热设备维修更换429座，烟夹采购95套，挡烟梁改造243座。投入烟草补贴资金95.60万元，配套购置消毒洗盘机15台，播种机8台，剪叶机8台，加温机1台。按照“种植在户、服务在社”的发展方向，突出专业化服务核心功能，引导合作社做实育苗、机耕、植保、烘烤、分级等专业化服务。同时按照“引导不干预、扶持不包办、参与不替代”的原则，引导左坝烟农专业合作社、旺利烟农专业合作社、辉煌烟农专业合作社、惠农烟农专业合作社、益农烟农专业合作社五家成员社共同发起，通过合法程序组建宁远县舜阳烟农专业合作联社。探索合作社与烟站服务流程及功能对接，发挥合作社在面积落实、专业服务、技术推广、设施用管、土地流转、烟用物资生产等方面的服务主体作用，加快构建烟叶社会化的大生产体系。

■卷烟营销 2017年，卷烟营销顶住宏观经济下行、目标不确定的双重压力，因势而变，实现销售目标。紧盯大盘，突出销量。将目标任务分解到月、到周、到天。同时深入市场、扎根市场、开拓市场，咬紧目标、爬坡过槛，确保销量进度紧跟大盘不掉队，全年卷烟销售22066箱，同比增长13.07%。转变观念，创新营销策略。继续深挖农村市场、工矿企业、较大规模建设工地的市场潜力。做足旅游开发文章，抢抓节点掘金旅游市场，开展卷烟站柜促销活动。强化服务，提振客户信心。继续开展“消费者在哪里，我们就在哪里”的活动，深入市场走访调研，帮助客户解决卷烟经营中的困难和问题，促进客户经营能力和经营水平的提升。加强奖励，激发队伍活力。开展卷烟营销劳动竞赛活动，以销量、品牌培育、电子结算等基础工作为考核指标，形成“你追我赶”的良性竞争氛围。

■专卖管理 2017年，宁远县烟草专卖管理继续突出“四个强化”。强化联合执法长效机制，县政府组织召开卷烟市场综合治理联席会议，进一步完善“政府主导、部门联合、多方参与、密切协作”的打假打私体系，完善“打击严厉、管理到位、疏导及时、服务周到”的市场监督体系；强化专项治理力度，全年查处各类涉烟违法案件388起，查获假私卷烟269.5万支、真品卷烟165.7万支，侦破省标网络案1起，判刑5人，打假工作始终保持在全市第一方阵，并在全市打假工作会上作经验交流。强化许可管理，积极推进“一站式”便民服务平台，规范准入条件，缩减办证材料，优化审批流程，提高许可效率。专项行动与集中清理烟草专卖零售许可证相结合，共新办527户、延续462户、注销344户，取缔无证户45户；强化内部专卖管理，完善“内管办案化”工作模式，突出重点环节，注重监管实效，做到工作有计划，过程有记载，检查有结果，考核有奖罚，确保两烟生产经营规范运行。

（周全力）

国土环保　城建城管

国土资源管理

■概况　1987年3月，成立宁远县国土管理局（简称国土局），内设办公室、土地管理股、区划股（加挂县农业区划委员会牌子）。1988年12月，增设县土地管理事务所。1992年10月，全县47个乡镇均建立土地事务管理所（简称国土所）。1993年5月，增设县城乡土地测绘队和县地产公司。1994年10月，增设县土地评估事务所。1995年6月，撤区并乡，原47个乡镇国土所调整为舜陵、天堂、水市、湾井、九嶷山、冷水、中和、仁和、柏家坪、清水桥、禾亭、太平、保安、鲤溪、荒塘15个乡镇国土所（桐木漯、棉花坪乡暂不设所）。10月，增设县土地监察大队和县地产交易所（2008年8月变更为国土资源交易中心）。2002年3月，县国土管理局与县地质矿产局合并成立县国土资源局，内设办公室、财务股、政策法规股，耕地保护股（加挂县农业区划委员会办公室牌子）、建设用地股、地籍地产股、资源规划测绘开发管理股（加挂矿产储备勘查股、地质环境股两块牌子）。当年成立县土地收购储备中心，归口县国土资源局管理。2003年1月增设县土地开发整理中心。4月，棉花坪、桐木漯两个瑶族乡成立国土资源所。2008年县地产公司改制。2011年4月，县国土资源局内设办公室、人事股、财务股、耕地保护股（加挂县农业区划委员会办公室牌子）、规划建设用地股、地籍地产股、资源开发管理股、地质环境股、测绘管理股9个职能股室，下辖17个乡镇国土资源所和县土地管理事务所、县城乡土地测绘队、县土地评估事务所、县国土资源执法监察大队、县国土资源交易中心、县土地收购储备中心、县土地开发整理中心7个二级机构。2016年，撤销县土地管理事务所、县土地评估事务所、县国土资源交易中心，结合县房产局部分职能，成立县不动产登记中心，为县国土资源局所属副科级事业单位。至2017年年底，县国土资源局内设办公室、政工股、财务股、耕地保护股、规划建设用地股、地籍地产股、矿产资源规划储量开发管理股、地质环境股、测绘与地理信息股、法规信访室、不动产登记股11个股室，辖县不动产登记中心、县国土资源执法监察大队、县土地收购储备中心、县土地开发整理中心、县城乡土地测绘队、县人民政府征地管理办公室、国土资源局工业园区分局7个二级机构和20个乡镇国土资源所。

2017年，获得全省“测绘地理信息工作示范县”、全市维护矿产资源开发秩序目标管理先进单位、永州市2017年地质灾害应急演练三等奖、全市首届“国土杯”知识抢答赛二等奖、永州市2017年度县区城乡建设用地增减挂钩先进单位。

■土地市场建设　国土资源交易实行网上招拍挂。全年供应土地119.8公顷，其中划拨土地15宗，面积46.64公顷；出让土地20宗，面积73.16公顷，实现土地收入5.327亿元，为拉动全县经济发展奠定坚实的基础。

■耕地保护　2017年，宁远县耕地保有量60万亩、基本农田保护面积51.84万亩，两项指标均高于永州市政府下达宁远县保有量57.09万亩、保护面积50.96万亩的控制指标数。开展城镇周边永久基本农田优化布局和全县永久基本农田划定工作，超额完成省厅交给宁远县增加9000亩基本农田划定任务，数据成果通过国土资源部审核。经过调整后，全县永久基本农田面积51.84万亩，其中水田42.01万亩、旱土9.82万亩、水浇地5.99亩，无坡度大于25度的基本农田，全县耕地等级平均为11.15级。全年新开工和续建土地开发项目19个，总投资2.02亿元；新开工和续建土地整治项目6个，总投资8769.60万元；实施水毁耕地复垦项目共两批，涉及5个乡镇61个行政村，总投资1036.75万元，复垦耕地1158亩。全县组织实施第一批城乡建设用地增减挂钩和易地扶贫搬迁拆旧复垦项目，项目拆旧区涉及13个乡镇（街道）27个行政村，面积共34.9027公顷，2017年增减挂钩工作全市排名第二。

■地籍地产管理　全年共办理各种不动产证书证明11000件（其中办证4200本），办证数量排全市第四位。办理项目建设用地预审71件。加强农村村民建房用地预审，全年预审复核75次，预审复核2259户、面积27.59公顷，其中受理各乡镇报卷445卷1722户，面积19.71公顷（其中耕地10.11公顷）。加大闲置土地清理处置。完成上级下达宁远县3宗疑似闲置土地处置工作，面积27.2586公顷，处置率100%。自行处置闲置土地5宗，面积2035.24平方米，收缴闲置费2063.96万元。积极参与房地产开发小区整治。全年共调查32个房地产开发小区，完成8个小区查处任务，查处非法占地5872平方米，超容积率建筑面积25000平方米，补缴土地价款4843万元。

■矿产管理　2017年，全县共有2个探矿权，分别为九嶷山乡斋公坪铀矿普查和保安镇中心铺饮用天然矿泉水勘查；共有42个采矿权，其中金属矿1个，普通建筑用灰岩矿和砖瓦用页岩矿41个。全年新设立并挂牌成交6个采矿权，换（发）采矿权登记证28个，共收取采矿权价款900余万元。以环保督察为契机，对违反法律法规及不符合国家产业政策的黏土砖企业开展整顿取缔行动，对全县所有非法开采的52家砖厂予以关停，对符合条件的砖厂限期整改，为整改达标的12家砖厂办理相关手续。

■规划建设用地　积极开展土地利用总体规划的调整完善工作。经多次向省厅、市局汇报衔接和积极争取，全面完成宁远县土地利用总体规划（2006—2020年）（2015年修订版）》调整完善工作，为今后管地批地用地和城市扩质提容提供可靠的保障。2017年共组织上报22个用地项目，总面积245公顷（含易地扶贫搬迁项目），保障湘南明德中学、宁远二中、江博士、闽丰农产品、九疑大道、汽贸路等22个项目的顺利建设。拿回14个项目用地批文，总面积100.82公顷。争取祭舜大道、柏柑公路、国道G357、国道G537、重华南路、印山西路等18个项目近100公顷基本农田的调整。完成全县20个乡镇（街道）22个易地扶贫搬迁安置点的选址、用地组卷报批工作。加大土地收购储备力度，全年储备工业用地104.1025公顷，为“园区升级”和项目落地提供用地保障。

■国土资源执法监察　2017年，国土资源部下发宁远县矿产疑似违法图斑12个、土地疑似违法图斑179个，总面积1797.6亩，通过严格查处，积极整改，顺利通过部、省审查验收。加大违法用地查处和控违拆违力度。全年共立案查处违法用地642户，下达停建通知书682次，制止停建违法建设934次，拆除违法建筑和临时厂棚155处，面积2.53万平方米，通过集中执法，有效惩治非法占地建设行为，对城乡建设违法人员起到强大的震慑作用。

■地质灾害防治 制定和印发《宁远县2017年地质灾害防治工作方案》，明确全县重点防范的地质灾害隐患点，落实各隐患点的防灾责任单位、责任人和监测人员。开展“拉网式”地灾隐患排查，在原49处地质灾害隐患点基础上，共排出新增地灾隐患点46处，建立登记台账，在滑坡较为严重的灾害点设立警戒线、设置警示牌。加强监测预警及群测群防力度。汛期，严格落实地灾隐患点监测制度，安排专人进行24小时监测，对出现险情的地质灾害隐患点，组织人员与当地乡镇政府一道迅速采取转移避险措施，成功避险5起，共转移安置受灾群众450余人，保持非煤矿山和地灾“零伤亡”的良好记录。大力推进地质灾害治理工程。完成冷水镇金钩挂村、禾亭镇鲁塘村、棉花坪排山坳村滑坡地质灾害避险搬迁安置工程，老百姓全部入住。开展湾井箭猪窝滑坡、九嶷山茶叶槽滑坡、鲤溪骆家园滑坡、柏家坪井塘背滑坡、舜陵街道宝山滑坡、棉花坪茶坪漯滑坡、棉花坪乡沙子田村滑坡7处地质灾害治理工程项目。积极开展地质灾害应急演练。2017年6月9日，组织相关部门在湾井镇箭猪窝地质灾害点进行应急演练，取得圆满成功，并获得永州市2017年地质灾害应急演练三等奖，有效提升宁远县的地质灾害应急处理能力。

■作风建设 2017年，认真扎实开展“春雷行动”，“雁过拔毛”式腐败问题“百日会战”和“纠四风、治陋习”等多项专项整治行动，严查损害群众利益行为，针对查找出的问题，认真制订整改方案，逐一落实，切实提升干部队伍的执行力和政府的公信力，有效解决群众反映强烈的突出问题，切实维护群众的切身利益。对2016年“猎鼠”行动中发现问题比较严重的15名国土资源所工作人员进行谈话和审查，追缴违纪金额18.3万元。2017年共立案查处6件6人次，已结案6人，诫勉谈话31人次。对已结案的6人分别给予降低岗位等级、党内严重警告和记过处分；对两名国土所所长、四名国土所副所长予以免职处理。通过铁腕整治，全县国土资源系统的政风行风明显好转。

■信息化工作 2017年，积极推进数字宁远地理空间框架建设。“数字宁远”建设项目助推和服务宁远县国土资源管理作用开始显现。完成不动产登记资料移交工作。宁远县房产局按规定向县不动产登记中心移交全部纸质资料（共59094册）和全部电子档案数据库（含房屋所有权电子档案数据库和房屋所有权登记信息数据库）。认真做好国土资源政府信息公开和网络政务工作，累计公开信息123条。完善网络安全管理，全年未出现网络安全事故。做好信息化培训工作，组织开展K9数据库、湖南省网上政务服务和电子监察系统、《国家企业信用信息公示系统》等软件培训，并做好相关技术支撑等工作。

■不动产登记 2017年全面实现不动产登记。实行一次性告知制，安排专人负责资料受理，一次性告知申请人办证所要提供的资料。制定实施《宁远县不动产登记中心管理制度》，规范登记流程，压缩登记环节，严格限定受理、权籍调查、落宗补录信息、复审核费、登簿缮证等不动产登记各个环节的办结时间，登记时限从原来的30个工作日缩短到15个工作日完成。全年已发放不动产权证书731件、不动产登记证明297份、开具不动产查询等证明500余份。

■测绘地理信息 2017年，土地测绘总面积18000亩。完成城区地形测量面积约2平方公里，乡镇约3平方公里，工程测量130宗，城区新增控制点38个，不动产测量450宗，制作不动产宗地图696宗。

■农村集体土地所有权确权登记　宁远县集体土地所有权确权登记发证工作分两批次进行，通过加强领导，制定方案，宣传发动，确定队伍，落实经费，督促检查等大量的工作，宁远县现共完成全县688个行政村、6396个村民小组、35204宗地、55107条权属界线的调查工作，地籍调查确权村数完成率达96.66%，地籍调查村民小组数完成率为96.96%，地籍调查确权面积的完成率达93.7%。已全部完成外业调查村组、地籍调查结果公示及签字，内业文书及附图也已全部完成，并通过市级复查和省级预检，数据库现已建成并报省发证中心审核验收。

（李疑松）

环境保护

■概述　1979年7月，设环境保护办公室。1983年，与建委合并，成立城建环保委员会。1986年，分设环境保护局。1989年，下辖监测站。1991年，增设环境排污收费站。1997年，环境排污收费站更名为环境监理站。2002年机构改革，环保局成为政府组成部门，下辖环境监理站、环境保护监测站，内设办公室、法制管理股。2008年，环境监理站更名为环境监察大队。2017年，环境保护局下辖环境监察大队（环境应急管理中心）、环境保护监测站，内设办公室、政工室、自然生态保护股、污染防治股、环境影响评价股（行政审批股）、总量控制股、法制宣教股、固体废物管理股（核与辐射管理股）。

■环境质量　2017年，宁远县地表水环境质量保持国家III类标准，集中式饮用水源地水质达标率100%，空气质量优良率89.3%，声环境质量达到功能区标准限值内，全县未发生环境污染事件。

■主要污染物减排　2017年，宁远县化学需氧量减排250吨、氨氮减排30吨、二氧化硫减排14吨，氮氧化物减排787吨，挥发性有机物减排76吨。

■建设项目环境管理　2017年，宁远县严格环境准入，严把环评审批关，杜绝高能耗、高污染项目落户宁远，对符合国家产业政策和环保要求的重点项目实行母亲式服务。全年，宁远县报批环评审批项目47个，其中报湖南省厅1个，永州市局19个，县本级27个；环评登记表备案108个。

■污染防治　2017年，宁远县打响“环境整治战役”，实施蓝天、碧水、绿地、净土四大行动。建筑工地扬尘污染治理，实行“六不开工”和“七个100%”；道路扬尘污染防治，推行机械清扫，县城道路每天洒水，全天24小时保洁；整治燃煤锅炉，淘汰城区10蒸吨以下小锅炉；淘汰黄标车1221辆，县内公交车全部改换纯电动车；禁止露天焚烧秸秆、垃圾，禁止临街搭棚治丧、烧纸钱，城区四个街道禁止燃放烟花爆竹。完成1000人以上农村集中式饮用水源保护区技术方案的编制，取缔泠江河上游非法采砂制砂场4家，关闭饮用水源保护区违法排污口3处、建设项目3个，责令停建农庄1家，责令搬迁猪场1家；建设饮用水源保护区公告牌、警示牌、界标62块、宣传牌40块、防护网5300余米。治理老村河、欧家河、武装部排水渠等6条黑臭水体，清淤疏浚河道10公里。造林绿化5.13万亩、幼林抚育2.5万亩、通道绿化300公里、水系绿化102.5公里，新建义务植树基地19个，种植各类苗木802万株；推进农村“五化”行动、乡村风貌改造、秀美村庄建设，建成示范村119个。森林覆盖率、林地面积保有率和宜林荒山、荒地、荒滩绿化率分别达到69%、100%、82%。开展土壤污染状况详查，确定详查单元13个、采样点位122个，编制《宁远县土壤污染源和污染地块调查报告》；启动县铅锌冶炼厂土壤污染综合治理项目建设，仙子山铅锌矿重金属污染治理项目、中和笔架山锑铜矿区尾砂综合治理一期工程竣工验收。

■**环保督察** 2017年中央环保督察交办13.5件信访件以及湖南省委、省政府交办的2个问题和中央环保督察组反馈的8个方面问题全部整改办结到位。全年责令整改企业40家，立案处罚企业24家，其中查封扣押1家，报请政府关闭5家，罚款227.32万元，移送公安机关立案调查2家，刑事拘留5人。县纪委约谈履行环保职责不力的党政干部16人，其中诫勉谈话2人，调整岗位1人，免职1人。

■**农村环境综合整治** 2017年，宁远县编制完成406个村污水治理工作方案。建成九嶷湖人工湿地、湾井田心等5座集中式污水处理厂（站）。建成联户式小型污水处理设施20套、三格式或四格式污水净化设施283套，农村改厕38500间。完成119个贫困村饮用水源地保护工程。新建农村垃圾中转站2个、乡镇垃圾处理中心7个，新增垃圾转运车25台。

■**环境宣教** 2017年，宁远县开展"六五"世界环境日系列宣传活动，在文庙广场举办以"绿水青山就是金山银山"为主题的大型公益宣传演出。

（郑志宇）

住房和城乡建设规划

■**概况** 1949年11月，县设建设科。1980年4月，成立县基本建设领导小组办公室。12月改为县基本建设委员会。1984年1月，与环境保护局合并成立城乡建设环境保护局。1985年3月，更名县建设委员会。1986年3月，原属城关镇管理的县城环境卫生管理所划归县建委。是年，县建委下属有县建筑公司、自来水公司、综合开发公司、房地产公司、建筑设计室、施工定额管理站、征地拆迁办公室、工程质量监督站等9个企业单位。1991年房地产公司改为房地产管理处属县建委。1996年成立规划建设局，1999年撤销房地产管理处，成立房地产管理局，2002年更名房产局。2002年3月，成立城市管理局。当年县建设委员会撤销，三局分设。2015年规划局、城市管理局、房产局。合并成立住房和城乡规划建设局，下属单位有城市园林局、规划监察执法大队、城乡规划信息服务中心（撤销城乡规划办）、建设工程质量安全监督站、建设设计院。2017年，宁远县农村危房改造荣获湖南省第一名，城镇提质战役荣获永州市第一名，全市住建系统目标管理综合奖总分为全市第一名。宁远县通过省级历史文化名城评审；柏家坪镇荣获全国旅游特色小镇、省级历史文化名镇；湾井镇荣获全国美丽宜居小镇、国家级特色小镇称号；下灌村、路亭村、久安背村等村庄跻身国家传统古村落、省级历史文化名村；县城建成区宁郡华府8#栋成功被评为省级芙蓉奖。全县城镇化水平稳步提高，县城建成区面积扩大到21.3平方公里，中心城区人口增长到21.2万人，城镇化率达到45.1%。城镇建成区绿化覆盖面积达10.1平方公里，完成国家和省级新型城镇化第一阶段试点工作评估。

■**城乡规划** 2017年县住建局深入研究谋划县城顶层设计，以规划为龙头推进总规、控规及各项专项规划，《县城总体规划（2003—2020年）2016年修改》于2017年6月获省政府批复。完成西部工业新城、城北循环经济区、十里铺加工贸易区、南部文化生态新城等4个概念性规划和控制性详规，实现控规全覆盖。全面启动村庄规划工作，完成299个行政村的美丽乡村村庄规划编制。牵头组织先后召开县规委会4次，专家论证会20次，专家咨询会12次，专家审查会7次，对美丽乡村规划、九嶷山舜帝陵景区AAAAA创建提升、下灌片区旅游规划及市民中心、体育文化休闲公园等105个县重点项目的设计方案进行咨询、论证、评审和审查，确保项目的设计质量、设计水平、设计品质。

■城镇提质　2017年县住建局（城镇提质战役指挥部）深入推进城镇建设提质，强力推动项目落地生根，开花结果。对项目的规划选址、规划设计、质量安全、竣工验收等环节进行全过程现场监管和指导，精心制定《2017年“城镇提质”战役重点项目任务书、时间表、路线图》，实行挂图作战。2017年，全县“城镇提质”项目开工39个，完成投资30.1亿元，占年度计划的105%。至此，南部文化生态新城10平方公里框架全面拉开；九嶷大道改造、湘妃大道改造、园丁路、文化路、明德路、黄金路基本成型，部分路段建成通车；明德学校当年开工、当年建设、当年竣工、当年开学；新党校、宁远一中新校区、宁远二中新校区、公安局业务用房、世纪汇等重点项目顺利推进；富民小区、双福小区等6个县城异地扶贫搬迁项目竣工入住；泠江路、九嶷路、舜帝路等主道改造如期完工；园区基础设施建设、标准厂房建设、入园项目建设同时发力；西部工业新城路网、循环产业园、路网工业园、污水处理厂、城北自来水厂等重点项目加速推进，“一城两翼三区”的战略布局基本成型。2017年市“城镇提质”战役考核，宁远县排名第一。

■建筑行业　2017年县住建局培训“安管人员”、农村建筑工匠等专业技术教育人员达1000余人次。创新“智慧工地”“首层示范”“负面观摩”“党员示范岗”等管理和服务方式，提升建设工程质量和安全管理水平。2017年创建省质量标准化工地2个，宁郡华府8号楼荣获省建设工程质量“芙蓉奖”，填补建筑质量领域的空白。深化建筑业“放管服”改革，实行“互联网+图审”，强力推进施工图审查政府购买服务。建筑市场信用体系建设加速，率先建立招投标活动“打招呼”登记报告和招投标失信“黑名单”制度。大力推进工程总承包和全过程工程咨询。建筑工程造价管理水平不断提升。全年完成招投标项目85个，总招标金额5.29亿；发布造价信息1.8万条，办理施工、监理等合同备案65个；下达市政项目变更批复3个，处理有关技术问题38余项；完成施工图审查备案32项，项目初步设计审查32个。大力推广建筑节能标准，新建建筑设计140万平方米，节能强制标准实施率达100%，节能施工面积79.1万平方米，节能强制标准实施率达95.99%。2017年，共投入建筑节能资金13642万元。

■控违拆违　2017年为根治违章建筑这一城市肌体上的“顽疾”，铲除城市建设中这一毒瘤，县住建局先后组织人员到蓝山、新田、道县、江华、祁阳等县区学习控违拆违经验，在此基础上，形成考察报告，起草控违拆违工作方案，宁远县委、县政府的高度重视，一次性安排资金600万元，购买执法车10台，从有关部门抽调130多人，成立“拆违控违”综合执法大队。2017年，查处违法用地、违法建筑610户，违规乱搭乱建29户，下达停建通知书648次，制止停建违法建设813次，独立开展或参与执法行动135次，依法依程序拆除“两违”建筑和厂棚145处，面积达2.4万平方米。

■城乡统筹　2017年国字号、省字号的品牌创建捷报频传，湾井镇跻身国家级特色小镇、全国美丽宜居小镇；柏家坪镇荣获全国旅游特色小镇、省级历史文化名镇；仁和、鲤溪、禾亭等16个乡镇成功创建省级、市级卫生示范乡镇；下灌村、路亭村、久安背村等村庄跻身国家传统古村落、省级历史文化名村。发挥规划引领的作用，农村环境综合整治、耕地保护、土地开发整理达到预期目标。关注民本民生的规划，城乡学位建设三年行动计划；城乡床位建设三年行动计划，为解决求学难、就医难的问题，提供技术支持。柏家坪、禾亭等10个乡镇污水处理厂启动建设，119个村饮用水保护工程、100个村污水治理全部完工，全面解决农户安全饮水问题；农村电网升级改造全面完成；新装农村路灯6000余盏。完成农村公路提质改造19条，55.41公里，建制村通客车率达100%。

■**城镇绿化** 2017年县住建局、园林局以创建省级园林城市为契机，大力实施“创园”工程，加大公园建设、风光带建设力度，着力推进道路绿化改造升级，初步实现绿化面积、绿化品位“双提升”。城镇建成区绿化覆盖面积10.1平方公里，县城建成区绿化覆盖率48.1%。莲花山公园（一期）建成对外开放，狮子山公园、九狮岭公园全面开工建设，泠江河两岸风光带建设全面启动，“三园一带”布局初步成型。投资43万元对九亿风光带景观绿化进行改造升级。投资1486万元，完成舜阳大道绿化工程、舜华大道绿化提质改造工程，完成对城区行道树补种，九疑南路及泠江东路中间隔离安装花箱，高速出入口及城区交通绿岛景观绿化提质改造、园艺路景观提质改造等10余个项目，进一步提升城区道路绿化品位，形成乔木、灌木和花草搭配，打造具有立体层次的城市道路绿化景观。

■**行政审批** 2017年县住建局全力实施行政审批改革，项目报建手续办理由原来的8个环节减少到6个，报建资料由原来的12项精简到9项，办事时限从20个工作日缩减到12个工作日。2017年下半年，继续精简政务服务事项、设立规划报建一站式工作服务平台、实行施工许可环节并联审批、全面解决申报资料重复提交的问题、合并规划技术指标复核、采取容缺的方式办理审批、提供报建业务免费培训服务，推出一次性告知制、限时办结制、服务承诺制、跟踪服务制、双方签字认可制等举措，精细谋划行政审批再提速、再增效。同时，通过采取并联审批、召开临时审查会、现场办理、开辟绿色通道、集中审批、容缺办理等方式，加快规划建设行政审批手续办理。2017年，共受理政务服务事项357件，核发选址意见书46份、建设用地规划许可证357份、建设工程规划许可证136份、乡村建设规划许可证930份、建筑工程施工许可证127份；完成规划放线验线项目69个、规划技术论证105项、项目公示621项、各类用地红线圈定412项。同时，全面启动“一站式工作平台”建设，宁远县被列为永州市唯一的试点建设县。

■**历史文化名城创建** 2017年宁远县完成南门街、丁字街、西门街、东外街等街区历史建筑的调查、登记、造册、挂牌、保护。对国家级非物质文化遗产——舜帝祭典、省级非物质文化遗产——舜帝与娥皇女英的传说、状元李郃的传说以及市、县级非物质文化遗产开展传承性保护利用。出版和发行《湖南古县·宁远》《历代祭舜》等文化图书十多万册；发放宣传广告10000多幅，在各级报纸、杂志发表相关文章和通讯作品100余篇，拍摄湖南省历史文化名城申报专题片《舜风古韵　宁静致远》，形成珍惜古城、保护古城、宣传古城、开发古城的浓郁氛围。2017年，成功通过省级历史文化名城评审。

■**脱贫攻坚** 2017年县住建局行业扶贫措施实施有力，超额完成农村危房改造任务，2017年完成农村危房改造4876户，占年度目标任务2738户的178.95%。争取中央、省农村危房改造补助资金6558万元，县财政配套补助资金超过1亿元，户均补助达1.87万元，组织社会众筹资金30余万元。农村危房改造完成情况位居全省第一，荣获省政府表彰，全县农村危房改造户均补助标准在省定基础上每户提高1000元。创新“四个结合五靠近”强力推进易地搬迁工作，把易地搬迁与城区、园区、景区建设相结合，与新型城镇化相结合，与美丽乡村建设相结合，与全域旅游发展相结合；靠城、靠园、靠镇、靠村、靠路安置。完成29个易地扶贫搬迁安置点规划和报建任务，完成异地搬迁4219户、17493人，有效保障贫困户住房质量。

■信访维稳　2017年，住房建设方面的来信来访事件较多，对群众来访，诉求100%登记、告知，对受理的信访事项及书面回复100%。同时深入调查研究，摸清群众上访的真正原因，针对信访人诉求，严格依照有关法律政策就地解决信访问题，有效防范越级上访、缠访、闹访、集体访。2017年，完成行政诉讼和行政复议案件办理4件，全年共接待群众来信、来访、来电70余件，办结70件，办结率100%。“智慧宁远”、“12345”热线办、“大城管委”联动处置等三大平台运行有效，管理规范，办结网上信访30余件。

（刘奕琰）

房产管理

■概况　1982年10月，成立房地产公司，隶属县基本建设委员会。1991年9月，改为房地产管理处。1999年12月，撤销房地产管理处，成立宁远县房地产管理局。2002年7月，更名为宁远县房产局，加挂县住房制度改革领导小组办公室牌子，为县政府直属事业单位。2015年，根据《宁远县人民政府办公室关于印发宁远县房产局主要职责内设机构和人员编制规定的通知》的规定，宁远县房产局由县政府直属正科级事业单位，调整为县住房和城乡规划建设局所属正科级公益二类事业单位。房产局内设办公室、产权产籍管理股、工程管理股、租赁管理股、抵押管理股、住房保障工作办公室（加挂住房制度改革办公室牌子）、县人民政府国有土地上房屋征收与补偿办公室、政策法规股（加挂房产执法监察大队牌子）等8个股室，机关差额拨款事业编制40名，其中：局长1名、副局长2名、纪检组长1名。下设房屋征收与补偿事务所（股级公益一类单位，全额拨款事业编制15名）、白蚁防治所（股级公益二类单位，自收自支事业编制15名）、房产交易所（股级公益二类单位，自收自支事业编制13名）、房屋测绘管理所（股级公益二类单位，自收自支事业编制23名）、乡镇房产管理所（股级公益二类单位，自收自支事业编制25名）、房屋安全管理办公室（股级公益一类单位，全额拨款事业编制9名）、房地产信息中心（股级公益一类单位，全额拨款事业编制6名）、物业管理办公室（加挂房屋维修资金管理中心牌子）（股级公益二类单位，自收自支事业编制15名）等8个事业单位。

■房地产市场管理　自2016年6月6日《宁远县政府办公室关于〈宁远县商品房预售监管办法〉的通知》文件印发实施，宁远县成为永州市首个实施预售资金监管的县区。2017年，在建在售的房地产开发项目27个全部纳入监管，共审核拨付商品房预售资金142笔8.77亿元。房产局切实加强房地产市场监管，从严查处违法违规行为，查处无资质开发案件6起，违规预售案件15起，处罚和没收非法所得715万元；在电视台发布警示公告2次，在违规楼盘张贴警示公告31份，有效净化宁远县房地产市场发展环境。在2017年全市房地产执法专项检查中，被永州市房产局作为执法典型向省市房产系统推荐推广。全年在建在售房地产开发项目27个，累计完工47.8万平米，同比下降22.33%；总投资

9.97亿元，同比下降13.3%；销售面积71.55万平米（住宅66.88万平方米），同比增长220.85%，宁远县销售面积增幅排永州市各县区第一；销售金额24.28亿，同比增长229.9%；住宅均价3332元/平方米，同比增长1.12%，环比下降0.54%；年底库存28.62万平方米（住宅17.56万平方米），同比下降39.47%，住宅去化周期为3.15个月，宁远县库存去化周期排全市各县区第二。同时，按照“三去一降一补”的要求，切实抓好商品房去库存工作，宁远县从2016年9月至2017年3月实施“去库存”新政，极大刺激住房消费升温，共有1341户城乡居民享受4400余万元购房补贴政策。房产新政已全面促使全县房地产市场回暖，一举扭转房地产市场下滑颓势，极大释放房地产库存，对房地产经济防风险、稳增长起到决定性作用。永州市新闻网、腾讯房产网对宁远县去库存情况进行报道。

■物业管理 2017年，宁远县围绕“业主自治、市场运作、部门社区配合”的工作原则，积极破解物管工作难题。抓实源头控制。对新建住宅小区推行物业前期介入和承接制度。房地产商品房预售前制定物业管理方案，及时选聘物业服务企业，签订前期物业管理服务合同，并按照规定程序做好物业项目的接管验收工作，对不符合条件的，一律不准交付使用，有效解决物业配套设施不全造成的纠纷矛盾。指导成立业主自治组织，充分发挥业主委员会作用。联合各街道、社区，督促指导小区成立为委会，全县新建小区业委会已达9个。推行前期物业服务管理招投标工作，所有前期物管均进行招投标。加强维修资金管理力度。从严处置挪用、截存业主维修资金行为，及时追缴以往开发建设单位代收的维修资金，全年归集维修资金1583元，总归集额达4040万元。积极处理物业小区业主投诉，全年共受理小区投诉80宗，接受咨询165人次。

■住房保障 2017年，宁远县共向上级申报棚户区改造项目共3个，369户，安置方式全部为货币安置。桐山棚户区改造项目：由东溪街道实施，改造253户，改造范围为东外街和跳礅石村，采取棚改对象自行改造，财政补贴配套基础设施资金的方式进行。该项目由于东外街141户一时无法达成补偿协议，经县政府批准，报省核准，将东外街141户调整至北外街100号67户，北内街39、41号37户，珠子巷4-1—4-6号37户，并在9月底签订补偿协议。东溪街道正在按程序申请拨付上级补助资金。段家城中村棚户区改造项目。由舜陵街道实施，改造60户，改造范围为段家村及猫仔砠村。该项目在10月底全部签订安置补偿协议，涉及占地面积约32000平方米，建筑面积7294平方米。舜陵街道正在按程序申请拨付上级补助资金。湾井棚户区改造项目：由湾井镇政府实施，改造56户，改造范围为下灌社区，采取棚改对象自行改造，财政补贴配套基础设施资金的方式进行。该项目在9月底全部完成补偿协议的签订。上级补助资金按资金拨付程序拨付至湾井镇。保障房运营分配。2017年永州市下达给宁远县的保障性住房分配目标任务1650套，宁远县实际建成投入分配使用的保障性住房1652套。2017年核发租赁补贴499户，惠及群众1271人。根据《宁远县保障性住房分配和运营管理实施细则》的要求，县房产局坚持公开、透明的原则，确保真正的住房困难家庭得到住房保障，实施动态化管理。2017年上半年对16户不符合廉租房保障的住户转公租房，取消5户不符合条件的住房保障资格。进一步明确资格审核、腾退管理、监督机制、诚信体系、信息共享、资金来源等内容，联合公积金、交警、民政、工商等部门开展联合检查，大力整治保障房转租、转卖、转借现象。2017年8月20日发布

《宁远县房产局2017年关于对公共租赁住房清查清退的公示》，清查清退不符合条件租户50户，确保住房保障公正、公平。

（蒋水旺）

城市管理

■**概况**　1991年7月成立县城市建设管理监察队，隶属县建设委员会。1996年4月，城市建设管理监察队设队部办公室、城镇规划建设管理监察队、市政公用设施和市容环卫管理监察分队。1997年12月，城市建设管理监察队改为城市建设管理监察大队，内设城市规划管理监察中队、市政管理监察中队、人秘股、计财股。1999年3月，城市规划管理监察中队划归规划局，2001年重新划归城市建设管理监察大队。2002年3月，成立县城市管理局，为县政府直属单位，加挂城市管理委员会办公室和城市管理综合执法大队牌子。2015年12月，县城市管理行政执法局在原城市管理局挂牌成立，为县政府组成部门（执法单位），内设办公室、财务审计股、数字城管中心、政工股、业务股、法规监察股，下设舜陵、桐山、东溪、文庙4个街道中队和机动中队、渣土中队。下辖自来水公司、环境卫生管理所、市政公用设施维护管理站、废弃物处置和给排水事务中心、市政建设工程公司。

■**城市综合整治**　2017年，严格落实禁放烟花爆竹责任，实现城区和周边28个村全面禁放。强化黄泥渣土运输管理，城区项目建设工地和居民建设工地限时段、限路段覆盖式运输黄泥渣土，先审批备案后运输。重点加大南部生态新城建设工地监管，依法查处违规运输车辆70余台。开展校园周边秩序、夜宵摊点、露天卡拉OK高音扰民、市场周边环境整治等专项集中整治行动60余次，共抬移和查扣摩托车3500多台次，劝导流动摊贩、出店经营7600余人次，整顿7个市场及周边秩序，依法扣缴违规摊担820余副，其中三轮车、板车等运输工具150余台。

■**环境卫生**　2017年，在提高机械清扫保洁率的基础上，加大卫生死角死面的清理力度，做到主街道和重点地段一天6次普扫、6次洒水，保洁时间长达20小时以上，次街道及背街小巷一天进行4次普扫、3次以上洒水，保洁时间达16小时以上，日均清运垃圾130余吨，密闭清运率100%。定时冲洗城区主次街道，卫生保洁路灯标、果皮箱、候车室等公共设施和城市河道。

■**市政设施**　2017年，加大沥清路面、水泥路面和人行道地板以及护栏、隔离栏等设施的维护；加大城市排水防涝工作，疏通下水道、排污管、清理疏通维护水沟6500余米，污水井、雨水井620余口，确保设施整洁完好、排水排涝畅通；加快了基础设施的提质改造工作，硬化改造鹏程街后段、鹏程街七巷、雁南街、凤鸣街八巷、凤鸣街十巷、城西停车场周边等12条支街小巷；重新施划道路标识标线、斑马线8000余平方米。2015年，宁远县采用PPP模式，引进央企华润燃气集团。2017年，燃气综合站（一期）工程建设完成建设用地规划许可证、建设工程规划许可证以及招投标结果备案，并于2017年6月29日正式开工建设。截至年底，完成投资3146万元，铺设管道燃气主管网25公里，安装管道燃气7200多户，其中4500户已投入使用。建设路—九嶷路—泠江中路（终点泠江大桥）、水市路市政燃气管道建设均100%完成。全县新建和改造供水管网24公里，2017年11月城北水厂项目正式开工，截至年底累计完成投资2400万元。

■**数字城管**　2017年6月14日，宁远县数字城管系统平台正式上线。宁远县数字城管中心、数字城管系统平台是全市首个县级搭建完成并投入运行的数字城管指挥平台。截至年底，交办处理案件1150件。

■垃圾污水治理 2017年，全县农村生活垃圾收转运PPP项目全面启动实施，城乡生活垃圾分类和资源化利用工作有序开展。改扩建污水管网29.734公里，完成投资4805万元。推进十个建制镇污水处理设施建设PPP项目，柏家坪、中和2个项目已动工，仁和等8个项目已完成初步选址，正在进行征地、设计等工作。当年，县城污水处理率99.87%，城镇生活垃圾无害化处理率达到99.4%。

（刘宝玲　刘明军）

城市建设投资开发

■概况 2003年5月成立县城市建设投资管理中心，2003年7月成立县城市建设投资开发有限责任公司，实行“两块牌子，一个机构”合署办公。2017年，中心（公司）根据宁远县委、县政府总体部署，紧紧围绕“筹资融资、资产储备、项目建设”，努力拓宽融资渠道，全力推进项目建设，为全县经济社会发展提供强有力的支撑。

■融资保障 2017年多渠道筹措资金。全年完成融资9.2亿元，达成意向融资8.5亿元。其中：以南部文化生态新城基础设施建设项目从长沙银行贷款3亿元；用自来水供水管网设施与百基融资租赁公司开展2亿元的融资租赁合作，已到位1.8亿元；根据宁远县易地扶贫搬迁总任务从湖南省扶贫公司申请易地扶贫搬迁资金4.4亿元，其中地方政府债1.7亿元，长期贷款2.7亿元，全部到位。争取国开证券绿色债5亿元。与国开证券达成意向，国开证券安排会计事务所进驻公司摸底资产情况。协调九嶷山电站、妇幼保健院、一中、自来水公司采用固定资产借款的方式向邮政银行争取贷款2亿元。创新探索PPP融资模式。用一中新校区、老年大学、旅客接待服务中心、便民服务中心、市民中心、南部新城路网建设、交警指挥中心、南部新城水利综合治理、印山公园及印山人工湖、重华南路、印山西路、湘运车站搬迁及县城中央公园建设、中华水街、南部新城地下综合管廊、游客集散中心、食品药品检测中心等16个项目包装宁远县文化生态特色城镇PPP项目，项目总投资约50亿元。项目采取BOT（建设—运营—移交）、股权合作、政府付费的形式开展PPP项目合作，完成资格预审及公开招标程序，中科建与政府签定投资意向框架协议，项目（一期）总投资15.9亿元，建设内容包括一中新校区、老年大学、游客服务中心、南部新城路网建设（一期）、交通指挥中心、市民中心、重华南路、印山西路等8个建设项目，此项目的实施解决资金筹集、建设质量与效率等一系列问题，确保一张蓝图建到底，一支队伍建到底。发挥资金效益最大化。根据项目建设进度，及时提取贷款资金6亿余元。6月上旬，委托县国土局分别以4008万元、7520万元的起拍价挂牌处置城南学校（一期）100亩和九疑大道妇女儿童医院旁地块91.6亩两宗土地，明德中学以4008万元摘牌，海汇国际以7520万元摘牌。11月委托国土局分别以1.46亿、6800万元的起拍价处置公安局办公旧址和六小旁地块，现已全部完成出让。

■实现公司实体化 2017年宁远县南部文化生态新城坚持协调发展理念，按节约集约化原则划定的四界，做到城市总体规划和土地利用总体规划两图合一。测量土地2.2万多亩，所有村签订征地总合同，并相继开展付款工作，全年完成征地3000多亩，迁坟500多席，付款1.1亿；累计征地1.3万多亩，迁坟3000多席，付款3.5亿多元。莲花塘征地安置地已基本分户到位，正在统一办理国土规划手续，罗坝头、蔡家、王茂塘、黄金桥等村的安置地土石方平整已开工，相关遗留问题陆续得到有效解决，没有引发群体性上访、越级上访、违法上访现象。一中新校区共测量土地 1100 亩，征地 800 多亩，迁坟 956 席，付款 2300 多万元。谋划投资宁远县易地扶贫搬迁县城集中安置点周边土地进行商业地产开发，不断拓展经营新领域，实现运营多元化。

■推进项目建设　2017 年公司牵头 1 个省重点项目，1 个市重点项目，12 个县重点项目，服务 20 多个重点项目，固定资产投资任务 12 亿元。全年，通过化解用地矛盾纠纷、解决项目建设资金等困难，加紧项目建设，全年完成固定资产投资 12.9 亿元。南部文化生态新城完成框架项目九嶷大道改扩建一期和湘妃大道二期工程，完成园丁路、文化路、黄金路等土石方平整、地下管网和路基工程；完成新党校（进修学校）主体和外墙装饰工程；二中新校区完成 1#2#教学楼、1#食堂楼、2#宿舍楼主体工程；明德湘南学校完成一期建设，9 月 1 日顺利招生开学。西部工业新城完成宝峰路建设工程。城区改造提质完成莲花南路、重华北路人行道改造工程。易地扶贫搬迁安置点舜华小区、富民小区、双福小区、嘉裕小区、福源小区在省建工集团的全力支持下，于 12 月 28 日之前交付钥匙，确保易地扶贫搬迁任务的完成。

（柏坚毅）

园 林 绿 化

■概况　1982 年成立城镇管理所。配有专人管理城区及街道绿化。各单位、商店、居民实行门前绿化“三包”（包种、包活、包管）。2003 年 6 月成立宁远县园林绿化管理站。2015 年 12 月成立宁远县城市园林局。2017 年，园林局有工作人员 39 人，核定全额拨款事业编制 42 名。

■道路绿化工程　2017 年，道路绿化工程建设进一步完善，实施道路绿化工程 10 个，总投资超过 4000 万元。为提高城区行道树的品质和档次，对城区街道行道树全面补种，将泠江西路种植的断头香樟全部更换为大骨架樟，总共补种樟树 846 株、八月桂 63 株、银杏 45 株；对因土壤不良导致植物长势欠佳的宁道绕城线绿化带进行提质改造。确保公园盘道、交通绿岛、街道花箱等重要节点位置“四季有花”，全年更换种植草花约 90 万株。县城九嶷大桥及重华桥木质花箱全部更换为铝合金组合花箱，共 96 组。对九亿街风光带活动区域进行透水铺装及苗木补种；在九嶷南路、舜帝北路将组合艺术花箱取代中间隔离石，并为九嶷南路绿化带设置绿化护栏、增添三层艺术花架。为美化门户形象，提升县城绿化品质，对高速出入口及城区交通绿岛景观绿化进行提质改造；按照“一路一树种、一街一景观”，对园艺路绿化带景观进行提质改造，种植树形优美的大乔木乐昌含笑及开花树种洋紫荆。

■公园建设　2017 年，莲花山公园（一期）已建成并对外开放，九狮岭公园和狮子山公园于 2017 年 5 月份开工建设，一期工程年底完成年度计划任务。

■绿化管理养护　2017 年，宁远县全面提升城区乔灌木的养护管护水平，从粗放管理向精细管理转变、从人工管护为主向半机械化管护为主转变。对城区主次干道的行道树及广场、绿地的景观树进行两次修剪、对绿化带的灌木进行六次修剪，确保整洁美观；对绿化带内枯枝死叶、杂草、白色垃圾等安排专人清理清除；干旱少雨季节及时出动浇灌车对城区所有绿化带、行道树、游园的乔灌木及时洒水，确保不枯死。对城区各类乔灌木每季都用药水喷洒车进行一次病虫害防治，冬季对城区所有行道树刷白，城区乔灌木的白蚁、白粉病、蚜虫、蛴螬等病虫害得到有效防治。

■园林式单位（小区）创建 2017年为美化绿化各独立院落单位和小区，并达到省级园林县城标准，鼓励有独立院落单位（小区）积极申报省、市、县级园林式单位（小区）创建，大力提升单位（小区）园林绿化水平。宁远县有17家单位（小区）成功创建市级园林式单位（小区），30余家单位（小区）成功创建县级园林式单位（小区）。

（蒋元满）

环 境 卫 生

■概况 宁远县环境卫生管理所成立于1983年8月，隶属于建设委员会管辖，事业单位。2002年8月，隶属宁远县城市管理局，事业编制36人。2015年12月，隶属于宁远县城市管理行政执法局，为财政全额拨款公益性一类事业单位，核定全额拨款事业编制58人。2017年，全所共有职工978人，其中正式员工78人，在编人员50人（退休人员28人），劳务派遣人员900余人；下设12个队室，其中包括：办公室、财会室、监控室、居民收费队、门面收费队、清扫队、清运队、冲洗一队、冲洗二队、后勤保障队、监察队、湾井镇垃圾中转站。负责城区清扫面积为480余万平方米，机械化清扫保洁面积为320余万平方米；拥有的环卫清运作业、机扫作业、洒水作业车辆68辆；县环卫所管辖的垃圾转运站4座，城区公厕45座，果皮箱1200个，密封式垃圾桶1000个，湾井镇垃圾焚烧场1座。2017年8月，经宁远县政府批复同意，县财政拨款，采购80台对讲机发放给环卫司机和和环卫管理员，信息上传下达通畅，人员沟通协调快捷，工作效率明显提高。继承和发扬中华民族“一方有难，八方支援”的传统美德。2017年组织单位职工开展“一日捐”活动奉献爱心10500余元，单位职工义务献血1600毫升。

■开展清扫保洁清运工作 2017年县环卫所累计接管新建、改造巷道，新增清扫面积150多万平方米，总清扫城区道路面积达480万平方米；新增环卫工人60多名，环卫工人达到900余人。统一清运车辆标志、美化车容、购买保险、办理通行手续，规范了清运时间。垃圾清运做到日产日清、卫生填埋，无积压、无死角、不满即清、日清垃圾160余吨。密闭清运率达100%，城市生活垃圾无害化处理率90%以上。根据路段的繁华程度、人流、车流量的大小及环卫设施配置情况，进行“定等级、定路段、定标准、定人员、定处罚”的细化管理，设立环卫监督岗，建起环卫人员人事管理档案；落实《道路清扫保洁“六净”“六无”“六不准”守则》。

■机械化清扫 大力提升机械化清扫率，减轻工人劳动强度。巩固提升“全国卫生县城”创建成果规划要求，2017年，财政拨款投入新购置环卫洒水车5辆、冲洗车2辆，清扫、清洗作业车增至34台。对城区主要道路每天安排洒水车进行降温除尘，主街道10—12次，支街4—6次。机械化清扫保洁面积达到320万平方米。

■垃圾处理收费 2017年，居民组、门面组对城区各收费对象进行详细如实摸底统计，建立台账，按章办事，严格收费标准，杜绝“人情”收费；明确收费范围，保证垃圾处理收费工作的正常进行。2017年收缴生活垃圾处理费490余万元，圆满地完成年度工作任务。

■环卫工人管理制改革 2017年，单位有140余对夫妻双环卫工人，夫妻俩负责清扫相邻路段，而两条路段只有一个环卫工人清扫保洁，另一个人在家做家务，效率低下。单位实行环卫工人管理改革，清退100多对夫妻双环卫工人中的一个，规定夫妻双环卫工人的不能清扫相邻路段。

城市供水

■**概况**　2017年，宁远县自来水公司实现总体收入4002万元，同比增加1002万元，增长33%，完成制水1735万吨，同比增加75万吨；水质综合合格率达100%；完成重点项目投资7655万元，同比增加2618万元，超额完成1655万元；改扩建供水管网128公里，同比增加86.53公里，超额完成78公里；发展新用户9830户，同比增加2675户，其中：城区7310户，农村水厂2520户；上交财政及有关部门税费724万元，同比增加433万元；

■**城乡供水一体化建设**　城乡供水一体化工作对提升宁远县城乡居民的生活品质，实现城乡居民饮用水同水源、同水质、同水价服务，具有十分重要的意义。2017年投资4605万元，完成农村改扩建供水管网96.45公里，已接管中和镇、湾井镇、水市镇、桐木漯瑶族乡、五龙山瑶族乡5个乡镇集中式供水水厂，并进行提质改造，解决中和镇、湾井镇及四个街道共28个行政村，近4万多人的喝水问题。城北水厂建设项目有序推进，全年投资3050万元，超额完成50万元投资任务。目前，水厂已完成平地填土，正在开挖做基础和安装管道。已完成取水泵房主体工程验收，安装DN500—DN700的输配水管网主管约18.5公里，预计2018年水厂竣工供水。投资近40万元，更换过滤池的石英砂，提高印山水厂出厂水质量，水质得到改善。同时，投资4万余元，对水市水库取水点变压器进行改造，将原来的350千瓦变压器更换为400千瓦，保证设备供电安全，对取水泵进行更新，保证取水稳定，提高工作效率。投资100多万元加强饮用水源保护，在两处水源保护区取水口一级水源保护区域内设置了公告牌、宣传栏、警示牌、界标和防护网，成立水厂巡查小组，对水源地进行定期或不定期的检查和文明劝导。同时，投资50万元，对印山水厂反应沉淀池采取全封闭安全保护措施。

■**供水管道维修与改造**　2017年，公司严格执行最严格水资源管理制度，建设生产指挥调度系统，配齐测漏设备，配强测漏队伍，加强维修软硬件设施建设，强化“供水110”应急抢修机制，配备专用抢修车辆，确保抢修效率。2017年，共查漏补漏DN100以上供水主管143处，测出暗漏279处，维修保养DN50闸阀87处，改造无水缺水区管道7处，修复意外爆裂损坏的DN500玻璃钢管7处，DN300主水管39处，其他不同管径的爆管维修达2579次，上门服务用户4031次，比预计时间提前供水累计达337.6个小时，最大限度的保证县城正常供水。2017年水量漏损率为28.2%，成功通过永州市最严格的水资源考核。

■**二次供水加压泵站建设**　宁远县城乡供水区域不断扩大，高层建筑不断增多，二次供水加压，保障高层用水。2017年以来，公司完成书香园小区、九嶷明珠小区、庆丰花园小区、金印豪庭小区、黄金桥临时加压泵房、十里铺临时加压泵房等16个区域的二次供水设备的设计、安装和调试工作，保障该区域用水户群众的用水水压问题。同时，配合完成全县22个易地扶贫安置小区的水箱、水泵和控制系统的安装调试，为加快推进易地扶贫安置小区通水提供有力地保障。

■**水质检测**　2017年，公司主要对县城水厂每日一次检测，每次13项基本水质检测，每月1次44项全检测；县城污水处理厂每日一次，每次6项水质检测，第三方检测每月一次，每次20项；农村水厂每月2次，每次18项水质检测；公司纯净水厂每月2次，每次12项水质检测。公司水质检测站，每周2次到6个检测点取水样，每次进行10项水质检测。检测站以高度负责的态度，精心操作，仔细化验，并按时上报主管部门，保障城市给排水、中和、湾井等5个集中式农村水厂的水质达标合格，为全县97个贫困村的原水水质做检测，保障农村贫困村饮用水安全。

■**小区供水整治** 2017年，公司对全县36个开发小区存在有关供水问题进行了全面整治。对二次供水设备无专人保养、无维护保养维修台账、卫生环境差等问题的28个小区。公司二次供水办安排专人负责与小区开发商对接，对二次供水设备设施进行定期检查维护，并建立维护保养维修台账，对卫生环境差的要求整改。除开发商不配合管理的2个小区（汇金国际、金丰大厦）外，都已经完成整改。对未按规定进行“一户一表”分户改造问题的6个小区，公司与开发商对接协调实施整治改造。通过小区供水整治工作，宁远县开发小区存在的供水问题，得到初步的解决。

（樊志军）

交通·通信

交通运输管理

■**概况** 1954年11月始设交通科。1960年改称交通局。1962年又复称交通科。1969—1976年，先后与工业局合并为宁远县革命委会工交组、工交局。1976年8月，工业与交通分家，再设交通局。1982年改称交通运输科。1983年恢复交通局。2002年交通局机构改革后，内设办公室、财务股（加挂内审股牌子）、运输综合股（加挂科技股牌子）、计划基建股（加挂县交通战备办公室牌子）、安全法制股等，下属单位有：公路建设管理站、交通运输管理所、交通运输总公司（含劳动服务公司、汽车队、汽车修配厂、运输公司四家企业）。2016年改交通局为交通运输局，所属事业单位有：道路运输管理所、地方海事局、交通建设质量安全监督管理站、交通劳动服务公司、城市客运管理办公室等；内设机构为：办公室、政工股（加挂法规宣传股牌子）、财务审计股、运输综合股（加挂县交通战备办公室牌子）、计划基建港航股、安全监管股、农村公路股、城市交通股等；局机关行政编制14名。

■**干线公路建设** 2017年宁远县实施干线公路项目6个，完成投资4.5亿元。其中开工建设项目4个：S234柏家坪至道县柑子园公路、S231湘江源至九嶷山公路、G357二广宁远东互通至天堂、G537宁远仁和至冷水公路，前期项目2个：S348宁远县湾井镇至道县四马桥、S347宁远县九嶷山至道县湘源温泉公路工可报告均已编制完成。

■**县乡公路建设** 2017年农村公路建设任务远超往年，异常繁重，共完成投资5.15亿元。其中农村公路提质改造19条，55.41公里；安保工程30.51公里；重要县乡道（旅游资源产业路）33.3公里；县乡路网硬化（边界路、断头路）23.5公里，总投资1.35亿元，年底均全部完工。行业扶贫工作成效显著，全年完成119个贫困村交通基础设施建设项目，总投资2.3亿元。其中：窄路加宽111条，254公里，投资4768万元；通畅公路185条，274公里，投资15528万元；通达公路33条，里程53公里，投资932万元；危桥改造10座，投资1241万元；安保工程23.5公里，投资499万元。水毁重建措施有力，7月初，宁远县北部5个乡镇遭受百年难遇的特大洪灾，举全局之力，从救援、灾情排查、预算设计、施工到重建，连续奋战一个月，迅速恢复所有水毁道路的通行，有效地保证受灾群众的生产生活需要；截至年底，共完成水毁公路38条、里程67公里，损毁桥梁47座（其中公路桥22座，民用桥25座），安保护栏1658米，山体垮方2.48万立方米，护坡垮塌9.88万立方米等的恢复重建。投入资金5146.01万元（其中鲤溪镇486.93万元，柏家坪镇199.74万元，桐木漯乡1765.28万元，清水桥镇1539.82万元，五龙山乡1154.24万元）。

■**乡镇客运站建设** 2017年共

建设客运招呼站100座，分布在全县各乡镇（街道）等县乡公路沿线，完成投资300万元。

■城市公交及出租汽车 2017年宁远县率先在全市实现新能源纯电动绿色环保公交车城区全覆盖。宁远县绿色公交城乡客运一体化建设，是县委、县政府积极响应国家新能源发展战略，大力推动的一项惠民工程，项目于2017年7月启动，拟投资资金2亿余元，计划用3年时间购置300台新能源纯电动绿色环保公交车，对全县现有城乡客运车辆实施公交化改造，于2016年12月底，投入资金8000余万元，新购纯电动公交车123台，对原来的40余台柴油公交全部进行更换，调整增加公交线路8条，宁远县进入低噪音、零排放、低碳、环保的“绿色公交”县城。2017年城市公交车辆燃油补贴金额192万元。更新城市出租汽车100台，2017年发放出租汽车燃油补贴金额192万元。

■道路运输市场 2017年宁远县审验货运车辆879台，客运车辆478台，教练车269台，新增货运车辆387台，新增教练车183台。政财政拨付37.3万元免费为293台农村客运车辆安装卫星定位车载终端，提升安全监管科技水平。2017年补贴农村客运车辆燃油金额907万元。截自2017年，全县拥有从事各类机动车驾驶培训机构13所，其中：一级驾培机构一所，二级驾培机构一所，三级驾培机构11所，拥有教练车数量为小车401台，大车9台，共计410台。全县驾培机构年培训能力为24600人左右。

■道路运输市场安全监管 2017年宁远县交通局深刻汲取祁阳县“2·21”较大交通事故教训，切实加强交通运输行业安全生产大检查和隐患治理“一单四制”制度的贯彻落实工作。根据市、县安委会的统一部署，组织开展道路交通秩序集中整治“百日大会战”行动，开展交通运输行业“打非治违”专项整治行动和道路运输安全生产“大排查、大管控、大整治”专项行动，全年共排查、治理道路运输安全隐患25个，水路运输安全隐患5个，公路及施工安全隐患32个；共注销驾驶员道路从业资格证9本，强制停运整顿车辆26台，责令停业整顿企业1家，清理注销营运车辆道路运输证164本。道路运输“隐患清零”工作获得省厅的表扬，安全生产工作得到应有保障。

■城市客运市场整治 2017年，宁远县加大整治县城非法客运工作，从公安交警等相关部门抽调人员，组成20余人的联合执法队伍，开展专项整治，全年共出动宣传和执法车1200余趟次，出动执法人员6000人次，检查车辆4000余台次，查处非法营运小车11辆、三轮摩托车34台、二轮摩托车826台，纠正违章车辆1521台次，拆除遮阳伞1800余把，有力地打击了城区交通违法违规行为，交通秩序得到明显改善。为营造安全、畅通、文明、和谐的城市交通环境，塑造文明城市良好形象打下了基础。

（黄文武）

道路运输

■春运工作 2017年春运期间，宁远县投入客运车辆400余台，开行班次2.9万多个，完成旅客运量70.5万人次。春运期间，没有发生人员伤亡和重大责任事故。

（陈治海）

■道路营运车辆审验 2017年度道路营运车辆审验工作于1月1日启动，宁远县道路运输管理所组织召开营运车辆审验工作专题会，将工作的各项内容落实到相关责任人，坚持“谁签字、谁盖章、谁负责”的工作责任制，按照市处规定的审验流程和要求进行审验。将审验时间、地点、内容及程序印制成宣传单，在各客运汽车站、货运集散地散发，广泛宣传。严把车辆技术等级关，按交通行业标准《营运车辆技术等级划分及等级评定》对车辆逐一进行技术等级评定，达不到相应要求的，不予年审。全面落实承运人责任险，按照省局、市处要求，承运人险投保情况作为年审的重要内容，险种必须为“承运人责任险”，凡未投保或未足额投保、到期未续保和未按规定要求投保的一律认定为审验不合格。所有客运车辆及重型货车和牵引车按规定全部安装卫星定位车载终端，且必须接入《湖南省重点营运车辆公共服务平台》，否则一律不予年审。至10月底，按要求审验货运车辆879台，客运车辆478台，教练车269台，新增货运车辆387台，新增教练车183台。拨付37.3万元免费为293台车辆安装卫星定位车载终端。

（李芬）

■道路运输驾驶员诚信考核 2017年，宁远县道路运输管理所继续对宁远籍已取得经营性道路客货运输和危险货物运输从业资格的驾驶员开展诚信考核，并按照市运管处要求，凡在两年内未参加继续教育或继续教育考试不合格的，一律不予参加诚信考核。截至10月底，共考核客货运驾驶员1000余名，并对800余名农村客货运驾驶员进行再教育培训。

（李芬）

■道路运输安全监管 2017年，宁远县进一步加大安全经费投入用于安全生产“大排查、大管控、大整治”专项行动，深入宣传安全生产法律、法规，普及安全知识。继续全面落实安全监管的“党政同责”“一岗双责”责任制。按照“谁主管、谁负责”“管行业必须管安全”“管生产经营必须管安全”的原则，落实相应的安全生产工作责任。继续督促指导企业组织开办安全培训班，全面提高企业安全管理人员和生产人员其安全意识和安全素质。继续督促客运企业严格遵守《道路运输车辆动态监督管理办法》，严防驾驶员超速、超载行驶。继续做好安全监管的各项基础工作，督促指导企业站场统一使用市处印制的道路运输安全管理基础工作文本，建立健全各项安全管理制度。继续加强客运线路监管，落实客运线路监管责任制，严格按照《关于调整〈宁远县道路运输安全生产监督检查工作制度〉的通知》要求上路查车，及时掌握各条客运线路动态，发现问题立即上报解决，把隐患和矛盾纠纷消灭在萌芽状态。

截至10月底，全所共检查道路运输企业190余家次、维修厂130余家次、驾培学校60家次，客运车辆1000余台次，交办407余起各类待整改落实的安全隐患。“隐患清零”行动开展以来，全县“两客一危”重点企业已召开安全例会及驾驶员教育培训40余次，收集上报隐患400余处，制作宣传标语100余幅，张贴“五不两确保”安全标志500余幅，“打非治违”宣传标记30余幅，参与人员达1000余人。到10月底，全县共注（吊）销驾驶员道路从业资格证1本，停运整顿车辆4台，清理注销二年以上未年审车辆和异地经营三个月以上车辆道路运输证4本。全县道路运输行业没有发生一起较大以上道路交通安全责任事故，也没有发生一起因运输纠纷造成的恶性事件。

（陈治海）

■道路运输市场整治 2017年宁远县道路运输管理所继续深入开展安生生产“打非治违”专项行动，进一步规范道路运输市场经营秩序，至10月底，完成非税任务32万元。规范驾驶员培训市场秩序，打造健康有序、公平竞争的驾校市场环境，对挂靠经营、异地培训、超范围经营以及擅自从事驾驶培训业务等违法违规经营行为，按照“露头就打、重拳出击”的原则，依法进行清理整顿。至10月底，共纠正违法违规经营行为130余起、查扣非法教学车辆11台次。为深刻汲取“2·21”较大交通事故教训，按照宁远县委、县政府《宁远县道路交通秩序集中整治“百日大会战”工作方案》要求，运管所于2017年2月24日起组织开展道路交通秩序集中整治“百日大会战”行动，联合交警、农机、安监等部门组成4个联合稽查组，从严查处超载、超速、非法运输危险货物、超越许可事项经营等违法违规行为，对农村客运车辆、三轮车、非法营运面的车、校车、外籍旅游车等五类车辆的非法经营行为给予严厉打击。联合稽查组共组织道路运输“打非治违”集中执法26次，出动执法人员620人次，检查各类车辆1627辆次，查出违法经营行为36起，查扣非法运营车辆4辆、非法从事危货运输车辆1台，进驻货运源头企业检查18家，排查交办各类隐患4个。

（陈治海）

■扶贫工作 2017年，按照精准扶贫的要求，宁远县道路运输管理所组成4人扶贫工作小组进驻扶贫联系点大塘漯村，对建档立卡的每个贫困户因人因户施策，明确专人落实帮扶责任和措施，建立结对帮扶机制。启动捐款计划。运管所领导成员每人捐款600元、每个党员捐款400元、一般工作人员捐款200元，专项用于贫困户脱贫。由所里出资购买鸭苗500只，分别赠与村里44户建档立卡户饲养，进行养殖扶贫。推行“雨露计划”，加大国家“雨露计划”政策的宣贯力度，对贫困户和其他村民进行技术培训，增强其自我“造血”功能。改造村综合活动中心，接入电脑和打印机，通广播；筹备修建篮球场，安装体育设施，设施到位；筹划新建医务室、幼儿园；筹措资金为村里安装20盏太阳能路灯；投资9.69万元新建鸡公庙断头路300米；投资58万元完成饮水工程建设、自来水改造；新修建山塘2口，消防塘3口，饮水源保护3处；投资57万元用于窄路加宽5公里；投资70余万元完成农网改造工程建设。

（蒋海波）

■内部管理 2017年宁远县道路运输管理所建立健全各项规章制度，进一步完善考勤及请销假、工作作风等管理规定，要求上班时间必须着装整齐。制定年度目标管理考核方案，成立考核督察组，至10月底，共突击督查15次。加强业务素质培训，组织所有执法人员开展有关法律、法规的教育培训，推进依法行政，依法治运。所有参考工作人员都以优秀成绩过关。按照《宁远县道路运输行业开展“强素质、正行风、优服务、树形象”创建活动实施方案》，继续开展以“爱岗敬业、诚实守信、服务优质、奉献社会”为宗旨的“强素质、正行风、优服务、树形象”的创建活动。继续加强政风行风建设，结合“两学一做”活动，发挥党员先锋带头作用，带动全所人员牢固树立全心全意为人民服务的观念。

（何清）

公路建设管理

■概况 1978年，宁远县设公路段，隶属零陵地区公路总段，负责公路养护。1987年1月，组建公路派出所负责路政管理和安全工作。至此，公路段内设机构有生产股、政工股、机料股、财务股、养路费征收站、公路派出所和办公室。1995年1月，县公路养护段更名为县公路局，养路工班改称公路管理站。2002年，公路局机构改革后设办公室，财务股、政工股、机务股、路政股、生产股、收费站。2003年，县公路局下辖22个公路管理站。2004年7月，经湖南省人民政府批准设置十里铺车辆超限超载监测站。2011年7月，因交通运输管理体质改革，县公路局下放到县人民政府管理。2017年1月，成立中共宁远县公路局党组，至此，宁远县公路局内设机构：办公室、政工股、工程建设股、公路养护股、公路路政股、计划财务股、法制安全股。所属事业单位：宁远县公路局公路养护站，下设清水桥、十里铺、禾亭许家、永安、岭头源、梅岗、官桥八个道班。2017年，公路局干部职工共有130人。2017年，宁远县公路局获永州市政府治超工作先进集体、干线公路养护管理考核三等奖，市公路系统目标管理综合考核先进单位、市公路系统安全生产目标管理先进单位、市创“绿色、洁美、畅安、文明”普通干线公路专项活动三等奖。

■抗洪抢险 2017年6月28日至7月6日，宁远县部分地区遭遇罕见强降雨造成山洪暴发。县局所辖公路、桥梁受损严重，X040线K20+500-700路段发生重大滑坡、X039线K56+500-K59+500段路面冲毁，S216线江溪塔高架桥桩基冲空、X040线上村洞桥冲毁、X039线蛟源大桥桥台基础冲空、S215线汗河里中桥桥台基础冲空，造成公路通行受阻。面对洪灾，全局快速反应，领导靠前指挥，组织抢险人员，调集装载机、自卸车等机械设备积极开展抢险救灾，并以最快速度抢通受阻公路，为全县抗洪救灾取得全面胜利发挥重要作用。洪灾中共清理塌方23000立方米，整治倒伏路树24处，填补坑槽约1200立方米，疏通排水沟700米，疏通涵洞84处，设立安全示警标志牌92块40处。

■公路养护 2017年，宁远县公路局开展雨季养护竞赛和“四个专项”等活动，促使干线公路好路率、优良路率稳步提升。累计投入保洁专项资金近57万余元、人工近2500人次，机扫220余次，确保公路“畅、安、舒、美、安”；加大奖惩和日常考核督查力度，提升养护管理水平，有效降低了养护成本。切实做好公路“绿色”文章，投入绿化资金18余万元，完成公路行道树补植1200余棵，新建绿化景观两处。加强安全隐患整改，结合交通“百日安全大会战”行动，共投入150余万元用于完善干、支线公路安全防护设施，新建安全标线8500平方米、防撞墙790米、波形护栏710米、减速标线36处，排除化解公路安全隐患近114处。截至12月底，共投入日常养护资金325万元，圆满完成县委、政府下达的路况指标任务。

■项目建设 2017年，宁远县公路局通过强化安全，严格管理，加快舜阳大道新美雅陶瓷至华荣鞋业道路改扩建工程建设，2017年该项目基本完成路面建设、人行道铺设、绿化、亮化工程，预计投资6500余万元。完成宁凤线（欧家加油站—五里沟段）改造工程的勘测设计、预算、环评等前期工作。该项目全长5.377公里，总投资额为6914.73万元。8月份启动G357线〈原宁嘉公路〉大中修改造项目，该项目总投资526.52万元，全长2.5公里，年底已基本完工。9月底，启动X048线太平至岭头源公路大中修改造项目，该项目总投资703万元，长4.715公里，路面宽7米，年底建成通车。11月份启动G357线〈原宁嘉公路〉路基灾毁工程，项目总投资385.06万元。全长130米，年底建成通车。

■路政管理 2017年宁远县公路局路政大队在全县范围内开展了“路政宣传日”“非公标志专项整治”“违法棚屋专项整治”以及“违法接道专项整治”等4个专项集中整治行动。针对非法改装和超限超载车辆，联合公安交警、交通运管、安监、住建、城管、高速交警等部门重点开展“春雷行动”和“凌晨行动”。全年累计制止违法建筑42处，拆除临时厂棚27处、强制拆除“钉子户”1处、清除路障491处、拆除非公路标志951块，受理处罚案件7起、处理案件19起，检测货运车辆29150台次，处罚超限违法车辆71台次，强制对112台超限车辆进行卸载，卸载货物455吨，其中，“春雷行动”和“凌晨行动”中共出动执勤人员1700余人次，查处非法超限超载车辆182台次，卸载1659吨，路政案件结案率达98%以上，超限超载率下降至0.2%以下。2017年，宁远县治理车辆超限超载工作被市人民政府评为“治超工作先进集体”。

■扶贫攻坚 2017年宁远县公路局结对帮扶五龙山瑶族乡大坝村和柏家坪镇蔡地里村。分别派驻扶贫工作队驻村帮扶，驻村工作队进驻以来，全局88名干部职工按要求与2个村的贫困户进行结对帮扶，并在限期内对所有贫困户进行走访了解、慰问，并根据实际情况对每家贫困户都分别制定帮扶计划，认真填写、完善档案资料及扶贫手册。驻大坝村工作队因地制宜为该村制定产业脱贫规划，帮助成立1个竹笋加工厂和1个村级农民专业合作社，蔡地里村新建1个油茶基地。全年共投入160余万元用于两个联系村基础设施建设，大坝村新修一条水泥路，两各通达公路；蔡地里村对村道进行了扩宽改造，两个村共有113户易地搬迁安置户迁入新居。

（熊林）

邮　　政

■概况 1949年12月2日，宁远县人民政府接管邮政局。1951年5月，邮政、电信合并，成立邮电局。1969年12月，电信局分出。1973年8月，邮、电再次合并。1988年底，邮电局下设支局8个，邮政所3个。1998年9月30日，邮政、电信分开，分设为邮政局和电信局，下辖机构随同分开。1998年10月1日，宁远县邮政局挂牌成立，定为国有企业，归永州市邮政局管理。2003年，县邮政局设综合办公室、经营服务部2个职能部门，以及邮政营业中心、储汇业务中心，发行配送中心、大客户营销中心、集邮业务中心、广告业务中心、中心所，九嶷路储蓄所和桐山路储蓄所9个生产部门，下辖水市、湾井、冷水、太平、禾亭、仁和、中和、柏家坪、清水桥、鲤溪10个支局。2017年，宁远县邮政分公司下辖10个农村支局；县公司设综合部、市场经营部、金融业务部、集邮与文化传媒部、渠道平台部、包裹快递部、揽投部；县城有3个营业所。全局年末从业人员224人，其中在岗职工94人、聘用工37人、劳务工45人、借调入1人，离岗分流2人、退休职工45人。年末总资产23.24亿元。

2017年，完成业务收入4885.54万元，为年计划的101.78%，同比增长12.37%，收入进度排全市第3名。邮务类收入完成852.47万元，为年计划的100.24%，其中函件收入99.92万元，为年计划的99.92%；包件收入完成185.02万元，为年计划的84.87%；集邮收入完成86.36万元，为年计划的119.95%；报刊收入完成327.9万元，为年计划的95.6%。金融类业务收入完成3105.08万元（含保险180.07万元），为年计划的95.22%。速递物流收入完成416.63万元，为年计划的81.85%，其中窗口代理速递收入业务收入完成18.31万元，为年计划的41.6%；分销与配送收入完成231.62万元，为年计划的105.28%。电子邮政收入（信息业务）完成249万元，为年计划的78.55%。其他业务收入10.35万元，为年计划的49.29%。

■金融代理业务 2017年，宁远县邮政局为提高市场竞争力，对全县邮储网点全面装修改造，转变营销方式，强化管理，统筹发展。全年共代付财政粮补资金4300余万元，代付低保、五保扶贫资金5500余万元；年底，个人存款总额达237830万元，活期占比39.96%，全年累计新增存款余额39669万元，市场占有率为17.45%。

■三农业务 2017年，宁远县邮政局加快渠道建设，做好绿色走廊和旗舰店的建设，利用县邮政网络渠道积极抢占市场占有率；加大营销力度，利用乡镇赶集日人多的优势，组织营销人员下乡召开农资产品推介会，现场促销。结合生产经营旺季抓好劳动竞赛，根据不同的季节拟定以肥料、农药、节假日邮购产品销售等为主的竞赛政策，提高营销人员积极性，以机制促发展，对所属分销负责人、投递员下达一定的三农销售额，为他们带来创收。通过努力，全年三农收入完成331.62万元为年计划的101.59%，其中肥料销售33吨，收入7.26万元；邮购分销额253万元，收入224.36万元。

（何宁刚）

中国电信宁远分公司

■概况 1998年10月1日，宁远县电信局挂牌成立，为国有企业，正科级单位，归口永州市电信局管理。内设综合办公室、维护工程部、市场经营部。辖生活服务公司、车队、工程公司、水泥电杆厂、器材公司、报话中心、收费中心、监控中心、设备维护中心、障碍查询受理中心、电缆维护中心、障碍查收中心和各基层支局，有职工106人。1999年7月，移动通信业务分离，成立湖南移动通信有限责任公司永州公司宁远营业部。2003年，电信局所属机构改为营维、业务处理、公话声讯、营业收费、大客户服务、商业客户服务、设备维护、线路维护、记费老欠费追缴等10个中心，有柏家坪、清水桥、冷水、鲤溪、九嶷、中和、水市、禾亭、太平、仁和、天堂11个支局，39个交换网点，职工72人。2017年有在职员工84人，退休退养50人，其中领导成员3人，管理人员3人，具有大中专学历以上文化程度的60人，具有专业技术中级职称的8人，初级职称的33人。机构设置为二部一室（即办公室\工会、销售服务部、网络部），下设7个生产班组，11个农村支局。2017年度荣获湖南省电信公司“天翼先锋双提升称号”，永州市“抗洪抢险先进单位”、永州电信“抗洪抢险先进集体”、永州电信“先进基层党组织”、永州电信“纪检监察先进单位”等称号。

■光网建设 2017年宁远电信公司投入350万元，完成盛达花园等79处新建楼盘、新建房的光网开通，新增光分箱608个，新增端口6264个。农村投入331万元，完成11个支局160个村的光网开通，新增光分箱624个，新增端口6193个。异地扶贫搬迁投入120万元，完成24个小区的光网建设开通，新增光分箱402个，新增端口1616个。县城完成10个机房的MA5800设备开通，为县城200M宽带用户提供网络保障。农村支局完成PON口扩容320个，支撑支局业务发展。县城及5个支局的万兆上行改造全部完成，保证高带宽用户的发展。完成县城波分环和2个农村波分环的建设，实现了OLT设备70%环路保护，更换6个农村支局的电池，更换县城和冷水的电源设备，提高用户的感知。完成信用社等36家单位迁移开通。完成公安监控1900多个网点和人脸识别400多个点的开通。完成教育财政网、村村响工程、乡村政务外网等各种专线业务的开通。为大客户提供有力支撑。基站建设：新建C网基站25个，800M基站34个，调整优化开通中和库里、九疑山紫江村牛头江基站。

■客户服务 2017年公司以“用户至上、用心服务”为理念，参与政风行风建设，不断规范市场、资费及收费行为，加强用户信息安全、网络安全和信息化建设。4G和宽带两个重点产品持续贯标。提升重点区域的4G网络质量，将电子渠道作为服务4G用户的服务主渠道，对终端售后服务延伸；提升宽带投诉重点区域网络质量，对宽带装维全流程时间管控，优化现场流程，完善支撑体系，提升工作效率。五大体系推进服务质量管控。通过投诉预防体系、集中服务工单管控体系、投诉处理定责评估体系、客户服务分析管控体系、客户体验及感知管控体系，做好服务事前防范、事中监督和事后管控。

■内部管理 2017年，公司与各部门签订安全生产责任状；通过各种会议及实际工作中时时处处讲安全，加大安全生产的宣传、灌输，加强对员工的管理，增强员工的安全生产意识，2017年全年无安全生产事故；加强对驾驶员的培训、加强车辆管理，全年车辆安全行驶20余万公里，无安全事故。

■应急保障 2017年6月底，宁远持续遭遇强暴雨袭击，造成历史罕见的洪涝灾害。五龙山、柏家坪、清水桥、桐木漯等乡镇通信设施损毁严重，倒杆2679根，断杆369根，损坏钢绞线23公里，损毁各类光、电缆133.93皮长公里，中断一级干线光缆1处。损坏接入网设备15处、接入网电池5组、小油机进水损坏5台，中断固定电话727户，移动电话645户、宽带469户。灾害发生后，宁远公司紧急部署，快速启动紧急抢险方案，全面加强人、财、物的调度。各部门全面投入救灾工作，组织广大员工奔赴抗洪抢险保通信的第一线，守护着通信生命线安全畅通，在运营商中率先恢复灾区通信。被永州市委、市政府授予"抗洪抢险先进单位"。

■扶贫工作 2017年宁远电信公司作为国有企业，长期履行普遍服务的社会责任，努力为农村贫困人口搭建脱贫致富的信息通路。公司选拔两名干部驻点扶贫，公司领导成员多次实地上门扶贫，加强贫困边远山区的通信建设，让那里网络覆盖到位、信号没有盲区，近两年，公司在光网建设投入资金达200余万元，为贫困村布放光缆20公里，开通光网端口180个，建成无线基站2座，为村民免费开工光网电视80余户，向贫困家庭赠送IPTV光网电视，并向村民们赠送电视机、电脑及音响设备等。公司党组织，开展天翼扶贫助学活动，以一对一、一对多的方式自愿认捐57名贫困学生，所需助学经费57400元全部到位。

中国移动宁远分公司

■概况 1999年，宁远移动通信业务从邮电局分离出来，组建湖南移动通信有限公司（移动公司）永州分公司宁远营业部，开展县内移动通信业务。2001年1月，开通GSM数字移动电话。2002年，移动通信业务增设1258移动秘书服务、大客户STK卡、集团短信、移动IP充值卡、移动IP记账卡、17951移动直通车、交费卡、移动梦网，移动短信超市、移动电邮、GPRS手机上网、随E行、彩信彩铃等业务。至2003年底移动公司宁远营业部建成营业厅8个，移动代办点26个，移动基站39个，其中县城基站10个，农村基站29个，直放站4个。全县有移动用户4万户。2017年宁远县移动分公司4G网络建设和家庭宽带能力建设被纳入县委、县政府的重点项目。

■基站建设 2017年投资6263万元，新增LTE四期工程、行政村工程以及LTE5.1期工程、D+F工程总计开通240个；蜂窝网NB工程总计开通59个；2G弱覆盖和2016年满意100总计开通93个；皮站开通7个。

■传输网 2017年投资300万元，2017年新建传输弱电管道17.05公里；光缆线路2531.53皮长公里，新增231.53皮长公里。

■宽带网络 2017年投资1820万元，新增驻地网小区267个，建设端口27720个，2017年新建端口较2016年同比增长28%，覆盖用户8.34万余户。宽带用户累计净增0.89万户，全县乡镇通光缆率、乡镇通宽带率均达到100%，行政村通宽带率达85%。

■通信服务 2017年完成运营收入1.5222亿元，较上年增幅8.73%；宁远移动手机客户21.92万户，占总手机客户的61.55%；其中4G客户11.97万户。宽带客户达到17552户，全年新增8973户，增长幅度达到104%。全县共有移动网点140家，覆盖所有乡镇，以及超千人的行政村，帮助客户办理缴费、开户、业务变更、手机销售、宽带入户等业务，加快全县人民的信息化进程。

（郑会芳）

中国联通宁远分公司

■**概况** 2001年10月23日，中国联合网络通信有限公司宁远分公司成立（又称宁远联通分公司）。2008年11月，宁远联通分公司从宁远县九嶷中路95号，搬迁至宁远县泠江中路295号自有办公楼办公。是中国联合网络通信有限公司在宁远县的分支机构，承接在宁远的基础通信建设、运营和业务发展及客户服务工作。主要经营：移网业务、宽带业务、电视业务、单位DIA专业线及电路出租业务等。现有员工43人，合作代理渠道达到42家以上。

■**市场发展** 2017年，宁远联通公司通过持续夯实合作渠道基础，分阶段抓节奏推进各项营销工作，大力拓展集客市场及家庭宽带市场。全网收入及出账用户较去年呈现了较大的上升趋势。重视核心渠道的建、管、养，全年以提升各渠道的店面形象做为重要工作来执行。同时把产品做了侧重，将产品聚焦到冰激凌融合套餐，冰激凌套餐、2I2C发展，紧密联合厂商渠道终端销售。2017年家庭宽带收入360万元，综合主营收入达到2640万元。

■**提速降费** 2017年，宁远联通按照年度制定的目标，开展宽带用户提速活动，结合用户接入方式及入网情况对新老用户进行普遍免费提速至100M，目前用户平均网速已达到40M以上，全力打造固移融合全无限产品。向用户提供主流互联网视频产品的标清免流服务。全面降低涵盖全球224个国家/地区的国际长途直拨资费，最高降幅94%；大幅降低互联网专线资费，持续提升中小企业服务，助推中小企业双创发展。

■**网络覆盖** 2017年，新增169个行政村宽带网络覆盖；根据市局“396”和“407”LTE4G建设规划任务，完成宁远新建并开通基站112个；新增宁远局出口带宽扩容20，现总带宽值40G带宽容量。共投资317万元，建设端口5000个，乡镇一级覆盖率100%。2017年公司积极响应国家乡村振兴工作的号召，大力推进农村宽带建设。行政村一级覆盖率已覆盖至94%，较去年新开通17个村，年底成功招投标省通管局第三批普遍服务行政村。移网用户4G上网速率平均值为50Mbps。经营绩效名列全市前茅。

■**精准扶贫** 2017年，公司积极响应党和政府号召，主动投身到精准扶贫工作中来。精心打造农业信息工程，大力推动农业、农村信息化，推动信息技术与农业、农村全面深度融合，引领和驱动宁远农业现代化发展，拓宽农业发展、农民致富的路径，助力脱贫攻坚工作。加大贫困村通信设施建设。新增秀辈村，下古溪村，冷水洞村等贫困村基站12个，为贫困户解决通信难题，为贫困村产业的发展提供信息化保障；加强贫困村网络运营维护。公司抽调8名精干的专业技术人才，对贫困村的通信网络进行维护管理，有效地覆盖56个贫困村的4G网络和升级任务。根据宽带进村发展战略和通信普遍服务任务建设要求，新增开通贫困村8个宽带项目，有效解决25个贫困村宽带网络覆盖要求。宽带业务通过大幅降费精准扶贫团购，让用户得到实惠。

财税·金融

财　　政

■概况　1949年11月为财粮科。1951年改财政科。1958—1973年间多次与税务合分。1979年1月，撤销宁远县革命委员会财税局，分设财政局和税务局。1981年1月，改为宁远县人民政府财政局，内设人秘股、预算股、企财股、农财股、监察股。1986年3月，设立9个区财政室。1995年，内设机构增至15个，当年全县撤区并乡建镇，组建17个乡镇财政所。2002年，县财政局内设机构16个，即办公室、预算股、社保股、采购中心、非税收入中心、经济建设股、会计管理股、产权统计评价股、农税股、行政股、监察股、政工股、农财股、工交商贸外经财务管理股、工资统发中心、会计核算中心。辖17个乡镇财政所。

2017年，设18个内设机构：办公室、预算股、综合规划股、税政法规股、行政政法及教科文股、经济建设股、农业股、社会保障股、工交商贸外经股、金融与债务股、会计股、国有资产管理办公室、政府采购监督管理办公室、财政监督检查股、政工股、绩效管理股、国库股、农村综合改革办公室。所属事业单位8个：农业综合开发办、乡镇财政管理局、非税收入征收管理局、国库集中支付中心、工资统发中心、会计函授站、财政投资评审中心、财政局工业园区分局。辖4个街道财政所、16个乡镇财政所。

■财政收入　2017年，全县财政总收入完成16.46亿元，增长19.74%，全市第四位，比上年递进一位。收入规模列全省48个可比县第一位；非税收入完成2.67亿元，占地方收入比为23.7%，质量列全市第2位，列全省48个可比县的第2位；税收收入完成13.79亿元，占总收入比重为83.8%，比上年增长4.72个百分点，列全省48个可比县的第6位。

■财政支出　2017年，全县财政总支出完成52.61亿元，同比增加10.73万元，增长25.61%，其中一般预算支出累计完成47.07亿元，同比增加70327万元，增长17.57%，用于民生领域和改善民生的支出达36.35亿元，占公共财政预算支出的77.23%。基金预算支出完成5.53亿元，同比增加200.46%。

■预算管理　加强全口径预算管理，建立健全一般公共预算、政府性基金预算、社会保险基金预算统筹协调的全口径政府预算体系。按照“二上二下”的编制方法，完成112个县直预算单位、100学校、18所卫生院的部门预算编审汇总工作，及时将总预算和部门预算编印成册，报县政府常务会、县委常委会议讨论后，提交县人大财经委初审，再报人大常委会正式审议通过。建立预算公开涉密清单制度，涉密事项上清单，清单之外全公开，除涉密信息外，全县112个县直单位预算、95个县直单位决算情况，通过政府门户网按时、按质向社会全面公开。

■**存量资金管理** 2017年，加强财政存量资金清理和检查，严格落实财政存量资金定期报告制度，对“三公”经费、办公性行政经费、无需支出的项目支出结转结余资金和连续结转两年以上的资金一律收回，在调入预算稳定调节基金或者不改变资金类别科目用途的基础上，报县政府审批后合理调整使用方向，有序投入亟需项目。全年累计消化存量资金4.7亿元，收回财政存量资金调入预算稳定调节基金1.6亿元。

■**涉农资金管理** 2017年，以县为主搭建财政涉农资金整合使用管理平台，制定出台《关于推进统筹整合使用财政涉农资金工作实施意见》《涉农资金整合使用管理办法》等政策措施，构建“多个渠道引水、一个龙头放水”的财政涉农资金整合投入机制，通过“联渠引水”，化“零钱”为“整钱”，为打赢脱贫攻坚战役备足资金“弹药”。全年共整合涉农资金5.01亿元，其中中央层面资金1.18亿元、省级层面资金2.91亿元、县级层面资金0.92亿元。

■**财源培植** 2017年，充分运用财税政策，强化财政职能，增强财政增收支撑力。投入园区建设资金4.26亿元，完善园区基础设施，承接产业转移。安排1.16亿元用于产业发展扶持和新型工业化引导，支持实施传统产业改造升级、新兴产业培育“两大计划”。全年投入5244万元支持舜帝陵创国家AAAAA景区和全域旅游发展，全年全县接待旅客量、旅游收入分别增长30%和18%。投入现代农业发展资金1150万元，用于现代农业产业扶持和烤烟发展。全力以赴跑项争资，全年共到位上级转移支付33.14亿元，新增债券2.78亿元，置换债券5.93亿元，促进全县经济平稳较快发展。充分发挥财政资金引导作用，通过城建投、产建投、农建投、旅建投等公司，拓宽融资渠道，争取更多信贷投放，总资产规模达到110亿元以上，信用等级达到AA级，有效缓解“三区”建设资金瓶颈问题。

■**财政监督检查** 2017年，开展会计基础工作规范化、内控制度和会计监督检查，全县205个单位完成自查自纠并上交自查报告，并按照不低于10%的比例对法院等20个单位进行重点检查，对文庙街道办、二中、食品药品工商质量监督管理局三个单位的2016年度财务收支进行会计监督检查。针对检查中发现的问题，下达10份整改通知书、1份处理决定书，并督促整改落实到位。对东溪街道办、舜陵街道办、九疑山瑶族乡、太平镇、清水桥镇5个乡镇（街道）进行财政监督重点突击检查，主要检查银行账户管理情况、印鉴管理情况和库存现金盘点情况。对全县2017年纳入预算的112个县直部门单位和纳入2016年决算的95个县直部门单位的预决算公开情况进行专项检查。开展财政资金安全专项检查，重点检查财务岗位和人员、资金账户、资金收付、会计核算、会计集中核算向国库集中支付转轨5个方面。开展了财政扶贫资金专项检查，对宁远县2017年度财政专项扶贫和涉农整合资金项目申报、资金拨付、项目实施、会计核算等方面进行专项检查，涉及资金3.7亿元。开展湘江保护和治理“一号重点工程”专项资金重点检查，对2013年至2016年宁远县湘江保护和治理“一号重点工程”项目资金进行专项检查，涉及水利、环保、林业等9个部门，涵盖农业水源污染防治、重金属污染耕地修复、湿地保护补助等13大类、3.27亿元。开展会计事务所检查，对宁远疑山联合会计师事务所进行检查和督促整改。

■**预算绩效管理** 2017年，全县112个实行部门预算的单位全部纳入绩效目标申报范围，申报金额37.86亿元，绩效目标实行全覆盖；预算单位自行监控和财政部门重点监控同步推进，对县公安局等8家单位的2016年整体支出、县扶贫发展资金等17个重点民生项目2016年支出进行现场重点评价，涉评资金达10.46亿元。

■政府采购监管 2017年，严格执行“先预算后采购”制度，逐步完善政府采购制度体系，先后出台《宁远县人民政府关于进一步加强政府投资项目和政府采购管理的实施意见》《宁远县财政局关于进一步规范政府采购工作的通知》和《宁远县本级政府购买服务指导目录》等规范性文件，做到用制度管采、用制度管人，形成规范有序的政府采购局面。全年共完成公开招标、竞争性谈判（磋商）、询价、单一来源等政府采购金额12093.44万元（同期采购预算13341.20万元），节约资金1247.76万元，资金节约率为9.35%。

■财政投资评审 2017年，在政务中心设立受理窗口，推行项目限时办结、评审质量考核、重大项目会审等机制，逐步建立责权分明、层级有序、分工协作、务实高效的评审制度体系。全年共完成财政投资评审预（结）算项目2036个，送审金额56.5亿元，审定金额47.8亿元，净审减8.8亿元，审减率达15.6%，为全县政府投资项目建设发挥重要的保驾护航作用。

（魏毅）

国家税务

■概况 1994年9月28日，宁远县税务局分设为国家税务局、地方税务局。县国税局内设办公室、税收管理股、征收管理股、人事教育股、监察审计室、稽查局。下辖城关一所、城关二所、柏家坪、鲤溪、禾亭、太平、冷水、湾井、水市、中和等10个税务所。宁远县人民检察院在县国税局设立税务检查室。2001年6月，机构进行调整。内设科室8个，即：办公室、政工科、财务科、综合科、税政法规科、计征科、管理科、监察审计室；直属机构1个：稽查局；事业单位1个，信息中心。税侦中队并入稽查局，撤销征收分局。下设5个税务所，即：柏家坪税务所、禾亭税务所、九嶷山税务所、水市税务所、舜陵税务所。2017年，宁远县国家税务局共分设15个独立科室，其中，12个内设科室，包括办公室、人事教育科、监察室、财务科、政策法规科、税收征管科、收入核算科、纳税服务科、税源管理一科、税源管理二科、机关党委办公室、机关工会；一个派出机构：舜陵税务分局；一个事业单位：信息中心；一个下属机构：稽查局。2017年，宁远县国税局在市局和县委县政府的正确领导下，紧紧围绕全县改革发展稳定大局，聚焦依法治税、征管改革和队伍建设，各项工作实现了新发展。宁远县国税局继续保持省文明单位光荣称号，先后获得全省依法行政示范窗口单位、省税务系统联合办税先进单位、湖南省五四红旗团支部、永州市巾帼建功先进集体、宁远县先进基层党组织、宁远县普法依法治理先进单位等荣誉。基层党建、税务稽查、依法治税、纳税服务、税收征管、税收调查、教育培训工作均在全市排名靠前，综治民调和机关作风效能建设持续稳定向好。

■税收收入 2017年，宁远县国税局落实“坚决依法收好税、坚决不收过头税、坚决落实减免税、坚决打击偷骗税”的要求，提升征管主观努力度，全年共组织入库税收收入70333万元，同比增收25225万元，增长55.92%。坚守组织收入底线，全面落实国务院6项减税政策等税收优惠政策，减免各类税收9342余万元，办理出口退税6213余万元，最大程度释放政策红利。

■税收改革 2017年，宁远县国税局继续深化国地税征管体制改革，深入贯彻落实国、地税合作规范，在业务联办、税款联征、税种联管、违法联查、风险联防、信息联享、数据联用、队伍联建等多个方面取得突破性进展。推进“放管服”改革，优化办税程序，提高办税效率，简化办税事项，率先在全市全面推行“一窗一人办税”服务模式。扎实推进“互联网+税务”改革，大力推广电子税务局，纳税人电子申报率达85%。全面完成增值税发票管理新系统升级任务，发票新系统上线率100%。推广二维码便捷开票，推进住宿业、鉴证咨询业和建筑业小规模纳税人自开专用发票试点工作，有19户小规模纳税人实现自开专票。全面推行实名办税，共实名认证3947户，认证率100%。

■依法治税 2017年，宁远县国税局深入推进“两学一做”学习教育常态化、制度化，认真贯彻党的十九大精神，形成浓厚的学懂弄通十九大精神热潮，全面落实法治建设第一责任人责任，开展重大决策法制审核试点。开展对黄金票案、“海啸一号”和上游虚开和下游骗税重点“串案”打骗专项行动，全年查办200万元以上的大要案3户；100万元以上大要案2户；罚款10万元以上大要案3户，大要案查办省局授予“三等功”1人，嘉奖2人。开展行业和区域性税收专项整治。对房地产、建材、金融业、冶炼等行业开展专项整治，积极开展“打假、打虚、打骗”专项行动，共查补入库税款1266余万元。健全信用约束机制，实施纳税信用信息公示制度，共公示B级纳税人60户，C级纳税人43户，D级纳税人183户，共推送“双公示”信息245条。全面启动税收“黑名单制度”，共有3户、4人被列入“黑名单”，并实施联合惩戒。发挥纳税信用在“两代表一委员”资格审核中的把关作用，共审核取消资格3人次。

■税收征管 2017年，宁远县国税局开展政策辅导，将重点行业、高风险企业作为纳税辅导、风险提醒和检查评估的重点对象，大力宣传税收政策、重大风险和严重违法后果，提升纳税人遵从度。累计辅导重点对象纳税人552人次，纳税辅导面100%。建立风险预警机制。利用金三系统、发票电子底账、增值税发票新系统，排查营改增纳税人税负情况，对税负暂时性上升的纳税人，逐户开展结构分析，共分析数据2042笔，纠正错误数据162笔。联合开展金三数据清理，国地税共清理数据5423条，数据准确率全市第2。试行税收行业管理。建立建筑业和房地产业税费联合管理系统，实行先税后票。推行房地产项目登记制度，对房地产项目进行全程监控管理。加强部门联动，联合地税、公安、消防等十余家单位，开展室内装饰装修行业税收专项清理，入库税款1050余万元，经验全市推介。

■队伍建设 2017年，宁远县国税局深入推进“两学一做”学习教育常态化、制度化，认真贯彻党的十九大精神，形成浓厚的学懂弄通十九大精神热潮，全面强化教育培训，大力开展岗位练兵，案件讲评、业务比武和专题培训，集中举办学习培训40多期。是年，在全市国税系统“岗位大练兵业务大比武”活动中，连续4年获得全市团体第一名。推行数字人事，实现对全局干部职工工作痕迹化管理和数字化考评，全年共推送工作任务2089条，工作纪实15208条。深化国税文化建设，开展以“培育好家风，传承好家训”为主题的征文和演讲比赛活动，1篇征文获市局优胜奖，2名同志获市局演讲比赛三等奖。组织开展“最美清廉家庭”“感动湖南国税人物”“税务系统优秀青年”等评选，营造积极向上、风清气正的干事创业氛围。

（张媛媛）

地方税务

■概况 1994年9月28日，宁远县地方税务局挂牌成立，内设办公室、人事教育股、监察股、计划会计股、征收管理股、税收政策股，下辖城关、桐山、水市、湾井、冷水、太平、禾亭、中和、柏家坪、鲤溪10个地方税务所。1998年2月，将10个税务所整合为5个征收分局。1998年5月，宁远县地税局办公楼落成。1999年6月，设立宁远县公安局涉税犯罪侦查大队二中队。2017年机构内设办公室、税政法规科、征管和科技发展科、收入规划核算科、财务管理科、人事教育科、监察审计室。直属行政机构：宁远县地方税务局稽查局、宁远县地方税务局办税服务中心。直属事业机构：宁远县地方税务局信息中心；派出机构四个分局：第一、二税务分局设在县城；第三税务分局设在柏家坪镇；第四税务分局设在九疑山瑶族乡。2017年，宁远县地方税务局荣获全省地税系统先进单位、全省税务系统“一窗一人”联合办税先进单位、永州市地税系统绩效管理先进单位等多项荣誉。

■地方税收入 2017年完成各项收入7.59亿元，同比增收1.65亿元，增幅27.86%。开展税收秩序专项整治行动，全年共清理入库税款4861.44万元；同时，对全县范围内违规占地的单位和个人进行清理，入库耕地占用税330万元。

■依法治税 2017年充分发挥税务稽查作用，税警协作全面整顿和规范税收环境，全年稽查结案重点纳税人9户，移交公安立案查处5户，查补入库税款1365.8万元。12月28日，宁远县公安局派驻税务联络机制办公室正式挂牌成立。全面强化委托代征代扣工作，全年共代征代扣税款2176.5万元。

■税收征管 2017年，县局成立征管转型领导小组全面推进税收征管转型工作。以风险管理为导向，优化机构，简化流程，逐步实现从“管户制”向“管事制”转变。组建专业风险管理团队和纳税评估分局，专职研究和运行风险管理工作。全年共完成省、市局推送的风险任务299户，查补税款586.21万元。

■票证管理 加强票证的领用、填用、缴销等环节的监管，每月对用票单位，县局库存票证和代征单位的税收票证的保管和使用情况进行检查，同时添置防盗门窗、保险柜和防盗报警装置，确保票证和税款的安全。全年从市局领取各类税收票证35000份，填用各类票证34045份。

■税务稽查 稽查局采取从征管薄弱环节和纳税人反映的问题入手，落实“一案双查双报告”制度，有计划，有步骤地组织实施日常稽查和专项稽查，严厉惩治各种税收违法行为。全年共检查结案9户重点纳税户，查补入库税款1365.8万元。

■税收优惠政策落实 2017年，县地税局严格落实国家各项税收优惠政策，大力推进“放管服”改革，助推全县经济发展，积极帮扶困难企业，改善社会民生，全年共为辖区内纳税人减免地方税费7649万元。

■纳税服务 与县国税局联合举办了第26个全国税收宣传月、纳税服务日、“问需求、优服务、促改革”大走访等活动；大力实施“便民办税春风行动”，简化办税资料和流程，加强窗口人员业务培训，提高办税效率，平均办税时间缩短30%；每月10日，通过短信向纳税人进行温馨提醒申报服务；推行“首问责任制、一窗一人办税模式、一次性告知服务、免填单服务、预约服务、延时服务、限时服务和全省通办”。

■扶贫帮困 组织31名党员干部对扶贫联系点水市镇联海

洞村开展结对帮扶工作，2017年联海洞村顺利实现脱贫摘帽，87户贫困户全部脱贫，38户易地搬迁贫困户住进新家。

（谭宇）

金融监管

■概况 2017年，宁远县初步建成以政策性银行、股份制银行和地方商业银行为主体，小额贷款公司、保险、证券等机构并存的多元化金融组织体系。全县银行业金融机构9家，位居全市各县前列。小额贷款公司1家，保险机构6家，证券1家。华融湘江银行等机构分设正在筹办中。2017年宁远县金融机构各项存款余额207.9亿元，各项贷款余额116.30亿元。

■金融指标 2017年，宁远县GDP152.78亿元，同比增长8.3%，规模工业增加值34.42亿元，同比增长7%；固定资产投资190.99亿元，同比增长14%；社会消费品零售总额70.63亿元，同比增长11.5%；财政总收入16.26亿元，同比增长18.3%。2017年，全县金融机构本外币各项存款余额207.9亿元，比年初新增27.42亿元，增长15.27%；全县金融机构各项贷款余额116.30亿元，比年初新增18.22亿元，增长18.58%。存贷比55.94%，同比增加6.6个百分点。

■金融改革 2017年宁远县优化金融市场结构，3月长沙银行宁远支行正式挂牌营业；完成湖南宁远潭农商村镇银行筹建工作，2017年12月20日挂牌正式营业。

■完善金融机制 2017年通过湖南省公务员招考，录用一名有会计专长且懂金融的工作人员，专门从事金融办工作。组织政银企合作洽谈会暨金融支持“六大战役”项目对接会。同时还组织各银行机构进企业，为企业量身定制融资方案。狠抓直接融资，积极支持和推动企业上市挂牌股权融资和发行债券融资等多渠道争取资金支持。2017年，多渠道争取资金支持，全县各类金融机构融资新增18.22亿元，直接融资4.68亿元。

■优化金融生态环境 2017年，宁远县组织开展惩治恶意逃废银行债务专项活动，切实加强防范和惩治非法集资行为，金融秩序逐步规范，2017年成功创建市级金融安全区。

（李艳丽）

中国人民银行宁远支行

■概况 1949年11月宁远县人民政府接管湖南省银行宁远办事处，成立中国人民银行宁远办事处。1950年8月更名为中国人民银行宁县支行。1984年，根据中共中央关于金融体制改革的指示，撤销中国人民银行宁远支行，其业务移交中国工商银行宁远支行。1985年1月，成立中国人民银行宁远支行（以下简称宁远人行）管辖宁远、新田、蓝山3个县的银行业务。设人秘、会计、发行股。1987年设人秘、业务、会计、发行4股。2003年，宁远人行机构调整为人秘股、会计国库股、信贷统计股、货币金融股和保卫股。2017年内设人秘监察、会计国库、货币信贷与统计、货币金银和保卫共5个股室。现有干部职工29人，其中正式行员28人，操作岗位聘用制合同工1人。2017年，宁远支行结合辖区实际积极贯彻国家经济金融方针政策，支持地方经济发展，夯实基础工作，丰富履职手段，增强履职活力，履职效果不断呈现，创建省级金融精准扶贫示范县启动仪式成功举办；鑫农淮山种植专业合作社顺利通过人行长沙中支验收为全省首批省级扶贫再贷款示范点；金融创安取得阶段性成效，被授予“永州市金融安全区创建工作达标单位”称号；财政账户“双控管理”经验做法年初被人总行《国库情况反映》总第154期推介并在全市推广；在全市率先建立人民银行与检察机关县域反洗钱双边协作机制，被武汉分行《工作简报》第65期推介，支行获评“省级文明卫生单位”称号。

到2017年年底，全县各项存款余额207.9亿元，比年初净增27.4亿元、增长15.2%；各项贷款余额116.3亿元，比年初净增18.2亿元、增长18.6%；不良贷款率1.07%，连续三年保持1%左右的低位运行；全县连续两年获评“湖南省全面建设小康社会十快进县”称号；存款余额与净增额分别排全市9县第二位和第三位，贷款余额与净增额均列全市9县第二位。

■金融精准扶贫 2017年，人民银行宁远支行加快实现金融扶贫服务站全覆盖，开展“三站融合”（金融扶贫服务站、助农取款服务站和农村电商服务站融合）试点。全县119个贫困村全部建设好金融扶贫服务站，依托上述金融扶贫服务站，共发放扶贫小额贷款4.5亿元、惠及贫困农户1.13万户。选择条件相对较好的梅子窝、上下留等贫困村开展“三站融合”试点，到2017年年底试点已推广至全县29个贫困村，省里脱贫摘帽现场检查组及长沙中支专项督查对宁远县“三站融合”试点工作给予高度肯定，相关做法在《湖南经济金融信息》第16期推介。推动省级扶贫再贷款示范点创建。在成功创建4个市级扶贫再贷款的基础上，重点选择鑫农淮山种植专业合作社作为省级扶贫再贷款示范点申报对象，制定实施“五位一体”的创建方案，组织农商行利用扶贫再贷款资金优先支持其发展滴灌技术、建设产品加工基地、发展网络销售，鑫农淮山的生产经营及扶贫效果均取得大幅提升，并于2017年11月被长沙中支正式授予省级扶贫再贷款示范点称号。开展省级金融精准扶贫示范县创建。向宁远县委县政府作专题汇报，出台《宁远县人民政府办公室关于印发“宁远县金融精准扶贫示范县创建方案”的通知》，成立以常务副县长为组长的金融精准扶贫示范县建设工作领导小组，推动金融政策与扶贫、财政、产业政策的协调联动，将全县打造为金融助推区域发展和脱贫摘帽的先行区。这一做法被《湖南金融简讯》2017年第19期推介。10月10日，创建省级金融精准扶贫示范县启动仪式在文庙广场举行。

■支持地方经济转型升级 2017年支行出台《宁远县2017年货币信贷工作指导意见》，重点加强对辖内十大特色优势产业的支持、促进现代农业和金融产业扶贫取得大发展，重点加强对南部生态新城和园区企业的支持、促进工业信息化取得大突破，重点加强对九嶷山旅游区建设和现代物流的支持、促进新型服务发展取得大跨越。通过召开经济金融形势分析会、向县委政府专题汇报全国金融工作会议精神、强化宏观审慎评估（MPA）的正向激励和逆向惩戒功能等多种方式，合理引导社会预期，争取地方政府和社会各界对金融工作的理解和支持，有针对性地研究制定工作措施，引导辖内银行机构做好对接、提供配套服务，充分发挥信贷政策在推动经济结构调整中的积极作用。2017年年底，全县涉农贷款余额89.7亿元，比年初增长39%，小微企业贷款余额36.7亿元，比年初增长32%，全县GDP152.8亿元，同比增长12.3%。

■推动普惠金融发展 2017年支行加大对“创新创业”、贫困大学生等群体的金融扶持力度。年末，全县小额担保贷款余额6626万元，受益715人。优化农村金融服务环境。开展金融基础服务“村村通”工程，全年共拓展商户547户，客户1842户，交易笔数32.7万笔，交易金额3.5亿元。健全农村金融服务组织。指导、支持筹建村镇银行；对邮政储蓄银行设立“三农部”、农业银行丰富“三农事业部”功能等给予业务指导。深入开展金融知识宣传。联合扶贫办，共同组织开展全县金融精准扶贫宣传推进月活动。全年共组织金融机构开展金融知识现场宣传活动18次，发放各类宣传资料8万余份。

■金融监督管理 2017年，支行开展综合评价实现全覆盖。对全县7家银行业金融机构全部进行综合评价，县农商银行、县中国银行被评为A等，其他5家银行被评为B等。强化宏观审慎评估管理和窗口指导，今年2次对农商银行开展约见谈话，分别对其去年第四季度MPA不达标及3月20日高息融入资金进行诫勉谈话，收回再贷款2笔、金额1.3亿元。对地方法人投保机构开展存款保险风险评级，根据评级等级确定存款保险差别费率、视具体情况采取早期纠正措施，协助上级行顺利完成对农商行的风险评级及保费收缴工作。组织开展专项执法检查。先后开展个人信用报告异常查询现场核查6次、扶贫再贷款专项核查4次、人民币收付及残损人民币兑换业务和个人结算账户实名制等专项检查，共发出整改通知书12份，严厉查处辖内实名制、人民币收付业务和扶贫再贷款资金使用等违规行为，规范辖内金融秩序，维护央行权威。

■金融生态环境建设 2017年，支行主动作为或协调配合做好惩治防范非法集资活动。推动出台《宁远县社会融资与金融稳定监测预警工作实施方案》，建立健全非法集资监测统计与预警制度；携手县金融办承办全省防范非法集资“下乡进村”大型宣传活动，建立媒体宣传、市场宣传、现场宣传、柜面宣传四位一体的惩治防范非法集资宣传体系；确定非法集资五个重点领域并保持高压整治、打击；以清理整顿小额扶贫信贷分贷统还业务为着力点构建县域金融稳定联防联控机制，经验做法被《湖南金融简讯》2017年第20期推介。组织开展银企洽谈。5月份，支行联合金融办组织辖内20余家重点骨干企业参加永州市2017年政银企合作洽谈会及金融支持“六大战役”项目对接会，有10个项目达成合作意向、金额23.6亿元。稳妥有序开展信用村镇与信用企业评选与命名表彰活动，稳步做好贫困农户信用信息数据库扩面增量与推广应用。加强宁远县征信文化共建基地建设，建立“基地+互联网+信用等级+诚信税务”的联动机制，打造“诚信纳税”宁远模式，经验做法被“三湘征信”微信公众号在全省推介。通过上述措施，该县顺利跻身市级金融安全区行列于2017年11月被正式授予金融创安达标单位。

■探索实施财政账户“双控管理”模式 2017年，支行持续深入开展财政专户清理工作，全面实施财政账户“双控管理”（财政和国库两部门共同控制和管理），加强跟踪检查和业务指导，进一步完善、优化财政账户“双控管理”模式，实现财政资金的安全高效运行。对财政专户开设“双控管理”，重点对申请资料、开户银行选择和财政专户开立与使用实行“三步骤”管控。对财政专户资金进出实行“双控管理”，重点对资金拨付、资金缴库实行和专户资金余额状况控制“三环节”。对财政专户清理盘活，重点对财政专户清理、财政专户调整和专户资金盘活实行三方面“双控管理”。联合财政部门修订完善相关制度，制定具体实施方案和操作流程。2月，人总行《国库情况反映》对宁远支行的做法进行推介。9月，“双控”管理经验得到宁远县委、县政府的充分肯定，县委常委、常务副县长黄永英在《宁远县财政资金专用账户“双控管理”实施方案》作出肯定性批示：“全县各相关部门、金融机构进一步落实好此项工作，总结经验，提升水平。”8月，中支正式行文在全辖推广实施财政账户“双控管理”模式。

■推动反洗钱工作 2017年支行做好反洗钱工作日常监管，

对辖内6家银行机构、9家保险机构进行分类评级，对部分机构进行监管走访或约见谈话。宁远支行与县人民检察院建立双边协作机制，通过协作利用各自的优势和资源，相互支持配合，实现有效惩治洗钱犯罪、抑制上游犯罪动机和促进县域社会、经济和金融的稳定的目标。支行与县人民检察院签署反洗钱协作机制，加大反洗钱工作力度，与检察院加强合作，加大对洗钱及其上游犯罪案件的查处。永州市中支加强对辖内县支行反洗钱工作的协调和指导，将反洗钱协作机制工作做法在全市推广，促成县域反洗钱协作机制成为全省创新协作机制的模范。支行的经验做法，在武汉分行《工作简报》2017年第65期予以推介。

■优化金融服务 2017年支行做好辖内中行、建行、长沙银行资金归集工作。开展ACS业务网下联路由器主备切换和纵向防火墙主备切换应急演练，提高突发事件应急处置能力。做好联网取现工作。组织开户银行进行联网取现业务培训，做好系统参数维护，建立微信群，对各银行开展联网取现业务进行远程指导。全面提升经理国库水平。梳理、修订支库各项内控制度37条，认真做好二代TIPS上线运行准备和“国库会计分析系统”上线工作；加强柜面监督，加强对经收和代理非税收缴业务管理，确保国库资金安全和系统运行安全。全年办理国库业务19.29万笔、会计业务9.6万笔，金额141.01亿元，实现零差错的目标。开展辖内金融机构二维码整袋交接暨冠字号码同步流转系统上线等基础工作，加强内部管理和业务制度学习培训，确保库款安全。探索实施人民银行、商业银行、现金流量大的企业（承诺企业）“三位一体”的货币监测机制，制订实施方案，签订三方协议（人行、商业银行、企业），开展人民币整洁度及现金流向统计，推行现金纵横调剂制度，加大小面额人民币原封新券的投放力度和残损人民币的回收力度。2017年，辖内累计投放20元以下原封新券9053万元，回笼残损人民币32538万元。5个参与企业库存现金调查，残损币含量由2017年1月份的29.3%降低到目前的10.3%。相关做法被《永州金融专报》2017年第103期和湖南金融信息港市州动态推介。拓展征信管理。推动贫困农户信用信息数据库扩面增效，共为2.83万户贫困农户建立信用信息档案，评级授信1.82万户，授信总金额6.8亿元，实际发放扶贫贷款4.5亿元，居永州市首位。布设个人信用报告自助查询设备，缓解窗口压力。2016年9月，支行组织在县农商行营业部布设全县首台个人信用报告自助查询机，累计查询量达3614笔，快捷、高效的服务赢得社会各界好评。主动对接地方政府及相关部门，将个人信用报告引入至对“两代表一委员”资格审查及非公经济人士评价。全年共查询个人信用报告3275份，其中为人大代表和政协委员查询信用报告156笔。

（范元励）

工商银行宁远支行

■概况 1985年1月，中国工商银行宁远支行（以下简称县工行）。由中国人民银行宁远县支行析出，承袭原县人民银行经营的工商信贷和城镇储蓄业务，始设办公室、人事、会计、信贷、计划、出纳、储蓄、工会7股1室，辖2个储蓄所。1988年，增设保卫、稽核股和监察室。储蓄所5个。1993年，增设水市路储蓄所、文化街储蓄所。2000年，股室合并为4部1室（即人秘部、会计结算部、内控合规部、业务部和纪检监察室）。2003年，内设股室调整为人秘保卫部、业务营销部、营业管理部和纪检监察工会。2017年，中国工商银行宁远支行扩大信贷规模、增加信贷投放，丰富信贷品种，改善服务效能，增强客户体验，创新金融服务，支持地方经济发展。至2017年12月31日，全辖营业机构网点3个，在职员工总数38人。2017年，工商银行宁远支行被湖南省、永州市分行评为“先进单位”，支行营业部被省、市分行评为“先进集体”“巾帼示范岗”“青年文明号”，宁远支行团支部被省分行评为“先进团支部”。

■重点项目 2017年，工商银行宁远支行以资产业务为依托，以转型业务为突破，扩大贷款市场份额，增加贷款品种，由原来简单、单一的放贷，发展到既有贷款，又能开立国际信用证、进口押汇等多功能的国际国内融资业务，全力支持地方经济发展。2017年度累计发放各类贷款24290万元，其中福嘉综环科技股份有限公司贷款23290万元，宁远县经济开发置业有限公司1000万元。

■扶贫工作 2017年，工商银行宁远支行与宁远县人民检察院一道对宁远县中和镇杨柳田村进行帮扶。修建通村公路12.5公里，投入资金650万元；成立农业合作社黑山羊养殖基地一个，投入资金20多万元；建设三级综合服务平台一处，投入资金80多万元；架设路灯20盏，自来水实现全村全覆盖；将农网改造（杨柳田村电力改造）纳入帮扶计划。向杨柳田村派驻一名工作队员，对贫困户进行指导和帮扶。支行班子成员每人包干二户贫困户，每月至少不低于5次到村上门对贫困户进行慰问、交流、宣讲、帮扶。2017年，全村46户贫困户有45户实现脱贫。

■业务经营 2017年，中国工商银行宁远支行，各项业务持续稳健快速发展，存、贷款业务和中间业务收入均处历史最高水平。截至2017年12月31日，宁远支行各项存款余额14.17亿元，较年初下降0.08亿元。其中储蓄存款余额11.68亿元，较年初净增1.09亿元，对公存款余额2.49亿元，较年初下降1.17亿元。各项贷款余额8.82亿，其中公司贷款余额4.6亿元，较年初增加0.36亿元，个人贷款余额2.2亿元，较年初减少0.25亿元，表外融资余额1.98亿元，信用卡透支余额3.65亿元（含汽车分期贷款2.45亿元）。全年实现拨备前利润2875万元，拨备后净利润2113万元。

■提高存款同业市场占比 2017年，宁远工行在储蓄存款工作抢抓旺季业务高峰机遇，落实增存渠道和营销激励方案，为全年储蓄存款工作打下扎实的基础，同时强化公私联动和整体联动机制，做好企业高管、行政事业单位工作人员等代发工资、代收、代缴业务，培养稳定的高端客户群。发挥营业网点的业务辐射作用，全面推动银行卡等产品的扩展，开展客户挖潜和激活睡眠户专项活动，加大网点建设，加快网点转型升级，提升网点综合竞争力，扩大网点辐射面。2017年工商银行宁远支行对所有营业网点进行智能化网点改造，进一步优化劳动组合，提升网点服务营销功能，实现网点功能从核算型向服务营销型转变，改进服务渠道，有效提升对中高端客户的服务竞争能力，吸引一批优质客户。抓住财政性、社保、公积金等系统大户和重点客户。开展存款专户的营销。在合规的条件下，积极发展银行承兑汇票、国内贸易融资、进口信用证等业务，争取保证金存款。

■优化信贷结构 2017年，优化信贷结构，以稳存量、托增量为基本目标；以重实体、促消费为基本思路；以保质量、控不良为基本底线，大力发展信贷资产业务，提高经营管理水平，全力支持地方经济建设，对项目贷款加快审批进度。是年，新发放各项贷款30590万元，其中新发公司贷款24290万元，新发个人贷款1600万元，新发车贷和家装贷款3500万元，新发个人自助质押贷款和个人信用贷款1200

万元。以信贷产品创新为突破，加快信贷结构调整步伐，积极为企业融资推出适应企业生产经营需要、符合企业资金营运特点的国内贸易融资等信贷产品，推进信贷业务多元化经营，满足优质客户多元化的金融产品需求。

■抢占国际结算业务市场份额 2017年，宁远县工行切实做好华荣鞋业有限公司等存量优质国际结算客户的深度挖潜工作，扩大营销成果，大力推广国际贸易融资、保函和避险理财类等国际结算产品，争取新批的外商、外贸企业到工商银行开户，至年未新增国际结算账户56户，户户均有结算量。同时激活一批国际结算账户睡眠户，增加结算业务量。

■中间业务 2017年，宁远县工行扩大对公业务规模，大力开展国内贸易融资业务，促使全行手续费收入迅猛增长。同时拓宽个人类中间业务收入渠道，积极营销理财产品、基金和代理保险业务，加大对银行卡和贵金属产品的推广力度，量质并举，增加结算收入。全年实现中间业务收入365.4万元。

■内控管理 2017年，宁远县工行强化内控管理确保安全经营。始终坚持依法合规经营，从严治行。健全防案分析会制度和内控工作规则，开展“学规定，学纪律，防风险，保安全，促发展”教育活动，加强综合业务基础管理工作和员工的内控教育，加强高风险点管理和员工行为动态管理，全面落实案件防范责任制和各项管理措施，排除问题隐患。强化安全保卫工作，巩固和完善各类安全硬件设施和装备，加强节假日安全保卫巡查工作，严格落实防爆、防抢预案，增强处理突发事件的能力，切实遏制各类案件事故发生，确保安全经营。

（李光文）

农业银行宁远支行

■概况 1956年1月，设立中国农业银行宁远支行。1957年12月撤销，业务并入县人民银行。1964年2月再次分设，1966年1月并入县人民银行。1980年1月，中国农业银行宁远县支行（以下简称县农行）从中国人民银行宁远县支行析出，内设办公室、会计、人保、社队信贷、企业信贷、信用合作、拨款股，有营业网点17个。1987年增设为13股2室。1996年11月，农村信用社与县农行脱离行政隶属关系。12月，宁远县农业发展银行从县农行分设。2009年1月，中国农业银行股改上市，宁远县支行更名为中国农业银行股份有限公司宁远县支行，内设综合管理部、业务管理部、个人金融部、公司业务部、风险管理部、现金中心、支部营业部、大发分理处、九亿广场分理处及桐山、水市、冷水、禾亭、柏家坪营业所6个部门8个网点。

■支持地方经济建设 2017年末，宁远农行各项存款较年初净增5.23亿元，营业部为永州市农行首个个人存款净增超亿元的网点，全省排名前列，为支持地方经济信贷投放打下良好基础。各项贷款较年初净增1.33亿元，全年累计信贷投放4亿余元，其中个人贷款累计投放2.7亿元，“农民安家贷”1.4亿元、新型农业主体经营贷款0.56亿元，“宁远二中”政府购买服务项目贷款授信2.2亿元，已投放1.2亿元。完成与宁远县旅游投资开发有限公司的对接，拟以县域旅游景区收益权为质押，为该公司授信4.8亿元。

■内部风险控制 2017年，宁远农行加强不良贷款余额控制，截至年末，不良贷款余额1339万元，贷款不良率为0.8%，在可控范围之内，其中对公贷款实现“0”不良，内控合规管理被湖南省分行评价为一类行。

■网点深化转型 2017年，宁远农行通过加强网点文化、6S

管理和网点营销环境标准化建设，宁远农行网点整体形象得到较大改变，营业环境整洁温馨，走进网点让人耳目一新，2017年营业部在全国农行“神秘人”检查中进入前20位，全省排第1位。

■**民生代理工程** 2017年，宁远农行惠农补贴“一卡通”工程在仁和镇试点成功的基础上，对水市镇惠农补贴“一卡通”发卡14337张，建立15个金融扶贫服务站。全年全县惠农补贴发放460多万元。加快代理城居保项目的对接，通过与县社保部门主动对接，力促社保卡资金落地，以“五险一金”医保资金接入为切入点，把医保资金营销至本行。

■**社会责任承当** 2017年，宁远农行积极参加宁远县政府组织的“学雷锋植树”“全国文明城市创建”“全国卫生城市创建”、金融扶贫等活动。开展防假币、反诈骗知识、金融政策法规、金融业务知识普及宣传，提高广大市民金融风险防范能力，促进信用环境建设。参与扶贫工作，扶贫建卡立档贫困户18户，捐赠扶贫资金3万余元。协助县政府参与抗洪救灾，捐赠救灾资金5万余元。

建设银行宁远支行

■**概况** 1977年11月，成立中国人民建设银行宁远办事处，1979年5月撤销办事处，成立中国人民建设银行宁远县支行。至1988年有干部职工11人，主要负责基本建设拨款、发放基本建设贷款和技术更新、改造等贷款业务。1988年内部股室有办公室、信贷股、会计股、储蓄股，网点有储蓄专柜，南正街储蓄所。1992年至1994年，先后成立泠南路储蓄所、振兴储蓄所、车站储蓄所、大众储蓄所。1996年，中国人民建设银行宁远县支行更名为中国建设银行宁远县支行（简称县建行）。2003年，撤销县建行车站储蓄所、振兴储蓄所，泠南路储蓄所升格为分理处。2017年年底，县建行有营业部、泠江分理处、泠南分理处、重华路支行共4个网点。银行业务不断发展壮大，机制不断更新。2017年，中国建设银行宁远支行现有员工44人，下设3个部门4个网点，离行式自助银行6个，自助设备46台。2017年，实现一般性存款达46.83亿元，当年一般性存款新增5.28亿元，其中个人存款新增5.04亿元；对公存款余额16.09亿元；各项贷款余额19.74亿元。搞好工资代发和以财政为目标，搞好各类补贴和专项资金代发。2017年，中国建设银行宁远支行，把做好、做活宁远高中端个体经济、金融，作为发展个人存款主线。以细水长流式优质服务，加强对高中端客户的维护和服务力度，拓展建行个金发展空间。

■**打造品牌** 2017年，中国建设银行宁远支行自制电视宣传片，到车站、超市、商业服务区播放视频，发放宣传手册，为客户代写春联等各种宣传活动，大力营销建行品牌，打造建行品牌老店，使建行品牌横向拓展到全县各企事业单位、个体工商业主，经济强人，商业能人；纵向深入到重点乡镇，外出务工者。宁远支行抓宣传。抓源头。抓需求、抓信息等多管齐下，抢占先机，使建行品牌营销深入人心、走进千家万户。

■**个人金融业务发展** 2017年，中国建设银行宁远支行，突出抓电子银行、个贷、分期等战略性业务营销。通过分片区分网点的方式共营销POS商户426户，居全市系统第一；结算通卡12600余张；电话POS120余户。宁远支行的商户POS全面铺开，抢占结算市场，从源头上抓住客户。2017年，宁远建行发行个贷3.10亿元，居全市建行系统第一；信用卡分期营销8605万元，居全市建行系统第一；个人网银客户30250户，居全市系统第一；手机银行活跃客户24650户，居全市系统第一；短信客户新增8654户，居全市建行系统第二；微信银行客户新增6165户，居全市建行系统第一；全行电子银行业务交易占比达195.08%。居全市建行系统第一。

■合规内控发展 2017年，中国建设银行宁远支行部署基础工作和基层工作，内控工作，常抓不懈，做好预防。加强考核，严格管理，做好督查。按双基、内控工作总部署做好年度计划，月月安排，周周落实。打造双基文化，内控文化，释放正能量。支行通过双基教育，领导谈心、应知应会知识检测等活动，营造一种浓厚的双基文化。同时支行始终把"安全出效益，防范于未然"的理念作为一切工作重中之重。从宁远支行成立来，未发一案，未误一人，多次被评为省、市系统行业安全保卫先进单位。

（肖鹏）

中国农业发展银行宁远县支行

■概况 1996年12月，中国农业发展银行宁远县支行（以下简称县农发行）成立，属政策性银行，内设办公室、会计部、信贷部，人员全部从县农行调入。县农行、县工行的农业政策性贷款由县农发行接管。1998年5月，将农业综合开发、扶贫贷款复归县农行经营管理。2017年内设办公室、信贷业务部、会计结算部。截至2017年底，各项存款余额195，599万元，各项贷款余额221，360.32万元，总收入实现10，470.37万元，总支出1，536.37万元，账面利润实现8，934万元。基金13个，余额75，900万元。中间业务收入完成24.1万元，无不良贷款。

■存贷款业务 宁远县农发行成为辖区内金融机构和系统内业务发展最快的支行。从2014年末的各项存贷款余额分别为3012万元、23100万元开始，到2017年末各项存贷款余额分别达到了193184.38万元、221360.3万元，分别增长63.14倍、8.58倍，账面利润从225万元至2017年年末达到8934万元，增长38.71倍。县农发行居永州市系统内经营绩效考核第一名，并荣获全市系统2017年度先进单位。

■精准扶贫 落实精准扶贫的方针政策，2017年县农发行着重营销成功蓝山6.8亿元棚改项目和宁远7.9亿元两个棚改项目。2017年共累计投放项目贷款5.7亿元，分别是宁远南部新城土储项目2.5亿元，西部新城路网建设项目1.7亿元，蓝山棚改1.5亿元，促进业务稳步发展。县农发行2017年全省统贷统还异地扶贫贷款资金共拨付23485万元，政府债券资金10178万元，全年累计支付资金30055万元，共实现异地扶贫搬迁20399人，建筑面积509975平方米，建设房子4856套。

■企业文化 2017年，宁远县农发行开展"两学一做"常态化、制度化学习教育活动，使党员的思想得到净化，行为举止得到锤炼，进一步明确自己的责任和担当，纪律得到加强；根据党建要求，下半年投入3万余元，建立一个标准的党员活动室，为县农发行党支部持久开展党建工作奠定了坚实的基础；开展深入学习党的十九大精神活动，为全体党员和员工购买十九大报告等资料，认真组织学习，并要求员工结合农发行实际，如何来领会十九大精神，如何在农发行落实和体现十九大精神，明确后5年的奋斗目标。加强作风纪律教育整顿活动，通过学习教育、个人剖析、集体点评，广开言路，听取意见，员工对作风纪律教育整顿有一个新的认识，作风、纪律、责任得到加强，工作作风和态度有明显好转。巩固创家成果，2017年巩固湖南省金融模范职工之家成果，抓制度落实，抓员工关心的事，抓关心员工，关爱员工的事，抓各项活动的开展，营造一个充满生机与活力的企业文化氛围，通过复检。

（柏平舟）

中国银行宁远支行

■概况 中国银行宁远支行于2012年6月26日设立。营业地址宁远县泠江中路32号，整体经营面积440平方米。设有行长室、理财室、理想之家个人贷款中心、综合管理部等，下辖一个支行营业部。中国银行宁远支行，以服务当地经济社会为职责，以创一流银行为目标，依托雄厚的实力、成熟的产品以及热情、标准的服务，为宁远人民提供全方位、高品质的金融服务。2017年，围绕“担当社会责任，做最好银行”的指导思想，以提高经营效益为中心，努力做大、做强资产负债业务规模，增加信贷投入，全力支持宁远县域经济发展。大力发展新业务、新产品，走进农村，服务“三农”。2017年年末，各项存款余额3.05亿元，各项贷款余额4.21亿元。开办美元、欧元、日元、英镑、泰国铢等十多种外币的收付业务。全年实现各项收入共1519万元。

■经营转型 2017年，中国银行宁远支行全年拓展手机银行客户2928户，上线三台智能柜台机，有效实现引导客户线上或线下自助办理各类业务。通过大力推广手机银行、网上银行等便民电子业务，让百姓足不出户便可轻松完成转账结算。通过投入高新技术设备，有效地释放柜台人力资源，稳步推进业务转型。

■各项贷款 2017年，中国银行宁远支行强化各项信贷投入，年末贷款余额4.21亿元、信用卡透支余额4398万元。2017年，重点支持山水城、金水湾、九嶷明珠等多个楼盘按揭贷款，累计发放一手住房按揭贷款1.27亿元。

■银行卡业务 2017年，中国银行宁远支行增加信贷投入，发展新业务、新产品，累计发放各类信用卡1193张，全年累计叙做信用卡分期4195万元，信用卡透支余额4398万元。

■中间业务 2017年，中国银行宁远支行以产品为基础，继续做好客户服务，实现中间业务收入309万元。

■党建引领 强化党建工作，实化“三个融入”，以党建促进各项业务的发展和内控管理水平的提升。2017年，中国银行宁远支行党委通过抓党建、树正气，下定决心谋发展，提高员工执行力和团队战斗力，创新业务发展思路，有力促进了支行业务健康快速的发展。

■扶贫攻坚 积极配合县委宣传部，全力参与扶贫攻坚工作，全年从经费中累计投入数万元资金支持鲤溪镇白云岩村基础设施建设及产业发展，扎实落实结对帮扶的各项工作。

（邹杰）

邮政储蓄银行宁远县支行

■概况 中国邮政储蓄银行宁远县支行于2008年4月20日正式挂牌成立，下辖3个支行、12处邮政储蓄代理网点。内设3综合管理部、三农金融部、公司业务部。宁远邮储银行始终以服务县域经济发展为己任，深化改革，创新工作。针对宁远是劳务输出大县，做好务工人员回流资金的揽收。公私联动，做好涉农、社保、教育等转移支付资金的代理，坚持品种创新和服务创新，抓住推行理财、资金归集、客户答谢会等重点工作，抓好储蓄存款攻坚战，以争取有价值的私人客户为重点，大力营销零售业务。不断优化信贷结构，通过交叉验证，审贷令制度等提高信贷质量，积极争取扩大贷款规模，增强长期发展潜力。至年末，各项贷款余额达9.98亿元，比年初增加1.23亿元，其中优良客户及低风险业务的贷款占比达85%以上。

■**内部管理** 宁远县支行综合管理部负责风险管控工作、人事和财务、会计稽核等管理工作，为确保后台服务支撑落实到位，2017年度综合管理部组织开展了多项业务培训考核活动，积极参加了多次银监局、上级行、人民银行等组织的培训活动，培训内容包括业务知识、服务礼仪、反洗钱知识、反假币知识、安全保卫知识、风险管理等，进一步提升了员工的综合素质，创造了良好的企业文化氛围。同时，为加强全行安全保卫和案件防控工作，加大检查力度和监督力度，增强网点营业安全，宁远县支行2017年度组织多次应急预案演练，参加人员达49人次，并组织相关人员层层签订了《党风廉政建设责任书》《安全保卫责任书》《案件防控责任书》，掀起了合规文化的学习浪潮，创建全行的合规文化。

■**服务管理** 2017年，宁远县支行继续开展“网点标准化流程”管理工程，建立周学习制度，细化服务管理流程，通过组织网点员工利用晨会时间，积极开展集中学习网点标准化流程管理规范、服务检查、知识考评等活动，切实提高员工服务知识和服务礼仪。在厅堂服务上，对营业部支行在原有基础上扩建和装修，加大PC电脑、ATM自助银行、叫号机、打印机等硬件设施的配备，装修后的营业环境更宽敞、明亮，给客户带来更好的服务体验。

■**队伍建设** 2017年，宁远县支行组织集中学习《员工职业道德标准》，并开展了职业道德警示教育活动，切实提高员工合规经营意识；按时召开职工代表大会，认真落实行务公开、政务公开，做好职工代表的换届和选举；斥资建设了“职工之家”和“道德讲堂”，为员工营造良好的工作和生活氛围。

■**支持地方经济** 2017年，宁远县支行坚持服务“三农”、服务中小企业、服务城乡居民的国有大型零售商业银行定位，发挥邮政金融网络优势，强化内部控制，合规稳健经营，为广大城乡居民及企业提供优质金融服务，支持国民经济发展和社会进步。宁远县支行力推“两小”贷款业务的发展，即以小额贷款业务为依托，重点支持农村经济发展；以小企业贷款业务为依托，大力支持中小企业发展。开展“送信贷资金进农村”“送金融知识进基层”等活动，整合资源，先后在16个扶贫村建立“金融服务站”，以金融扶贫推动农村经济快速发展。

湖南宁远农村商业银行

■**概况** 1952年12月中国人民银行宁远支行，在太平区谢家创办信用合作社，至1955年全县信用社发展到190个。1985年3月，建立宁远县信用合作社联合社（以下简称县联社），隶属县农行，内设理事会，监察员，下设营业部对外营业。下辖信用社49个，信用站647个。1995年12月，试行独立运行，仍隶属县农行。1996年基层机构调整为信用社44个，信用分社5个，信用站270个。12月，县联社与县农行脱离行政隶属关系。1999年，营业机构调整为12个信用社，一个营业部，24个分社，569个信用站。2002年信用站减为262个，机构未变。2015年信用社改农商银行。2016年，下辖34个支行。2017年，全行各项存、贷款余额分别为53.31亿元和35.1亿元，分别较年初增长21.58%和11.26%，完成湖南省联社分配全年任务的145.57%和122.53%，存、贷款规模稳列全县金融机构第一。其中农业贷款余额34.52亿元，占比96.75，贷存比例65.85%。2017年1—12月累计发放各项贷款21.4亿元，其中农业贷款累计发放16.16亿元，占比75.51%。缴纳各项税款0.71亿元，占全县税收收入13.46

亿元的5.27%，纳税额在全县排名第二，为地方经济发展做出突出的贡献。

■**信贷工作** 2017年，宁远县农商行克服外部经济低迷、信贷有效需求下降等重重困难，紧扣地方政府工作重点，深度对接小微企业、“三区”建设及贫困农户的资金需求，坚持服务“三农”和小微企业、实体经济不走样。准确定位，围绕农村产业优化金融服务，支持农村经济发展，支持农村产业结构调整，培植壮大特色产业。安排1.5亿元信贷资金投向烤烟、蔬菜、水果、粮食等传统农业。对全县范围内的各类种、养、加大户进行全面调查摸底，及时跟进信贷服务，重点培植一批种养大户。追投信贷资金支持欧某发展种植绿色水稻，进一步做大做强“九嶷素米”品牌。对鑫农淮山种植专业合作社信贷扶持的基础上，着重配合县人民银行帮助其申报省级扶贫再贷款示范点，并成功获批。转观念，培植休闲观光农业。围绕服务旅游发展，支持各乡镇特别是县城——九嶷山沿线乡镇为主的农业园区。对开发下灌景区的李某提供贷款，支持对景区的基础建设，下灌景区为原住民提供相关延伸产业的大量就业岗位，目前该乡每个劳动力月均收入可达3000多元。围绕不同层次的信贷需求，积极创新金融产品，丰富和拓宽融资渠道。针对公职人员推出公务员·消费贷，针对个体商户、小微企业推出福祥便民卡·商快贷，免抵押，利率优惠、手续简便；针对高端客户推出福民卡（贷记卡），最高可贷200万元。为破解个人、企业贷款抵押难的问题走出了新路子，受到广大企业和客户的欢迎。

■**不良贷款清理** 2017年，宁远农商行将不良贷款处置作为工作重点。领导牵头落实责任。班子成员分片挂点，负责全行前三十大户受关注贷款清收责任，亲自与贷款户面谈，了解经营情况，根据实际情况制定化解措施和计划。加强风险监测预警。对产生风险信号贷款随时预警，及时跟踪督促，落实化解措施，限期化解风险。加大责任追究处罚。制定《不良贷款责任追究办法》《不良贷款考核办法》，明确责任；由领导班子对不良率未达标的责任人和支行长进行约谈，施加压力，并帮助出点子、想办法。对表外不良贷款开展集中清收处置，领导班子分片挂点，各相邻支行之间相互组队，机关部门与支行之间相互组队，实施“抱团取暖”，联合下发催收通知单、协调处置，成功收回部分赖账户的贷款。依法起诉催收。与律师事务所签订《合作协议》，聘请法律顾问，对金融“老赖”采取法律手段。创新资产处置方式。8月中旬，通过淘宝司法拍卖的方式，公开拍卖处置债务人房屋等资产。针对潜在有价值的客户群，通过电视广告、官方微信、公告等形式广泛宣传，成功吸引大量有实力的客户参与竞拍，有效处置一批不良资产。

■**改善网点工作环境** 2017年，宁远县农商行针对辖区大部分网点地处农村，工作环境艰苦等问题，从关心基层职工的切身利益入手，进一步完善各支行的基础设施，加速推进包括绿色小菜园、健康小食堂、温暖小浴室、爱心阅览室和技能活动室在内的“五小建设”。为基层网点营业厅、办公室、食堂等，更新、购置一批办公家具和家用、厨房电器，逐步改善基层员工工作条件和生活条件。

（刘丽辉）

中华联合财产保险股份有限公司宁远县支公司

■**概况** 中华联合财产保险股份有限公司源于新疆生产建设兵团，是全国唯一一家以“中华”冠名的保险公司，同时也是我国第二家具有独立法人资格的国有独资保险公司。目前由财政部旗下东方资产控股，注册资本为146.4亿元，居国内财险市场第二位，偿付能力充足。险种经营涵括机动车辆保险、责任保险、企业财产保险、农业保险、短期意外险及健康险等，在湖南省经营政策性农业保险的经营主体之一。2017年公司实现保费收入2657万，其中商业保险1285万，农业保险1372万，较去年同期增幅13.7%，支付各类保险赔款1419万元，缴纳各种税款180万元。2017年公司共有员工14名，专用案件勘察车辆3台，专职查勘人员3名。体现国有企业的龙头作用，认真落实国家的“三农”政策，主动承担社会管理责任，为农业生产提供风险保障。公司的市场规模、队伍力量稳居市场第二位。

■**农业保险** 自2007年以来，公司先后在宁远县承办能繁母猪保险、育肥猪保险和公益林保险、特色肉鸭等政策性农业保险业务，2017年公司农险实现保费收入1372万元，年度累计支付赔款1030万元，为全县400农业生产户提供2亿元的风险保障。在农险经营过程中，公司始终坚持合规经营底线，工作重心沉下基层，业务操作规范到位，政策宣传广泛发动，不断加强基层服务体系建设，切实增强宁远县农民群众的保险意识、风险防范意识、参与意识。

■**服务民生** 2017年，精准扶贫鲤溪镇大观堡村，由公司负责人组成工作小组，到村协助开展工作，看望当地建档立卡贫困户，送去慰问金2000元，给予村里4万元扶贫资金用于建设。根据政府要求开展“助学一日捐”活动，2017年公司为宁远县贫困学生捐款5000元。2017县政府为建档立卡贫困户承保扶贫特惠保，公司承保机构，为建档立卡贫困户提供风险保障。

■**优质服务** 在湖南保监局编制的2017年保险理赔服务指数中，中华保险理赔服务属于A类，宁远县支公司在内部正能量的推动下，积极开展“中华保险、理赔不难”，“免费施救代驾活动”等客户服务工程，客服质量稳步提升，获得政府职能部门和广大人民群众的认可。

中国人寿保险（集团）股份有限公司宁远支公司

■**概况** 1996年6月，中保人寿保险有限公司宁远支公司成立。内设综合科、计财科、业管科，下设农村保险站10个。1997年增设营销科、网点科。1998年，增设2个保险站。是年11月，中保人寿保险有限公司宁远支公司更名为中国人寿保险公司宁远支公司。2003年，公司实行股份制改革，更名为中国人寿保险股份有限公司宁远支公司。保险站12个撤并为9个，其中湾井站、九嶷站合并为九嶷站，清水桥站、柏家坪站合并为柏家坪站，仁和站、禾亭站合并为禾亭站。2017年实现全年增员218人。

■**险种** 2017年，公司拥有2.3亿份有效个人和团体人寿保险单、年金合同及长期健康保险单，同时亦提供个人、团体意外和短期健康保单和服务。2017年6月，宁远团体业务部完成短险保费1300万元，其中学生平安险保费750万元，员福完成180万元。

■**承保** 2017年，开拓扶贫特惠保保险，承办教师保险、宁远县学生乘车保险、妇女防癌病险、计生家庭险等一系列政府保险。作为国有保险骨干企业，公司积极行动，将保险扶贫作为重大政治任务，坚持“金融扶贫，保险先行”，成立保险助推脱贫攻坚领导小组，组建保险扶贫，制订保险助推脱贫攻坚工作实施方案，加强保险机制与扶贫机制的对接，充分发挥保险在风险保障、社会管理、经济补偿和资金融通等方面的独特优势，在助推脱贫攻坚方面取得积极成效。

■**理赔** 2017年共办结意外伤害补偿案件7365件，支付意外伤害补偿费用总额为1515万元，年均补偿率为51.5%。其中：县外补偿案件1605人次，共支付补偿费用920万元；县内补偿案件4300人次，共支付医疗补偿费用总额950万元；调查拒付不在补偿范围内案件470件，总金额470万元。控制虚假赔款。大病保险代查勘截至12月，全县参保人数为75万人，应补偿人数2411人，补偿879.23万元，单笔最高补偿为4.52万元。

■**业务经营** 2017年，宁远支公司团体业务部，完成短险保费1300万元，同比增长36.12%，其中，学生平安险保费750万元，完成任务目标的150.66%，市场份额占比85%；员福完成180万元，完成年度目标的120.49%。短期险赔付率控制良好，赔付率为52%。2017年个险完成总保费2775万元，同比增长78%，其中新单标准保费1380万元，同比增长78%，十年期以上期交保费目标1919万元，同比增长59%。

（左杜鹃）

科技　教育

科 学 技 术

■概况　1959年5月，宁远县科学技术委员会和科学技术协会成立（简称科委和科协）文化大革命期间，机构瘫痪，科技人员调走，科技工作停滞。1978年7月，宁远县恢复县科学技术委员会，12月，恢复科学技术协会，与县科委合署办公，即“两块牌子，一个机构”。1985年3月，县科委与县科协分设。县科委有下属机构科技情报所，农村能源办（原沼气办）。1991年11月，县农村能源办析出，归口县农委管理。2002年7月，县科学技术委员会改为县科学技术局（加挂知识产权局牌子）。内设综合办公室（加挂县技术管理办公室牌子）下设科技情报所、地震办。2015年，县科学技术局与县经济和信息化委员会合并为宁远县科技和经济信息化委员会。所属机构有：中小企业创业服务中心、工业企业改制服务办公室、经济科技信息研究所、地震办、新型墙体材料和散装水泥管理办公室。2017年，宁远县围绕“科技兴县”目标，实施创新驱动发展战略，建设创新型宁远，科技服务经济，卓有成效。2017年，宁远县全社会投入研发经费2.3亿元，比去年增加1.0亿；本级财政科技投入5554万，占公共财政支出的1.18%，比2016年增长7.2%。全年专利申请量463件，授权200件。2017年，宁远县有高新技术企业3家、省级企业技术中心1家、院士专家工作站1家、战略性新兴产业企业20家。

■科技政策落实　2017年，宁远县出台《宁远县科技计划项目实施方案》。同时引导企业加大研发投入，明确企业是研发投入主体，财政投入为引导。设立县级研发投入专项基金，实行以奖代补，对研发经费投入较多的企业，予以奖励，并在科技创新经费安排上重点倾斜。提高奖励和资助标准，对认定高新技术企业成功的企业的一次性奖励标准从2万元提高到10万元。

■创新载体建设　2017年，宁远县加强以企业科技孵化器、特色产业基地、工程技术研究中心、公共技术服务平台等为主的科技创新创业载体建设。全县有农业特色产业科技示范基地13个，“星火科技示范户”10户。创建市级农业特色产业科技示范基地3个，省级国家农村农业信息化示范省基层服务站1家，科技孵化器1家，公共技术服务平台1家，省院士工作站1家，市级科普基地1家，市级星创天地1家。建起高新技术企业后备库。扶持企业建立各类专业研究机构2个，科技创新服务机构1个。是年，全县拥有亿达自动化机械、福嘉综环科技、九嶷免业开发3家国家高新技术企业。福嘉综环科技入选湖南百强民营企业，排第88位。创业孵化基地（众创空间）投入运营，入驻企业15家。同时还建成农业科技示范园和林业科技示范园。

■知识产权宣传保护　2017年4月26日，宁远县科经委举办“知识产权日”活动，就专利申请、资助、维权等内容进行宣传。此外，深入开展知识产权专利执法行动，对全县范围内的超市、药店、玩具店等重点部位的专利产品进行检查，共查处涉嫌假冒专利案30件，调处专利纠纷案4件，维护知识产权市场良好秩序，培养5名拥有专利行政执法证工作人员。2017年宁远县专利质押融资总额为210万元，推荐增加专利质押融资项目1个，较往年取得突破。严格执行《宁远县专利资助办法》，对取得授权的每件发明专利资助1000元，实用新型和外观设计专利每件资助500元，授权后的年费6年内全额资助。树立品牌创建示范作用，九嶷山酒业的九嶷山酒、舜源农业的舜毅牌九嶷山兔、福嘉综环的九嶷铅锭等成功创建为省名牌产品。莲花水泥“莲花塘”牌、舜源农业“舜毅”牌、九疑兔业的“九凝”牌、云泰农业“舜泽”牌、路下农业“神女涧”牌等创建为省著名商标。2017年获得永州市科技创新工作一等奖。

■**科技成果转化**　2017年，宁远县通过实施产学研合作“121”工程，推动高校院所科研成果转化。先后促成宁远县人民政府与湖南农业大学、湖南省农业科学院、中南大学、湖南省有色金属研究所等高校院所签订合作协议。2015—2017年，申报省市县各类科技项目11项，获得市科技一等奖3个。引导和帮助康德佳林业科技、福嘉综环等申报2017年度第九批省科技创新计划。

■**科技服务和培训**　2017年，宁远县继续深入开展“全国科普日”“科技活动周”“防震减灾”活动，突出开展科普宣传一条街、科技特派员到创业基地观摩、科普进校园、科普大赛、科普进瑶乡、科技与扶贫培训、支农小分队送科技下乡、送科普入户等一系列活动。据不完全统计，2017年为群众义诊约300人次，接受咨询约1500人次，免费赠送物品价值5万余元，发放各类科技图书6500册，资料3.8万份。12月，组织工作人员和企业参加开展高新企业培育及科技项目申报暨知识产权业务培训班，进一步激发全县知识产权工作者的积极性和创造性，提高企业知识产权创造、运用、保护和管理能力。

（周胜海）

教　　育

■**概况**　1949年11月，宁远县和平解放后始设教育科，各区设文教助理1人。1951年，教育科改为文化教育科。1956年，文化教育科改教育科。1968年3月，县革命委员会下设文化教育组。1973年，设文化教育局。1979年1月，教育局与文化局分设。1981年，教育局下设三股一室（普教股、人事股、计财股、办公室）下属机构有教研室、业教办和教育工会。1981年5月，设立宁远文教办公室。1985年12月，撤销县文教办公室。当年，教育局增设纪检组。1989年9月，教育局改为教育委员会。内设办公室、计财股、人事股、普教股、纪检组、教研组、电教馆、招生办、工农教育办、勤工俭学管理站、教育工会。1991年，增设教育督导室。2002年，教育委员会改为教育局。2003年8月，撤销乡镇教育管理站。2017年，教育局设有办公室、基础教育股、政工股（加挂计生办）、绩效办、计财股、基建办、审计股、职成民教股、教师工作股、法制信访室（加挂宁远县教育阳光服务中心）、资助中心、勤管站、教育工会、重点办、扶贫办、营养办、督导室、招考中心、党建室。教育局直属事业单位有电教馆、教研室（加挂高中教育精细化管理办公室）。2017年，教育局坚持以人民为中心的发展思想，坚持改革创新的发展理念，凝心聚力、攻坚克难，强执行、促均衡、提质量、增效能、创特色，成功通过国家县域义务教育基本均衡督导评估。2017年，全县共有各类中小学校334所，在编教师6027

人。参加高考人数3289人，录取率83.22%。

■学前教育 宁远县学前教育分公办幼儿园和民办幼儿园。公办幼儿园由教育局基础教育股管理，民办幼儿园由教育局职成民教股管理。2017年，公办幼儿园共20所，在园幼儿3894人；民办幼儿园184所，在园幼儿21043人。

2017年，宁远县学前教育扎实开展。加强学前教育的规范管理，制定《宁远县公办幼儿园管理标准》《幼儿园日活动安排》。幼儿园的保教工作纳入规范化、制度化的管理轨道。开展教学竞赛，提高教师业务素养。在县机关幼儿园举办公办幼儿教师六项技能比赛，评选出综合奖、单项奖、优秀组织奖。开展以“立足本职，爱岗敬业”为主题的公办幼儿教师演讲比赛，提高广大幼儿教师师德意识。举办全县公、民办幼儿园教师的优质课竞赛，促进幼儿园保教水平的提升。民办幼儿园安全课形式多样。各民办幼儿园利用微信、QQ群等平台加大饮食、校车、传染病预防、消防等方面的宣传；有10余所幼儿园邀请消防大队走进幼儿园上消防课；天天幼儿园邀请妇幼保健院的专家进幼儿园上卫生课。178所幼儿园开展校园内安全演练活动，并利用微信美篇等方式进行宣传。根据《宁远县规范幼儿园办园行为分组检查工作方案》，基教股、民教股、督学责任区、完小相关工作人员于11月28日—12月1日分组对全县20所公办幼儿园、184所民办幼儿园开展全覆盖、地毯式大检查。检查的主要内容包括：幼儿园办园资质、消防安全、食品卫生安全、师德师风建设、保教行为、保教设备配置、保教活动组织、常规管理等，进一步规范幼儿园办园行为。

■基础教育 2017年，宁远县共有公办完小50所，村小（含教学点）242所，民办小学2所，公办初中19所，民办初中6所，九年一贯制学校8所，普通高中2所，完全中学3所，有在校学生114693人。2017年宁远县强力推进义务教育均衡发展，助推城乡义务教育一体化。按照《宁远县义务教育均衡发展规划（2013—2018年）》的要求，为切实解决大班额问题，制订《宁远县城乡学位建设“三年攻坚行动计划”工作方案》。印发《宁远县义务教育学校2017年招生工作实施方案》，根据学校布局、学位现状、历史沿革、办学规模、周边生源和交通状况等因素，按照免试、划片就近入学原则合理划分学校招生范围，不组织任何形式的入学考试，全面推进初中、小学“阳光入学”，加强入学监督，规范入学行为，切实保障入学信息公开、机会公平、结果公正。同时加快城乡义务教育学校标准化建设，大力推进城区、农村学校均衡发展。坚持平行分班，起始年级一律不允许出现超大班额。城区大班额班级所占比例减少。以建立全县中小学生学籍信息化管理系统为契机，对学籍系统建立过程中出现的问题进行跟踪管理，并严格控辍保学。把学校控流保学工作纳入办学水平评估和质量评价相关权值，特别是在质量评价中，实行以学年初学生人数为评价基数的做法，从根本上杜绝部分学校、教师驱赶差生的行为，确保全县中小学校辍学率基本控制在省定范围内。2017年，宁远县小学生辍学率为0.06%，初中学生辍学率为1.88%。

制定《宁远县中小学生全面发展性评价办法》，从思想道德、学业成绩、身心健康、审美情趣等几个方面对学生进行多元评价，促进学生全面发展。完善高中学校办学体制和管理机制的改革，出台《宁远县关于加快普通高中教育发展的意见》，明确高中教育发展的目标任务和加快高中教育发展的主要措施。落实高中学校的经费使用权、办学自主权。高中学校全部实行独立核算，一所学校一个预算，学校事业收入在不违反党纪条规的前提由学校自主支出，用于教师考核奖励。允许学校自主引进和招聘教师，2017 年开始高中学校和职业中专的教师由学校自主招聘，并制订优惠政策。建立省示范性高中学校托管初中学校制度，一中托管桂冠学校和中和中心校两所学校。制定《宁远一中、宁远县实验中学教学一体化实施方案》，为稳定一中的生源奠定坚实的基础。扎实推进普通高中录取改革扎实推进，2017 年省示范性高中宁远一中从普通高中招生计划中拿出 50%的指标直接分配到各初中学校，保障农村学生上高中的权利。

■职业教育　宁远县有 1 所公办中职学校、3 所民办中职学校，在校学生 3188 人。三所民办中职学校为九嶷理工学校、工业学校、方正职业技术学校，共有教职工 126 人，专任教师 102 人，在校学生 2161 人。职业教育坚持走“校企融合、工学结合”内涵发展之路，服务县域经济发展。5 月 7 日，县教育局在职业中专召开全县 2017 年中职学校招生工作会议。制定《宁远县 2017 年中职招生工作教育局工作人员联系学校制度》《宁远县 2017 年中职招生集中宣传工作方案》等文件，在文庙广场开展中职宣传周活动，发放 10200 张宣传单和《致初中毕业生的一封信》。各个学校广泛宣传，永州市教育局网站和宁远新闻网、宁远教育网、宁远电视台等多家新闻媒体报道宁远县职业教育宣传工作。

■特殊教育　宁远县特殊学校现有特教教师 17 人。全县现有 6—14 周岁三类残疾儿童 467 人，特殊学校现有在校学生 50 人，随班就读 348 人，送教到家 25 人，6—14 周岁三类残疾儿童入学率 90.52%。为促进特殊教育事业的发展，确立随班就读试点学校。2017 年，制定《宁远县特殊教育随班就读试点方案》，并组织特殊学校教师对有随班就读特殊学生学校进行巡回指导。每期开学前及时更新适龄残疾儿童少年数据，主动联系，确保入学率。成立以县特校为骨干的特殊教育指导中心，积极开展随班就读及送教上门工作。每期开展随班就读师资集中培训一次，随班就读师资培训率达 100%。开展送教到校，指导、监督、考核全县随班就读工作，确保工作成效。对重度、偏远乡村残疾儿童少年提供送教上门服务，并通过送温暖、召开邻居座谈会、接学生到县城参观等活动，营造和谐环境，让特殊孩子增强对生活的信心。

在认真做好教育教学及康复训练等日常工作的基础上，积极发掘学生潜力，特别是在艺术培养上，充分发挥特校舞蹈专业教师的作用，在艺术教育上初步形成特色。特殊学校排演的节目分别获得县教育系统艺术节学生类节目三等奖和市残疾少儿艺术基本功及形体比赛二等奖。

■教研教改　为全面提高教育教学质量，宁远县的教研教改按照“一手抓课堂教学改革，一手抓教学效能评价”的总体思路和“先立后破，先实验后推广”的基本原则，探索出学、议、评、练“四环节”课堂教学模式。学，包括读（读课本、读资料等）、看（看例题、看现场、看插图等）、做（做练习、做实验、做模型、做游戏等），由学生根据教师提供的“自学指导”独立完成，使学生在自主研究学习中找出问题，在讨论质疑中解决问题，促使学生的学习方式从“教会”变成“学会”，进而“会学”。议，要求在“学”的基础上组织学生讨论、交流、汇报，最大限度地暴露学生自学后存在的问题，只教学生不会的地方；突出在“学”中出现的错误的原因分析，教师认真倾听、适时点拨，鼓励学生大胆表述，鼓励标新立异。评，由教师“讲”，通过分析比较“议”的过程中出现的各种观点、意见、方案、办法等，辨明是非，比较优劣，归纳总结，形成共识，寻找规律，并以板书的形式直观地呈现。练，通过典型、适度、适量、多层次、有梯度的课堂练习来帮助学生强化运用，通过运用巩固提高，获得能力；设计必做题、选做题、思考题，满足不同学生的作业需求。宁远县以推进“四环节”课堂教学模式为突破口，充分发挥教师的主导作用，突出学生主体地位，努力打造优质、高效的课堂。组织教师外出学习取经。先后三次组织中小学校长、骨干教师到怀化市陈家滩学校观摩学习教育教学改革经验。柏万城完小、德源小学等学校通过学习与交流，更新观念，提高教育改革的实践能力，其“大课间活动”“经典诵读”“四环节课堂教学模式”等成为特色亮点，在全县全面推广。开展新课改教学比武。组织全县中小学校语文、数学、英语、物理、化学5个学科教学竞赛，150名教师参赛，共评选出一等奖10人，二等奖20人，三等奖30人。以点带面培植典型，通过学校申请、县教育局严格考核，在全县共评选出十所新课改示范校，并决定每年拿出20万元对这些课改示范校予以表彰和奖励。通过各项活动的开展，有力促进“四环节”课堂教学模式的稳步推进，让学生在自主、合作、探究中快乐学习、健康成长。

■**教育督导**　2017年，围绕“县域义务教育均衡发展”迎国检，开展“义务教育均衡发展”专项督查，召开全县县直单位、乡镇（街道）、学校“迎检”工作推进会，汇编《宁远县推进义务教育均衡发展工作指南》，出台全县学校“义务教育均衡发展”工作问题整改台账。注重过程督导，组织4个督学责任区对全县中小学校的日常管理进行督导，对发现的问题及时下发整改函，规范学校办学行为。组织对全县义务教育学校的2016—2017年学年度办学水平进行评估考核工作，全面量化学校年度工作。出台《宁远县2017年乡镇、街道和县直相关单位教育督导工作考核实施方案》，并认真开展督查。宁远县义务教育均衡发展迎国检顺利通关。10所标准化村小和2所公办幼儿园顺利通过省评估验收。

■**教师队伍**　多渠道补充教师。2017年通过公开招聘、申报省特岗教师、人才引进、安排免费师范生、引进外县在职在编教师等方式共补充教职工537名。面向社会自主公开招聘教师350名。录用省特岗教师87名。大力实施人才引进工程。2017年面向“985”“211”工程院校和全日制硕士研究生，引进19名高学历层次大学毕业生，此类教师除享受正常的工资福利外，且按《宁远县人才引进实施办法（试行）》的优惠政策，还享受县财政每月3000元或5000元的生活补贴以及10万元或20万元的住房补贴。引进调入外县在职在编教师12名。安排免费师范生50名，其中，小学教师29名，幼儿教师21名。积极落实《宁远县乡村教师支持计划（2016—2020年）实施细则》。切实保障乡村教师工资待遇，全面落实乡镇工作补贴和基层教育人才津贴，全县乡村教师每月享受200—500元的乡镇工作补贴和300—750元的基层教育人才津贴，边远山区教师每月享受不低于1000元的生活困难补助。在正常的工资福利之外，仅乡镇工作补贴、农村基层教育人才津贴和边远山区教师生活困难补助这三项津补贴，最少可享受1500元/月，高的可享受2200元/月。实行乡村教师班主任津贴，每月不低于500元。发放年终绩效考核奖，每年考核合格的教师，参照宁远县公务员标准发放年终绩效考核奖。宁远县与湖南科技学院等高校开展教育实习和顶岗实习合作活动。2017年下期湖南科技学院共选派高年级优秀师范生133人到宁远县中小学校顶岗实习，由县财政给予顶岗实习生每生不低于1000元/月的补贴，有效缓解当前部分学校教师紧缺的问题。建立重德重才和教学实绩的用人机制。按照德才兼备、成绩突出的原则，交流校长15名，提拔校长以及副校长（主持工作）职务10名，其他校级领导和中层干部均以群众认可、成绩突出作为提拔重用的标尺。2017年黄新胜、欧阳祥华、张修学被评选为宁远县首届名校长。

■教师培训　宁远县2017年国培计划包括“中小学教师示范性培训项目”和“中西部农村骨干教师培训项目”两大项目内容，涵盖跟岗深度学习、送教下乡、名校手拉手、市县小学语文数学教师工作坊、远程培训等多个子项目。其中国培省培计划1653人，市级培训计划166人，县级培训计划8446人，全县共计划培训中小学教师10233人次，人均达到1.5次。制订《宁远县2017年“国培计划”项目实施方案》，从目标任务、建设规划、培训规划、年度工作、工作重点五个方面对宁远县2017年教师培训的项目设置、资源整合、团队建设、内容优化、模式构建、管理创新、经费保障等工作进行统筹安排，确保整个培训工作有序推进。精心挑选骨干教师和学科带头人52名，参加国家级和省级高端培训，培养本土的学科专家和培训者，为后续的培训提供可持续发展的人力资源；诚心邀请省内外的名师到宁远县作专题报告，培训县内更多的一线教师；因地制宜开设县级培训，提高培训的针对性和实用性，解决广大教师教学中的疑难和制约自身发展的瓶颈；送教下乡项目，设定为初中语文、数学、英语，小学语文、数学、班主任，幼儿园3个学段7个学科，每个学科确定相应主题，聚焦关键问题。开设10个培训班级，以均衡布置培训基地校，使参训学员覆盖全县所有农村中小学校及公办幼儿园。2017年开展全县公办教师普通话培训会三次，共培训300余人次。要求各校安排每周不少于2次，每次不少于1个小时的普通话培训。对普通话的运用，要求各校对所有45岁以下的在职教师，由省级普通话测试员进行模拟测试，对测试不合格的教师，安排普通话“种子教师”进行“一对一”帮扶提高。教师普通话抽测，宁远县跃居全市第一方阵。

■勤工俭学　2017年春季开学宁远县教育局对各学校部署一年的勤工俭学工作任务。各学校坚持大力发展校园经济，因地制宜，抓好“小商店、小菜园、小果园、小食堂”等“五小工程”，坚决杜绝“三无”产品进校园及无证经营行为。配合学校，协助保险公司做好2017年至2018年度校方责任险投保工作，并为全县教职工投保2017年度人身意外伤害保险，为全县女教师投保2017年度妇女安康保险以及学校2017年度校舍保险。指导完小以上学校结合实际，补种树苗、花草，提高绿化面积，对上宜完小进行校园绿化整体规划设计，并在5月完成绿化美化工作。抓住2017年义务教育均衡发展迎国检这一契机，要求各学校抓住机遇，整合资源，进一步落实学校的绿化、美化、亮化工作，把学校建设成绿色美丽校园，为师生提供一个舒适、绿色的学习工作环境。参加省、市组织的学习和培训，努力提高勤工俭学管理人员的服务意识和管理水平。组织2017年度湖南省、永州市勤工俭学论文评选活动，获得市一等奖1个、市二等奖3个。

■学位建设　城乡学位建设全面推进。以义务教育均衡发展迎“国检”为契机，快速推进全县城乡学位建设“三年攻坚行动计划”，推动新二中、新一中、七小、八小以及官桥等六个幼儿园的项目建设。明德湘南学校秋季招生开学，东城幼儿园开园招生。全年新增学位11000个，其中城区学位6500个。改造贫困村薄弱学校16所，建成标准教学点26个。十小综合楼、湾井完小、柏家坪中心校、中和完小、太平完小等乡镇学校综合楼或教学楼建设完工。学校基础设施设备不断完善。投入540余万元购置学校功能室相关设备设施，投入400万元购买图书37万册；整合资金851万元用于改善学生课桌椅、铁床、宿舍衣柜以及功能室等。计算机教室、多媒体教室、电子备课室、录播室及计算机全部安装调试完毕交付学校使用，学校“班班通”、视频会议室、校园网、城域网、云平台等信息化建设顺利推进。

■捐资助学 宁远县从学前教育、义务教育资助到高中助学金、中职助学金、免学费资金的发放，先后制定一系列资助管理制度，并在全县98所学校设立资助专干，学生资助工作系统化、制度化、规范化。严格工作程序，做细申请关，夯实公示关，严把审核关，规范发放关，监督使用关。县教育局、县财政局联合下发《宁远县学前教育资助工作制度》，对资助对象的申报、评审、发放做了明确规定，资金的发放严格按上级文件操作，所有资金实行打卡发放。2017年，共发放学前教育补助金464.05万元，受益学生9281人次。全面落实义务教育阶段贫困寄宿生资助工作。联合财政部门先后下发《宁远县农村义务教育阶段家庭贫困寄宿生生活补助暂行管理办法》《宁远县农村义务教育阶段贫困住宿生评定工作实施办法》，对贫困寄宿生认定、公示、汇总申报、资金拨款流程、寄宿生生活费补助发放等工作流程进行详细的规定。宁远县对贫困寄宿生补助金实行专户管理、分账核算、集中支付、封闭运行，所有资金实行打卡发放，及时足额拨付到学生家长的惠农卡中。2017年，共发放义务教育阶段小学贫困寄宿生补助465万元，受益学生9300人次；义务教育阶段初中贫困寄宿生补助1248.125万元，受益学生19970人次，为保障家庭经济困难学生顺利完成高中学业，主要通过学校减免、社会救助等方式对普通高中贫困学生进行资助。每期开学时，由贫困生本人或监护人提出申请并填写《助学申请表》，经所在学校、村委会（社区居委会）调查核实，学校张榜公示7天以上无异议后由学校上报县教育局备案。优先资助烈士子女、孤儿、绝对贫困、低收入家庭子女、因突发事件导致家庭经济困难的子女、接受特殊教育的学生和少数民族乡的学生，确保贫困学生不因家庭贫困而失学。2017年，共免除建档立卡等四类学生学杂费224.46万元，受益学生2533人次；发放高中国家助学金592.65万元，受益学生4905人次。严格按上级文件规定执行中职国家助学金和免学费资金的申报、审核、发放工作，积极协调有关部门，落实中等职业学校国家助学金和免学费政策。根据上级下达的助学金指标和免学费指标数，按政策规定及时的分配到各中等职业学校，先由学校组织学生填写申请，再联合财政部门组成审核小组每期到各学校清查人数，逐个核对学生身份证，确保人数准确真实，并张榜公示7天。公示无异议后，确定资助名单，对于资金的发放，要求学生提供本人的身份证，统一到银行为学生开办学生资助卡，采取统一集中支付方式，及时足额的发放到学生资助卡中。2017年，共发放中职国家助学金132.6万元，受益学生1326人次；免学费资金943.08万元，受益学生7859人次。为做好生源地助学贷款工作，在网站开设学生资助工作宣传专栏，贷款政策挂靠到网。并在县一中设置电子屏幕1块，24小时滚动宣传。2017年，深入到4所高中学校所有班级，逐一到班宣讲贷款政策，耐心解答学生疑问，宣传资料人手一份，出动宣传车20台次，到各个乡镇进行集中宣传20天，发放助学贷款政策及诚信教育、励志教育宣传资料10000余份，张贴宣传标语1000多张、公告1000余份。2017年全县生源地信用助学贷款金额及人数继续名列全省第二，贷款回收率连续7年名列全省第一。

■安全教育 2017年，学校安

全教育通过会议、讲座等形式，开展对完小以上校长、幼儿园园长的消防知识、食品安全、传染病防控、交通安全、防溺水及应急处置等知识培训活动，提高校（园）长主动抓安全工作的自觉性和主动性。开学初组织“开学安全教育第一课”活动。开设《生命与健康常识》和安全教育课等课程，要求各学校根据不同年龄段学生的实际情况，充分利用班会、集会，开学安全第一课、安全生产月、安全教育日、“151”安全教育（即每天放学前一分钟、周末放学前五分钟、节假日放假前10分钟），墙报、板报、致家长一封信、家长会等方式广泛开展安全知识教育。印发《宁远县中小学幼儿园安全工作指南》600余册，下发到每所学校（含公办幼儿园），实现全覆盖，作为学校安全教育和安全工作的“导航指南”。编印《学校幼儿园安全管理手册》《校园安全督查工作手册》《食品留样登记本》《消毒记录本》《出入登记本》《食品及原料采购索证记录本》《校车安全管理登记簿》等安全管理系列资料，规范学校日常安全管理。2017年，宁远县教育局组织两次校园周边治安综合治理，配合公安、交警、消防、交通、文化、卫生、市监等部门，对影响学生人身安全和身心健康的治安、网吧、消防、食品安全领域，联合进行集中整治，取得明显效果。联合交警部门开展教育系统安全生产暨道路交通秩序集中整治“百日大会战”工作，坚持整治督查和宣传教育两手抓，要求学校切实抓好学生用车“六个严禁”、开展学生用车“六个一”活动。“六个严禁”即严禁学校幼儿园租用无营运资质的车辆运送学生，严禁学校、幼儿园校车超载搭送学生，严禁学生搭乘农用车和非法营运车辆，严禁学生乘坐超载车辆，严禁学校交通安全教育流于形式，严禁交通安全隐患排查走过场。“六个一”活动，即开展一次“安全乘车，文明出行”为主题的交通安全教育活动，开展一次以交通安全为重点的安全隐患大排查，开展一次学生乘车安全教育的家校沟通活动，建立一支学校交通安全监管队伍，开展一次校车安全专项督查，召开一次专题会议。2017年开展6次学生乘用车集中整治行动，加大对无资质车辆搭载学生的违法行为查处力度。2017年开展全县中小学防溺水专项行动，除严格按照省教育厅的学生防溺水“六个一”要求落实到位外。全面开展防溺水宣传教育活动，共发送短信1000余条，制作宣传横幅费30条，树立防溺水警示牌300块，发放宣传单10000余份。签订防溺水责任书，发放《致学生家长的一封信》10多万份。下发《关于进一步加强暑期学生安全工作的紧急通知》，建立相关部门联防联控机制，有人巡、有人管、有人防重点水域。是来，在校期间，无一人发生学生溺水事故。加强学校食品安全工作。2017年5月下发《宁远县教育系统校园及周边“食品安全护苗行动”》方案，从6月开始，联合食品药品工商管理局、县食安办、县公安局等八大部门对学校食品安全进行全面的大排查大整治。2017年下半年委托疾控中心到学校进行水质检测，发现有问题的学校下发整改通知书，要求学校及时采取措施，整改到位，并建立台账。下发《关于进一步加强学校传染病防控工作的紧急通知》，转发了市教育局《关于进一步加强学校饮用水卫生安全管理工作的通知》，要求学校根据文件精神，抓好落实。打赢校园安全“四防”攻坚战。人防建设。各学校建立健全内部安全保卫组织和制度，落实安全保卫责任，聘请专业保安人员、组建学校护校队，强化安全管理措施。宁远一中、二中、三中建立保卫处（科、室），配备处（科、室）领导及专职保卫人员，负责学校的安全教育管理、培训、内部治安保卫等工作。物防建设。投入资金，各学校在重点部位、重要区域、重点场所安装防护栏、防盗门和照明设施，加固、加高校园围墙，新建改建门卫室、配置保安服装、更换学校食堂设备，在校园内设置消防、交通安全、食品卫生等安全设施，为保安人员装备必要的执勤、防护、抓捕等器械。联合交警部门在仁和中心校、双井圩完小等公路沿线学校，设置了提示牌、减速带、斑马线、限速标识、人行横道线等交通标识。技防建设。全县所有中小学校都安装电子闭路监空控系统，总共设有监控探头1268个。已审批的177所民办幼儿园中已有小红帽、金芒果、重华等62所幼儿园安装监控探头474个。教育局机关建立了视频监控中心平台，实现远程安全管理。消防建设。2017年投入20余万元为学校购置消防器材，着力加强学校消防安全，努力提升消防工作“四个能力”（消除火灾隐患能力、扑救初起火灾能力、组织人员疏散逃生能力、消防宣传教育能力），扎实开展“清剿火患”行动，防止火灾、爆炸等伤害事故发生。同时加大宣传力度，2017年以来向广大师生发放消防安全知识宣传资料近10000份，悬挂宣传横幅10余条。2017年，开展禁毒等安全工作培训、禁毒征文活动、禁毒网络知识大赛等工作，组织城乡各中小学开展禁毒义务宣传、知识竞赛和“珍爱生命、远离毒品”签名活动；利用学校的电教网络播放禁毒教育影视片，召开以禁毒教育为主题的班会和讨论会，共张贴宣传标语5000余张，组织学生撰写“珍爱生命、远离毒品”作文。要求每个师生都要当好毒品预防教育义务宣传员，教育好自己身边的人，使每个师生都为创建“无毒县”尽一份责任、献一份力量。

■综治信访 2017年，宁远县教育局着力抓好初信初访办理、信访积案化解、信访老户稳控等工作，减少教育系统信访存量，控制增量，进一步促进信访秩序好转。妥善办理初信初访事项40余件，在源头上进一步减少信访存量，初信初访的办结率达到100%。在网上办信20件，做到事事有回音，件件有落实，从源头上减少信访存量。稳控一批信访对象。为确保特护期将信访对象稳控在当地，不发生到市赴省进京上访现象，采取责任稳控、实地稳控、调度稳控等措施，2017年来，全系统无一人赴省进京非正常上访，实现赴省进京“零登记”目标。

■教育信息化 2017年，宁远县教育信息化主要建设中心机房、城域网及校园网、教育云平台、班班通、视频会议室、互动录播教室、电子备课室、计算机教室、多媒体教室、平安校园监控系统。2017年宁远县建设教育信息化云平台，可以实现教师备课、上课、研修、布置作业、评价学生、作业批阅、考试、学情统计、人人通空间、微课晒课交流、智慧家教、上传资源、下载资源等功能，为教师的教学、班级管理带来极大地便捷，提高学校信息化管理水平和教学效率。

大力推进微智校园建设。学校积极搭建微智校园平台，通过平台学校下发放假、防溺水教育等重要通知、公告，教师发布作业、开展系列活动宣传教育，实现了良好的家校沟通，融洽了师生、家长与教师的关系，增强了学生的学习兴趣。目前微智校园微信企业公众号关注率和使用率居全市前列，实现了学校教学与管理智能化。组织申报“教育信息化创新应用十百千万工程”。实验中学6位教师个人空间入选“教师信息化教学应用示范网络学习空间”。全县6个课题成功申报入围湖南省“十三五”教育信息技术课题，居永州市首位。“四个”课堂成效显著。宁远县创建一批高质量的“名师”“名校”“同步”“专递”课堂，对全县的课堂教学起到积极的示范引领作用。是年，加大信息化建设力度，投入近300万元创建网络联校，教师积极利用录播室同步教学、有效互动，师生共享优质教学资源，实现城乡教育优质均衡发展。精心组织全县中小学教师参加2016—2017年度“一师一优课、一课一名师”活动，取得优异成绩，共评出县级优课235节送市参评，获市优课45节、省优课12节、部级优课2节，为历年最佳成绩。通过利用班班通、多媒体教学手段，扎实开展教学教研活动，将“名师”“名校”“同步”“专递”课堂引向深入，提升宁远县教育信息化的档次和水平。

（李陶林）

重点学校选介

■宁远一中　宁远一中是湖南省示范性普通高级中学，永州市高中四强之一。其前身为宁远县立中学，民国31年（1942）建立，校址在县城西郊（兵房），创办人欧冠。1949年由县人民政府接管，1952年10月更名为宁远一中。2002年被湖南省教育厅评定为湖南省重点中学，2004年被评定为湖南省示范性普通高中。现有教学班90余个，在校学生5000余人。

学校文化底蕴深厚，办学成就辉煌。在发展过程中确立“人本立校，追求卓越”的办学理念，继承“严、爱、勤、实”的校训，形成“合作、进取、创造、奉献”的校风和“厚德崇文，诲人不倦”的教风及“尚思笃行，学而不厌”的学风。自恢复高考以来，学校有36名学生先后考入清华、北大。涌现出中央候补委员欧阳晓平、湖南省人民政府原副省长郑茂清，原大连理工大学校长、中国工程院院士欧进萍、核科学家李真富，原财政部财政科学研究所所长、国务院学位委员会经济学科评议组专家何盛明，国家“千人计划”特聘专家、国家纳米科学中心海外主任、美国陶瓷学会院士奉向东等一大批杰出校友。学校先后获得“全国中小学公民道德教育先进实验学校”“教育部大学生校外教育实践基地”“全国五四红旗团委”“湖南省五四红旗团委”“湖南现代教育技术先进单位”“湖南省文明单位”“湖南省绿色学校”“湖南省体育传统项目学校”“湖南省安全文明校园”“湖南省中小学教师培训基地学校”“永州市绿色学校”“永州市文明校园”“永州市教育信息化创新应用工程示范学校”等多项国家级和省市级殊荣。先后被清华大学、北京大学、中国人民大学、中南大学、大连理工大学、湖南大学、湖南师范大学等高等院校授予“优秀生源基地”称号。

队伍建设　学校师资力量雄厚，教师队伍精良。2017年在职在岗教师380余人，其中其中特级教师1人，正高教师1人，高级教师132人，国家级骨干教师2人，永州市名师4人，市学科带头人18人，省骨干教师18人，市骨干教师30人，研究生学历教师21人。近三年来学校有43位教师分别获评县市及以上优秀教师、先进教育工作者、优秀班主任。教师在省级以上刊物发表的或获奖的教育教学科研论文共有400余篇，指导学生获奖近1600人次。

校园环境　学校环境优美，历史底蕴厚重。学校濒临泠江，依河而建。占地面积240余亩，建筑面积近9万平方米。校内古木参天，假山池沼，错落有致，自然景观、人文景观相映成趣，有市级文物保护单位六桂楼和县级文物保护单位老八间教室及古樟树，千年古樟、六桂亭、桂冠楼等是一中学子永恒的精神家园。永州市最美的园林式校园之一。

学校教学设施齐全，教学设备先进。现有教学楼5栋，学生宿舍5栋，科技楼2栋，理化生实验室18间，图书馆一座，有图书23万册，有电子阅览室5间。学校拥有先进的校园网络设施。学校远程教育设备完善，实现与长沙一中、长郡中学等名校教学资源共享。

学校校园文化浓厚，社团活动活跃。完成林荫大道状元石刻、君子湖君子语录、蝴蝶标本展览馆、文化石、永久性标牌、永久性对联等几十项校园文化设施。现有泠江文学社、英语学社、动漫社、骑行协会、青年志愿者协会、校园之声广播站、升旗仪仗队，乒乓球协会，羽毛球协会等学生社团，丰富的社团文化为学生综合素质的培养提供广阔的舞台。

教学质量　学校教学质量逐年攀升，学考高考进入全市先进行列。2017年学考合格率为95.5%，位列永州市第三名。2017年高考，本科二批上线人数为553人，比2015年增加216人，二本上线率为44%，本一上线人数188人，比2015年增加116人。永州市2018届高三第一次模拟考试，学校校进入二本模拟线人数达到656人。2017年上期期末永州市高一学生统一质量检测，宁远一中进入二本模拟线人数达到789人。2017年9月28日，在宁远县公祭孔子诞辰暨全县教育工作表彰会上，县委、政府在按县高考奖罚方案奖励宁远一中198万的基础上再奖励“高考特别贡献奖”100万元。

学科竞赛　学校学科竞赛硕果累累。2017年，宁远一中校教师指导学生在各级各类英语、语文、数学、物理、化学、生物等学科竞赛和体育竞赛中成绩喜人，共获国家、省、市、县级奖项1096人次。国家级奖一等奖53人次，二等奖98人次，三等奖135人次；省级一等奖120人次，二等奖279人次，三等奖352人次；市级一等奖8人次，二等奖11人次，三等奖9人次；县级一等奖2人次，二等奖12人次，三等奖17人次。其中，杨源源等25名学生获胜2017年全国中学语文素养大赛一等奖；李思慧获中华圣陶杯中学生作文大赛二等奖。学校荣获第五届全国中小学生语文素养大赛“优秀组织奖”、第九届全国中学生数理化学科能力展示活动“优秀组织奖”等荣誉称号。学生参加“三独”比赛2人获市一等奖，1人获省二等奖。

办学特色　共青团工作有成绩。2017年5月3日，宁远一中团委荣获2016年度“全国五四红旗团委”荣誉称号受到共青团中央的表彰。“全国五四红旗团委”是团中央授予基层团组织的最高荣誉。宁远一中团委是该年度永州市唯一获此殊荣的团组织。宁远一中共青团组织充分发挥团组织作用，积极培育和践行社会主义核心价值观，团委工作呈现出思想引领卓有成效、组织建设不断深化、品牌项目精彩纷呈、社会影响持续增强的良好局面，多次受到上级部门的表彰和奖励。

心理健康教育工作　连续多年被评为湖南省心理健康教育工作先进单位。学校认真贯彻落实中共中央关于《关于加强和改进未成年人思想道德建设的若干意见》和教育部《中小学心理健康教育指导纲要》的有关精神，心理教育工作得到有效的开展。全校心理健康教育工作团队坚持以人为本，尊重学生的人格，遵循学生的心理发展规律，开设心理健康教育课，开展丰富多彩的心理健康教育活动，帮助学生找回自信，指导学生对自己进行合理的定位。学校连续多年荣获全省心理健康教育工作先进单位荣誉称号。

舜德文化　充分挖掘本土德育资源，宁远是“舜帝藏精之所，濂溪汤沐之乡”，历史悠久，德育资源丰富。学校开发舜德教育、君子教育两个系列的校本德育资源，在校园文化建设中予以重点打造，通过舜帝塑像、舜德画墙、舜德精神文化长廊、君子名言警句、新二十四孝宣传橱窗等打造浓郁的校园舜德文化特色。同时编撰舜德修炼读本《人皆可以为尧舜》系列丛书，并不断予以丰富完善。学校把舜文化研究纳入学生的研究性学习的范围，让学生利用课余时间，深入社会，收集整理舜的相关资料和信息，学生参与的热情很高。2017年，在校内组织“弘扬舜帝精神”作文比赛的基础上，还组织全县中小学“弘扬舜帝精神，传承道德文明”现场作文邀请赛。并编印优秀文集《德行天下》。

（周让）

■宁远县第二中学　宁远二中的全称为宁远县第二完全中学，是永州市示范性普通全日制学校，现有高中和初中两个教学部，地处九嶷山下，泠江河畔。学校前身为140多年前创办的泠南书院，办学历史悠久，钟灵毓秀，人才辈出，誉满潇湘，先后培育出中国工程院院士何继善、欧阳晓平（现任第十九届中央候补委员），湖南省原副省长郑茂清，中国工程院候补院士、吉林石化碳纤维厂厂长蔡小平，世界举重冠军李运利和2008年北京奥运会举重73公斤级银牌得主李宏利等众多杰出人才，为高校输送万余名合格新生，更为社会各界培养众多人才。学校先后被认定为湖南省园林单位、湖南省现代教育技术实验学校、湖南省传统体育项目学校、湖南省文明卫生单位、永州市文明单位、永州市示范性高级中学和长沙一中远程教育合作学校。学校教育教学设施完备，拥有电子教室、舞蹈室、音乐室、美术书画室、劳技室、实验室、计算机室举重馆等功能室；现有图书馆1个（含学生阅览室1间）、图书馆藏书98390册；生活设施完善，学生食堂为永州市卫生食堂A级单位。2017年，学校有教学班61个，在校学生3900余人，在职在岗教职工290人，其中省市县级骨干教师23人，高级教师67人，中级教师123人，研究生学历6人。

教学成绩　宁远二中始终坚持以德治校，科研兴校，体艺强校，严守“立志、勤学、求实、达理”的校训，在生源基础明显低于同类学校的基础上创新教学方法，积极推进课改，打造有效课堂，实施分层教学，关注每一个学生，办学水平得到显著提升。2017年，本科上线224人，其中本二以上上线人数为122人，比去年增长8.9%；重本上线20人，同比增长54%。无论是上线人数，还是上线率都继续稳居永州市市示范性高中学校前列。在2017年永州市高考研讨会上，市示范性高中学校只有宁远二中与江华二中二本上线人数逐年上升并保持平稳，学校办学成绩得到了市教育局领导的首肯。2017年高二学业水平考试合格率为86.19%，位列全市市范性高中学校第二名；在2017年上期的永州市期末统考中，高一年级的数学、生物、政治、地理等4门学科的平均分均列全市市重点中学首位，化学、历史平均分列全市市重点中学第二位，总学科的综合分列全市市重点中学第一位。在2017年的初二生地会考中，综合评价分位列宁远县公办学校第一名；在2017年上期的初二期末抽考中，英语、物理综合评价均位列宁远县公办学校第一名；在2017年下期的初二年级期中抽考中，在入学优质生源不佳的情况下，取得综合评价分位列县公办学校第二名的好成绩；在2017年下期的高一全市期末统考中，模拟高考划线本二上线人数为160，位居全市市示范性高中学校前三甲；在2017年下期的初一年级全县统考中，按教育局学生出入口比来统计，语文、数学、英语、生物、地理均列全县公办学校第一名，成绩综合评价位列县公办学校第一名。

师生竞赛　2017年，学校注重组织师生参加各类竞赛活动，并取得令人满意成绩。贺君在宁远县教育局举行的教师微课大赛中荣获一等奖，潘慧敏在永州市举行的教师微课大赛中荣获一等奖，李晓军在湖南省举行的教师微课大赛中荣获二等奖；李汉明、王志丽在宁远县教育局举行的“一师一优”课评比中获一等奖。许志辉、郑竹春、蒋明辉、李汉明、胡志芳、贺胜、魏丽勇、蒋卫平在“学科命题”评比中均获县一等奖；在全国中学生作文竞赛中，由柏凌云、王俊指导的黄静等3名学生均获得省级二等奖；在永州市高中物理竞赛中，由文艺、乐斌、李晓军等3位老师指导的周鹏、胡依然、朱思远等3名学生均获市一等奖；在2017年由县教育局举办的宁远县师生“三独”比赛中，龚阳芳教师荣获一等奖，学生李芳婷获得高中学生组独唱类一等奖，刘晶晶获得初中学生组独奏类一等奖；在2017年宁远县第十六届中小学生田径、乒乓球运动会上，宁远二中获高中甲组田径团体总分第一名。

教研教改 2017年学校教师撰写的论文积极报送到各级各部门参评并获得多种奖项，其中县级奖56篇，市级奖18篇，省级奖32篇，国家级奖9篇。2017年，学校承担的国家、省级教研课题共有2项，校本研发课题4项，现已取得阶段性成果。蓬勃发展的教育科研工作，有力的促进教育效益的提高。与此同时，学校重视教改，构建和实施“先学后教，当堂训练”的新颖教学模式。这种教学模式有效地提高学生的学习成绩。学校有效学习课堂课题实验工作正在推进之中，全校专任教师100%能熟练运用和制作多媒体课件。

教育教学 2017年，学校致力于严谨、科学化管理，积极打造文明和谐的校园环境。在养成教育上，学校政工处、年级组、班主任、家长形成合力，搭建好国旗下讲话、主题班会和家长会的平台，注重宣传教育、示范引领，实践养成相统一。在教学中，大力推行“学改”“全过程导学”，引导师生课内课外的预习、学习、练习和复习任务安排一条线，定时间、定科目科学分配学习时间，实行全过程“任务驱动”导学，解决不少学生“不会学”“不愿学”以及不同学科学习任务经常撞车的问题。积极开展“组建合作型学习小组，构建高效课堂”系列活动。学校实行月考、补考制度，学生建立纠错本，实行师生对接机制和承包机制，教师和不同层次的学生对接辅导，学困生由科任老师承包限期提高。在班级管理中，建立双导师制，班主任为第一导师，科任老师为第二导师，定点定位辅导重点对象学生，包干学生学习、生活、心理的成长，对定位辅导有突出贡献的导师实行重奖，有力地促动学科补薄和学困生的转化工作；在学生成长上，注重学生的心理健康教育。学校配备团体心理辅导室和个别心理辅导室，有专职心理教师负责开展心理咨询活动，为每一位学生建立心理健康档案，更有针对性的对学生实施教育，以促进学生身心健康发展。通过全力打造安全、文明、和谐的校园环境，学校无重大安全事故，学生违法犯罪率一直保持零记录，违纪处分比例在1%以下。学校2017年被评为“宁远县治安安全示范单位”。学校以活动为载体推动德育工作有序开展，青春秀、女生工作会、励志演讲报告、团课学习、传统文化知识讲座等系列活动的举办让学生受益匪浅，高一、高三全体学生“磨练意志、挑战自我”的远足活动得到县领导的高度评价，并被永州电视台新闻联播栏目重点报道。

特色教育 2017年，开设特色课程，重视文科、艺体特色教育。2017年下期，学校增设日语课程，成为永州市唯一开设日语课程的学校。此举给因英语成绩不好而致升理想本科院校无望的学生带来福音。校本课程开设书法、通用技术、舜德文化等，开展形式多样，成果显著。近年来校本研发课题4项，其中校本课题《书法与素质》《学考英语全过关》《高效学习课堂课题实验》等，已取得阶段性成果。学校突出“全面发展，人文见长”的办学特色，以学生人文素养的养成为目标，实现以人文特色教育引领学校教育教学的多样性和全面发展。学校一直重视学生艺体特长教育，形成学校严管、年级苦抓、艺体老师苦教、学生苦炼的全方位联动管理机制，特色突显，成效显著。2017年宁远二中的高考艺体生本科上线率居全市同级同类学校前列。

扶贫助学 学校成立学生资助管理中心，专门负责扶贫助学工作。通过优秀校友奖助学基金、社会慈善组织、民政部门及上级教育专项助学项目、普通高中国家助学金等多种渠道，筹措和发放奖助学金。其中由学校广东校友会邓文剑、陈文斌等8位校友发起设立的“岭南同学基金”，在2017年3月对贫困学子开展第三年度捐资助学活动，20名高中生，10名初中生，获得了共计5万元的助学款。学校定点帮扶五龙山乡牛塘岭村，为其提供几十个学位，给予各类助学金数万元，帮助更多的孩子走进校园，满足群众对优质教育的需要。

（廖朝奇 陈红权）

■宁远县第三中学 今湖南省宁远县第三中学（简称宁远三中），其前身为创办于1948年的私立北屏中学，校址在柏家坪镇潮水岩。1952年由县人民政府接办，改为宁远县第二初级中学。1954年秋迁入宁远县城文庙东后侧，原乡村师范旧址。1962年遭火灾后于1964年迁入宝塔脚新校址。1969年撤销宁远县第二初级中学改为桐山区中学，始有高中。1978年改办宁远三中（1969年前的宁远三中旧址改办为宁远二中）。是国家级重点课题实验学校，全国校园足球示范学校，湖南省现代教育技术实验学校，湖南省园林式单位，省文明卫生单位，永州市示范中学，永州市文明单位，中国教育学会十五重点课题“心理健康与心理辅导研究”合作研究单位。学校坐落在县城西南泠江河畔，占地面积183亩，建筑面积47583平方米，绿化面积42600平米，校园规划合理，环境优美。学校依靠财政化解历史债务200多万元。学校体艺馆舞台工程已经施工；综合楼工程已经挂牌招标。学校现有68个教学班，在校学生4400余人；教职工近300人，其中高级教师70人，中级教师130余人，国家级、省级、市级骨干教师和学科带头人20余人。

管理理念 宁远三中坚持落实“人本立校，分层次培养、多元化发展”的办学理念，落实“以质量求生存，以教研上水平，以改革求发展，以管理出效益”的办学策略，精心培育“勤、严、实、新”的校风。围绕“超常发展、迅速崛起、办出特色、争创一流”这一学校总体目标，以精细化管理为抓手，坚持依法治校、民主治校，认真抓好各项工作的落实，着力构建安全、文明、和谐校园。

教改教研 学校课改以“自主、合作、探究”为核心，以导学案为抓手，以“小组合作学习探究”为教学突破口，大力推进教学方式方法的转变，着力打造“民主、公平、和谐、高效”的新型课堂，努力达成优质高效课堂教学目标。学校推行以“社会主义核心价值观”为主题的德育教育系列活动取得良好成效，努力推进校园文化建设和班级文化建设，校园处处洋溢着浓郁的文化气息，具有催人奋进的文化底蕴。2017年，宁远三中高考二本上线55人，是全县四所高中学校唯一完成冲刺目标的学校。学考正考合格率81.7%，完成永州市县教育局考核任务。中考平均合格率99.17%，平均优秀率达77.75%，超额完成县教育局三级目标，综合评价名列全县同类学校第二名。

艺体特色 2017年，宁远三中在省市县举办的“独唱、独舞、独奏”比赛中，共有29人次获得奖项。在宁远县第十六届中小学生田径、乒乓球运动会上，获得初中组团体总分第一名，高中甲组、高中乙组团体总分第二名。在宁远县第四届中学生篮球、排球运动会上，高中女排、初中女排双获第一名，初中男排获得第二名，初中男篮获得第二名。在湖南省青少年校园足球联赛中，宁远三中初中组代表永州市参赛，获得三等奖。学校的威风锣鼓队、舞蹈队，在祭舜大典、文艺演出中的精彩表演颇受瞩目。

名师工程 学校加大教师培训力度，大力提升教师队伍素质。2017年共有212人次参加各级各类培训。学校采用“请进来、走出去”的办法取经学习，通过示范课、优质课、公开课的评比切磋技艺，继续打造“名师工程”，培育出更多市县级各类名师。在首届校级骨干教师评选活动中，

14名老师被评为校级骨干教师。在市级骨干名师评选中，新增市学科带头人1人，市骨干教师6人。学校教师积极参加“一师一优课”评选活动，上传优课共计120节，是县属中学上传优课最多的学校。学校教师参加各类教学比武，在全县党员教师优质课竞赛中，获一等奖2人，二等奖2人。在宁远县中学教师实验技能竞赛中，获得一等奖2人，二等奖2人。教师积极参加或指导学生参加各类比赛，论文评比等活动，获得县级奖励187项，市级奖励87项，省级奖励67项，国家级奖励55项。学校成功申报“永州市青少年科技创新教育示范学校”，市县科协还将“中国流动科技馆”永州巡展宁远站设在宁远三中。

（胡顺发　胡春成）

■宁远县实验中学　宁远县实验中学前身最初为1976年9月创办的零陵师范宁远分校，1978年9月转办为宁远二中分校，1979年10月正式创建为宁远师范。为整合师范教育资源，向宁远高中学校输送更多更优质的生源，1991年8月原零陵地委、行署决定将宁远师范改办为宁远县实验中学。1994年8月更名为宁远县民族中学，2004年5月恢复宁远县实验中学校名，2016年由市委、市政府授予首届“永州名校”匾牌。2017年，实验中学有教职工208人，专任教师205人，其中特级教师1人，高级教师32人，中级教师117人；教学班60个，学生4156人。

中考统考　2017年中考，宁远县实验中学以合格率99.28%、优秀率80.92%的优异成绩名列永州市前十，在参考人数1000人以上学校中继续排名第一，充分彰显学校的教学质量和办学实力。2017下学期期末七年级全县统考，学校1713班欧青青（入学成绩名列全校第九名，全县第九十三名）以总分761.5斩获全县第二名，全县前十名学校占据3名。

队伍建设　2017年，宁远县实验中学全面修订和完善《学校管理规程》，进一步推动学校管理科学化、规范化、精细化，继续深入开展师德师风建设年活动，紧紧围绕“树正气、强队伍、严管理，抓质量、促发展”的主题，对教师进行廉政教育、警示教育、法制教育，进一步规范教师教学行为，切实提高师德师风水平。学校以市、县“三名工程”评选管理办法为导向，大兴学习之风，坚持每年举行一次教师文化考试，坚持为教师赠阅一份教学业务报刊，全力打造学习型学校和学习型教师。经过严格的考核和选拔，教师罗百屏被评为永州市学科带头人，教师顾艳春被评为永州市骨干教师，汤春晖、李迎宾等教师被评为宁远县优秀教师、优秀班主任，教师姜力强被选拔参加2017年中考语文命题，陈年成、欧阳小玲教师被聘为永州市教师高级职称评审委员会评委，张乐昭、陈隆境等教师的晒课被评为省级、市级优课。

文化宣传　2017年，宁远县实验中学举行“传承舜帝美德”现场作文大赛，开展“廉政文化”进校园、学习十九大精神等主题征文、书画作品展览系列活动；精心筹划并举行第二十一届校园文化艺术节，扎实开展“阳光体育活动”、各学科兴趣小组及社团活动，举办全校师生运动会、广播体操跑操比赛、元旦文艺汇演等文体活动；圆满完成全县男篮女排运动会承办任务。

2017年，宁远县实验中学高度重视宣传工作，提高学校知名度、美誉度，学校教育新闻宣传领导小组在省市县多个媒体上发表新闻稿件一百多篇，及时宣传报道学校的各项重大活动，在上级多项检查中都作为学校特色亮点得到领导的高度赞扬。学校加强微信企业号建设，目前教师关注率达99%以上，家长关注率达90%以上，“微智校园”已成为联系学校与家长的新桥梁，成为展示学校良好教育形象的重要窗口。

安全工作 2017年，宁远县实验中学坚持抓安全教育，抓安全隐患排查和整改，通过传染病防治、网络文明与安全教育、月假离校交通安全教育、安全疏散演练、法制教育报告、消防知识讲座等活动，筑牢广大师生的安全意识，提高安全技能。学校重点开展防溺水教育、预防校园欺凌专项整治等安全工作，多措并举，扎实筑牢防溺水“安全防护墙”；对学校、村周边水塘、水道等进行深入全面的大排查，设置警示标志牌、宣传牌，并成立护学岗，重点时段地段，加强值班监管，做到防患于未然；扎实开展防溺水，严格落实学生请销假、门卫登记制度，严禁学生私自离校。学校扎实开展校园欺凌专项整治活动，诚邀东溪派出所民警来校举办校园欺凌专题法制讲座；消除监控盲区，实现校园监控全覆盖；加强校园安保巡逻，尤其是重点时段、重要地段有专人巡逻和值守，杜绝翻越围墙、打架斗殴等现象；各班积极开展主题班会、黑板报评比等防范校园欺凌专题教育活动，营造懂法守法、杜绝欺凌的平安和谐校园环境。一年来，学校师生平安、校园安宁，进一步巩固湖南省安全文明校园的成果，校园安全、和谐，令学生舒心，让家长放心。

教育扶贫 2017年，宁远县实验中学扎实推进教育扶贫，打好脱贫攻坚战。学校成立“留守儿童专门工作小组”，专人负责建立和完善留守儿童、贫困学生档案。并对摸排统计的312名贫困学生，1093名留守儿童，进行心理疏导，实行精准政策和资金帮扶。2017年，学校享受贫困寄宿生生活补助、两女结扎户补助、农村独生子女补助的贫困学生3000多人，累计资金二百余万元；“拾穗行动”“好友营”等社会慈善机构扶助贫困学生65人，累计资金达四万余元。学校在精神、物质上给予贫困孩子关爱和帮助，确保“不让一个孩子因家庭困难而失学”。

表彰获奖 2017年上学期，宁远县教育局组织的“湘教杯”全国中学生数学竞赛，实验中学学子取得优异的成绩，其中国家一等奖全县7位，学校占6位；在永州市妇联、市文明办联合举办的“庆六一”美德家庭故事演讲比赛中，实验中学学生代表夺得特等奖。2017年下学期，全县中学生男篮女排运动会中学校荣获女排第二名；“弘扬舜帝精神，传承道德文明”现场作文大赛，初中组设一等奖两名由实验中学夺得；全县党员教师优质课竞赛活动，学校包揽初中组三个特等奖。2017年，宁远县实验中学荣获全国青少年校园足球特色学校，在义务教育均衡发展迎国检中赢得专家一致赞誉，顺利通过永州市委、市政府的“永州名校”年度考核，荣获市“园林式单位”，还获得办学水平评估初中第一名、县“先进基层党组织”、县综治维稳工作“先进单位”、县德育工作“先进单位”、县禁毒预防教育“示范学校”、县人口和计划生育工作“先进单位”、县教育系统新闻宣传先进单位等十余项县级称号。

（李红胜　姜力强）

■宁远县第八中学 宁远八中创建于1999年，位于印山路99号。校园占地面积126亩，总建筑面积31813平方米，2017年有教学班53个，教职工226人，学生4068人，是宁远县一所花园式县属初级中学。学校基础设施完备，功能分区合理，师资力量雄厚，管理严谨规范，教学理念先进，教学质量一流，2016年年底，被评为宁远县初中唯一的一所县名校。宁远八中是永州市园林式单位、永州市廉政文化示范校、湖南省现代教育技术实验学校、湖南省文明卫生单位、湖南省合格学校、湖南省中小学教师培训基地、湖南省安全文明校园、湖南省食品安全示范学校、国家级“全民健身”先进单位。

教师队伍 2017年，宁远八中有在职在岗教职工226人，专任教师176人，专任教师中，市级学科带头人7人，永州市骨干教师9人，特级教师1名，高级教师26人，中学一级教师122人，学历合格率100%。

基础设施　学校布局科学，生活、学习、运动“三区”分明，校园内绿树成荫、鸟语花香。别致的亭榭、逼真的假山、高大的塑像交相辉映。现代化教学楼、壮观的科技楼、洁净的食堂、舒适的学生公寓、明亮的阅览室，高配置电脑室、还有健身场、田径运动场、足球场、篮球场等设施应有尽有，是学生求学修身的理想之地。

教学管理　2017年，宁远八中全校师生朝着“平安、优质、和谐”的教改名校和县内第一、市排名进位的目标，齐心协力、锐意进取，克难攻坚，屡创佳绩。学校党总支以“抓好党建促进学校发展”为宗旨，深入开展师德师风建设活动，开展系列学习和贯彻十九大精神的活动。定期到对象村开展“精准扶贫”活动，帮助贫困户脱贫，全体党员乐于奉献，充分发挥了先锋示范作用。学校的德育工作，处处“以人为本”，“为学生的终身发展奠基”为目的，强力推动礼仪校本课程，创建“一校一品”，开展以礼仪为主题的系列德育活动，精心组织社会实践活动，拓宽学生视野。校园秩序井然，全期无重大安全事故。安全保卫工作，做到细致高效，综治维稳工作得到上级高度肯定。学校的教学教研工作求真务实，不断超越。首先表现在课堂改革成效显著，进一步深化“四环节”课程改革，优化评价方式，对上课老师进行有针对性的考查，确保课堂改革的效果。其次，老师是学校发展的核心竞争力，学校想方设法培训、发展老师，继续采用“走出去和请进来”的方式，组织老师到长沙博才中学听课交流，开展课堂教学研讨活动，如推门听课、试教课、送教下乡课。学校后勤服务更加细致、妥帖。为满足学生多种需求，保证学生在校吃好饭，食堂还特地分年级、分档次开出“就餐窗口”，实施人文关怀。学校财务管理更加规范。财会室不断严肃学校财经纪律，坚持一支笔审批、多人签字证明制度，对所有账目进行日清月结，优化资金使用，积极为学校发展提供物质保证。总务人员还利用寒假时间督促工人基本完成“班班通”的安装，改善办学条件，提升办学品位。学校督导室积极创新督导工作，详细登记各处室、各年级、各班存在的问题，并督促及时整改；及时对督查中发现的优秀的人和事，在全校通报表扬，同时将部门特色工作及表彰情况在校务公开栏公示，不仅激励广大教职员工，同时也起到宣传作用。学校工会组织召开教职工代表大会，讨论并完善好学校各项制度。工会还参与学校大宗采购、店场招标等后勤建设的监督工作，定期对食堂账务进行审理，促进学校的民主管理。

表彰获奖　2017年，宁远八中被评为“宁远县社会管理综合治理工作先进单位”“教育系统信访维稳先进工作单位”“一师一优课、一课一名师优秀组织奖”“自我保健科普工作网络建设先进单位”“主题教育示范学校”。荣获宁远县第十六届中小学生田径、乒乓球运动会初中组团体总分第二名。

（欧咏梅　谭利勇）

■职业中专　1998年5月，宁远县农科教中心（综合职业学校）改名宁远县职业中专，是宁远县唯一一所省级示范性公办县属中职学校。2017年，宁远职业中专学校有教职工202人，其中专任教师185人，专任教师占教职工总数的91.6%；专业教师116人，占专任教师的62.7%；“双师型”教师60人，占专业教师的51.7%；专任教师中本科学历180人，其中硕士学位教师11人，占专任教师的5.4%。2017年在校学生3188人，师生比为1∶15.7。教职工编制实行动态管理，结构合理。

特色专业　学校重点建设的特色专业有两个，汽车运用与维修专业和计算机网络技术专业。汽车运用与维修专业，学校加入“北方汽修集团”，按照集团的教学计划组织教学，每学年聘请集团的讲师到校教学时间不少于4周。学生可根据家庭经济情况选择到北方汽修集团长沙校区学习，毕业时参加集团的人才招聘就业。计算机网络技术专业。打造以计算机网络技术为核心的示范性特色专业群。本专业适应互联网+时代对网络的电商人才的要求，以网络进农村为契机，培养大批懂网络建设与维护、网站建设与电子商务的技术人才，助推地方经济的转型、提质与升级。2017年所有参加市级计算机应用专业、数控专业技能抽考的学生均为“优秀”等级，学校技能抽考综合评价为“优秀”，学校荣获永州市“中职学校技能抽考先进单位”。在永州市职业院校技能大赛中获得一等奖4个，二等奖7个，三等奖9个，在湖南省职业院校技能大赛中获得二等奖1个，在全国职业院校技能大赛中获得一等奖2个，二等奖2个，组织专业骨干老师赴长沙航空职业技术学院参加2017湖南省智能制造大赛，荣获第四名。

校企合作　学校坚持以“服务为宗旨、以就业为导向”的原则，对接市场与企业，实行订单培养，广开就业渠道，全方位做好学生推荐就业工作。2017年就业率为100%，本地就业率为32.25%，对口就业率为82.7%。学校主体专业与宁远县内外企业建立良好的校企合作关系，与县内12家、县外35家企业签订《校企合作协议书》。同时，与企业建立校企合作冠名班，共建校企合作实训基地。

扶困助学　学校采取减、免、奖及发放伙食补助等方式，从学校事业收入中安排经费，最大限度地资助贫困学生。2017年直接减免家庭经济困难学生学杂费上期98400元，下期136900元，报账支付77620元，总计312920元。建立健全家庭经济困难学生信息库，确保不让任何一个学生因家庭贫困情况辍学。

（欧阳日）

■宁远教师进修学校　学校成立于上个世纪80年代初期，2017年有教职工40人，其中专任教师37人，占教职工总数的92.5%，专任教师中研究生学历1人，本科学历35人，是目前永州市唯一的省级示范性县级教师培训机构。按核定编制数拨付人员工资，教职工编制实行结构动态管理。

师训工作　2017年宁远教师进修学校利用双休日时间完成校长任职资格及能力提升培训75人次；学校安全教育培训91人次；学校财务管理培训108人次。利用暑假完成小学语文教师专业提高培训4个班226人次、小学数学教师专业提高培训3个班、184人次、小学班主任教师专业提高培训2个班、112人次；初中语文教师专业提高培训70人次、初中英语教师专业提高培训36人次、初中班主任教师专业提高培训70人次。2017年上期完成中华传统文化远程培训1550人次；下期完成学科远程培训1386人次、完成国家教育部省教育厅布置的“国培送教下乡”培训600人次。师训工作进入全省先进行列。

社区教育　2017年宁远教师进修学校主动协调各相关部门，在全县大力推动全民终身学习，发展社区教育事业。至2017年学校是永州市唯一的省示范性县级电大，学校强化国家开放大学招生措施，开拓招生市场，确保在籍学员规模。学校进一步明确管理人员责、权、利，提升管理人员的责任心和管理水平。加强对学员学习过程管理，严格考试纪律，严把毕业关，培养合格人才。注重农民大学生的培养工作。在组织部门的支持下，组织实施“农民大学生”项目。到2017年12月止，在籍学员670人。

扶贫帮困　2017年，宁远教师进修学校按照县委县政府安排进驻五龙山乡上洞铺村结对帮扶。学校全体党员及行政人员深入上洞铺村的困难家庭，了解群众疾苦，分析致贫原因，共谋脱贫路子，发展脱贫产业，为群众送温暖，受到一致好评。

（于鹏飞　单娣）

文化　体育　卫生

文化事业

■**概况**　1951年宁远县始设文教科。1956年5月为文化科，1962—1973年与教育合并设立文教科（组室）。1979年1月改称文化局，归宣传部管理。1983年机构改革，文化局内设办公室，下属单位有文化馆、图书馆、电影公司、新华书店、祁剧团、公社文化站。1985年，宁远祁剧团撤销，增设九嶷剧院、文物管理所。1988年，增设文化市场管理站。1997年宁远县新闻出版局、版权局成立，与文化局合署办公，“一个机构、三块牌子”，负责管理全县新闻出版事业。2003年，内设办公室、业务股、财务股、人事股、纪检，编制7人。2007年实施旧城改造，县文化局搬至县政务中心办公。2012年，在宁远县文化局（县新闻出版局、县版权局）、宁远县广播电影电视局的基础上，组建宁远县文化广电新闻出版局（简称县文广新局），加挂宁远县版权局牌子。内设办公室、文化市场管理股、文化艺术股、政工股4个股室，编制11人。2015年，宁远县文广新局合并体育局，组建宁远县文体广新局，加挂宁远县版权局牌子。辖全民健身服务中心（加挂业余体校牌子）、文化市场综合执法大队（参管）、文物管理局（含文庙管理所、舜帝庙考古遗址公园管理处）（参管）、图书馆、文化馆、电影公司。内设办公室、政工股、文化艺术股（加挂非物质文化遗产保护管理股牌子）、体育发展股、政策法规和市场管理股（加挂县“扫黄打非”领导小组办公室牌子）、广播电影电视股、产业股等7个股室，编制17人。主要职责是贯彻执行党和国家有关文化、体育、广电、新闻出版（版权）的法律法规和方针政策，负责管理全县的文化、体育、广电、新闻出版（版权）事业。2017年，宁远县公共文化服务体系基本建成，初步构建“10+15+30”城乡公共文化服务圈，率先在永州市创建省级现代公共文化服务体系示范区。277个行政村按照“七个一”基本标准建成村级综合文化服务中心。率先在全市建成县内2个24小时自助图书馆。湾井镇朵山村农家书屋被评为全国示范书屋，宁远县文体广新局获评全省农家书屋建设十周年先进集体，《人民日报》对棉花坪沙子田村农家书屋建设工作为典型宣传推介。县文化市场综合执法大队被国家版权局授予“打击侵权盗版工作有功集体二等奖”，并在省级案卷评比中荣获湖南省文化执法办案工作规范案卷奖。“村村响”“户户通”实现全覆盖，中央广播电视节目无线数字化覆盖工程全面完成。图书馆获湖南省青少年党史国史主题教育活动先进集体，湾井镇获湖南省经典文化村镇荣誉。文艺精品在“三湘蒲公英”和“欢乐潇湘”等重大文艺活动中获10余项大奖，广播剧《情满九疑山》获湖南省第十三届精神文明建设“五个一工程”奖。全民健身活动蓬勃开展，顺利通过湖南省体育后辈人才重点县中期评估。竞技体育取得突破，举重运动员朱巧玲在世界青年举重锦标赛上获抓举、挺举、总成绩三项冠军。

■群众文化 2017年，文化馆以免费培训为抓手，大力推进免费开放工作，加强公共文化服务。共组织开展少儿舞蹈、美术免费培训4期、8个班，培训学员400余人次。组织开展"艺术大讲堂"讲座活动，涵盖书法、美术、摄影、文学、音乐、篆刻、舞蹈，600余人聆听讲座；组织开展民族乐器免费培训，500余人参加培训。春节期间，宁远县文化馆与下灌景区、县书协、县美协组织开展下灌景区春节书画展、宁远县春节书画展、九疑五兄弟书画展等展出，5000余人参观展览。在春节、"五一"、"十一"等节庆期间，开展春节慰问演出、送戏进福利院、送戏进景区、精准扶贫送戏下乡活动，共开展精准扶贫送戏下乡演出119场，演艺惠民送戏下乡80场，观众7万人次。配合"欢乐潇湘"大型群众文艺会演开展"宁远县第六届社会艺术团体百团大会战"活动，全县50多个社会艺术团体参与，其中出名的有花灯戏剧团、京剧协会、祁剧团、九嶷山艺术团、金秋艺术团、夕阳红艺术团等等。2017年，文化馆创作群舞《编蓑衣》《顶》参加湖南省"欢乐潇湘"大型群众文艺汇演，《顶》获湖南省欢乐潇湘汇演一等奖，《半床被子》获湖南省群文系统技能竞赛一等奖、《蛇穿鼻孔》获省群文系统技能竞赛优秀奖。雷新梅编排的少儿舞蹈《虫乐呦呦嘿》获湖南省少儿音乐舞蹈大赛一等奖。九嶷山艺术团广场舞队获2017年湖南省广场舞大赛季军。王露获2017年中国音乐金钟奖湖南省优秀奖。姜国平获全市非遗工作先进个人。姜国平、童一飞的报告文学《唯愿陶艺得传承》获湖湘工业文化遗产征文三等奖。

■非物质文化遗产保护 在非遗保护上，4月底出版反映国家级"非遗"项目舜帝祭典的传承演变史的《历代舜帝祭典》。组织福建舜裔宗亲祭舜活动、海外华人华侨祭舜活动、永州市民间祭舜活动3次大型祭舜活动。6月10日，宁远县文化馆与宁远县文物局联合在县文庙广场开展了文化和自然遗产日宣传活动，共发放宣传资料3000余份。5月26日至6月底，文化馆在馆内布置展板，并组织花灯戏剧团、祁剧团等到乡镇巡演。参与人数超过1万人。全年组织春节"非遗"展、国庆"非遗"展、冬季"非遗"展3次非物质文化遗产展览，参与人数超过5万人。

（姚建军）

■电影放映 2007年宁远县电影公司、电影院房地产转让，电影公司搬至县文化馆内办公，现有职工63人。有电影放映队23个（含农村个体队），县城影院2家。2017年，全年完成公益电影放映8368场次，占任务的101.66%；爱国主义教育影片进校园78所；电影进企业40余场次、进敬老院200余场次、进扶贫村1800余场次创建农村公益电影固定放映点3个。

（陈维新）

图书工作

■概况 1965年5月成立宁远县图书馆，与文化馆合署办公。有藏书2万册。1968年撤销图书馆，大量图书散失。1971年，恢复图书馆借阅工作，开放图书5000余册。1974年恢复图书馆。1978年宁远图书馆借用宁远文庙厢房作馆舍。设有外借、阅览、辅导和采编等业务。1987年图书馆搬迁至九嶷中路新馆舍。为全额财政拨款事业单位，归口文化局至今。2017年，宁远县图书馆，积极开展服务宣传、读书活动、业务交流和岗位培训等业务工作，落实农家书屋后续管理长效机制，努力探索图书馆事业发展新路子，为宁远的文明建设添砖加瓦，取得较好效果，得到读者和社会各界的赞誉。

■基础设施建设 2017年，新

购进纸质图书10000余册，并认真进行分类、编目，登记，及时上架流通。新添置书架、报刊密集架、古籍书柜等。新订阅读者喜闻乐见的报刊杂志210份，新购电子资源1TB，最大限度满足借阅需求。投入24万元，对柏家坪镇等7个乡镇文化站分馆的软硬件设施设备进行升级，每个分馆分别配置图书600余册、音像制品100张、电子阅览室电脑3台（含桌椅），电视机、DVD等设备。购置一台流动图书车开展送书下乡和流动服务，深入文庙街道、水市、天堂、禾亭、太平、冷水等乡镇街道的贫困村开展送书下乡扶贫活动，为280个村农家书屋补充图书近2万册、光碟2.8万张。举办一期乡镇街道文化站和部分村农家书屋管理员培训班，参加培训人员及70余人次。

■图书服务工作　开展“4·23”世界读书日、“图书馆服务宣传周”、科普日等宣传以及送书下乡活动。协同县科技局、科协等部门，联合下乡开展图书馆服务宣传周既科技宣传周活动。围绕科技创新促进美好生活，普及科学技术知识，丰富群众科学文化生活为内容，专门精心采购2000余册有关农业种养殖方面的图书及各种科技资料4000余份，全部免费发给基层。在“六一”前夕，县图书馆与县新华书店联合开展“你读书·我买单”活动，现场办理借书证92张，外借图书180册次。关爱贫困留守儿童：分别向十完小、天堂完小、幼儿园等10所中小学校和幼儿园的贫困留守儿童免费赠送各类图书1200余册。开展党史国史主题教育活动，将党史、国史教育引进课堂列入德育计划。开展“讲好红色故事·喜迎党的十九大”青少年党史国史教育专题报告会，有3000多学生参加报告会。开展军史连环画展览、阅读笔记和手绘明信片活动，制作活动展板52块，深入到学校、农村开展展览活动；组织开展青少年中开展手绘明信片活动，巡回展览观展9000余人次，收到手绘明信片696张、阅读笔记102本。阅读优秀个人1人，手绘明信片一、二等奖各3人，阅读笔记达人3人；阅读之星1人、阅读优秀个人1人，手绘明信片一等奖2人、二等奖各1人，阅读笔记达人2人。开展“书香湖南·阅行者计划”2017年暑期阅读扶贫志愿者活动，引导孩子们积极参加“我的书屋·我的梦”征文活动，共收到优秀征文149篇，组织专家评委评选出一、二、三等奖，并选送6篇优秀作品参加省市评选。2017年，图书馆获湖南省文化厅青少年党史国史主题教育活动“先进集体”称号、获湖南省委宣传部等八部门组织开展的全省少读系列活动组织奖、永州市委宣传部等七部门组织开展的全市少读系列活动组织奖。

（黄光群）

新华书店

■概况　湖南省新华书店有限责任公司宁远县分公司，隶属于湖南省新华书店有限责任公司，是中南传媒集团股份有限公司（简称中南传媒）旗下的一家分公司。宁远县分公司位于宁远县桐山街道宝塔社区重华南路176号，占地面积1674平方米，成立于1949年，2017年有职工24人，设有综合管理部、图书业务部、教材业务部、资产财务部、中心门店。国有图书音像出版物和文化用品发行企业，经营项目涵括中外文图书、教材、音像制品、电子出版物、文化用品、数码产品等。新华书店始终坚持党的为人民服务、为读者服务、为学生服务方针，始终坚持先进文化的前进方向，以社会效益为先，积极履行社会责任，近三年来向社会捐赠金额突破47万元，涉及政治、经济、文化、教育等多个领域，为宁远县的政治文明、精神文明和物质文明做出应有的贡献。多次被省、市公司评为“优秀先进”单位，各项销售、利润均完成上级公司年初下达的任务。

■**教材、教辅发行** 宁远县新华书店以高度政治责任心贯彻落实国务院关于义务教育阶段学生全部享受免费教科书的政策，做好义务阶段的免费教材发行工作，严格兑现“课前到书，人手一册”的服务承诺，服务质量处于行业领先水平，创建中小学教材免费送书上门模式，全年送书上门共计400余车，全力做好教材的余缺调剂工作，及时解决学校因学生增减而产生的教材余缺，保证学校正常的教学秩序，达到服务“零投诉”目标；公司高度重视教辅资料发行工作，一是做好宣传工作，在准备下学期教辅用书征订前，参照省、市教育部门下发的教辅用书目录，根据教学需要和学生使用情况，向全县义务教育阶段的中、小学生发放自愿申购征订单，进行宣传征订。

■**一般图书发行** 2017年，宁远县新华书店分别在一中、三中建立校园书店，同时加大店外销售力度，努力扩大一般图书销售。组织开展一系列的图书促销和展销活动：春节期间举办“迎新年、庆元旦、快乐购”；开学期间举办“新学期、新气象，百万教辅大展销”；“五一”期间举办“美书抵心——十美三湘艺术图书大联展”；放假期间举办“爱阅读，七彩暑假”；11月，举办“狂欢双十一，书店聚划算”。通过促销活动，创造市场效益，增加销售额。

■**政治图书发行** 2017年，宁远县新华书店以高度的政治责任心做好政治理论读物的发行，积极宣传党的路线、方针、政策。全年到各党、政事业单位上门征订各类理论读物400余人次。为贯彻落实中共中央学习《习近平总书记系列讲话读本》《2017年理论热点面对面》《中国共产党章程》《中国共产党第十九次全国代表大会文件汇编》等党建读物，通过预定、上门征订、送书上门和门店零售等方式发行《习近平总书记系列讲话读本》4000余册，《2017年理论热点面对面》200余册。

（何莉芳　李卓群）

文化市场管理

■**概况** 1988年，宁远县文化市场管理站成立。1992年10月成立宁远县文化稽查队，与文化市场管理站“两块牌子、一个机构”，为自收自支事业单位，执法人员3名。2001年，县文化稽查大队为全额预算全民股级事业单位，定编9人。为县文化局直属事业单位；2002年变更为宁远县文化稽查大队。2010年列为参照公务员法管理的事业单位；2012年，在宁远县文化稽查大队的基础上，组建宁远县文化市场综合执法大队，为宁远县文化广电新闻出版局管理的正科级参照公务员法管理事业机构。2017年1月20日，撤销大队党组，降格为副科级参照公务员法管理的公益类一类事业机构，定编25人，内设办公室（加挂信访维稳室牌子）、政工法规室、执法一室、执法二室，2017年有执法人员19名。

■**文化执法** 2017年度，宁远县文化市场综合执法大队有计划的出重拳、强措施，集中力量促进各项整治行动见成果。“扫黄打非”专项整治。对全县的印刷复制企业、物流公司、快递公司、车站等公共服务场所开展五次突击检查，从源头上严防非法出版物在宁远县市场上流通，严密封堵和查缴政治性非法出版物，严厉查处取缔各种形式的非法报刊、非法网络报刊和非法报刊网站，收缴各类非法出版物2000余本（册）。卫星电视地面接收设施专项整治。开展广电市场相关法律法规宣传活动，在全县范围内进行入户摸底登记，对非法销售、安装、使用卫星电视地面接收设施的行为予以严厉惩治，查缴“小天锅”等设施设备500余套（件）。“黑网吧”专项整治。据不完全统计，共出动执法人员3500余人次，车辆1600余台次，取缔“黑网吧”700余家，查缴电脑设施设备3000

余套（件）。学校周边环境专项整治。重点查处学校周边的电游、网吧、书店、歌舞厅等市场的经营违规行为，严厉惩治流动书贩兜售教辅教材读物，取缔流动书摊（点）400余户，有效净化学校及学校周边环境，全县文化市场经营秩序繁荣稳定，连续十年受到省、市、县上级部门的表彰。2017年，县文化执法部门分别荣获2017年度全国查处侵权盗版案件有功单位二等奖、2017年度全省文化市场综合执法“规范案卷”奖、2017年度全市文化执法工作先进单位。

（龙晓斌）

文物保护

■概况 1985年前，宁远县无专门文物管理机构，由县文化局设文物专干1人，负责全县的文物管理工作。1985年4月，成立宁远县文物管理所，隶属县文化局。1997年，成立宁远县文物管理局。2017年，宁远县文物局按照“保护为主、抢救第一、合理利用、加强管理”的文物工作方针，围绕县委、县政府的决策部署，同心同德，做好文物保护和利用工作，服务社会，服务人民，取得新的成绩。获得“全国孔庙保护先进单位”“全省文物利用”五好园区称号连续七年获评全市目标管理先进单位。宁远文庙管理所被评为省级文明风景旅游区、省级园林式单位、省级研学基地；舜帝庙考古遗址公园管理处被评为市、县园林式单位、市、县文明风景旅游区。

■文物申报 2017年，为加强对全县古建类文物的保护，宁远县文物局深入乡村，对全县古建类不可移动文物点进行实地踏勘、数据测量采集、绘制相关图纸、拍摄视频和照片，并对相关资料进行编写整理。在深入调查充分掌握家底的基础上，遴选出有较高历史、艺术、科学价值的文物资源申报为重点文物保护单位。截至2017年年底，宁远县拥有全国重点文物保护单位6个、省级文物保护单位8个、市级文物保护单位21个、县级文物保护单位97个。中国传统古村落2处分别是下灌村、小桃源村。省级中国历史文化名镇一处为柏家坪镇、省级中国历史文化名村3处分别是下灌村、路亭村和久安背村。湖南省经典文化村镇一处湾井镇。

■文物保护 保护好文物，必须要有项目做支撑。充分利用宁远县文物资源，进行可持续文物保护。2017年共实施文物保护项目十余个，投资1.2亿元，争取国家文物保护资金1230万元。包括：舜帝庙遗址展示工程；舜帝陵正殿修缮工程；宁远文庙、久安背翰林祠、云龙坊与王氏虚堂防雷工程；宁远文庙石质文物保养维护工程；云龙坊与王氏虚堂修缮工程；久安背翰林祠修缮工程；灌溪学校早期建筑群修缮工程；黄家大屋修缮工程。

■开发利用 2017年，开展“中国文化遗产日”“海外华侨华人故乡行——走进湖南·永州”“祭先师，迎高考”、乡村旅游节、祭舜等大型活动，进一步扩大宁远文物的知名度、美誉度，为宁远县的旅游事业打造金牌名片；宁远文庙国学馆已连续开办4年，共开设10个班，培训了400余名学生。弘扬传统文化，得到广大师生与家长的好评；全年举办3次书法展，接待国内外游客达三千余人，丰富宁远县人民业余文化生活的同时也展示宁远县新时代文化和国宝的风采。

（陈应贤）

广播电视台

■概况 宁远县广播电视台是在2012年文化体制改革中，原“局台合一”的宁远电视台、宁远县人民广播电台的基础上组建而成，为县政府正科级事业单位。内设办公室、政工股、计财股、新闻管理办公室、农村网络建设管理办公室等5个股室，代管湖南有线宁远网络有限公司，有干部职工

98人，为永州市文明单位。2017年，按照“新闻立台、人才兴台、栏目活台、经营强台”的总体发展思路，认真贯彻落实党的新闻宣传方针政策，围绕县委、县政府各项战略部署，加强组织领导，细化责任分解，突出责任落实，积极主动作为，相继荣获全市广播电视新闻通联工作先进单位、全县“六五”普法依法治理工作先进集体、全县城乡环境卫生整洁行动先进单位等荣誉称号。

■**新闻宣传** 2017年，宁远县广播电视台充分发挥主流媒体作用，认真履行党的新闻舆论工作职责和使命，以高度自觉的看齐意识，讲好宁远故事，传播好宁远声音，为全县经济社会发展提供了强大的精神动力、舆论支持和思想保证。

内宣工作：紧扣县委、县政府工作大局，推进宣传创新，突出主题报道，不断提高广播电视的传播力、影响力和公信力。突出抓好“六大战役”、脱贫摘帽、“三区”（园区、景区、城区）建设等重点工作的宣传报道。配合县作风办、文明办、创卫办、控规拆违办等单位，加大对作风建设、不文明行为、违规建设等行为的曝光力度。围绕培育和践行社会主义核心价值观，凝聚社会正能量，配合县人大、政协、妇联、人社局等单位集中宣传一批人大代表政协委员风采、巾帼风采、创业之星等一系列身边的先进典型，为弘扬社会正气，推动社会进步提供正能量。完善《县广播电视台节目三审制度》，坚持台长终审制，大大减少新闻制作播出的差错率，提高新闻制作播出的质量和水平。坚持天天新闻，全年共播出《宁远新闻》3269条。外宣工作：始终把宣传推介展示宁远作为外宣工作的重点工作来抓，不断出台激励措施，加大奖励力度，积极总结推介宁远的好经验、好做法，宣传宁远新形象。同时，积极拓展外宣渠道，主动配合中央、省、市电视台摄制播出推介宁远的相关新闻，外宣工作在省、市排位保持第一方阵。《宁远：旅游促扶贫，冬季乡村旅游节举行》《宁远一中年男子脑死亡，亲人代捐器官》等两条新闻被央视直播间采用，保持连续5年上央视新闻的纪录。据统计，全年上永州新闻联播440条，总时长约8小时，上湖南新闻联播38条，名列省市前列。

■**栏目专题** 2017年开设《走进九嶷》《直通119》《政策解读》《卫生和计划生育》等动态性主题报道栏目。配合县委、县政府的重点工作和中心工作，制作《千年下灌，古村新韵——宁远县下灌美丽乡村建设纪实》《风正扬帆正当时——宁远县加强作风建设工作情况汇报》《生态宁远，环保先行——宁远县推进生态文明建设纪实》《以点带面推动农村土地承包 经营权确权登记向纵深发展——宁远县农村土地承包经营权确权登记颁证成果验收工作纪实》《用更强抗击最强——宁远县抗洪救灾纪实》等工作的专题汇报片18个，推介和展示宁远形象。

■**农网建设** 2017年，宁远县广播电视台投入资金21.6万元，分期对全县农村500公里有线电视主干线进行维护改造。同时，全面贯彻落实农村“文化扶贫”建设，投入170多万元对桐木漯瑶族乡龙源小区、太平镇五里坪新村、禾亭镇育园新村等14个扶贫移民新村预开通有线数字电视，真正实现广播电视标准化、均等化。

■**有线网络** 2017年，湖南有线宁远网络有限公司紧紧抓住“优服务、铸品牌”做文章，通过开展优质服务月、设立“巾帼文明岗”、评选“服务之星”“岗位能手”等评选活动，调动干部职工的积极性、主动性和创造性，服务质量和水平不断提高，群众满意率逐渐提升。县城区新架设广电光纤主干线400公里，城区有线数字电视用户达21870户，有线宽带用户1576户。20个乡镇

(街道) 有线电视覆盖率100%。在城区做大做优县级本地节目回看、点播平台，通过高清机顶盒点播回看宁远本地电视节目。同时，还可根据需要，开展党员教育、科技普及、远程互动医疗等多种应用，真正实现从看电视到用电视的转变。

■精准扶贫　2017年，宁远县广播电视台组建专门班子专抓联系点鲤溪镇马山岭的精准扶贫工作，认真调研摸底，制定扶贫脱贫规划，完善基础设施。改造村综合服务中心，完善村综合服务平台，完成电力升级改造，安装太阳能路灯70余盏，新建马山岭小学、茶月岭篮球场，对姜家洞至宋家及蒋家洞1.38千米、蒋家洞至老伍家至虎形4.2千米、李家坪至马山岭1.1千米的道路进行加宽，硬化马山岭至大井边1.1千米、李家坪至杨家塘至皮家1.4千米以及宋家、老伍家、蒋家洞、周家自然村道1千米。引导176人加入宁远金叶优质稻种植专业合作社，种植九嶷素米400余亩，发展分散种养269人，44户、184人顺利脱贫。

■基础设施建设　2017年，宁远县广电服务中心项目建设有序推进。县广电服务中心是2017年市、县重点项目，项目占地面积30亩，位于宁远县南部生态文化新城野鸭塘水库(厦蓉高速连接线)旁，计划建筑总面积19630平方米，总投资概算人民币5500万元。9月26日，县住建局邀请专家对广电服务中心项目设计方案进行论证，整理出专家论证综合意见。11月1日，宁远县2017年第四次规划委员会讨论设计方案，上海交通大学规划建筑设计有限公司对设计方案作进一步修改完善。2017年因县城开发需要，建于1987年的水塔岭电视转播台的土地被征用，铁塔、机房等设施被拆除，宁远县委政府决定在县城南部新城自来水公司旁的印山砠山上重建临时的无线数字电视转播台。印山砠无线数字广播电视临时发射台海拔269.7米，占地面积约7亩，编制16人，建筑面积约40平方米，围坪硬化面积2400平方米。发射铁塔高36米，为拉线铁塔。2台各1000瓦的数字电视发射机转播中央台12套数字电视节目；300瓦的调频广播发射机，转播中央人民广播电台节目。

(谢剑平　刘志翼)

体　育

■概况　1956年5月设体育运动委员会。1958—1970年，曾与文化、教育、卫生合并。1973年8月恢复体育运动委员会。1978年改为宁远县革命委员会体育运动委员会。1983年12月设立宁远县体育运动委员会，为县人民政府工作部门。1995年改为事业单位。2002年3月，县体委更名为宁远县体育局，属正科级事业单位，增加中国体育彩票发行工作。内设办公室，群众体育股。辖业余体校、体育产业办公室、体育中心。2015年因机构改革，成立宁远县全民健身服务中心，为文体广电新闻出版局所属副科级公益一类事业单位。2017年内设办公室、健身指导股、业余体校办公室、场馆理股(加挂体彩票发行股牌子)。2017年体育彩票销售1045万元。

■群众体育　2017年，举办宁远县舞龙舞狮闹元宵活动、五一全民健身运动会、8月8日全民健身日展示活动、男子篮球夏季联赛、2017年宁远县太极拳展示活动、宁远县第五届“大界源度假村杯”业余排球赛、宁远县第六届羽毛球联赛、宁远县第十六届中小学生田径、乒乓球运动会、2017年湖南·宁远“舜帝杯”中老年人门球赛等赛事，规模空前，影响深远，在全县掀起全民健身热潮。

■竞技体育　2017年6月17日，宁远县籍运动员朱巧玲在日本东京举行的世界青年举重锦标赛中，荣获女子53千克级抓举、挺举及总成绩三项冠军，是继乐茂盛、李宏利、李运利后，宁远县竞技体育升起的又一位举重新星，实现宁远县竞技体育的重大突破。2017年10月，在江苏省常州市举行2017年全国高水平后备人才基地举重锦标赛上，宁远县体校学生周炜程获得男子85千克级少年组抓举第一名、挺举第二名、总成绩第一名，杨怡丹获得女子53千克级抓举、挺举及总成绩第一名。在2017年永州市青少年举重锦标赛上，宁远县代表队共获13项冠军、8项亚军。

■体育基础设施建设 2017年争取中央彩票援助项目资金400万元，用于支持4个街道社区、12个乡镇建设16个多功能运动场地，新建30个农村体育场地，为20个社区、40个贫困村配备室外健身器材，为30个行政村更换太阳能篮球架。

■体育场馆免费低收费开放 2017年，体育馆继续实行场馆免费低收费政策。全年共免费举办群体赛事9项，公益性活动6次，免费培训4次，接待群众体育锻炼2万人次。

卫生计生工作

■概况 2015年12月底，宁远县卫生局和计划生育委员会合并为卫生和计划生育委员会，辖县人民医院、县中医医院、县妇幼保健计划生育服务中心、卫生计生综合监督执法局、乡镇卫生院管理中心、18所乡镇街道卫生院、疾控中心、县爱卫办、县红十字会、县基本公共卫生服务管理办公室、计划生育药具站、计划生育奖励扶助办公室、卫生和计划生育委员会统计信息中心。内设办公室、政工股、监察室、健康办、计财股、计划生育基层指导股、规划股、医政股、中医股、基药股、疾控股、计生家庭发展股、流管股、妇幼股、综合监督股、宣教股、医改办、工会、信访室。2017年宁远县委、县政府多次召开专题会议，研究卫生和计生工作。拨付120亩，用于县人民医院新城分院建设；引进永州和美医院项目，按国家二级甲等综合医院建设。多渠道多形式引进培养卫生计生人才。招聘各类卫技人员47名；提拔重用4名乡镇分管领导，3名计生办主任任党政副职；新招录的66名乡镇公务员中安排8名到计生办工作。投入人口计生事业经费3243.498万元。加大投入，分类提高基层医务工作保障水平，完善绩效工资分配机制。继续实施计划生育“一票否决”和“目标管理责任制”，计生考核结果纳入县委、政府年终绩效考核评估，确保单位党政“一把手”亲自抓、负总责，形成齐抓共管的良好格局。

■基础设施建设 2017年，宁远县继续实施城乡医院床位建设“三年攻坚行动计划”。是年，妇女儿童医院已全面开工建设，人民医院分院重新进行选址，完成可研、环评等前期工作，并与建设银行商定按1.2亿融资进行贷款建设与长沙银行对接，乡镇卫生院打包贷款2亿进行建设。全县村卫生室建设全部纳入农村综合服务平台建设。已建设好标准化村卫生室54个。

■医疗质量提升 2017年，宁远县医疗管理和医疗安全进一步提升，县、镇、村三级培训全覆盖，促进医疗质量管理与医疗技术水平不断提高；县级医院托管乡镇卫生院；湖南省肿瘤医院托管永州湘南医院、华大基因感染性疾病救治基地落户宁远，更好地满足宁远乃至其周边地区日益增长的多元化、多层次的医疗健康需求。

■医药卫生体制改革 2017年，推进医联体建设，宁远县人民医院等三家县级公立医院先后与永州市第一人民医院、永州市中心医院、湘雅三医院、建立医疗联合体，运用信息网络技术开通与湘雅三医院的新湘雅移动远程医疗平台，以及与广州华银医学检验中心有限公司进行技术合作；县中医医院分别与湘雅附二、湘雅附三、省人民医院眼科联盟、永州市中心医院全面联盟、永州市第一人民医院眼科联盟、永州市中医医院全面联盟，永州湘南医院为省肿瘤医院托管医院。县人民医院、中医医院两家公立医院和民营医院永州湘南医院为牵头医院，联合乡镇卫生院（社区服务中心）组建县域医疗共同体，分别对接中心乡镇卫生院和人口较多的乡镇；试点县乡一体化管理，将已经托管的乡镇卫生院划转为县级医院的分院。以此推动分级诊疗工作的开展。开展家庭医生签约服务。全面开展家庭医生签约服务工作。按照健康扶贫“三个一批”（大病集中救治一批、慢病签约服务管理一批、重病兜底保障一批）的要求，以县政府办公室名义下发实施方案，实行县乡村医疗机构参与的“1+1+1”（一名县级医院医生、一名乡镇卫生院全科医生、一名乡村医生）签约团队服务模式。截至12月底，全县近11万建档立卡贫困人口100%签约家庭医生，签约服务费提高到20元。健全公立医院补偿机制。2015年4月1日起，宁远县人民医院、中医医院和妇幼保健院三所公立医院已经全部取消药品加成（中药饮片除外），药占比达30%以下、基本药物采购金额比达51%，县财政足额保障取消药品加成后的补助资金，每年约170万元。2017年10月1日全面执行药品采购“两票制”（药品从药厂卖到一级经销商开一次发票，经销商卖到医院再开一次发票）。

■健康扶贫　2017年，宁远县精准落实健康扶贫各项工作。出台《宁远县2017年健康扶贫工作方案》《宁远县健康扶贫工程“三个一批”行动计划实施方案》等文件，明确健康扶贫目标任务、具体措施和工作要求。年初对全县“因病致贫、因病返贫”对象进行核查，最终确定为5711人。省里“三个一批”等文件下发后，对“三个一批”对象进行全面摸底。通过卫计、医保、民政等数据比对，初步确定宁远县患4类、9种大病符合救治条件的对象为371人，慢性病签约服务对象（高血压、糖尿病）为5910人，4类、9种大病对象经县政府常务会议研究同意全部纳入重病兜底保障。8月17日永州市健康扶贫工作现场会在宁远召开，年终通过省市考核验收，得到了省市的充分肯定和认可，健康扶贫工作经验和效果在全省专题会上作交流发言。

■人才队伍建设　2017年宁远县开展农村订单定向医学生培养工作，2017年5名毕业定向生全部安排到乡镇卫生院，通过高考新录取4人。加大乡村医生本土化培养力度，从乡村医生空白村选送29人参加为期三年的学习培养。完成县人民医院、中医医院自主招聘34人，中医医院人才引进3名。实施对口支援乡镇卫生院工作，县级医院下派15人到乡镇卫生院帮扶，从乡镇卫生院选派18人到市、县级医院跟班学习，形成上下联动的帮扶机制。加强乡村医生业务培训，上半年对乡村医生开展各类业务培训6次。推进优质护理服务示范工程，积极创建优质服务窗口，加强医德医风建设和作风建设，每季度从医疗水平、医德医风、就医环境、服务质量4个方面进行监督和评议，评议结果纳入年度考核。

■疾病预防控制　2017年，宁远县疾病预防控制成效明显。疫情监测报告质量不断提高，法定传染病报告及时率达100%，审核及时率达100%。全年无突发公共卫生事件报告，无传染病死亡报告。实施“以奖代补”政策，对严重精神障碍患者家庭监护人每月发放200元补助，为全县808位农村人口开展上消化道癌普查项目。应急处置能力明显增强。对突发公共卫生应急队伍人员进行充实，添置应急物资，在7月汛期防病救灾工作共派出专业人员500余人次参加应急处置，发放消毒液600余件，消毒35万平方米，饮用水源消毒50多处，水质采样检测20余次，向群众发放防疫防病宣传资料6万份，诊治灾民1000多人次。开展各种应急演练，完成医疗救护保障工作，高质量完成两会、高考、中考等大型会议及活动的卫生应急。

■妇幼保健 2017年宁远县以创建省级妇幼健康服务示范工程县为契机，组织开展妇幼技能竞赛和爱婴医院复核工作；全年孕产妇死亡率、0—5岁儿童死亡率、孕前优生健康检测、叶酸增补、出生缺陷防治、艾梅乙检测等项目全部达到年初预定目标。全年为13000名35—59岁农村妇女进行“两癌”检查。

■人口计生 2017年宁远县自然增长率5.43‰，比责任目标少3.57‰，控制在9‰以内；符合政策生育率89.29%，比责任目标高出0.29%，查处“两非”典型案件6例；出生人口情况比为118.88，比上年度下降7.32个比点。开展3次大规模的“三查四术”集中服务活动，共落实四大手术6676例，其中结扎248例、引流产1666例、上环皮埋4539例。同时做到集中服务活动与经常性工作相结合，全年结总账，有力地遏制违法怀孕生育。

■流动人口服务与管理 2017年，宁远县卫计委将人口计生政策法规、流动人口的计生义务与权利等编印成《公开信》4万份、手机短信12万条，分发到已婚育龄妇女的家中及流动人口手机上。应用流动人口管理“一盘棋”信息系统，及时实施信息提交、反馈、协查、督办，流动人口网络平台监管率达100%。县卫计委、公安、住建、街道等单位对流动人口联合开展清理排查，查漏补缺，同时为流入人口免费办理一孩生育证、流动人口婚育证明及免费提供技术服务。计生惠民政策严格兑现。加强计生惠民政策落实，对5036户独生子女家庭和农村两女户落实优先优惠政策，发放各类优先优惠资金497.7万元；开展系列真情关怀行动，解决计生家庭生产生活困难。共走访慰问困难计生家庭876户，发放慰问金75.55万元。

■卫生计生监督执法 2017年宁远县加大社会抚养费征收力度，全年全县征收和上解社会抚养费803.5万元；建立健全孕情消失监管机制，严管“两非”源头，加大整治力度。全县查处“两非”（非医学需要的胎儿性别鉴定、非医学需要的人工终止妊娠行为）典型案件6例，依法处理到位。开展以惩治非法行医为主的专项整治行动。2017年，共出动卫生执法人员600余人次，出动执法车辆200余台次，监督检查医疗机构和药品经营单位510次，惩治取缔无证黑诊所11个，共立案查处案件71件，没收违法药品25箱、器械26件（套）。全面规范卫生监督协管工作，切实加强对公共场所、生活饮用水、学校卫生、职业卫生、消毒产品、医疗卫生等专项监管力度。

■公共卫生 2017年宁远县常住人口72.32万人，已建立居民电子档案622018人，建档率86.01%，档案合格率85%；2017年早孕建册人数12769人，建册率98.22%，产后访视数12754人，访视率98.11%；0—6岁儿童健康管理65526人，管理率95.25%，新生儿访视12733人，访视率97.95%；预防接种国家规定的各种接种率均达95%以上；65岁以上老年人管理数60455人，管理率75.78%、体检表完整率85%；高血压管理人数36485人，规范管理高血压人数31106人，规范管理率85.26%，管理人群血压控制人数27495，管理人群血压控制率75.36%；管理糖尿病人8963人，糖尿病规范管理人数5757人，规范管理率83.26%，管理人群血糖控制人数7632人，管理人群血糖控制率85.15%；严重精神障碍患者管理人数3682人，管理率

96.5%，规范管理人数3498人，规范管理率95%；已管理结核病患者545人，管理率100%，服药率96.58%；接受中医药健康管理的65岁以上老年人50430人，覆盖率63.21%，0—36个月儿童健康调养指导22168人，覆盖率64.15%。

■**红十字会** 2017年县红十字会组织发动各乡镇、县直机关工作人员、学校师生和广大市民参与无偿献血活动，全年累计献血量达62.59万毫升，超额完成市政府下达宁远县无偿献血56万毫升任务目标，确保宁远县临床医疗用血的安全和充足需求。2017年，围绕全县脱贫攻坚等民生工程，结合自身工作职能，提供人道救助。年初开展“博爱送万家”活动，筹集家庭包、棉被等物资救助困难群众家庭220户。积极开展省红会人道救助金申报工作，经过县红会申报，全县共15户家庭得到省红会人道救助金救助，共获得救助金7.5万元，同时县红会对宁远县重特大疾病人群开展人道救助，全年共发放救助金1万多元。

■**人口流动情况** 2017年宁远县总人口900584人，已婚育龄妇女143078人。全县流出总人口285295人，流出人口占全县总人口的31.68%，其中跨省流出全员人口274549人，跨省流出人口占流出总人口的96.23%，省内流出10746人，跨省流出已婚育龄妇女77701人，省内流出已婚育龄妇女1998人，全员流入人口4525人，其中流入已婚育龄妇女1192人。

■**其他重点工作** 2017年，宁远县卫生计生委员会开展医药卫生领域反商业贿赂专项整治活动。三家县级公立医院通过自查自纠自退金额156.9851万元，其中县人民医院91.1511万元，县中医院57.25万元，县妇幼保健和计划生育服务中心7.884万元；开展巡回义诊服务。上半年组织40个医疗服务队深入县扶贫村，为贫困群众送医送药，开展“卫生计生三下乡”活动，共出动医疗服务车80余台次，发放各类免费药品、价值50余万元，接受群众健康咨询解答1万多人次。开展65岁以上老年人健康体检工作。全年为50906名65岁以上老年人免费健康体检，建立规范的健康档案。

（蒋为）

计划生育协会

■**概况** 2017年，宁远县委、政府决定将县计生协会会长列为县计生领导小组的副组长，县计生协会增编1人，2017年县计生协会的人员编制达到3名（协会会长及常务副会长不在现有编制之列），计生协会纳入基本公共卫生服务项目职能部门，承担项目工作。2017年县委继续加大对计生协会的经费投入，并将村级计生协会常务副会长的工资列入县级计生协会经费预算、将会员小组长的工作报酬列入乡镇财政预算。2017年计生协会经费预算为487.8万元。2017年，宁远县被评为全省计生协会工作模范县。

■**基层协会组织** 2017年全县共有乡级计生协会组织20个，村级计生协会组织422个，流动人口计生协会组织9个（含工业园、社区6个），单位或部门计划生育协会4个，其中外出流动人口计生协会组织3个，全县骨干会员人数达到21650人次。实现在全县乡镇、机关、村（社区）、医院、企业和流入、流出人口聚集地计生协会组织的全覆盖。乡镇计生协会的会长由分管领导担任，常务副会长由热爱计生工作的副科级干部担任，秘书长由卫计办主任担任，并把乡镇卫生院院长选配到协会担任协会理事；村级计生协会利用2017年村支两委换届的契机，把因年龄或者是因村合并而退下来的优秀村支部书记或村计生专干吸收到村计生协会担任常务副会长，将村医纳入协会担任协会理事会理事，并通过县级财政预算解决他们的工资待遇问题。

■流动人口计生协会 宁远县驻广州花都流动人口计生协会自2013年成立以来，县计生协会每年定期到广州为流动人口开展全方位服务。2017年分别在宁远入粤人口相对集中的东莞市谢岗镇精伦实业有限公司和深圳市龙岗镇涛涵手袋厂成立流动人口计生协会，选举产生理事、会长、副会长，聘任秘书长，开展健康服务年活动，走访慰问流动人口困难家庭24户，慰问金2.4万元。县流入人口计生协组织不断完善。县计生协会先后在工业园的硕宁电子厂、华荣鞋厂和莲花集团成立流动人口计生协会，组织卫计委政策法规股、流管站、药具站、县人民医院，中医医院，妇幼保障和计生服务中心，湘南医院专家为流动人口开展健康服务年“6+1”活动，为流动人口送政策、送健康、送温暖，并在卫生计生行政部门开展妇幼健康等基本公共卫生服务中发挥积极作用。2017年，流入人口计生协会协助街道办和社区卫生计生工作人员建立健康档案3000余份，流入人口健康档案建档率90%以上。

■计生协会骨干业务培训 2017年，县计生协会精心编写《宁远县计划生育协会工作指南》和《计划生育协会工作手册》，印发到全县每个协会工作人员手中。5月24日，县计生协会组织各乡镇分管卫计工作的领导，计生协常务副会长、卫计办主任，各村（社区）常务副会长和县级各大医院、工业园区各企业、县综治部门计生专干共计540人进行业务培训。

■计生骨干队伍机制建设 今年县计生协出台《关于加强基层计生协会班子和骨干会员队伍机制建设》文件，组织各乡镇（街道）计生协对协会会员进行全面清理，清理出不合格会员4620人，发展新会员1263人，全县现有骨干会员21650人。8月，县计生协组织人员，对骨干会员队伍机制建设情况进行督查，同时下发通报。并建立骨干联系户制度，每个骨干会员联系1—2户育龄妇女，开展宣传服务活动，帮助解决在生产、生活、生育中的实际困难，做到送温暖、传知识、搞服务。

■生育关怀 宁远县从2011年起，按照市计生领导小组的要求，每年从上年度征收的社会抚养费中提取10%作为“生育关怀”资金，确保“生育关怀活动”的开展。2012年，县计生领导小组就制定生育关怀资金筹措、管理和使用制度，资金筹集来源稳定，使用渠道规范，并每年接受财政、审计的督查。2017年，全县各级计生协会积极倡导，利用春节、“5·29”会员活动日、母亲节、世界人口日等重大节日活动积极开展关怀帮扶和临时紧急救助活动，2017年，宁远县计生协会共计走访慰问和累计帮扶计生贫困家庭共876户，发放生育关怀资金75.55万元。

■计生项目帮扶 2017年，宁远县计生协会向湖南省、永州市申报计生家庭创业发展扶贫项目，对已申报项目的实施过程和项目资金的交付和使用进行全程监管。是年，县计生协会创办省级“三结合”示范项目1个，“计生家庭创业贷款贴息”项目8个，共争取省级项目资金22.18万元，其中“宁远县鑫农淮山专业种植合作社”获得省贴息资金10万元。“宁远县鑫农淮山专业种植合作社”2017年被评为全国示范性农民专业合作社，合作社现有淮山、葛根、百合、名贵苗木近15000多亩，吸收470多户农民近8000计生协会会员加入合作社并走上致富路。

■特殊家庭帮扶关爱活动 2017年宁远县有特殊家庭143户，共223人，其中失独家庭116户、160人，县委、县政府高度重视对计生特殊家庭的帮扶关爱工作。将失独家庭列为生育关怀活动的重点帮扶对象。开展“爱心助成长”行动。县计生协会发动协会理事单位与特殊家庭第三代开展助学结对、就业帮助、情感关怀、物资捐资、学业辅导等五大系列活动，帮助第三代孩子健康成长。截至2017年年底，全县“失独”家庭中有56户留有第三代，现已与其中39户家庭的第三代进行结对。开展“再生育指导、辅助生育、领养、亲情结对、老年健康保健”等服务。为158名“失独家庭”提供生活、生产、就医、陪护等服务。开展与失独家庭“面对面”走访、座谈活动。春节期间县计生协开展对失独家庭的走访慰问，慰问每户1000元，失独家庭如有困难，县计生协会均开展临时救助和走访。村级计生协会和骨干会员、协会志愿者做到“五必访，一到场”，即当困难特扶对象生病必访、家庭有大事必访，过生日必访，逢传统节日必访，家庭遭遇意外必访，对象寿终时一定到场，帮助料理后事。发放计生特殊家庭“老年护理补贴”。年满80周岁计生特殊家庭成员发放每月80元的护理补贴，全县共有15人享受此政策。为失独家庭进行健康检查。2017年2月，县计生协会为全县159名计生失独家庭进行健康检查。各乡镇（街道）出动爱心车辆32台次，发放补贴14400元，80多名协会志愿者参与爱心服务活动。检查结果及时告知受检对象，为他们建立健康档案，发放“爱心帮扶卡”，县计生协和中医院将根据他们的身体状况开展个性化的健康帮扶。加强生活保障服务。优先安排敬老院对于失独家庭养老照料；对符合城乡低保条件的计划生育特殊困难家庭，优先纳入城乡低保或五保范围。对不愿意参加集中供养且居住危房的农村计划生育特殊困难家庭，按照有关规定优先免费纳入农村危房改造范围。由县计生协牵头，住建局、民政局、扶贫移民局和当地政府参与，投入60多万元新建爱心房15座，投入资金100余万元改造危房86座。加大对特殊家庭医疗扶助工作。从2017年8月起，由县计生协、卫计委牵头，为每位计生特特殊家庭成员提供农村家庭医生签约服务，并由政府付费，提供服务项目包括基本公共卫生服务、健康状况和健康教育评估、上门巡诊、常见病多发病诊断治疗、疾病康复指导、转诊服务，联系上级医院门诊、住院、手术医生，开通就医“绿色通道”服务等。

（夏双青）

爱国卫生

■概况 2017年宁远县获得国家卫生县城奖牌，成功创建市级卫生乡镇4个（太平镇、鲤溪镇、保安镇、棉花坪瑶族乡），至此全县除4个街道外所有乡镇均已成功创建为省市卫生乡镇。

■病媒生物防制 2017年通过政府购买服务的方式引进专业公司开展县城除四害工作，经过全方位的治理和综合防制，四害密度控制在国家规定的C级标准之内，顺利通过省级灭鼠灭蟑6年一次的复核。

■环境卫生工作 2017年宁远县城乡整洁行动高频次全方位的检查评比机制坚持良好，有效扼制死角死面的发生，后进单位也有改进提高，同时，通过示范村的严格准入及复查退出，为环境卫生先进面的拓展提供很好的激励制度，也为全县整洁行动工作向纵深推进提供可复制样榜。

■农村改厕工作 2017年，全县119个贫困村普遍开展农村改厕，安排贫困村改厕资金1000万元，据统计贫困村完成改厕7848口，县财政安排非贫困村改厕资金560万元，完成6500口，全县卫生厕所比例提高十个百分点，达82.31%。

重点医院介绍

■宁远县人民医院 宁远县人

民医院的前身是民国35年（1946年）由欧冠筹建的公立医院，1949年11月县人民政府接管，更名为宁远县人民医院。1996年1月，获卫生部颁发“二级甲等医院”称号，同年被国家卫生部评为“全国卫生系统先进单位”。从2005年至今获“全国百姓放心示范医院”称号。1996年10月，医院由副科级升为正科级全民事业单位。2017年，县人民医院是正科级公益二类事业单位，核定差额拨款事业编制875人，其中院长1名，党委书记1名，副院长3名，纪委书记1名。

2017年县人民医院有在职职工835人，其中正高职称9人，副高职称83人，中级职称203人；开设临床医技科室22个，完成门急诊372385人次，同比增长6.8%；住院病人42930人次，药占比28.3%，病床使用率103.4%；手术人次7828人次，医嘱转院率1.8%。全年完成收入25963万元，同比增长6.8%。

2017年新综合住院大楼主体工程全部竣工，正在加紧内装修工程。全年完成固定资产投入1500多万元，新购置神经肌肉刺激治疗仪、肌电图、脑电图、声阻抗仪、纤支镜、移动式C型臂X射线机、数字化全景X光机、四维超声诊断仪、医用血管造影X射线机、救护车等诊疗设备。成立介入科，宁远县首例CT引导下经皮肺穿刺活检术成功，填补宁远县该类微创技术的空白。骨伤科开展老年性骨质疏松性胸腰骨折经皮椎体成形术，胸腰椎爆裂骨折经皮椎弓根螺钉内固定术，腰椎间盘突出症经椎间孔镜髓核摘除术等微创手术，手术创伤少，病人痛苦轻，效果好。新生儿科成立危重新生儿救治中心，开展PICC置管和使用PS，提高早产儿、低体重儿的抢救成功率。新成立脑卒中中心、胸痛中心、腹透中心、肿瘤科，以提高危急重症病人的抢救成功率。

2017年健康扶贫累计3373人次。农村贫困患者享受“先诊疗、后付费”“一站式”结算服务，救治贫困人口3599人次，减免和垫付医疗费、伙食费349.68万元。

2017年5月，医院与北京同合至诚医院管理咨询公司签订合作协议，由北京同合至诚医院管理咨询公司指导宁远县人民医院进行绩效改革。在专业指导下，通过完善内部分配激励制度，提升医院管理的科学化、精细化水平，提升效率，节约成本。合理降低药占比、材料比，加大管理考核等一系列管理措施不断满足区域居民日益增加的医疗服务需求，提高医疗质量、提升服务水平，从而为广大人民群众提供优质、高效、低廉、放心的医疗服务。

2017年7月，“华大基因·感染性疾病救治基地”落户宁远县人民医院，利用基因技术探索中药治疗艾滋病等感染性疾病的新方法、新模式在人民医院启动。

医院坚持加强医疗质量管理，落实各项医疗核心制度，强化基本技能培训，规范诊疗技术和服务流程，提高服务质量和服务水平。2017年选送11名业务骨干到上级医疗机构进修学习，100余人次参加各项业务培训学习；引进研究生1名，优秀本科生30名；与湘雅三医院、郴州市第一人民医院、永州市第一人民医院、永州市中心医院签订医联体或对口支援协议。全面托管柏家坪镇中心卫生院，与文庙街道社区卫生服务中心、湾井镇中心卫生院、太平镇中心卫生院签订医联体协议。

（柏振红）

■宁远县中医院 宁远县中医院1954年根据卫生部《关于健全和发展全国卫生基层组织决定》，县人民政府拨出接管原施医所中药部的全部资金4000万元（折人民币4000元），发动县卫生工作者协会会员集资入股2000万元（折人民币2000元），由县卫生工作者协会牵头，以城关镇青云巷12号公房为院址，筹建宁远县城关中医联合诊所。1955

年3月1日，接收城关中医联合诊所成立宁远县中医院，1986年4月20日，中医院由集体所有制转为副科级全民所有制事业单位。1996年7月经省中医院评审委员会评为“二级甲等中医院”。2014年成功创建永州市文明单位，同年12月被国家中医药管理局评为“全国基层中医药工作先进单位”。2016年由“宁远县中医院”改名为“宁远县中医医院”。2017年通过“市级文明单位”复检。核定差额拨款事业编制750名，其中院长1名，副院长4名，纪检员1名。

2017年，宁远县中医医院被湖南省卫生计生委评为湖南省新“复明10号”中国流动眼科手术车项目2017年度先进单位，院长何辉平被湖南省卫生计生委评为“十二五”时期湖南省防盲工作先进个人，副院长李小阳被亚洲防盲基金会评为“中国复明扶贫流动眼科手术车”项目先进个人。宁远县中医医院被市妇联推荐为全国“三八红旗”集体。

2017年完成门急诊量132381人次，同比增长13.0%；住院病人29547人次，同比减少2.4%；病床使用率78.2%，同比提高4.3%，病床周转次数42.5次，比上年增加5.2次；开展手术数3639人次。完成总收入15133.15万元（其中业务总收入15060.15万元，含医疗收入14759.35万元，药品收入4860.02万元），业务总收入同比增长10.26%。医疗收入占业务总收入比例98%。业务总支出为14979.36万元，同比增长15%，其中职工工资（含奖金、福利）支出4817.80万元，同比增加5%。其中药品成本4851.15万元。

2017年完成固定资产投资近600余万元，新增和改装105平方米的征兵体检板房、监控设备、超声乳化仪、空气压力波、B超机、显微镜、验光仪、转运呼吸机、转运监护仪、牵引床、骨质增生治疗仪、牙片机、牙椅等设备及污水处理采购。

宁远县中医医院始终坚持医疗质量是医院生命线的原则，不断加强医疗质量的管理，着重加强基础质量、环节质量、终末质量的管理和医疗核心制度的落实，严格履行技术准入制和责任追究制，强化三级查房、岗位培训和质量讲评，医务人员的整体水平不断提高。进一步健全院前急救和院内急救功能，120急救中心出诊迅速。2017年院内急救“绿色通道”畅通，收治危急重病人9720人次，抢救成功率99.8%。医院不断深化“以人为本，以病人为中心”的服务理念，严格实行首问负责制，开展“优质护理服务示范工程”试点，每名护士负责6—8位病人，承担不能自理患者的生活护理，尊重和维护患者的知情权、选择权，完善医患沟通制度，定期召开病人及陪人座谈会和病人回访座谈会，医患沟通进一步融洽。落实费用公示制，认真对待和处理患者的投诉，维护患者的合法权益。大力实施便民让利政策，2017年救治“三无”人员及贫困危重欠费病人80余人次，让利金额30余万元。收治城镇职工医保住院病人2499人次，完成收入1162万元，报账836万元，收治城乡医保住院病人22765人次，完成收入9781万元，报账6726万元。医患关系融洽，病人满意度达95%以上。2017年度，未发生二级以上重大医疗事故。

2017年选派专业技术骨干到上级医院进修、学习培训30余人次，新技术、新项目得到顺利开展。带教实习进修20余人。从省、市等医院聘请专家来会诊、讲座40余人次。宁远县中医医院以突出中医药优势为特色，立足中医，突出专科，发挥中医药优势为发展方向，继续加强原有重点专科专病建设。

2017年，医院按照“院有重点、科有特色、人有专长”的重点专科建设指导思想，巩固脑病科、骨伤科、针灸科等特色专科建设。骨伤科在原有股骨颈骨折开展双极股骨头置换术和人工全髋关节置换术的基础上开展髋关节骨性关节炎、股骨头坏死人工全髋关节置换术 7 例，通过新手术项目，科室的病源有所扩展。骨科开展的体外反搏疗法有效防止卧床病人深静脉血栓形成，患者反映良好。脑病科在中医非药物治疗方面联合多个治疗手段后疗效明显改善。治未病体检科大力推广中医药适宜技术，整合针灸、神灯热疗、推拿、艾灸、拔罐、刮痧、穴位敷贴、穴位注射、穴位埋线等，结合各类体质人群研发八珍养颜酒、琼浆药酒、风湿药酒、各种中药敷贴以及中药治疗痤疮、祛斑祛皱面膜。全科中医药服务达 6000 余人次，以中药敷贴“冬病夏治、冬病冬防”为例服务 600 余人次，较去年有所提高。护理部还组织学习循经按摩技术。

2017 年医院先后与省人民医院、湘雅附二、中医药大学附属第二医院、郴州市人民医院、市中心医院、市三医院等建立医疗联盟，定期聘请教授来院会诊、讲座。各病房还提供多种中医健康处方，中医药知识小册，专病健康教育单，健康教育黑板报每 2 月更换 1 期；护士根据不同病种进行饮食、运动、相关医疗指导让患者得到中医特色服务。

2017 年开展中医诊疗技术项目共 38 项；采用非药物中医技术治疗的达 292254 人次，占门诊总人次的 25.93%；中药饮片处方占门诊处方总数的 44.10%。中医诊疗项目总收入 1587.8 万元，中成药收入 775.68 万元。中药饮片收入 765.56 万元，占药品总收入的 15.29%。开展中医适宜技术 10 种。

2017 年宁远县中医医院为人代会、政协会、高考、祭舜等重大会议及活动提供医疗保障服务 8 次。医院派出的礼仪小姐承担祭舜、全省三县六市十乡公祭盘王暨坐歌堂等大型活动的礼仪服务，获得县委政府的好评。医院组织员工参加无偿献血 90 余人次，献血量 32200 毫升。完成县重大活动的医疗保健任务 12 次，健康讲座、义诊等公益服务 18 次，医疗对口支援 6 个乡镇卫生院医疗护理工作。2017 年 6 月，宁远县中医医院隆重举行中国复明扶贫流动眼科手术车新“复明 10 号”湖南宁远站启动仪式。由宁远县中医医院提供资金保障，湖南省人民医院随车眼科医护团队对患者实施手术，共为 150 名患者提供术前术后住院免费医疗服务，为贫困患者救助金额 30 多万元。

2017 年，宁远县中医医院抓好政策落实，精准扶贫工作取得良好成效。成立源聚海种养专业合作社，吸收贫困户加入合作社 629 人，县政府对口部门下拨贫困户产业帮扶资金 69.56 万元。促成外出务工就业 395 人。帮助全村 154 户贫困户申请教育资助。全村共完成易地搬迁扶贫 128 户、546 人。健康扶贫方面，全村 253 户贫困户全部参加医疗保险，并返还 50%的参保费用。

2017 年，宁远县中医医院托管的水市镇中心卫生院中级职称者 4 人。开设病床 50 张，有 200 型 X 光机、黑白 B 超、彩色 B 超、全自动生化仪、全自动血细胞分析仪、尿液分析仪、十二同步导联心电图机、煎药机、熏蒸机、颈椎及腰椎牵引机等医疗设备。卫生院职工由原来的被动工作转为主动工作，全年完成业务收入 358 万元，门诊 46433 人次，住院 1201 人次，中医药使用率 80%。卫生院家庭医生签约人数 22157 人。其中，建档立卡家庭、计划生育特殊家庭、糖尿病患者、重度精神病患者、结核病患者签约率 100%。

（何辉平）

■宁远县妇幼保健计划生育服务中心 宁远县妇幼保健计划生育服务中心是一所集妇幼保健、计划生育服务、医疗、培训、科研于一体的特殊医疗机构。服务中心现有业务用房 4600 平方米，病床 40 张，在职在编职工 75 人，专业技术人员 60 人，高中级职称医务人员 22 人。设有妇女保健部、儿童保健部、孕产妇保健部、计划生育指导部。

孕产妇系统管理 2017 年

按照宁远县新的行政区划，全县422个行政村每村设立一名村级保健员，作为村级网点，由村医或妇女主任担任，并定期进行培训指导。大力宣传住院分娩好处，免费叶酸增补预防神经管畸形。做好孕产妇系统管理，严格按照高危妊娠评分标准对孕妇进行筛查和管理，高危评分在15分以上者由县妇幼保健计划生育服务中心统一管理。2017年全年活产数为11510人，低出生体重252人；产妇数11460人，其中农村户籍10405人。孕产妇管理建卡11255人，孕产妇系统管理11238人，系统管理率达97.64%；产前检查11255人，产检率97.78%；产后访视11238人，访视率97.64%；住院分娩活产数11510人，住院分娩率为100%；高危孕产妇3182人，高危筛查率27.77%；高危孕妇住院分娩3182人，住院分娩率达100%。孕产妇死亡1例，死亡率为8.69/10万。

高危孕产妇的管理　2017年宁远县加强高危孕产妇的管理的筛查工作。妇幼专干每月上报孕妇花名册，并上门给孕妇做产前检查和高危筛查，动员及护送其住院分娩。建立县、乡、村分级高危筛查与监护制度，按照《农村围产保健“三十”措施》的要求，对高危孕产妇进行管理，对累计评分10分以上者，都对其一一进行面访或电话面访2次并作好登记，对未来复诊的都采取各种方式追踪随访，直接管理并给予各种保健知识宣教。全年发放孕产妇保健手册3000本，使孕产妇及高危孕产妇得到规范化的管理。

农村住院分娩补助提高　2017年7月前（7月后国家妇幼司下文与农合捆绑报账）农村住院分娩补助人数4158人，补助率为76.62%；补助资金124.74万元。贫困救助20人，救助金额7.46万元；住院分娩率大幅度提高，有效的降低了孕产妇的死亡。

母乳喂养的宣传　2017年服务中心大力开展促进母乳喂养宣传活动，广泛普及母乳喂养知识，营造一个支持母乳喂养的良好氛围。利用各种宣传活动，向群众发放《促进母乳喂养措施及常识》《母婴保健》等多种宣传手册，大力宣传“母乳喂养好处”“母乳是婴儿最好的食品”“母乳喂养，母婴健康”等内容。并将母乳喂养宣传资料送至待产孕妇床前，讲解相关法律法规知识和母乳喂养的正确姿势及方法。对住院分娩产妇进行母乳喂养重要性认识和支持母乳喂养的宣传教育，通过宣传活动增强住院分娩产妇对母乳喂养的信心。

孕妇学校建设　2017年服务中心在加大宣传力度的同时，大家献计献策，改变原来的授课模式，与省妇幼保健院进行医联体合作，开展网上上课，公开公众号，利用微信直接在网上听课。

儿童保健管理工作　规范托幼机构管理，儿童保健服务质量得以提升。严格执行卫生部、教育部颁发的《托儿所、幼儿园卫生保健管理办法》，于2017年3月21日举办全县托幼机构卫生保健知识培训班；2017年2月20日至3月10日对县直67所幼儿园进行膳食营养指导并进行卫生评价；对来院体检的0—6岁儿童健康检查发现的体弱儿童采取专案管理，定期复查，确保儿童的身心健康。2017年全县0—6岁儿童69240人，0—6岁儿童健康管理66720人，管理率96.36%。3岁以下儿童数35056人，系统管理33656人，管理率为96.01%，新生儿访视11293人，访视率为98.11%。5岁以下儿童死亡58人，死亡率为5.04‰；婴儿死亡35人，死亡率3.04‰；新生儿死亡19人，死亡率1.65‰，占婴儿死亡的54.29%。继续加大新生儿窒息复苏技术培训力度。无新生儿破伤风。

孕产妇产前筛查工作　2017年宁远县筛查8184人，筛查率为102.3%，产筛高风险781例，接受产前诊断的742例，诊断率为95.01%。确诊为18体、21体染色体病10

例，引产、流产 10 例。

“两癌”筛查工作 2017 宁远县年开展“两癌”筛查，完成目标任务数 13000 例，占年度任务目标的 100%。宫颈检查查出 CIN1 级 10 人，CIN 2-3 级 9 人，宫颈癌癌前病变检出率 146.2/10 万，原位腺癌 1 例，微小浸润癌 0 人，浸润癌 2 例，其他恶性肿瘤 1 例，宫颈癌检出率 3.07/10 万。宫颈病变对象应接受干预 13 人，实接受有效干预 13 人。乳腺癌筛查乳腺纤维腺瘤 52 人，导管原位癌 0 人，乳腺浸润性导管癌 5 人，浸润性小叶癌 1 人，乳腺癌的检出率 53.8/10 万。癌症患者应进行治疗 6 例，已及时进行治疗 6 例。

出生缺陷综合防治工作 强化出生缺陷综合防治“三级预防”措施，降低出生缺陷，提高人口数量和质量。加大孕妇增补叶酸宣传力度，认真做好叶酸的组织和发放工作，加强出生缺陷预防，降低胎儿神经管缺陷发生率，提高出生人口素质。叶酸在县级医疗机构、乡镇卫生院等单位发放，完善县、乡、村三级台账，(包括计划生育领取发放的）对叶酸的领取发放及服用情况及时登记，逐级汇总上报。2017 年叶酸增补 14938 人，增补率 99.43%，服用依从率 96.49%，知晓率 95% 以上，调查人数 7914 人，知晓人数 7565 人，知晓率 95.59%，神经管缺陷 1 例。开展地中海贫血筛查项目工作，2017 年地中海贫血防控试点项目筛查任务数为 3313 对，基因检测人数 101 对，产前诊断人数为 3 对；地贫筛查按 160 元/对，地贫基因检测 1000 元/对，地贫产前诊断 1850 元/对，总经费共计 28.36 万。上半年宁远县共完成血常规初筛 4646 人，血红蛋白电泳 966 人，基因检测 76 对，筛查夫妇双方为同型 7 对，产前诊断为 3 例，静止型和轻型 2 例。落实《预防艾滋病、梅毒和乙肝母婴传播工作实施方案》的精神，县级六家医疗机构共进行艾滋病抗体检测 6893 人，检测率 98.78%，孕早中期检测率为 92.68%；梅毒检测 6893 人，检测率 98.78%，孕早中期检测率为 92.68%。梅毒感染阳性孕妇 6 例，已进行干预用药；乙肝检测 6974 人，检测率 99.94%，孕早中期检测率 92.69%，乙肝阳性 852 人，免费注射乙肝免疫球蛋白 852 人。继续组织实施免费婚前医学健康检查及免费孕前优生健康检查，全年婚前医学健康检查 3124 对，婚检率为 96.09%。检出疾病总人数为 659 人，疾病检查率 10.55%；孕前优生健康检查 6509 例，超过目标任务 909 对，室间质评达 100% 标准，获国优，早孕随访率及妊娠结局随记率达 100%。新筛开展 95%，串联质谱检查 100% 完成。

出生医学证明的管理 根据《中华人民共和国母婴保健法》和《湖南省〈出生医学证明〉管理相关规定》要求，进一步规范宁远县出生医学证明的发放与管理，严格按照签发出生医学证明所需提交的材料办理。2017 年领证 8000 套，全年共签发 9173 套，首次签发 7990 套，签发率 94%；换发 30 套；补发 53 套；机构外出生签发 170 套；其他情况签发 878 套；废证 52 套，废证率 0.06%。

计划生育技术服务 由于国家二孩政策的放开，计划生育由原来的以手术为主转为以服务为主。

（邓玉华）

社会管理与服务

人力资源和社会保障

■概况 宁远县人力资源和社会保障局于2011年4月由原县人事局和县劳动保障局撤并组建而成，局机关现有内设股室15个（办公室、法规信访室、规划财务股、就业促进与失业保险股、公务员管理股（对外称宁远县公务员局，加挂县军队转业干部安置工作领导小组办公室牌子）、事业单位人事管理股、专业技术人员管理股、职业能力建设股、劳动关系股、工资福利股、社会保险管理股、社会保险基金监督股、绩效评估和重点民生实事考核办公室、政工股、档案室），下辖直属单位12个，其中副科级单位9个（县劳动保障监察大队、县医疗保险管理服务中心、县医疗保险稽核监管中心、县就业服务管理局、县工伤保险管理中心、县社会劳动保险管理中心、县机关事业单位社会保险管理中心、县城乡居民社会养老保险中心、县劳动人事争议仲裁院），股级单位3个（人力资源服务中心、人事考试培训中心、人力资源和社会保障统计信息中心）。全系统共有编制数241个，在职在编208人，退休51人。局党组下辖9个支部共有党员124名，其中在职党员93名，退休党员31名。

2017年，宁远县人力资源和社会保障局获全市人力资源和社会保障系统绩效考核第一，并连续四年被评全市人力资源和社会保障系统绩效先进单位；全市劳动人事争议仲裁现场会、就业创业暨就业扶贫现场会、企业养老保险现场会先后在宁远县召开；宁远县硕宁电子有限公司被评为“全国就业扶贫基地”；宁远县工业园创业孵化基地被评为“湖南省优秀创业孵化基地”；宁远县被评为“就业扶贫及就业创业工作成效明显地区”；中国劳动保障报、中国就业、湖南卫视、湖南日报、湖南人才就业社保信息报等新闻媒体对宁远县的就业创业工作进行多次报道，省市领导在宁远考察时，对宁远县的就业创业工作给予高度评价。

■就业和再就业 2017年，宁远县坚持就业优先战略，多措并举促进就业再就业。全年城镇新增就业6302人，为全年任务的110%；失业人员再就业2651人，为全年任务的102%，其中就业困难人员再就业634人，为全年任务的105%。2017年，宁远县大力推进创新创业，新增创业主体3280户，为年任务的121%；带动城乡就业人数6500人，为年任务的155%。

■农村劳动力转移 2017年，宁远县人力资源和社会保障局编印《宁远县2017年企业用工信息手册》6万份，免费发放到全县各乡镇、村，特别是扶贫村。通过宁远电视台、公共就业宣传栏、户外显示屏等及时发布企业用工信息，全年发布用工信息65次。同时，与有关部门合作，举办各类招聘活动，如“春风行动”“民营企业招聘周”“高校毕业生服务月”“回乡创业，在乡就业”等大型招聘会。全年共举办80余场招聘会。新增农村劳动力转移就业6810人，为年任务的104%，其中贫困劳动力转移就业1736人，为年任务的109%；帮扶13户“零就业家庭”实现至少1人就业，“零就业家庭”动态就业援助率100%。

■**创业贷款** 2017年，宁远县大力推进创新创业，加强创业基地建设。十里铺工业园创业孵化基地服务功能不断完善、舜源农业农民工返乡创业园、众创空间和兴隆创业街均投入使用运营，举办宁远县首届创新创业大赛、创业大讲堂活动，新增创业担保贷款，发放贷款资金4328万元。

■**职业技能培训** 2017年，宁远县强化职业技能培训，扎实开展各种相关培训活动。全年共培训7870人，为全年任务的105%。其中创业培训1082人，为全年任务的108%；贫困家庭“两后生”技能培训171人，为年任务的114%；精准扶贫培训1585人，为年任务的105%；电商培训652人，为年任务的109%。2017年，采取政府购买培训服务，引进先进培训机构，开展电商培训、育婴师培训等新的方式。

■**劳务协作就业扶贫** 2017年，宁远县整合扶贫资金，在全市率先为外出务工贫困劳动力29990人发放交通补贴2137.64万元，有力推动贫困劳动力外出就业。通过“政府出资、部门援建、村级所有、引企入住、社会参与”的方式，鼓励打工能人和企业利用村小学旧址、闲置农宅等，变废为宝创建“就业扶贫车间”，方便贫困劳动力在家门口就业。是年，全县有各类“就业扶贫车间”182个，遍布20个乡镇（街道），安排6200余人就业，其中建档立卡贫困劳动力2500余人。就业扶贫省考核验收中取得满分的好成绩。

■**劳动保障监察** 2017年，宁远县人力资源和社会保障部门，加强劳动监察执法。巡查用人单位89家，补签劳动合同453份；受理各类投诉举报案件42起，其中立案查处28起，涉及630人次；发放询问通知书28份，开出限期改正指令书13份；追讨被拖欠工资430.25万元；在规定限期内结案率100%。

■**劳动人事争议仲裁** 2017年，宁远县共处理劳动人事争议案件347起，立案受理50起，结案50起，结案率为100%。其中通过调解结案43起，进行仲裁裁决的7起，调解率达86.2%，为劳动者挽回经济损失665万元。

■**社会保险基金收入** 2017年，宁远县企业职工养老保险参保13062人，征缴基金6127万元，为年任务的102.1%。城乡居民养老保险参保54.7万人，征缴基金3771万元，为年任务的131%。机关事业单位养老保险参保人数1.52万人，为年任务的152%，当期基金收入31525万元，其中缴费收入22438万元，利息收入54万元，财政补贴收入9033万元。失业保险征缴基金411.31万元，为年任务的142%。上解省级调级金41.7万元。城镇职工基本医疗保险参保3.36万人，基金征缴8557.81万元，为年任务的107%。城镇职工生育保险参保2.44万人，基金征缴140.54万元，为年任务的100%。城乡居民医疗保险，实际参保缴费752068人，基金征缴11281万元，各项财政配套资金到位率100%。工伤保险征缴收入1294万元，完成全年征缴任务的212.1%，参保24773人，完成年度任务的101.5%。2017年发放社会保障卡68.5万张，为年任务的108.7%。

■**社会基金监管** 2017年6月至12月，宁远县开展社保基金专项核查工作。确认城乡养老保险重点指标疑点信息属实4208条，停发待遇396人，停发基金13.27万元，追回基金5.14万元，尚未追回基金293.78万元，确认属于数据问题1400条，已改正1400条，全部处理到位；医疗保险产生预警信息1938条，所有预警信息都及时检查、处理、并反馈到省，市，确保基金安全运行。

■社会保险基金支出 2017年，宁远县社会保险基金支出含社会保险待遇支出和其他支出两项。企业职工基本养老保险当期基金支出15536万元，当期基金结余为4353万元；机关事业单位养老保险当期基金支出30992万元，当期基金结余34362万元；城乡居民养老保险当期基金支出12720.56万元，当期基金结余26519.26万元；城镇职工医疗保险，当期基金支出6979.80万元，当期基金结余1892.83万元；城镇居民医疗保险，当期基金支出42205.09万元，当期基金结余3220.82万元；生育保险当期基金支出172.6万元，当期基金结余-25.07万元。

■人才招录管理 2017年，宁远县考录公务员176名，其中乡镇机关58名（面向“四项目”人员10名，面向全县优秀村主干1名，面向少数民族考生4名，面向退伍士兵及人武专业考生3名，其他40名），公安局15名（特警11名，基层民警4名）。做好2017年高校毕业生“三支一扶”招募工作。省市分配宁远招募计划6名，根据省市统一安排，经过报名、笔试、面试、体检、考核、公示等各个环节，报经省市审批，确定5名招募对象，完成“三支一扶”招募工作。做好事业单位招聘工作。完成2017年事业单位公开招聘人员的面试、体检、考察等工作，6月8日，发布2017年度事业单位公开招聘简章，计划招聘111名，取消8个无人报考岗位11人，实际报名人数1671人，经过报名、笔试、面试、体检、考核、公示等各个环节，最后招聘人数为94人。2017年宁远县少数民族乡公益性事业单位公开招聘工作人员计划招聘人数为18名，实际报名人数551人，无取消的岗位。经报名、资格审查、笔试、面试、体检、考察、公示等程序，最后招录人数为16名。2017年教育系统计划招聘两批，经过报名、资格审查、笔试、面试、体检、考察、公示等程序，第一批招聘195名教师，第二批招聘139名。2017年教育系统自主招聘教师16名。做好机关事业单位选调（聘）工作，分别于2017年5月和6月，开展两次县直机关事业单位选调（聘）10人补充到县直机关事业单位。

■工资福利管理 2017年，宁远县完成全县机关事业单位工作人员2016年7月调整津补贴（基础性绩效工资）工资审批工作，共审批13332人。审批完成2016年度全县综治奖金工作110个单位。完成机关事业单位2017年正常晋升工资的审批工资，共审批11260人。审批乡镇工作补贴1540人。完成2016年度考核工资的审批工作，共审批3745人。办理工资关系转移手续351人，岗位异动调整工资1473人，转正定级263人，办理工资关系转出手续41人。对全县纳入工资统发范围的机关事业单位工资发放情况进行审核，计11236人。完成2016年度退伍安置34人及2017年度招聘公务员和事业单位工作人员的工资核定及审批604人。做好福利与离退休人员管理工作，审批机关事业单位工作人员丧葬费和抚恤金手续171人，办理退休手续354人，工龄认定手续43人。

■专业技术人才管理 2017年宁远县完成全县专业技术人员职称评审工作。5月底，完成2016年度专业技术人员中，高级职称评审行文工作和待遇兑现。高级通过123人，中级通过266人。其中：中小学教师系列正高级评审通过1人、高级评审通过98人，中级评审通过240人；卫生系列高级评审通过15人；畜牧水产系列高级通过1人，中级通过7人；农业系列高级通过4人，中级通过3人；工程系列高级通过3人，中级通过15人；党校系列中级通过1人；经济系列高级通过1人。卫生系列2017年度初、中级职称考试报名资格审查和申报材料及数据上报工作，共上报523人，其中：中级121人、初级402人。完成2016年度中小学教师系列初级职称评审工作，共申报226人，通过223人，已完成了行文、颁证、聘用和待遇审批等工作。全县其他系列初任初级职称共10人。林业初级评审通过9人。2017年10月，完成了中小学教师系列职数申报工作，共申报325个职数，其中高级正常申报核准123人，增加3%核准20人；中级正常申报202人，增加5%申报10人，退多补少申报5人。做好执业考试通过人员岗位聘用和待遇兑现工作，2017年9月开始启用《宁远县事业单位通过考试取得任职资格的专业技术人员聘任审核表》，进一步明确办事流程，简化审批程序，服务广大群众。全县专业技术人员继续教育培训工作继续采取由各主管部门根据公需科目主题，针对行业特点施行自主组织培训的模式，2017年参培人员共4500人次，大部分单位已完成考试考核及登记验证工作。做好“湖南省为贫困地区搭建科技平台”工作，2017年分配宁远县科技平台的培训名额为4名，安排4名专技人员参加湖南省专家服务中心举办的第51期农业新技术培训班，完成培训率达100%。做好“2018年省级境外人才与智力引进项目”工作，根据省人社厅、省财政厅《关于申报2018年度省级引进境外人才与智力项目计划的通知》文件精神，2017年，宁远县申报两个项目，分别为宁远农业委的美国纽荷尔脐橙引进示范推广基地和宁远刘家洲生态农业发展有限公司的台湾水晶红心火龙果引进示范推广基地。

■**军转干部安置**　2017年宁远县共安置军转干部2名，其中一名正营级干部分别安置在县纪委，一名连排级干部安置在县公安局。春节期间，为企业军转干部，每人发放1200元慰问金（其中慰问金800元，门诊费400元）。“八一”期间，为企业军转干部，每人发放慰问金700元，并按300/人的标准体检。同时，还按照相关文件要求，及时为企业军转干部增发解困金和生活困难补助。

（黄立胜　李朋兵）

民　　政

■**概况**　1949年11月，宁远县设民政科。1968年3月，“文化大革命”期间，改为民政组。1973年8月，复称民政科。1979年1月，更名为宁远县民政局。1981年1月，改称宁远县人民政府民政局。1984年9月，民政局内设“一室两股”，即办公室、优抚安置股、社会救济股，定编20人。1985年5月，增设政权建设股。1986年设立宁远县扶贫扶优福利服务公司。1991年5月，宁远县残疾人联合会成立，隶属于民政局。1997年7月，县残联从民政局分出。2002年3月，全县机构改革，宁远县老龄工作委员会办公室并入民政局。2003年，民政局内设机构有“二室四股”即综合办公室、社会福利有奖募捐委员会办公室、基层政权建设股、优抚股、救灾救济股、社团管理股（加挂社会福利和社会事务牌子）。下属单位8个：老龄办、低保中心、殡葬执法大队、扶贫扶优管理站、社会福利院、农村社会养老保险办、军队离退休干部休养所、救助管理站。2017年，宁远县民政局内设机构有办公及人事政工室、法规信访室、规划财务股、优抚安置股、慈善救灾救济股、基层政权和社会建设股、社会福利和社会组织管理股、社会救助股、老龄办和特困人员供养股、监察督查室等。下属机构有低收入家庭认定中心（由社会救助局改名）、殡葬管理执法大队、县革命老区办公室、城市无着流浪乞讨人员救助管理站、地名办、军队离休退休干部休养所、慈善总会办公室（由慈善会办公室更名）、公墓管理所、社会福利有奖募捐委员会办公室、社会福利院、婚姻登记中心、烈士公园管理所等 12 个单位。是全国“敬老文明号”、省文明单位。2017 年，社会养老成绩突出，光荣院被全国老龄工作委员会表彰为“全国敬老文明号”；低保清理整顿第三方评估工作获全省第二名；村（居）两委换届工作顺利通过省、市检查验收，被市委、市政府表彰为村（居）两委换届选举先进县；6 月 23 日全市未成年人关爱保护暨农村留守儿童之家建设推进现场会在宁远县召开；因各项工作成绩显著，县民政局获 2017 年度全市民政工作目标管理考核先进单位。

■救灾救济 2017 年宁远县降雨、气温月际分布不均，表现异常。前后遭受到 3 次洪涝灾害，尤其是 7 月县北边 5 乡、镇遭受到 50 年一遇的特大洪涝灾害，引起山洪暴发累计受灾人口 21.34 万人，紧急转移安置受灾群众 1.0474 万人，倒塌农房 122 户、401 间、严重损坏农房 255 户、676 间、一般损坏农房 211 户、554 间，农作物受灾面积 20131 公顷，成灾面积 12375 公顷，绝收面积 5215 公顷，因灾造成直接经济损失 7.67 亿元，其中农业损失 2.927 亿元、工矿企业损失 0.1968 亿元、基础设施损失 3.7995 亿元、公益设施损失 0.1192 亿元、家庭财产损失 0.3601 亿元。2017 年 10 月根据湖南省纪委下发关于清理疑似死亡人员吃空饷精神指示，核定精简退职老职工人数 1655 人，核发四个季度工资 112 万余元。按照省市要求创建成功一个省级防灾减灾示范性社区（舜峰社区），两个多灾易灾村避难场所建设；联合县消防大队、公安、卫计委、人民银行等多家单位在文庙广场实施了“5·12”防灾减灾宣传活动、“10·12 日”国际减灾日宣传活动；6 月 22 日，在县应急办统一组织下多个相关单位一起在湾井镇箭猪窝开展地质灾害防灾减灾应急演练。全年会商财政局及时拨付发放冬令救济资金 400 万，应急救济资金 460 万，抗洪救灾募捐资金 250 万元。

■社会福利 2017 年，宁远县共办理湖南省老年优待证 4732 本。全面核实 65 岁以上失能半失能贫困老人 3393 人，发放基本养老服务补贴 94.5 万元。为全县符合条件的 1357 人发放高龄津贴 79 万余元。投入 50.16 万元为五类特殊困难老人 33440 人购买意外伤害保险，保险覆盖率 100%。为 186 名老人进行理赔。2016 年，宁远县出台《关于全面建立困难残疾人生活补贴和重度残疾人护理补贴制度的实施意见》，为符合条件的 4908 名重度残疾人、4827 名困难残疾人，发放护理费和生活补贴金共 499.28 万元。2017 年，新增高标准配置公办养老床位 55 床，为年任务的 100%。

■五保户供养 2017 年，宁远县有特困供养人员 6054 人，采取分散供养和集中供养的方式进行。其中分散供养方式有 5664 人，对于本人自愿要求个人生活，有生活自理能力又有居住条件的，政府按季度发放供养金，保证其生活资料来源充足并要求当地政府安排专人定期探望和负责管理。2017 年前，宁远县各乡镇都已建起敬老院，并对老旧的敬老院进行维修改造，对年龄大、身体条件不太好，本人愿意的特困供养人员，安排到各乡镇敬老院集中供养，集中供养有 545 人。

■城乡居民最低生活保障 2017 年，宁远县为认真落实湖南省委、省政府关于脱贫攻坚突出问题“大排查、大诊断、大整改”专项行动部署和省、市城乡低保和社会保障兜底脱贫对象认定清理整顿工作会议精神，建立民政牵头，扶贫、财政、公安、统计、残联等多部门参与的清理整顿专项工作组。通过电视、网络、短信和 APP、宣传海报、手册等多种宣传手段，加大对清理整顿工作和低保政策的宣传，并组织开展县、乡、村三级近500人的业务培训，统一政策执行标准和尺度。5月底，全面启动农村低保及社会保障兜底脱贫对象清理整顿工作，到7月底全面完成，8月初将认定的农村低保对象全部录入“湖南省社会救助信息管理系统”，之后通过开展“回头看”工作，加强动态管理。截至12月，精准认定农村低保对象8352户、17776人，其中社会保障兜底脱贫对象1454户、2912人。从2017年1月起，全县农村居民最低生活保障标准提高到253元/月，并于11月进一步提高兜底保障对象发放标准20元/人，即273元/人·月，实现与扶贫标准“两线合一”。2017年，共发放农村低保234777户、349798人，资金4913.81万元，其中兜底保障25990户、53963人，资金1434.53万元；发放城市低保65535户、133557人，资金3474.1万元。

■福利机构建设 2017年止，宁远县20个乡镇（街道）、12个社区、396个村，成立老年协会。每个乡镇都建起敬老院，设备齐全，运转正常。县城重华、宝塔、印山、百草坪、莲花五个社区建起日间照料中心。2017年，新增床位30张。禾亭镇白土村、清水桥镇晓睦塘村、保安镇中心铺村、柏家坪镇岭脚洞村、水市镇凤凰山村、水市镇彭祖村6个村建起养老服务示范点，2017年新增床位25张。宁远县民政局建有社会福利中心光荣院、军队离休退休干部休养所等养老机构。

■城乡医疗救助 2017年8月份，宁远县相继出台《宁远县农村贫困患者住院县域内先诊疗后付费工作实施方案》、《宁远县农村贫困人口大病专项救助工作实施方案》、《宁远县健康扶贫工程“三个一批”行动计划实施方案》文件，将重特大疾病病种扩大到4类、9种，将农村贫困人口（建档立卡贫困户、农村低保户、农村特困人员、贫困残疾人）纳入重特大疾病医疗救助政策覆盖范围，在县域内实行“先诊疗、后付费”，并将年度救助上限上调至2万元，2017年，通过医疗救助25483人次，救助金额1389.81万元。

■基层政权建设 2017年是宁远县第十次村（居）‘两委’换届选举之年，换届选举工作前，先后进行6次调研活动，并写出调研报告。按照“产业发展、设施完善、服务均等、管理民主”的要求，先试点，后铺开的方法，在省、市规定的时间圆满完成换届选举，被评为永州市人民政府评为第十次村（居）两委换届先举工作先进单位。下半年，配合城乡居民依法自治，在各村成立“一约四会”。按照省政府的“统一样式、统一内容、统一模式、”投入资金582万元，在全县422个村（居）统一安装村（居）务公开栏，圆满完成省政府的“亮栏行动”的工作安排。

■优抚工作 2017年，宁远县民政部门，按照政策规定，对重点优抚对象享受的定期定补进行及时调标，并按时足额发放优抚补助、抚恤金。维护好优抚对象的合法权益，切实解决好优抚对象的合理诉求，全力做好析疑解惑维稳工作。是年，未出现一次因政策未落实而引发投诉举报事件。对信访疑难问题清理排查到位，未出现非正常赴省赴京信访现象。对重点优抚对象，进行医疗救助和困难补助以及住房困难帮助。全面推行优抚政务公开，公开面达100%。2017年，印发《2017年双拥工作要点》，多次开展军地联欢活动，在元旦、春节、八一、国庆等节日期间，对驻宁远部队官兵、军休干部和全县重点优抚对象进行慰问送温暖活动。

■退伍军人安置 2017年，宁远县共接收退役士兵、士官50人，其中一级士官、二级士官、义务兵23人，安置三期以上转业安置工作的士官27人。12月，对50名本年度符合政策安排工作条件的退役士兵，全部安置到位，发放自主就业一次性地方补助 181 万元。组织 200 名退役士兵，参加技能培训，教育培训政策知晓率 100%，培训率达 92%，合格率 100%，就业率 100%。

■殡葬管理 宁远县殡葬改革，自 2005 年 6 月启动以来，相继出台《宁远县殡葬管理办法》《宁远县人民政府关于进一步加强殡葬管理的通告》《宁远县殡葬改革实施方案》《关于党员干部带头推动殡葬改革的实施意见》《宁远县殡葬管理追责办法》和《宁远县惠民殡葬政策实施办法》《宁远县节地生态安葬奖补实施办法》7 个规范性文件，为县殡葬改革工作提供政策依据。通过惠民殡葬政策的落实来引导全县居民参与殡葬改革，助推集中治丧和节地生态安葬。累计支出惠民殡葬补助资金 120.8 万元，惠及 863 个家庭。加强殡葬设施建设。争取到中央预算内资金投入 200 万元，在殡仪馆建成公益性骨灰寄存楼，完成仁和镇集中治丧场所建设，已通过省里验收。加强殡葬管理工作，民政部门每天组织人员，上街宣传惠民殡葬政策，倡导移风易俗，劝导文明治丧，根除乱搭灵棚、乱撒纸钱、乱放炮竹的陋习，营造良好的殡葬改革新风尚。

■婚姻登记管理 2017 年，婚姻登记管理，重点在规范提升登记服务水平，端正服务态度，善于了解实情，依法依规进行登记。对离婚双方，耐心做思想教育，多做调和工作。2017 年办理结婚登记 6300 对，离婚登记 1675 对，补领结婚证 1171 对，合格率 100%。宁远县民政局婚姻登记处被湖南妇女联合会表彰为湖南省巾帼文明岗。

■地名管理 2017 年，全面完成地名普查第一、第二阶段工作任务，通过省、市验收。建立了县级区划地名数据库，全县共入库 11 大类、49 个小类，共计 17016 条条目，其中国家库 7898 条，湖南库 15132 条。完成宁远县与江华县边界年检工作，签订平安边界协议。全面完成城区门、栋、路、街、巷牌的设置和安装。

■慈善事业 2017 年，宁远县开展《中华人民共和国慈善法》的宣传活动，发放宣传资料 5 万多份，向广大群众普及慈善法律知识，让慈善活动深入人心。在 2017 年“7·2”洪涝灾害后，县慈善总会开展大型的募捐活动，共筹集善款 120 万元，全部用于灾民的生活救助。省慈善总会携手深圳前海云双向跨境电商“TPS”捐赠物资，大米 250 箱、植物油 16 箱。省慈善总会轻松筹公益捐赠大米 1.5 万斤，植物油 75 箱。宁远县慈善总会开展帮困助学活动，发放慈善助学资金 4 万元，帮助 10 名贫困学生进入大学就读。对患病和遭受意外的家庭予以救助 100 人，帮助他们摆脱困境。

■社会组织建设 2017 年，宁远县已登记注册的社会组织 206 家，其中社会团体 57 家，民办非企事业单位 149 家。新增社会团体 4 家，民办非企业 10 家。按照社会组织孵化培育基地“六规范”的建设标准，宁远县投入 60 万元，在东溪街道舜源社区建成标准化社会组织孵化培育中心，经过一年的启动运行，运营情况良好。2017 年，宁远县委办、政府办出台《关于各乡镇、街道建立志愿者服务协会的实施方案》，全县 20 个街道、乡镇中，每一个街道成立两家志愿者服务协会，2017 年 11 月底前完成。

（欧阳文亮）

旅 游 事 业

■概况 宁远县委、县政府认真贯彻落实乡村精品旅游文化建设发展要求，围绕“建设国家级文化生态旅游目的地”的目标，在 2016 年成立宁远县旅游建设投资有限公司，大力打造大九嶷山旅游圈。2017 年年初，成立宁远县灌溪旅游开发公司，全力推进下灌景区项目建设，以“游在灌溪，吃在下灌，听在田心，看在朵山，玩在路亭”的旅游发展框架，依托丰富的旅游资源，全力打造以下灌为核心，久安背、路亭、东安头、朵山为节点，青山尾生态山水为延展，构建组团发展骨架，深入挖掘古村落历史文化典故，以宗族文化为基础、耕读文化为核心、状元文化和麻将文化为特色，打造融山水观光、乡村休闲、文化体验等多功能于一体的旅游业。推进景城融合、文旅融合、农旅融合，切实推进九嶷山创建国家AAAAA级旅游景区、下灌麻将小镇等文化旅游重大项目建设，推动全县乡村旅游工作快速发展。年接待游客800万人次，旅游综合收入50亿元。2017年，九嶷山舜帝陵景区获评“全国文明单位”；湖南省“十大平安景区”荣誉称号；九嶷山舜帝陵旅游区入选“全国知名品牌创建示范区”候选名单，湖南省共两个景区，是永州市唯一一个景区；下灌景区成功创建为国家AAA级旅游景区；九疑山瑶族乡、湾井镇的十七个村获评全国“景区带村”旅游扶贫重点村称号。

■旅游宣传 2017年，宁远县与湖南经视签订文化旅游产业战略合作协议，邀请陈英俊、YOYO、端木林莎等知名主持人围绕“这个五一，我在下灌等你”的主题开展一系列趣味互动活动，并在湖南经视频道同步播出。CCTV央视旅游网、《湖南日报》、《永州日报》、永州新闻网等多家平面媒体宣传推介九嶷山景区、下灌景区，景区知名度持续扩大，继续在湖南卫视天气预报栏目、二广和沪昆高速租赁广告位推介九疑山舜帝陵旅游品牌，广泛宣传推介九嶷山。举办舜文化旅游节、下灌美食节、状元麻将大赛、西湾荷花节、福建天下第一团千人祭祖大典、海外华侨祭祖大典，农历二月十九、六月十九、九月十九举办的观音祈福法会。结合传统节假日定制营销策划活动，不断提升景区热度，“五一”期间与湖南经视合作开展飞跃九嶷山、直播大事件、520粉红跑等一系列活动，“5·12”护士节、母亲节、古村端午、“六一”节日大型亲子游园会、“十一”黄金周开展“玩转九嶷、乐嗨下灌”等一系列活动更是吸引众多全国各地的游客。11月22日，2017年湖南省冬季乡村旅游节开幕式在下灌成功举办，通过各媒体宣传推广，游客流量暴增，一举成为市内周末亲子出游首选地。

■旅游规划 坚持高站位高标准的建设要求，县人民政府、县灌溪公司于2017年2月邀请上海交通大学规划建筑设计有限公司完成全域旅游总体规划、专项规划、控制性规划、详细性规划等体系化修编和《宁远县国家全域旅游示范区行动规划》，制定《宁远县创建国家全域旅游示范县实施方案》《下灌片区文化旅游发展规划》《宁远下灌游客中心广场设计》《宁远县下灌旅游小镇概念规划》《宁远县灌溪绿道景观方案设计》。包装储备下灌景区古村落旅游开发、五里沟休闲度假景区开发、九嶷山大型实景剧基地、游客服务中心等项目建设15个。

■旅游产业 2017年，宁远县景区与外地旅游景区资源整合，延伸新线路，加强旅游市场的一体化力度，与广西贺州姑婆山景区、广东连州地下河景区联盟，共同打造“三日游三省”生态旅游产品；开展与江永、南岳合作，融入湘粤桂省际文化生态旅游圈，共享客源市场，初步形成以周边客源为主体，以湘粤桂闽旅游客源为支撑，以港、澳、台地区及东南亚旅游客源为外围的旅游经济圈格局。加大与旅行社合作，开通多条旅游专线。与香港广东旅游、深圳天马旅行社、深圳友谊之旅、广东华义旅游、清远飞扬旅游、广州远景国旅、广东连州骄阳旅行、长沙友好旅行社、岳阳旺旺旅游、衡阳途途旅行社、衡阳天天旅行社等旅行社合作，开通香港、深圳、广州、长沙、岳阳、衡阳到九嶷山的旅游专线，每周每条专线至少3个团。

■景区带村 2017年，宁远县建立“政府引导、企业经营、农户参与”的旅游新机制。确定“全域旅游、景区带村、入股优先、帮扶结合”的旅游扶贫思路，带动群众创业就业、增收致富，形成“开发景区—带活经济—致富百姓”的连锁效应。有效整合水利、交通、财政、农建投等相关部门资源，加大资金投入，重点对水、田、林、路等进行综合治理，使之成为路相连、渠相通、旱能灌、涝能排、讯连通的现代产业格局，着力改善农业生产生活条件，提高综合生产能力，奠定美丽乡村建设基础。以“公司+农户”的发展模式，充分发挥乡村旅游扶贫、富民、美乡的功能作用，村民以资金土地等入股，按宅占股，以股分红。所得收益对集体和村民按比例分红，用于滚动发展壮大村级集体经济，确保全村经济可持续发展，每年年底分红到户。下灌村景区带村旅游扶贫项目带动、帮扶贫困人员613人就业，增加收入500多万元。通过发动贫困农民参与景区建设，优先安排贫困对象及其子女就业，在实施绿化、亮化、净化和村容村貌改造和项目建设中，共吸纳300余名贫困人口在景区务工，吸引返乡务工人员220余名，帮助200多名贫困群众直接脱贫。发展农家乐9家、民宿12家，可同时接纳2000余人就餐，200余人住宿；辐射带动建起奈李、杨梅、红提等有机果蔬采摘大棚5个，“九疑山兔业”在内的养殖大户8个；推动“九疑素米”等农产品基地大发展。通过这些项目，直接带动创业就业人员1500余人，优先安排贫困人员就业500余人。

（何俊　欧晗　邝丽）

乡镇·街道

舜陵街道

地域名片：周子先祖故里，文化生态新城。

■概况 舜陵街道地处宁远县城东南面，为宁远县委、县政府驻地。舜陵以舜帝南巡驾崩，葬于县内九嶷山而命名。1949年11月17日宁远和平解放时，境内属城枢（县城）区即一区及水打铺区即二区蒲水乡；1958年公社化时，属桐山（七一）人民公社及城关镇；1961年属桐山区桐山公社、官桥公社及城关公社；1963年撤城关公社恢复城关镇；1984年属桐山区桐山乡、官桥乡及城关镇；1995年6月，原城关镇与桐山区所属的桐山乡、逍遥岩乡、双板桥乡、官桥乡合并，属舜陵镇。2014年8月撤舜陵镇设三个街道，舜陵街道为其中之一。2015年12月，全县进行区划调整，从冷水镇划入宝山村、堂屋村、上茶村、杨柳塘村，从水市镇划入颜家村、东瓜井村、百草坪村、小康家村、大潘家村。

街道所辖有4个社区和15个行政村，分别为泠江、莲花、印山、舜峰4个社区和德源村、和谐村、长春村、宝山村、堂屋村、茶里洞村、兴旺山村、颜家村、东瓜井村、麻池塘村、湾头村、和兴村、淌下村、小康村、百草坪15个行政村。街道办事处驻泠南路129号（原舜陵镇人民政府驻地）。

舜陵街道位于县城水市路东面，泠江河南畔。四至界限：东依冷水镇淌头等村，西以水市路与桐山街道交界，南至水市镇彭祖、湾井镇下灌社区的梅子窝等村，北与文庙街道隔泠江河相望。总面积77.4平方千米，2017年年末耕地面积29164亩，其中水田22922亩，旱土6242亩。

舜陵街道地质主要是泥盆系和白垩系地层，岩性主要为灰色、灰白色灰岩、白色岩、白云质灰岩、泥灰岩、紫红色泥灰岩、沙质泥岩夹砂砾岩及砾岩。舜陵街道属湘南山区，地形复杂，地貌周高，有山地、丘陵和平原。位于中亚热带季风湿润气候区，气候特征为：夏冬长、春秋短，四季分明；光照充足，年温高，积温多；冬无严寒，夏季炎热；雨季分明，夏秋多旱。泠江河自东往西流过，境内九嶷路、水市路、舜帝南路、莲花路、九嶷大道贯穿南北，宁嘉公路、汽贸路、商均路、园艺路、泠南路、泠江路横穿东西。全街道辖4个社区、15个行政村、100个自然村、177个村民小组，2017年末总人口6.7万人，民族以汉族为主。

■经济发展 2017年，舜陵街道社会固定资产投资6.53亿元，完成税收代征226万余元，其中地税、房产税入库210万余元，国税完成代征16万元。街道农村居民人均可支配收入17612元，城镇居民人均可支配收入33127元。

2017年辖区有家庭农场、农村合作社共8个，50亩以上的种粮大户31户，其中400亩大户1户，100亩大户10户，总产量达6万余斤。全年共完成粮食种植面积早稻7040亩，中稻3030亩，晚稻6930亩，粮食总产量9600余吨。烤烟种植面积2560亩，完成烟叶收购6300担，烟农收入800万元，完成烟叶税收90万元。造林1460亩，其中生态公益林298亩；新种油茶960亩，（其中茶里洞村500亩、湾头村260亩、麻池塘村200亩）。茶里洞村的沃柑扩面202亩，村内空坪余地绿化450平方，村道绿化10公里，种植树木600棵。完成小康、兴旺山、长春、淌下、冯家、蔡家6个村秀美村庄建设。

舜陵街道有泠江、高峰、官桥、笔架山4个农贸市场，有步步高、大润发、和润万家连锁超市等50平方米以上的各类超市63个。全年街道社会消费零售总额136532万元。

街道辖区内有宁远县新城房地产开发有限公司等8家房地产企业。有印山花园、宁郡华府、山水城、鸿星帝景湾、霖轩碧景园、金印豪庭、永新时代、铂富广场、富康花园、创宏国际、兴龙步行街、金叶馨苑、世纪汇等21家楼盘。

■基础设施 2017年投入217.35万元用于辖区所有行政村的基础设施建设，对茶里洞村、和兴村的村道进行优化，其中自然村通畅公路4.75公里，通达公路1.65公里，道路加宽4.5公里，对兴旺山等13个行政村的小型农田水利设施进行新建和维修。争取15万元县财政资金在堂屋村修建一条1000米的的烟区机耕道。自来水管网在原官桥责任区8个村的基础上，延伸至兴旺山、茶里洞、和兴等村，延伸管网近10公里。小康村列入美丽乡村示范村，龙板桥网格、冯家网格、东瓜井村按照美丽乡村示范村要求加大村庄建设和改造力度。全面开展“五化”行动，村级基础建设已完成投资100余万元，村内道路安装路灯75盏（除宝山、堂屋村，其他村亮化工程均已完成），渠道硬化1000米；茶里洞村71户乡村风貌改造成功验收；街道所有行政村均开始申报创建城乡整洁示范村。

■社会事业 2017年，六小运动场扩建完成；县委党校、新二中、湘南明德中学校建成；二小与社区联合建成校园消防完全站，配备微型消防车和相关消防设备。

2017年街道有医疗卫生机构5个，床位数1045张，执业（助理）医师200余人。在辖区冯家网格（原冯家村）新建社会福利院一所。

2017年街道办新建7个农村综合服务平台，改扩建2个，其中百草坪村、兴旺山村、茶里洞村、淌下村、小康村新建完工，长春村改扩建完工，麻池塘村、德源村、湾头村正在建设，配套相应办公设施。莲花社区、印山社区建成高标准的文化中心和电子阅览室。街道范围内有学校13所（哈弗中学、科技学校、莲花小学、德源小学、特殊教育学校、爱华中学、职业中专、二小、科技小学、宁远八中、宁远二中、官桥完小、明德中学），图书馆和文化站22个，影剧院2个。辖区内有沿江风光带小乐园3个，公园及休闲健身广场2个。

2017年舜陵街道城乡居民社会养老保险参保率、合作医疗参合率均达到100%。5月份农村低保通过重新审核重新测评由原来的1299户1796调整到172户408人，发放临时救助款5万余元。农村妇女“两癌筛查”送检832人。易地搬迁74户302人，实施危旧房改造214户，拨付资金376.2万元。

■莲花山公园 总投资1000余万元，面积500余亩。公园建设以自然景观为主，配套建设游园景点设施。园内有石栎、桧柏、楠榆、光皮树等各种植物，对名贵及保护树种挂牌编号；园内共计有兰花、三色槿、石竹、紫薇、铁树、桂花等6万余株观赏性花、草、树木；铺设景观步道、游栏、休闲亭，配套景观灯、垃圾箱等设施。公园是城区建成的第一个开放型城市公园。

（周佳琪）

文庙街道

地域名片：宁远文庙。

■概况 1949年11月17日宁远和平解放时，辖区属城枢区（县城区）即一区；1958年公社化时，属桐山（七一）人民公社及城关镇；1961年，属桐山区逍遥岩公社、双板桥公社及城关公社；1963年撤城关公社恢复城关镇；1984年属桐山区逍遥岩乡、双板桥乡及城关镇；1995年撤区镇并乡属舜陵镇。2014年8月17日，撤销舜陵镇，设立文庙、桐山、舜陵3个街道，文庙街道辖3个社区、39个行政村；2015年1月1日，增设舜德、逍遥岩2个社区，从冷水镇划入十里铺村，从禾亭镇划入野鹿岗、鸡公岭2村，从仁和镇划入草子塘、伞里洞、周王家、华石盘4个村，管辖社区居委会达5个，行政村46个；2015年7月21日，文庙街道分设为文庙、东溪2个街道。

文庙街道辖文星、春陵2个社区，肖家、欧家、乐家、隔洞、鱼桐、八竹、新车、福源、三合园、福禄山、蛟龙塘、李家寨、春江、株木山、华石盘15个行政村。

文庙街道位于宁远县境中部、县城北部，东邻禾亭镇，南接东溪街道，西靠中和镇、桐山街道，北与仁和镇接壤，办事处驻内环路58号。常住人口6.8万人。总面积55平方公里，耕地面积13320亩，其中水田11644亩，旱土1676亩。

境内地形以山岗平地为主，地势东低西高、南低北高。呈阶梯状分布。属中亚热带季风湿润区，四季分明，阳光充沛，酷暑期短，无霜期长。雨量丰沛，水系发达，泠江河、春陵水流经辖区。全年无霜期297天，年均日照1650小时，年均气温18.4℃。年均相对湿度79%。夏季多偏南风，他季多偏北风，年均风速2.1米/秒。年均降雨量1422毫米。

■经济发展 2017年，全街道完成财政收入1309万元，完成税收190万元，完成规模工业总产值2.1亿元；完成固定资产6.7亿元，清收不良贷款45万元，完成项目谋划22个，招商引资2个，经济持续稳定高质量发展。

工业经济企稳向好。文庙街道为冶金建材工业区所在。街道落实主体责任，做好园区拆迁、征地和规划建设工作，确保园区建设顺利进行。园内福嘉综环科技股份有限公司、新美雅陶瓷、榕达钢业、莲花水泥有限公司等企业均是产值过亿元的重要规模以上工业企业。鸿坤新型环保建材有限公司已开工建设，实现利税2000万元，安排城乡就业人员1200人。湘南农机大市场已经完成一期工作。

商贸经济发展迅猛。街道以文庙广场为中心，先后打造出包含农贸、工业品批发、水果蔬菜批发、大型超市、活禽交易、汽车销售、农机销售13个专业市场，县城中央商圈的格局初步显现。街道在辖区内建立农机大市场，返乡农民工创业企业（合作社）5家。街道居民的经济收入大幅提升，实现同比增长12%以上。

农业经济稳固加强。街道着力转变农业发展方式，按照“因地制宜，一村一特色”的思路引导各村发展农业产业。华石盘、周王家、草子塘等村以发展烤烟生产为主，今年种植烤烟1500亩；福源村流转土地千余亩，种植沙糖柑、沃柑、黄帝柑等优质水果400亩；新车村、华石盘等村主要以花卉苗木为主，建成花卉苗木基地2个；李家寨、背后山、三合园、蛟龙塘等村发展生态畜牧业为主，新增生猪存栏3900头；鱼桐、八竹、三合园等村以开发小城镇建设为主发展二、三产业。

■基础设施 2017年，文庙街道整合涉农资金加大投入，着力推进贫困村基础设施和基本公共服务设施三年提升工程。投入400多万元的蛟龙塘村的饮水、道路、路灯等基础设施建设全部完成，14个村的小水利工程全部完工，新建农村综合服务平台7个，改扩建2个。

■社会事业 科学规划，推进文庙街道新车村建设。新车村美丽街道村项目投入70万，基本完工。村内老年人门球场、综合服务平台改扩建竣工。城市管理方面，规范沿街门面门头广告，覆盖主要街道所有店铺。污水处理厂建设竣工。农村改厕覆盖1000余户。辖区内的泠江河清淤整治，狮子山公园开工建设，西正街文化古城改造完工；欧家、株木山、华石盘村内古民居、古建筑均进行专项保护；完善文庙广场和九亿广场的设施设备；文庙广场建成“党建文化长廊”；一中、一小修建的塑胶运动场，对居民开放；老年活动中心升级改造。15个村全部实现有线电视“户户通”，都接通了互联网，建成农民文化活动室、“农家书屋”、篮球场，建成网格党建活动室8个、健身广场7个、村级文体小广场4个。

规范矛盾纠纷排查调处工作。2017年排查调处矛盾纠纷712起，调处成功712起，调处率100%，成功率100%。共受理网上信访9起，在规定时间内予以办结处理。全力推动信访积案化解。扎实开展网格化管理工作。2017年，街道共为群众解决困难问题57个，做好政策解答120余人次。深入开展平安家庭创建活动。强化治安管控，提升群众安全感。严厉惩治违法犯罪。派出所共破获刑事案件4起，治安案件13起，惩治处理19人，行政拘留22人，净化街道治安环境。强化治安巡逻防控。坚持做到每夜必巡。加强重点人员管理，没有出现刑释解教和社区矫正人员脱管失控、重新犯罪等现象。

2017年完成计生工作任务。做好孕前优生检查，完成产前筛查368例，孕前优生检查270例。完成慢性病建档立卡1421人。公共服务卫生服务能力稳步提高。抓好重点人群的计划生育教育和重点内容的宣传，对42周岁以下已婚育龄妇女进行“面对面”的计划生育政策法规、避孕节育知识、优惠政策的教育培训；实行分类教育、分类服务、跟踪服务。全面落实计划生育家庭优惠政策，完成2017年度奖特扶摸底、申报和复核工作，使实行计划生育的家庭生活上有保障，政治上有地位，经济上得实惠。切实提高群众对计生工作的满意度。组织“两癌”筛查。组织　名全街道35岁以上的育龄妇女进行“两癌”免费筛查，并实施全程接送等服务。

2017年，环保违规建设项目清理整治成效显著。开展环保违规建设项目排查清理工作，查出违规建设项目红砖厂3家，均已关闭停产。养殖企业整顿规范3家，关闭停产3家。积极妥善处理环保信访。是年，受理各类环境投诉6件，处理率达100%，群众满意率达100%。

■脱贫攻坚 2017年，文庙街道办出台《文庙街道2017年脱贫攻坚实施办法》《文庙街道脱贫攻坚整改实施方案》《文庙街道脱贫攻坚执行力考核暂行办法》，明确脱贫攻坚的路线图、时间表和责任人，根据脱贫攻坚新的形势任务和街道脱贫攻坚工作实际，在实践中不断加以丰富完善，年初确定“14333”的脱贫攻坚工作思路（即围绕“实现贫困人口更具品质活力的‘一超过、两不愁、三保障’”这1个总目标，强化基础信息管理、驻村帮扶、就业培训、宣传教育4项工作，实施产业扶贫增效、基础设施和公共服务提升、贫困村基层组织建设提升3大工程，完善教育保障、住房保障、社会保障3项政策，加大财政、金融、社会资源3项投入）。成立由党工委书记任指挥长的脱贫攻坚战役指挥部，以脱贫攻坚统揽经济社会发展。全街道有贫困人口的14个村都建立村级合作社，通过发展特色种养业，带动1000多贫困人口参与产业发展；实施劳务协作脱贫和“一户一产业工人”工程，完成贫困劳动力转移就业256人、贫困对象技能培训476人、贫困家庭“两后生”技能培训人数4人。街道办通过易地扶贫搬迁县城安置61户、251人。新建县城安置点2个，分别是位于鱼桐村的舜华小区和八竹村的福源小区。对街道范围内所有危房户“应改尽改”，全年发放补助资金197万，改造62户。实施学生精准资助八大工程，全面落实“两补齐、一统一”政策，街道辖区内义务教育年巩固率达100%，贫困学生义务教育完成率100%。通过扩大助学资助政策覆盖面，实现建档立卡家庭子女不同学段全覆盖，其中幼儿园、小学补助每年1000元，初中补助每年1250元，高中免学费，并发放助学金1500元。发放教育扶贫资金资助210人合计112250元。做到“应助尽助”。全面落实“三提高、两补贴、一减免、一兜底”健康扶贫综合保障政策，推行贫困人口患者住院先诊疗后付费“一站式”综合服务，街道381户、1421名贫困户均落实了家庭医生签约，对贫困户慢性病全面落实一年四次免费体检服务，街道特困对象全额资助参保、贫困户按50%资助参保、城乡低保对象按不低于30%资助参保；对患4批次56人患有9种大病的农村贫困人口实际医疗费用，由政府全部兜底保障。医疗救助方面，对辖区内的特困人员、社会保障兜底脱贫对象、其他城乡低保对象患病住院的，对其经医保报销后的自负费用，按不低于70%的比例救助，封顶线不低于5000元。对农村贫困人口患消化道肿瘤等4类、9种病实施重特大疾病医疗救助，低保对象与非低保贫困人口救助比例分别为70%、50%。利用中国社会扶贫网信息平台，参与“医疗众筹”项目，共计筹集资金1.2万元。开展兜底脱贫对象认定清理整顿，原有农村低保1559户，合计2005人，经清理整顿后农村低保共174户385人，五保户特困供养162户，实现低保、五保的应退尽退、应保尽保、公平公正。

开展精准识别对象清理，清退238户973人，新识别纳入75户、206人。纠正建档立卡信息系统问题数据7000多条。扎实开展“三走访、三签字”活动，街道办党工委书记、办事处主任以及结对帮扶责任人、驻村工作队深入贫困村、贫困户细查政策落实情况，听取群众意见和建议，畅通群众信访渠道。扶贫站设立扶贫信访举报台账，明确专人负责、办结时限，建立跟踪回访机制，街道办涉贫信访案件“12317”热线2个信访问题以及一个互联网脱贫攻坚信访问题都在规定期限内回复办结，信访对象对办结情况满意。强化政策入户宣传，发放脱贫攻坚手册、政策告知书和年历挂图1万余份。

（黄嶷峰）

桐山街道

地域名片：西部工业新城。

■概况 1949年11月17日宁远和平解放时，辖区属城枢（县城）区即一区；1958年人民公社化时属桐山（七一）人民公社及城关镇，1961年属桐山区桐山公社、城关公社，1963年撤城关公社复名城关镇；1983年属桐山区桐山乡及城关镇；1995年7月撤区并乡时，由城关镇和原桐山区所辖的桐山乡、逍遥岩乡、官桥乡、双板桥乡合并为舜陵镇。2014年8月，舜陵镇撤镇设立桐山街道、文庙街道、舜陵街道三个街道，境域属桐山街道，桐山街道辖桐山、葫芦淌、老村屋、乌立塘、仁山庙、大种地、五里桥、宝塔脚、福家坪、祥文福10个行政村和重华、舜源2个城市社区；2015年开始实行并村，桐山街道17个行政村合并为桐山、宝塔脚、崇德、五里桥、星火、排楼屋、高福、下河洞、幸福9个建制村和舜源、重华、宝塔3个城市社区。

桐山街道位于宁远县境西

部。东与舜陵街道为邻，西与天堂镇、中和镇为邻，北与文庙街道为邻。办事处驻宁远县水市路26号。2017年末，总人口38730人。全街道总面积71.29平方千米，其中陆地66.9平方千米，占93.84%；水域4.4平方千米，占6.17%。人口密度为每平方千米767人。

境内地形以丘岗平地为主。气候属中亚热带季风气候。气候特征：严冬期短，夏热期长，春季多雨，夏季多旱，雨量充沛。年均降雨量1422毫米。泠江河自东向西贯穿全街道。境内矿产资源以石灰岩为主，地下水资源较丰富。

■经济发展 2017年，桐山街道完成固定资产投资4.2亿元，农民人均纯收入8154元，城镇居民可支配收入22130元，分别提高12%、10%。

落实造林面积500亩，油茶新造林90亩，面上造林1000亩。烤烟生产完成收购任务1700担。动物防疫春防率达100%，年出栏生猪6237头，肉牛100头，家禽1450羽，水产品480吨，养殖产业效益3960万元。

■基础设施 2017年完成病险水库除险加固，新建农村饮水工程6处，实施小型农田水利建设项目6个，清淤扩容山塘12口，修复水毁工程8处，渠道清淤2200米；完成种植面积7100亩，其中油菜1000亩、蔬菜2500亩，促进农业增产、农民增收。

2017年新征土地1700多亩、迁坟1100多席、拆迁房屋6座。西部新城基础设施、标准化厂房二期、航空城、文化创意园、温氏集团、一中新校区、七小等重点项目顺利开工。水、电、路、信等扶贫项目全部如期完成建设任务，占地176亩的全县最大的光伏基地用时1个月建成并网。城市污水管网、水市路和重华路人行路改造基本完成，重华南路、印山西路完成征地和迁坟工作80%，崇德路、湘妃大道拓宽完成征地工作，具备开工条件；宝峰路、宁道绕城线建成通车。沿江风光带启动征地，南部新城的文化路、市民中心、电商产业园、水市路拓宽等项目的征地、迁坟、调纠全部完成。

投入30余万元，完善“五小”设施，新建街道便民服务大厅和星级财政所。支持新建村（社区）便民服务站12个，实现村级活动场所建设“清零”目标。足额保障基层工作经费，村级达8万元，社区达29万元。3个社区兴办公益事业的惠民资金各10万元。开始排楼屋、幸福村综合服务平台建设，分别投入资金74万、360万元。新争取星火、五里桥两个村级综合服务平台建设项目；投入19.8万元完成桐山村级综合服务平台改造。为五里桥、崇德、下河洞争取活动中心建设用地各5亩。组建应急独立排1个40人，完成幸福、宝塔脚、崇德3个村级民兵建设。

■美丽乡村建设 2017年，投入400多万元，完成五里桥市级美丽乡村建设中的村庄规划、路网建设、土地流转等工作，实施郭家、黄家自然村旧村改造，共40余户，已入住6户。继续开展“三大清洁”行动，通过购买服务、项目承包等方式开展保洁工作；示范村实现垃圾的分类处理，旱厕实行全面改造，污水处理设施、农村新建住房、保障性安居工程、农村危房改造、公共场所配套无害化卫生厕所等民生实事全面完成。实现2个村的宽带网升级改造、2个村的配电网改造；农村饮水安全巩固提升4400人；推进实施耕地复垦项目1个，共复垦耕地14余亩；3次组织开展拆危控违行动，多次进行控违拆危执法行动。

■社会事业 2017年街道健全社会保障，以“惠民生、聚人才、谋福利、促发展”为主线，做好促进就业、保障民生、扶贫帮困、为民服务等工作。完善就业扶贫政策，扎实做好“4050”失地农民及就业困难家庭的就业。全面落实各项惠民政策，救济金、抚恤金等补助金正常发放，临时救助金共安排17万元用于救助困难群众；开展低保全面清理，清除不符合条件的低保户1000余户，实现应保尽保，五保户、低保户全面实现信息化管理。完成医疗保障缴费27970人，养老保险缴费8771人。

推进科教文卫。街道2017年人口出生616人，其中政策内575人，符合政策生育率93.3%，比上年提高3个百分点，在全县排名前三。完成节育手术428例，在全县一、二季度集中节育活动中都名列前茅。惩治两非工作完成全县唯一一例两非案件。主动提供国家卫计委孕妇生育意愿，调查样本点两个（重华和崇德），获得省市通过。七小及附属幼儿园、一中新校区顺利开工建设。共有幼儿园38家，新增7家，在校幼儿园学生5726人，增加602人。完成控流保学、教育安全、支教助学、教育扶贫等工作。

改善城乡环境。重华路和宁嘉路的污水管网建设基本完成，重华中路路沿石改造基本完成。全面抓好城市管理和环境卫生整治行动，克服城市管理点多面广、基础设施不完善等困难。成立城管组，与城管中队一道从市场整治入手，全面整治市场秩序和主次干道，突出学校、商场、医院周边乱停乱放整治。大力开展交通安全百日大会战行动，共取缔黄标车71台，清理违法载客车辆53辆。实施幸福村乡村风貌改造。全面加强各村的环境卫生，明确专人清扫、专人清运、专人督促制度，提升卫生水平。积极开展环境治理，共清理辖区内影响环境的企业5家，关停砖厂3家、造纸厂1家，整改1家。投资40多万元，在宁中、宁道公路两侧栽种女贞树、小叶黄3000余株。新修水泥路1000多平方米，在园区路段两侧栽种灌木400余株。新增饮用水源保护2个；实行奖补政策、鼓励水改厕。

■脱贫攻坚 2017年6月以来，共清理不符合条件的贫困户和“四类对象”人员101户、420人，新识别贫困户37户、123人，街道建档立卡贫困人口为522户、1958人。幸福村、排楼屋村2个贫困村成功出列，471户贫困户脱贫，综合贫困发生率为0.36%。

围绕“一完善两确保”，夯实村级基础。壮大集体经济。排楼屋村因水质好，适合养殖水产，通过流转土地380亩，引导贫困户75户、157人参与成立排楼屋“稻虾共作”养殖合作社；高福村专门从重庆引进四季沃柑技术，通过流转土地600亩，成立高福沃柑专业种植合作社；幸福村成立肉牛养殖农业合作社等，引导100户贫困户、230人入股。组织人大代表参与扶贫，捐资7万元购买米、油、书包、文具等物资爱心对接贫困户。完善基础设施。两个贫困村共争取资金1700多万元，修建道路基础设施项目11个。解决幸福村、排楼屋、刘子用、高岗头等村的人畜饮水安全。建成幸福村、排楼屋农村环境治理和排洪渠。建成全县最大光伏项目。

围绕“两不愁三保障”，落实扶贫政策，确保不漏户、不漏人，全力助推贫困户脱贫。分户种养帮扶367户829人，发放帮扶资金509600元；参与合作社175户、387人，帮扶资金284400元；发放交通补贴742人444000元；农村低保兜底保障22户、45人；易地搬迁54户、231人；落实教育扶贫404人、健康扶贫84人27571.38元；生态补偿幸福村38990元、排楼屋村45650元。

2017年易地扶贫搬迁全县新增4个县城集中安置点，2个安置点在桐山街道落户。街道坚持服务第一，全程跟踪，创新实行“地上矛盾移到图上调、工作力量关口前移施工现场、政策宣传和群众思想工作白天黑夜不间断”的征地模式，双福小区用3天时间，丈量土地300多亩，迁坟27席；

嘉裕小区一周内征地50余亩、迁坟57席、拆房1座、协调土石方填方区面积达50多亩、调纠30余起，创造宁远征地奇迹，形成项目建设“边征地、边施工、边调纠、边建设”的新方式，两个安置小区顺利实现交钥匙的目标。对不在易地扶贫搬迁划分区域内的无房户、危房户，进行危房改造。通过自主申报、入户核实、民主评议、公示，确定危房改造135户，已全部完成改造，入住率100%，对为无能力建设的28户贫困户实行代建，确保户户有安全住房。

（奉捷　余诺）

东溪街道

地域名片：皇马砠，城头寨，春陵第一峰。

■概况　东溪街道以泠江河畔东溪寺为名。1949年11月17日宁远和平解放时，境内属城枢（县城）区即第一区；1958年公社化时，属桐山（七一）人民公社及城关镇；1961年属桐山区逍遥岩公社，1963年城关公社复名城关镇；1984年属桐山区逍遥岩乡及城关镇；1995年撤区并乡建镇时，由城关镇和桐山区所辖的桐山乡、逍遥岩乡、官桥乡、双板桥乡合并为舜陵镇，2014年8月撤镇设街道属文庙街道，2015年7月从文庙街道析设东溪街道。

东溪街道辖丰熟、跳礅石、黄龙头、野鹿岗、五里庵、鸡公岭、红岩、舜阳、东山、柳塘、朝斗坝、唐家、卜家岭、下岭、大屋地、凤阳16个村和逍遥岩、舜德、东溪3个社区。

东溪街道地处宁远县城东部，东起十里铺，西至石板塘，南以泠江河为界，北临禾亭镇。总面积74.8平方公里。

东溪街道地处北纬25°11′—26°08′，东经110°42′—112°27′之间。

2017年年末，总人口6.3万人，其中非农人口3.6万人，农业人口2.7万人，有耕地1.71万亩（其中水田1.38万亩，旱田0.33万亩），辖区民族以汉族为主。

■党的建设　在各级党组织和党员中深入开展“两学一做”活动，进一步增强基层组织的凝聚力、战斗力和号召力，进一步改进了党员、干部的工作作风，进一步健全民主生活会制度、“三会一课”制度、“四议两公开”制度、民主评议党员制度，为全面提升干部执行力打下基础。党工委对每个班子成员实行劣态管理，即对每个班子成员分管的工作放手、放权，分管领导独立完成分管范围内的工作；凡分管工作被县委、县政府通报批评的，其分管领导要在干部职工大会上作检讨，从而有效地锻炼班子成员独挡一面的能力，切实保障街道工作的执行力。全面落实党员积分管理和民主评议党员制度，及时处置2名不合格党员。全面推行“135”村级治理模式，重点抓好村干部值班、为民服务代理等5项制度落实，全街道共为群众办理各类证件等事项1000余次，让干部多跑路，群众少跑腿。街道每月组织召开党建工作例会，并进行业务考试，将3名补考不及格的村支部书记降为副书记。实行党支部工作纪实制度，强化《党支部工作手册》《党员手册》的应用，实现基本组织、基本队伍、基本活动、基本制度和基本保障“五个”规范化。切实履行党风廉政建设“两个责任”，把廉政建设工作纳入总体目标管理，切实根除党员干部“四风”之弊，切实加强领导干部廉洁自律工作。全年共查出线索66条，其中涉及农村低保45条；涉及征地补偿3条；涉及危房改造资金5条；涉及为群众办事滥用职权吃拿卡要3条；涉及生态林补贴等惠民资金6条；涉及扶贫资金4条。一年来共查办违纪案件7件，查出违纪线索66条，收缴违纪金额2.11万元，例行廉政谈话8次、15人次，任前廉政谈话1次、82人次，提醒谈话1次、1人次，诫勉谈话4次、35人次，约谈10次、38人次。下发工作和作风通报42期，通报批评并处罚170人次，处罚资金2万余元，对7名违纪人员给予党纪政纪处分。同时坚持标本兼治，完善治理干部“走读”问题管理制度、财务管理制度等，使廉政建设在制度上和措施上不断落实，从源头上堵住腐败现象的滋生。党建扶贫以街道创建市级文明单位为契机，有效凝聚各方力量，推动“共驻共建和资源共享”，开展“五千干部下基层，精准帮扶解难题”“万企帮万村”等活动，街道机关65名干部职工、村（社区）党员、党员退伍兵、东溪商会党员深入贫困村结对帮扶，与贫困户结成帮扶对子，开展帮扶活动1000多人次。

■**脱贫攻坚** 东溪街道建档立卡贫困户共371户、2422人，贫困村2个，2017年脱贫310户、1145人，贫困村凤阳村94户、437人、卜家岭村48户、159人，2个贫困村全部实现脱贫。160户贫困户享受危户改建政策。凤阳、卜家岭村124户、564人贫困户易地扶贫迁住小区房。全街道共上报507人发展种植业、养殖业和个体工商户的贫困户作为产业扶贫对象，落实补助资金36.12万元。在凤阳村黑泥井建设年发电量达650万度，年产值680余万元，可带动970户贫困户脱贫致富的光伏发电站。组织贫困户参与各种职业技能培训，使708个贫困人口掌握一门实用技术。对贫困户家中读职中的学生实施雨露计划，对没有劳动能力的孤老、孤儿、重度残疾等原因致贫的贫困户，按照政策落实低保、五保等救助措施，给予兜底保障脱贫，共发放低保补助资金96.26万元，共有515人享受低保补助；发放五保资金13.98万元，共有209人享受五保补助。争取金融扶贫贷款365万元，为73户符合贷款条件的贫困户脱贫提供资金支持。打造“互联网+社会精准扶贫”模式，注册贫困户673户，爱心人士注册2500人，发布需求1807条，对接成功1603条，募集资金4万余元，帮助贫困群众2100人次。

■**城镇提质** 2017年，惠民小区正式接纳全县范围内的扶贫搬迁户入住；县“八小”、街道便民服务中心、街道中心医院等项目完成征地工作；东溪街道公墓区建设顺利推进，已完成土地征收及补偿款的发放，现正在修建通区公路；中华水街项目已完成东山段100亩的土地征收工作。

2017年，成立东溪街道城管中队，加强与县直有关部门的协调配合，大力加强城市管理力度，巩固“禁放”成果。全力整治摩托车乱停乱放，扣押摩托车、电动车50余台。牵头开展城市管理集中整治行动，对仪凤路、内环路、北正街进行专项整治，大力治理占道、出店经营，配合抓好农贸市场整治，着力解决突出问题，健全完善城区综合管理长效机制，提高城区综合管理水平，提升县城形象品位。在6至10月份县城管局组织的考核中，东溪街道获得4次优秀1次良好的成绩。与县国土规划城管综合执法大队一道，坚持日常巡查、苗头控制、基础拆除，完善社会监督与内部管理机制，推动全街道查违工作健康高效开展。建立以村干部包组巡查，村信息员每周上报非法建设到街道办的控违拆违工作机制，建立街道控违拆违控违工作微信群，及时对各村（社区）上报的信息及时处理。2017年，共巡查制止非法违法用地达147处，开展6次大型的拆违控违行动，对柳塘村荷叶塘自然村、朝斗坝村、红岩村、舜德社区等18户居民的违法建筑进行强行禁止，拆除建筑3500余平方米。下达停止建设通知书200余份，有力保障街道辖区内的规划与建设。

■**园区升级** 2017年，完成湘妃大道与舜阳大道交汇处580余亩土地的征收工作，为“江博士”鞋业、县“八小”、便民服务中心等项目顺利落地打下坚实基础；“江博士”鞋业生产工厂项目完成所有的征地拆迁迁坟工作。化解野鹿岗村以前的征地矛盾纠纷，与村民签订征地安置协议，保障鸿坤陶瓷建设项目顺利推进。跟工业园一起，组建工作组进村入户做工作，化解原十里铺村的历史遗留矛盾，顺利征收105亩土地用于硕宁电子二期建设用地。

■交通提速 2017年，石板塘至华荣鞋厂路面扩宽项目建设全面竣工；舜德路建设工程进入路面附属设施建设阶段；G537仁和至冷水公路已经完成辖区内所有预征地的测绘工作，丰熟村段的土地已经已经完成了征地工作，现已经在开工建设。G357二广高速宁远东互通至天堂公路已经做好群众的宣传工作，待推进至东溪街道辖区就可开始征地；贫困村的凤阳村和卜家岭村新修道理4.7公里，实现每个自然村通水泥路的目标，为贫困村脱贫打下基础。

■环境治理 生态环境治理。切实美化和改善街道人居环境，坚持农户主体，财政奖补，按图施工，超前完成，保证质量，保证安全的原则，坚持街道与村整合力量齐头并进，加强美丽乡村建设，开展农村“五化行动”，确定舜阳、红岩、唐家、卜家岭等四个村为“五化”行动村。卜家岭村为县级美丽乡村示范村，安装路灯130余盏，完成道路扩宽、新建道路8公里。“五化”行动村完成通道绿化32公里。宣传创卫工作，推动创卫工作的开展。街道、社区发放宣传资料2万余份、张贴创卫宣传牌1000余块、悬挂创卫横幅300余条。街道先后组织开展卫生楼道、卫生户、“最美家庭”“最美店铺”评选活动。针对三小门外的市场物品摆放无序，地面较脏较乱等问题，专门成立工作组督促整改，规范市场管理，加强卫生清扫。通过创卫大整治，共清理卫生死角90余处，清运各类垃圾200余吨，新增绿地面积300平方米，改善城中村、城郊结合部的环境卫生，统筹抓好城乡整洁卫生各项工作。街道共有13个村参与城乡环境整洁行动示范村级建设。

政务环境治理。干部作风专项整治。重点解决作风建设上党性不强，脱离群众的问题；政令不畅，组织纪律观念淡薄的问题；作风不实，庸懒散浮的问题；办事不公，行政乱作为的问题；为政不廉，以权谋私的问题。通过开展专项整治，着力解决干部队伍在政治纪律、组织纪律、工作纪律、生活纪律、作风方面存在的突出问题，全街道干部工作作风明显好转，干部为企业、群众和服务对象的服务水平有普遍提高。深化机关作风建设。加强理论中心组学习，提高干部的党性修养，发挥领导干部的表率作用；进一步健全机关管理制度，完善机关签到、值班、用餐等各项后勤管理制度，促进机关管理规范化，提高机关工作效率。加强便民服务中心管理和建设，坚持首问负责制，限时办结、一次性告知、承诺服务等制度。明确岗位职责，制定工作规范，公开工作流程，做到工作人员“人有其岗”“岗有其责”。细化、落实各办公室岗位职责，制订完善每个岗位的“工作职责”和“工作流程”，提高业务水平、工作效率和服务质量。不定期组织考勤暗访。营造便捷办事环境。公开办事流程，公开办事人员，公开干部照片、姓名、工作职责，联系电话等，方便群众办事和监督。

社会环境治理。东溪街道地处城乡结合部，历史遗留问题多，信访量占全县信访总量45%左右。依法治访排查出集访及群体性隐患12起，全年调处各类矛盾纠纷80余起，其中非正常死亡案件4起。法律援助不断拓展，社会矛盾有效化解，赴省进京非法上访明显减少。实现全国“两会”、中共“十九大”“一带一路”峰会、厦门“金砖”峰会等特护期赴省进京零上访。开展13次烟花爆竹打非治违专项治理行动，清理8家无证销售商店，收缴烟花爆竹10余万响。

配合县交通局、公路局、城管局进行两次治理超限超载、打击非法客运及三无车治理、割马槽行动。“百日大会战”交通整治效果明显，组织10次联合执法、8次自主执法，查处违规违章车辆200余台。完善防汛预案，街道办事处组建20人的抢险应急队伍定人定岗，加强督查，备足防汛物资，确保辖区安全渡汛。加强校车安全监控，保障学生上下学交通安全。切实抓好中小学周边环境整治，多次组织社区、城管中队、派出所等部门对三小、十小、逍遥岩中学等开展校园环境综合整治。农产品质量和食品安全有效监管，确保人民群众“舌尖上的安全”。加强对特殊人群的监管，强行处置精神病人3人。

■旅游升温 旅游服务有亮点。刘家洲休闲农庄已完成519亩土地流转，养殖园、百果园等已建成营业；朝斗坝白门洞片千亩草莓休闲采摘点已初具规模；新建起新天地农庄、和平饭店等11家农家乐餐饮店。

■经济发展落实 2017年，东溪街道化解项目矛盾100余起，固定资产投资总额达6亿元。涔天河灌渠黄龙头支渠建设项目完成50%的建设任务；金钩挂水库引水干渠建设工程9月底完工。组建6家专业合作社，新增流转土地1420亩，规模种植果蔬2450亩、水稻4860亩、烤烟260亩。建立“农村淘宝”等新兴平台和现代物流等助力农村经济。

完成湘妃大道与舜阳大道交汇处580余亩土地的征收工作，为“江博士”鞋业、县“八小”、便民服务中心等项目顺利落地打下了坚实的基础；化解矛盾纠纷，征收丰熟村白水铺300余亩土地用于公墓区建设；破解中华水街下岭村征地难题，完成东山村110亩土地的测量公示制卡工作。街道通过创优经济发展环境，引进千万元以上企业5家：永州江博士鞋业有限公司、湖南长辰竹业有限公司、九疑兔业、聚能生态木屋和宁远县嘉年华公共交通有限公司。大力推进新型工业化，强制关停不符合环保要求的1家餐饮店和3家红砖厂。全年共完成6家工业企业入统：宁远唯品皮具有限公司、益达鞋材有限有限公司、永兴环保有限公司、永州汇盛鞋业有限公司、宁远港耀鞋材有限公司、健脊手袋有限公司。

制订《东溪街道不良贷款清收工作方案》，对辖区不良贷款清收任务进行全员部署，全体办事处、村（社区）干部进村入户，确保清收任务到人。不良贷款清收工作在全县连续排名前列。

■民生不断改善 不断完善社会保障救助机制，实行阳光评定、公开透明、动态管理，对全街道低保家庭实现应保尽保。完成887户城镇低保户和163户农村低保户的评定和共计49.37万元低保资金的发放工作。投资20万元为分散供养的3户五保户新建住房，五保户212人得到生活保障。年满60周岁的基本养老服务补贴和90岁以上高龄补贴及时发放到位。新农合、城镇医保参投比例达99%以上。城乡居民养老保险参保比例稳中有升。

农村土地确权登记颁证工作有序推进，所有村完成第三次公示纠错工作，26个村完成补登清册造册上报工作。所有村实现农村电网升级改造。全街道以村为主进行土地流转，引进、发展大户种植，重点对公路两边及其可视范围内的耕地进行土地流转，通过引进、发展种粮大户，涌现一批水稻、药材、油菜、蔬菜、草莓种植大户。政府主导，调动市场和农户两个积极性，完成山塘清淤120余亩，水毁工程维修76处，完成“五小”水利建设工程147余处；清理维修烤烟水渠5200余米；生猪养殖场9个，生猪存栏2万余头，新增羊兔养殖户3户，新增生猪存栏6000余头，羊650余头，兔2万余只。

粮食直补、油菜补贴、水

稻良种补贴、棉花补贴、玉米良种良法补贴、农机补贴等，严格按政策兑现到位。做好“一事一议”财政奖补工作，执行政策不走样，工作措施不截留，“一卡通”发放率100%。

■**社会事业** 计划生育保类进位。加强计划生育综合治理，提供计生优质服务，稳定低生育水平，提高人口出生素质。截至10月底，已婚育龄妇女累计落实手术416例（其中：人工流引产46例），落实综合节育率98 %以上；加强流动人口计划生育管理，流入人口共采集1256人，管理到位率100%，流出人口共采集7449人，管理到位率为98%以上，反馈率100%；积极推进计划生育“三结合项目”不断加大了排查力度和“三查”到位率，利用B超对所有育龄妇女免费实行“三查”服务；在街道计划生育办公室的精心组织指导下，有条不紊地开始“集中节育”活动；开展出生缺陷干预工程，大力宣传二孩政策，发放宣传资料5000余份；做好避孕药具的免费发放工作，共发放药具2130份。“两项优先”有成效。开展贫困劳动力资源信息采集工作，将街道全部劳动力资源信息数据进行汇总并录入系统，建立劳动资源信息库。积极响应县政府举办的“回乡创业、在乡就业”招聘活动，召开动员会，明确责任，各村、社区动员未就业大中专毕业生、城乡富余劳动力。返乡务工人员和被征地农转非人员赴会应聘，成功招聘340人到各企业单位就业。街道新增劳务输出共1608人次，新增农村劳动力转移就业226人（其中女性110人）；接受群众政策咨询100余次，新发放各类支持就业、鼓励创业政策宣传册300余份。聘请农业技术人员，建立长期合作机制，为群众提供实用的技术技能培训，不断加强劳动技能培训力度。九年义务教育辍学率为0。办结各级各部门交办的督办函，办结率100%。全街道“三公”经费支出零增长。

（欧阳植攀　周常华）

天　堂　镇

地域名片：湘南牛市，非遗舜陶，三代舜庙，周氏祥地。

■**概况** 天堂镇沿用驻地天堂自然地名得名。天堂原属干旱之地，据说前人为灌溉农田，开挖许多大小山塘用以蓄水，由于无活水，许多山塘只能靠装天水，俗称天水塘，后简化为天塘，先人十分向往天堂的美好生活，便把天塘改为天堂。

明清时属大阳乡。民国初属南靖（南联）镇。1949年11月17日宁远和平解放时属二区潇水乡。1958年人民公社化时，辖区分属天堂、水市（红旗）人民公社；1961年分属桐山区天堂公社、水市区大阳洞公社；1984年分属桐山区天堂乡、水市区大阳洞乡；1995年6月撤区并乡，将桐山区的天堂乡和水市区的大阳洞乡、梅岗乡合并为天堂镇，8月将原梅岗乡划归水市镇。

2016年区划调整后辖天堂（原天堂村、卜洞村、曾家洞村、寄岗村）、晓石、庄里洞、石海山、曹家滩、高源、大阳洞（原大阳洞村、江村、刘村、牛头山村）、新屋地、香花桥（原香花桥村、老屋场村）、大坪岭、龙须、岭脚（原岭脚村、岭江村、马家村）、光辉（许家村、毛里坪村、平口源村）、百步岭、狮子头、和谐（原下坊村、枞树湾村）、蒋家17个行政村，镇政府驻天堂村。

天堂镇位于宁远县西南部，距宁远县城7.5公里，东连桐山街道，南接水市镇，西邻道县柑子园乡，北壤中和镇，总面积84.13平方公里，耕地面积24739.7亩，其中水田20264.8亩，旱土4474.9亩，山林面积8.8万亩。东西最大距离13.4千米，南北最大距离13.8千米。

天堂镇西部屋脊岗山脉与道县柑子园乡交界，成为宁远县与道县的分水岭，为宁远进入道县的必经之地，有“过了屋脊岗，个个是好汉”的俗语。境内有两条河流，北面泠江河由北向南转西流经曹家滩村入道县；南面潇水河由东向西进入道县。两河流经蒋家、牛头山、大阳洞、江村、马家、狮子头、岭脚、岭江等村。两河流经之处，山青水秀，土地肥沃。境内有小（一）型水库1座，小（二）型水库7座。

境内矿产资源主要为石灰岩，地质储量1亿立方米，可采储量为0.1亿立方米，地下资源可利用量为1384.4万立方米。

天堂镇共有11007户，41765人。其中3000人以上的行政村4个，1000—3000人的行政村13个。总人口以汉族为主，约占99.91%，2017年人口自然增长率4.38‰。

■经济发展 2017年全镇经济总体运行平稳，如期完成目标，地方财政总收入1548万元。

2017年发展早稻种植1.8万亩，其中机插1.43万亩，发展中稻种植0.45万亩，发展晚稻种植1.623万亩，优质稻面积达3万亩，完成石海山村双季稻省定种植计划，发展平口源、天堂、石海山、大阳洞等12个村100亩以上双季稻种植大户43户。发放双季稻耕地地力补贴328.17万元，发放油菜补贴1万元。2017年天堂镇从财政拿出资金新建10座烤烟房。县政府分配天堂镇7500担收购任务，实际完成收购担数9021担，被评为2017年度烤烟生产先进单位。有规模较大的畜牧业养殖企业5家，其中石海山猪场年出栏牲猪1万多头；有年产值100万元以上民营工业企业2家；坐落在百步岭的70亩光伏扶贫发电项目竣工并网发电；引进季丰农业在百步岭村种植特色水果沃柑，一期规模2000亩，已完成土地平整、修路等前期准备工作。

2017年，天堂镇有商业网点4个，集贸市场2个（天堂、大阳洞集贸市场）。天堂牛市场建有4栋1064平方米钢筋水泥厂棚，牛栏6间，并配有上车台、牛洗澡塘等附属设施，日均交易100头以上。

■基础设施 2017年，天堂镇投资1200万修建村内基础设施，包括村道拓宽、道路硬化、沟渠“三面光”、河堤护坡等项目；投资360万新建大阳洞村、香花桥村、和谐村3个贫困村安全供水工程；投资300万对辖区内沟渠进行修建，其中17个已完工，4个正在施工。

2017年全镇整合资源，持续加大投入，对大阳洞村、香花桥村进行乡村风貌改造，完成房屋改造341户，拆除残破房3000多平方米；为大阳洞、香花桥、和谐3个贫困村安装立式路灯80盏；实施10个村村庄绿化工程共2500亩。

■社会事业 2017年全镇有幼儿园2所，在职老师18人，学生440人；有完全小学2所，在职教师150人，在校学生1830人；有中学1所，教师60人，学生690人。片小8个，学生164人，教职工8人。入学率100%，毕业率99%，升学率90%。

全镇有镇文化站、广播电视站1处，各类文化专业户45户；农家书屋、村村响已覆盖至全镇17个行政村，有专员管理，2017年全面更新了农家书屋的书籍；投资5万元为大阳洞新建篮球场1个，添置健身器材。2017年全面落实网格化建设，科学合理划分网格，配齐网格管理人员，配备专门办公设备，实现网格化管理规范化。

镇政府投资5万元更新环卫扫帚300个、垃圾桶176个。为实现卫生整洁长效机制，新增保洁员轮班制度，对镇区卫生进行常态化清理，始终保持镇村清洁美观；对沿街居民的门前实行“三包”（包卫生、包绿化、包秩序），提高居民爱护环境卫生的责任心，居民文明素质有所提升。城乡环境卫生整洁长效机制运行良好，每个村确立专人定期打扫卫生，购置垃圾桶等设备；每周五下午组织全体干部职工到各村参与城乡卫生整洁行动。全镇有医疗机构 1 个，门诊部（所）2 个，村级卫生室 22 个，有床位 42 张。2017 年完成个人诊疗 1.2 万人次。

2017 年，全镇五项保险参保率继续保持 2016 年水平，达到省定标准，新农合参合率稳定在 98%以上。脱贫 486 户 1731 人，香花桥、大阳洞、和谐 3 个贫困村脱贫。农村低保应保尽保，实行动态管理。全镇有农村低保 1102 人，其中兜底保障 85 人。发放救济金 20 余万元，救助困难群众 182 人次。稳步提高优抚对象、五保户和孤儿救助标准，加大对农村贫困群体的社会救助力度。

（欧阳逢华　刘扬）

水　市　镇

地域名片：潇水涵青，梅岗石，烈士公园。

■概况　水市镇原名水打铺，历史上曾因上游猛降暴雨，造成山洪暴发，冲走沿街房屋及人畜，故有“青天白日水打铺”之称。市场立水边，故称水市。1949 年 11 月 17 日宁远和平解放时，辖区属二区潇水乡；1958 年分属水市（红旗）、大界（高峰）人民公社；1961 年属水市区水市公社、大界公社、香花铺公社、梅岗公社；1984 年公社改乡，1986 年水市乡改为水市镇，仍属水市区；1995 年 6 月撤区并乡（镇）时，由原水市区的水市镇、香花铺乡、大界乡合并建立水市镇，同年 8 月将天堂镇的梅岗责任区（原梅岗乡）划归水市镇。

2016 年并村后水市镇有游鱼井、周家、欧家、田家、先锋、上游、淌塘、红旗、大界、凤凰山、水晶窝、下立洞、杨家山、石坝头、彭祖、塘下洞、腊树脚、小欧家、黄家、大欧家、邹家、柜林、村尾、潭村、周家山、桂里园、天堂山、樟木脚、黎壁源、九嶷湖、紫源洞、冬瓜冲、联海洞 33 个行政村和水市社区。

水市镇位于宁远县境南部，距县城 18 公里，总面积 239.59 平方公里，东邻冷水镇、湾井镇，南接九疑山瑶族乡，西界道县四马桥镇，北连舜陵街道、天堂镇。总人口 7.2 万人、共 21952 户，辖区内有汉族、瑶族、苗族等民族。水市镇有耕地面积 4.3 万亩，其中水田 3.6 万亩、旱土 0.7 万亩，林地面积 24 万亩。境内东、南、西三面环山，九嶷河流经辖境，河流沿岸平坦开阔，土地肥沃，是宁远的“鱼米之乡”。水市水库碧波荡漾，风光旖旎，连绵数十里，蔚为壮观，古有“潇水涵青”之称；左右干渠蜿蜒伸长，灌溉县内水市、天堂、原舜陵镇 10 多万亩良田，成为宁远的“母亲河”。2016 年被国家林业局批准列入九嶷河国家湿地公园创建试点。

■经济发展　2017 年水市镇生产总产值 93630.3 万元，其中农业总产值 22282.8 万元，工业总产值 36804.5 万元，其他总产值 34543 万元。

2017 年专业合作社、家庭农场、种植大户有较快发展。共落实优质水稻基地 4.5 万亩。烤烟超额完成，发展种烟村 29 个，种植 1.07 万亩，收烟叶 28843 担。平均价 28.2/公斤（不含肥补），实现了产值和均价的新突破。2017 年利用荒山荒地，引进工商资本和社会资本大力发展油茶、柑桔种植和生猪、肉牛养殖。舜天恒禾养牛基地年出栏肉牛 5600 头，成为全省最大的肉牛养殖基地；中联天地油茶公司以“公司+基地+农户”的模式新种植油茶 11000 余亩。2017 年 9 月许达哲省长到基地视察。绿色经济和旅游经济战略升温，牢固树立“绿水青山就是金山银山”的理念，大力发展植树造林，分别在淌塘村、黄家村、荞麦花村、廖洞村、东海村新造经济林 3800 余亩；以五星级“大界源”生态农庄为依托，举办宁远县首届菊花节。九嶷河湿地公园正式成立，成为水市的一张新名片。

烈士公园、包家红军墙成为爱国主义教育基地，作为红色旅游景点得到大力推介，湖南省电视台、深圳市电视台到水市进行专题拍摄和报道。

■**基础设施** 2017年，涔天河灌区水市镇段全面完成征地和祖坟迁移、房屋拆迁工作，东、西干渠表土清理全面完成；梅岗风电场建设进展顺利，完成场内道路建设6.5公里，征地租地工作全面完成；中南驾校考场、水市中心法庭建设、污水处理厂、湿地公园的征地工作全部完成；总投资8000余万元的易地搬迁安置点朝阳新村全面完工并入住。中联万亩油茶、舜天恒禾肉牛场、梅岗烤烟丰产片农业产业园区已成形。“交通提速”方面，新修水泥路面48公里，彭祖村至水市镇区路面拓宽，全镇所有行政村通水泥路。“环境治理”方面，修建103个垃圾池，全镇34个村生活垃圾统一收集、清理。“城镇提质”战役方面，投资120万元新建垃圾焚烧炉1个，全镇生活污水处理率74%，投资1000万元的镇区污水处理厂全面完成征地工作，投资近50万元对镇区公共区域、停车场进行改造提质。

■**社会事业** 2017年，水市镇有中学1所，完全小学4所，在校学生5094人，教师288人。开通校车8台专线2条。入学率100%，巩固率94%，有农技推广服务机构1个。2017年水市镇发挥水市独特民俗文化和深厚文化底蕴的特点，开展形式多样的文化活动，举办农民文化艺术节，全镇组建起10个民间歌舞队、腰鼓队，有34个农家书屋，群众精神文化生活丰富。有中心卫生院1所，分院2所，村级卫生室62家。村村建起垃圾池，聘请保洁员，垃圾集中清运、集中填埋。2017年落实强农惠农政策，加强产业扶贫、易地搬迁、小额信贷、劳务协作、教育扶贫、医疗扶贫、保障兜底等行业扶贫工作。成立8个农业生产合作社，结对贫困户3859人。朝阳新村投资8000余万元，261户乡镇集中安置搬迁户分房到位。危房改造375户809人、发放危房改造资金1130.2万元。完成小额信贷贷款1146万元，超额完成县下达的目标任务。劳务协作对接8751人，发放交通补贴151.55万元。享受教育助学政策2021人，发放教育补贴125.5万元，其中享受2017年秋季“雨露计划”23人。提高10%报账比例，涉及建档立卡贫困户190人，住院报销费用合计638099.7元，享受大病医疗救助25人。社会保障兜底脱贫认定117户、217人。耕地地力补贴4.1万亩510.1万元；国家农机补贴186套。新增劳动力转移920人；新增创业主体42家，带动城乡就业1039人。完成城镇低保动态管理，认定城乡低保504户、983人。

（水市镇）

湾 井 镇

地域名片：麻将小镇，灌溪仙境。

■**概况** 湾井，因在九嶷山下，古名“望疑市”。明弘治年间（1488—1505年）苍梧一带（九嶷山）发生匪乱，冯都派兵镇守“协诚永奠同安无事”立营三十六所，湾井为中心营，故又名永安营，即永远平安之意（据“续造上厅碑记”）。后来见湾井水路弯弯曲曲“有井可凿”，于是又命名为湾井。1949年11月17日宁远和平解放时，今镇域属宁远县二区舜陵乡；1958年人民公社化时，属湾井（前进）、下灌（东风）人民公社；1961年属湾井区湾井公社、下灌公社；1984年属湾井区湾井乡、下灌乡，1986年湾井乡改为湾井镇仍属湾井区；1995年6月撤区并乡镇，原湾井区的湾井镇与下灌乡合并建立湾井镇。2005年镇政府从湾井圩搬至下灌圩。

2016年湾井镇下辖湾井社区（原丰收、湾井村、湾井居委会）、东安头、田心、桥头、朵山（原朵山、大岭尾村）、周家坝、和城（原和城、石坡脚部分）、久安背、黄花源（原黄花源、石坡脚部分）、路亭、下灌社区（原泠江、状元楼、新屋里、下灌、四公塘、梅子窝、水上洞）、白水源、东江村（青山尾、羊蹄岭村）、大屋地、建新（原彭家洞、姚家）、下寨岗、韶水、马脚洞18个行政村（社区）。

湾井镇位于宁远县东南部，东临蓝山县，南接九疑山瑶族乡，西达水市镇，北连冷水镇，驻地下灌村距县城15公里，总面积96.86平方公里，耕地面积1925公顷，生态公益林面积38335亩。

湾井镇自然面貌南高北低，南为山区、北为丘陵、中为喀斯特地形，地下溶洞甚多，美如仙境。东江河、西江河自南向北，注入泠水。东江上游建有半山水库。湾井镇属中亚热带季风湿润区，气候湿暖，雨量丰沛，水源发达，镇内林木繁茂，环境优美。

湾井镇共有12606户，总人口45155人，民族以汉族为主，瑶族杂居大屋地、黄花源两村。

2017年成功创建“国家级特色小镇”；成功创建“省级经典文化村镇”，成功创建三个“省级历史文化名村”（下灌村、路亭村、久安背村）；成功创建省级“平安农机”示范乡镇；成功创建全国扫黄打非示范县示范点；下灌村成功创建省美丽乡村示范村，入选中国传统古村落。

■经济发展 2017年全镇生产总值8.8亿元，增长17.33%；社会固定资产投资3.8亿元，增长8.5%；农村居民人均可支配收入12380元，增长20.45%；财政总收入2040万元，增长14.6%，烟叶特产税收482万元；以下灌花海、麻将大赛、乡村美食节等为主打，仅“五一”“十一”两个黄金周全镇共接待游客近17万人次，实现旅游收入1500余万元。

2017年全镇种烤烟7090亩，收购烟叶18086担；有规模以上生猪养殖场24个，年出栏生猪4.17万头；2017年水稻播种面积18267亩，粮食产量2740吨。工业企业有木村加工厂1个，扶贫车间2个。有湾井市场、下灌市场，建筑面积7992平方米，均为钢筋混凝土或钢架结构。上市商品有竹木制品、铁器、粮食、生猪、南杂、蔬菜、山货、成衣、电器，场内屠案86副，摊铺108副，年成交额4300万元。有工商个体户236家。

■基础设施 下灌社区梅子窝网格的黑木耳种植基地和光伏发电工程建设完成，下灌景区乡村风貌改造第二期9月底全面完工，总投入6000余万元，投资3730万元易地搬迁集中点荷花新村建成。田心村省级美丽乡村建设完成投资1000万余元。全镇18个村的扶贫基础设施项目总投资2000万元以上。投资6000万元的下灌状元府2017年年底建成。投资500万元的和城箭猪窝地质灾害点建设完成。

■社会事业 2017年湾井镇有幼儿园6所，中心完小1所，下灌完小1所，彭家洞完小1所，片小12所，湾井镇中学1所，在校学生3100人，入学率99.8%。开展教育均衡发展工作，投入740万元对湾井中心校、湾井完小、下灌完小进行提升改造，投入120万元完成久安背村、田心村、东安头村、和城村小学的合格学校建设。全面实施教育优先战略，全镇适龄儿童入学率达100%，小学六年级升学率100%。开展教师节表彰活动，共表彰优秀教师41人，走访贫困教师10人。教育扶贫资助1087人58.5万元，59名贫困学生获“雨露计划”资助。输送39名贫困家庭“两后生”到技术学校学习。

1976年成立湾井农科站。1980年各乡（社）配备1名科技专干，1988年配备1名科技副镇长。1995年设立湾井镇科委，科委主任由科技副镇长兼任，委员3名。2017年举办科技讲座二期，全部采用电子化培训。

2017年，有中心卫生室院1家，建设面积6000平方米，内设门诊，住院部，有医务人员45人。村级卫生室31个，乡村医生31人。2017年新建村级标准化卫生室3个，改建5个。有垃圾处理焚烧中心一个，垃圾处理池60个，垃圾中转站1个，环卫车60部，村级环卫工人72人，全面负责各村村道公共场所卫生打扫。全镇人口自然增长率控制在7‰以内，符合政策生育率保持在85%以上；提高社会保障水平，新型农村合作医疗参合率达99%以上，新型农村养老保险参保率达78%以上。2017年新型农村合作医疗参合率99%，新型农村养老保险参保率78%。

维护社会稳定，建立健全各项工作机制，做好群众来信来访和矛盾纠纷排查调处工作，强化领导包案责任，坚持把问题解决在萌芽状态，解决在基层，2017年无一例赴省进京非正常上访和重大刑事案件发生。全力推进农村网格化建设，实现70%以上村网格化管理，全市农村网格化建设现场会在周家坝召开。

3个贫困村及15个非贫困村进驻扶贫工作队和帮扶工作组，全部配齐驻村工作队成员，全面摸排“四类人员”及识别不准共102户、414人，拆分户33人，“户中漏人”255人和“贫中贫困中困”49户150人名单。每名干部、党员、创业致富带头人帮扶5户贫困户，确保全镇所有建档立卡贫困户结对帮扶全覆盖。按照全县脱贫攻坚摘帽和全省贫困村基础设施和公共服务设施建设三年行动计划，每村投入100万元左右，加大基础设施和公共服务建设。大屋地村建立200亩砂糖柑产业基地和投资40万元的石蛙基地；下灌社区建立旅游+扶贫模式，贫困户以土地入股形式进行分红，农户每年人均增收8000元以上，建成光伏90千瓦发电和黑木耳基地；黄花源村引进养蜂产业，带动贫困户脱贫。贫困发生率从2014年的13.18%下降到2017年年底的0.82%，三个贫困村全部达标出列。9月，省长许达哲到下灌视察旅游扶贫工作，对全镇旅游扶贫工作给予高度肯定。11月，湖南省冬季乡村旅游节开幕式在下灌村举行。

完成村两委换届工作。选优配强村两委班子，严守政策通盘谋划组织，把加强党的领导贯穿到换届全过程，严格界限选优配强班子，坚持“重品行、重实绩、重基层、重公论”选人用人导向，严肃纪律保证风清气正，坚持预防、警示、教育“三为先”原则，严格遵守换届纪律要求。到5月底，18个村（社区）均完成村两委换届，遵循公平、公正、公开的原则，换届工作平稳有序，保证各项工作的连续性。夯实基层党建工作，在全镇18个村建立班子成员党建联系点，整体推进基层组织建设；配齐配强镇党建工作站，安排2名工作人员专职负责党建工作，安排3万元的党建工作经费。推行“135”村级治理模式——以下灌社区、路亭、周家坝村作示范，推行村干部坐班值班、周例会、为民代理等制度。开展党员结对帮扶，推行一名党员干部联系5户贫困户，全力脱贫攻坚。

■国家级特色小镇创建 培育特色产业 湾井镇产业发展始终围绕旅游二字做文章，加大旅游产业投入，引入资金，整合区域自然、文化资源，把湾井镇打造成以状元文化、麻将文化为特质、九嶷山自然风光为依托、特色地域农副产品为基础的全国知名文旅特色小镇。旅游+基础设施，为完善景区服务功能，提高服务品质，湾井镇强力推进村庄环境整治，建设污水处理厂、垃圾中转站、环保型焚烧站，成立保洁公司，留住青山绿水的生态环境；建设下灌花海、大凤地球仓彩色部落、祭舜大道、游客服务中心、旅游公厕、观景台、停车场、旅游公交车站等旅游服务场所和设施，为游客提供便捷服务；对下灌、久安背、路亭传统村落古建筑群进行保护和修缮，还原历史文化；进行拆违复绿、道路美化工程，对道路两侧建筑严格控制退让，留出九嶷风景视廊，让游客进入湾井，就能感受到赏心悦目的绿，充满生机的美。旅游+农副产品，为实现产业结构“优二进三”，推广湾井特色农旅产品，湾井镇结合自身农业生产优势，推广湾井特有的“九嶷素米”“下灌黑木耳”等农产品；结合旅游文化特色，开发“状元水丸子”“状元小麻花”“红木麻将”等旅游产品，并利用互联网模式，建设农村淘宝特产店，让本地农产品走出去，让游客来玩得开心，吃得放心，购得称心。旅游+精准扶贫，通过“景区带村”，建立“政府引导、企业经营、农户参与”的旅游新机制。下灌社区成立旅游公司，以“公司+农户”的发展模式，村民以资金土地等入股，按宅占股，以股分红，旅游公司流转土地300亩打造花海，贫困户以土地入股，还有300余名贫困劳动力参与务工，2017年人均增收8000元以上，充分发挥乡村旅游扶贫、富民、美乡的功能作用。

传承特色文化　状元文化，湾井镇自古人才辈出，自隋朝开科举制以来，出了李郃与乐雷发2名状元。湾井镇以状元为典范，每年奖励优秀学子和道德模范，以激励后人，尊师重教，崇尚好学。注重旅游与传统文化的融合，历次旅游节均举办状元启蒙礼、文状元科举考试、状元迎亲、状元丸子大赛等新颖又独具文化特色的活动，寓教于乐，让游客在活动中感受、体验、了解状元文化。麻将文化，湾井镇下灌是中国麻将文化的发源地，湾井特色小镇建设充分利用“麻将文化”这张名片，在主要街道建筑、桥梁、道路路灯安装上都凸显麻将元素，投资500万元建设麻将主题广场，并成立下灌麻将协会，深入挖掘麻将文化，开发麻将产业。2016、2017年“五一”期间，成功举办了2届“李郃杯”麻将比赛，吸引全国各地麻将爱好者3千余人参加比赛。独具特色的麻将博物馆、麻将文化体验馆正加紧建设中；书画文化，湾井镇朵山村素来崇尚耕读传家，练习书画蔚然成风，每年举办农民书画展，展出作品的书画爱好者年龄最大的87岁，最小的仅6岁，是省内第一个成立的书法家协会和美术家协会的村，展出作品被誉为“湖南书画第一村”。

打造特色体制机制　高位推动，县委书记刘卫华联系湾井镇下灌古村建设，进行长期的实地指导；县长唐何对湾井镇周家坝大凤彩色部落建设召开现场办公会推动项目进展；湾井镇党委、镇政府把特色小镇建设作为全镇工作的重中之重，制订具体的创建方案。镇主要领导带头办点示范，每个党委成员联系一个村，以点带面，全镇推开，形成“县—镇—村三级联动”的良好局面；能人带动，在特色小镇建设中，充分发挥创业能人、餐饮业主、种养大户的带动作用。建设美食街、农业产业园、“好放心”米业基地、黑木耳基地、杨梅园、奈李园，鼓励引导周边村民开设休闲垂钓、农场动物园、蔬果采摘、农事体验、特色商品、农家乐等乡村旅游项目，带动贫困人员创业就业；政企联动，近年来，湾井镇大力推进特色小镇建设，引进宁远县文旅集团、宁远县旅游投资有限公司、灌溪旅游开发公司、舜灵旅游投资公司等对湾井镇分片区旅游开发，致力将湾井镇打造成为沐浴舜帝高雅文化、寄情山水之间的旅游风情小镇。

（肖哲　李超廷）

九疑山瑶族乡

地域名片：舜帝藏精之所，舜峰潇湘之源。

■概况　九疑山瑶族乡。明清时期属太平乡，民国时期先后属南靖镇、南联镇、第三区、第二区，1949年属舜陵乡，1950年属湾井区，1952年属第四区，1956年撤区并乡时，在今域内析置紫荆瑶族乡，为湖南省当时瑶族散杂居区建立的15个瑶族乡之一，1958年分别属湾井前进人民公社和鲁观人民公社，1961年3月重属湾井区。1984年6月公社改乡，同年10月设九疑山瑶族乡、鲁观瑶族乡和麦地乡。1995年撤区并乡建镇时由原来的九疑山瑶族乡、鲁观瑶族乡、麦地乡合并建立九疑山瑶族乡，次年11月，路亭村划归湾井镇。九疑山瑶族乡名称沿用至今，乡名称仍用“疑”字，山、村名称用“嶷”字。九疑山瑶族乡是永州市人口最多，面积最大的民族乡，也是九疑山风景名胜区九嶷山国家森林公园所在地。

九疑山瑶族乡位于县城南部，距县城约30公里，北纬25°12′89″—25°25′12″，东经111°55′15″—112°05′00″。东与蓝山县境相接，南与江华县境交界、西与道县境界相依，北紧连县境湾井镇。南北长45公里，东西宽25公里，总面积328.3平方公里。

乡政府驻地九疑山村，下辖向疑村（疑山头、向阳头）、盘洞口村、九疑山村、大桑塘村、九疑洞村、紫江村（紫荆、牛头江）、石灰窑村、太平村、山河村（麦地、童子坪）、和平村（王奇生、凉亭山）、西湾村、新塘村、茶罗村、龙坪村（羽毛坪、桐木坪）、上洞村、山头源村、九龙村（别江口、大地坪）、文武冲村（文武冲、黄河）、凤凰村（下洞、盘江湾、花盘洞）、牛亚岭村（庙冲、光冲）、三亩田村等21个行政村。

九疑山瑶族乡属中亚热带气候与南亚热带气候过渡地带，兼有大陆和海洋气候特征。山区总的气候特征：日照时间短，气温年差较小。境内的住龙门（海拔982米）全年平均日照810.8小时，平均气温在13—17℃，一月最低温度3.8℃，年较差温度18.9℃。垂直分带性明显。山区气温随着海拔每升高100米，气温降低0.48℃；≥10℃的活动积温减少190—200℃，初终日间隔日数缩短5—8天；无霜期缩短12天；雨量增加50毫米左右，影响植物生长的垂直分带性。霜雪早，冰冻严重。“寒露风”一般出现在8月末，10月下旬可见初霜，11月开始降雪和冰冻。危害严重的冰冻常出现在1月下旬至2月上旬，竹木出现断尾现象。四是雨量充沛。山区年降雨量在1700—2000毫米之间，最高达2840.2毫米。且雨量集中，4至6月达960毫米，占全年降雨量的47%。降雨强度大，常为暴雨或大暴雨。

九疑山瑶族乡主要地表径流有母江河、荆江河，分别是潇水、泠水发源地，水资源十分丰富，境内建有九疑山电站、牛头江电站、三亩田电站等12座水电站，年发电量1.2亿千瓦小时，九疑山电站是全县规模最大的水利发电站。地下水多以自流井或承压井的形成流出地面。境内溪流纵横，森林繁茂，植被覆盖率高，含水性好，水源由大气降水补给，无污染源。

水田有黄泥土、沙质土、灰黄泥田。旱土有红土壤、黄土壤、黄壤、黄棕土壤。

九疑山瑶族乡地处南岭山脉萌渚岭山系九疑山山麓，地势东南高，西北低，海拔大部分300—800米，地貌山地丘陵兼之，耕地大部分在海拔300—500米的坡地、平地、谷地。山体较高、谷深、坡陡，多由变质岩、砂页岩、石灰岩及花岗岩组成。境内主要山脉有九嶷山、三分石、婆婆石、癞子山等，其中主峰畚箕窝海拔1959.2米，三分石海拔1822米。

九疑山瑶族乡共有8943户，34023人，其中瑶族8150人，苗族7人，壮族14人，布依族11人，侗族4人。瑶族占总人口的24.1%。

■经济发展 2017年生产总值79695万元，其中农业生产总值38290万元，工业总产值30856万元，社会消费零售总额10549万元。财政收入1500万元，农村居民人均可支配收入3460元。

2017年九疑山瑶族乡与联兴鞋业有限公司合作，在九疑山瑶族乡西湾村、新塘村、文武冲村建立扶贫车间。其中新塘扶贫车间现有机器20余台，工人30余人，解决贫困户就业人口12人，每天可完成600余双半成品鞋子；文武冲村扶贫车间现有机器20余台，工人26人，解决贫困户就业人口12人，每天可完成200双成品鞋子。

2017年全乡种植油菜4000多亩，蔬菜4000亩，绿肥2000亩，其他作物及水果种植1600亩，厚朴种植规划1.5万亩，冬种覆盖率达100%。其中，新塘村建立了宁远县长新水果种植专业合作社、宁远县新塘水产养殖专业合作社、宁远县佳合家禽养殖专业合作社3家新型扶贫合作经济组织，形成了100亩水果种植基地，50亩水产养殖基地和土鸡养殖基地，分别种植葡萄（提子）65亩、红心火龙果8亩、百香果25亩，2017年实现产值200万元。西湾村土地流转520亩，其中油菜种植420亩、“翠翡湖”荷花种植100亩，创收300万余元。全年发展年产500头的生猪大户2户、20头肉牛以上专业合作社3个、存栏50000羽的家禽大户1户、年出栏200头以上的藏香猪专业养殖合作社1个。全乡脐橙创收200万元，旅游业收入1000万余元。

■基础设施 2017年投资130余万元改造茶罗村、紫江村农村电网，投资810万元用于自来水工程建设。建公厕6座，垃圾焚烧炉3座，垃圾池12座，拆除空心房20余座，改造危房263座。修建机耕道3500余米，水渠8500千米，维修水渠2100余米，安装立杆路灯645盏，安装壁灯80盏。涉及21个村的土地整理项目投入资金3100多万元，项目建设已基本完工。全乡主要干道的改造、所有的建制村的通畅和25户以上的自然村通达工程；第二轮电网改造实现100%的户通电；投入600万元新建三分石、黄河两条光缆，攻克三分石和黄河两个通信盲区，实现通讯、村村响全覆盖。完成易地搬迁424户。西湾村被确立为市优秀小康示范村、美丽乡村示范村。新塘村正申报2017年的市级美丽乡村示范村，山河村正申报今年的县级美丽乡村示范村。2017年被评为“省级平安农机示范镇”“省级安全生产示范乡镇”。

■旅游服务 九疑山瑶族乡旅游资源十分丰富。素以其独特的自然风光，丰富的文物古迹、奇异的溶洞著称于世，是湖南省十大风景名胜区之一，九疑山国家森林公园、湖南省九嶷山地质公园所在地。主要风景和古迹有舜帝陵、紫霞岩、凤凰岩、三分石、古舜庙遗址、永福寺、黄家大屋、牛亚岭瑶寨及众多的名人题词石刻。每年来观光旅游、寻根祭祖游客达百万人次，带动全乡以瑶族农家乐为模式的服务第三产业发展。

■社会事业 辖区内现有学校4所，分别为九疑中心校、九疑完小、鲁观完小、麦地完小。1所公办幼儿园，有乡中心卫生院1所，分院2所，村组卫生室32家。村村配有垃圾池，有保洁员，实现了垃圾集中清运，集中填埋。

2017年，各村建有农家书屋，新增图书8500册，影像光碟3000套。成功举办第七届农民文化艺术节，西湾、新塘、太平等村举办村级文艺汇演。

全乡共有贫困村12个，其中2016年已脱贫1个，2017年其余11个贫困村全部退出。现有建档立卡贫困户8752户、2226人，其中2014年脱贫235户、1040人；2015年520户、2114人；2016年423户、1775人，2017年计划脱贫905户、3496人，还剩143户、327人未脱贫，贫困发生率0.96%。低保评议328户，666人享受低保，179人享受“五保”。2017年小额贷款发放2300万，危房改造272户，易地扶贫搬迁424户。2017年发展农村集体产业合作社22个，吸纳贫困户 4250 人，发放产业补贴资金 225.83 万元；贫困劳动力转移就业 3460 人，发放劳务交通补贴 274.67 万元；发放教育补贴 102 万元，2017 年入学率达 99.7%，实现全乡零辍学。

■名优特产 九疑山瑶族乡盛产香杉和斑竹，斑竹有紫黑、雪白、血红、绿色、黄色的，种类繁多，全国独有，堪称一绝。瑶家腊肉、清水河鱼、竹筒饭等声名远播。

■民俗风情 牛亚岭瑶寨民俗风情别具一格。有依山而建的吊脚楼、古朴淳厚的瑶家民风，奇异艳丽的民族服饰，能歌善舞的瑶家男女，上刀梯、坐歌堂等民族文化活动，“背新娘”的“女婚男嫁”和醇美溢香的“瓜箪酒”。九疑瑶族的服饰头巾无衬板，称“平顶瑶”，住高山峻岭中，故又称“高山瑶”。

（毛春花）

冷　水　镇

地域名片：西汉泠道古城。

■概况 辖区之泠道古城遗址位于冷水镇下胡家村西侧。镇域明清属永乐乡。民国初属东宁镇。1949 年 11 月 17 日宁远和平解放后属二区冷东乡。1958 年人民公社化时分别属下灌（东风）、石佳坪（五一）人民公社。1961 年属冷水区和太平区的云潭公社。1984 年 6 月改公社为乡。1995 年撤区并乡建冷水镇，由原冷水区所辖的冷水乡、上宜乡、东城乡和原太平区所辖的云潭乡合并而成。

2017 年全镇辖冷水铺、欧家、沙洞、海江、李铭远、百美、永和、匡家、毛家、锡海、下胡家、庄屋、隔江、东城新村、鸡公寨、夏壁、翟家福、舜联、培泽、高壁、神下、山脚、琴棋、上毛家、骆家、新骆家、三联、上宜、中元、云潭、玉屏新村、奉佳山、旺溪、盘市、新张家、梅翠、贺家、大陂岭、毛坪头等 39 个行政村。

地处宁远县境东部，东与蓝山县楠市镇相邻，南与湾井镇接壤，西与东溪街道、水市镇为界，北与禾亭镇、太平镇毗连。全镇共 19237 户，76266 人。境内交通十分便捷，省道 1806 线、永连公路、九嶷大道、二广高速、厦蓉高速及宁嘉公路穿境而过。位于北纬 25°28′56″—25°38′07″，东经 111°58′12″—112°11′28″。冷水镇距县城 11 公里，因驻地冷水铺自然村得名。东西最大距离 20 千米，南北最大距离 10 千米，辖区总面积 195 平方公里，耕地面积 38436 亩，其中水田 29467 亩，旱地 8969 亩。

冷水镇属南岭山脉，镇内以丘岗山地为主，地形复杂，地形东西长南北窄，山势连绵起伏，高峰迭起。地面高程一般在海拔 218—652 米，境内最高峰雾云山海拔 652 米，最低点下岭村海拔 218 米。

境内泠江河从湾井镇流入，境内河道长 19.2 千米。境内有大小水库 11 座，地下水资源丰富。有石灰石、花岗岩石，锡海村有焦煤矿资源，零星铁矿石。山林资源丰富，境内有雾云山林场，林区面积 14000 公顷。

■经济发展 2017 年冷水镇完成财政总收入 2557 万元，总支出 2523 万元，收支基本平衡；完成社会抚养费征收 200 万元。农民人均纯收入达到 5822 元。

全镇主要农作物、畜牧业保持平稳态势。大力发展区域种植和连片种植，严格保护耕地，稳定粮食播种面积，2017 年全镇早稻种植面积达 8000 余亩，与上年同期基本持平，二季稻种植 16000 余亩，比上年同期增长 11.2%。水果低改 3000 亩、新扩果园沃柑种植面积 3000 亩，蔬菜种植 21000 亩。全年出栏肉猪达 13000 头，牛、羊、家禽出栏数与上年基本持平。积极推进与温氏集团、正邦养殖、嘉禾公司合作的标准化养殖场 5 个。加大科技兴烟力度，不断提升烟叶品质；落实各项优惠政策，提高服务质量和水平，全力推进烟叶产业再上台阶。2017年完成烤烟烟叶收购任务1.1万担。实际种植面积5800亩，收购烟叶1.54433万担，超额完成4400担，在全县超任务的乡镇中排首位。

2017年依法依规清收不良贷款本息共计70余万元。

■基础设施 2017年，冷水镇完成社会固定资产投资3.5亿元。金钩挂水库工程是由国家烟草总局投资修建的烟草水源性项目，总投资2.17亿元，是宁远县水利一号工程。2014年3月26日开工建设，大坝于2017年9月顺利封顶，已经进行蓄水工作。鸿泰混凝土搅拌场建设投资2560万元。液化石油气站建设投资1800万元。蓝宁驾校建设投资2400万元等项目已经投入使用。桃花源农庄建设投资2400万元已完成一半工程量。投资20个亿、用地4000亩的红狮环保建材产业园落户冷水李铭远村。

■社会事业 2017年，冷水中心幼儿园东城分校建成完工，举办孔子像落成大典。每月镇政府协同多个部门进行联合执法，开展中小学校校园周边环境治理行动，确保学校周边环境安全，为中小学生安全保驾护航。5月初，成立“九一”校车公司，负责运营全镇中小学校车，解决中小学生上下学的接送问题。10月，镇党委在冷水中学举办第33个教师节表彰大会，表彰一批优秀教育工作者和学生，有效推动冷水镇教育事业的发展。10月，黄永英副县长到镇调研，发现小孩入园难的问题，经县委同意批准，在冷水镇云潭办事处新建一所公办幼儿园，缓解幼儿入园难的问题。同时镇党委牵头开展控辍保学行动，行政村负责人、学校领导老师、家长一起参与行动中来，三方签订控辍保学责任书，严格落实“三定三包”（定人员、定村庄、定对象，包动员、包入学、包巩固）责任制，确保适龄儿童人人入学的良好局面。

每周五全镇开展卫生大扫除工作，每月39个行政村进行卫生评比，在全镇营造良好的爱护环境卫生氛围，提高了群众爱护环境清洁卫生的意识。镇财政投入70万元在五马广场进行提质改造，在国庆中秋节之前已经改造完成，为祭舜大典的顺利进行提供重要保障。加大对泠江河的治理和保护，在全镇4.7公里流域的地方都安排水面垃圾保洁员，购买2艘打捞船在五马至东溪唐家村段经常性保洁，并对此段河流进行河道疏浚，清除河道两旁的杂草，确保泠江河水源的干净清洁。

2017年全镇共发放农业低保资金372.2435万元、五保供养资金131.5095万元、发放退伍军人优抚款181.2502万元、发放临时救助19.8850万元。

■扶贫工作 全镇2017年脱贫人口1028户、4035人。全镇危房改造87户、377人，现已全面动工或完工。易地扶贫搬迁2017年完成146户、626人：县城集中安置49户、222人，乡镇集中安置22户、78人，乡镇自主分散安置119户、497人。医疗救助154人，涉及医疗补助33万元。社会保障兜底146户、312人，已全部纳入保障体系。开展教育脱贫工作，1163名在校学生享受教育助学补助。推进建档立卡贫困户劳务输出工作，按照时间节点，劳务交通补贴四季度发放1584100元。加大对贫困村的基础设施建设，投入126万元修建三联村大罗伏、千家窝自然村通畅公路；投入51万元修建神下社区至长冲村的通村组道路；投入40万元修建梅翠村通云潭办事处道路；投入70万元修建山脚村的产业基地道路；投入188万元修建水库大坝至永连公路的水泥路；投入127万元修建甘石坝自然村至宁远东高速路口连接线。对7个贫困村，及全镇中高山区饮水困难村组实施安全饮水工程；在水利、亮化等基础设施建设中投入361.6万元进行修缮。全镇7个贫困村共成立合作社 14 个，建档立卡贫困户参加贫困村合作社人数 2212 人，全镇发放合作社产业扶贫资金 239.44 万元，用于发展产业解决长效脱贫造血功能。其中山脚油茶种植合作社、云东海蔬菜种植合作社等本土企业和合作社，通过土地、山林流转、劳务用工等方式，帮扶贫困户 81 户、293 人。立足烤烟生产，引导贫困户土地流转 1200 余亩、劳务用工 460 个；引进葡萄种植，解决贫困户家门口务工 65 人。养殖大户李来新等 9 人通过传授养殖技术、劳务用工，帮扶贫困户 26 户、103 人。全镇所有非贫困村贫困户均采取分散种养方式发展产业，涉及贫困户 4387 人，发放产业帮扶资金 303.04 万元。

（李旭辉）

太　平　镇

地域名片：现代特色农业一园三区。

■概况　太平镇位于宁远县东部，距县城 26 公里。东与郴州市嘉禾县交界，南与蓝山县接壤、西与禾亭镇、冷水镇毗邻、北与新田县、保安镇相连。镇政府驻太平村，镇沿用驻地名。全镇总面积 161 平方公里，耕地面积 3387 公顷。水田面积 2.7 万亩，旱土面积 1.12 万亩，山林面积 8.8 万亩。

境内地形以中部太平及东面的岭头源地势较高，缓缓向四周倾斜，以丘陵山地为主。最高峰位于竹峰村的竹子峰，海拔 443 米。

因中间高、四周低独特的地形境内无大的河流经过，历史上以干旱闻名，别名“火烧圩”，是有名的干旱大镇，水资源缺乏。

属亚热带季风湿润气候，其特点是四季分明，春夏多雨，夏秋凉爽，秋季干旱，冬季多雪冰冻，日照时间长，年均日照约 1650 小时，年均气温约 18.4 摄氏度。

土壤类型多样，主要有黄色石灰土，黄壤性土、石灰性紫色土等土类。

明清属中和乡。民国初属东宁镇。1949 年 11 月 17 日宁远和平解放后，属三区东屏乡、广济乡。1958 年人民公社化时属太平（星火）、下坠（上游）人民公社；1961 年体制调整属太平区的太平公社、岭头源公社、白土公社、下坠公社；1984 年 6 月，全县实行乡、村建置，以公社建乡，以大队建村，以生产队建立村民小组。太平区辖岭头源、太平、白土、下坠、云潭、保安 6 个乡。1995 年撤区并乡建镇，太平区撤并为太平镇，由原太平乡、岭头源乡、下坠乡、白土乡合并而成。原云潭划为冷水镇管辖，原保安乡与禾亭区的中心铺乡合并为今保安镇。

2015 年开始区划调整后，太平镇所辖 53 个村调整为一个社区、30 个建制村：太平社区、白土村、张公井村、竹峰村、新佳洞村、九十四村、野鸭塘村、宁佳洞村、骆全村、单营村、坪下村、神旺村、塘璧村、紫云村、土桥头村、五里坪村、夏堂村、清潭谢家村、新沙桥村、留佳位村、岭头源村、毛坪头村、排楼下村、清水岭村、上下留村、石门山村、水便村、湾田洞村、夏千七村、杨家坪村、坪石头村。

全镇共有 17827 户，总人口 71133 余人。境内民族为汉族，无少数民族杂居。

■党建引领　2017 年，共举办两期入党积极分子和发展对象培训班，培训入党积极分子 45 人发展对象 31 人。对参加培训的入党积极分子和发展对象进行了训后考试，合格的 70 人，不合格的 6 人，镇党委对合格的 25 名拟发展为预备党员的发展对象进行预审。抓实载体，激发组织活力。积极创新活动载体，在全镇党组织深入开展党员“亮身份、树形象”活动，每户党员家门口都挂上“党员之家”的牌子，向群众亮明身份，做出承诺，接受群众监督。在镇机关党支部实行党员挂牌上岗，微笑服务，设立“党员示范岗”，营造比学赶超的浓厚氛围。在脱贫攻坚工作中，一大批农村党员带头结对帮扶贫困户，带领贫困户共同致富，发挥先锋模范作用。

从严从实推进“两委”换届。严把程序、人选、维稳、纪律四道关口，顺利完成村“两委”换届。开展“六个回头看”，对财务清理、人选提名、选举程序等存在的问题进行全面排查。同时，采取“镇党委成员包片、中心片组长、驻地干部包村”的办法，对5起矛盾纠纷开展集中处置行动，着力化解合并村的遗留矛盾和问题。通过换届，共消化村干部80余名，占33%。基本实现每村有女干部，35岁左右干部的村达100%，干部平均年龄比上届年轻5岁，村级干部队伍进一步优化。狠抓规范管理。严格按照《宁远县村干部执行力考核办法》，对全镇241名在职村干部2016年度工作进行精细化考核，14名评为不称职的在2017年“两委”换届中取消候选人资格。全面落实党员积分管理和民主评议党员制度。坚持正风肃纪，从严查处优亲厚友、以权谋私等侵害群众利益案件6件6人，清退违纪资金14400元，警告处分1人，行政记过1人，开除党籍1人，留党察看1人，党内警告1人，党内严重警告1人，在村“两委”换届中4人被审查出局。任前谈话120余人，例行廉政谈话20余人，诫勉谈话3人，下发作风通报16期通报45人次。

■脱贫攻坚 全镇共成立30个扶贫工作队，其中县里派驻扶贫队9个，市里派驻扶贫队1个，镇里派驻扶贫队20个，共有帮扶单位15个，县级领导10人。

2017年，完成四类人员清理611户、2421人；户漏人增加2474人，减少1661人，新增识别建档立卡贫困户178户、517人。2017年因病返贫30户85人。“十三五”易地搬迁由原来的941人调减为865人。2016年已完成分散安置6户16人，2017年完成搬迁任务849人。五里坪村易地扶贫集中安置点现已全部完成房屋的主体工程，内外装修已完成，园内道路基础设施建设也已基本完工，自来水工程建设完毕，已经全面完工交房，该安置点安置贫困户59户、262人。坪下村的章家自然村和城盘岭的大山洞自然村分别建设两个小集中安置点，已完成大部分主体工程。两个点分别安置易地搬迁对象14户、51人，19户、87人。全镇已确认易地扶贫搬迁对象207户、849人，其中县城集中安置22户、115人，分散安置124户、493人，乡镇集中安置61户、241人。建档立卡贫困户中有260户、1013人实施危房改造。

2017年全镇共有308户、1239人享受了危房改造资共计1071.92万元。

全镇共成立30个农村合作经济组织，拨付到户产业扶贫资金981.62万元，拨付到合作社产业帮扶资金264.415万元；下发交通补贴198.33万元；发放贫困户分散种养资金补贴273.585万元；对贫困户发放教育补贴114.525万元，新农合补贴44.956万元；共有72户193名建档立卡贫困户享受生态扶贫补贴资金，每人每年1000元；全年共发放小额信贷445万元，其中贫困户贷款44户、257万元，入股村集体经济50户、188万元。收县拨住院增补资金274530.07元，已发放274530.07元，发放率为100%。

10个贫困村成立11个新型农业产业合作社，对接建档立卡贫困户636户1862人，21个非贫困村成立19个新型农业产业合作社，对接建档立卡贫困户753户、2371人。10个贫困村均获得10万元的产业发展奖励资金，用于村集体经济入股合作社；非贫困村按相应奖励标准都获得一定产业发展奖励资金。10个贫困村共发放小额信贷188万元用于入股村集体经济。贫困村在因地制宜发展产业壮大村集体经济。上下留村与温氏集团合作发展生猪养殖，流转土地种植淮山和葛根，每年为村集体经济创收 18 万元；夏堂村、坪下村与嘉禾公司合作发展生猪养殖；野鸭塘村兴办铝合金加工厂，每年为村创收集体经济 3 万元，2017 年为合作社创纯收入 20 多万元；五里坪村流转土地 1500 亩引进企业种植百香果和小籽花生；土桥头村发展黄花菜种植园；白土村油茶种植；单营村发展养鱼产业；新沙桥村的湖南博沣生态农业有限公司的养牛基地、清潭谢家种植沃柑 200 亩等特色产业。全镇 10 个贫困村共建一个光伏发电站，确保每个贫困村一年光伏发电分红达到 4 万元以上，兜底贫困户每年 2000 元的收入。

2017 年贫困村基础设施建设力度大、进展快。道路交通基础设施 22 条通村公路实行加宽，建设资金 599.49 万元；新建通畅公路 8 条，建设资金 451.4 万元。对 10 个贫困村开展环境治理，共投入资金 66.73 万元。对土桥头村和清潭谢家村的两所村小教学点进行维修改造，共投入资金 43 万。野鸭塘村小型水利设施项目投入资金 27.39 万元，五里坪村投入 50 万元。为白土等 10 个贫困村安装电视“户户通”480 余套；为白土、清潭谢家、五里坪、坪下、野鸭塘、夏堂、单营等七个村安装路灯，各投入 10 万元。解决白土、单营、新沙桥、野鸭塘、坪下、清潭谢家、夏堂、土桥头等 8 个贫困村安全饮水问题，共投入资金 977.36 万元。在 10 个贫困村开展环境整治，兴建 7 个垃圾焚烧炉，加大改水改厕力度，投入 27 万元兴建垃圾池。

市里于 12 月 5 日对该镇五里坪村、白土村两个村进行了实地核查，省里于 12 月 15 日实地检查和第三方评估该镇坪下村和上下留村，四个村都通过考核后圆满验收，为全县脱贫攻坚工作做出了贡献。

■现代农业一园三区 建设太平镇 2017 年规划并启动建设现代农业科技产业园，按“一园三区”进行规划建设：以上下留为中心的万亩果蔬种植示范区。涉及上下留、新沙桥、神旺、留佳位、清潭谢家、坪石头 6 个村，人口 13000 余人，其中贫困户 422 户、1687 人。主要是以上下留村、新沙桥村、神旺村等村为中心进行规划建设，目前已流转土地 1.2 万亩。在园区内已建设有全国农民专业合作社示范社鑫农淮山种植基地（主要种植淮山 1600 亩、葛根 1600 亩、紫红薯 1000 亩、沃柑 800 亩）、湖南博沣生态农业有限公司（主要是养殖西门塔耳牛）、上下留村种养专业合作社（主要是与温氏合作养猪，年出栏 2000 头）、建成“留佳味”西瓜种植专业合作社（种植“留佳味”西瓜 1000 亩）、安格斯养殖合作社（主要是养殖安格斯牛）、宁远兴发烤烟专业合作社（种植烤烟 900 亩）、大三湘油茶种植公司种植油茶 2000 亩油茶、800 亩槐米药材种植基地、200 亩花卉苗木基地、新塘下和上下留两座小（二）生态垂钓中心，规划在这些基地中发展农业休闲旅游及林下经济，种植一些四季水果和建设乡村休闲体验餐厅，让来客亲自种植、收采、抓捕、钓鱼等休闲娱乐活动，形成旅游产业链，把上下留村打造成市级美丽乡村示范村，促进全镇休闲旅游的发展。以白土为中心的万亩油茶种植示范区。这个区主要涉及白土、单营两个村，人口 4000 人，其中贫困人口 720 人、181 户。区内有国锋、强农、挺进、群幸四家油茶种植专业合作社。以毛坪头、宁佳洞为中心的下坠万亩互叶百千层药材种植示范区。这个区主要以市级龙头企业宁远兴泰种植有限责任公司种植澳大利亚茶树互叶百千层药材为主，目前已流转土地到公司 1.3 万亩，已种植互叶百千层药材 6500 亩。这个区共涉及到毛坪头、宁佳洞、坪石头、清水岭、杨家坪、紫云、九十四七个村，共有人口 11643 人，其中贫困人口 411 户、1618 人。通过“一园三区”的建设，解决劳动力就业近

1200余人，以公司（合作社、基地）+农户的方式进行分红，帮扶贫困人口1500余人脱贫。

■**经济发展** 太平镇有太平集市、岭头源集市和下坠集市。交易商品有食品、服装、家具、家用电器等。全镇个体户1848户，从业人员3450人；餐饮服务行业12家，从业人员36人。2017年转移输出人数31743人，劳务收入约占全镇总收入的61%。辖区内有兴泰农业发展有限公司、香满园生态农业发展有限公司、湖南博沣生态农业有限公司、永州市大三湘油茶科技公司、宁远县湘锋山油茶有限公司、宁远县豪杰农业发展有限公司、力源搅拌站、宁远县惠群建材有限公司公司等10家公司，宁远县兴群种养专业合作社、国锋油茶专业合作社、挺进油茶专业合作社、鑫农淮山种植专业合作社、宁远县粑粑岭养猪专业合作社等50家合作社。

■**基础设施** 投入977万余元解决新沙桥、白土等10个村的安全饮水工程。岭头源、新沙桥、坪下、新佳洞、神旺、水便、清潭谢家、汪田洞八个村的3500亩国土开发项目得到实施。湖南博沣农业科技园养牛项目已投入1000万元建设牛栏等设施。投资600万元完成太平至岭头源的县道硬化，从原来的6米宽路面扩展到7米宽。投入1167万元对10个贫困村31条道路进行扩宽提质改造。全面完成五里坪集中安置点的建设工程。大部分易地扶贫搬迁户已经入住。全镇2017年投入1740万元新建村级综合服务平台16个，改扩建7个。投入1300万元对夏堂、野鸭塘、清潭谢家、单营、白土、五里坪6个贫困村乡村风貌亮化工作，安装路灯550个。投入20余万元对五里坪至太平、清潭谢家至下坠、下坠市场等地安装路灯。投入43万元对清潭谢家等两所村小教学点进行维修改造。投资245.6万元新建8座焚烧炉，对于无害化处理日常生活垃圾起到积极的作用。投资27.6万元新建垃圾池92个。投资184万元对51个村的2300户进行改厕。

■**社会事业** 太平镇有中学3所，完小4所，村小22所，中心幼儿园1所。民办幼儿园有希望幼儿园、哆唻咪幼儿园、爱贝幼儿园、岭头源幼儿园、谢家幼儿园、杨家坪幼儿园、下坠幼儿园。在职教师328人，其中初中教师92人，在职小学教师205人，幼师及保育员28名。

2017年太平镇文化广场项目已经通过审批。每个行政村有文化活动中心。镇政府每年举办农民艺术节，塘壁村、上下留村还举办较高水平的村级联欢晚会。每个行政村均有农家书屋，并配一名农家书屋管理员，村村响系统，每个行政村安装村村响广播主机和分机，村民能及时收听到各种资讯。政府主导安装户户通卫星电视接收器480台，方便村民接收各种视听新闻信息。31个村配备标准篮球架，洪洞村、岭璧洞村有灯光球场。2017年自发举办篮球、羽毛球、乒乓球、拔河等体育竞赛。

太平镇有各级医疗卫生机构49个，其中太平镇中心卫生院1所，村卫生室48个。床位40张。卫生院从业人员41人，其中卫生技术人员32人，执业医师4人，护士14人。

（房辉胜）

保　安　镇

地域名片：学运领袖唐鉴故里。

■**概况** 保安镇因镇政府驻地位于保安村而得名。1949年11月17日，宁远和平解放后属三区广济乡；明清属广济乡。民国初属广济镇。1958年，人民公社化时属保安（飞跃）、禾亭（卫星）人民公社；1961年，体制调整属太平区保安公社、禾亭区中心铺公社；1984年公社改乡；1995年，撤区并乡建保安乡，由原太平区保安乡与原禾亭区中心铺乡合并设立；2014年11月，经湖南省民政厅批准，撤销保安乡设立保安镇，行政区域和镇政府驻地不变。

2015年开始并村改革后，将原35个行政村合并为19个行政村，即保安、李亥、坪石、许家、李宅相、鲤塘、李巳、古溪、中心铺、红星、义重、坦头岩、汉下、石坝、黄土岭、三合、朱日、北阳、光明等19个村。

位于北纬25°41′13″—25°47′20″，东经112°1′44″—112°9′65″，总面积70.3平方千米。地处宁远县东北部，东与新田县十字镇、金盆圩乡交界，南与太平镇、禾亭镇相连，西靠仁和镇，北邻柏家坪镇、鲤溪镇。镇人民政府驻保安村，距宁远县城23公里。

2017年年末，辖区总人口34073人，其中常住人口20817人，流动人口13256人。总人口中，男性18512，占54.33%，女性15561，占45.67%；14岁以下6684，占19.67%；15—64岁24204人，占71.03%；65周岁以上3185，占9.34%。2016年人口出生率12‰，死亡率6.9‰，人口自然增长率5.1‰。

地形地貌境内大部为丘陵，地势为东高西低、北高南低，地面高程一般在海拔300—500米，最高点仙姑岩海拔605.8米，最低点老屋山村前坪子海拔240.6米。

属中亚热带季风湿润性气候区，其特点是夏冬长，春秋短，四季分明；光照充足，年温高，积温多；冬无严寒，夏季炎热，雨季分明，夏秋多旱。多年平均气温18.4℃，无霜期年平均351天，年平均日照时数1583小时，年平均降水量724.3毫米。

境内属春河（寒塘河）水系，有其支流两条，其中保安段河道长10千米，中心铺段河道长8千米。全镇有小（一）型水库2座，小（二）型水库3座，大小山塘1529口。

境内矿产资源主要为玄武岩，地质储量35万立方米，可采储量为3.5万立方米，集中分布在中心铺村。地下水资源可利用量为146.8万立方米。

■经济发展 2017年完成固定资产投资2.22亿元；财政总收入1580万元。农村人平纯收入4327元，增长10.2%。烤烟创收800余万元。

2017年种植早中晚稻29000亩，产粮1.36万吨。种植烤烟3500亩收购烟叶6600担，烟农增收800余万元。造林2630亩，通道造林29千米。

2017年有砖厂3家，石灰岩采石场3个，沥青搅拌公司一家，其中2000万元以上企业2家，1000万—2000万元的企业3家。

2017年有商业网点281个，职工562人；全年社会商品零售总额12206万元；城乡集贸市场2个，年成交额810万元。

2017年劳务输出劳动力转移1万余人，创收2亿多元。完成新增劳动力就业400人。

■基础设施 投资1600多万元的保安经黄土岭至中心铺的道路拓宽改造正在实施，将极大缩短撤区并乡后保安的时空距离。12个村的农村综合服务平台建设有序推进；投资8600万元的温氏种猪科技有限公司12月底投产达效，是全县唯一完成的温氏项目；中心幼儿园项目建设进展顺利。维修农田水利12处，除险加固水库3个，整修骨干塘26口，3座小（二）型水库除险加固全面完工，实施安全饮水工程中心村庄全覆盖。卫生院搬迁完成选址和用地调规，并完成征地前期相关工作，力争2018年开工建成。高速出口绿岛建设与县直相关部门拿出初步方案。湿地公园完成选址。在二广高速、宁新公路沿线村庄开展居民风貌改造和“五化”行动，改造房屋210座。安装立杆式路灯310盏、简易式路灯138盏，村级绿化率达到50%以上，被评为2017年市“卫生乡镇”。

■社会事业 2017中心铺学校综合楼、鲤塘小学、黄土岭学校改造全面完工，新增学位100个。全镇有幼儿园4所，在园幼儿472人，专任教师19人；小学17所，在校学生1786人，专任教师86人，入学率100%；中学1所，在校学生558人，专任教师61人，入学率、义务教育覆盖率均达100%。

2017年完成镇综合文化站标准化建设，实现免费开放。加强村级文化阵地建设，建成19个村文化活动室，32个村级文化广场，组建18个文艺宣传队，农家书屋实现全覆盖。新增篮球场2个、体育健身器材5套，义重村村民朱巧玲勇夺世锦赛举重冠军。完善镇、村广播站建设。完成“村村响”小喇叭建设42套，实现“村村通”用户600余户，有效电视用户8000余户，群众收看广播电视基本权益得到有效保障，新接网络通信4个村。

保安镇有各级卫生机构32个，床位75张，固定资产总值684万元。专业卫生员52人，其中执业医师2人，执业助理医师10人，注册护士1人。

2017年完成新增和转移劳动力就业400人。贫困村基础设施大为改善。完成小额扶贫贷款2278万元，带动592户贫困户发展；易地扶贫搬迁安置点建成。全年脱贫2184人。城乡居民基本医疗参保率90%以上。

（聂余芳）

禾　亭　镇

地域名片：九疑何侯留连处，九疑山兔培源乡。

■概况　明清属广济乡。民国初，属广济镇。1949年11月17日宁远和平解放后属三区广济乡；继1953年设立城关镇后，同年3月2日建立禾亭镇，1955年并入禾亭乡；1958年人民公社化时属禾亭（卫星）人民公社；1961年体制调整属禾亭区禾亭公社、琵琶公社；1984年公社改乡；1986年禾亭乡改禾亭镇，仍属禾亭区；1995年撤区并乡建镇，原禾亭区禾亭镇、琵琶乡合并建禾亭镇。2014年12月，原属禾亭镇的野鹿岗、鸡公岭村划归文庙街道，现属东溪街道。

镇政府驻禾亭社区，2015年开始并村改革后，辖2个社区，23个村，禾亭社区、朝阳社区、新天村、新柏家村、王朝印村、黄湘村、龙岗村、和谐村、白土村、新烟竹村、蒋家塘村、双龙形村、东垦村、幸福村、大畴村、富村、老柏家村、尹家村、琵琶岗村、小桃源村、长江头村、祖元福村、团结村、大邦村、石城村。

禾亭镇位于宁远县中部，距离县城13公里，东临太平镇，南接冷水镇，西界仁和镇，北邻保安镇，S323省道穿境而过，又是宁新线、宁嘉线交汇处。全镇总面积87平方公里。

至2017年年底，禾亭镇共有11085户，总人口46426人，其中常住人口33277人。

禾亭镇地处湘南山区、丘陵地带，境内东、南面为山地和丘陵，西、北面为低矮山丘。

禾亭镇属中亚热带季风湿润区气候，四季分明，雨热同季，光照充足。大气降水为禾亭地表径流主要来源，春季干旱多风，夏季雨量集中，秋季温和凉爽，冬季干冷少雪。全年平均气温15.9度，1月平均气温10.9度；7月平均气温26.9度，极端最高气温41.1度。平均气温年较差21.1度，生长期年平均295天，无霜期年平均276天，最长318天，最短216天。年平均日照时数1565.3小时，年总辐射97.8千卡/平方厘米。年平均降水量1668毫米。

自然资源丰富，森林覆盖率74%，林地面积11万余亩，其他农用地110亩。投资36万，在宁嘉、宁新公路和二广高速裸露山地新造和补植补造3445亩，宁太路种植桤木5.5公里，宁新公路沿线种植桤木11.5公里。2016年被评为“湖南省生态镇”。2017年完成宁嘉公路可视范围大邦、新田脚，二广高速可视范围富村、石城，宁新公路可视范围新柏家、周家一带的绿化。

■经济发展 2017年生产总值86752万元，其中农业生产总值32380万元，工业总产值39802万元，社会消费零售总额14570万元。财政收入832万元，农村居民人均可支配收入9600元。

2017年禾亭镇与联兴鞋业有限公司合作，在禾亭社区刘家网格、富村建立扶贫车间。其中刘家网格扶贫车间现有机器56余台，工人60余人，解决贫困户就业人口22人，每天可完成1000余双半成品鞋子；富村扶贫车间现有机器20余台，工人56人，解决贫困户就业人口38人，每天可完成360双成品鞋。

2017年完成烤烟种植5200亩，烤烟税收139万元。琵琶岗村利用本村荒山，流转山岭种植了1000多亩优质油茶；团结和富村利用本村林地，成立养猪合作社；同时与九嶷红薯、九嶷山兔、温氏养猪3家成熟企业合作，种植红薯5000余亩、兴建兔场3个年出笼3万余只、兴办养猪场3个年出笼1500余头。

2017年新增规模以上工业1个，即宁远华创粉体材料有限公司。

2017年禾亭镇商贸服务业有禾亭和琵琶两个市场、门面180余个，摊位560余个。2017年镇域新开酒店、农家乐10家，大型超市1家。全镇全年商贸交易额1亿多元。

2017年投资650余万元改造禾亭社区大谷网格、大邦村、大畴村、团结村农村电网，投资479万元用于自来水工程建设。建幸福之家14套，公厕8座，垃圾池46座，拆除空心房210余座，改造危房271座。修建机耕道1500余米，水渠15.3千米，维修水渠1500余米，安装立杆路灯260余盏，村组道路窄路加宽22.6公里，畅通自然村道路13.62公里，接通村内断头路1.2公里；日处理达1000吨的污水处理站，已于2017年6月23日正式开工建设，涉及10村，受益人口达1.2万人。涉及27个村（合并前）的土地整理项目投入资金4000多万元，项目建设已基本完工。辐射6个乡镇的中心法庭已完成调规、勘测、征地工作，小城镇开发积极推进。2017年被评为"省级平安农机示范镇"。

■社会事业 2017年在各村实行网格化管理，提高了为民办事的工作效率。辖区内现有学校3所，分别为禾亭中学、禾亭完小、由原琵琶完小、琵琶中学机构改革合并成的琵琶学校。另有3所村片小学，1所公办幼儿园。有教师191人，其中中学教师56人，小学教师119人，幼儿教师16人。学生3232人。初中生724人，小学生2174人，中心幼儿园334人。

2017年农家书屋新增图书7500册，影像光碟2500套。成功举办第六届农民文化艺术节，东垦、黄湘、琵琶岗等村举办村级文艺汇演。五一期间，琵琶岗村举行大型文化活动，湖南经视现场拍摄，助燃旅游升温，期间接待游客3万余人。全镇25个行政村（社区）均建有篮球场。精神文明创建活动积极开展，成功创建市级文明镇。

全镇有中心卫生院一所，有职工49人，其中主治医师3人，医师12人，检验师2人，X线医师2人，B超医师2人，床位40个，行政村均有卫生室。是年举行5·29计生协暨公共卫生宣传服务日活动。

全镇共有贫困村10个，其中2016年已脱贫4个，2017年其余6个贫困村全部退出。现有建档立卡贫困户1622户、5719人，其中2014年已脱贫204户、723人；2015年293户、1067人；2016年316户、1292人，2017年计划脱贫570户、2111人，还剩239户、526人未脱贫（其中因灾、因病返贫34户，90人），贫困发生率1.18%。2017年小额贷款发放146户，730万，危房改造177户501人，易地扶贫搬迁已完成"十三五"总任务，共807人。2017年发展农村集体产业合作社26个，吸纳贫困户3880人，发放产业补贴资金503.59万元；贫困劳动力转移就业1795人，发放劳务交通补贴117万元；发放教育补贴76.0625万元。

名优特产禾亭水粉、红薯干、肉兔等名声远播，其中“九嶷山兔”荣获永州市产业结构调整先进品牌称号。

（李九清　夏帅）

仁　和　镇

地域名片：烤烟名镇，春岸樟林。

■概况　明清属广济乡。民国属广济镇。1949年11月17日宁远和平解放后属三区广济乡；。1958年人民公社化时属禾亭（卫星）人民公社；1961年属禾亭区仁和公社、李家铺公社；1984年公社改乡；1995年撤禾亭区将仁和乡和李家铺乡合并组建仁和镇。镇沿用驻地仁和自然地名。

镇政府驻仁和兴村，辖仁和兴村、永兴村、黄家洞村、鲤鱼塘村、双全岩村、陈安村、尹家洞村、春水村、铜钢苑村、李家铺新村、白马村、社高丰村、冯石村、大石洞村、冯环村、建兴村16个行政村。

仁和镇位于宁远县境中部，离县城10公里。地处北纬25°11′—26°08′，东经110°42′—112°27′之间。东靠禾亭镇、保安镇，南连文庙街道，西接中和镇、棉花坪瑶族乡，北邻柏家坪镇。全镇总面积84平方公里，耕地1245.5公顷。

仁和镇属亚热带季风湿润区，气候温暖，雨量丰沛。年均气温18.4℃，极端最高气温38.2℃，极端最低气温-2℃，年平均降雨量1422毫米。年均日照1650小时，年均相对湿度79%。

仁和镇处于南岭有色金属成矿带北部。矿产资源品种多、矿点多、规模小，共（伴）生、低品位，暂难利用的矿多，如钨、锡、铜、铅锌、钒等共（伴）生、品位较低，尚难开发利用，已开发利用的矿产主要有水泥灰岩、砖瓦粘土等。

舂陵河和永兴河流经境内，有仁和坝中型水利工程，小（二）型水库3座，灌溉极为便利。仁和坝位于镇北3公里处的铜岗脚和谷木洞两村之间，地处舂水中游的塘前口。1956年10月动工，次年7月大坝落成。属圬工重力坝型，坝高15.2米，长110米，底宽60米。控制集雨面积700平方公里，流量3立方米/秒。装机容量175千瓦，可送电至县城，灌溉面积2300公顷。左干渠长19.2公里，右干渠长8公里，主要受益地为仁和镇、县城文庙街道。

全镇总人口32773人，镇区常住8000余人。其中农业人口4800余人，非农业人口3200余人。民族以汉族为主。

■经济发展　2017年仁和镇完成固定资产投资25800万元，实现地方生产总值34000万元，年财政收入1450万元，其中烤烟产值3300万元。

2017年，仁和镇找准烤烟生产面积短板，新增烤烟种植面积700亩。收购烤烟21800担。优质稻种植12000亩。蔬菜种植，引进专业种植大户，发挥蔬菜合作社的带动作用。社福山、下徐家、鲤鱼塘村形成1000亩规模标准化无公害蔬菜生产基地。林业产业新发展，黄家洞村引进大户投资300万元新种植美国甜橙1000亩；陈安、岩口洞、古坪等村为中心的1500亩花卉苗木基地已成型运营，新增社高丰油茶基地1000亩。投资2000万元在仁和兴村新建湿地公园，征地工作进展顺利。引进投资3000万元的全省第二大养蛇基地裕龙养殖项目落户李家铺村。

2017年仁和镇有红砖厂、彩石场、彩灯加工厂、塑料厂、轧钢厂等10余家企业。

■基础设施　投资300万元的冯石、白马垃圾焚烧场投入使用。仁和、刘安仲村的背街小巷道路硬化16公里。国土整理项目全部完工。李家铺等农田水利设施项目、小（二）型水库除险加固工程全部完工，共完成五小水利12处，基耕道8000米，高家、冯石等村饮水安全工程全部完工，8000多村民喝上安全、卫生的自来水。城北水厂取水点建设已经完工，管网铺设进展顺利。仁和坝水库左干渠维修工程全面启动。仁和完小食堂综合楼和周转房建设已验收达标并投入使用；牛尾塘安置点全县率先分房到户。黄家洞、高家等村完成道路加宽工程，永兴、建兴等村整治干渠2.1公里、支渠1.5公里。完成危房改造210座、安装路灯360盏。

■社会事业 仁和镇有中学1所、在校学生648人，教职工56人。完全小学2所，在校学生1583人。适龄儿童入学率达100%，初级中等教育完成率95%以上。李家铺完小合格学校顺利通过验收，加上原已建成农村合格学校的仁和中心校、仁和完小和仁和中心幼儿园，已形成从学前教育到义务教育全覆盖的教育系统。

文化设施不断完善，建成村级图书室16个，完成村村响工程16个，新建村级活动中心3处，建立村级乐队、舞蹈队3支；新建村级篮球场5个。

仁和卫生院医技大院投入使用，医疗卫生条件大幅改善，卫生防疫扎实有效，新型农村合作医疗稳步开展，农民参合率达99%；新型农村养老保险覆盖率达80%。建成村级卫生室32个。

建档立卡人口总数842户3000人（其中：整户新纳入114户268人、人口自然增加纳入425人，四类人员清理65户259人、人口自然减少224人）。至2016年年底已脱贫382户、1655人，2017年年底退出贫困村2个，脱贫323户、1075人，年底脱贫后贫困发生率为0.83%，未脱贫137户、270人。210户危房改造全部竣工，分散安置的52户、217人已全部签订搬迁协议缴纳配套资金，全镇分散种养及交通补贴资金共计141.94万元，共成立专业合作社16个，吸引354户、778人贫困人口入社，入社资金121.2万元。

全镇符合低保条件的283户、611人，其中，纳入社会保障兜底对象183户、348人。全面落实新农合补助政策，对贫困户实行每人30元补贴。借力“社会扶贫网”平台，全面完成845户贫困户信息注册，发布需求2703条，对接成功1904条，成功率100%，促成更多贫困群众与社会爱心人士结对认亲。

全年完成造林560亩，其中新造291亩，完成通道造林5.6千米。

落实冬春救助128户，共计5.3万元；走访慰问困难党员20户，共发放慰问资金11.12万元；走访重点优抚对象20户，发放慰问资金1.2万元，受理登记重度残疾人护理补贴27人、审核上报五保12户、受理登记高龄补贴23人。

（仁和镇）

棉花坪瑶族乡

地域名片：“嶷红”茶。

■概况 明清属广济乡。民国初属广济镇。1949年11月17日宁远和平解放后属三区广济乡；1956年为棉花坪瑶族乡；1958年人民公社化时属禾亭（卫星）人民公社；1961年体制调整属禾亭区仁和公社、李家铺公社；1984年6月公社改乡，10月析设仁和、李家铺乡部分村恢复设立棉花坪瑶族乡，仍属禾亭区；1995年撤禾亭区，棉花坪瑶族乡予以保留。2015年开始区划调整，关塘村从柏家坪镇划入。棉花坪瑶族乡辖棉花坪、沙子田、排山坳、柑子园、关塘五个行政村。

辖区位于北纬25°62′19″—25°83′43″，东经111°86′12″—112°5′23″，总面积59.6平方公里，地处宁远县西北部，东、南邻仁和镇，西接中和镇，北与柏家坪镇接壤。乡人民政府驻沙子田村，距县城17千米。

属典型的山地，地形复杂，山势起伏较大，山地高峻、坡陡、谷深，最高峰猛虎跳墙海拔高度为856.2米，最低点沙子田腹谷海拔541.1米；森林覆盖率95%，是一座天然氧吧。

属中亚热带季风湿润气候区，其特点是四季分明，雨热同季，光照不足，春季干旱多风，夏季雨量集中，秋季温和凉爽，冬季干冷少雪。多年平均气温18.4℃，1月平均气温6.9℃，极端最低气温-8℃（1968年1月23日）；7月平均气温28.7℃，极端最高气温42.2℃（2007年7月5日）。平均气温年较差30.3℃。生长期年平均248天，无霜期年平均202天，最长达228天，最短为197天。年平均日照时数2447.6小时，年总辐射107.4千卡/平方厘米。0℃以上持续期348天（一般为2月1日—次年1月18日）。年平均降水量1665毫米。

境内有河流四条，其中春水河全长12公里，河水明净，从峰峦幽谷间穿行至仁和坝，因仁和坝水电站的建设，在棉花坪瑶族乡的神戈塘、眼口、车里、大江背、里屋墙一带形成壮观的人工湖泊。

黑石头、铜、锑矿等矿产资源丰富，可实施规模开采。宁远县莲花水泥厂生产水泥所需黑石头采自棉花坪瑶族乡。地下水资源可利用量为1084.2万立方米。

2017年年末，辖区总人口7308人，其中瑶族人口4896人，占总人口67%。总人口中，男性3871人，占53%；女性3437人，占47%。辖区东西最大距离6.9千米，南北最大距离8.2千米，总面积59.6平方公里。其中陆地50平方千米，占84%；水域9.6平方千米，占16%。人口密度为每平方千米123人。

■经济发展 2017年，棉花坪乡生产总值1960.06万元，其中农业总产值323.4万元，工业总产值163.66万元；粮食总产量1233吨，完成财政总收入441万元，农村人均纯收入3321元。茶叶产业总产值1100万元。

以打造万亩生态有机茶叶示范园、万亩野生油茶为主攻方向，流转土地2000亩，以排山坳村、柑子园村为示范村，新增茶叶种植面积1000亩，产茶叶6吨，带动贫困户人均增收1000元。引进宁远天功农业有限公司，解决了茶叶销售问题。发展重点特色种养产业，扶持油茶、金银花、水果、杉树、药材种植，打造重点产业基地，发展壮大柑子园野猪养殖场、柑冲、坪冲竹鼠养殖场、排行规模山羊养殖区、养口水鸭养殖区，新增规模养殖户20余户。5个行政村都成立新型村级集体经济农民专业合作社。

以茶叶、油茶、林木为主，建有茶叶加工厂3个，推出“嶷红”红茶、“嶷山”云雾绿茶，茶叶产业总产值1100万元。

共有商业网点2个，年内社会商品零售总额23.4万元，同比增长17%。

■基础设施 加大筹资力度，拓宽筹资渠道，通过向上争资、老板垫资和群众筹资的方式，对每个村的道路建设项目，严格按照“四议两公开”的程序进行，邀请党员代表、群众代表加强对工程质量的监督，发挥“五老人员”监督，有效保证工程质量，对项目实施情况进行全面公开，让每一个道路建设项目成为满意工程，经得起检验。全乡道路交通实现了质的变化，全乡共硬化农村公路23.2公里，其中，铺设乡政府驻地至仁和交界路段炒沙路3公里。全面推行农村综合服务平台建设，沙子田村、排山坳村、棉花坪村新建了农村综合服务平台，关塘村扩建了农村综合服务平台，柑子园综合服务平台建设扎实推进。投入40余万元高标准打造了乡纪委办公办案大楼。着力加强生态环境保护，强化矿山企业地质环境的恢复治理责任，推进绿色矿山建设。扎实开展环境卫生整治，对5个村级中心活动场所进行了硬化绿化，聘请专职保洁员，推行垃圾分类，形成清扫保洁长效机制。着力加强生态环境保护，强化矿山企业地质环境的恢复治理，推进绿色矿山建设。扎实开展环境卫生整治，聘请专职保洁员，推行垃圾分类，形成清扫保洁长效机制。

■社会事业 组织人员参加县招聘会5次，组织60余名贫困户到县城和道县参加技能培训，促进贫困群众就地就近就业。开展贫困家庭“两后生”免费就业培训，输送20名贫困家庭“两后生”到技术学校学习，就近务工216人，劳务输出867人。实施易地搬迁205户、972人，其中县城120户、677人，乡镇集中安置点70户、320人，分散安置15户、65人。乡里3个集中安置点完工入住。以贫困群众住有所居、居住安全为目标，针对不同对象，差异化实施易地扶贫搬迁、C级和D级危房改造等住房建设改造。全面开展低保认定清理整顿工作，严格条件，严守程序，严谨操作，做到应保尽保。通过低保认定清理整顿，全乡符合低保条件有36户、123人，其中，纳入社会保障兜底对象10户、27人。全面落实新农合补助政策，对贫困户实行每人30元补贴。

新建两河口片小。及时将教育扶贫政策宣传到户，积极主动帮助贫困家庭学生申请教育资助和助学贷款，5名贫困学生享受“雨露计划”，核实核准教育扶贫对象581人。

医疗水平稳步提高，乡卫生院医务人员、设备设施配齐，对因伤病致贫的贫困人口实施大病保险帮扶，免费为贫困群众提供健康体检、用药指导、健康咨询、“两癌”筛查等服务，全面落实贫困人口就医费用报销比例提高10%政策，共有148名贫困人口享受政策。

■基层建设 坚持精心谋划部署、严格程序标准、严肃换届纪律，圆满完成村“两委”换届，5个行政村共选出村“两委”干部22人，其中，高中文化及以上人员8人，女性6人，各村都有1名30岁左右的年轻干部，平均年龄比上届下降6岁，班子结构明显优化、整体功能增强。

■名优特产 舜风茶厂是2012年引进的企业，原生态的有机红茶是该厂的主打产品，推出主打品牌舜风牌“嶷红”红茶。开发的红茶产品主要有“嶷红1号、嶷红香螺、嶷红帝眉”等。全部产品均采用原生态的高山鲜嫩茶青为原料、引进的红茶加工技术精制而成。产品外形条索紧细精致，汤色红润透亮，不仅饱含红茶共有的清香，还具有独特的回味，饮后舌尖清凉持久，产品受到省内外客户的青睐。

（欧阳佳胜）

中　和　镇

区域名片：西汉舸里，西洞粑粑。

■概况 明清属仁泽乡（明洪武初为驯翟乡）。民国属西安镇。1949年11月17日宁远和平解放后属三区仁江乡；1958年人民公社化时属中和（火箭）人民公社；1961年体制调整属中和区中和、慕投、新开、保和4个公社。1984年6月公社改乡，区建置不变。1995年6月撤区并乡建镇时，撤中和区由原中和乡、新开乡、保和乡、慕投乡合并而成中和镇，2003年3月，原国营白云山林场所属的砠江、白宫殿、杨柳田3个行政村，划归中和镇管辖。镇政府驻中和圩，因其处于中部，设圩交易，希望和气生财，故名中和圩。另一说，为《中庸》：“致中和，天地位焉，万物育焉”而命名。中和四面环山成洞，位于县城西，俗称西洞。

2015年年底，区划改革后辖上街、下街、彰佳山、河西、绿源、保和、库里、慕投、四都、茶子园、何家山、芳塘、上吴伯营、下吴伯营、坦头、谢罗塘、坝眼、友谊桥、大塘漯、西江园、麻田、陈家洞、枫木脚、周家、白宫殿、坦坝、罗卜园、岭头、犹壁、立脚、砠江、芳竹山、新开、西山、龚家、四坊、杨柳田等37个行政村。

位于北纬25°42′53.28″—25°42′1.44″，东经111°50′54.24″—111°52′37.92″。地处宁远县境西部。东邻棉花坪瑶族乡、仁和镇、文庙街道，南连天堂镇，西界道县、双牌县，北接清水桥镇、柏家坪镇。人民政府驻下街村，距宁远县城20公里。全镇总面积299.2平方公里，其中耕地41940亩，林地278323亩。

■自然环境 地处宁远县境西部，地势南北高，中部低，境内最高峰宝峰山，位于宝峰村后，最低点滑石盘，位于下吴伯营村。

属中亚热带季风湿润区气候，气候较温暖，雨量充沛，其特点是四季分明，雨热同季，光照较充足。春季干旱多风，夏季雨量集中，秋季温和凉爽，冬季干冷少雪。多年平均气温15.8℃，1月平均气温10.6℃；7月平均气温26.7℃，极端最高气温42.1℃。平均气温年较差30.3℃。生长期年平均250天，无霜期年平均208天，最长238天，最短109天。年平均日照时数2647.6小时，年总辐射97.8千卡/平方厘米。年平均降水量1668毫米。

仁江、春水河贯穿全境。仁江发源于中和镇西山东瓜漯，由北向南，从仁杏村南出境，境内河道长28公里。春水河自杉木园村东北入境，由东北向南，从冷水洞村西南出境，境内河道长6公里。风仙桥水库位于中和中北部，为中型水库。

境内已探明地下矿藏有新开锑矿、铜矿岭铜矿等。其中新开锑矿位于谢家村，储量1035吨，已开发利用，属低温热液充填型脉状矿床，中型规模，平均品位5.16%。铜矿岭铜矿位于罗卜元村，主要分布于中和镇铜矿岭至棉花坪瑶族乡平冲一带，属低温热液充填型矿床，资源量652.3吨，平均品位0.773%，未开发利用。

2017年年末，辖区总人口77503人，其中城镇常住人口1784人，城镇化率2.31%。另有流动人口22946人。总人口中，男性42019人，占54.22%；女性35484人，占45.78%；14岁以下15677人，占20.23%；15—64岁53633人，占69.20%；65岁以上8190人，占10.57%。总人口中，以汉族为主，达76719人，占98.99%；瑶族685人，占0.88%。2017年人口出生率11.10‰，死亡率8.37‰，人口自然增长率7.73‰。辖区东西最大距离14千米，南北最大距离27.3千米，总面积299.2平方千米。其中陆地286.7平方千米，占95.8%；水域12.5平方千米，占4.2%。人口密度为每平方千米270人。

■经济发展 2017年中和镇工业产值29634万元，渔业产值200万元，商业外贸共有5个商业网点，社会商品零售总额23200万元。城乡集贸市场成交额1.3亿元。

2017年，全镇粮食作物种植面积7.164万亩，其中早稻2.36万亩，中稻0.8万亩，晚稻2.61万亩。建成老屋里等早稻集中育苗示范基地3个、羊山头等早稻集中连片示范基地4个和岭头高档优质晚稻基地6个。烟叶种植面积增加到7000亩，收购烤烟16000担。畜牧养殖大户28户，规模养殖场4个，牲猪出栏78800头，牛出栏2200头，羊山栏1800只，家禽出笼78.9万羽。水产品总量1984吨。特色农业，培育了桃花园农业开发有限公司、永成水稻种植专业合作社、联新蔬菜种植专业合作社、宁远县新百家生态农林发展有限公司、忠香林种植专业合作社、新胜淡水鱼养殖专业合作社等62家种养殖合作社。

■基础设施 投资1.6亿元的县城至中和S236线中和辖区内的路段全线通车；投资4.6亿元的S234线已全面开工。涔天河灌溉渠工程各项工作进展顺利；投资1100万元的西江源12公里道路硬化全面峻工；结束中和镇山区村不通路的历史。投资6000万元，可安置250户近500人搬迁户的“幸福小区”易地扶贫搬迁工程按计划完工，现已有135户搬迁户抽签分房；投资3000万元的笔架山重金属污染整治工程已完工，上街社区石珠坝30亩面积湿地公园一期工程已完工；全镇24个村级综合服务平台全面建设开工，2017年完工13处。投资200万元的兴隆坊村至大桃园村自然村村道硬化如期完工；投资2000万的四都社区、慕投社区、河西社区、西山村、芳塘村、芳竹山村等贫困村道路扩宽建设全面完工；投资840万的农村饮水安全巩固提升工程如期完工，2017年在新开村等五个村新建五个小型垃圾场。

■社会事业 四坊花灯戏被永州市列为非物质文化遗产重点保护项目有镇文化站，广播电视站各1处，有村级文化中心65处，农家书屋65处，藏书52800册，有花灯戏、二人转、舞龙舞狮、威风锣鼓、腰鼓队等大型民间艺术团体6个，中小型文化艺术团体20多个，全镇公共文化服务体系建设投入资金近3000万元，2017年成功创建湖南省现代公共文化服务体系服务体系示范区，坦坝村、岭头村举办了2018年春节篮球友谊赛和春节联欢晚会。

中和镇有中学1所，在校学生980人，专任教师62人，初中适龄人入学率97.8%，小学升初中升学率100%，九年义务教育覆盖率98.1%。

2016年全镇有医疗卫生机构51个，疾病控制中心1个，卫生院1所，床位35张，专业卫生人员30人，执业医师4人，执行助理医师4人，主治医师1人注册护士5人。

2017年脱贫人数为2431户9773人，易地搬迁镇集中安置407户、1699人。小额贷款2475万元，参与分红建档立卡贫困户814户。全镇共13726名居民享受新农保，共发放养老金11894193.08元。新农合参合人数58001人，参合率84.2%，参合金额1054.245万元。发放农村低保29万余元，城镇低保7.86万元，长寿补贴17.1万元，五保资金68万余元，各类抚恤社救补助106万元。

（文思敏）

柏家坪镇

地域名片：春陵故城、湘南名乡。

■概况 公元前186年在此设立春陵县治，武帝元朔五年（前124）封长沙定王之子刘买为春陵侯，侯国治亦此，古称泠道春陵乡。后多次析并更名作县治、场治，前后共历时至少242年。明清属西乡。民国初属北屏镇。1949年11月17日宁远和平解放后属四区春陵乡；1958年人民公社化时属柏家坪（先锋）人民公社；1961年隶属柏家坪区柏家坪公社、礼仕湾公社、双井圩公社；1984年6月公社改乡，仍属柏家坪区；1986年3月柏家坪乡改为镇，区属不变；1995年撤区并乡建镇时由原柏家坪镇、礼仕湾乡、双井圩乡合并而成新的柏家坪镇。全镇辖礼仕湾、双井圩、柏家坪3个责任区，分为28个行政村、（社区）。

全镇行政村（社区）：马头上村、岗芝头村、坝子头村、左家村、皇家洞村、岭脚洞村、潘花村、王家冲村、瓦渣坪村、井塘背村、郑古元村、唐家漯村、双井圩社区、四元山村、可亭村、蔡地里村、北屏村、都喜村、刘均申村、桥头村、柏家坪社区、板利元村、新团结村、礼仕湾社区、柏家村、神山下村、兴旺村、眼头村。

柏家坪镇位于宁远县境北部，距县城35公里。东邻鲤溪镇，南接保安镇、仁和镇，西界棉花坪瑶族乡、中和镇，北连清水桥镇。辖区总面积160平方公里，有耕地面积4.65万亩，其中水田3.97万亩，旱土0.68万亩，山林面积95.2平方公里。

2017年年底，全镇总人口

69984人。其中有少数民族瑶族1个，人口779人，主要居住在唐家漯行政村。

■**自然环境** 柏家坪镇土地肥沃，灌溉方便，物产丰富，享有“北路粮仓”的美誉，是全县有名的鱼米之乡。境内西、北面是高山，东北面为山地和丘陵，东南面和南部为低矮山丘。春水流经腹地，中下游形成平川，沿河层层筑坝，段段设堰，兼有大坝口水库和其他水利设施。永连公路贯穿南北，陆上交通非常便利。

■**经济发展** 2017年工业生产值完成4.96亿元，增加8.77%；财政收入完成2123万元，同比增长11.1%；农村居民人均可支配收入15537元，同比增长12%；城镇居民人均可支配收入27556元，同比增长9.87%。

烤烟生产发展稳健。大力实施科技兴烟，扎实推进烟草富民强镇强村步伐。2017年共种植烤烟13520亩，交售烟叶25166担，全面完成烤烟种植收购任务。规模种植收获喜人。大力推动土地流转工作，按照依法自愿有偿原则，引导农民以转包、出租、互换、转让、股份合作等形式流转土地承包经营权，发展多种形式的适度规模经营；严格落实发放各类惠农补贴，极大提高农民的生产积极性，发展50亩以上的大户115户。2017年，全镇实现早稻种植6900亩，中稻种植10610亩，晚稻种植15630亩，其他农作物种植3508亩，全面实现粮食增产，农民增收。做大做强脐橙蜜桔产业，打造大路尾、蒿草坪、柏家坪等多个脐橙蜜桔示范园。积极发展林业产业，全年实现新造林4200亩，补植补造1700亩；完成油茶低改670亩；验收并发放公益林437697元；发放退耕还林资金225334元，带动瓦渣坪村壮大集体经济10万元，带动贫困户285人。现代农业初具规模。推进规模养殖发展，在全镇19个养殖场的基础上，新增养猪场6个，存栏3000头；肉牛养殖场4个，存栏300余头。坝子头村特种水产养殖基地、礼仕湾社区高品质藏香猪生态放养基地初具规模。

2017年民营经济个体户220户，产值达100万元以上企业49家，工业总产值4亿多元。

个体工商户1974户，从业人员5527人；餐饮业27户，从业人员141人。集市贸易成交额和社会商品零售额亦居全县前茅。

■**基础设施** 道路交通网进一步完善。全镇各村村级公路已全部硬化，初步形成镇、村公路交通便捷网络。贫困村唐家漯、瓦渣坪8.5公里自然村通畅公路正在建设中；投入资金18.5万元修建河西大桥便桥，解决河西片1.2万人的出行安全问题。省道S234柏柑公路柏家坪境内11公里仅用83天完成征地测量工作，即将开工建设。加大城镇管理水平，投入60万元，通过市场购买服务，对柏家坪和双井圩成立城管中队，提高城镇化管理水平。持续推进城乡整洁行动，投入120万元的长岭上垃圾焚烧场已经建成竣工并即将投入使用；全面启动污水处理厂建设，投入1200万元的礼仕湾污水处理厂已经完成项目基础和管网铺埋；柏家坪污水处理厂列入2017年的县重点项目，现已完成项目选址、立项，征地工作全面开展。积极争取县财政投入2000万元，将成为全县先行的垃圾分类试点乡镇。加强水毁工程建设。积极向上争取资金302万，对7月份柏家坪镇遭特大洪灾毁坏的各项基础设施进行修复，率先全面启动水毁工程建设。截至2017年年底，大部分项目已经完工，农业生产得到有力保障。生态环境得到强力保护。对全镇污染源进行排查，下达环保整改通知书6份，依法查封关停4家非法砖厂及3家养殖场。河道治理河长制全面推行，推进生态乡村巡查及环境卫生集中整治工作问责制度，农村保洁长效机制得到进一步巩固提升。获评全县全域旅游、城乡一体化示范乡镇，争取项目建设资金1个亿，春陵河治理及沿河两岸田园风光带建设即将启动。

■社会事业 柏家坪共有一所中学、四所小学、十七所片小，共有学生4690人，教职工244人。柏家坪有3000平方米的春陵文化广场，2017年9月30日在广场上举办农民文化艺术节，开展了舞蹈、小品、快板、花鼓戏、歌唱等形式多样的表演活动。28个村级都建有图书室，21个村建有篮球场，配备了健身器材等设备。柏家坪镇内有中心卫生院1所，医护人员66人，病床100张，各行政村都有卫生医疗室。

打造易地扶贫搬迁新亮点。总投资2353.29万元，占地面积69.98亩的曙光新村安置项目与新型城镇化有机结合，集中安置127户、460人。推动镇区大扩容、人口大聚集、设施大提质，实现建档立卡贫困户就地城镇化。创新扶贫思路，完善扶贫机制。发放劳务协作交通补贴1630人87.94万元，产业扶贫分户种养资金2689人、187.56万元。生态补偿扶贫资金350人、51.3万元，健康扶贫资金131人3.97万元，教育扶贫资金1454人、92.4万元。做好结队帮扶工作，发挥好驻村工作队和第一书记作用，调动群众的积极性和参与度，引导资金、技术等各种资源向贫困村倾斜，形成输血与造血、帮扶与协助的扶贫工作机制，加快推进贫困村发展，实现脱贫摘帽奔小康。12月通过市、省脱贫攻坚考核验收，贫困村退出1个，脱贫907户、3369人，全镇贫困发生率0.81%。动员和凝聚社会力量广泛参与精准扶贫。聘请社会扶贫志愿者24人，进村入户完成社会扶贫网注册，协助贫困户注册1361户，发布需求3629条，成功对接1550次，在全县居前列。

■特色地情 名胜古迹有春陵古城、春陵侯墓、九龙岩、潮水岩、北屏翠柏、排楼坊、花明楼、古墓群等，其中春陵侯城遗址于2013年5月入选全国重点文物保护单位，春陵侯墓为湖南省重点文物保护单位，另有市级文物保护单位1处，县级文物保护单位2处。名优产品有红薯酒、苦竹笋、茶油、春陵河鱼干。

特色民俗风情有二：

扎故事 柏家坪“扎故事”有着悠久的历史传统。它是“春陵文化”和“湘南文化”的一个重要组成部分，也是民间一种自编自娱的文艺活动。它颂扬民族英雄，弘扬民族精神，鞭挞邪恶，增强人们的是非观念。特别是对青少年有着切实的传统教育意义，能凝聚民众力量，对构建和谐社会发挥作用。最初，“扎故事”是人们以道教斋醮形式，祈求祛病消灾，许愿“扎故事”，以了人们的心愿，祈求风调雨顺，之后这项民间活动延续几十代逐渐得到发展。改革开放以后，推陈出新，既保持古俗风貌，又创立一些新的形式，从而逐步演变成扬善惩恶的一种群众性自娱文化活动。它取材于神话传说、历史故事和现实生活，一台故事一个人物，反映人们一种期望。“故事”形式多样，既有原始型的，又有现代型的，它以形象达意、流动表意，被人们称为“流动舞台”。其中高低桩的每台故事一个座台，一米见方，高约0.8米，红布铺盖，支有包装精致的铁架，整高丈余。故事台架的最上层称之为“太子”，由一岁左右的幼儿扮演。中层称之“臣子”，由10岁左右的儿童少年扮演，化戏剧人物妆，站立于座台上。座台的前后是四名抬杠的，两边跟随两名持长叉的武士。一台故事，三层人物，年龄悬殊，形态各异，化妆不拘一格，浓淡相宜，相映成趣。

踩高脚 “踩高脚”属民间舞蹈的一种形式，表演者腿绑高脚，在音乐的伴奏下翩翩起舞，舞姿以雄健、惊险为主，又称“踩高跷”。“踩高脚”表演形式多种多样，五花八门，不拘一格，表演风格诙谐有趣、粗犷喜人、声情并茂、时有乐哏，表演时间在农历正月十五左右的柏家坪圩闹“元宵”活动中，一向为柏家坪人们所喜爱。柏家坪村“踩高脚”是一种祖辈相传的民间表演形式，没有文字记载，没有相关的历史资料。居住在柏家坪的农民世世代代口传心授，自娱自乐。柏家坪踩高脚在其传承发展弘扬过程中，取得较大的成绩，多次在宁远县举办的各种大型活动中进行表演，受到观众的一致好评。柏家坪村高脚队参加2010年宁远县“文化遗产日”宣传活动。

（柏家坪镇）

清水桥镇

区域名片：大历古城座镇，古琴宗师故里。

■概况 唐大历二年（767）置大历县治于镇域座塘。明清属西乡。民国初属北屏镇。1949年11月17日宁远和平解放后属四区春陵乡；1958年属柏家坪（先锋）人民公社；1961年体制调整属柏家坪区清水桥公社、晓木塘公社、上龙盘公社；1984年公社改乡，仍属柏家坪区；1992年上龙盘乡改名为侯坪乡，区属不变；1995年撤区并清水桥乡、晓睦塘乡、侯坪乡建清水桥镇。镇政府驻地清水桥圩，距县城37公里。

清水桥镇下设平田、清水桥、江河源、罗坝四个责任片区，辖21个行政村，分别为：田伟村、清水桥社区、晓塘铺村、郑兴村、平田社区、清溪村、泉井眼、百福荣、联合村、大金盆、吕家桥、晓睦塘、西坊村、罗坝、吾塘岭、黄沙坪、江河源社区、胡家、谢家、大竹源、刘家坪。

清水桥镇位于宁远县北端，东连鲤溪镇，南接柏家坪镇，西邻双牌县麻江乡，北界双牌县上梧江瑶族乡。全镇南北长约12公里，东西宽约10公里，总面积148.06平方公里，城镇面积25.5平方公里，耕地面积2.8万亩，山地面积13万亩。

2017年全镇人口约4.3万人，民族以汉族为主。

全镇以丘陵、山地为主。镇域中部较为平坦。

清水桥属亚热带季风气候，气候温和，四季分明，雨量充沛，日照充足，分布较均。春温多变日照少，夏热前涝后旱，冬有霜雪严寒短。受不同天气系统和独特地貌影响，时空分布不均，导致境内出现暴雨、洪涝、高温、干旱等灾害天气。年平均气温17.9℃，年降水量1843.6毫米。年日照时数1066.6小时。城乡环境持续改善，空气达标率100%。集中式饮用水水源地水质达标100%。

境内有三条河流，分别为平田龙溪河、清水桥河、吕家桥河。

水田有黄泥田、沙质田、灰黄泥田。旱土有红土壤、黄土壤、黄壤、黄棕土壤。

■经济发展 2017年完成地方生产总值4.67亿元，木材加工产业产值1.52亿元。产烟1.48万担，产值2000万元。全社会固定资产投资2.00亿元，农民人均纯收入5800元，城镇居民可支配收入1.2万元，清水桥农商银行存款突破2.23亿元。

2017年粮食种植面积4.15万亩，粮食产量达1.6万吨。种植糯高粱1000亩，种植特色蔬菜1.2余亩。种植油菜5000亩。全镇共有畜禽养殖大户45户，在晓睦塘、田伟、再上、洛家洞、谢家、极家、太平铺等村建成生态畜牧业示范工程。

2017年共有50余家木材加工厂，制作的棺木远销东南亚，年产值达1.5亿元，有8家纺织厂，解决清水镇5000余人就业问题。

镇农贸市场总面积两平方公里，有商贸街五条，长2000米，营业面积5000平方米，摊位360个，营业铺面200户。每逢农历二、五、八日为圩日，赶集人数万余人。

■基础设施 2017年7月份遭受特大洪灾，镇党委、政府积极组织全体干部职工抗洪抢险、大力开展生产自救，灾后重建，完成19个灾后耕地复垦项目，4个灾后重建水利工程，7个水毁道路工程。2017年是脱贫攻坚决胜年，为保障全镇贫困村全部退出，坚决贯彻落实各项扶贫政策，积极完善贫困村基础设施建设，完成10个道路加宽和修建项目，10个环境治理项目、5个村路灯安装项目、17个农田水利工程、2个农村综合服务平台建设。

■社会事业 清水桥有12个广场舞团队，清一村的广场舞团队曾参加湖南省广场舞比赛获奖项。2017年平田村、龙岗村大年三十举办春节联欢晚会。全镇有15个村配套建设篮球场，2017年兴建清一、新龙岗村级文化广场。积极贯彻基层文化建设相关政策，2017年大力实施村村通、村村响工程，目前村村有文化活动中心，有农家书屋，有基层组织活动场所。

脱贫摘帽是2017的首要政治任务、一号民生工程，全镇以脱贫攻坚为工作主线，举全镇之力，大力夯实基础工作，努力实现贫困村脱贫摘帽的目标。2017年全镇实现易地搬迁共有224户、790人，其中2016年实现易地搬迁乡镇集中安置54户、202人，2017年实现易地搬迁170户、588人。2017年组建农业专业合作社8个，吸引社员1153人，发展分散种养落实1785人，对在外务工的1065人发放交通补贴，在产业发展和劳务输出领域落实帮扶资金共290万元。引入扶贫资金400万元，培育形成黄桃、黑木耳、优质水稻、葛根4个村级种植基地，养鱼、养猪2个养殖基地，5个贫困村实现产业全覆盖。2017年全镇共完成建档立卡贫困户1194名在校生的摸底统计，通过发放入园补助、生活补助、免收学费、免收教课书费等方式，帮助1045名贫困学子减轻上学负担。

（周文毅　何俊杰）

桐木漯瑶族乡

区域名片：瑶山药材，湘妃椒。

■概况 因境内曾桐木树多而得名。明清属西乡。民国属北屏镇。1958年人民公社化时属柏家坪（先锋）人民公社；1961年属柏家坪区上龙盘公社。1984年公社改乡，不久从上龙盘乡析置桐木漯瑶族乡，仍属柏家坪区。1995年撤柏家坪区，保留桐木漯瑶族乡。

全乡原辖7个行政村，2015年区划调整后，原清水桥镇桐梓坪村划归桐木漯乡，并村调整后有为上龙盘、下龙盘、桐木漯、桐梓坪、小源、双源6个行政村。总人口7549人，其中瑶族人口3528人，占总人口的47.3%。

位于北纬25°55′06″—26°01′48″，东经111°54′54″—112°01′18″。地处县域北部，东与鲤溪镇、五龙山瑶族乡交界，南与清水桥镇相邻，西北与双牌县麻江、茶林二乡接壤。人民政府驻上龙盘村，距县城48公里，全乡总面积69.1平方公里。

属典型的山地，山势起伏，群山环抱，最高峰汉皇殿海拔为1477.4米，最低的下龙盘海拔为320.0米。全乡总面积69.1平方公里，耕地3312亩，其中旱土1830亩，水田1482亩，林地面积56333.33公顷。

森林资源丰富，是全县竹木及药材的主产区。树种有杉、松、樟、香椿等十多种优质用材林；竹有楠竹、毛竹、花竹、方竹、苦竹等；药材有杜仲、黄柏、厚朴、银杏、川芎、贝母等数十种珍贵品种。另有少量的金属矿石等矿产资源。

境内有3条横贯南北的河流，落差大，水力资源丰富，利于小水电开发，有小（二）型泄泥漯水库和小（一）型双龙水库，有小型发电站3座。

■经济发展 优质烤烟连片种植500余亩，2017年累计收购烟叶1100余担，增加农民收入近130万元。粮食生产新增50亩以上大户6户；规模养殖新增2户，其中投资200万元以上规模养殖1户；林业完成造林3200亩，竹木加工业形势喜人，红军木业新投入500万元建立成品厂房，大大拉动全乡经济发展。小源村发展特色产品“湘妃椒”，共种植辣椒120余亩，能为该村增收30万元以上。

依托双龙水库的独特魅力，以休闲农庄建设为切入点发展乡村旅游。投入300余万元大力建设小源村上毛漯美丽乡村。

■基础设施 整合资金671余万元投入四个贫困村基础设施建设。其中投入393万元完成4个贫困村村道窄路加宽，投入57万元新修产业发展路3条，乡主干道路及桐梓坪村道路加宽工程顺利开工；农村人饮安全工作顺利推进，完成双源、小源、桐木漯、下龙盘自来水工程建设，开工改造乡政府所在地上龙盘村自来水工程。7月大水灾，争取资金近5000万元投入水、电、路、信抢修和耕地整理，桐木漯、小源、双源被水冲断道路在一个月内恢复通车，道路、河堤重建全部完工。上龙盘村在获评城乡整洁示范村之后不懈怠，山青水秀地干净人文明的美好生态得到巩固深化。

■平安乡村创建 全力开展“全乡禁赌、全民禁毒”，严厉打击“黄赌毒”等违法犯罪行为，连续3年被市、县评为“社会治安综合治理先进单位”“平安乡镇”。加大矛盾纠纷调处力度，认真落实“领导接访、干部下访”制度，全年全乡出现的矛盾纠纷不上10例，且都得到及时化解，未出现出乡矛盾和非访情况。严格落实“党政同责、一岗双责、齐抓共管”的安全生产责任体系，认真开展“六打六治”，全年领导带队检查92次，开展安全生产执法12次，连续5年实现生产安全“零事故”。2017年成功创建永州市安全生产示范乡镇。

■社会事业 引进企业给在校学生送校服书包蚊帐，深化免费午餐行动，适龄儿童毛入园率达到90%以上，义务教育巩固率100%。双源村计生协会工作代表全县迎接省市检查，得到领导们的充分肯定，并一致认为可推荐为全国性计生协会工作示范村。

七月初，桐木漯瑶族乡受灾严重。在重灾来临之前及时转移群众200余人至安全地带，之后及时转移近400人到桐木漯学校给予食宿安置，灾后及时进村入户实施救灾补损，组织恢复生产和灾后重建，做到不出一例伤亡事故、不垮一座房屋、不出现一例不稳定情况。其中，赵玉成获得市级“抗洪抢险”优秀人物。2017年11月10日龙源新村搬迁仪式举行，县委书记刘卫华出席并为搬迁入住户分发钥匙，县领导曹辉正、黄永英、邓小英出席。龙源新村占地面积70亩，建筑面积18490平方米，目前已完成144套房屋和主要附属工程建设，126户易地搬迁贫困对象抽签分房入住。

■瑶山风情 桐木漯瑶族乡地处山区，山青水秀，奇峰怪石，有成片的古老瑶寨，极具民族风情和历史悠久的瑶族文化。境内名优特产主要有杜仲、黄柏、厚朴、银杏、川芎、贝母等数十种珍贵药材，有野生食用菌、谷雨茶、高山蔬菜、“七姊妹”辣椒、瑶家腊肉等特产，养殖的竹鼠、野猪、小种山羊很具特色，基本成规模，产品销住各地市场。蜿蜒秀丽的双龙水库，久远瑰丽的瑶族山寨，清澈透明的蛟源河，高大挺拔的苍天古树，秀美清奇的连片竹林，瑶汉一家亲，美丽和谐风。

桐木漯瑶族乡于2017年11月30日举办“湘南三市六县十瑶族乡盘王节暨坐歌堂活动”，市人大常委会副主任李农妹、市瑶族文化促进会会长王明生、县委书记刘卫华等领导参加，此次活动共有一千余人次参加，全体瑶族同胞穿上瑰丽的瑶族服饰，在下午四时零六分开始祭祀盘王，典礼隆重盛大，晚间八时三十分开始举办“坐歌堂”活动，来自三市六县的瑶族同胞们一起对瑶歌，跳瑶舞，热闹非凡。

（邓朝富）

鲤　溪　镇

地域名片：大观堡，智眉（疑似建文帝）墓。

■概况　明清属东乡。民国初属北屏镇。1949年11月17日宁远和平解放后属四区石安乡；1958年人民公社化时属永安（和平）人民公社。1961年体制调整属鲤溪区的鲤溪公社、永安公社、柏万城公社；1984年，公社改乡，区属未变；1995年，撤鲤溪区合并鲤溪乡、永安乡、柏万城乡建鲤溪镇。鲤溪镇文化底蕴深厚，大冠岭上有大观堡遗址、智眉禅师（疑似建文帝）墓，白石下有香姑岩，大方洞村有古代女子贞节牌坊。

鲤溪镇政府驻鲤溪村，沿用鲤溪自然地名。全镇辖（鲤溪、雷家源、枫木山、大方洞、下庄、五福、山田、贵头、三元岭、东山岭、骆家园、朝晖、瓜石、快乐洞、永安、桑梓头、姜家洞、百家岭、柏万城、龙泉、开发渡、白免、双河、大观堡、白云岩、仙马石、杉木坪）27个行政村，共165个自然村，396个村民小组。

鲤溪镇位于宁远县境东北部，距县城58公里，全镇共有14243户，53137人，民族以汉族为主，占99.05%，有一个瑶族村——雷家源瑶族村，共149户、530人。地处北纬25°80′13′—25°95′15′、东经112°11′70′—112°03′04′。东与新田县交界，南临保安镇，西接柏家坪镇、清水桥镇，北邻五龙山瑶族乡、洋塘林场。宁远至五龙山瑶族乡公路从南至北纵贯全镇，S215线公路从东至西穿境而过。镇域总面积162平方公里，其中耕地28976亩（水田22191亩，旱土6785亩）。

境内地形南北狭长，北高南低，西北两侧均系山地，雾冲、西江源、瓜垒源等山峰平均海拔700余米，其中西江源主峰986米，与宁远、新田境内的大冠岭形成东面屏障，平均海拔400米。东春河源出分水岭，自北向南流，纵贯境内。属大陆性中亚热带季风性湿润气候，春温多变日照少，夏热前涝后多旱，初秋湿热晚秋凉，冬有霜雪严寒短。年平均气温17.9℃，年降水量1843.6毫米。年日照时数1066.6小时。

空气达标率100%。集中式饮用水水源，地水质达标100%。地表检测断面功能区达标98.3%。区域环境噪声平均值为52.4分贝。交通噪声平均值为69.6分贝。据环境空气质量检测数据表明，2012年二氧化碳浓度年平均值达国家标准（CB3095—1996）一级标准，空气质量指数为良的天数占全年天数比例98%。

水田有黄泥田、沙质田、灰黄泥田。旱土有黄土壤、黄壤、黄棕土壤。植物资源有樟树、松树、杉树、楠竹、油茶树、金银花等。矿产资源主要有石灰石。

■经济发展　2017年完成财政收入2037.48元万元。全镇农民人均纯收入6840元。支柱产业烤烟生产共种植烤烟4200亩，干群同心协力克服“7·2”洪涝和病虫灾害的影响，累计完成烟叶收购7000余担。双季稻种植在柏万城村至永安村万亩优质稻基地高产创建示范带动下，不断扩展并持续增加，早稻种植面值达18653亩。集中流转土地4000亩用于粮食生产。新增水稻合作社3家，新增粮食种植大户16家。新增标准化规模养殖场3家，山羊养殖基地3家。新增渔业合作社2家，渔业养殖面积扩大200亩。因地制宜发展培植产业，新建600亩核桃种植基地。新增沃柑种植600亩，皇菊花220亩，天门冬530亩，国外松2000亩。

全镇现有砖厂3家，采石场2家，扶贫车间2家。

■基础设施 2017年大力争取行政村交通、水利、综合服务平台等基础设施建设项目，其中到村项目92个，投入资金2320万元。抢抓全县强力推进“全域旅游”的大好时机，着力打造以东春河为辐射的生态观光旅游带，投资2900余万通往建文帝避难之所大观堡村旅游公路已开工建设。贫困村道路提质改造工程完成验收。投资100余万建设的柏万城农贸市场正式投入使用，鲤溪市场已完成选址。对敬老院实施提质改造。全面完成小型水库除险加固工程扫尾工作，开挖山塘和清淤扩容200多口，面积达250亩。完成安全饮水工程6处，切实解决4000多人的安全饮水问题。11个“五化”行动村，新增立杆路灯352盏，壁灯761盏，现已完成验收。乡村风貌改造第二批已经完成验收，对102户村民发放补贴共计175万。对19个村综合服务平台进行新建、改扩建，配齐配全“五小”功能室，进一步完善村级公共平台服务能力，基础设施和公共服务设施建设得到大力改善。投资2100万元湿地公园已完成选址、区域确定。

■社会事业 2017年全镇持续加快美丽乡村建设步伐，成功创建市级卫生乡镇。大观堡、开发渡、三元岭3个村入围市2017年度农村人居环境整治和美丽乡村建设村庄名单。突出生态治理，加强春陵河源头管理，成功创建10个市级卫生村。创建美丽乡村县级示范村1个，乡村风貌改造示范村2个。积极挖掘各村特色、品牌及人文，成功创建枫木山村、桑梓头村、柏万城村3个百岁健康村。

2017年有完全小学3所，村片小学21所，在校学生2671人，专任教师117人，小学适龄儿童入学率100%；初中1所，初中在校学生816人，专任教师43人。初中适龄人口入学率、小学升初中升学率、九年义务教育覆盖率均达到100%。

2017年有综合文化站1个，面积360平方米，内存书籍5000余册，对外开放。有广播电视站1个面积20平方米，设施齐全。村级文化活动中心27个，建有农家书屋27所。新建篮球场等文体设施35处。“村村响”覆盖率100%，“户户通”安装4000余户。鲤溪镇沿东山岭至柏万城路线，分布4个集中广场舞娱乐区，覆盖三个责任区，广场舞参与者达800余人。

■脱贫攻坚 2017年，全镇以“脱贫攻坚，不落一人”为工作抓手，按照“一超过”“两不愁”“三保障”户脱贫标准，对标“两个确保” “两个完善”村出列要求，苦干实干，攻坚克难，瓜石村、山田村高质量通过省实地考查和第三方评估组检验，为全县脱贫摘帽递交一份满意答卷。

建立“产业扶贫、易地搬迁扶贫、教育扶贫、生态补偿扶贫”等行业扶贫台账7个，因地制宜，因村制宜，因人制宜，全面开展行业扶贫工作。产业发展脱贫一批。新成立农村集体经济合作社26个，吸纳贫困户3825人，累计拨付资金547.51万余元，小额信贷帮扶103人，贷款金额515万余元。住房保障脱贫一批。全镇申请办理易地搬迁的贫困户共有311户、1366人，其中东春新村安置点101户、444名搬迁户已于11月底完成分房入住，县城安置点179户、793人已于2018年3月初实现入住，分散安置小集中31户、129人已完成入住。申请危房改造352户，下拨补贴1227.7万元。劳务协作脱贫一批。全年向4070名贫困户发放交通补贴149万元。教育扶贫脱贫一批。资助义务教育阶段贫困生1528人，资助金额82.31万元。健康扶贫脱贫一批。进一步减轻群众的就诊压力，贫困户医疗保险覆盖率100%，累计向6934人发放50%参合补助53.12万元。兜底保障脱贫一批。对经过综合帮扶仍然处于低保水平的困难对象，实行农村低保兜底脱贫，全镇社会兜底保障142户、319人。生态补偿脱贫一批。全镇纳入生态补偿的贫困山区面积为4698余亩，对39名贫困户发放70.7万元奖补金。

（鲁文龙）

五龙山瑶族乡

区域名片：石氏宗祠，春水之源。

■概况 明清属东乡。民国初属北屏镇。1957年从石家洞乡析置荒塘瑶族乡，为湖南省当时瑶族散杂居区建立的15个瑶族乡之一。1958年人民公社化时属永安（和平）人民公社。1961年体制调整属鲤溪区石家洞公社；1984年公社改乡，不久从石家洞乡析设荒塘瑶族乡，区属未变；1992年将瓦窑村、新屋场村划归祁阳；1995年撤鲤溪区，两乡合并为荒塘瑶族乡；2015年8月，更名为五龙山瑶族乡。

乡政府驻石家洞村，2015年区划改革后辖杨桂坪，象村洞、石家洞、上洞铺、陈家湾、牛塘岭、大坝、洋塘、上庄源、茶坪源、五龙山11个村。

五龙山瑶族乡位于北纬25°58′—26°08′，东经112°04′—112°05′。宁远县境最北端，阳明山脚。瑶族乡政府驻地距宁远县城68公里。东邻新田县，南接鲤溪镇，西连双牌县，北界祁阳县，是一个毗邻四县的北部林区。辖区东西最大距离14.3千米，南北最大距离22千米，总面积168.1平方千米。人口密度为每平方千米69人。

2017年年底全乡总人口11639人，其中少数民族总人口3491人，有瑶族、土家族、壮族。总人口中，男性6190人，占53.2%；女性5449人，占46.8%。

五龙山瑶族乡地处山区，境内南低北高，地面高度一般在海拔363米，其中海拔在800米以上的行政村有两个，最高点步步岭海拔高度1438米，最低点为杨桂坪村海拔303.6米。

五龙山瑶族乡属中亚热带湿润季风气候。气候特征，严冬期短，夏热期长，春季多雨，夏季多旱，热量丰富，雨量充沛。年平均气温16℃。1月平均气温4℃，7月平均气温27℃。年平均日照数为1630小时。年平均降水量1430毫米。无霜期277天。

五龙山瑶族乡境内主要河流有猛江河、东春河等，东春水发源于牛塘岭南麓，流经石家洞、鲤溪、永安、柏万城至礼士湾茄子园村两江口，全长40公里。水能蕴藏量5万千瓦，其中可供发电4万千瓦。

境内主要矿产品有钨、锑矿等，野生动物有野猪、野山羊、梅花鹿、獐子、竹根鼠等，植物主要有红豆杉、白果树（银杏树）、油茶及一些珍贵野生树种，同时也是宁远县杉木、楠竹、中药材主产区。

■经济发展 2017年五龙山瑶族乡地方生产总值7750万元，财政总收入520万元，同比增长8.3%。上缴耕地占用税5.89万元，烤烟税收14.6万元。征收社会抚养费22.7万元。

2017年全乡有耕地面积5565亩，人均0.47亩。种植业以粮食为主。种烤烟360亩，收购烟叶530担。蔬菜种植600亩。面上造林3050亩。楠竹低改1500亩，封山育林2500亩，中幼林抚育2000亩。培育5户100亩以上造林大户。百合、颠茄、萝卜经济作物种植460多亩。流转土地700亩，引进蔬菜柑橘投资商3个。年生猪出栏200头以上的猪场3个，养殖业有较大发展。

2017年有商业网点84个，社会商品零售额0.35亿元；有集贸市场2个，年成交额0.17亿元。

■基础设施 2017年完成宁荒公路雷玄至石家洞村路段11公里的道路加宽提质工程。投资修建小型水利设施15处，桥梁建设5座，安全饮水工程2处，道路通畅加宽提质共16处32.42公里，共投入1380万元。投入13.8万元在茶坪源、陈家湾、大坝、牛塘岭等村新建垃圾池46个。投入24.6余万元在上庄源、上洞铺、大坝、洋塘等村修建村内沟渠及消防水塘10处。

■社会事业 2017年投资硬化五龙山中心校至五龙山中心幼儿园道路，购置学生电脑50台，完善多媒体教学设备，并对五龙山中心校基础设施进行大范围维修，共投资50余万元。乡政府自筹2.88万元奖励高考优秀学子20名。

2017年以乡政府和责任区办事处所在地为重点，大力清理私搭乱建，配置果皮箱60个、大垃圾桶60个，安装路灯30盏，乡村均配备保洁员，村村兴建了垃圾池。同时，开展“清洁卫生”评比活动，大力整治“五小行业”，“脏乱差”现象得到有效遏制。全乡“乡主管、村落实、组负责、户参与”的创卫工作格局基本形成。

2017年全乡每个村都安装村村响，每个村的文化活动中心都配备体育健身器材，村级图书室共新增藏书0.5万册。

2017年全乡5760名群众纳入农村养老保险，年满60周岁的老人全部享受养老金；25名符合条件的五保老人实行了集中供养。846户、1475名低收入群众纳入最低生活保障；

■民俗风情 五龙山瑶族乡有着漫长的历史和古老的文化，文化底蕴和瑶族风情与九嶷山南呼北应。五龙山瑶族服饰头巾有衬板，有“顶板瑶”之称，与桐木漯瑶族、棉花坪瑶族相同。方言主要以瑶话和新田语音为主。

■自然灾害 2017年入汛以后，五龙山乡遭遇百年难遇的特大洪水袭击，所有村都不同程度受灾。据统计，全乡因灾倒房47户，房屋室内进水、房前屋后崩坎滑坡等造成房屋损失的104户，紧急转移安置受灾人员79户207人，农作物成灾面积4585亩，洪灾导致全乡公路遭受大面积破坏，路基坍塌，边坡塌方，桥涵冲毁、堵塞，全乡累计道路坍塌方75处、16850立方米，道路冲毁54处、16650米，山体滑坡80处约2600立方米，损毁桥梁17座，通信电力设施受损严重，损毁光纤11100米，损毁基站2座，损毁电杆150根，损毁变压器5台，水利设施受损168处等，造成巨大的财产和经济损失。灾情发生后，党委、政府紧急应对，全体党员干部齐心抗灾，确保大灾面前零伤亡、无大难，取得抗灾抢险的胜利。

（黄越峰）

人　物

刘卫华

刘卫华，男，汉族，1965年2月出生，中央党校研究生学历，湖南双牌人，中共党员，1984年7月毕业于湖南益阳供销学校企业管理专业，1984年7月参加工作，现任中共宁远县委书记。

1984年7月至1988年5月，先后在双牌县供销合作社联社、财贸委员会工作；1988年5月至1991年10月，任双牌县政府经济研究室副主任、主任；1991年10月至1995年9月，任零陵行署调研室（体改委）经研科科长、零陵行署《潇湘论坛》编辑部主任；1995年9月至1997年9月，任蓝山县政府党组成员、副县级县长助理（副处级）；1997年9月至2000年9月，任冷水滩区委常委、组织部部长。

2000年9月至2009年11月，任中共宁远县委常委、常务副县长；2009年11月至2010年2月，任中共宁远县委副书记、常务副县长；2010年2月至2011年4月，任中共宁远县委副书记；2011年4月至2011年5月，任中共宁远县委副书记、宁远县人民政府副县长、代县长；2011年5月至2014年1月，任中共宁远县委副书记，县人民政府县长、党组书记。2014年1月起，任中共宁远县委书记。

中国共产党湖南省第十一次代表大会代表；中国共产党永州市第三次、四次、五次代表大会代表；永州市第四届、五届人民代表大会代表；中国共产党宁远县第十次、十一次、十二次代表大会代表；宁远县第十五届、十六届、十七届人民代表大会代表。

唐何

唐何，男，汉族，1977年10月出生，湖南省华容县人，1999年7月参加工作，1999年6月加入中国共产党，研究生学历。1999年7月，于湖南财经学院财会系会计专业毕业。2003年8月，任湖南省食品药品监督管理局副主任科员；2006年8月，任湖南省食品药品监督管理局人事教育处主任科员；2008年11月，任湖南省食品药品监督管理局培训中心主任（副处）；2009年9月至2012年7月，为湖南大学法学院在职硕士研究生；2010年10月，任湖南省食品药品监督管理局人事教育处副处长、培训中心主任；2013年2月，任湖南省食品药品检验研究院党委书记、院长；2014年12月，任湖南省食品药品监督管理局稽查总队食品药品稽查专员；2015年3月，任衡山县委常委、副县长（挂职）；2016年8月，任宁远县委副书记、县人民政府代县长；2016年11月起，任宁远县委副书记、县人民政府县长；湖南省第十三届人民代表大会代表。

刘军君

刘军君，男，汉族，1967年9月出生，大学学历，法学学士，祁阳县人，1989年7月参

加工作，1993年4月入党，现任宁远县委副书记。

1985年7月至1989年7月为中南政法学院经济法专业学生；1989年7月至1994年5月任永州市零陵区（原县级永州市）人民法院书记员、审判员、办公室副主任（期间：1989年7月至1990年7月为零陵地区（永州市毛溪桥乡社教工作队队员）；1994年5月至1996年2月为永州市零陵区（原县级永州市）委组织部科员；1996年2月至1998年8月任永州市零陵区委组织部组织组长（期间：1998年1月至1998年8月在永州市委组织部办公室跟班学习）；1998年8月至1999年3月为永州市委组织部办公室科员；1999年3月至1999年9月任永州市委组织部办公室副科级组织员；1999年9月至2002年12月任永州市委组织部组织科副科长；2002年12月至2007年12月任永州市委组织部办公室副主任（正科级）；2007年12月至2010年1月任永州市委组织部办公室主任（副处级）；2010年1月至2015年4月任宁远县委常委、组织部长；2015年4月至2016年8月任宁远县委常委、常务副县长；2016年8月起，任宁远县委副书记。

张明贵

张明贵，男，汉族，1963年3月出生，在职研究生学历，硕士学位，宁远县人，1981年7月参加工作，1991年4月入党，现任宁远县人大常委会主任、党组书记。

1979年9月至1981年7月为湖南省宁远师范学校师范专业学生；1981年7月至1989年4月为宁远县大界小学、大阳洞中心小学、大阳洞中学教师（期间：1985年8月至1988年7月脱产就读湖南广播电视大学汉语言专业专科毕业，1986年1月至1988年6月湘潭大学法律专业自考专科毕业）；1989年4月至1990年2月任宁远县中和区公所秘书；1990年2月至1993年11月任宁远县政协办秘书、副局级秘书、副主任；1993年11月至1996年1月任宁远县人民政府办公室党组成员、副主任兼县民委主任；1996年1月至1997年9月任宁远县民政局局长；1997年9月至2002年12月任宁远县人民政府党组成员、县政府办党组书记、主任（期间：2001年9月至2003年4月在湖南省行政学院国际MBA硕士学位班学习）；2002年12月至2006年6月任宁远县人民政府副县长、党组成员（期间：2005年挂任湖南省政府办公厅信息监督处副处长）；2006年6月至2010年1月任宁远县委常委，县人民政府副县长、党组成员；2010年1月至2011年6月任宁远县委常委，县人民政府常务副县长、党组副书记；2011年6月至2012年10月任宁远县正处级干部、县人大常委会党组副书记（排第一）；2012年10月起，任宁远县人大常委会主任、党组书记。

李苏昭

李苏昭，男，汉族，1963年10月出生，大专学历，宁远县人，1985年8月参加工作，1987年6月入党，现任宁远县政协主席、党组书记。

1982年9月至1985年8月为零陵师范专科学校化学专业大专学生；1985年8月至1987年9月为永州市迴龙圩农场子弟学校教师、教导主任；1987年9月至1989年9月任永州市迴龙圩农场宣教科副科长；1989年9月至1990年2月任永州市迴龙圩农场工业科科长；1990年2月至1991年3月任永州市迴龙圩农场办公室主任；1991年3月至1992年5月任永州市迴龙圩农场经委主任；1992年5月至1994年4月任宁远县委统战部正局级干事；1994年4月至1998年2月任宁远县委统战部副部长兼台办主任；1998年2月至2002年3月任宁远县委组织部副部长；2002年3月至2002年12月任宁远县委组织部副部长、人事局局长；2002年12月至2003年1月任宁远县政协副主席、组织部副部长、人事局局长；2003年1月至2006年6月任宁远县政协副主席、统战部部长；2006年6月至2007年11月任宁远县委常委、县政协副主席、统战部部长；2007年11月至2011年6月任宁远县委常委、统战部部长；2011年6月至2011年8月任宁远县正处级干部、县政协党组副书记（排第一）、统战部部长；2011年8月至2012年10月任宁远县正处级干部、县政协党组副书记（排第一）；2012年10月起，任宁远县政协主席、党组书记。

刘庚旺

刘庚旺，男，汉族，1963年7月出生，大学学历，宁远县人，1982年8月参加工作，1990年5月入党，现任宁远县委常委、县委宣传部部长。

1980年9月至1982年8月为湖南省零陵地区商业学校财会专业学生；1982年8月至1992年9月任宁远县商业局干部、股长（期间：1988年9月至1990年7月湖南省商业管理干部学院企业管理专业大专毕业）；1992年9月至1994年4月任宁远县人民政府办公室秘书；1994年4月至1996年1月任宁远县商业局党组成员、副局长；1996年1月至1997年1月任宁远县商业局党委书记、局长（期间：1996年8月至1998年12月中央党校函授学院经济管理专业本科毕业）；1997年1月至2001年2月任宁远县湾井镇党委书记；2001年2月至2003年6月任宁远县粮食局党组副书记、局长；2003年6月至2008年12月任宁远县九嶷山国家森林公园管理局党委书记；2008年12月至2011年6月任宁远县委常委、宁远县九嶷山国家森林公园管理局党委书记；2011年6月至2012年10月任宁远县委常委、副县长、统战部长、九嶷山国家森林公园管理局党委书记；2012年10月至2015年4月任宁远县委常委、副县长、统战部长；2015年4月至2016年8月任宁远县委常委，县人民政府副县长；2016年8月起，任宁远县委常委、县委宣传部部长。

曹辉正

曹辉正，男，汉族，1968年1月出生，大学学历，宁远县人，1989年7月参加工作，1995年7月入党，现任宁远县委常委、县委办主任。

1986年8月至1989年7月为湖南林业专科学校农学专业学生；1989年7月至1990年10月为宁远县林业局冷水林业站技术员；1990年10月至1995年6月为宁远县林业局技术员、副股长、助理工程师；1995年6月至1997年9月任共青团宁远县委副书记（期间：1996年8月至1998年12月中央党校函授学院党政管理专业本科毕业）；1997年9月至2001年3月任共青团宁远县委书记；2001年3月至2002年6月任宁远县委组织部副部长；2002年6月至2009年10月任宁远县委组织部副部长、县直属机关党委书记；2009年10月至2010年6月任宁远县副处级干部、县委组织部副部长、县直属机关党委书记；2010年6月至2011年6月任宁远县人民政府副县长、党组成员；2011年6月至2016年8月任宁远县委常委、政法委书记；2016年8月起，任宁远县委常委、县委办主任。

陈海平

陈海平，男，汉族，1974年4月出生，大

学学历，江华县人，1990年12月参加工作，1996年12月加入中国共产党，现任宁远县委常委、县纪委书记、县监委主任。

1990年12月至1993年12月在北京军区第二十八集团军服役；1993年12月1994年4月待安置；1994年4月至1998年4月在江永县公安局交警大队工作（期间：1996年9月至1999年6月永州市委党校经济管理专业函授大专毕业）；1998年4月至2003年2月任江永县公安局交警大队民警、安宣股股长（期间：1999年9月至2002年12月中央党校法律专业函授本科毕业）；2003年2月至2004年8月任江永县公安局交警大队副主任科员、安宣股股长；2004年8月至2006年7月任江永县公安局交警大队副大队长；2006年7月至2006年9月任江永县夏层铺镇党委副书记、镇长候选人；2006年9月至2008年12月任江永县夏层铺镇党委副书记、镇长；2008年12月至2010年6月任江永县夏层铺镇党委书记；2010年6月至2013年8月任永州市文化广电新闻出版局党组成员、纪检组组长；2013年8月至2016年8月任永州市委办副处级纪检员；2016年8月至2017年12月27日任宁远县委常委、纪委书记；2017年12月27日起，任宁远县委常委、县纪委书记、县监委主任。

黄永英

黄永英，男，汉族，1973年5月出生，大学学历，蓝山县人，1991年7月参加工作，1999年7月入党，现任宁远县委常委、副县长（常务），县人民政府党组副书记。

1987年9月至1991年7月为长沙有色金属专科学校矿山地质专业学生；1991年7月至1996年9月为湖南省宝山铅锌银矿地质技术员（期间：1992年4月至1995年6月湖南师范大学公共关系专业自考大专毕业）；1996年9月至1997年7月为湖南省宝山铅锌银矿地质助理工程师；1997年7月至1998年1月为蓝山县总工会办公室干事；1998年1月至2003年4月任蓝山县总工会办公室副主任、会计（期间：1995年8月至2002年6月湘潭大学行政管理专业自考本科毕业）；2003年4月至2005年1月任蓝山县委办副科级干部；2005年1月至2007年8月任蓝山县委办正科级组织员；2007年8月至2008年4月任蓝山县委办副主任、正科级组织员；2008年4月至2011年6月任蓝山县塔峰镇党委书记；2011年6月至2011年9月任蓝山县委常委、政法委书记、塔峰镇党委书记；2011年9月至2015年4月任蓝山县委常委、政法委书记；2015年4月至2016年8月任蓝山县委常委、县人民政府常务副县长；2016年8月至2016年11月任宁远县政府党组副书记、县委常委、副县长候选人（常务）；2016年11月起，任宁远县委常委、副县长（常务），县人民政府党组副书记。

雷军平

雷军平，男，汉族，1974年7月出生，大学学历，东安县人，1995年7月参加工作，1999年6月入党，现任宁远宁远县委常委、组织部长。

1992年7月至1995年6月在零陵师专中文专业学习；1995年7月至1997年7月为东安县耀祥中学教师；1997年8月至2001年1月为东安县委办公室科员（期间：1994年7月至2001年5月在湖南师大中文系汉语言文学专业自考本科学习）；2001年1月至

2002年9月为东安县委办公室副主任科员；2002年9月至2003年3月为东安县委宣传部副主任科员；2003年3月至2003年11月为东安县委宣传部主任科员、借调市委宣传部工作；2003年11月至2004年4月为永州市委宣传部办公室主任科员；2004年4月至2005年11月任永州市委宣传部理教科副科长；2005年11月至2007年11月任永州市委宣传部理教科科长；2007年11月至2008年4月任永州市委办督查室主任科员；2008年4月至2009年8月任永州市委办督查室副主任；2009年8月至2013年8月任永州市委办副处级督察员；2013年8月至2015年9月任永州市纪委办公室主任；2015年9月至2017年12月任道县县委常委、纪委书记；2017年12月起，任宁远县委常委、组织部部长。

唐浩

唐浩，男，瑶族，1983年1月出生，在职研究生学历，江永县人，2000年9月参加工作，2003年4月入党，现任宁远县委常委、县委统战部部长。

1997年9月至2000年7月为零陵师范学校普师专业学生（期间：1998年9月至2000年7月衡阳师范学院汉语言文学教育函授大专毕业）；2000年7月至2000年9月毕业待分配；2000年9月至2004年5月为江永县冷水铺学校教师、校团总支书记（期间：2002年8月至2004年5月借调至江永县教育局办公室工作）；2004年5月至2004年10月为江永县潇浦中学教师、校团总支书记；2004年10月至2007年6月任共青团江永县委副书记（期间：2001年4月至2005年12月湖南师范大学汉语言文学专业自考本科毕业；2006年9月至2009年7月湖南省委党校在职研究生班法学理论专业毕业）；2007年6月至2008年5月任共青团江永县委书记；2008年5月至2008年9月任江永县松柏瑶族乡党委副书记、乡长候选人；2008年9月至2011年3月任江永县松柏瑶族乡党委副书记、乡长；2011年3月至2012年8月任江永县松柏瑶族乡党委书记；2012年8月至2015年11月任江永县上江圩镇党委书记；2015年11月至2015年12月任宁远县副县长候选人，县政府党组成员，江永县上江圩镇党委书记；2015年12月至2016年8月任宁远县人民政府副县长，县政府党组成员；2016年8月起，任宁远县委常委、县委统战部部长。

郭照国

郭照国，男，1987年11月从湖北黄梅县武装部应征入伍为战士；1989年9月为武汉军事经济学院物资管理工程系学习学员、区队长；1992年7月为广州军区联勤部长沙物资供应站助理员、参谋；2006年10月在湖南省食品药品监督管理局稽查局工作至今任副调研员。（期间：2015年04月至2018年3月任省食品药品监督管理局驻宁远县湾井镇下灌村扶贫工作队长、第一书记，2017年7月至2018年3月挂职宁远县委常委。）

曾海波

曾海波，男，汉族，1982年9月出生，在职研究生学历，蓝山县人，2005年7月参加工作，2002年12月入党，现任宁远县委常委、政法委书记。

2005年7月至2007年9月为蓝山县总市办事处科员（期间：2006年9月至2007年9月在楠市镇白竹塘村任第一支部书记）；2007年9月至2007年12月任共青团蓝山县委副书记；2007年12

月至2011年9月任共青团蓝山县委书记（期间：2008年9月至2011年6月湖南省委党校在职研究生法学理论专业学习）；2011年9月至2012年8月任蓝山县紫良瑶族乡党委书记；2012年8月至2016年8月任蓝山县人民政府副县长；2016年8月至2017年11月任宁远县政府党组成员、副县长；2017年11月起，任宁远县委常委、政法委书记。

向胜

向胜，男，汉族，四川蓬溪人，1975年12月出生，1999年7月入伍，1997年12月入党，大学学历。现任宁远县人民武装部政治委员，军分区党委委员、人武部党委书记，上校军衔。

入伍后，任四十二集团军一二四师三七二团二营六连副连职排长。2001年12月任四十二集团军一二四师三七二团政治处宣传股副连职干事。2002年12月任四十二集团军一二四师三七二团政治处宣传股正连职干事。2003年7月任四十二集团军一二四师政治部干部科正连职干事。2005年12月任四十二集团军一二四师政治部干部科副营职干事。2007年5月任四十二集团军一二四师三七二团政治处干部股股长。2008年2月任四十二集团军一二四师三七二团装甲步兵三营政治教导员。2010年3月任四十二集团军一二四师政治部干部科正营职干事。2010年8月任四十二集团军一二四师政治部干部科科长。2012年3月任四十二集团军惠州离职干部休养所所长。2015年1月任湖南省双牌县人民武装部政治委员。2017年6月起，任湖南省宁远县人民武装部政治委员。

文小武

文小武，男，汉族，湖南衡阳人，1973年3月出生，1991年12月入伍，1993年10月入党，

大学学历。现任宁远县人民武装部部长，军分区党委委员、人武部党委副书记。上校军衔。

1991年12月入伍，为总参通信部二总站通信四团战士。1994年8月至1996年7月军事经济学院襄樊分院后勤指挥专业中专毕业。1996年7月，任长沙工程兵学院司务长、正排职助理员。1997年9月至2000年6月参加中央党校经济管理专业函授学习，本科毕业。1999年7月，任长沙工程兵学院院务部副连职助理员。2002年6月，任国防科学技术大学工程兵学院院务部营房科正连职助理员。2003年9月成为国防科学技术大学人文与社会科学院学员。2003年9月至2005年6月，国防科学技术大学机关政治工作专业全日制本科毕业。2005年6月，任国防科学技术大学指挥军官基础教育学院院务部营房科副营职助理员。2007年12月，任国防科学技术大学指挥军官基础教育学院院三管处正营职助理员。2010年5月，任国防科学技术大学指挥军官基础教育学院院三管处副处长。2013年6月，任国防科学技术大学指挥军官基础教育学院学员三大队副大队长。2017年12月起，任湖南省宁远县人民武装部部长。

周方

周方，男，汉族，1968年12月出生，在职研究生学历，宁远县人，1988年11月参加工作，1991年6月入党，现任宁远县人大常委会党组副书记、常务副主任。

1988年11月至1991年2月任宁远县工商局冷水工商所团支部书记；1991年2月至1994年12月任宁远县工商局办公室副主任、机关团总支部书记、合同管理股股长；

1994年12月至1996年3月任宁远县财委秘书；1996年4月至1999年9月任宁远县委组织部青年干事；1999年9月至2003年1月任宁远县委组织部副科级组织员、干教办副主任、参照室主任、办公室主任；2003年1月至2003年12月任宁远县委组织部正科级纪检员；2003年12月至2005年1月任宁远县委办副主任；2005年1月至2007年9月任宁远县禾亭镇党委书记；2007年9月至2009年8月任宁远县人民政府办公室党组副书记、副主任；2009年8月至2011年6月任宁远县人民政府党组成员、县政府办党组书记、主任；2011年6月至2011年12月任宁远县人大常委会副主任、县政府办党组书记、主任；2011年12月至2012年9月任宁远县人大常委会党组成员、副主任；2012年9月起，任宁远县人大常委会党组副书记、常务副主任。

胡昕若

胡昕若，男，汉族，1967年7月出生，大学学历，宁远县人，1990年7月参加工作，非党，现任宁远县人大常委会副主任。

1986年9月至1990年7月在湖南农学院蔬菜专业学习，获农学学士学位；1990年7月至1994年3月任零陵地区财委干部；1994年3月至1997年3月任零陵地区蔬菜科技推广站副站长（主持工作）；1997年3月至2000年8月任永州市财委干部（副科级）；2000年8月至2002年2月任永州市财委蔬菜科副科长；2002年2月至2005年6月任永州市内贸办烟草科科长；2005年6月至2008年12月任永州市烤烟办副主任；2008年12月至2010年6月任永州市农业局副局长；2010年6月至2016年11月任宁远县人民政府副县长；2016年11月起，任宁远县人大常委会副主任。

眭晓棠

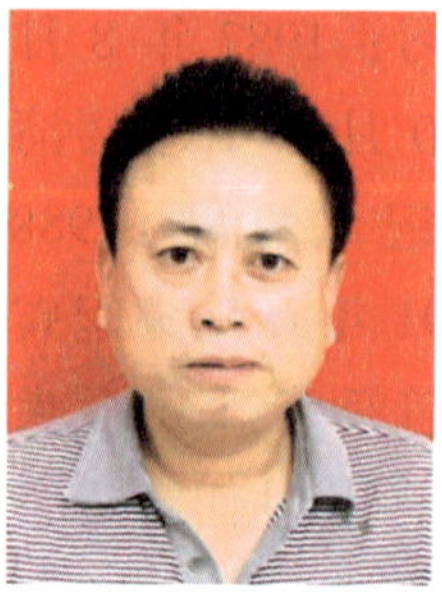

眭晓棠，男，汉族，1963年11月出生，大学学历，宁远县人，1984年4月参加工作，1985年4月入党，现任宁远县人大常委会副主任，党组副书记。

1984年4月至1985年2月任宁远县双井圩乡团委书记；1985年2月至1986年1月任宁远县双井圩乡武装部副部长；1986年1月至1987年8月任宁远县晓睦塘乡武装部长；1987年8月至1989年2月任宁远县柏家坪镇党委委员、武装部长（期间：1988年9月至1991年6月在湖南省委党校经济管理专业函授大专学习）；1989年2月至1992年4月任宁远县柏家坪镇副镇长；1992年4月至1992年11月任宁远县柏家坪镇党委副书记、镇长；1992年11月至1994年4月任宁远县柏家坪镇党委书记；1994年4月至1995年6月任宁远县水市区区委书记；1995年6月至1996年12月任宁远县冷水镇党委书记；1996年12月至1998年9月任宁远县九嶷山国家森林公园管理局党委副书记兼九疑山瑶族乡党委书记（期间：1997年8月至1999年12月在中央党校函授学院法律专业本科学习）；1998年9月至2002年3月任宁远县财委主任、党组书记；2002年3月至2002年11月任宁远县经贸委主任、党组书记；2002年11月至2011年3月任宁远县人民政府助理调研员、县经委主任；2011年3月至2012年10月任宁远县人民政府助理调研员；2012年10月起，任宁远县人大常委会副主任，党组副书记。

何为民

何为民，男，汉族，1966年10月出生，大学学历，宁远县人，1987年8月参加工作，1990年5月入党，现任宁远县人大常委会副主任，党组成员。

1984年9月至1987年8月在零陵地区农业学校植保专业中专学习；1987年8月至1992年10月任宁远县湾井区团委书记（期间：1988年9月至1991年6月湖南省委党校经济管理专业函授大专毕业）；1992年10月至1994年4月任宁远县下灌乡政府副乡长；1994年4月至1995年6月任宁远县原湾井镇党委书记；1995年6月至1995年10月任宁远县湾井镇工委副书记；1995年10月至1997年9月任宁远县仁和镇党委副书记、镇长；1997年9月至2002年4月任宁远县仁和镇党委书记；（期间：2000年月至2002年12月中央党校函授学院经济管理专业本科毕业）；2002年4月至2003年1月任宁远县纪委副书记；2003年1月至2004年12月任宁远县计划生育委员会党组书记、主任；2004年12月至2007年12月任宁远县人口和计划生育委员会党组书记、主任；2007年12月至2012年9月任宁远县委组织部副部长；2012年9月至2013年4月任宁远县人大副主任、组织部副部长；2013年4月起，任宁远县人大常委会副主任、党组成员。

谢金花

谢金花，女，汉族，1968年6月出生，在职研究生学历，双峰县人，1989年7月参加工作，1994年9月入党，现任宁远县人大常委会副主任，党组成员。

1987年9月至1989年7月为中南林学院林学专业学生；1989年7月至1991年3月为炎陵县五里排林场技术员；1991年3月至1998年3月任宁远县妇联组宣部长、办公室主任（期间：1996年9月至1998年12月中央党校函授经济专业本科毕业）；1998年3月至1999年9月任宁远县农委副局级组织员；1999年9月至2002年3月任宁远县农委党组成员、副局级纪检员；2002年3月至2003年1月任宁远县科协党组书记、主席；2003年1月至2011年4月任宁远县妇联党组书记、主席（期间：2004年9月至2007年7月湖南省委党校函授法学理论专业在职研究生毕业）；2011年4月至2013年12月任宁远县委组织部副部长；2013年12月至2016年8月任宁远县委组织部副部长（排第一）；2016年8月至2016年11月任宁远县人大常委会副主任候选人、县委组织部副部长（排第一）；2016年11月至2017年1月任宁远县人大常委会副主任、县委组织部副部长（排第一）；2017年1月起，任宁远县人大常委会副主任，党组成员。

邓小英

邓小英，女，汉族，1977年8月出生，大学学历，宁远县人，2001年6月参加工作，非党，现任宁远县人民政府副县长。

1996年9月至2000年7月在湖南师范大学体育教育专业本科学习，获教育学学士学位；2000年7月至2001年6月待业；2001年6月至2003年1月为宁远一中教师；2003年1月至2005年4月任宁远县九疑山瑶族乡乡长助理；2005年4月至2007年10月任宁远县九疑山瑶族乡政府副乡长；2007年10月至2011年3月任宁远县天堂镇政府镇长；2011年3月至2012年2月任宁远县文化局局长；2012年2月至2012年10月任宁远县科技局局长；2012年10月至2013年5月任宁远县政协副主席，县科技局局长；2013年5月至2016年8月任宁远县政协副主席；2016年8月至2016年11月任宁远县政协副主席，人民政府副县长候选人；2016年11月起，任宁远县人民政府副县长。

陈云生

陈云生，男，汉族，1967年3月出生，大学学历，祁阳县人，1988年7月参加工作，1994年6月入党，现任宁远县人民政府党组成员、副县长，县公安局党委书记、局长。1986年9月至1988年7月为湖南省人民警察学校公安专业学生；1988年7月至1989年7月为原冷水滩市公安局刑警大队见习民警；1989年7月至1992年6月为原冷水滩市公安局刑警大队民警；1992年6月至1996年10月任原冷水滩市公安局菱角山派出所副所长；1996年10月至1998年1月任永州市公安局冷水滩分局菱角山派出所教导员；1998年1月至2001年2月任永州市公安局冷水滩分局刑侦大队教导员；2001年2月至2003年11月任永州市公安局冷水滩分局刑侦大队大队长；2003年11月至2008年3月任永州市公安局冷水滩分局刑侦大队大队长、主任科员（期间：2001年9月至2006年12月湖南大学网络学院成人教育法学专业本科毕业）；2008年3月至2008年9月任永州市公安局冷水滩分局治安管理大队大队长；2008年9月至2014年9月任永州市公安局刑事侦查支队副支队长；2014年9月至2014年10月任永州市公安局冷水滩分局政委；2014年10月至2016年8月任永州市公安局冷水滩分局党委副书记、政委；2016年8月至2016年11月任宁远县人民政府党组成员、县人民政府副县长候选人，县公安局党委书记、局长；2016年11月起，任宁远县人民政府党组成员、副县长，县公安局党委书记、局长。

邓传文

邓传文，男，汉族，1974年11月出生，在职研究生学历，双牌县人，1992年7月参加工作，1993年6月入党，现任宁远县人民政府党组成员、副县长。

1988年9月至1992年7月为零陵农业学校农学专业学生；1992年7月1994年4月任宁远县禾亭镇政府秘书；1994年4月至1995年6月任宁远县禾亭镇政府副镇长；1995年6月至1998年3月任宁远县禾亭镇乡经委主任、宣统部副部长（期间：1994年9月至1996年7月零陵广播电视大学行政管理专业大专毕业）；1998年3月至1999年9月任宁远县禾亭镇党委委员、纪委书记；1999年9月至2001年11月任宁远县纪委办公室主任（副局级）；2001年11月至2007年9月任宁远县保安乡党委书记（期间：2001年9月至2003年12月湖南省委党校法律专业函授本科毕业）；2007年9月至2011年3月任宁远县九疑山瑶族乡党委书记（期间：2005年9月至2008年7月湖南省委党校法学理论专业在职研究生毕业）；2011年3月至2013年12月任宁远县交通局党组副书记、局长；2013年12月至2016年8月任宁远县交通运输局党组书记、局长；2016年8月至2016年11月任宁远县人民政府党组成员、县人民政府副县长候选人，县交通运输局党组书记、局长；2016年11月至2017年1月任宁远县人民政府党组成员、副县长，县交通运输局党组书记、局长；2017年1月起，任宁远县人民政府党组成员、副县长。

欧阳国春

欧阳国春，男，汉族，1968年3月出生，大学学历，注册税务师、会计师，宁远县人，1990年6月参加工作，1992年6月入党，现任宁远县人民政府党组成员、副县长。

1988年10月至1990年6月为湖南省财会学校财政专业学生；1990年6月至1991年6月任宁远县水市镇财政所农税专干；1991年6月至

1993年4月任宁远县水市区财政室会计；1993年4月至1995年6月任宁远县水市区财政室副主任、主任（期间：1992年9月至1995年6月湖南省委党校经管专业函授大专毕业）；1995年6月至2001年2月任宁远县舜陵镇财政所所长（期间：1996年8月至1998年12月中央党校涉外经济专业函授本科毕业）；2001年2月至2003年1月任宁远县舜陵镇党委委员、副镇长（期间：2001年9月至2005年7月株洲工学院成人教育学院财务管理专业本科毕业）；2003年1月至2004年8月任宁远县舜陵镇党委副书记；2004年8月至2009年8月任宁远县城建投资管理中心主任、城建投资开发公司经理；2009年8月至2013年4月任宁远县政府办党组成员、副主任兼城建投资管理中心主任、城建投资开发公司经理；2013年4月至2013年12月宁远县民政局党组副书记、局长；2013年12月至2015年11月任宁远县民政局党组书记、局长；2015年11月至2016年8月任宁远县人民政府党组成员，政府办党组书记、主任；2016年8月至2016年11月任宁远县人民政府党组成员、县人民政府副县长候选人，政府办党组书记、主任；2016年11月至2017年1月任宁远县人民政府党组成员、副县长，政府办党组书记、主任；2017年1月起，任宁远县人民政府党组成员、副县长。

胡红灯

胡红灯，男，汉族，1973年7月出生，在职研究生学历，宁远县人，1995年9月参加工作，1996年6月入党，现任宁远县人民政府党组成员、副县长。

1992年9月至1995年9月为零陵师范高等专科学校中文专业学生（期间：1993年7月至2001年6月湖南师范大学汉语言文学专业自考本科毕业）；1995年9月至1997年9月为宁远县天堂镇中学教师；1997年9月至2001年6月为宁远县逍遥岩中学教师；2001年6月至2003年7月任宁远县委宣传部办公室主任；2003年7月至2007年10月任宁远县委宣传部副主任科员、办公室主任（期间：2004年12月至2006年1月挂职任宁远县冷水镇党委副书记；2007年9月至2010年6月湖南省委党校法学理论专业在职研究生毕业）；2007年10月至2011年3月任宁远县冷水镇党委副书记、镇长；2011年3月至2012年2月任宁远县天堂镇党委委员、纪委书记、人大主席；2012年2月至2015年8月任宁远县水市镇党委书记；2015年8月至2016年8月任宁远县教育局党委书记、局长；2016年8月至2016年11月任宁远县人民政府党组成员、县人民政府副县长候选人，县教育局党委书记、局长；2016年11月至2017年1月任宁远县人民政府党组成员、副县长，县教育局党委书记、局长；2017年1月起，任宁远县人民政府党组成员、副县长。

杨友忠

杨友忠，男，汉族，1974年12月出生，大专学历，宁远县人，1996年7月参加工作，1997年5月入党，现任宁远县人民政府党组成员、副县长，县财政局党组书记、局长。

1993年9月至1996年7月为湖南省财经高等专科学校税务专业学生；1996年7月至2001年1月为宁远县中和镇财政所会计；2001年1月至2002年4月为宁远县公安局委派会计；2002年4月至2007年6月为宁远县财政局科员；

2007年6月至2009年8月任宁远县财政局预算股股长；2009年8月至2013年4月任宁远县财政局党组成员、副局长；2013年4月至2013年8月任宁远县政府办党组成员、副主任，县城建投资管理中心党组副书记、主任；2013年8月至2016年11月任宁远县城建投资管理中心党组书记、主任；2016年11月至2017年11月任宁远县财政局党组书记、局长；2017年11月至2017年12月任宁远县政府副县长候选人、县财政局党组书记、局长；2017年12月起，任宁远县人民政府党组成员、副县长，县财政局党组书记、局长。

黄生强

黄生强，男，汉族，1968年12月出生，博士研究生学历，湖南郴州嘉禾县人，1992年7月参加工作，致公党党员，现任宁远县人民政府科技副县长（挂职）。

1988年9月至1992年7月在湖南农学院畜牧专业学习，获本科学历、农学学士；1992年7月至2017年11月在湖南农业大学动物科学技术学院从事教学科研工作（期间：2000年12月获湖南农业大学动物遗传育种专业硕士学位；2010年12月获湖南农业大学动物遗传育种与繁殖学专业博士研究生毕业，获博士研究生学历、农学博士）；2017年11月起，任宁远县人民政府科技副县长（挂职）。

蒋家安

蒋家安，男，汉族，1962年11月出生，大学学历，宁远县人，1984年7月参加工作，1986年1月入党，现任宁远县政协党组副书记、副主席。

1981年9月至1984年7月为零陵师范专科学校数学专业大专学生；1984年7月至1985年4月任道县上关乡团委书记；1985年4月至1986年3月任道县蚣坝区团委书记；1986年3月至1986年5月任道县青口乡副乡长；1986年5月至1988年1月任道县青口乡乡长；1988年2月至1992年12月任宁远县税务局中和税务所专管员、办公室副主任、促产增收办公室副主任、税政股副股长；1992年12月至1995年6月任宁远县委组织部干事（1993.06明确为副科级）；1995年6月至1995年9月任宁远县仁和镇党工委副书记、管委会主任（1995年9月当选宁远县仁和镇党委副书记）；1995年9月至1998年9月任宁远县禾亭镇党委书记；1998年9月至2000年12月任宁远县委宣传部副部长；2000年12月至2003年7月任宁远县广播电视局党组书记、局长；2003年7月至2008年5月任宁远县委组织部副部长（期间：2004年9月至2006年12月湖南省委党校函授学院法律专业本科毕业）；2008年5月至2008年8月任宁远县纪委常委、副书记、监察局局长；2008年8月至2012年2月任宁远县人民政府党组成员、县纪委常委、副书记、监察局局长；2012年2月至2012年5月任宁远县人民政府党组成员、县纪委常委、副书记、人力资源和社会保障局局长；2012年5月至2012年7月任宁远县人民政府党组成员、县纪委常委、县委组织部副部长、人力资源和社会保障局局长；2012年7月至2012年9月任宁远县委组织部副部长、人力资源和社会保障局党组副书记、局长；2012年9月至2012年11月任宁远县第八届政协副主席候选人，县委组织部副部长、人力资源和社会保障局党组副书记、局长；2012年11月至2013年4月任宁远县第八届政协副主席，县委组织部副部长、人力资源和社会保障局党组副书记、局长；2013年4月至2013年7月任宁远县政协副主席，县委组织部副部长；2013年7月起，任宁远县政协副主席、党组副书记。

欧桥贵

欧桥贵，男，汉族，1966年2月出生，大学学历，宁远县人，1989年7月参加工作，非党，现任宁远县政协副主席（兼）、县工商联主席（总商会会长）。

1985年9月至1989年7月为湘潭大学哲学专业学生，获哲学学士学位；1989年7月至1990年8月为宁远县监察局干部；1990年8月至2002年12月历任宁远县检察院书记员、助检员、检察员、监检股副股长、刑检二股副股长、刑检三股股长、反贪局副局长、林检股股长、办公室主任；2002年12月至2007年7月任宁远县检察院副检察长；2007年7月至2007年11月任宁远县检察院主任科员、副检察长；2007年11月至2013年4月任宁远县检察院副检察长、县政协兼职副主席；2013年4月起，任宁远县政协副主席（兼）、县工商联主席（总商会会长）。

赵吉永

赵吉永，男，瑶族，1975年9月出生，大学学历，宁远县人，1995年9月参加工作，非党，现任宁远县政协副主席。

1991年9月至1995年7月为湖南长岭石油学校工业企业电气化专业中专学生；1995年7月至1995年9月在家待业；1995年9月至1996年12月为宁远县水泥一厂机电车间技术员；1996年12月至1998年1月任宁远县水泥一厂生产调度室副主任、机电车间副主任；1998年1月至2002年10月外出务工，曾任外资企业领班、主管；2002年10月至2003年4月任宁远县荒塘瑶族乡驻村指导员（副科级）；2003年4月至2004年8月任宁远县荒塘瑶族乡乡长助理（副科级）（期间：2003年9月至2006年6月在湖南省委党校函授学院法律专业大专学习）；2004年8月至2006年4月任宁远县荒塘瑶族乡副乡长；2006年4月至2009年1月任宁远县棉花坪瑶族乡乡长（期间：2006年4月至2008年12月湖南省委党校函授法律专业本科毕业）；2009年1月至2009年8月任宁远县人大常委会副主任、棉花坪瑶族乡乡长；2009年8月至2016年8月任宁远县人大常委会副主任；2016年8月至2016年11月任宁远县政协副主席候选人；2016年11月起，任宁远县政协副主席。

李春茂

李春茂，男，汉族，1963年1月出生，大学学历，宁远县人，1981年8月参加工作，1985年6月入党，现任宁远县政协副主席、党组成员。

1979年9月至1981年8月为宁远师范学校师范专业中专学生；1981年8月至1984年7月为宁远县湾井公社中学教师；1984年7月至1988年7月宁远县湾井区中学教师（期间：1985年9月至1988年6月衡阳师专地理专业函授大专毕业）；1988年7月至1991年1月为宁远县供销社职工学校教师（期间：1989年2月至1990年1月挂职任宁远县鲁观瑶族乡副乡长）；1991年1月至1994年3月为宁远县人事局科员；1994年3月至1996年1月任宁远县人事局副局级干部；1996年1月至1999年9月任宁远县人事局党组成员、副局长；1999年9月至2001年1月任宁远县人事局党组成员、副局长、纪检组长；2001年1月至2003年1月任宁远县编委办主任（期间：2001年6月至2003年12月湖南省委党校函授法律专业本科毕业）；2003年1月至2003年7月任宁远县人事局党组副书记、局长兼县编委办主任；2003年7

月至2012年2月任宁远县委组织部副部长，县人事局局长、党组副书记；2012年2月至2012年10月任宁远县人民政府党组成员，县纪委副书记、监察局局长；2012年10月至2013年4月任宁远县政协党组成员、副主席，县纪委副书记、监察局局长；2013年4月起，任宁远县政协副主席、党组成员。

肖红梅

肖红梅，女，汉族，1975年8月出生，大学学历，宁远县人，1996年8月参加工作，非党，现任宁远县政协副主席（兼）、商务和粮食局局长。

1992年9月至1996年7月为零陵地区卫生学校社区医学专业学生；1996年7月至1996年8月待业；1996年8月至2000年4月任宁远县湾井镇办公室副主任（期间：1999年9月至2002年6月永州市委党校函授经济管理专业大专毕业）；2000年4月至2001年2月任宁远县禾亭镇办公室副主任；2001年2月至2003年4月任宁远县禾亭镇政府副镇长（期间：2002年9月至2004年12月湖南省委党校法律专业函授本科毕业）；2003年4月至2004年12月任宁远县对外经济贸易合作局副主任科员；2004年12月至2009年8月任宁远县商务局副主任科员；2009年8月至2013年4月任宁远县招商局副局长；2013年4月至2015年12月任宁远县科技局局长；2015年12月至2016年8月任宁远县商务和粮食局局长；2016年8月—2016年11月任宁远县政协副主席候选人（兼）、商务和粮食局局长；2016年11月起，任宁远县政协副主席（兼）、商务和粮食局局长。

吕新陵

吕新陵，男，汉族，1963年10月出生，大学学历，祁阳县人，1983年8月参加工作，

1992年8月入党，现任宁远县人民法院党组书记，院长。

1981年9月至1983年7月为零陵师范专科学校普师专业学生；1983年8月至1984年9月新田县骥村中学教师；1984年9月至1986年9月在零陵师范专科学校学习；1986年9月至1987年9月为新田县农业职业中学教师；1987年9月至1989年3月为新田第二中学教师（期间：1986年4月至1988年12月湘潭大学法律专业自考大专毕业）；1989年3月至1992年8月为新田县人民检察院助理检察员；1992年8月至1998年10月为新田县人民检察院检察员（期间：1988年7月至1995年12月湘潭大学法律专业自考本科毕业）；1998年10月至1998年12月任新田县人民检察院检察委员会委员（副科）；1998年12月至2001年7月任新田县人民检察院检察委员会委员、渎职犯罪侦察局局长；2001年7月至2003年4月任新田县人民检察院党组成员、副检察长、检查委员会委员；2003年4月至2007年11月任新田县人民检察院党组副书记、副检察长（正科级）；2007年11月至2011年1月任江永县人民检察院党组书记、检察长（副处级）；2011年1月至2012年9月任双牌县检察院检察长（副处级）；2012年9月至2016年8月任蓝山县检察院检察长；2016年8月至2016年11月任宁远县人民法院党组书记，代理院长，提名为宁远县人民法院院长候选人；2016年11月起，任宁远县人民法院党组书记，院长。

周辉

周辉，男，汉族，1972年4月出生，在职研究生学历，湖南益阳人，1994年12月参加工作，1995年4月入党，现任宁远县人民检察院党组书记、检察长。

周辉同志1991年9月至1993年6月为湖南长沙职工大学行政管理专业学生（期间：1993

年9月至1995年6月湖南经济管理干部学院企业管理专业成教本科毕业）；1993年6月至1994年12月待业；1994年12月至2000年8月为永州市人民检察院科员（期间：1995年9月至1998年6月湖南广播电视大学法律专业电大本科毕业；2007年9月至2010年6月湖南省委党校法学专业研究生毕业）；2000年8月至2002年1月任永州市人民检察院副科级检察员；2002年1月至2006年4月任永州市人民检察院反贪局综合指导科科长、副科级检察员；2006年4月至2008年1月任永州市人民检察院反贪局综合指导科科长、正科级检察员；2008年1月至2011年3月任永州市人民检察院反贪局副局长、正科级检察员；2011年3月至2011年6月任永州市人民检察院侦监处处长、正科级检察员；2011年6月至2012年5月任永州市人民检察院侦监处处长、检委委员、正科级检察员；2012年5月至2015年10月任江永县人民检察院党组书记、检察长；2015年11月起，任宁远县人民检察院党组书记、检察长。

唐太勇

唐太勇，男，汉族，大学文化，宁远县人，1963年3月出生，1982年7月入党，1980年11月参加工作。现任九嶷山国家森林公园管理局党委副书记、局长。

1980年11月至1984年11月在广西凭祥市54257部队服役；1984年11月至1985年8月退伍回乡务农；1985年9月至1989年7月为宁远县云潭乡财政所干部（期间：1987年9月至1990年8月湖南省中华会计函授学校会计专业中专毕业）；1989年7月至1991年4月任宁远县保安乡财政所所长；1991年4月至1992年7月任宁远县太平区公所财政室出纳；1992年7月至1992年11月任宁远县太平乡政府副乡长；1992年11月至1994年4月任宁远县云潭乡党委副书记、乡长；1994年4月至1995年6月任宁远县下坠乡党委书记；1995年6月至1995年9月任宁远县太平镇工委副书记（期间：1994年8月至1996年12月中央学校函授学院党政专业本科毕业）；1995年9月至1999年9月任宁远县鲤溪镇党委委员、人大主席；1999年9月至2001年10月任宁远县仁和镇党委副书记、镇长；2001年10月至2003年6月任宁远县仁和镇党委书记；2003年6月至2011年3月任宁远县仁和镇党委书记、副处级干部；2011年3月至2012年5月任九嶷山国家森林公园管理局党委副书记、副局长、副处级干部；2012年5月起，任九嶷山国家森林公园管理局党委副书记、局长。

蒋崇庆

蒋崇庆，男，汉族，1964年1月出生，大学学历，宁远县人，1981年12月参加工作，1997年4月入党，现任宁远县工业园党工委书记。

1981年12月至1984年1月为宁远县糖厂职工；1984年1月至1989年6月为宁远县供销联社工作人员；1989年6月至1993年6月为宁远县粮食局办公室工作人员；1993年6月至1993年10月为宁远县公安局冷水交警中队民警；1993年10月至1998年4月为宁远县公安局刑侦大队侦查员（期间：1998年3月至2000年6月长沙职工大学经济管理专业大专毕业）；1998年4月至2001年2月任宁远县公安局城南派出所所长；2001年2月至2002年12月任宁远县公安局党委委员、副局长（期间：2002年11月至2004年6月零陵学院经济法学专业自考本科毕业）；2002年

12 月至 2011 年 3 月任宁远县公安局党委委员、副局长、主任科员；2011 年 3 月至 2013 年 12 月任宁远县城市管理局党组副书记、局长；2013 年 12 月至 2015 年 12 月宁远县城市管理局党组书记、局长；2015 年 12 月至 2016 年 10 月任宁远县住房和城乡规划建设局党组书记、局长；2016 年 10 月起，任宁远县工业园党工委书记。

周俊

周俊，男，汉族，1969 年 7 月出生，在职研究生学历，宁远县人，1991 年 8 月参加工作，1992 年 12 月入党，现任宁远县工业园区管委会主任。

1989 年 8 月至 1991 年 7 月为湖南省司法学校法学专业学生；1991 年 7 月至 1995 年 6 月任宁远县梅岗乡司法员、副乡长；1995 年 6 月至 1995 年 9 月任宁远县水市镇党委委员；1995 年 9 月至 1998 年 10 月任宁远县水市镇党委委员、办公室主任；1998 年 10 月至 2001 年 11 月任宁远县水市镇党委副书记（期间：2001 年 9 月至 2004 年 6 月湖南省委党校法律专业函授大专毕业）；2001 年 11 月至 2005 年 1 月任宁远县天堂镇党委副书记、镇长（期间：2004 年 6 月至 2004 年 9 月在广东省广州市海珠区挂职；2004 年 9 月至 2006 年 12 月湖南省委党校法律专业函授本科毕业）；2005 年 1 月至 2007 年 9 月任宁远县天堂镇党委书记；2007 年 9 月至 2011 年 3 月任宁远县水市镇党委书记（期间：2007 年 9 月至 2010 年 6 月湖南省委党校法学专业在职研究生毕业）；2011 年 3 月至 2013 年 12 月任宁远县经委党组副书记、主任；2013 年 12 月至 2015 年 12 月任宁远县经信委党组书记、主任；2015 年 12 月至 2016 年 10 月任宁远县科技和经济信息化委员会党组书记、主任；2016 年 10 月起，任宁远县工业园区管委会主任。

郑志晖

郑志晖，女，汉族，1967 年 9 月生，湖南省委党校函授法律专业本科学历，中共党员，湖南宁远人，1986 年 9 月参加工作，现任宁远县委党校校长。

1986 年 9 月至 1987 年 9 月在宁远晓睦塘中学任代课教师；1987 年 9 月至 1990 年 7 月在湖南电大衡阳分校英语专业学习；1990 年 7 月至 1990 年 11 月任宁远柏家坪区中学代课教师；1990 年 11 月至 1993 年 3 月任宁远县柏家坪区公所妇联主任；1993 年 3 月至同年 12 月在宁远县妇联工作；1993 年 12 月至 1998 年 3 月先后任宁远县机关幼儿园副园长、园长，1997 年 9 月至 1998 年 3 月借调到县纪委工作。

1998 年 3 月至 2002 年 9 月任宁远县纪委副科级纪检员（期间：2001 年 9 月至 2003 年 12 月在湖南省委党校函授本科法律专业学习）；2002 年 9 月至 2003 年 5 月任宁远县纪委常委；2003 年 5 月至 2004 年 12 月任宁远县纪委常委、监察局副局长；2004 年 12 月至 2006 年 6 月任宁远县纪委常委、监察局副局长、主任科员；2006 年 6 月至 2011 年 12 月任宁远县纪委副书记、监察局副局长、主任科员；2011 年 12 月至 2017 年 1 月任宁远县国土局党组书记、局长；2017 年 1 月至同年 11 月任宁远县委党校副校长，主持工作；2017 年 11 月起，任宁远县委党校校长（副处级）。

附　　录

一　荣誉谱

表 1　　获国家各部委办等部门表彰的先进集体

获奖单位	表彰内容	表彰依据
宁远县	国家全域旅游示范区	国旅发〔2016〕141 号
宁远县	全国“平安农机示范县”	农机发〔2018〕1 号
统战部	2017 年中央台办“两刊”对台宣传工作先进单位	中央台办宣传局
人社局	宁远县硕宁电子被评为全国就业扶贫基地	人社厅函〔2017〕148 号
民政局	第二届全国敬老文明号（宁远县光荣院）	全国老龄办
文体广新局	全国示范农家书屋（湾井镇朵山村）	国家新闻出版广电总局
县人民医院	中华全国妇女联合会人民医院巾帼文明岗	中华全国妇女联合会
森管局	九嶷山—舜帝陵被评为国家级风景名胜区	国函〔2017〕40 号
司法局	全国人民调解宣传工作先进集体	中调协〔2017〕10 号
工商联	2017 年全国“五好”县级工商联	中华全国工商联合会
桐山街道	全国创建无邪教示范村（五里桥村、星火村、桐山村）	国务院防范和处理邪教问题办公室
湾井镇	全国特色小镇	建村〔2017〕178 号
柏家坪镇	全国五星乡镇农技推广机构	农计科〔2017〕28 号
柏家坪镇	中国生态文化村（北屏村）	中国生态文化协会

表 2　　获省及各委办厅局表彰的先进集体

获奖单位	表彰内容	表彰依据
宁远县	保持省“平安县市区”称号	湘办发〔2017〕46 号
宁远县	全省全面小康推进工作十快县	湘办发〔2016〕4 号
宁远县	宁远县人民政府被评为 2016 年度全市车辆治超工作红旗单位先进集体	湘政办函〔2017〕11 号
宁远县	宁远县人民政府被评为 2016 年度全市干线公路养护工作二等奖	湘政办函〔2017〕20 号

续表2

获奖单位	表彰内容	表彰依据
宁远县	省现代烟草农业建设先进县	
宁远县	2016 年度全省农业综合开发宣传信息工作先进县	湘农综〔2017〕5 号
史志办	宁远年鉴编撰工作获省方志委表彰	湘志编〔2017〕59 号
档案局	2017 年度全省档案宣传工作先进集体	湘档通〔2017〕55 号
档案局	全省档案工作典型推介	省档案局
农业委	2017 年度湖南省现代农业特色产业园省级示范园认定 2 家	湘农联〔2017〕304 号
农业委	2017 年度全省农村经营管理工作先进单位	湘农经〔2017〕6 号
农业委	2017 年全省农村能源建设先进单位	湖南省农业委员会表彰
经信委	2017 年度全省工业经济运行监测协调工作先进单位	湖南省经信委发
经信委	2017 年宁远县中小微企业创业创新基地获得省级基地	湘经信中小服务〔2017〕575 号
发改委	易地扶贫搬迁工作被省委督查室通报表扬在全省推介	典型推介
发改委	湖南省档案工作规范化管理省一级	湖南省档案局表彰
财政局	2011—2015 全省财政法治宣传教育先进单位	湘财法〔2017〕1 号
财政局	2016 年度预算绩效管理县市区财政部门一等奖	湘财绩函〔2017〕4 号
财政局	2016 年度县市财政管理绩效综合评价 AA 级，排全省第三名	湘财预〔2017〕154 号
财政局	2017 年湖南省财政税政法制工作绩效评价获奖单位	湘财税〔2017〕28 号
财政局	2016 年度行政事业单位国有资产报表工作先进单位	湘财资函〔2018〕2 号
交通局	湖南省交通运输厅“隐患清零”行动通报表扬	湘安函〔2018〕31
林业局	通报表彰“第三次岩溶地区石漠化检测工作”	湘林办造〔2018〕2 号
林业局	全省林业种苗工作先进集体	湘林种〔2017〕1 号
林业局	宁远县在全省林业工作会议作造林绿化工作典型发言	会议发言
林业局	培育省级农民林业专业合作社示范社一个（湖南旺明农林农民专业合作社）	湘林办改〔2018〕1 号
林业局	全省“一站式全程代理”服务优秀单位	湘林站〔2018〕3 号
农机局	2017 年全省农机工作先进单位	湘农机办发〔2018〕6 号
农机局	全省农机购置补贴工作先进单位	湘农机办发〔2018〕6 号
农机局	全省农机安全生产目标管理先进单位	湘农机办发〔2018〕6 号
农机局	2017 年全省农机安全互助保险工作先进单位	湘农机安协发〔2018〕1 号
商粮局	全省商务工作（外贸）先进单位	湖南省商务厅
商粮局	获得 2017 年商务行政执法优秀队伍表彰	湘商秩〔2017〕15 号

续表2

获奖单位	表彰内容	表彰依据
宁远县	湖南省财政厅“优质粮食工程”县	湘财预〔2017〕141
环保局	重点生态功能区环境质量考核工作在全省作典型发言推介经验	典型推介
环保局	“双修”“双改”工作积极主动、黑臭水体治理城乡污水垃圾治理获省政府表扬通报	《湖南省人民政府办公厅关于对2017年度真抓实干成效明显地区予以表扬激励的通报》
环保局	2017年环保重点工作先进单位	湘环函〔2018〕54号
住建局	省级历史文化名镇（柏家坪镇）、省级历史文化名村（久安背村、路亭村、下灌村）	湘政函〔2017〕117号
住建局	宁远县推进新型城镇化建设进展较快、成效明显受省办公厅表彰	《湖南省人民政府办公厅关于对2017年度真抓实干成效明显地区予以表扬激励的通报》
住建局	宁远县农村危房改造开工率排名第二，竣工率第一受省厅表彰	湘建村函（2017）359号
人社局	宁远县创业孵化基地被评为湖南省优秀创业孵化基地	湘人社发〔2017〕43号
人社局	宁远县舜宁农村欧阳植柱被评为湖南省自主创业就业先进个人	湘人社发〔2017〕43号
人社局	宁远县新百佳生态农业发展有限公司被评为湖南省优质初创企业	湘人社发〔2017〕43号
人社局	宁远县劳动人事争议仲裁院被评为全省仲裁办案先进单位	湖南省人社厅
文体广新局	宁远县成功创建省级现代公共文化服务体系示范区	湖南省人民政府表彰
文体广新局	宁远县文化执法大队被评为“湖南省文化执法办案工作规范案卷奖”	湘文市〔2017〕86号
文体广新局	图书馆被评为湖南省青少年党史国史主题教育活动先进集体	省文化厅
卫计委	2015—2017年全省改善医疗服务行动先进典型	湘卫函〔2018〕47号
县中医院	“复明10号”中国流动眼科手术车项目2017年度先进单位（中医院）	湘卫医政医管处便函〔2017〕137号
移民局	全省2017年度移民信访维稳工作先进单位	湘移发〔2017〕24号
政务中心	湖南省网上政务服务和电子监察系统应用被省优化办通报表扬	湘优办〔2017〕11号
森管局	2016年度全省森林公园质量管理十佳单位	湖南省林业厅
纪委	全省纪检监察信息工作先进单位	湘纪办〔2017〕2号
纪委	湖南省档案工作规范化管理省一级单位	湖南省档案局
交管大队	省厅党委副书记、副厅长周赛宝深入宁远调研新时代重大道路交通事故控制和预防工作，“两站两员”建设经验全省推介	典型推介
交管大队	全省公安交警系统党的十九大交通安保维稳工作成绩突出集体	湘公交传发〔2017〕431号
司法局	湖南省司法行政工作先进集体	湘人社发〔2017〕7号
司法局	湖南省文明卫生单位	湘爱卫发〔2017〕5号

续表2

获奖单位	表彰内容	表彰依据
审计局	湖南省2016届省文明单位	湘文明委〔2017〕9号
审计局	湖南省档案工作规范化管理省一级	湖南省档案局
食药工商质监局	省食品安全先进单位	湘食安委发〔2018〕1号
食药工商质监局	湖南省消费维权单位	湖南省消费者委员会
食药工商质监局	湖南省工商系统先进单位	湘工商财字〔2017〕6号
检察院	2017年度全省档案宣传工作先进集体	湘检反渎〔2017〕2号
检察院	2016年度全省检查机关基层院考核先进单位（反渎局）	湘党通〔2017〕55号
妇联	2017年度湖南省妇联系统宣传思想工作先进单位	湘妇字〔2017〕45号
国税局	湖南省税务系统联合办税先进单位	湘国税发〔2018〕1号
国税局	湖南省“五四”红旗团支部	湘团发〔2017〕13号
国税局	湖南省国税系统“模范职工之家”	湘国税工〔2017〕1号
地税局	全省2017年度“一窗一人”联合办税先进单位	湘国税发〔2018〕1号
农发行	全省农发行系统存款组织先进县级支行	湘农发银办〔2017〕16号
气象局	湖南省气象部门基层党组织建设示范点	湘气党发〔2017〕1号
气象局	全省人工影响天气工作先进单位	湘人影发〔2017〕2号
科协	全国优秀组织单位	科协普函基字〔2017〕200号
舜陵街道	2017年度全省档案宣传工作先进单位	湖南省档案局
禾亭镇	创建“省农机安全示范镇”	湘农机监发〔2018〕3号
禾亭镇	省计划生育村民自治示范村（白土村）	湘计生协发〔2018〕3号
湾井镇	湖南省“平安农机”示范乡镇	湘农机监发〔2018〕3号
湾井镇	湖南省经典文化村镇	湖南省文化厅
湾井镇	湖南省历史文化名村（久安背村、下灌村、路亭村）	湘政函〔2017〕117号
下灌村	2017年度全省美丽乡村示范建设示范村（下灌村）	湘农组〔2018〕11号
水市镇	省“平安农机”示范乡镇	湘农机监发〔2018〕3号
柏家坪镇	湖南省第五批省级历史文化名镇	湘政函〔2017〕117号
九疑山瑶族乡	2017年全省计划生育基层群众自治示范乡镇	湘计生协发〔2018〕3号
九疑山瑶族乡	2017年度平安农机示范乡	湘农机监发〔2018〕3号
九疑山瑶族乡	2017年度安全生产示范乡	省政府办公厅
桐木漯瑶族乡	2016年省级人口与计划生育协会基层群众自治示范村（双源村）	湘卫办发〔2017〕10号

表 3　　获市及各部门表彰的先进集体

获奖单位	表彰内容	表彰依据
宁远县	2016 年度农村产权制度改革工作先进县	永办〔2017〕7 号
宁远县	宁远县人民政府获得“2016 年度全市培育规模工业企业奖”	永办发函〔2017〕38 号
宁远县	2016 年度全市粮食生产标兵县	永办〔2017〕7 号
人大	2017 年度人大工作先进县	永常发〔2018〕2 号
组织部	2016 年度全市党建工作先进县区	永办发〔2017〕2 号
组织部	2016 年永州市文明单位	永发〔2017〕19 号
组织部	全市综合服务平台项目建设工作现场会	典型推介
政法委	党的十九大期间全市维稳安保工作先进县区	永办〔2018〕2 号
政法委	2016 届市文明创建单位	永发〔2017〕19 号
政法委	全市农村综合服务平台暨农村网格化综合信息系统建设现场推进会	典型推介
党校	2016 年度全市县（区）委党校、行政学校办学水平先进单位	永办〔2017〕2 号
档案局	2016 年度市党委办公室先进单位表彰	永办〔2017〕34 号
信访局	2016 年度信访工作先进县	永办发〔2017〕2 号
	十九大期间全市维稳安保工作先进县	永办〔2018〕2 号
编办	2016 年三项改革工作（行政体制改革）先进县区	永办发〔2017〕2 号
大路尾村	2016 年市级美丽乡村示范村（大路尾村）	永办〔2017〕7 号
农业委	2016 年度农业标准化建设优秀示范基地	永办〔2017〕7 号
国土局	全市维护矿产资源开发秩序目标管理先进单位	永政办函〔2017〕53 号
交通局	2017 年度全市春运工作先进县	永政办函〔2017〕18 号
交通局	2016 年度全市交通运输工作先进单位	永政办函〔2017〕12 号
交通局	2017 年全市抗洪救灾先进单位和先进个人	永发〔2017〕18 号
畜牧水产局	永州市重大动物疫病防控工作目标管理优胜单位	永防重病指〔2018〕1 号
畜牧水产局	病死畜禽无害化收集点建设受市政府督查室通报表扬	永政督通（2017）19 号
水利局	2016 年度全市最严格水资源管理工作先进县区	永水考办函〔2017〕3 号
林业局	2016 年度全市森林防火工作先进县区	市委、市政府发
环保局	环保督查整改工作在永州市委《永州情况》上作典型经验推荐	《永州情况》2017 年第八期
人社局	宁远县被评为“三项优先（就业优先）工作先进县”	永办发〔2017〕2 号
民政局	永州市园林式单位	永政办函〔2017〕15 号
工业园	全市重大产业项目现场观摩会	典型推介

续表3

获奖单位	表彰内容	表彰依据
文体广新局	宁远县文庙管理所、舜帝陵古遗址被评为2016年度全市文明风景区	永发〔2017〕19号
卫计委	2016届文明创建单位	永发〔2017〕19号
机关事务局	永州市园林式单位	永政办函〔2017〕15号
政务中心	2016年度政务公开工作先进单位	永政办函〔2017〕27号
纪委	“纠‘四风’、治陋习”和“雁过拔毛”式腐败问题专项整治工作先进单位	永纪通〔2017〕4号
纪委	全市文明单位	永发〔2017〕19号
法院	计生庭被评为“2016年度计生非诉案件强制执行工作先进单位”	永人口领办发〔2017〕1号
交管大队	全市道路交通秩序集中整治“百日大会战”标兵单位	市政府表彰
司法局	永州市园林式单位	永政办函〔2017〕15号
城管局	全市城管工作暨环保督查交办事项办理工作推进会上就生活垃圾治理整县推进情况作典型发言	典型发言
食药工商质监局	质量强市工作全市排名第一	永质标发〔2018〕1号
妇联	全市妇儿工委工作会议上典型发言	典型发言
国税	永州市园林式单位	永政办函〔2017〕15号
烟草局	2017年度全市烟叶市场管理先进单位	永政办函〔2017〕4号
桐山街道	永州市文明社区（舜源社区）	永发〔2017〕19号
禾亭镇	市级文明镇	永发〔2017〕19号
湾井镇	2017年度永州市烟叶工作先进单位	永政办函〔2018〕3号
湾井镇	永州市园林式单位	永政办函〔2017〕15号
水市镇	“永州市园林式单位”称号	永政办函〔2017〕15号
水市镇	2017年度全市烟叶工作先进单位	永政办函〔2018〕3号
水市镇	安全生产市级先进乡镇	永办发〔2017〕2号
水市镇	社会管理综合治理先进乡镇	永办发〔2017〕2号
水市镇	保持市“平安乡镇”	永办发〔2017〕2号
柏家坪镇	全市健康扶贫现场会	典型推介
中和镇	2017年烟叶工作先进乡镇	永州市人民政府发
太平镇	2017年烟叶工作先进乡镇	永政办函〔2018〕3号
鲤溪镇	持续保持市平安乡镇称号	永办发〔2017〕2号
鲤溪镇	2016年永州市安全生产示范乡镇	永办发〔2017〕2号

续表3

获奖单位	表彰内容	表彰依据
桐木漯瑶族乡	市级保持平安乡镇称号	永办发〔2017〕2号
桐木漯瑶族乡	市级人口与计划生育先进乡镇	永办发〔2017〕2号
棉花坪瑶族乡	2016年市级社会管理综合治理工作先进乡镇	永办发〔2017〕2号
棉花坪瑶族乡	2016年保持市级平安乡镇	永办发〔2017〕2号
仁和镇	2016年度市安全生产十佳乡镇	市委市政府发

二 宁远县非物质文化遗产

2008年以来，宁远县非物质文化遗产保护工作迈入正轨，已经建立国家、省、市、县四级保护名录体系，现有国家级项目1项，省级项目2项，市级项目9项，县级非物质文化遗产11项。

非物质文化遗产资源已成为宣传宁远和提升宁远形象的名片尤其是国家级非物质文化遗产舜帝祭典，其规模的影响力逐年扩大，2004年世界舜裔宗亲联合会在九疑山公祭舜帝，2005年、2009年、2012年、2015年湖南省人民政府先后四次公祭舜帝，极大地提高了宁远的知名度和影响力。泰国、新加坡、台湾、福建、山东等地的舜帝后裔纷纷来九疑山寻根祭祖，产生了广泛深远的影响。

1、舜帝祭典

舜帝祭典于2011年被公布为国家级非物质文化遗产。

据《史记》载：舜“南巡狩，崩于苍梧之野，葬于江南九疑”，舜帝陵始建于夏朝。而近年的舜帝陵遗址考古发掘证明遗址可确认至唐宋并可上溯至秦汉时期，是我国五帝陵中现今唯一通过考古挖掘确认的帝陵遗址。舜帝陵为历代对舜帝的祭祀之所，祭典历史久远。历代帝王三年一小祭、五年一大祭，经久不断。据统计，明代谕祭15次，清代达45次，民国省祭4次。舜帝陵内现存清代祭祀碑30方，民国祭祀碑4方。《湖南通志》、《宁远县志》对祭典多有记载，现存历代祭文和祭文碑也反映了历代祭祀的盛况。

在长期的祭祀活动中，舜帝祭典经历了设台望祭、陵前燎祭、庙堂文祭、庙堂歌祭、礼乐歌舞祭的演变，已形成一年一小祭、三年一大祭的定制，祭祀程序经过无数次改进，已相对固定。民间祭典活动与官方祭典相得益彰。

舜帝祭典仪程有鸣炮、鸣金、击鼓、就位、盥手、敬香、敬献供品、献酒、行鞠躬礼、读祭文、焚帛书、乐舞告祭、献花篮、礼成。

20世纪90年代以来，共举行过15次大规模祭舜活动。其中省政府于2005年、2009年、2012年、2015年四次公祭舜帝。

2、舜帝与娥皇女英的传说

舜帝与娥皇女英的传说于2012年被公布为省级非物质文化遗产。

舜帝晚年，以“利天下而不利一人”的博大胸怀，选定大禹为接班人。在将帝位移交大禹后，自己则到南方巡狩，指导南蛮人制茶、耕种，在九疑山斩妖除魔，最后“崩于苍梧之野，葬于江南九疑”，走完了自己的人生之路，舜帝的妃子娥皇女英南下寻夫，泪洒斑竹，魂归九疑，留下了许许多多动人的传说，在九疑山一带流传。

舜帝与娥皇女英的传说在宁远流传了四千多年，其传说内容主要反映舜帝晚年南巡时与妻子、弟妹、朋友、大臣、百姓的关系，广泛涉及生活的各个层面，内容丰富多样，深刻揭示了舜帝“只为苍生不为身”精神。“舜帝与娥皇女英的传说”经受过漫长历史年代的风雨洗礼，是舜文化的重要组成部分。当人类社会跨入新的世纪，我国进入全面建设小康社会，加快推进社会主义现代化的新发展阶段，弘扬舜帝文化，发扬舜帝精神，对于增进民族团结，培育民族精神，实现中华民族的伟大复兴，必将起到重大作用。为有利于优秀的传统文化和人类文明的传承，有利于增强中华民族的亲和力和凝聚力、凝聚民族情感，更有助于构造和谐社会，推动社会主义道德的发展和进步，

3、状元李郃的传说

状元李郃的传说于2016年被公布为省级非物质文化遗产。

李郃，字子玄，号西贞，宁远县湾井镇下灌村人。李郃是科举时代湖广第一位状元，也是湖南在唐代的唯一状元。与他同科的举子刘蕡因

痛恨宦官专权误国，答卷措辞激烈，切中时弊，考官虽为之叹服，但惧怕宦官势力，不敢录取他。李郃不顾个人得失，毅然上书文宗皇帝，请求朝廷收回授予自己的功名，改授刘蕡，开科举取士以来让第之先河，被载入史册，受后人景仰。此举却未被文宗采纳，并得罪宦官，被排挤出京，到地方任职，在贺州期间，李郃励精图治，举贤任能，敦促地方注重礼教，劝导百姓发展生产，贺州因之地方清明，人民安居乐业，被尊称为"李贺州"。在贺州期间，他还发明了叶子戏。

状元李郃的传说就是以湖广第一状元李郃的故事发展演变而来的一种口头文学。其传说的主要内容主要涉及李郃勤奋苦读、智斗奸臣、上疏让第、爱护百姓、惩治贪官、发明叶子戏等方面，内容丰富，揭示了李郃温良谦恭、为国为民、不畏强暴、不计个人得失的优良品格。

4、过山瑶祭祖习俗

过山瑶祭祖习俗于 2012 年被公布为市级非物质文化遗产。

瑶族还盘王愿一般选择在农历十月。还盘王愿礼仪历时七天七夜，包含多种艺术表现形式，有歌谣、舞蹈和表演技艺。其中含有史诗般的《盘王大歌》和《长鼓舞》、《招兵舞》、《开山舞》、《招五谷魂》等歌谣舞蹈，特别是长鼓舞已成为瑶族独特的经典舞蹈，名扬海内外；还有一些对白、歌唱、舞蹈动作等戏剧式的娱乐表演方式，歌吟时使用着独特的"七韵大曲""两韵小杂曲""宫商角徵羽"古老调式及其他数种乐典腔调，是研究民族民间音乐的好素材。长鼓舞以手持鼓，模拟祭神、射猎、建房、刀耕火种等动作，栩栩如生地再现了瑶民以往的生产生活方式。整个还愿活动洋溢着浓郁的远古文化气息和民族精神。

瑶族在以往的时代里，是一个迁徙民族，没有自己的文字，很多历史和文化就隐藏在还盘王愿的祭祀经典和歌谣故事中，他们通过还盘王愿这一特殊礼俗记录下本民族迁徙的悠远足音，可以说还盘王愿礼仪几乎就是瑶族历史文化的活化石，是研究瑶族的重要历史文献资料。

5、瑶族婚礼

瑶族婚礼于 2012 年被公布为市级非物质文化遗产。

瑶族婚恋自由，青年男女主要通过唱歌传情，有的在节日对歌时进行，有的在山上劳动时隔山对歌，有的是晚上对女方窗前对歌。男女青年通过唱歌方式选上意中人后，双方各自向自己的父母禀报。男方家就请媒人去女方家提亲。说成了，男方就带着鸡、肉和其他的聘礼到女方家行"定婚"礼，商定结婚的日子。婚期定下来后，女方一般就不再参加其他农活，开始集中精力绣花领、织瑶带等，备齐各种装饰等待出嫁。

婚礼前一天，新娘家举行"坐歌堂"。"坐歌堂"先由主方歌手唱《开席歌：“离了乡，从此姐妹各一方。有事无事搭个信，不枉姐妹这一场。”然后众人开始唱哭嫁歌。大家以歌的形式教新娘如何待人接物，祝愿新娘幸福一生，祝贺新郎新娘爱情地久天长。有的即兴而唱，借歌抒怀。即使是互不相识的瑶家青年，也可以歌进场，以歌会友，借歌发挥，拉近距离。

新娘一大早就在伴娘的帮助下穿上盛装，头蒙红布，拜过祖先、父母、舅父母后，伴娘打起红伞，牵引新娘出门。父母兄弟姐妹及客人跟随其后出门送亲。

瑶族传统婚礼共需 5 天 5 夜。无论从钱财还是从人力方面考虑，现在的年轻人都不愿按传统婚礼习俗来举行婚礼，导致这一传统婚礼习俗濒临失传。

6、九疑派古琴艺术

九疑派古琴艺术于 2015 年被公布为市级非物质文化遗产。

九疑派古琴是中国近代最具影响力的古琴流派。其创始人是被誉为"民国古琴第一人"的杨宗稷。杨宗稷，生于 1865 年，宁远县清水桥镇平田村人，他在家乡时曾学过古琴，后来到北京，师从当时著名古琴家黄勉之继续学习古琴，琴艺益精，成为一代宗师。1920年，杨宗稷在北京设九疑琴社授琴，史称九疑派。

杨宗稷所著的《琴学丛书》是中国近代最重要的琴学巨著，共四十三卷，七十余万字。

九疑琴派名家辈出，著名古琴家管平湖、彭祉卿、关仲航、李浴星、王迪、韩廷瑶、李天恒、乔珊等均出自九疑门下。

九疑派古琴琴风苍劲坚实，凝重沉稳、刚健雄浑，指法严谨，法度森严，讲究吟猱节奏，韵味悠长、情趣幽远。代表曲有《流水》《四大景》《平沙落雁》《渔樵问答》《胡笳十八拍》等。

由于古琴传承的特殊性，琴谱在音高、节奏上没有明确的定量关系。记写的仅为指法、音位，而没有节奏，不能直接、完整地反映出音高、旋律。所以琴谱的传承历来是在"口传心授"基础上，一旦离开具体琴人、流派的"口传"，就将变为"天书"，出现传曲的变形或遗失。近年来，随着传统文化的回归，学九疑派古琴的人开始上升，2018年，宁远举办了九疑派古琴传承基地授牌及庆典音乐会，扩大了九疑派古琴影响力。

7、宁远花灯戏

宁远花灯戏于2014年被公布为市级非物质文化遗产。

据《宁远县志》记载，花灯戏是明末由衡阳传入宁远，艺人们经过多年实践，将生活中的各种动作和民间武术加以艺术加工，形成了颇具特色的宁远花灯戏。

花灯戏在清代和民国时期非常盛行，上世纪五六十年代，宁远尚有花灯剧团22个，县里每年都要进行花灯戏汇演。

宁远花灯戏的表演带有浓厚的地方特色，举手投足之间流露出浓郁的生活气息，非常灵活写意地演绎着宁远人的生活。

随着生活的变迁，娱乐方式的多样化，花灯戏曲也同其他戏曲一样，渐渐偃旗息鼓。传统的花灯戏和音乐都是以老艺人口传身授的方式一代一代流传至今，没有正规的文字和音符记载。在老一辈艺人为数不多，年青人无暇传承的情况下，正剧、连台本戏已基本上失传了。花灯戏面临濒危的尴尬局面，抢救和保护这一文化遗产已刻不容缓。

8、九疑山瑶歌

九疑山瑶歌于2014年被公布为市级非物质文化遗产。

九疑山瑶歌是我国民族民间音乐的一个重要组成部分，它是九疑山瑶族人民祖祖辈辈口传心授、衍展传承下来的宝贵的非物质文化遗产，具有深厚的少数民族地方音乐特色。九疑山瑶歌历史悠久。西汉时即有瑶族人迁徒到九疑山居住。明、清时期，瑶族山歌"赛花柄"达到了鼎盛时期。清光绪年间的《九疑山志》记载了瑶民赵有德诗："长腰小鼓和笙簧，黄蜡梳头竹板妆，虞帝祠前歌舞罢，口中犹自唱盘王"。

瑶族人在节日喜庆、劳动之余，最喜欢唱歌、对歌，以缓解劳作之苦，交流思想，抒发感情。其形式多样，内容丰富，比喻巧妙，有唱有和，有问有答，生动风趣，娓娓动听，耐人寻味。歌谣有盘王大歌、祭祀歌、劳动歌、情歌、烟歌、茶歌、酒歌、出嫁歌等等。

九疑山瑶歌大多是单乐段或复乐段结构。属单乐段的瑶歌，多由七言四乐句构成；属复乐段的瑶歌，全曲旋律相似，以乐段的变唱形式构成。调式最为常见的是宫、徵、羽调式，交替的调式只在极个别的歌曲中被运用。旋律多以大、小二度和大、小三度的级进方式平稳进行，少数歌曲中会出现纯四度、纯五度的小跳，较少出现大跳。保持了平稳、简朴的音乐风格。唱腔以"纳发调"高腔〔喊歌〕为主，高声清唱，粗犷激昂。

9、高源村土陶制作技艺

高源村土陶制作技艺于2015年被公布为市

级非物质文化遗产。

高源村土陶分布于宁远县天堂镇高源村，始于明朝末期，已有400多年历史。高源村土陶所有的工序都是纯手工完成，并采用柴火龙窑烧制。

高源村土陶的原料是当地的陶土，为夹砂陶。其制作流程主要有取土、揉泥、制坯、锤打、印花、上釉、晾晒、装窑、烧制。产品主要有缸、坛、罐、壶、钵、盆等，近年来又有所创新，研发了鱼、财神、卡通人物等可用于收藏摆放的新产品。

高源村土陶主要以家族传承方式传承，上世纪六七十年代，高源村土陶达到了鼎盛，全村有20多家土陶作坊，全村有四分之一的人从事土陶制作或销售。如今，高源村仍留存有六口老窑遗址。

高源村土陶制作方式和制作方法都保留着陶艺的原始风貌，造型古朴典雅，民间艺术味道浓郁，地域特色明显。具有深厚的群众基础的广阔的市场前景，它以鲜明的地方特色和传统手工技艺而出名，有较高的开发利用价值。近年来，高源村土陶新一代传承人陈各辉大胆创新，研制了大批古朴美观的仿古陶产品，远销香港、台湾、广东、福建等地，并吸引了大批文艺人士前来采风创作，产生了良好的经济和社会效益。2017年，居住上海的宁远籍美术家郑炎风在高源土陶作坊进行了彩陶创作研究，获得成功，结束了高源土陶只生产素陶的历史，提升了高源土陶文化内涵和品质，引起轰动，湖南卫视作了报道。

10、麻将娱乐活动

麻将娱乐活动于2015年被公布为市级非物质文化遗产。

麻将是在博戏的基础上发展、派生、演变而来的，博戏产生于殷代，汉魏时发展为樗蒲，唐代时演变成叶子戏。

宁远县唐代状元李郃是叶子戏的定型者。他在贺州刺史任上，为了丰富百姓精神文化生活，发明了叶子戏，并著有《骰子彩选格》三卷。叶子戏到了宋代演变成宣和牙牌，明代演变成“马吊牌”，清代演变成麻将牌。

麻将的参赛选手为4人，分别为东、南、西、北，门风东者为庄家。参赛者每人手里抓13张牌，通过吃牌、碰牌、杠牌等方式，使手牌按照相关规定的牌型条件和牌。和牌的方式有两种，一是自己抓牌成和牌的自摸和；二是和他人打出的牌的点和。

11、瑶族打油茶

瑶族打油茶于2016年被公布为市级非物质文化遗产。

瑶族打油茶起源于何时，史书中并没有明确的记载，但瑶族世代相传的《盘王大歌》中有喝油茶的记载。并且，从唐代陆羽所著的《茶经》第六章“茶之饮”中可找到打油茶的蛛丝马迹，可见其历史十分悠久。

瑶族打油茶分洗茶、打茶、煮茶三个步骤。主要材料有茶叶、茶油、生姜、大蒜等。先将茶叶放入铁锅内，加水烧开，让茶叶舒展开，倒掉水，放入生姜、茶油、食盐等，小火加热，用“7”字型的油茶锤进行揉搓、锤打、翻炒，动作要快而麻利，直到锅底微微现焦黄为止，然后加入山泉水，完全烧开，醇厚浓香的油茶制作完毕。将煮好油茶用茶滤隔离茶渣，倒入有炒米、花生米、葱等佐料的茶碗里，即可饮用。油茶可加水反复煮。

12、宁远米粉制作技艺

宁远米粉制作技艺于2016年被公布为市级非物质文化遗产。

宁远米粉历史悠久，是一种永州市宁远县地区的汉族风味小吃。原料十分讲究，用的是本地出产的天然糙米和井水。这种糙米，富含淀粉、蛋白质、维生素、微量元素与膳食纤维，是一种绿色健康食品，《名医别录》中称其具有“和五肝、好颜色”的妙用，意思是说常食糙米，不仅可以安和五脏，祛病延年，还能润泽容颜，提高人体免疫功能，使人充满活力。大米经过浸、磨、滤、揉、蒸、榨等一系列手工工艺制作，成为宁远米粉。工艺考究细致，不含防腐添加剂。色泽洁白、圆而细长，形如龙须，质地柔韧，富有弹性，发水好，善于吸收佐料的味道，口感宜人、风味独特、可煮可炒。具有水煮不糊汤，干炒不易断的特点。

宁远米粉制作过程主要有浸米、磨米、压浆、揉粉、发酵、蒸煮、压榨几个步骤。将洗净的大米放进水桶中浸泡一夜，然后磨成米浆。再将磨好的米浆倒入棉布袋内，扎紧袋口，施加压力，使米浆中的水份排出，变成雪白块状的湿米粉。再捏碎湿米粉，反复揉搓，捏成球形粉团，放置一天让其发酵。再将粉团放到蒸笼里蒸到七分熟。粉团冷却后放入搅拌机中搅拌，成为韧性十足、圆筒状的粉团。再将粉团投入底部布满了“米粉孔”的榨粉机中，榨成米粉。